云在阁经藏

净土十要

〔明〕蕅益大师 选定
〔民国〕印光大师 增订
张景岗 点校

九州出版社 JIUZHOUPRESS | 全国百佳图书出版单位

图书在版编目（CIP）数据

净土十要 / (明) 蕅益大师, (民国) 印光大师增订 ; 张景岗点校. — 北京 : 九州出版社, 2013.1(2020.11重印)

ISBN 978-7-5108-1930-8

Ⅰ. ①净… Ⅱ. ①蕅… ②印… ③张… Ⅲ. ①净土宗—研究 Ⅳ. ①B946.8

中国版本图书馆CIP数据核字(2013)第010640号

净土十要

作　　者　(明) 蕅益大师 选定　(民国) 印光大师 增订 张景岗 点校
出版发行　九州出版社
地　　址　北京市西城区阜外大街甲35号 (100037)
发行电话　(010) 68992190/2/3/5/6
网　　址　www.jiuzhoupress.com
电子信箱　jiuzhou@jiuzhoupress.com
印　　刷　三河市东方印刷有限公司
开　　本　720毫米×1020毫米　16开
印　　张　39.5
字　　数　500千字
版　　次　2013年10月第1版
印　　次　2020年11月第2次印刷
书　　号　ISBN 978-7-5108-1930-8
定　　价　118.00元

出版说明

《净土十要》是由明末佛学巨擘、净土宗九祖蕅益大师从当时所见历代净土著述中选取精要编定而成，是一部对后世产生重大影响的净土宗要典。本书初名《净土九要》，刻版于金陵，内容为：隋智者大师《净土十疑论》、唐飞锡法师《念佛三昧宝王论》、宋慈云忏主《往生净土忏愿仪》与《往生净土决疑、行愿二门》、元天如禅师《净土或问》、明妙叶法师《宝王三昧念佛直指》、明传灯法师《净土生无生论》、《净土法语》、明袁宏道居士《西方合论》，以及大师于丁亥年所著《阿弥陀经要解》。其中传灯法师《净土生无生论》、《净土法语》两种，分列为二要。因此最初九要的内容，只相当于后来十要中的八要，其次序大致以刻版先后编排。癸巳年，蕅益大师入新安结夏，成时法师提议增入《西斋净土诗》而为十要，大师抚掌称善。次年大师还灵峰，夏间简阅《西斋净土诗》，从卷上《怀净土诗》一百一十首中，精心选取了七十七首，加以评点，后两卷未变，制赞补入《净土九要》，名《净土十要》，但未及刻行。

乙未年，蕅益大师西逝。十二年后，成时法师至金陵，见《净土九要》板已焚失数种，爰遵蕅益大师之意，发心募刻《净土十要》。次年戊申夏，作重刻序，刻版流通。与原来《净土九要》相比，成时法师所刻《净土十要》的主要变动有：

1. 增加篇目。除了增入《西斋净土诗》三卷，还增入了自己所著的《观无量寿佛经初心三昧门》、《阿弥陀经行愿仪》。将原来分列的《净土生无生论》、《净土法语》二要合为一要，故全书仍为十要。

2. 更新版本。原刻《阿弥陀经要解》为蕅益大师丁亥年所著，《大正藏》所收版本即此本。癸巳岁，大师在歙浦栖云院重讲此经，门人性旦法师录出。科目划分与前本多有不同，其揭示经文妙义，更是剖尽心肝，大放光明。甲午冬，大师又于病中口授，改正数处，而为定本。成时法师即以此本刻行，但对原文有所节略。

3. 重订次序。以经疏《阿弥陀经要解》为第一，以慈云忏主所著行仪二种列为第二，以成时法师自著行仪二种列为第三，其后皆按著者时代先后编排，次序井然。唯将《西斋净土诗》排在《宝王三昧念佛直指》之后有误。

4. 述要评点。于各要前加入述语，阐释大义，并对正文内容加以评点，醒人耳目。

5. 节略原文。为了压缩篇幅，便于刻行，成时法师于此前编辑《灵峰宗论》时，就曾对原文多所节略。此次重刻《净土十要》，再次节略原文字句，总体约占六分之一，部分原著所节内容超过五分之二。其中《西斋净土诗》卷中为《列名净土诗一百八首》，与卷下的《十六观赞》、《化生赞》，均为七言诗，成时法师竟改为五言。原文被节略后，往往句义模糊，语气不顺，颇有不当。

《净土十要》经成时法师重订和节略，在清代得到了广泛的流通，并被日本《卍续藏经》收录。民国年间，印光大师极力弘扬净土法门，尤以此书为净土第一要典，称其“字字皆末法之津梁，言言为莲宗之宝鉴”，“妙契时机，最为第一”。对于成时法师所作节略，则提出批评，引以为憾。民国七年，徐蔚如居士造访普陀，印光大师便委托他搜刻原本，其后即刻行《阿弥陀经要解》、《西方合论》二种。民国十九年夏，在李圆净居士的协助下，各种原本已搜集完毕。冬，印光大师作《净土十要原文发刊序》，确定了《净土十要》增订本的编排体例，除重刊十要原文外，还增刊昙鸾法师《往生论注》、《彻悟禅师语录》等净宗要典，及选录莲池、蕅益、省庵等大师之要文。对原书逐一校勘，题名《原本净土十要》，分为十要四册、附本一册，共五册，于民国二十一年秋出版。《净土十要》经过增订后，内容更加全面丰富，也更具有权威性。主要增订包括：

1. 重刊十要原文。各要均按所搜集到的原本重刊，总体比节略本多三万余字。

2. 保持原有体例。沿用成时法师所订各要次序，唯将《西斋净土诗》按正确年代顺序排在《宝王三昧念佛直指》之前。同时接受李圆净居士的建议，仍保留成时法师对各要所作述语，其评点文字等也参照节略本一一补入。

3. 增录净宗要典。除于第一要后附入《无量寿经四十八愿》，于第九要中仍依清代广陵本附入道霈禅师《续净土生无生论》，还精选十要以外的净宗著述，分别附于各册之后。第一册附《唐五台山竹林寺法照传》、《唐洛阳罔极寺慧日传》、宗赜禅师《莲花胜会录文》、大智律师《净业礼忏仪序》；第二册附莲池大师《答苏州曹鲁川书》、蕅益大师《答卓左车茶话》及《示念佛法门》；第三册附省庵法师《劝发菩提心文》、《圆观等九人传》；第四册附《彻悟禅师语录》二卷；第五册称为“净土十要附本”，收录了天亲菩萨《往生论》、昙鸾法师《往生论注》及《略论安乐净土义》、净土诗集《莲花世界诗》、省庵法师《劝修净土诗》。此外作为空页补白，各册先后附录了樝庵法师《临行自饯》、王阗居士《净土自信录序》、张抡居士《结莲社普劝文》、证通法师师友《西资社同誓文》（均录自《乐邦文类》）。共新增净宗著述约十二万字，与十要原文璧联珠映，叹为观止。

净土法门作为五浊炽盛的现实社会中唯一能够彻底救拔众生轮回苦难，实现精神超越与解脱的修行方法与实践，体现了佛力的慈悲广大以及众生自性的不可思议。《净土十要》一书由蕅益大师选定于三百年前，印光大师增订重刊于三百年后，荟萃历代净土著述精华，阐明净宗要义，破疑生信，廓清歧异，对净土宗的发展具有深远的意义。其书由印光大师亲自校勘标点，准确可信，堪称善本。但随着汉字的简化和大众阅读习惯的改变，为便于更多的人直接研读原文，提供准确规范的简体标点本势在必行。

另外，印光大师增订后的《净土十要》原共分五册，以前四要为第一册，第五要、第六要、第七要为第二册，第八要、第九要为第三册，第十要为第四册，附本内容为第五册。十要以外所增篇目，除了第一要后附入《无量寿经四十八愿》，第九要中附入《续净土生无生论》，其他均分别附于各册最后，即第四要、第七要、第九要、第十要之后。而现在普遍流通的合订本，虽然取消了原来的分册，但原来各册后的附文，仍随第四要、第七要、第九要、第十要之后四次出现，不免有穿插凌乱之嫌。其体例与原书既有所不同，且条理不顺，眉目不清，易使阅者产生困惑。故应按原书体例，对合订本的附文作统一编排。

此外，成时法师重刻《净土十要》，秉蕅益大师之意增入《西斋净土诗》三卷，但对卷中《列名净土诗一百八首》和卷下的《十六观赞》、《化生赞》，由七言擅自节为五言，大为不妥，受到后来诸师一致批评。清光绪二十年广陵藏经院《净土十要》刻本，便将卷中删去，成为两卷本，同时略去成时述语中的相关文字，但卷下的《十六观赞》、《化生赞》仍为五言，未能改正。而经印光大师增订后，卷下的《十六观赞》、《化生赞》已依据原本重刊，但仍缺卷中《列名净土诗一百八首》，可能是尚未见到该卷原本的缘故。虽然在第五册附本《莲花世界诗》中，收录了此卷诗的“禅”、“琴”、“樵”、“囚”、“山”、“闲”、“忙”、“疾病”等八首，但整卷诗却仍鲜为人知。《西斋净土诗》堪称千古绝唱，而卷中《列名净土诗一百八首》却一直未能完整收录于《净土十要》中，不能不说是一个遗憾。

此次对《净土十要》的校勘整理，以印光大师印行的弘化社本为底本，以《卍续藏》本及《永乐北藏》、《乾隆大藏经》、《大正藏》所收版本及相关文献为参校，并对原书内容体例作了一些必要的增修，主要有：

1. 以各参校版本对《净土十要》增订本作进一步的校勘，原异体字改为通行的简体字，并作了详细的标点、分段，以便阅读。

2. 据清代海盐天宁寺、《琳琅秘室丛书》、金陵刻经处三种《西斋净土诗》单行本，将卷中《列名净土诗一百八首》重加校订补入。另据大正藏《宝王三昧念佛直指》本，及卍续藏《净土十要》本，补入蕅益大师的《刻宝王三昧念佛直指序》。此外，《西方合论》后所附《纪梦》一文，

《十要》本字句多有节略，今据《大正藏》原文重录。

3. 为使原书重排后条理井然，对原各册后的附文，按合订体例全部置于附本，大致按论、传、诗的顺序统一编排。原附于各册前后的《阿弥陀佛百颂》，亦录于附本末。

4. 原本小注颇多，分为内注和旁注两种。其中内注文字多为原作所有，或为蕅益大师的评点，也有少量成时法师所加。旁注文字则基本上是成时法师的评语。此次点校，对内注文字基本照录，用圆括号标出，而对旁注文字大都略去不录。

此次点校《净土十要》并作必要增修，订正次序，补足所缺，乃悉遵祖师成例，态度谨慎，未敢师心自为。希望这部更为完整，也更适于现代人阅读的《净土十要》简体标点本，能得到广泛的流通，帮助更多的人廓清迷惑，确立崇高的人生目标，走上智慧与慈悲的解脱之路。

九州出版社

二〇一三年八月

目　录

灵峰蕅益大师选定《净土十要》重刻序

净土法门者，法界缘起也。

何谓法界？吾人现前一念之心，不唯非块然，亦复非倏尔，才有能起，即属所缘，非能缘者，不得已强名之曰无相。然虚空、兔角亦受无相之名，而虚空有表显相，兔角有断无相，非真无相。又不得已强名此无相曰真。唯其无相而真，故十方三世依正、色心、自他、凡圣等法，皆在我现前一念无相真心中炳然齐现，而皆以自心为体，非别有物。心无相而真，从心所现一切诸法，莫不无相而真。是故于中随拈一毫末，一一皆具十方三世依正、色心、自他、凡圣等法，而无余欠。乃至一欬一掉，一名一字，罔非自心之全体大用，而欬掉名字之外，更无一法可得。此所谓法界也。

何谓法界缘起？圣凡皆此法界，非粗妙，无减增，不涉生死，不干迷悟。而悟顺法界故，出生二种涅槃。迷逆法界故，妄现二种生死。迷逆生死，法界宛然，无奈众生从未悟故，终不能了。诸佛菩萨愍之，从一真法界，起种种因缘，世出世间，事类无算，一介蝼蚁，万圣互援，神力既同，慈心亦等。而众生迷逆妄故，受化不齐，于诸佛菩萨平等光中，有有缘、无缘，及缘中浅深、久近之异。缘分差等，化辨从违，若或无缘，徒劳引领。此所谓法界缘起也。

是故建化门中，只论系珠一义。如《法华》妙典，广谈宿因。先圣以四释（因缘释、约教释、本迹释、观心释）阐明，而必以“因缘”居首。由缘匪一，故教网弛张。由教无方，故恩德贯彻（指本迹）。由恩不可穷尽，故得消归自己，领纳家珍（指观心）。故知因缘，即第一义。从上列祖，极重时节因缘。良以无法与人，亦无语句。情种熟处，假说心传。倘其不然，契理而不契机，有句尽成非量。空花界里，无自立宗。

《华严》大经，王于三藏。末后一着，归重愿王。夫众生情爱牵连，幻成世界，妄执缘影，遂立前尘，触之则生死浩然，究竟皆归于业海。然而业系之内，尚且天经地义，万邦作孚。况诸佛菩萨悲智无涯，色心俱寂，本真如以起用，称法性以垂机，触之则生死销亡，究竟皆同归秘藏，大事该乎九界，深恩施于尘年，无不从此法界流，无不还归此法界。此与六环业系为何如，而可反恣睽违，不从标准？是旨也，精研藏教，备考群宗，由忍土而遐揽十虚，从末流而旷观三际。则求生净土一法，诚法界第一缘起矣！

说者谓阿弥愿胜，驾越诸方。然诸佛愿等、子等、心等，法性海中，哪容优劣？而千经万论，极口指归乐邦，十方广长，同声劝赞光寿者，何哉？缘在故耳。缘何谓在？信也。何谓不在？不信也。信不在处，恶业障之。如夜行者，灭火而趋险道。如破浪者，卷帆而鼓横桡。事同背驰，宁止纡曲？

又诸佛四土，上三土容有横义，至同居土，大都有竖无横。唯极乐同居，横具四土，是故有情以凡夫而例一生补处，国土即缘生而显称性五尘，佛身因应化而见法身真常，说法从众鸟而闻梵音深远。以要言之，法法圆融，尘尘究竟，教海无一名相可筌蹄，法门无一因果可比拟。然此等稀有，十方罕闻，而唯在极乐者，何哉？缘深故耳。缘何谓深？信深也。何谓浅？信浅也。信根浅处，恒情域之。如朝廷之有资格，高才皓齿而不迁。如麟凤之于走飞，羽道毛群而一类。何由大方阔步，豁破无明？

又诸佛度生，皆穷累劫。从凡阶圣，不退为难。今求生极乐，但七日竭诚，十念倾注，虽陷恶逆，悉记往生。才得往生，便圆踞三不退地。且见阿弥，即见十方诸佛。生极乐，即生一切刹海。乃至阿弥一光，极乐一尘，悉能于中顿证十方三世依正、色心、自他、凡圣等法，而不出刹那际三昧。夫诸佛度生如彼难，阿弥度生如此易者，何哉？缘久故耳。缘何谓久？信久也。何谓近？信近也。信缘近处，时分限之。如舍调弓而引謦弜，如放驯騄而服野骖。战胜之功，当在异日。

如上所论，专重有缘。缘深则境界难思，非等觉、十地所能测。缘久则神力迅速，非三祇百劫所可伦。要之阿弥非有加于吾心也。吾心一念离绝，故圣凡无在。吾心万法顿融，故四土无在。吾心不属时劫，故十世刹那无在。吾心不属方隅，故微尘刹海无在。吾何歉乎哉？特仗增上因缘，一显发之耳。曾有久习神咒者，一夜重魇，见狞物持之，置巨石下。其人怖急，忆诵素所习咒，遂见狞物倒散，裂石而醒。设素未习咒，或习未纯熟，缘种不深，斯时也，欲不寱死得乎？然梦中真言，复是何物？倒狞裂石，谁实使之？皆即我现前一念之心也，自心神咒，唤醒自心魇人。净土法门亦如是，自心之阿弥，还度自心之生死。故知因缘之义，甚深甚深。

抑闻魇之重者，不许持光照，照即死。不许抱令起，抱多失心。唯就暗中，俾熟识者大呼其名，连声呼之，无不解者。净土法门亦如是。劫浊盛时，众生魔重，毋以持名杂参话，毋以粗心习胜观。杂参话，则浊智腾波，定起邪见，所谓照之即死者也。习胜观，则非其境界，定起魔事，所谓抱多失心者也。唯以现前一念无明业识之心，令其专称阿弥陀佛名号，无间一心，未有不亲证亲到者。法门至此，愈卑而愈不胜仰，愈浅而愈不可俯，自呼自应，自魇自醒，一心之本元顿彰，法界之体用全揭。无庸钻仰，只么修行，倘未悟透根源，宁可颛蒙合妙。

夫颛蒙念佛，至矣极矣，无复加矣。但恐法门之戏论难忘，生死之天怀不切，或执牟尼而视同瓦砾，或以指爪而撮摩虚空，或抉瞖而与眼以明，或传经而苦舌之鸩，如此则扬之与抑，总莫畅乎本怀，而信之与疑，皆不成乎三昧。间有大智，知进知退，知存知亡，而未遘至人，未获圆悟，未穷极致，未学要诠，欲升永明之堂，入楚石之室，居五浊之世，阐难信之宗，殊非聊尔。呜呼！至人幽矣，圆悟皇哉。若无要诠，谁与穷极？

昔灵峰老人，以正法眼，选定《净土十要》一书，剞劂未全。乙未以后，梨枣四散。迄丁未年，焚失数种。成时窃念像季久转，唯此一门，契理契机。而净土诸书，唯此诸要，尽美尽善。爰加点评，稍事节略。又仿慈云《忏仪》、《二门》合行之例，会幽溪二要为一要，而自以《观经初门》、《弥陀行仪》二种谬附之。其序首《要解》，尊经也，要之要也。

次慈云，重行也。次新附二种，亦行经也。三者而后，则天台、紫阁、狮子林、鄞江、西斋、幽溪，以迄于袁，皆以时也。又天台以论主冠本宗，袁以白衣殿，不尽以时也。订讫，倡募流通，而大心缁白共成焉。

修舍沙门成时，合掌稽首，重为告曰：净土持名之法，有三大要焉。一者，六字弘名，念念之间，欣厌具足。如出幽狱，奔托王家，步步之间，欣厌具足。是故万缘之唾不食，众苦之忍莫回。高置身于莲花，便订盟于芬利。蛆蝇粪壤，可煞惊惭。二者，参禅必不可无净土，为防退堕，宁不寒心？净土必不可入禅机，意见稍乘，二门俱破。若夫余宗，在昔之时，不必改弦，但加善巧回向。在今之世，只可助行，必须净业专修。冷暖自知，何容强诤？三者，一句弥陀，非大彻不能全提，而最愚亦无少欠。倘有些子分别，便成大法魔殃。只贵一心受持，宁羡依稀解悟。乞儿若见小利，急须吐弃无余。棒打石人头，嚗嚗论实事。以上三要，颇切今时。倘能真实指迷，我愿舍身供养。十方三世，共闻此言。

戊申（清康熙七年）端阳日，相似菩萨近住男成时稽首书于华阳度云精舍之云气楼。

《净土十要》杭州重刻序

《净土十要》者，乃灵峰大师彻底悲心之所结集也，坚密大师剖心沥血之所流通也。自古宏净土者，未有如此直剖心宗，力救时病。可谓将法王最胜宝藏一旦尽开，普施大地众生现成受用。犹有不肯死心承当者，真是愚之甚，痴之极矣。灵峰云："深信发愿，的为净土指南。由此而执持名号，乃为正行。若信愿坚固，临终十念一念，亦决得生。若无信愿，纵将名号持至风吹不入，雨打不湿，如银墙铁壁相似，亦无得生之理。修净业者，不可不知。"坚密云："六字洪名，念念之间，欣厌具足。如出幽狱，奔托王家，步步之间，欣厌具足。是故万缘之唾不食，众苦之忍莫回。"又云："一句弥陀，非大彻不能全提，而最愚亦无少欠。倘有些子分别，便成大法魔殃。"此乃二大师，哀怜末世之大慈大悲真语实语。大舌轮之所同说，金色臂之所常垂，皆此意也。愿深思之，愿深思之。

愧哉！吾本屠门之子，地狱之人。赖佛光垂照，善友提携，乃知厌苦，发心出家。屡蒙师友重重开示，始慕宗乘。愧宿障深厚，参究数年，只解偏空而已。于咸丰辛酉，在明因寺，忽遭兵灾，方觉前来学未真实。幸佛恩加被，在大难中虽伤一足，犹可奔逃。遂隐居于普陀佛顶山慧济寺，于夏月间，细阅此书，感激之至。如多年暗室，忽遇明灯。可惜从前不肯细读，空过光阴，悔之不及。自此尽弃旧习，专学持名。欲具欣厌，故燃两指。十念记数，皆从此起。有净侣妙能大师，与余颇似宿缘，一见欢喜，乃共行之。见《十要序》云："像季久转，唯净土一门，契理契机。而净土诸书，唯此诸要，尽美尽善。"因兵燹之后，此板无存，遂发诚心，劝募重梓。唯愿十方三世，共遵此书，同念弥陀，同生净土，方慰诸佛广长、二师愿力也哉！

同治十一年壬申夏日，恋西学人玉峰古昆，在明因寺西楼敬燃臂香四十八炷供养阿弥陀佛，稽首谨序。

《净土十要》扬州重刻序

甲午年春王月望日，吾弟某不辞劳苦，持古本《十要》而来，云及此书多谤禅宗。噫！若作谤会，是真谤矣。夫诸宗赞扬者，皆法也。所呵者，皆弊也。如我禅宗呵斥教、律、净土者尤甚，岂可竟作门庭人我斗争法会耶？其实法法平等，一一皆同出于一源，我佛岂有自相矛盾之理乎？故《楞严》二十五大士，位位第一。独大势至一章，与其同伦五十二菩萨证入。足验法门收机普，利益广，易于成就者，不言可知。忆我始祖释迦一代宣扬，处处指归。此法乃当机之当机，又第一之第一，可以不必排抑矣。故列祖弘通修持者，不一而足。但我等多随流俗知见，出口入耳之学，未肯旷观古今，沉思默会其义，谓愚夫愚妇之工夫耳。倘能入得此门，法法皆不相背，何触之有？请深思之可也。否则，满目尽是荆棘泥途，岂能博览诸宗，遍游法界，受百城烟水知识之益乎？

清光绪二十年甲午七月佛欢喜日书成，释观如略序缘起于广陵藏经禅院之清泰室中。

《净土十要》原文发刊序

如来一代所说一切法门，虽则大小顿渐不同，权实偏圆各异，无非令一切众生就路还家，复本心性而已。然此诸法皆须自力修持，断惑证真，了生脱死，绝无他力摄持，令其决于现生入圣超凡，成就所愿也。唯净土法门，仗佛誓愿摄受之力，自己信愿念佛之诚，无论证悟与否，乃至烦惑丝毫未断者，均可仗佛慈力，即于现生往生西方，既得往生，则已证悟者直登上品，未断惑者亦预圣流。是知净土法门，广大无外，如天普盖，似地均擎，统摄群机，了无遗物。诚可谓十方三世一切诸佛，上成佛道，下化众生，成始成终之总持法门。三根普被，利钝全收。上之则等觉菩萨，不能超出其外。下之则逆恶凡夫，亦可预入其中。畅如来出世之本怀，开众生归元之正路。故得九界同归，十方共赞，千经俱阐，万论均宣也。而况时值末法，人根陋劣，舍此别修，不但具缚凡夫莫由出离生死，即十地圣人亦难圆满菩提。以故文殊、普贤、马鸣、龙树、远公、智者、清凉、永明，悉皆发金刚心，为之宏赞，以期六道三乘，同得横超三界，复本心性也。竺震著述，多难胜数。蕅益大师选其最契时机者九种，并自所著之《弥陀要解》，名为《净土十要》，欲学者由此具识如来度生之要，与一法普摄一切诸法之所以然。大师逝后，其门人成时，欲遍界流通，恐文言繁长，卷帙博大，费巨而难广布，遂节略字句，于各要叙述意致，加以评点，实煞费苦心。惜其自恃智能圆照，随阅随节，不加复勘，即行付刊，致文多隐晦，兼有口气错乱，词不达意之处。

民国七年，徐蔚如居士见访，以彼经理刻《藏经》事，因祈彼搜刻原本。彼后即刻《弥陀要解》、《西方合论》二种。今具得原本，李圆净居士拟照前《十要》章程重刊，凡时师所作叙述、评点，一一照录，唯补时师之歉缺，不灭时师之苦心。仍作四册，以所节有多少不同，故卷须重调。《西斋诗》、《念佛直指》，昔则前后倒置，今调令适宜。各册末附各要文，及《彻悟语录》。又另以《往生论注》、《莲花世界诗》合一册，作附本，共成五册。均与《十要》文义宗旨符合，了无差殊。如帝网珠，互相掩映。令诸阅者，深知净土法门为一切诸法之归宿，一切诸法无不从此法界流，无不还归此法界也。

民国十九年庚午冬，常惭愧僧印光谨撰。

净土十要

灵峰蕅益大师选定净土十要第一

述曰：佛法之妙，莫要于净土。净土之妙，莫要于持名。持名之妙，莫要于小本《阿弥陀经》。小本之妙，莫要于灵峰《要解》。倘未读《要解》，或读未精详，或精详未贯彻，便谓于小本无不知，无不信，无不悟入，可乎？既于本经有未尽，一行三昧，如何修行？既未善持名，净土玄关，如何优入？既未阶净信净愿，十方三世佛祖大道，如何荷担？然则《要解》之有关于十方三世佛祖大道也甚矣！

今定《十要》，以《要解》为上首，厥义有三：一祖佛经，以小本为净土诸经之最要故；二重持名，以末法修行，总以持名为行本故；三立本经之大宗，以今解精彻确正，堪为要中之要故。读《十要》者，请以《要解》为主，以余九为伴。能令邪解莫入，能令意见不容，能令心宗圆明，能令美善双尽。夫然后不愧为真学佛者，夫然后不自误误人，夫然后必生净土，夫然后可学一切佛法，夫然后知十方三世佛祖之大道举不外乎此矣。

《佛说阿弥陀经要解》重刻序

净土深旨，滥始于《观经》之观佛，汇泽于小本之持名，二经盖不思议无上心要也。释妙观者，有天台圣祖大宗，称经发明，要矣。释小本者，振古于斯，诸美毕备，以言心要，似有待焉。

岁在丁亥，灵峰大师述成《要解》。如灯照色，而非光华。以义定名，而非拟议。不过道屋里事，而聆者若惊。不外布帛菽粟之谈，而未曾有。诸凡横竖四土，事理一心，罔弗精义入神，要归允当，使学者了然知生信发愿以起妙行，无缛焉矣尔。小本得是疏，便觉一行三昧，横吞万派而卓立孤标，事出非常而道在伊迩。深固幽远之藏，一旦尽开。吾闻善善之家，机理双契。是故矢必应弦，药必应病。今《要解》逗末世机，能提深警彻悟之人，俾其法界圆昭，尽杜虚解邪僻之习。又能使中下之辈，信而有勇。至于正讹订误，纤巨不遗。浑然德音，方正不割。诚诸祖所密印，诸佛所共加。以为劫外优昙，掌中摩勒，匪阿也。

癸巳岁，大师在歙浦演说，释义、分科，间有不同。尤觉闻所未闻，信所未信。华阳学人性旦录出，名“歙浦本”。今重梓《十要》，遂以此本授锓。谨序而识之。

时戊申端阳后三日也，古歙学人成时和南书。

《佛说阿弥陀经》要解

姚秦 三藏法师鸠摩罗什 译

西有沙门蕅益智旭 解

原夫诸佛悯念群迷，随机施化，虽归元无二，而方便多门。然于一切方便之中，求其至直捷、至圆顿者，则莫若念佛求生净土。又于一切念佛法门之中，求其至简易、至稳当者，则莫若信愿专持名号。是故净土三经并行于世，而古人独以《阿弥陀经》列为日课。岂非有见于持名一法，普被三根，摄事、理以无遗，统宗、教而无外，尤为不可思议也哉！

古来注疏，代不乏人。世远就湮，所存无几。云栖和尚著为《疏钞》，广大精微。幽溪师伯述《圆中钞》，高深洪博。盖如日月中天，有目皆睹。特以文富义繁，边涯莫测，或致初机浅识，信愿难阶。故复弗揣庸愚，再述《要解》。不敢与二翁竞异，亦不必与二翁强同。譬如侧看成峰，横看成岭，纵皆不尽庐山真境，要不失为各各亲见庐山而已。

将释经文，五重玄义：

△ 第一、释名

此经以能说、所说人为名。

“佛”者，此土能说之教主，即释迦牟尼，乘大悲愿力，生五浊恶世，以先觉觉后觉，无法不知，无法不见者也。

“说”者，悦所怀也。佛以度生为怀，众生成佛机熟，为说难信法，令究竟脱，故悦也。

“阿弥陀”者，即所说彼土之导师，以四十八愿，接信愿念佛众生，生极乐世界，永阶不退者也。梵语“阿弥陀”，此云“无量寿”，亦云

“无量光”。要之功德智慧、神通道力、依正庄严、说法化度，一一无量也。①

一切金口，通名为“经”。对上五字，是通、别合为题也。②教、行、理三，各论通、别，广如台藏所明。

△ 第二、辨体

大乘经皆以实相为正体。③

吾人现前一念心性，不在内、不在外、不在中间，非过去、非现在、非未来，非青黄赤白、长短方圆，非香、非味、非触、非法。觅之了不可得，而不可言其无。具造百界千如，而不可言其有。离一切缘虑分别、语言文字相，而缘虑分别、语言文字，非离此别有自性。要之离一切相，即一切法。离故无相，即故无不相，不得已强名实相。④

实相之体，非寂非照，而复寂而恒照，照而恒寂。照而寂⑤，强名常

---

① 丁亥本下云：“聊举寿命、光明二事以为言端耳。”文义更为完整。该本为蕅益大师丁亥年（1647）所作，为《要解》的初行本，收于《大正藏》第三十七册。癸巳年（1653）大师在歙浦栖云院再次讲解，由门人性旦笔录，为《要解》歙浦本。甲午（1654）冬，大师去世前又在病中口授数处令改正，遂为定本。后由门人成时收于《净土十要》，但文字有所节略。

② 丁亥本原文作：“‘经’者，训‘法’，训‘常’。一切金口所宣，通名为‘经’。今对‘佛说阿弥陀’五字，即是通、别合为题也。”今本有所节略。

③ 丁亥本下云：“何谓实相？即现前一念心之自性是也。”

④ “要之”下，丁亥本原文作：“以要言之，离一切相，即一切法。唯其离一切相，故无相。唯其即一切法，故无不相。无相无不相，故不得已强名实相。”

⑤ “照而寂”下，丁亥本原文作：“照而恒寂，强名为常寂光土；寂而恒照，强名清净法身。又照而恒寂，强名法身；寂而恒照，强名报身。又性德寂照强名法身，修德寂照名报身。又修德照而恒寂，名为受用身；修德寂而恒照，强名应化身。”

寂光土；寂而照，强名清净法身。又照寂强名法身，寂照强名报身。又性德寂照名法身，修德寂照名报身。又修德照寂，名受用身；修德寂照，名应化身。寂照不二，身土不二，性修不二，真应不二，无非实相。实相无二，亦无不二。是故举体作依作正、作法作报、作自作他。乃至能说所说，能度所度，能信所信，能愿所愿，能持所持，能生所生，能赞所赞，无非实相正印之所印也。

△ 第三、明宗

宗是修行要径，会体枢机[①]，而万行之纲领也。提纲则众目张，挈领则襟袖至，故体后应须辨宗。

此经以信愿持名为修行之宗要。非信不足启愿，非愿不足导行，非持名妙行不足满所愿而证所信。经中先陈依正以生信，次劝发愿以导行，次示持名以径登不退。信则信自、信他、信因、信果、信事、信理。愿则厌离娑婆，欣求极乐。行则执持名号，一心不乱。

信自者。信我现前一念之心，本非肉团，亦非缘影。竖无初后，横绝边涯。终日随缘，终日不变。十方虚空微尘国土，元我一念心中所现物。我虽昏迷倒惑，苟一念回心，决定得生自心本具极乐，更无疑虑。是名信自。

信他者。信释迦如来决无诳语，弥陀世尊决无虚愿，六方诸佛广长舌决无二言。随顺诸佛真实教诲，决志求生，更无疑惑。是名信他。

信因者。深信散乱称名，犹为成佛种子，况一心不乱，安得不生净土？是名信因。

信果者。深信净土诸善聚会，皆从念佛三昧得生。如种瓜得瓜，种豆得豆，亦如影必随形，响必应声，决无虚弃。是名信果。

信事者。深信只今现前一念不可尽故，依心所现十方世界亦不可尽，实有极乐国在十万亿土外，最极清净庄严，不同庄生寓言。是名信事。

---

① 丁亥本作："宗是修行之要径，会体之枢机。"今本节去"之"字。

信理者。深信十万亿土，实不出我今现前介尔一念心外[①]，以吾现前一念心性实无外故。又深信西方依正主伴，皆吾现前一念心中所现影。全事即理，全妄即真，全修即性，全他即自。我心遍故，佛心亦遍，一切众生心性亦遍。譬如一室千灯，光光互遍，重重交摄，不相妨碍。是名信理。

如此信已，则娑婆即自心所感之秽，而自心秽，理应厌离；极乐即自心所感之净，而自心净，理应欣求。厌秽须舍至究竟，方无可舍。欣净须取至究竟，方无可取。故《妙宗》云："取舍若极，与不取舍亦非异辙。"设不从事取舍，但尚不取不舍，即是执理废事。既废于事，理亦不圆。若达全事即理，则取亦即理，舍亦即理。一取一舍，无非法界。故次信而明愿也。

言执持名号，一心不乱者。名以召德，德不可思议，故名号亦不可思议[②]。名号功德不可思议，故使散称为佛种，执持登不退也。然诸经示净土行，万别千差，如观像、观想、礼拜、供养、五悔、六念等，一一行成，皆生净土。唯持名一法，收机最广，下手最易，故释迦慈尊无问自说，特向大智舍利弗拈出，可谓方便中第一方便，了义中无上了义，圆顿中最极圆顿。故云："清珠投于浊水，浊水不得不清。佛号投于乱心，乱心不得不佛"也。

信愿持名，以为一乘真因。四种净土，以为一乘妙果。举因则果必随之，故以信愿持名为经正宗。其四种净土之相，详在《妙宗钞》及《梵网玄义》，兹不具述。俟后释依正文中，当略示耳。

△ 第四、明力用

此经以往生不退为力用。

往生有四土，各论九品。且略明得生四土之相：若执持名号，未断

---

① 丁亥本作："深信极乐国土虽在十万亿土之远，而实不出我只今现前介尔一念心外。"

② 丁亥本作："名以召德，德既不可思议，故名号亦功德，亦复不可思议。"

见思，随其或散或定，于同居土分三辈九品。若持至事一心不乱，见思任运先落，则生方便有余净土。若至理一心不乱，豁破无明一品乃至四十一品，则生实报庄严净土，亦分证常寂光土。若无明断尽，则是上上实报，究竟寂光也。

不退有四义：一、念不退。破无明，显佛性，径生实报，分证寂光。二、行不退。见思既落，尘沙亦破，生方便土，进趋极果。三、位不退。带业往生，在同居土，莲花托质，永离退缘。四、毕竟不退。不论至心散心，有心无心，或解不解，但弥陀名号，或六方佛名、此经名字，一经于耳，假使千万劫后，毕竟因斯度脱。如闻涂毒鼓，远近皆丧。食少金刚，决定不消也。

复次，只带业生同居净，证位不退者，皆与补处俱，亦皆一生必补佛位。夫上善一处，是生同居即已横生上三土。一生补佛，是位不退即已圆证三不退。如斯力用，乃千经万论所未曾有。较彼顿悟正因，仅为出尘阶渐；生生不退，始可期于佛阶者，不可同日语矣。宗、教之士，如何勿思！

△ 第五、教相

此大乘菩萨藏摄。又是无问自说，彻底大慈之所加持，能令末法多障有情，依斯径登不退。故当来经法灭尽，特留此经，住世百年，广度含识。阿伽陀药，万病总持。绝待圆融，不可思议。《华严》奥藏，《法华》秘髓，一切诸佛之心要，菩萨万行之司南，皆不出于此矣。欲广叹述，穷劫莫尽。智者自当知之。

△ 入文分三：初序分，二正宗分，三流通分。

此三名初善、中善、后善。序如首，五官具存。正宗如身，脏腑无缺。流通如手足，运行不滞。故智者释《法华》，初一品皆为序，后十一品半皆为流通。又一时，迹、本二门，各分三段，则《法师》等五品，皆为迹门流通。盖序必提一经之纲，流通则法施不壅，关系非小。后人不达，见经文稍涉义理，便判入正宗，致序及流通，仅存故套，安所称初语亦善、后语亦善也哉？

（甲）初、序分二：初通序，二别序。

（乙）初中二：初标法会时处，二引大众同闻。

（丙）今初

【经】**如是我闻。一时，佛在舍卫国祇树给孤独园。**

【解】“如是”，标信顺。“我闻”，标师承。“一时”，标机感。“佛”，标教主。“舍卫”等，标说经处也。

实相妙理，古今不变，名“如”。依实相理，念佛求生净土，决定无非，曰“是”。

实相非我非无我，阿难不坏假名，故仍称“我”。耳根发耳识，亲聆圆音，如空印空，名“闻”。

时无实法，以师资道合，说听周足，名“一时”。

自觉觉他，觉行圆满，人天大师，名“佛”。

“舍卫”，此云“闻物”，中印度大国之名，波斯匿王所都也。匿王太子名“祇陀”，此云“战胜”。匿王大臣名“须达多”，此云“给孤独”。给孤长者布金买太子园，供佛及僧。祇陀感叹，施余未布少地。故并名“祇树给孤独园”也。

（丙）二、引大众同闻三：初声闻众，二菩萨众，三天人众。

声闻居首者，出世相故，常随从故，佛法赖僧传故。菩萨居中者，相不定故，不常随故，表中道义故。天人列后者，世间相故，凡圣品杂故，外护职故。

（丁）初、声闻众，又三：初明类标数，二表位叹德，三列上首名。

（戊）今初

【经】**与大比丘僧千二百五十人俱。**

【解】“大比丘”，受具足戒出家人也。“比丘”梵语，含三义：一、乞士，一钵资身，无所蓄藏，专求出要；二、破恶，正慧观察，破烦恼恶，不堕爱见；三、怖魔，发心受戒，羯磨成就，魔即怖也。

“僧”者，具云“僧伽”，此翻“和合众”。同证无为解脱，名理和。身同住、口无诤、意同悦、见同解、戒同修、利同均，名事和也。

“千二百五十人”者，三迦叶师资共千人，身子、目连师资二百人，耶舍子等五十人。皆佛成道，先得度脱，感佛深恩，常随从也。

（戊）二、表位叹德

【经】**皆是大阿罗汉**（之位），（其德为）**众所知识**。[1]

【解】“阿罗汉”亦含三义：一、应供，即乞士果；二、杀贼，即破恶果；三、无生，即怖魔果。复有慧解脱、俱解脱、无疑解脱三种不同。今是无疑解脱，故名“大”。又本是法身大士，示作声闻，证此净土不思议法，故名“大”也。从佛转轮，广利人天，故为众所知识。

（戊）三、列上首名

【经】**长老舍利弗**（此云身子）、**摩诃目犍连**（大采菽氏）、**摩诃迦叶**（大饮光）、**摩诃迦旃延**（大文饰）、**摩诃俱絺罗**（大膝）、**离婆多**（星宿）、**周利槃陀伽**（继道）、**难陀**（喜）、**阿难陀**（庆喜）、**罗睺罗**（覆障）、**憍梵波提**（牛呞）、**宾头卢颇罗堕**（不动利根）、**迦留陀夷**（黑光）、**摩诃劫宾那**（房宿）、**薄拘罗**（善容）、**阿㝹楼驮**（无贫），**如是等诸大弟子**。

【解】德腊俱尊，故名“长老”。身子尊者，声闻众中智慧第一。目连尊者，神通第一。饮光尊者，身有金光，传佛心印为初祖，头陀行第一。文饰尊者，婆罗门种，论议第一。大膝尊者，答问第一。星宿尊者，无倒乱第一。继道尊者，因根钝仅持一偈，辩才无尽，义持第一。喜尊者，佛之亲弟，仪容第一。庆喜尊者，佛之堂弟，复为侍者，多闻第一。覆障尊者，佛之太子，密行第一。牛呞尊者，宿世恶口，感此余报，受天供养第一。不动尊者，久住世间，应末世供，福田第一。黑光尊者，为佛

① 丁亥本其下解云：“‘大阿罗汉’是表位，‘众所知识’是叹德。”今本略去，而将其义夹注于经文间。

使者，教化第一。房宿尊者，知星宿第一。善容尊者，寿命第一。无贫尊者，亦佛堂弟，天眼第一。

此等常随众，本法身大士，示作声闻，为影响众。今闻净土摄受功德，得第一义悉檀之益，增道损生，自净佛土，复名当机众矣。

（丁）二、菩萨众

【经】**并诸菩萨摩诃萨，文殊师利**（此云妙德）**法王子、阿逸多**（此云无能胜，弥勒菩萨之名）**菩萨、乾陀诃提**（此云不休息）**菩萨、常精进菩萨，与如是等诸大菩萨。**

【解】“菩萨摩诃萨”，此云“大道心成就有情”，乃悲智双运，自他兼利之称。

佛为法王，文殊绍佛家业，名法王子。菩萨众中，智慧第一。非勇猛实智，不能证解净土法门，故居初。

弥勒当来成佛，现居等觉，以究竟严净佛国为要务，故次列。[①]

不休息者，旷劫修行不暂停故。

常精进者，自利利他无疲倦故。

此等深位菩萨，必皆求生净土，以不离见佛，不离闻法，不离亲近供养众僧，乃能速疾圆满菩提故。

（丁）三、天人众

【经】**及释提桓因等，无量诸天大众俱。**

【解】“释提桓因”，此云“能为主”，即忉利天王。

“等”者，下等四王，上等夜摩、兜率、化乐、他化、色、无色无量诸天也。

“大众俱”，谓十方天、人、八部、修罗、人非人等，无不与会，无非净土法门所摄之机也。

通序竟。

---

① 丁亥本作：“当来下生成佛，现在居等觉位，正以究竟严净佛国为其要务，故次列之。”

（乙）二、别序，发起序也。

净土妙门，不可思议，无人能问，佛自唱依正名字为发起。又佛智鉴机无谬，见此大众应闻净土妙门而获四益，故不俟问，便自发起。如《梵网》下卷，自唱位号云“我今卢舍那”等，智者判作发起序，例可知也。

【经】**尔时佛告长老舍利弗：从是**（娑婆世界）**西方，过十万亿佛土，有世界名曰极乐。其土有佛，号阿弥陀，今现在说法。**

【解】净土法门，三根普摄，绝待圆融，不可思议，圆收圆超一切法门，甚深难信。故特告大智慧者，非第一智慧，不能直下无疑也。

“西方”者，横亘直西，标示现处也。“十万亿”者，千万曰亿，今积亿至十万也。“佛土”者，三千大千世界，通为一佛所化。且以此土言之，一须弥山，东、西、南、北各一洲，同一日月所照、一铁围山所绕，名一四天下。千四天下，名小千世界。千小千，名中千世界。千中千，名大千世界。过如此佛土十万亿之西，是极乐世界也。

问：何故极乐在西方？

答：此非善问。假使极乐在东，汝又问何故在东，岂非戏论？况自十一万亿佛土视之，又在东矣，何足致疑。

“有世界名曰极乐”，序依报国土之名也。竖约三际以辨时劫，横约十方以定疆隅，故称“世界”。“极乐”者，梵语“须摩提”，亦云“安养”、“安乐”、“清泰”等，乃永离众苦第一安隐之谓，如下广释。

然佛土有四，各分净秽：凡圣同居土，五浊重者秽，五浊轻者净[①]。方便有余土，析空拙度证入者秽，体空巧度证入者净[②]。实报无障碍土，次第三观证入者秽，一心三观证入者净[③]。常寂光土，分证者秽，究竟满证者

① 成时法师评注：“西方是同居净，以凡夫例圣故。”

② 成时法师评注：“西方是方便净，以小乘回心故。”

③ 成时法师评注：“西方是实报净，以所证圆顿故。”

净[1]。今云“极乐世界”，正指同居净土，亦即横具上三净土也[2]。（此论修德，不论性德。性德则一切微尘，法尔具足四种净秽佛土。今约信、愿、行三，弥陀名号不可思议故，能令凡夫所感同居极乐最极清净也。此则十方佛土所无，极乐同居独擅，方是极乐净土宗旨。下明义处皆然。）

“有佛号阿弥陀”，序正报教主之名也。翻译如下广释。[3]

佛有三身，各论单复：法身单，指所证理性；报身单，指能证功德智慧；化身单，指所现相好色像。法身复者，自性清净法身、离垢妙极法身；报身复者，自受用报身、他受用报身；化身复者，示生化身、应现化身，又佛界化身、随类化身。虽辨单、复三身，实非一非三，而三而一，不纵横，不并别，离过绝非，不可思议。今云“阿弥陀佛”，正指同居土中示生化身，仍复即报、即法也。

复次，世界及佛皆言“有”者，具四义：的标实境，令欣求故。诚语指示，令专一故。简非乾城阳焰，非权现曲示，非缘影虚妄，非保真偏但，破魔、邪、权、小故。（非权，破《华严合论》之讹。非邪，破末世积迷之习。此二料简，尤大有关系。）圆彰性具，令深证故。

“今现在说法”者，简上依、正二有，非过去已灭，未来未成。正应发愿往生，亲觐听法，速成正觉也。

复次，二有现在，劝信序也。世界名极乐，劝愿序也。佛号阿弥陀，劝持名妙行序也。

复次，阿弥，序佛。说法，序法。现在海会，序僧。佛、法、僧同一实相，序体。从此起信、愿、行，序宗。信、愿、行成，必得往生，见佛闻法，序用。唯一佛界为所缘境，不杂余事，序教相也。言略意周矣。

初序分竟。

---

①成时法师评注：“西方是寂光净，以受用同佛故。”

②成时法师评注：“以经中是同居境故，以上善俱会故。”

③丁亥本作：“梵语‘阿弥陀’，此云‘无量寿’、‘无量光’等，亦如下广释。”

（甲）二、正宗分三：初广陈彼土依正妙果以启信，二特劝众生应求往生以发愿，三正示行者执持名号以立行。

信愿持名，一经要旨。信愿为慧行，持名为行行。得生与否，全由信愿之有无。品位高下，全由持名之深浅。故慧行为前导，行行为正修，如目足并运也。

（乙）初文为二：初依报妙，二正报妙。

（丙）初又二：初征释，二广释。

（丁）初又二：初征，二释。

（戊）今初

【经】舍利弗，彼土何故名为极乐？

（戊）二、释，又二：初约能受用释，二约所受用释。

（己）今初

【经】其国众生，无有众苦，但受诸乐，故名极乐。

【解】“众生”是能受用人，等觉以还皆可名。今且约人民言，以下下例上上也。

娑婆苦乐杂，其实苦是苦苦，逼身心故；乐是坏苦，不久住故；非苦非乐是行苦，性迁流故。彼土永离三苦，不同此土对苦之乐，乃名极乐。一往分别，同居[①]五浊轻，无分段八苦，但受不病不老、自在游行、天食天衣、诸善聚会等乐。方便体观巧，无沉空滞寂之苦，但受游戏神通等乐。实报心观圆，无隔别不融之苦，但受无碍不思议乐。寂光究竟等[②]，无法身渗漏、真常流注之苦，但受称性圆满究竟乐。然同居众生，以持名善根福德同佛故，圆净四土，圆受诸乐也。

---

① “同居”，即凡圣同居净土。其下“方便”即方便有余净土，“实报”即实报庄严净土，“寂光”即寂光净土。参见丁亥本。

② “等”，即“平等”。参见丁亥本。

复次，极乐最胜，不在上三土，而在同居。良以上之则十方同居逊其殊特，下又可与此土较量，所以凡夫优入而从容，横超而度越。佛说苦乐，意在于此。

（己）二、约所受用释。（此亦转释上“无有众苦，但受诸乐”之故。下“广释”一科亦然。）

【经】又舍利弗，极乐国土，七重栏楯（以严际畔），**七重罗网**（以严空界），**七重行树**（以严露地），**皆是四宝，周匝围绕，是故彼国名为极乐。**

【解】七重，表七科道品。四宝，表常、乐、我、净四德。周匝围绕者，佛菩萨等无量住处也[①]。皆四宝则自功德深，周匝绕则他贤圣遍，此极乐真因缘也。

此等庄严，同居净土是增上善业所感，亦圆五品观所感，以缘生胜妙五尘为体。方便净土是即空观智所感，亦相似三观所感，以妙真谛无漏五尘为体。实报净土是妙假观智所感，亦分证三观所感，以妙俗谛无尽五尘为体。常寂光土是即中观智所感，亦究竟三观所感，以妙中谛称性五尘为体。欲令易解，作此分别。实四土庄严，无非因缘所生法，无不即空、假、中。所以极乐同居净境，真俗圆融，不可限量。下皆仿此。

问：寂光唯理性，何得有此庄严？

答：一一庄严全体理性，一一理性具足庄严，方是诸佛究竟依果。若寂光不具胜妙五尘，何异偏真法性？[②]

---

① 丁亥本云：“彼土佛及菩萨，并诸声闻，其数无量，则有无量住处，亦有无量七重栏楯、罗网、行树，遍满彼国，处处庄严，不可穷尽，故云‘周匝围绕’也。”

② 丁亥本问云：“同居、方便、实报三土，得言栏楯、行树、池、楼、花、雨等一切庄严。常寂光土既唯理性，何得亦有此等庄严？”答云：“一一庄严无非全体理性，一一理性具足无量庄严，方是诸佛究竟依果。若谓寂光不具胜妙五尘，何异小乘所证偏真法性？”今本有所节略。

（丁）二、广释二：初别释所受，二合释能受所受。

（戊）初又二：初释生处，二结示佛力。

（己）今初

【经】**又舍利弗，极乐国土有七宝池。八功德水，充满其中。池底纯以金沙布地。四边阶道，金、银、琉璃、玻璃合成。上有楼阁，亦以金、银、琉璃、玻璃、砗磲、赤珠、玛瑙而严饰之。池中莲花，大如车轮，青色青光，黄色黄光，赤色赤光，白色白光，微妙香洁。**

【解】上明住处，今明生处。

宝池，金、银等所成，不同此方土石也。

八功德者：一、澄清，异此方浑浊；二、清冷，异寒热；三、甘美，异咸淡劣味；四、轻软，异沉重；五、润泽，异湉腐褪色；六、安和，异急暴；七、除饥渴，异生冷；八、长养诸根，异损坏诸根，及沴戾增病、没溺等也。充满其中，异枯竭、泛滥。

底纯金沙，异污泥。阶道四宝，异砖石。陛级名阶，坦途名道，重屋名楼，岑楼名阁。七宝楼阁，异此方土木丹青也。楼阁是住处，及法会处。但得宝池莲胞开敷，便可登四岸，入法会，见佛闻法也。

花轮者，轮王金轮大四十里，且举最小者言。若据《观经》及《无量寿会》，大小实不可量，由同居净土身相不等故也。青色名优钵罗，黄色名拘勿头，赤色名钵头摩，白色名芬陀利。由生身有光，故莲胞亦有光。然极乐莲花，光色无量，此亦略言耳。

“微妙香洁”，略叹莲花四德。质而非形曰微，无碍曰妙。非形则非尘，故洁也。莲胞如此，生身可知。

（己）二、结示佛力

【经】**舍利弗，极乐国土成就如是功德庄严。**

【解】明上住处、生处种种庄严，皆是阿弥陀佛大愿大行称性功德之所成就，故能遍严四种净土，普摄十方三世一切凡圣令往生也。复次，佛以大愿作众生多善根之因，以大行作众生多福德之缘，令信愿持名者，念念成就如是功德，而皆是已成，非今非当。此则以阿弥种种庄严作增上本质，带起众生自心种种庄严，全佛即生，全他即自，故曰“成就如是功德庄严”。

（戊）二、合释能受所受，又二：初约五根五尘明受用，次约耳根声尘明受用。

（己）初又二：初正明，二结示。

（庚）今初

【经】**又舍利弗，彼佛国土，**（空中）**常作天乐，**（下是）**黄金为地。**（中间）**昼夜六时，雨天曼陀罗花**（上严空界，下严金地）。**其土众生，常以清旦，各以衣裓，盛众妙花，供养他方十万亿佛。即以食时，还到本国，饭食经行。**

【解】乐是声尘，地是色尘，花是色、香二尘，食是味尘，盛花、散花、经行是触尘。众生五根对五尘可知。

常作者，即六时也。黄金为地者，七宝所严地界，体是黄金也。

日分初、中、后，名昼三时。夜分初、中、后，名夜三时。故云昼夜六时。然彼土依正各有光明，不假日月，安分昼夜？且顺此方假说分际耳。

“曼陀罗”，此云“适意”，又云“白花”。衣裓，是盛花器。众妙花，明非曼陀罗一种，应如《妙经》四花，表四因位[①]。供养他方佛，表真因会趋极果，果德无不遍也。且据娑婆[②]，言十万亿佛，意显生极乐已，还供释迦、弥勒，皆不难耳。若阿弥神力所加，何远不到哉！

食时，即清旦，故云“即以”，明其神足不可思议，不离彼土，常遍十方，不假逾时回还也。此文显极乐一声、一尘、一刹那，乃至跨步弹指，悉与十方三宝贯彻无碍。又显在娑婆则浊重恶障，与极乐不隔而隔；

① 丁亥本作：“应如《法华经》所明四花，以表住、行、向、地四因位也。”

② 丁亥本作：“且据极乐去此娑婆十万亿土”。

生极乐则功德甚深，与娑婆隔而不隔也。

饭食经行者，念食食至，不假安排，食毕钵去，不劳举拭，但经行金地，花、乐娱乐，任运进修而已。[①]

（庚）二、结示

【经】**舍利弗，极乐国土成就如是功德庄严。**

（己）二、约耳根声尘明受用。以此方耳根最利，故别就法音广明。其实极乐摄法界机，五尘一一圆妙，出生一切法门也。又二：初别明，二总结。

（庚）初中二：初化有情声，二化无情声。

（辛）初又二：初鸟音法利，二征释略显。

（壬）今初

【经】**复次舍利弗，彼国常有种种奇妙杂色之鸟，白鹤、孔雀、鹦鹉、舍利、迦陵频伽、共命之鸟。是诸众鸟，昼夜六时，出和雅音，其音演畅五根、五力、七菩提分、八圣道分，如是等法。其土众生，闻是音已，皆悉念佛、念法、念僧。**

【解】“种种奇妙杂色”，言多且美也。下略出六种。舍利，旧云鹙鹭，琦禅师云是春莺，或然。“迦陵频伽”，此云“妙音”，未出壳时，音超众鸟。共命，一身两头，识别报同。此二种西域雪山等处有之。皆寄此间爱赏者言其似而已。

六时出音，则知净土不以鸟栖为夜。良以莲花托生之身，本无昏睡，不假夜卧也。

五根等者，三十七道品也。[②]

---

① 丁亥本下云：“凡圣同居净土，其乐已自如此。况即于彼土，又可横超方便、实报、寂光，其乐又当何如！”

② 丁亥本下云：“不言四念处、四正勤、四如意足者，文省略耳。三十七品，通于四教。”

所谓四念处，一身念处，二受念处，三心念处，四法念处。

四正勤，一已生恶法令断，二未生恶法不令生，三未生善法令生，四已生善法令增长。

四如意足，一欲如意足，二精进如意足，三心如意足，四思惟如意足。

五根者，信正道及助道法，名信根；行正道及诸助道善法，勤求不息，名精进根；念正道及诸助道善法，更无他念，名念根；摄心在正道及诸助道善法中，相应不散，名定根；为正道及诸助道善法，观于苦等四谛，名慧根。

五力者，信根增长，能破疑惑，破诸邪信，及破烦恼，名信力；精进根增长，破种种身心懈怠，成办出世大事，名精进力；念根增长，破诸邪念，成就一切出世正念功德，名念力；定根增长，能破乱想，发诸事理禅定，名定力；慧根增长，能遮通别诸惑，发真无漏，名慧力。

七菩提分，亦名七觉分。智慧观诸法时，善能简别真伪，不谬取诸虚伪法，名择法觉分。精进修诸道法时，善能觉了，不谬行于无益苦行，常勤心在真法中行，名精进觉分。若心得法喜，善能觉了此喜，不依颠倒之法而喜，住真法喜，名喜觉分。若断除诸见烦恼之时，善能觉了，除诸虚伪，不损真正善根，名除觉分。若舍所见念着境时，善能觉了所舍之境虚伪不实，永不追忆，名舍觉分。若发诸禅定之时，善能觉了诸禅虚假，不生爱见妄想，名定觉分。若修出世道时，善能觉了，常使定慧均平。或心沉没，当念用择法、精进、喜三觉分，以察起之。或心浮动，当念用除、舍、定三觉分，以摄持之。调和适中，名念觉分。

八圣道分，亦名八正道分。修无漏行，观见四谛分明，名正见。以无漏心相应思惟，动发觉知筹量，为令增长入大涅槃，名正思惟。以无漏慧除四邪命，摄诸口业，住一切正语中，名正语。以无漏慧除身一切邪业，住清净正身业中，名正业。以无漏慧通除三业中五种邪命，住清净正命中，名正命。（五邪命，皆为利养：一、诈现异相奇特；二、自说功德；三、占相吉凶，为人说法；四、高声现威，令人敬畏；五、说所得供养，以动人心。）以无漏慧相应勤精进，修涅槃道，名正精进。以无漏慧相应念正道及助道法，名正念。以无漏慧相应入定，名正定。

此等道品，依生灭四谛而修，即藏教道品。依无生四谛而修，即通教道品。依无量四谛而修，即别教道品。依无作四谛而修，即圆教道品。藏道品，名半字法门。净土浊轻，似不必用。为小种先熟者，或暂用之。通道品，名大乘初门，三乘共禀，同居净土多说之。别道品，名独菩萨法，同居、方便净土多说之。圆道品，名无上佛法，有利根者于四净土皆得闻也。

“如是等法”者，等前念处、正勤、如意足，等余四摄、六度、十力、无畏，无量法门也。三十七品，收法虽尽。而机缘不等，作种种开合，名义不同。随所欲闻，无不演畅，故令闻者念三宝，发菩提心，伏灭烦恼也。

灼见慈威不可思议，故念佛。法喜入心，法味充足，故念法。同闻共禀，一心修证，故念僧。能念即三观。所念三宝，有别相、一体，及四教意义、三谛、权实之不同，如上料简道品，应知。

（壬）二、征释略显

【经】舍利弗，汝勿谓此鸟，实是罪报所生。所以者何？彼佛国土，无三恶道。舍利弗，其佛国土尚无恶道之名，何况有实？是诸众鸟，皆是阿弥陀佛欲令法音宣流，变化所作。

【解】征释可知。

问：白鹤等，非恶道名耶？

答：既非罪报，则一一名字，皆诠如来究竟功德，所谓“究竟白鹤”等，无非性德美称，岂恶名哉！

问：化作众鸟何义？

答：有四悉檀因缘：凡情喜此诸鸟，顺情而化，令欢喜故；鸟尚说法，令闻生善故；不于鸟起下劣想，对治分别心故；鸟即弥陀[1]，令悟法身平等，无不具、无不造故。

---

① 丁亥本作：“鸟即弥陀化作，不异弥陀法身”。

此中显微风、树、网等音，及一切依正假实，当体即是阿弥陀佛三身四德，毫无差别也。

（辛）二、化无情声

【经】**舍利弗，彼佛国土，微风吹动诸宝行树及宝罗网，出微妙音，譬如百千种乐，同时俱作。闻是音者，自然皆生念佛、念法、念僧之心。**

【解】情与无情，同宣妙法。四教道品，无量法门，同时演说，随类各解，能令闻者念三宝也。

念三宝，是从悉檀获益：凡夫创闻，大踊遍身，是欢喜益；与三宝气分交接，必能发菩提心，是生善益；由此伏灭烦恼，是破恶益；证悟一体三宝，是入理益也。

初别明竟。

（庚）二、总结

【经】**舍利弗，其佛国土成就如是功德庄严。**

【解】重重结示，令深信一切庄严，皆导师愿行所成，种智所现；皆吾人净业所感，唯识所变。佛心、生心，互为影质。如众灯明，各遍似一。全理成事，全事即理。全性起修，全修在性。亦可深长思矣！奈何离此净土，别谈唯心净土，甘堕鼠即鸟空之诮也哉！

初依报妙竟。

（丙）二、正报妙二：初征释名号，二别释主伴。

（丁）初中二：初征，二释。

（戊）今初

【经】**舍利弗，于汝意云何，彼佛何故号阿弥陀？**

【解】此经的示持名妙行，故特征释名号，欲人深信万德洪名不可思议，一心执持，无复疑贰也。

（戊）二、释二：初约光明释，二约寿命释。

“阿弥陀”，正翻“无量”，本不可说。本师以光、寿二义，收尽一切无量。光则横遍十方，寿则竖穷三际。横竖交彻，即法界体。举此体作弥陀身土，亦即举此体作弥陀名号。是故弥陀名号，即众生本觉理性。持名，即始觉合本。始本不二，生佛不二。故一念相应一念佛，念念相应念念佛也。

（己）今初

【经】**舍利弗，彼佛光明无量，照十方国，无所障碍，是故号为阿弥陀。**

【解】心性寂而常照，故为光明。今彻证心性无量之体，故光明无量也。诸佛皆彻性体，皆照十方[①]，皆可名“无量光”。而因中愿力不同，随因缘立别名。弥陀为法藏比丘，发四十八愿，有光明恒照十方之愿，今果成如愿也[②]。

法身光明无分际，报身光明称真性[③]，此则佛佛道同。应身光明有照一由旬者，十、百、千由旬者，一世界、十、百、千世界者。唯阿弥普照[④]，故别名“无量光”。然三身不一不异，为令众生得四益故，作此分别耳。

当知无障碍，约人民言。由众生与佛缘深，故佛光到处，一切世间无不圆见也。

（己）二、约寿命释

【经】**又舍利弗，彼佛寿命，及其人民**（寿命），（皆）**无量无边阿僧祇劫，故名阿弥陀。**

【解】心性照而常寂，故为寿命。今彻证心性无量之体，故寿命无量也。

法身寿命无始无终，报身寿命有始无终。此亦佛佛道同，皆可名“无量寿”。应身随愿随机，延促不等。法藏愿王有佛及人寿命皆无量之愿，今果成如愿，别名“无量寿”也。“阿僧祇”、“无边”、“无量”，皆算数名，实有量之无量。然三身不一不异，应身亦可即是无量之无量矣。[⑤]

① 丁亥本作：“十方三世诸佛，皆悉彻证心性全体，皆悉照十方国无所障碍”。

② 丁亥本作：“故今果成，如先所愿也”。

③ 丁亥本作：“法身光明，竖穷横遍，故无量。报身光明，称真法性，故无量。”

④ 丁亥本作：“唯弥陀普照十方无量世界”。

⑤ 丁亥本下云：“问：佛寿无量可也，人民寿命胡得亦无量耶？答：佛本愿力不思议故，信愿持名功德不思议故。信愿持名是正因缘，佛本愿力是增上缘。”

“及”者，并也。“人民”，指等觉以还。谓佛寿命并其人民寿命，皆无量等也。

当知“光”、“寿”名号，皆本众生建立。以生、佛平等，能令持名者，光明、寿命同佛无异也。复次由“无量光”义，故众生生极乐，即生十方；见阿弥陀佛，即见十方诸佛；能自度，即普利一切。由“无量寿”义，故极乐人民，即是一生补处，皆定此生成佛，不至异生。

当知离却现前一念无量光寿之心，何处有阿弥陀佛名号？而离却阿弥陀佛名号，何由彻证现前一念无量光寿之心？愿深思之，愿深思之。

（丁）二、别释主伴二：初别释，二结示。

（戊）初又二：初主，二伴。

（己）今初。此亦释别序中“今现在说法”句。

【经】舍利弗，阿弥陀佛成佛以来，于今十劫。

【解】此明极乐世界教主成就也。然法身无成无不成，不应论劫。报身因圆果满名成，应身为物示生名成，皆可论劫。又法身因修德显，亦可论成论劫。报身别无新得，应身如月印川，亦无成不成，不应论劫。但诸佛成道，各有本、迹。本地并不可测。且约极乐示成之迹而言，即是三身一成一切成，亦是非成非不成而论成也。

又佛寿无量，今仅十劫，则现在说法，时正未央，普劝三世众生速求往生，同佛寿命，一生成办也。又下文无数声闻、菩萨及与补处，皆十劫所成就，正显十方三世往生不退者多且易也。

（己）二、伴

【经】又舍利弗，彼佛有无量无边声闻弟子，皆阿罗汉，非是算数之所能知。诸菩萨众，亦复如是。

【解】他方定性二乘，不得生彼。若先习小行，临终回向菩提，发大誓愿者，生彼国已，佛顺机说法，令断见思，故名罗汉。如别教七住断见思之类，非实声闻也。[①]盖藏、通二教，不闻他方佛名。今闻弥陀名号，信愿往生，总属别、圆二教所摄机矣。

（戊）二、结示

【经】**舍利弗，彼佛国土成就如是功德庄严。**

【解】佛及声闻、菩萨，并是弥陀因中愿行所成，亦是果上一成一切成，是则佛、菩萨、声闻，各各非自非他，自他不二，故云“成就如是功德庄严”。能令信愿持名者，念念亦如是成就也。

初广陈彼土依正妙果以启信竟。

（乙）二、特劝众生应求往生以发愿二：初揭示无上因缘，二特劝。

净土殊胜，谓带业往生，横出三界；同居横具四土，开显四教法轮；众生圆净四土，圆见三身，圆证三不退；人民皆一生成佛。如是等胜异超绝，全在此二科点示，须谛研之。

（丙）今初

【经】**又舍利弗，极乐国土，众生**（才）**生**（彼土）**者，皆是**（三种）**阿鞞跋致。其**（三不退）**中多有一生补处，其数甚多，非是算数所能知之，但可以无量无边阿僧祇说。**

【解】“阿鞞跋致”，此云“不退”。一、位不退，入圣流，不堕凡地。二、行不退，恒度生，不堕二乘地。三、念不退，心心流入萨婆若海。

若约此土，藏初果、通见地、别初住[②]、圆初信，名位不退。通菩萨、

① 丁亥本作：“问：《往生论》云：‘二乘种不生。’何故彼佛仍有声闻弟子？答：定性二乘，不回向菩提，不发大愿，则不得生。若先习小行，临终回向发愿，则便得生。虽得生已，小习先熟，佛顺其机，为说小法，彼寻证果，旋即向大，不终滞于小也。是故不同此土藏教声闻，直俟《法华》开会方得入圆。应是通教声闻，或是别教七住，先断见思，故名阿罗汉耳。”

② “别初住”，丁亥本、卍续藏本作“别七住”。

别十行、圆十信，名行不退。别初地、圆初住，名念不退。今净土，五逆十恶，十念成就，带业往生，居下下品者，皆得三不退。

然据教道，若是凡夫，则非初果等。若是二乘，则非菩萨等。若是异生，则非同生性等。又念不退，非复异生。行不退，非仅见道。位不退，非是人民。躐等则成大妄，进步则舍故称。唯极乐同居，一切俱非，一切俱是。十方佛土，无此名相，无此阶位，无此法门。非心性之极致，持名之奇勋，弥陀之大愿，何以有此！

一生补处者，只一生补佛位，如弥勒、观音等。极乐人民普皆一生成佛，人人必实证补处，故其中多有此等上善，不可数知也。

复次，释迦一代时教，唯《华严》明一生圆满。而一生圆满之因，则末后《普贤行愿品》中，十大愿王，导归安养，且以此劝进华藏海众。嗟乎！凡夫例登补处，奇倡极谈，不可测度。《华严》所禀，却在此经。而天下古今，信鲜疑多，辞繁义蚀，余唯有剖心沥血而已。

（丙）二、特劝

【经】**舍利弗，**（如上无上大事因缘）**众生**（幸得）**闻者，应当发愿，愿生彼国。所以者何？得与如是**（不可算数一生补处）**诸上善人，俱会一处。**

【解】前罗汉、菩萨，但可云善人。唯补处居因位之极，故云“上”。其数甚多，故云“诸”。

“俱会一处”，犹言“凡圣同居”。寻常由实圣过去有漏业，权圣大慈悲愿，故凡夫得与圣人同居。至实圣灰身，权圣机尽，便升沉硕异，苦乐悬殊。乃暂同，非究竟同也。又天壤之间，见闻者少。幸获见闻，亲近步趋者少。又佛世圣人纵多，如珍如瑞，不能遍满国土，如众星、微尘。又居虽同，而所作所办则迥不同。

今同以无漏不思议业，感生俱会一处为师友，如埙如篪，同尽无明，同登妙觉。是则下凡众生，于念不退中，超尽四十一因位。若谓是凡夫，却不历异生，必补佛职，与观音、势至无别。若谓是一生补处，却可名凡夫，不可名等觉菩萨。此皆教网所不能收，刹网所不能例。

当知吾人大事因缘，同居一关，最难透脱。唯极乐同居，超出十方同居之外。了此，方能深信弥陀愿力。信佛力，方能深信名号功德。信持名，方能深信吾人心性本不可思议也。具此深信，方能发于大愿。文中“应当”二字，即指深信。深信发愿，即无上菩提。合此信愿，的为净土指南。由此而执持名号，乃为正行。若信愿坚固，临终十念、一念，亦决得生。若无信愿，纵将名号持至风吹不入，雨打不湿，如银墙铁壁相似，亦无得生之理。修净业者，不可不知也。大本《阿弥陀经》亦以发菩提愿为要，正与此同。

（乙）三、正示行者执持名号以立行二：初正示无上因果，二重劝。

（丙）今初

【经】**舍利弗，不可以少善根福德因缘，得生彼国。舍利弗，若有善男子、善女人，闻说阿弥陀佛，执持名号，若一日、若二日、若三日、若四日、若五日、若六日、若七日，一心不乱。其人临命终时，阿弥陀佛与诸圣众现在其前。是人终时，心不颠倒，即得往生阿弥陀佛极乐国土。**

【解】菩提正道名善根，即亲因。种种助道，施、戒、禅等，名福德，即助缘。声闻、缘觉菩提，善根少；人天有漏福业，福德少，皆不可生净土。唯以信愿执持名号，则一一声悉具多善根、福德。散心称名，福善[①]亦不可量，况一心不乱哉？故使感应道交，文成印坏。弥陀圣众不来而来，亲垂接引。行人心识不往而往，托质宝莲也。

善男女者，不论出家在家、贵贱老少、六趣四生，但闻佛名，即多劫善根成熟。五逆十恶皆名善也。

闻说阿弥陀佛，即闻慧。执持名号，即思慧。一心不乱，即修慧。[②]

“阿弥陀佛”是万德洪名，以名召德，罄无不尽。故即以执持名号为正行，不必更涉观想、参究等行，至简易、至直捷也。闻而信，信而愿，乃肯执持。不信不愿，与不闻等，虽为远因，不名闻慧。

---

① “福善”，丁亥本作“善根、福德”。

② 本行文字原本略去，今据丁亥本补入。

执持则念念忆佛名号，故是思慧。然有事持、理持。事持者，信有西方阿弥陀佛，而未达是心作佛，是心是佛，但以决志愿求生故，如子忆母，无时暂忘。理持者，信西方阿弥陀佛，是我心具，是我心造，即以自心所具所造洪名，为系心之境，令不暂忘也。

一日至七日者，克期办事也。利根一日即不乱，钝根七日方不乱，中根二、三、四、五、六日不定。又利根能七日不乱，钝根仅一日不乱，中根六、五、四、三、二日不定。一心亦二种：不论事持、理持，持至伏除烦恼，乃至见思先尽，皆事一心；不论事持、理持，持至心开，见本性佛，皆理一心。事一心，不为见思所乱。理一心，不为二边所乱。即修慧也。

不为见思乱，故感变化身佛及诸圣众现前，心不复起娑婆界中三有颠倒，往生同居、方便二种极乐世界。不为二边乱，故感受用身佛及诸圣众现前，心不复起生死、涅槃二见颠倒，往生实报、寂光二种极乐世界。

当知执持名号，既简易直捷，仍至顿至圆。以念念即佛故，不劳观想，不必参究，当下圆明，无余无欠。上上根不能逾其阃，下下根亦能臻其域。其所感佛，所生土，往往胜进，亦不一概。可谓横该八教，竖彻五时。所以彻底悲心，无问自说，且深叹其难信也。

问：《观经》专明作观，何谓不劳观想？

答：此义即出《观经》。彼经因胜观非凡夫心力所及，故于第十三别开劣像之观。而障重者犹不能念彼佛，故于第十六大开称名之门。今经因末世障重者多，故专主第十六观。当知人根虽钝，而丈六八尺之像身、无量寿佛之名字，未尝不心作心是。故观劣者不劳胜观，而称名者并不劳观想也。

问：天奇、毒峰诸祖，皆主参“念佛者是谁”。何谓不必参究？

答：此义即出天奇诸祖。前祖因念佛人不契释迦彻底悲心，故傍不甘，直下诘问，一猛提醒，何止长夜复旦。我辈至今日，犹不肯死心念佛，苦欲执敲门瓦子，向屋里打亲生爷娘，则于诸祖成恶逆，非善顺也。

进问：此在肯心者则可，未肯者何得相应？

曰：噫！正唯未肯，所以要你肯心相应。汝等正信未开，如生牛皮，不可屈折。当知有目者，固无日下燃灯之理。而无目者，亦何必于日中苦觅灯炬？大势至法王子云："不假方便，自得心开。"此一行三昧中大火聚语也，敢有触者，宁不被烧？

问：临终佛现，宁保非魔？

答：修心人不作佛观，而佛忽现，非本所期，故名魔事。念佛见佛，已是相应。况临终非致魔时，何须疑虑？

问：七日不乱，平时耶？临终耶？

答：平时也。

问：七日不乱之后，复起惑造业，亦得生耶？

答：果得一心不乱之人，无更起惑造业之事。

问：《大本》十念，《宝王》一念，平时耶？临终耶？

答：十念通二时：晨朝十念，属平时；十念得生，与《观经》十念称名同，属临终时。一念则但约临终时。

问：十念、一念并得生，何须七日？

答：若无平时七日功夫，安有临终十念一念？纵下下品逆恶之人，并是夙因成熟，故感临终遇善友，闻便信愿。此事万中无一，岂可侥幸？《净土或问》斥此最详，今人不可不读。

问：西方去此十万亿土，何得即生？

答：十万亿土，不出我现前一念心性之外，以心性本无外故。又仗自心之佛力接引，何难即生？如镜中照数十层山水楼阁，层数宛然，实无远近，一照俱了，见无先后。"从是西方过十万亿佛土，有世界名曰极乐"，亦如是。"其土有佛号阿弥陀，今现在说法"，亦如是。"其人临命终时，阿弥陀佛与诸圣众现在其前，是人终时心不颠倒，即得往生阿弥陀佛极乐国土"，亦如是。当知字字皆海印三昧，大圆镜智之灵文也。

问：持名判行行，则是助行，何名正行？[①]

---

① 丁亥本问云："既判信、愿属慧行，持名属行行。则执持名号，应是助行，何名正行？何得一一声中，皆悉具多善根、福德？"今本有所节略。

答：依一心说信、愿、行，非先后，非定三。盖无愿、行，不名真信；无行、信，不名真愿；无信、愿，不名真行。今全由信愿持名[①]，故信、愿、行三，声声圆具，所以名“多善根福德因缘”。《观经》“称佛名故，念念中除八十亿劫生死之罪”，此之谓也。若福善[②]不多，安能除罪如此之大？

问：临终猛切，能除多罪。平日至心称名，亦除罪否？

答：如日出，群暗消。称洪名，万罪灭。

问：散心称名，亦除罪否？

答：名号功德不可思议，宁不除罪？但不定往生，以悠悠散善，难敌无始积罪故。当知积罪假使有体相者，尽虚空界不能容受。虽百年昼夜弥陀十万，一一声，灭八十亿劫生死，然所灭罪如爪上土，未灭罪如大地土。唯念至一心不乱，则如健人突围而出，非复三军能制耳。

然称名便为成佛种子，如金刚终不可坏。佛世一老人求出家，五百圣众皆谓无善根。佛言：“此人无量劫前为虎逼，失声称‘南无佛’。今此善根成熟，值我得道，非二乘道眼所知也。”由此观之，《法华》明过去佛所，散乱称名，皆已成佛，岂不信哉！

伏愿缁素智愚，于此简易直捷、无上圆顿法门，勿视为难而辄生退诿，勿视为易而漫不策勤，勿视为浅而妄致藐轻，勿视为深而弗敢承任。盖所持之名号，真实不可思议。能持之心性，亦真实不可思议。持一声，则一声不可思议。持十、百、千、万、无量无数声，声声皆不可思议也。

（丙）二、重劝

【经】**舍利弗，我见是利，故说此言。若有众生闻是说者，应当发愿，生彼国土。**

【解】我见者，佛眼所见，究尽明了也。是利者，横出五浊，圆净四

---

① 丁亥本作：“今全由信愿而持名号”。

② “福善”，丁亥本作“善根、福德”。

土，直至不退位尽，是为不可思议功德之利也。[①]

复次，是利约命终时心不颠倒而言[②]。盖秽土自力修行，生死关头，最难得力。无论顽修、狂慧，懡罗无功。即悟门深远、操履潜确之人，倘分毫习气未除，未免随强偏坠。永明祖师所谓“十人九蹉路，阴境若现前，瞥尔随他去”，此诚可寒心者也。初果昧于出胎，菩萨昏于隔阴，者里岂容强作主宰，侥幸颟顸？唯有信愿持名，仗他力故，佛慈悲愿，定不唐捐。弥陀圣众现前慰导，故得无倒，自在往生。佛见众生临终倒乱之苦，特为保任此事，所以殷勤再劝发愿，以愿能导行故也。

问：佛既心作心是，何不竟言自佛，而必以他佛为胜，何也？

答：此之法门，全在了他即自。若讳言他佛，则是他见未忘。若偏重自佛，却成我见颠倒。又悉檀四益，后三益事不孤起。倘不从世界深发庆信，则欣、厌二益尚不能生，何况悟入理佛？唯即事持达理持，所以弥陀圣众现前，即是本性明显。往生彼土，见佛闻法，即是成就慧身，不由他悟。法门深妙，破尽一切戏论，斩尽一切意见，唯马鸣、龙树、智者、永明之流彻底担荷得去，其余世智辩聪，通儒、禅客，尽思度量，愈推愈远，又不若愚夫妇老实念佛者，为能潜通佛智，暗合道妙也。“我见是利，故说此言。”分明以佛眼、佛音，印定此事。岂敢违抗，不善顺入也哉！

二正宗分竟。

（甲）三、流通分

信愿持名一法，圆收圆超一切法门。竖与一切法门浑同，横与一切法门迥异。（诸经论中，亦有横义，乃随断惑浅深，即于同居见上三土。是则约证名横，约断仍竖也。）既无问自说，谁堪倡募流通？唯佛与佛，乃能究

---

① 丁亥本作：“佛眼所见，究尽明了。以信愿而执持名号，的确是多善根、福德。以此善根、福德因缘，的确能感佛及圣众来迎，的确能生四种极乐世界，是为不可思议功德之利。”两本可互参。

② 成时法师评注：“此解确甚，令人骨寒。”

尽诸法实相。此经唯佛境界，唯佛佛可与流通耳。

文为二：初普劝，二结劝。

（乙）初中三：初劝信流通，二劝愿流通，三劝行流通。

（丙）初中二：初略引标题，二征释经题。

（丁）初中六：初、东方；（至）六、上方。唐译十方，今略摄故。

（戊）今初

【经】舍利弗，如我今者，赞叹阿弥陀佛不可思议功德之利。东方亦有阿閦鞞佛、须弥相佛、大须弥佛、须弥光佛、妙音佛，如是等恒河沙数诸佛，各于其国出广长舌相，遍覆三千大千世界，说诚实言："汝等众生，当信是《称赞不可思议功德一切诸佛所护念经》。"

【解】不可思议，略有五意：一、横超三界，不俟断惑；二、即西方横具四土，非由渐证；三、但持名号，不假禅观诸方便；四、一七为期，不借多劫、多生、多年月；五、持一佛名，即为诸佛护念，不异持一切佛名。此皆导师大愿行之所成就，故曰"阿弥陀佛不可思议功德之利"。

又行人信愿持名，全摄佛功德成自功德，故亦曰"阿弥陀佛不可思议功德之利"。下又曰"诸佛不可思议功德"、"我不可思议功德"，是诸佛、释迦，皆以阿弥为自也。

"阿閦鞞"，此云"无动"。佛有无量德，应有无量名，随机而立，或取因，或取果，或性，或相，或行愿等。虽举一隅，仍具四悉。随一一名，显所诠德。劫寿说之，不能悉也。

东方虚空不可尽，世界亦不可尽。世界不可尽，住世诸佛亦不可尽，略举恒河沙耳。此等诸佛，各出广长舌，劝信此经，而众生犹不生信，顽冥极矣。常人三世不妄语，舌能至鼻。藏果头佛，三大僧祇劫不妄语，舌薄广长可覆面[①]。今证大乘净土妙门，所以遍覆三千，表理诚称真，事实非谬也。

---

① 丁亥本作："舌薄而广长，出可覆面"。

标出经题，流通之本。什师顺此方好略，译今题，巧合持名妙行。奘师译云《称赞净土佛摄受经》。文有详略，义无增减。

（戊）二、南方

【经】舍利弗，南方世界有日月灯佛、名闻光佛、大焰肩佛、须弥灯佛、无量精进佛，如是等恒河沙数诸佛，各于其国出广长舌相，遍覆三千大千世界，说诚实言："汝等众生，当信是《称赞不可思议功德一切诸佛所护念经》。"

（戊）三、西方

【经】舍利弗，西方世界有无量寿佛、无量相佛、无量幢佛、大光佛、大明佛、宝相佛、净光佛，如是等恒河沙数诸佛，各于其国出广长舌相，遍覆三千大千世界，说诚实言："汝等众生，当信是《称赞不可思议功德一切诸佛所护念经》。"

【解】无量寿佛，与弥陀同名。十方各方面，同名诸佛无量也。然即是导师亦可，为度众生，不妨转赞释迦如来所说。

（戊）四、北方

【经】舍利弗，北方世界有焰肩佛、最胜音佛、难沮佛、日生佛、网明佛，如是等恒河沙数诸佛，各于其国出广长舌相，遍覆三千大千世界，说诚实言："汝等众生，当信是《称赞不可思议功德一切诸佛所护念经》。"

（戊）五、下方

【经】舍利弗，下方世界有狮子佛、名闻佛、名光佛、达摩佛、法幢佛、持法佛，如是等恒河沙数诸佛，各于其国出广长舌相，遍覆三千大千世界，说诚实言："汝等众生，当信是《称赞不可思议功德一切诸佛所护念经》。"

【解】此界水轮、金轮、风轮之下，复有下界非非想天等，乃至重重无尽也。"达摩"，此云"法"。

（戊）六、上方

【经】舍利弗，上方世界有梵音佛、宿王佛、香上佛、香光佛、大焰肩佛、杂色宝华严身佛、娑罗树王佛、宝华德佛、见一切义佛、如须弥山佛，

如是等恒河沙数诸佛，各于其国出广长舌相，遍覆三千大千世界，说诚实言：“汝等众生，当信是《称赞不可思议功德一切诸佛所护念经》。”

【解】此界非非想天之上，复有上界风轮、金轮及三界等，重重无尽也。

问：诸方必有净土，何偏赞西方？

答：此亦非善问。假使赞阿閦佛国，汝又疑偏东方，展转戏论。

问：何不遍缘法界？

答：有三义：令初机易标心故，阿弥本愿胜故，佛与此土众生偏有缘故。盖佛度生，生受化，其间难易浅深，总在于缘。缘之所在，恩德弘深，种种教启，能令欢喜信入，能令触动宿种，能令魔障难遮，能令体性开发。诸佛本从法身垂迹，固结缘种，若世出世，悉不可思议。尊隆于教乘，举扬于海会，沁入于苦海，慈契于寂光。所以万德钦承，群灵拱极。当知佛种从缘起，缘即法界。一念一切念，一生一切生。一香一花，一声一色，乃至受忏、授记、摩顶、垂手，十方三世，莫不遍融。故此增上缘因，名法界缘起，此正所谓遍缘法界者也。浅位人，便可决志专求。深位人，亦不必舍西方而别求华藏。若谓西方是权、华藏是实，西方小、华藏大者，全堕众生遍计执情，以不达权实一体、大小无性故也。

（丁）二、征释经题

【经】舍利弗，于汝意云何，（“称赞功德”之名，上来已详言矣，）**何故名为“一切诸佛所护念经”**（耶）**？舍利弗，若有善男子、善女人，闻是经受持者，及闻诸佛名者。是诸善男子、善女人，皆为一切诸佛之所护念，皆得不退转于阿耨多罗三藐三菩提。是故舍利弗，汝等皆当信受我语，及诸佛所说。**

【解】此经独诠无上心要、诸佛名字，并诠无上圆满究竟万德，故闻者皆为诸佛护念。又闻经受持，即执持名号。阿弥名号，诸佛所护念故。

问：但闻诸佛名，而未持经，亦得护念不退耶？

答：此义有局、有通。

《占察》谓：“杂乱垢心，虽诵我名，而不为闻。以不能生决定信解，但获世间善报，不得广大深妙利益。若到一行三昧，则成广大微妙行心，名得相似无生法忍，乃为得闻十方佛名。”此亦应尔，故须闻已执持，至一心不乱，方为闻诸佛名，蒙诸佛护念。此局义也。

通义者，诸佛慈悲不可思议，名号功德亦不可思议，故一闻佛名，不论有心无心，若信若否，皆成缘种。况佛度众生，不简怨亲，恒无疲倦。苟闻佛名，佛必护念，又何疑焉？

然据《金刚》三论，根熟菩萨为佛护念，位在别地、圆住。盖约自力，必入同生性，乃可护念。今仗他力，故相似位即蒙护念。乃至相似位以还，亦皆有通护念之义。下至一闻佛名，于同体法性有资发力，亦得远因终不退也。

“阿耨多罗”，此云“无上”。“三藐三菩提”，此云“正等正觉”。即大乘果觉也。

圆三不退，乃一生成佛异名。故劝身子等，皆当信受。闻名功德如此，释迦及十方诸佛同所宣说，可不信乎！

初劝信流通竟。

（丙）二、劝愿流通

【经】**舍利弗，若有人已发愿、今发愿、当发愿，欲生阿弥陀佛国者，是诸人等皆得不退转于阿耨多罗三藐三菩提，于彼国土，若已生、若今生、若当生。是故舍利弗，诸善男子、善女人，若有信者，应当发愿，生彼国土。**

【解】已愿已生，今愿今生，当愿当生，正显依信所发之愿无虚也。非信不能发愿，非愿信亦不生，故云：“若有信者，应当发愿。”又愿者，信之券，行之枢，尤为要务。举愿则信、行在其中，所以殷勤三劝也。

复次，愿生彼国，即欣、厌二门。厌离娑婆，与依苦、集二谛所发二种弘誓相应。欣求极乐，与依道、灭二谛所发二种弘誓相应。故得不退转于大菩提道。

问：今发愿，但可云当生，何名今生？

答：此亦二义：一、约一期名今，现生发愿持名，临终定生净土。二、约刹那名今，一念相应一念生，念念相应念念生。妙因妙果，不离一心。如秤两头，低昂时等。何俟娑婆报尽，方育珍池。只今信愿持名，莲萼光荣，金台影现，便非娑婆界内人矣。极圆极顿，难议难思。唯有大智，方能谛信。

（丙）三、劝行流通二：初诸佛转赞，二教主结叹。

（丁）今初

【经】**舍利弗，如我今者，称赞诸佛不可思议功德。彼诸佛等，亦称赞我不可思议功德，而作是言："释迦牟尼佛，能为甚难稀有之事，能于娑婆国土，五浊恶世，劫浊、见浊、烦恼浊、众生浊、命浊中，得阿耨多罗三藐三菩提，为诸众生说是一切世间难信之法。"**

【解】诸佛功德智慧，虽皆平等，而施化则有难易。净土成菩提易，浊世难。为净土众生说法易，为浊世众生难。为浊世众生说渐法犹易，说顿法难。为浊世众生说余顿法犹易，说净土横超顿法尤难。为浊世众生说净土横超顿修顿证妙观，已自不易，说此无借劬劳修证，但持名号，径登不退，奇特胜妙超出思议第一方便，更为难中之难。故十方诸佛，无不推我释迦偏为勇猛也。

劫浊者，浊法聚会之时。劫浊中，非带业横出之行，必不能度。

见浊者，五利使邪见增盛，谓身见、边见、见取、戒取及诸邪见，昏昧汩没，故名为浊。见浊中，非不假方便之行，必不能度。

烦恼浊者，五钝使烦惑增盛，谓贪、瞋、痴、慢、疑，烦动恼乱，故名为浊。烦恼浊中，非即凡心是佛心之行，必不能度。

众生浊者，见、烦恼所感粗弊五阴和合，假名众生，色心并皆陋劣，故名为浊。众生浊中，非欣厌之行，必不能度。

命浊者，因果并劣，寿命短促，乃至不满百岁，故名为浊。命浊中，非不费时劫，不劳勤苦之行，必不能度。

复次，只此信愿庄严一声阿弥陀佛，转劫浊为清净海会，转见浊为无量光，转烦恼浊为常寂光，转众生浊为莲花化生，转命浊为无量寿。故一声阿弥陀佛，即释迦本师于五浊恶世所得之阿耨多罗三藐三菩提法。今以此果觉全体，授与浊恶众生。乃诸佛所行境界，唯佛与佛能究尽，非九界自力所能信解也。

"诸众生"，别指五浊恶人。"一切世间"，通指四土器世间、九界有情世间也。

（丁）二、教主结叹

前劝信流通，是诸佛付嘱。此本师付嘱，嘱语略别从通，但云"一切世间"，犹前诸佛所云"汝等众生"。当知文殊、迦叶等，皆在所嘱也。

【经】**舍利弗，当知我于五浊恶世，行此难事，得阿耨多罗三藐三菩提，为一切世间说此难信之法，是为甚难。**

【解】信愿持名一行，不涉施为，圆转五浊。唯信乃入，非思议所行境界。设非本师来入恶世，示得菩提，以大智大悲，见此、行此、说此，众生何由禀此也哉！[①]

然吾人处劫浊中，决定为时所囿，为苦所逼；处见浊中，决定为邪智所缠，邪师所惑；处烦恼浊中，决定为贪欲所陷，恶业所螯；处众生浊中，决定安于臭秽而不能洞觉，甘于劣弱而不能奋飞；处命浊中，决定为无常所吞，石火电光，措手不及。若不深知其甚难，将谓更有别法可出五浊，熢烞宅里，戏论纷然。唯深知其甚难，方肯死尽偷心，宝此一行。此本师所以极口说其难甚，而深嘱我等当知也。

初普劝竟。

（乙）二、结劝

【经】**佛说此经已，舍利弗及诸比丘，一切世间天、人、阿修罗等，闻佛所说，欢喜信受，作礼而去。**

【解】法门不可思议，难信难知，无一人能发问者。佛智鉴机，知众

---

① 丁亥本云："信愿持名，万修万去，永离五浊，圆净四土。如此妙法，真实难信。故不唯诸佛称赞，即自亦叹其甚难。设非大悲弘誓，尘劫熏心，何能行此难事也哉！此而不信，辜负慈尊甚矣。"两本可互参。

生成佛缘熟，无问自说，令得四益，如时雨化，故欢喜信受也。

身心怡悦，名“欢喜”。毫无疑惑，名“信”。领纳不忘，名“受”。感大恩德，投身归命，名“作礼”。依教修持，一往不退，名“而去”。

自　跋[①]

经云：“末法之中，亿亿人修行，罕有一得道者，唯依念佛得度。”呜呼！今正是其时矣。舍此不可思议法门，其何能淑？

旭于初出家时，亦以宗乘自负，藐视教典，妄谓持名法门，不过曲为中下。后因大病，发意西归。嗣复研求《妙宗》、《圆中》二钞，及云栖《疏钞》等书，始知念佛三昧，实称无上宝王，方肯死心执持名号，万牛莫能挽也。

适吾友去病大士久事净业，欲令此经大旨辞不繁而即炳著，命余述此《要解》。余正欲普与法界有情同生极乐，理不可却，举笔于丁亥年九月二十有七，脱稿于十月初五，凡九日而告成。所愿一句一字，咸作资粮。一见一闻，同阶不退。或信或疑，皆植道种。或赞或谤，等归解脱。仰惟诸佛菩萨摄受证明，同学友人随喜加被。

西有道人蕅益智旭阁笔故跋，时年四十有九。

---

① 丁亥本原题“跋语”，《十要》本稍有节略，今依原作重录。

原刻跋[①]

经云："三界唯心，万法唯识。"古人云："念自性弥陀，生唯心净土。"合而观之，则是心作佛，是心是佛，心外无佛，佛外无心之义明矣。后人不达，舍西方极乐而别言唯心净土，舍万德慈尊而别言自性弥陀，不几心外有佛，佛外有心耶？

吾蕅益师，深悟心性无外之体，故若宗若教，若性若相，一以贯之。既著《梵网合注》、《佛顶玄文》、《唯识心要》、《大乘止观释要》等书，阐明权实妙理。复为正知拈此《弥陀要解》，一展读时，便觉信愿持名，人可自操其券，诚所谓直捷痛快，言简意周者也。[②]盖末世弘法大士，各有专门，鲜克兼通性相。唯蕅师先从心源荐彻，所以性、相、宗、教，无不游刃而解。了知心、佛、众生，三无差别。百界千如，心具心造。举凡净土依正，无非自心所变相分。故于四土横竖之致，如指诸掌。然此特法海一滴耳，若欲尽蕅师涯底，当遍览《合注》、《玄文》、《心要》等大部著述，又进求于未举笔前，庶不认指而迷月矣。

古吴净业弟子正知识。[③]

---

① 丁亥本原题"刻《弥陀要解》后序"，《十要》本节略较多，今依原作重录。

② 《十要》本于"人可自操其券"下云："不唯言简意周，且使稀有甚难之宗，如声鼓铎，尽开经藏，无复椟藏，诚古今所未有也。名曰《要解》，其斯为无上心要矣乎！"

③ 《十要》本落款为"古吴净业弟子正知去病氏谨识"。

歙浦讲录跋

此本系性旦癸巳岁在歙浦栖云院所听录者。于时随允持循、苍晖晟、坚密时诸公之后获闻法要，觉老人此番心胆尽吐，盖秘密之藏会当大启于今时，非偶然也，因退而纪之。甲午冬，老人病中口授数处令改正，此本遂称允当。及老人西逝，性旦以病拙薮逋，薄福多障，无缘流通阐播。聊识其后，以志不忘云。

庚子夏，华阳学人性旦拭涕跋。

［附］

无量寿经四十八愿

（照隋慧远疏，愿愿标题，以便醒目）

阿弥陀佛于世自在王佛时作大国王，闻佛说法，心怀悦豫，寻发道意，弃国捐王，行作沙门，号曰法藏。复诣佛前，礼足右绕，长跪合掌，以颂赞佛。颂赞已毕，而白佛言：“我发无上正觉之心，愿佛为我敷演诸佛如来净土之行，我闻此已，当如说修行，成满所愿。”时世自在王佛知其高明，志愿广大，即为广说二百一十亿诸佛刹土，天人善恶，国土粗妙，应其心愿，悉现与之。法藏即一其心，具足五劫，思惟修习。如是修已，复白佛言：“我已摄取庄严佛土清净之行。”佛告比丘：“汝今可说，悦可大众。”比丘白佛：“唯垂听察，如我所愿，当具说之。”于是发此四十八愿。此一一愿，皆为阿弥陀佛西方净土之最初缘起，念佛求生之士不可不知，故为附录于此。

此下正说之文，于中合有四十八愿。义要唯三，文别有七。

义要三者，一摄法身愿，二摄净土愿，三摄众生愿。四十八中，十二、十三及第十七，是摄法身；第三十一、第三十二，是摄净土；余四十三，是摄众生。

文别七者，初十一愿，为摄众生；次有两愿，是其第二，为摄法身；次有三愿，是其第三，重摄众生；次有一愿，是其第四，重摄法身；次有十三，是其第五，为摄众生；次有两愿，是其第六，为摄净土；下有十六，是其第七，重摄众生。

第一、国无恶道愿　设我得佛，国有地狱、饿鬼、畜生者，不取正觉。

第二、不更恶道愿　设我得佛，国中天人寿终之后，复更三恶道者，不取正觉。

第三、身真金色愿　设我得佛，国中天人不悉真金色者，不取正觉。

第四、形色相同愿　设我得佛，国中天人形色不同，有好丑者，不取正觉。

第五、宿命智通愿　设我得佛，国中天人不识宿命，下至知百千亿那由他诸劫事者，不取正觉。

第六、天眼普见愿　设我得佛，国中天人不得天眼，下至见百千亿那由他诸佛国者，不取正觉。

第七、天耳普闻愿　设我得佛，国中天人不得天耳，下至闻百千亿那由他诸佛所说，不悉受持者，不取正觉。

第八、他心悉知愿　设我得佛，国中天人不得见他心智，下至知百千亿那由他诸佛国中众生心念者，不取正觉。

第九、神足无碍愿　设我得佛，国中天人不得神足，于一念顷，下至不能超过百千亿那由他诸佛国者，不取正觉。

第十、不贪计身愿　设我得佛，国中天人若起想念贪计身者，不取正觉。

第十一、住定证灭愿　设我得佛，国中天人不住定聚，必至灭度者，不取正觉。

（就初段中，初有两愿，愿生无苦；后之九愿，愿生得乐。无苦中，初一愿其自国无苦："设我得佛，国有地狱、饿鬼、畜生，不取正觉。"不取正觉者，诸愿不满，终不成佛。假设所愿不满得成，誓终不取，是故说言："设我得佛，国有地狱、畜生、饿鬼，不取正觉。"余亦如是。言地狱者，地下牢狱，是其苦处，故云地狱。言饿鬼者，饥渴名饿，恐怯多畏，故名为鬼。言畜生者，此乃从生畜养为名。一切世人，或为啖食，或为驱使，畜养此生，故云畜生。后之一愿，愿己国中有众生命终，不向他国受苦。此之两愿，愿生无苦。后九愿生得乐之中，初之两愿，愿生身乐；后之七愿，愿生心乐。心中五通各别为一，漏尽分二，故有七愿。）

第十二、光明无量愿　设我得佛，光明有能限量，下至不照百千亿那由他诸佛国者，不取正觉。

第十三、寿命无量愿　　设我得佛，寿命有能限量，下至百千亿那由他劫者，不取正觉。

（第二段中，明摄法身，文相易知。）

第十四、声闻无数愿　　设我得佛，国中声闻有能计量，乃至三千大千世界众生悉成缘觉，于百千劫悉共计校，知其数者，不取正觉。

第十五、随愿修短愿　　设我得佛，国中天人寿命，无能限量，除其本愿修短自在。若不尔者，不取正觉。

第十六、不闻恶名愿　　设我得佛，国中天人，乃至闻有不善名者，不取正觉。

（第三段中，明摄众生，文相易知。）

第十七、诸佛称叹愿　　设我得佛，十方世界无量诸佛，不悉咨嗟称我名者，不取正觉。

（第四段中，明摄法身，文相易知。）

第十八、十念必生愿　　设我得佛，十方众生至心信乐，欲生我国，乃至十念，若不生者，不取正觉。唯除五逆、诽谤正法。

第十九、临终接引愿　　设我得佛，十方众生发菩提心，修诸功德，至心发愿，欲生我国，临寿终时，假令不与大众围绕现其人前者，不取正觉。

第二十、欲生果遂愿　　设我得佛，众生闻我名号，系念我国，植众德本，至心回向，欲生我国，不果遂者，不取正觉。

第二十一、三十二相愿　　设我得佛，国中天人不悉成满三十二大人相者，不取正觉。

第二十二、一生补处愿　　设我得佛，他方佛土诸菩萨众来生我国，究竟必至一生补处。除其本愿自在所化，为众生故，被弘誓铠，积累德本，度脱一切，游诸佛国，修菩萨行，供养十方诸佛如来，开化恒沙无量众生，使立无上正真之道。超出常伦诸地之行，现前修习普贤之德。若不尔者，不取正觉。

第二十三、供养诸佛愿　设我得佛，国中菩萨承佛神力，供养诸佛，一食之顷，不能遍至无量无数亿那由他诸佛国者，不取正觉。

第二十四、供具随意愿　设我得佛，国中菩萨在诸佛前现其德本，诸所求欲供养之具若不如意者，不取正觉。

第二十五、演说妙智愿　设我得佛，国中菩萨不能演说一切智者，不取正觉。

第二十六、那罗延身愿　设我得佛，国中菩萨不得金刚那罗延身者，不取正觉。

第二十七、一切严净愿　设我得佛，国中天人，一切万物，严净光丽，形色殊特，穷微极妙，无能称量。其诸众生，乃至逮得天眼，有能明了，辨其名数者，不取正觉。

第二十八、道树高显愿　设我得佛，国中菩萨，乃至少功德者，不能知见其道场树无量光色，高四百万里者，不取正觉。

第二十九、诵经得慧愿　设我得佛，国中菩萨若受读经法，讽诵持说，而不得辩才、智慧者，不取正觉。

第三十、慧辩无限愿　设我得佛，国中菩萨智慧、辩才，若可限量者，不取正觉。

（第五段中，初三愿，摄他国众生；次一愿，摄自国众生；次一还摄他国众生；后八还摄自国众生。）

第三十一、照见十方愿　设我得佛，国土清净，皆悉照见十方一切无量无数不可思议诸佛世界，犹如明镜，睹其面像。若不尔者，不取正觉。

第三十二、宝香妙严愿　设我得佛，自地以上，至于虚空，宫殿、楼观、池流、花树，国中所有一切万物，皆以无量杂宝、百千种香而共合成，严饰奇妙，超诸天人。其香普熏十方世界，菩萨闻者，皆修佛行。若不尔者，不取正觉。

（第六段中，明摄净土，文显可知。）

第三十三、蒙光柔软愿　设我得佛，十方无量不可思议诸佛世界众生之类，蒙我光明触其体者，身心柔软，超过天人。若不尔者，不取正觉。

第三十四、闻名得忍愿　设我得佛，十方无量不可思议诸佛世界众生之类，闻我名字，不得菩萨无生法忍、诸深总持者，不取正觉。

第三十五、脱离女身愿　设我得佛，十方无量不可思议诸佛世界，其有女人，闻我名字，欢喜信乐，发菩提心，厌恶女身，寿终之后复为女像者，不取正觉。

第三十六、常修梵行愿　设我得佛，十方无量不可思议诸佛世界诸菩萨众，闻我名字，寿终之后，常修梵行，至成佛道。若不尔者，不取正觉。

第三十七、天人致敬愿　设我得佛，十方无量不可思议诸佛世界诸天人民，闻我名字，五体投地，稽首作礼，欢喜信乐，修菩萨行。诸天世人，莫不致敬。若不尔者，不取正觉。

第三十八、衣服随念愿　设我得佛，国中天人欲得衣服，随念即至，如佛所赞应法妙服自然在身，若有裁缝、染治、浣濯者，不取正觉。

第三十九、乐如漏尽愿　设我得佛，国中天人所受快乐不如漏尽比丘者，不取正觉。

第四十、树中现刹愿　设我得佛，国中菩萨随意欲见十方无量严净佛土，应时如意，于宝树中皆悉照见，犹如明镜，睹其面像。若不尔者，不取正觉。

第四十一、诸根无缺愿　设我得佛，他方国土诸菩萨众闻我名字，至于得佛，诸根缺漏不具足者，不取正觉。

第四十二、清净解脱愿　设我得佛，他方国土诸菩萨众闻我名字，皆悉逮得清净解脱三昧。住是三昧，一发意顷，供养无量不可思议诸佛世尊，而不失定意。若不尔者，不取正觉。

第四十三、闻名得福愿　设我得佛，他方国土诸菩萨众闻我名字，寿终之后，生尊贵家。若不尔者，不取正觉。

第四十四、修行具德愿　设我得佛，他方国土诸菩萨众闻我名字，欢喜踊跃，修菩萨行，具足德本。若不尔者，不取正觉。

第四十五、普等三昧愿　设我得佛，他方国土诸菩萨众闻我名字，皆悉逮得普等三昧。住是三昧，至于成佛，常见无量不可思议一切如来。若不尔者，不取正觉。

第四十六、随愿闻法愿　设我得佛，国中菩萨随其志愿，所欲闻法，自然得闻。若不尔者，不取正觉。

第四十七、闻名不退愿　设我得佛，他方国土诸菩萨众闻我名字，不即得至不退转者，不取正觉。

第四十八、得三法忍愿　设我得佛，他方国土诸菩萨众闻我名字，不即得至第一、第二、第三法忍，于诸佛法不能即得不退转者，不取正觉。

（第七段中，初五摄取他国众生；次三摄取自国众生；次五还摄他国众生；次一还摄自国众生；后二复摄他国众生。）

佛告阿难："尔时法藏比丘说此愿已，以偈颂曰：

"我建超世愿，必至无上道，
斯愿不满足，誓不成等觉。
我于无量劫，不为大施主，
普济诸贫苦，誓不成等觉。
我至成佛道，名声超十方，
究竟靡所闻，誓不成等觉。
离欲深正念，净慧修梵行，
志求无上尊，为诸天人师。
神力演大光，普照无际土，
消除三垢冥，明济众厄难。
开彼智慧眼，灭此昏盲暗，
闭塞诸恶道，通达善趣门。
功祚成满足，威曜朗十方，

日月戢重晖，天光隐不现。
为众开法藏，广施功德宝，
常于大众中，说法狮子吼。
供养一切佛，具足众德本，
愿慧悉成满，得为三界雄。
如佛无碍智，通达靡不照，
愿我功德力，等此最胜尊。
斯愿若克果，大千应感动，
虚空诸天神，当雨珍妙花。”

佛语阿难：“法藏比丘说此颂已，应时普地六种震动。天雨妙花，以散其上。自然音乐，空中赞言：决定必成无上正觉！”

净土十要

灵峰蕅益大师选定净土十要第二

述曰：闻夫有行无教，必有堕坑落堑之虞；有教无行，还同说食数宝之诮。是故教即行也，行即教也，教、行无乖，至理乃显。故教、行、理三，皆名为经。三经具足，是为佛说。反是则波旬说，非佛说也。

今稟斯义，谨奉慈云忏主遵式所制《往生净土忏愿仪》及《决疑、行愿二门》，继《弥陀要解》而列。行者得要之后，更能于此尽心焉，则不思议经王，不唯无剩语，亦复非义途。而微妙要诠，不在佛，不在知识，却在当人自己矣。随自己教行所诣，分契理之浅深。随契理浅深，立果位之差别。而此差别果位，要皆圆证三不退，一生同趣萨婆若海。是故差即无差，位次即非位次。谁谓一行三昧之外，别有法身向上事哉？此行最广大，余行则局。此行最神速，余行则殢。此行最不思议，余行则可拟。其斯以为三昧宝王也欤！

《行愿仪》，世传为“大净土忏”。《二门》中行法，世传为“小净土忏”。及晨朝十念，系缘、众福二行，皆修净业者必不可离。圣者作之于前，明者述之于后，我等如何肯自弃也！

往生净土忏愿仪

宋 耆山沙门遵式 撰

沙门遵式，辄采大本《无量寿经》，及《称赞净土》等诸大乘经，集此方法，流布诸后，普结净缘。

原其诸佛悯物迷盲，设多方便而引取之。但唯安养净业，捷直可修。诸大乘经皆启斯要，十方诸佛无不称美者也。若比丘四众，及善男女，诸根缺具者，欲得速破无明诸暗，欲得永灭五逆、十恶、犯禁重罪，及余轻过，当修此法。欲得还复清净大小戒律，现前得念佛三昧，及能具足一切菩萨诸波罗蜜门者，当学此法。欲得临终离诸怖畏，身心安快，喜悦如归，光照室宅，异香音乐，阿弥陀佛、观音、势至现在其前，送紫金台，授手接引，五道横截，九品长骛，谢去热恼，安息清凉，初离尘劳，便至不退，不历长劫，即得无生者，当学是法。欲修少法而感妙报，十方诸佛俱时称赞，现前授记，一念供养无央数佛，即还本国，与弥陀坐食，观音议论，势至行步，眼耳洞视彻闻，身量无际，飞空自在，宿命了了，遍见五道，如镜面像，念念证入无尽三昧，如是称述，不可穷尽，应当修习此之胜法。如所说者，皆实不虚。十方诸佛出广长舌，称美此事，以示不妄。我等云何敢不信佛？

今取净土众经，立此行法。若欲广知，寻经补益。且聊为十科说之：一、严净道场，二、明方便法，三、明正修意，四、烧香散花，五、礼请法，六、赞叹法，七、礼佛法，八、忏愿法，九、旋诵法，十、坐禅法。

第一、严净道场

当选闲静堂室，先去旧土，后于净处取新土，须地无瓦石及先非秽染，用填其地，以香和涂，极令清净。次于其上悬新宝盖，盖中悬五杂幡，及遍室悬诸缯彩幡花（别无戏具之供）。取好庄严，安佛像西坐东向，观音侍左，势至侍右。像前列众好花，及莲花等。若安九往生像最好，无亦无妨。余者严事，随力安之（须如法雅重）。次周设荐席（无氍毹之文，以《佛顶经》遮止故也），虑地卑湿。行人须新净衣，如绝无新净，即浣染身中上者，浴后披着，方入道场。应从门颊左右出入，鞋履齐正，不得杂乱。其所往时（所往谓登厕），须换故衣，沐浴后（沐是浴后洗头面颈臂），却着净衣，日日如是。次于道场，当自倾竭种种，供养三宝。若不尽其所有供养，行法不专，必无感降。如绝无己物，方可外求。（或果无己物，又果无可求，则乏种种供养，亦无过。）行者十人以还，多则不可。宜于六斋日建首。

第二、明方便法

行者欲入道场，身心散乱，须预行方便。当于七日营理别房，不得与道场同处。如无别屋，亦许共室。应日夜调习案试，及预诵下“五悔”等文，极令精熟。即通染浣、纫缝，及中办事。余治生杂务，即时并息。但念不久定生净土，一心求忏，无有留难。各自克期，不惜身命，定取净业即时成就，不得一念思忆五尘。诃去爱欲，勤息恚痴。行人各有无始恶习，速求舍离，不为正忏障碍。自当观察何习偏重，诃弃调停，取令平复。勿使行法唐丧其功。可以意解。

第三、明正修意

《大集》明七七日。《鼓音王》及《大弥陀经》，十日十夜。《十六观经》及《小弥陀经》，明七日七夜。取此三等为期，决不可减。

言正修意者。《天亲论》曰：“明何义？观安乐世界，见阿弥陀佛，愿生彼国土。云何观？云何生信心？修五念门成就者，毕竟得生安乐国土，见阿弥陀佛。何等为五？一者礼拜门，二者赞叹门，三者作愿门，四者观察门，五者回向门。”乃至“菩萨巧方便回向者，谓说礼拜等五种修行，所集一切功德善根，不求自身住持之乐，欲拔一切众生苦故，作愿摄取一切众生共生彼安乐佛国，是名菩萨巧方便回向。如是善知回向，得三种顺菩提门：一者无染清净心，不为自身求诸乐故；二者安清净心，以拔一切众生苦故；三者乐清净心，令一切众生得大菩提，以摄取众生生彼国土故。”故全用《论》文，为今正意。但加忏悔者，为令除灭往生障故，为顺佛慈，速度生故。

当须一心一意，满七七日，乃至七日，昼夜六时礼十方佛及弥陀世尊。若坐若行，皆勿散乱。不得如弹指顷，念世五欲，及接对外人，语论戏笑。亦不得托事延缓，放逸睡眠。当于瞬息俯仰，系念不断，为求往生，一心精进。

问：行法既多，云何一心？

答：有理有事。一者理一心，谓初入道场，乃至毕竟，虽涉众事，皆是无性，不生不灭，法界一相，如法界缘，名理一心。二者事一心，谓若礼佛时，不念余事，但专礼佛，诵经、行道亦复如是，是名事一心也。

第四、烧香散花

（此亦名三业供养。行者已净三业，初入道场时，拈香讫，当正立，作如是思惟：“我为众生，发菩提心，愿求净土，故总礼三宝，广修供养。三宝受供，必当念我，随我请求，证知我愿。”）

（首者先当唱云：）

一切恭敬。

一心敬礼十方法界常住佛。（总礼，未须一一随方想念。拜下，作如是想云：“己身及十方诸佛，实相理体，本无能所，故无能礼所礼。想无能所，名法界海。愿诸众生，同见同入。”）

一心敬礼十方法界常住法。（想同上。）

一心敬礼十方法界常住僧。（想时，改“诸佛”为“贤圣”。）

（礼已，胡跪捧花。首者白：）

是诸众等，各各胡跪，严持香花，如法供养。

（各散花，和云：）

供养十方法界三宝。

（各执手炉，广运供养，想云：“愿此香花遍十方，以为微妙光明台。诸天音乐天宝香，诸天肴膳天宝衣，不可思议妙法尘，一一尘出一切尘，一一尘出一切法，旋转无碍互庄严，遍至十方三宝前。十方法界三宝前，皆有我身修供养，一一皆悉遍法界，彼彼无杂无障碍。尽未来际作佛事，普熏法界诸众生，蒙熏皆发菩提心，同入无生证佛智。”想已，大众仍执手炉，口发是言：）

愿此香花云，遍满十方界，供养一切佛，尊法诸菩萨，无量声闻众。以起光明台，过于无边界。无边佛土中，受用作佛事。普熏诸众生，皆发菩提心。（“皆发”下一句接和，“供养”下独唱。）

供养已，一切恭敬。（拜，如前总礼作想。下赞叹、五悔、三归，共九拜，皆如前作想。）

第五、礼请法

（当更添香，如前胡跪，执香炉，端意勤重，遍请三宝来入道场。不可轻率，延屈至尊。当须三业并切，一心奉请。若不尔者，虚请无益。各想一一如来，随其方面，领诸眷属入我道场，如住目前，叆塞虚空，不得刹那起于杂念。但初入日迎请，余时不用。）

（首人唱云：）

一心奉请，南无本师释迦牟尼佛。（释迦是我等师，说诸大乘，令我修净土业，故须初请，当各运心感此恩德。如是三请。每一遍请时，想云：“我三业性如虚空，释迦如来亦如是，不起真际为众生，与众俱来受供养。”下去例为三请。）

一心奉请，南无过去久远劫中定光佛、光远佛、龙音佛等五十三佛。

（五十三佛，即法藏比丘未出世前，次第有此诸佛。五十四方是世自在王佛，为法藏师。请时应知之。想偈同前，但改佛名。）

一心奉请，南无过去久灭世自在王佛。（世王佛即法藏本师，依彼佛所，发四十八愿，请时须知之。偈同前，改云“自在王佛亦如是”。此佛并前五十三佛，出大本《无量寿经》。）

一心奉请，南无十方现在不动佛等，尽十方河沙净土一切诸佛。（此十方诸佛，皆出广长舌相，遍覆大千，称赞极乐，是故须请，求护念故。出《称赞净土经》。请时应想从彼十方来，改偈云“十方诸佛亦如是”，余皆同前。）

一心奉请，南无往世七佛，现在贤劫千佛，三世一切诸佛。

一心奉请，南无极乐世界阿弥陀佛。（弥陀是愿摄之主，应想领无边眷属至我道场，摄受护念。各各雨泪勤重三请，决定须来，正坐道场。余佛菩萨，悉是证明。改偈如前。此最后请者，准《普贤忏法》，应知。）

一心奉请，南无大乘四十八愿《无量寿经》、《称赞经》等，及彼净土所有经法，十方一切尊经，十二部真净法宝。（应想二处法宝，一、十方法宝，二、净土法宝。想净土法时，遍想佛菩萨、水鸟、乐、树皆说妙法，随我请来，显现道场，令我道场如彼净土无异。想云：“法性如空无所见，二处法宝难思议。我今三业如法请，俱时显现受供养。”）

一心奉请，南无文殊师利菩萨、普贤菩萨、无能胜菩萨、不休息菩萨等，一切菩萨摩诃萨。（偈同请佛，但改云“诸大菩萨亦如是”。当请时，想文殊、普贤等，皆在净土，如《愿王经》说。〇此中“一切”二字，该十方三世。）

一心奉请，南无极乐世界观世音菩萨摩诃萨。（想此菩萨坐莲花座，侍佛左边，威德光明，悉皆无量。偈改“观音菩萨”。）

一心奉请，南无极乐世界大势至菩萨摩诃萨。（想此菩萨坐莲花座，侍佛右边，亦如观音不异。偈改“势至菩萨”。）

一心奉请，南无过去阿僧祇劫法藏比丘菩萨摩诃萨。（即弥陀因身，修行四十八愿，摄化众生，当念此恩德。偈改“法藏比丘”。）

一心奉请，南无极乐世界新发道意，无生不退，一生补处，诸大菩萨摩诃萨。（经云不退及一生补处诸大菩萨。请时应如是想，偈如前。）

一心奉请，南无此土舍利弗等一切声闻、缘觉得道贤圣僧。（想遍法界请贤圣僧。○“一切”二字，亦该十方三世。下礼拜中，亦同。）

一心奉请，此土梵、释、四王、一切天众、摩罗天主、龙鬼诸王、阎罗五道、主善罚恶、守护正法护伽蓝神，一切贤圣。（例皆三请，来此守护。唯除礼拜，应知。）

上所奉请弥陀世尊、观世音菩萨、大势至菩萨、清净海众、一切贤圣，唯愿不舍大慈大悲，他心道眼，无碍见闻，身通自在，降来道场，安住法座，光明遍照，摄取我等，哀怜覆护，令得成就菩提愿行。释迦文佛、定光佛等、世自在王佛、十方三世一切正觉，及文殊师利菩萨、普贤菩萨、三乘圣众，唯愿悉来，慈悲摄护。诸天、魔、梵、龙、鬼等众，护法诸神，一切贤圣，悉到道场，安慰坚守，同成净行。（三说）

第六、赞叹法

（当起立，恭敬合掌，想此身正对弥陀，及一一佛前，说偈赞愿云：）

色如阎浮金，面逾净满月，
身光智慧明，所照无边际，
降伏魔怨众，善化诸人天，
乘彼八正船，能度难度者，
闻名得不退，是故归命礼。

（礼起复云：）

以此叹佛功德，修行大乘无上善根，奉福上界天龙八部、大梵天王、三十三天、阎罗五道、六斋八王、行病鬼王，各及眷属，此土神祇、僧伽蓝内护正法者。又为国王帝主、土境万民、师僧父母、善恶知识、造寺檀越、十方信施，广及法界众生，愿借此善根，平等熏修，功德、智慧二种庄严，临命终时，俱生乐国。

第七、礼佛法

（赞叹竟，应礼诸佛。当礼佛时，须想一切诸佛是我慈父，能令我生诸佛净土故。）

一心敬礼本师释迦牟尼佛。（唱竟一礼，想云："能礼所礼性空寂，感应道交难思议。我此道场如帝珠，释迦如来影现中。我身影现释迦前，头面接足归命礼。"下去同用。）

一心敬礼过去久远劫中定光佛、光远佛、龙音佛等五十三佛。（五十三佛，如礼请中说。当想此身如幻如化，自见对彼佛前作礼。偈同上，但改云"五十三佛影现中"、"我身影现诸佛前"。下去仿此。）

一心敬礼过去久灭世自在王佛。（法藏本师，应知。）

一心敬礼东方不动佛等，尽东方河沙净土一切诸佛。（此下十方佛，皆出广长舌相，称赞极乐。当想此身对河沙净土佛前。）

一心敬礼东南方最上广大云雷音王佛等，尽东南方河沙净土一切诸佛。

一心敬礼南方日月光佛等，尽南方河沙净土一切诸佛。

一心敬礼西南方最上日光名称功德佛等，尽西南方河沙净土一切诸佛。

一心敬礼西方放光佛等，尽西方河沙净土一切诸佛。

一心敬礼西北方无量功德火王光明佛等，尽西北方河沙净土一切诸佛。

一心敬礼北方无量光严通达觉慧佛等，尽北方河沙净土一切诸佛。

一心敬礼东北方无数百千俱胝广慧佛等，尽东北方河沙净土一切诸佛。

一心敬礼上方梵音佛等，尽上方河沙净土一切诸佛。

一心敬礼下方示现一切妙法正理常放火王胜德光明佛等，尽下方河沙净土一切诸佛。

一心敬礼往古来今三世诸佛，七佛世尊，贤劫千佛。

一心敬礼极乐世界阿弥陀佛。（应三礼，但改偈云"为求往生接足礼"。）

一心敬礼极乐世界佛菩萨等所说经法，乃至水鸟、乐、树一切法音，清净法藏。（想彼净土法宝显现道场。偈云："真空法性如虚空，常住法宝难思议。我身影现法宝前，一一皆悉归命礼。”）

一心敬礼大乘四十八愿《无量寿经》、《称赞经》等，十方一切尊经，十二部真净法藏。（此土法宝。偈如前。）

一心敬礼极乐世界观世音菩萨摩诃萨。（想此菩萨侍弥陀左边，坐莲花座。偈同礼佛，但改菩萨为异。）

一心敬礼极乐世界大势至菩萨摩诃萨。（想侍佛右边，如观音不异。）

一心敬礼过去阿僧祇劫，法藏比丘菩萨摩诃萨。

一心敬礼极乐世界一生补处诸大菩萨摩诃萨。

一心敬礼极乐世界无生不退诸大菩萨摩诃萨。

一心敬礼极乐世界新发道意菩萨，及十方来生净土一切菩萨摩诃萨。

一心敬礼文殊师利菩萨、普贤菩萨、弥勒菩萨、常精进菩萨等，尽十方一切诸大菩萨摩诃萨。

一心敬礼大智舍利弗、阿难持法者，诸大声闻、缘觉，一切得道贤圣僧。

（想偈已，不起于地，运下忏悔。）

第八、忏愿法

（总有五法，今举初、后，故云忏愿）

一、明忏悔法

（悔有事、理，应须并运。事则竭其三业，不惜身命，流血雨泪，披露罪根，不敢覆讳。理则观罪实相，能忏所忏，皆悉寂灭，如余文广说。知事理已，当须等心普为一切忏悔，想云：“我及众生，无始常为三业六根重罪所障，不见诸佛，不知出要，但顺生死，不知妙理。我今虽知，犹与一切众生同为一切重罪所障。今对弥陀、十方佛前，普为众生归命忏悔。唯愿加护，令障消灭。”想已，唱云：）

普为法界一切众生，悉愿断除三障，至诚忏悔。（唱已一礼。）

（各执手炉，先运逆顺十心。始则背真逐妄，名顺十心。今则背妄向真，名逆十心。有事有理，应细思之。从初至“拨无因果”是顺，“故于今日深信”下去是逆。至正陈忏悔时，亦须扶此逆顺之意。想云：“我与众生，无始来今，由爱见故，内计我人；外加恶友；不随喜他一毫之善；唯遍三业广造众罪；事虽不广，恶心遍布；昼夜相续，无有间断；覆讳过失，不欲人知；不畏恶道；无惭无愧；拨无因果。故于今日，深信因果；生重惭愧；生大怖畏；发露忏悔；断相续心；发菩提心，断恶修善；勤策三业，翻昔重过；随喜凡圣一毫之善；念十方佛有大福慧，能救拔我，及诸众生，从二死海，置三德岸；从无始来，不知诸法本性空寂，广造众恶，今知空寂，为求菩提，为众生故，广修诸善，遍断众恶。唯愿十方诸佛、弥陀世尊，慈悲摄受，听我忏悔。”）

我弟子（某甲），至心忏悔。十方诸佛，真实见知。我及众生，本性清净。诸佛住处，名常寂光，遍在刹那，及一切法。而我不了，妄计我人，于平等法中而起分别，于清净心中而生染着。以是颠倒五欲因缘，生死循环，经历三界。坐此相续，不念出期。而复于中，造极恶业：四重五逆，及一阐提；非毁大乘；谤破三宝；谤无诸佛；断学般若；用十方僧物；用佛塔物；污梵行人；习近恶法；于破戒者更相赞护；三乘道人，种种毁骂；内覆过失，外现威仪；常以五邪，招纳四事；不净说法；非律教人；因佛出家，反破佛法；违逆师长如法教诲；恣行贪恚，无惭耻心。以是因缘，诸恶业力，命终当堕阿鼻地狱，猛火炽然，受无量苦。千万亿劫，无解脱期。今始觉知，生大惭愧，生大怖畏。十方世尊，阿弥陀佛，久已于我生大悲心。无数劫来，为度我故，修菩提道，不惜身命。今已得佛，大悲满足，真实能为一切救护。我今造恶，必堕三途。愿起哀怜，受我忏悔。重罪得灭，诸恶消除，乃至娑婆生因永尽，诸佛净土如愿往生，当命终时，悉无障碍。

（起云：）

忏悔已，归命礼阿弥陀佛，及一切三宝。

（礼已，以头三叩于地，表三处作礼，一、谓弥陀世尊，二、净土三宝，三、十方三宝。应三说忏悔等文。自看时早晚，若时促，略云：“第二、第三，亦如是说。”下四悔准此。）

二、明劝请法

（想对十方一切佛前，长跪劝请。请有二义：一、从初至“转于无上妙法轮”，名请说法。二、“诸佛”下，请久住世，意亦在说法。十方诸佛，以道眼力，知我劝请，唯愿久住，转正法轮。所在生处，常能劝请。）

我弟子（某甲），至心劝请：

十方所有世间灯，最初成就菩提者，
我今一切皆劝请，转于无上妙法轮。
诸佛若欲示涅槃，我悉至诚而劝请，
唯愿久住刹尘劫，利乐一切诸众生。

劝请已，归命礼阿弥陀佛，及一切三宝。

三、明随喜法

（十方凡圣一毫之善，我亦随喜。善根福德，能令见者生喜，我随彼喜。）

我弟子（某甲），至心随喜：

十方一切诸众生，二乘有学及无学，
一切如来与菩萨，所有功德皆随喜。

随喜已，归命礼阿弥陀佛，及一切三宝。

四、明回向法

（无始时来，乃至今日，一毫之善，回向三有。故今悔之，誓求菩提。）

我弟子（某甲），至心回向：

所有礼赞供养福，请佛住世转法轮，
随喜忏悔诸善根，回向众生及佛道。

回向已，归命礼阿弥陀佛，及一切三宝。

五、明发愿法

（大体须存灭罪除障，扶四弘誓，随顺菩提，求生净土。唱时想的对弥陀。余佛菩萨，悉为证明。）

我弟子（某甲），至心发愿。愿共修净行人，三业所生一切诸善，庄严净愿，福智现前。愿得弥陀世尊、观音、势至慈悲摄受，为我现身，放净光明，照触我等，诸根寂静，三障消除，乐修净行，身心润泽，念念不失净土善根。及于梦中常见彼国众妙庄严，慰悦我心，令生精进。愿得临命终时，预知时至，尽除障碍，慧念增明，身无病苦，心不颠倒，面奉弥陀，及诸眷属，欢喜快乐，于一刹那，即得往生极乐世界。到已，自见生莲花中，蒙佛授记。得授记已，自在化身微尘佛刹，随顺众生，而为利益，能令佛刹尘数众生发菩提心，俱时离苦，皆共往生阿弥陀佛极乐世界。如是行愿，念念现前，尽未来时，相续不断，身语意业，常作佛事。（发愿乃往生正行，须具足三说。不同前四悔，随时广略，应知。）

发愿已，归命礼阿弥陀佛，及一切三宝。

第九、旋绕诵经法

（礼竟当起，各整衣服，定立少顷。当想三宝贤圣，叆塞道场，各坐法座。见身一一绕旋法座，安详而转。然后口称念云：）

南无佛　南无法　南无僧　南无释迦牟尼佛　南无世自在王佛　南无阿弥陀佛　南无观世音菩萨　南无大势至菩萨　南无文殊师利菩萨　南无普贤菩萨　南无清净大海众菩萨摩诃萨　（如是三称）

（当诵《阿弥陀经》，或《十六观经》，诵毕复三称前名号。当称诵时，声名句文，空无所得，犹空鸟迹，岂可取着。身语意三，如影响焰，虽皆不实，感应具在。自见其身，各旋法座，或多或少，经毕为期。旋已唱云：）

自归于佛，当愿众生，体解大道，发无上心。（一拜）

自归于法，当愿众生，深入经藏，智慧如海。（一拜）

自归于僧，当愿众生，统理大众，一切无碍。和南圣众。（一拜）

（首者跪唱云：）

白众等听说，经中如来偈。
何不力为善，念道之自然？
宜各勤精进，努力自求之，

必得超绝去，往生安养国。
横截五恶道，恶趣自然闭，
升道无穷极，易往而无人。
何不弃世事，勤行求道德，
各得极长生，寿乐无穷极。

第十、坐禅法

如上事毕，当于一处，绳床西向，易观想故，表正向故。跏趺端坐，项脊相对，不昂不伛。调和气息，定住其心。

然所修观门，经论甚多，初心凡夫，哪曾遍习？今从要易想，略示二种。于二种中，仍逐所宜，未必并用。其有于余观想熟者任便，但得不离净土法门，皆应修习。

所言二种：一者扶普观意。坐已自想：即时所修，计功合生极乐世界。当便起心生于彼想，于莲花中结跏趺坐，作莲花合想，作花开想。当花开时，有五百色光来照身想。作眼目开想，见佛菩萨及国土想。即于佛前，坐听妙法，及闻一切音声，皆说所乐闻法。所闻要与十二部经合。作此想时，大须坚固，令心不散，心想明了，如眼所见。经久乃起。

二者直想阿弥陀佛丈六金躯，坐于花上，专系眉间白毫一相。其毫长一丈五尺，周围五寸，外有八棱，其毫中空，右旋宛转，在眉中间，莹净明彻，不可具说，显映金颜，分齐分明。作此想时，停心注想，坚固勿移。然复应观：⑴想念所见，若成未成，皆想念因缘，无实性相，所有皆空。⑵如镜中面像，如水现月影，如梦如幻，虽空而亦可见。⑶皆心性所现，所有者即是自心。心不自知心，心不自见心，心有想即痴，无想即泥洹。心有心无，皆名有想，尽名为痴，不见法性。因缘生法，即空假中，不一不异，非纵非横，不可思议。心想寂静，则能成就念佛三昧。久而乃起。（广如别说。）

问：念佛三昧，久习方成。十日、七日修忏之者，云何卒学？

答：缘有生熟，习有久近。若过去曾习，及今生预修，至行忏时，薄修即得。若宿未经怀，近忏方学，此必难成。然虽不成，亦须依此系心，为坐禅观境。经云："若成不成，皆灭无量生死之罪，生诸佛前。"又云："但闻白毫名字，灭无量罪。"何况系念？凡欲修者，勿生疑怖，自谓无分。彼佛有宿愿力，令修此三昧者，皆得成就。《般舟》依三力成就：一、佛威力；二、三昧力；三、己功德力。《观经》但闻无量寿佛、二菩萨名，能灭无量生死之罪，况忆念者乎？若有乐修余观，当自随情。坐已即起，随意佛事。或要修观，更坐无妨。若不惯习坐，乃行道称念，亦得于夜梦中见弥陀佛，具如经说。

后 序[①]

此法自撰集于今，凡二改治。前本越僧契凝已刊刻广行，其后序首云"予自滥沾祖教"等是也。圣位既广，比见行者拜起易劳，忏悔、禅法皆事攻削，余悉存旧。今之广略既允，似可传行，后贤无惑其二三焉，刊详删补，何嫌精措。时大中祥符八年太岁乙卯二月日序。

① 《十要》本作"自跋"，今仍从《永乐北藏》《乾隆大藏经》及《大正藏》等本。

往生净土决疑、行愿二门

宋 耆山沙门遵式 撰

维安养宝刹，大觉攸赞，三辈高升。夕孕金花，列宿犹惭于海滴。晨游玉沼，世灯强喻于河沙。良以十方爰来，四生利往。虽腾光而普示，终稽首而偏求。故其竺国、皇州，自今观古，彼则钜贤至圣，咸舒藻以为盟（文殊、普贤、天亲、龙树，圣贤之俦，或别译愿文，或著在经论，非此备载）；此则觉德鸿儒，尽摛毫而作誓（且首从晋世东林净社，刘、雷等十八贤，洎一百二十三人同誓，遗民属词。其后冠盖之士、德望之僧、洁志之俗，富于编简）。自兹回向绵续，唱和相寻。诚为道德之通衢，常乐之直济者也。但世多创染割截，未识方隅，忽遇问津，靡惭滥吹，或攘臂排为小教，或大笑斥作权乘，以其言既反经，人惑常典。《易》不云乎：“居其室，出其言不善，则千里之外违之，况其迩者乎？”遂辄述《往生净土决疑、行愿二门》，词愧不文，理存或当。视菽麦而且辨，挹泾渭而永分。剪伊兰之臭林，植栴檀之香干。信解行愿，原始要终，不数千言而能备举者，实兹二门矣。

第一、决疑门：一、疑师，二、疑法，三、疑自。

第二、行愿门：一、礼忏门，二、十念门，三、系缘门，四、众福门。

第一、决疑门者

疑为信障，世间小善尚不能成，况菩提大道乎？或曰：“天台智者已有《释十疑论》，何须此文？”然略由三意：一者上为王臣宰官生信乐者，几务少暇，难寻广文，今举大纲，及略出行相，易披览故，易修行故。二者论中多随事释难，唯第二、第三，略附理立。且事既无尽，疑亦叵穷，今直明一理，为诸法源，指源则流可识矣。三者正对说者反经乖理，自损损他，故于第二疑法中，简小取大，明白权实，使来者不惑。

至于道安和尚《往生论》（六卷）、怀感法师《群疑论》（七卷）、道绰禅师《安乐集》（三卷）、慈敏三藏《净土慈悲集》（三卷）、源信禅师《净土集》（二卷），古今诸师归心净域者，或制疏解经，或宗经造论，或随情释难，或伽陀赞扬，虽殊途同归，而各陈所见，动盈编帙，寻究良难。今统彼百家，以三疑收尽。然文出《天台止观》，非敢臆说。一者疑师，二者疑法，三者疑自。

一、疑师者。师有二种：一、邪外等师，倒惑化人，非所承也。二、正法之师，复有凡、圣、因、果。凡及因位，容有未了。犹清辨谓："今弥勒未是遍知，俟龙华道后，方复问津。"即其事也。今显示西方令回向者，唯果佛圣师，释迦如来及十方诸佛，出广长舌，说诚实言，赞劝往生，更何所惑？

二、疑法者。佛法有二：一者小乘不了义法，二者大乘了义法。大乘中复有了不了义。今谈净土，唯是大乘了义中了义之法也。且小乘经部，括尽贝书，曾无一字赞劝往生他方净土。故《天亲论》云："女人及根缺，二乘种不生。"此即明据也。

问：《小弥陀经》等，皆说彼国有声闻弟子。及《鼓音王经》云，佛母名殊胜妙颜，亦应复有女人。

答：佛母恐指初降生时。成正觉已，国土随净，必无女人。其母或转成男子，如此方龙女；或复命终，如悉达母。有人注论引此经文，而云彼土亦有女人者，非也。声闻，如《观经疏》及《十疑论》和会。

今明大乘复有三种：

一者三乘通教。此则门虽通大，类狎二乘。又当教菩萨，虽复化他，净佛国土，化毕还同二乘归于永灭，净土深理非彼所知，非了义也。

二者大乘别教。此明大乘独菩萨法，虽谈实理，道后方证，因果不融。净土则理外修成，万法乃不由心具。虽尘劫修道，广游佛刹，指彼净土因果，但是体外方便，斯亦未了。

三者佛乘圆教，此教诠旨圆融，因果顿足。佛法之妙，过此以往，不知所裁也。经曰：“十方谛求，更无余乘，唯一佛乘。”斯之谓欤！是则大乘中大乘，了义中了义。十方净秽，卷怀同在于刹那。一念色心，罗列遍收于法界。并天真本具，非缘起新成。一念既然，一尘亦尔。故能一一尘中一切刹，一一心中一切心，一一心尘复互周，重重无尽无障碍，一时顿现非隐显，一切圆成无胜劣，若神珠之顿含众宝，犹帝网之交映千光。我心既然，生佛体等。如此则方了回神亿刹，实生乎自己心中；孕质九莲，岂逃乎刹那际内。苟或事理攸隔，净秽相妨，安令五逆凡夫十念便登于宝土，二乘贤辈回心即达于金池也哉！信此圆谈，则事无不达。昧斯至理，则触类皆迷。故《华严经》云：“心如工画师，造种种五阴。一切世间中，无不从心造。（造通二种：一者理具名造，十界依正，一念顿足；二者变起名造，全理缘起，知无不为。）如心佛亦尔，如佛众生然。心佛及众生，是三无差别。”（实由三无差别，方得感应道交，悲愿相摄；共变各变，因果方成。若但知一理无差，不晓诸法互具，则未善圆旨。）又《起信论》云：“所言法者，谓众生心（直指凡心），是心即摄一切世间（六凡法界）、出世间法（四圣法界也）。（摄义亦二种，一理具，二事造，并摄十界。十界之内，身土净秽，何法不在？）依于此心，显示摩诃衍义。（摩诃衍，大乘也。若非此心，安堪乘运？）”《十六观》云：“诸佛如来，是法界身，入一切众生心想中。”乃至“是心作佛，是心是佛。”又《般舟三昧经》云：“佛是我心，是我心见佛，是我心作佛”等。谈斯旨者，大乘卷中，粲然可举。至若《法华》妙部，如来亲记往生。《华严》顿谈，普贤躬陈回向。是知弥陀因地，观此理而大誓普收。释迦果成，称此理而广舌深赞。十方三世，莫不咸然。

问：如上所明，妙理圆极。为世人尽须观行，然始生耶？

答：此不然也。今但直决疑情，令知净土百宝庄严、九品因果，并在众生介尔心中，理性具足，方得今日往生事用，随愿自然。是则旁罗十方，不离当念。往来法界，正协唯心。免信常流，执此非彼。其行愿之相，正在次门，非此所问。况九品生相，各有行类。上辈三品，须解须行。故文云："汝行大乘，解第一义。"即其人矣。若今之学者，见贤思齐，企金座而高升，唯妙观而是托。若其中下之流，六品生因，只是精持禁戒，行世仁慈。乃至下下品生，本是恶逆，十念精诚，便生彼国。但能知有净土，尽可回心。苟不然者，宁容九品之差降也？（世人纵云净土出大乘教，不能如上约教甄简，宁逃混滥，未足决疑。）

三、疑自者。

问曰：我是博地凡夫，世缘缠盖，云何此身生诸净土，入贤圣海，同正定聚耶？

释曰：若了如上法性虚通，及信弥陀本愿摄受，但勤功福，宁俟问津。况十念者得生，唯除五逆，及谤正法。又定心十念，逆谤亦生。今幸无此恶，而正愿志求，夫何惑矣！

第二、正修行愿门者

略开四门：一者礼忏门、二者十念门、三者系缘门、四者众福门。所以但四门者，修行整足，唯须此四。何者？先礼佛忏悔，净除业障，身心皎洁，故第一门如净良田。次修十念，定心成行，立愿要期，植往生正因，故第二门如下种子。次使系心，爱护长养，滋发芽茎，故第三门如霔以膏雨。次假众福，助令繁茂，使速成花果，故第四门如灌以肥腻。是知能具修此四行者，最上最胜。然相由虽尔，若或少暇，但随修三二一者，皆生彼国。以四门中各有行愿，皆是正因故也。又亦可于六斋日修礼忏法，于日日中修十念法。以十念是净因要切，必不可废。后二门任力所能。若不然者，但随所欲，任意行之。

四门今当说：

第一、礼忏门者

应日日早晨，于常供养道场中，冠带服饰，端庄谨肃。于佛像前，手自烧香，合掌定心，作是唱云：

一切恭敬。一心顶礼常住三宝。（存心遍礼十方三世一切佛、法、僧宝。）

（拜起，两膝着地，手执香炉，烧众名香，唱云：）

愿此香烟云，遍满十方界，
无边佛土中，无量香庄严，
具足菩萨道，成就如来香。

（唱已，冥心少顷，遍运香云，供养三宝。普熏众生，咸生净土。想已，置香炉起，作一礼。起已合掌，曲躬恳切，想面对弥陀，及一切佛，而赞叹曰：）

如来妙色身，世间无与等，
无比不思议，是故今顶礼。
如来色无尽，智慧亦复然，
一切法常住，是故我归依。
大智大愿力，普度于群生，
令舍热恼身，生彼清凉国。
我今净三业，归依及礼赞，
愿共诸众生，同生安乐刹。

（赞愿已，即便礼佛，一一存心专对。唱云：）

一心顶礼常寂光净土阿弥陀如来，清净妙法身，遍法界诸佛。

一心顶礼实报庄严土阿弥陀如来，微尘相海身，遍法界诸佛。

一心顶礼方便圣居土阿弥陀如来，解脱相严身，遍法界诸佛。

一心顶礼西方安乐土阿弥陀如来，大乘根界身，遍法界诸佛。

一心顶礼西方安乐土阿弥陀如来，十方化往身，遍法界诸佛。

一心顶礼西方安乐土教行理三经，及[①]依正宣扬，遍法界尊法。（灵峰大师注云：此礼旧本无，今依幽溪大师添入，使三宝具足。）

一心顶礼西方安乐土观世音菩萨，万亿紫金身，遍法界菩萨摩诃萨。

一心顶礼西方安乐土大势至菩萨，无边光智身，遍法界菩萨摩诃萨。

---

① “及”,《十要》本误作“极”，今依印光大师所订《灵岩山寺念诵仪轨》改。

一心顶礼西方安乐土清净大海众，满分二严身，遍法界圣众。

（即以两膝跪地，手执香炉，烧香至诚，而唱是言：）

我今普为四恩三有法界众生，悉愿断除三障，归命忏悔。

（起礼。复跪地，执手炉，唱云：）

至心忏悔（叩）。我弟子（某甲），及法界众生，从无始世来，无明所覆，颠倒迷惑，而由六根三业，习不善法，广造十恶，及五无间，一切众罪，无量无边，说不可尽。十方诸佛常在世间，法音不绝，妙香充塞，法味盈空，放净光明，照触一切。常住妙理，遍满虚空。我无始来，六根内盲，三业昏暗，不见不闻，不觉不知。以是因缘，长流生死，经历恶道，百千万劫，永无出期。经云："毗卢遮那，遍一切处。其佛所住，名常寂光。"是故当知，一切诸法，无非佛法。而我不了，随无明流。是则于菩提中，见不清净。于解脱中，而起缠缚。今始觉悟，今始改悔。奉对（叩）诸佛、弥陀世尊，发露忏悔。当令我与法界众生，三业六根，无始所作，现作当作，自作教他，见闻随喜，若忆不忆，若识不识，若疑不疑，若覆若露，一切重罪，毕竟清净。我忏悔已，六根三业，净无瑕累。所修善根，悉亦清净。皆悉回向，庄严净土，普与众生，同生安养。愿（叩）阿弥陀佛，常来护持，令我善根，现前增进，不失净因。临命终时，身心正念，视听分明，面奉（叩）弥陀，与诸圣众，手执花台，接引于我，一刹那顷，生在佛前，具菩萨道，广度众生，同成种智。（应具三说。若时促及事迫，一说亦得。）

（起云：）

忏悔发愿已，归命礼阿弥陀佛，及一切三宝。（一拜）

（次旋绕法，或三匝，或七匝，乃至多匝。口称云：）

南无阿弥陀佛　南无观世音菩萨　南无大势至菩萨　南无清净大海众菩萨摩诃萨（或三、或七、或多，如是称念，随意所欲，不拘遍数。）

（次至佛前，三自归，唱云：）

自归于佛，当愿众生，体解大道，发无上心。（拜）

自归于法，当愿众生，深入经藏，智慧如海。（拜）

自归于僧，当愿众生，统理大众，一切无碍。和南圣众。（拜）

次至别座诵经。（诵《弥陀经》，或《十六观经》。若都不诵得经文，即一心称阿弥陀佛名，量时而止。或更回向结撮亦得。）

第二、十念门者

每日清晨服饰以后，面西正立合掌，连声称阿弥陀佛。尽一气为一念，如是十气，名为十念。但随气长短，不限佛数，唯长唯久，气极为度。其佛声不高不低，不缓不急，调停得中。如此十气，连属不断，意在令心不散，专精为功故。名此为十念者，显是借气束心也。

作此念已，发愿回向云：

我弟子（某甲），一心归命极乐世界阿弥陀佛，愿以净光照我，慈誓摄我。我今正念，称如来名，经十念顷，为菩提道，求生净土。佛昔本誓："若有众生，欲生我国，至心信乐，乃至十念，若不生者，不取正觉。唯除五逆，诽谤正法。"我今自忆，此生以来，不造逆罪，不谤大乘。愿此十念，得入如来大誓海中，承佛慈力，众罪消灭，净因增长。若临欲命终，自知时至，身不病苦，心无贪恋，亦不倒散，如入禅定。佛及圣众，手持金台，来迎接我，如一念顷，生极乐国，花开见佛，即闻佛乘，顿开佛慧，广度众生，满菩提愿。

（作此愿已便止，不必礼拜。要尽此一生，不得一日暂废，唯将不废自要其心，得生彼国。）

第三、系缘门者

凡公临私养，历涉缘务，虽造次而常内心不忘于佛，及忆净土。譬如世人切事系心，虽经历语言、去来、坐卧、种种作务，而不妨密忆，前事宛然。念佛之心，亦应如是。或若失念，数数摄还，久久成性，任运常忆。《楞严经》云："譬如有人，一专为忆（譬佛常念众生），一人专忘（譬众生不念佛）。如是二人，若逢不逢，或见非见。二人相忆，二忆念深，如是乃至从生至生，同于形影，不相乖异。十方如来怜念众生，如母忆子。若子逃逝，虽忆何为？子若忆母，如母忆时，母子历生不相违远。若众生心，忆佛念佛，现前当来，必定见佛，去佛不远，不假方便，自得心开。如染香人，身有香气。”如此系心，任运常遮一切恶念。设欲作恶，忆佛之故，恶不能成。纵使随恶作恶业时，心常下软。如身有香，自然离臭。又复觉心微起恶念，即便忆佛，以佛力故，恶念自息。如人遇难，求彼强援，必得免脱。又若见他受苦时，以念佛心，怜悯于彼，愿其离苦。若断刑狱，以念佛故，生悯念心，虽依王法，当密作愿云：“我行王法，非我本心。愿生净土，誓相救济。”凡历一切境界，若善若恶，由心忆佛，皆心念作愿。故普贤愿王云：“作一切恶，皆不成就。若作善业，皆悉和合。”即此意尔。如是相续念佛在心，能办一切净因功德。恐烦披览，不复具说。诚哉此门，为益最大。

第四、明众福门者

《普贤观经》云：“若国王大臣，欲忏悔重罪者，当修行五事：一者但当正心，不谤三宝，不障出家，不为梵行人作恶留难（于持戒四众勿行污行）。二者孝养父母，奉事师长。三者正法治国，不邪枉人民。四者于六斋日，敕诸境内，力所及处，令行不杀。（严禁渔捕，及诫奸斗。六斋日者：白月初八日，四天王使者巡世。十四日，四王太子巡。十五日，四天大王亲巡。黑月二十三日、二十九日、三十日巡世，准上白月次第。终而复始。若四王亲下，一切诸天星宿鬼神，俱时随从。若遇修福斋戒者，诸天相庆，即为此人注禄添算，护持福业，令其成就。）五者当深信因果，信一实道，知佛不灭。”此与《十六观经》“三福”大同，但《普贤观》正为王臣，故特引用，此亦是三世诸佛净业正因。若出家四众，应具依《观经》“三福”为行，当自检文。但随作一福，并须即时若心念、若口言，作意回向，方成净因尔。

劝修者于此四种法门，必须系日专持修习，方可自期定生净土。此之四行，即是学习念佛三昧往生正因。经云：“行此三昧者，现身得见阿弥陀佛及二菩萨。若人但闻佛名、二菩萨名，除无量劫生死之罪，何况忆念。若念佛者，当知此人是人中芬陀利花，观音、势至为其胜友，当坐道场，生诸佛家。”此人现世，彼佛常遣无数化佛，无数化观世音、化大势至，及娑婆世界常有二十五菩萨，昼夜拥护，若行住坐卧，若一切时处，不令恶鬼得便，不受一切灾难，常为国王、大臣、一切人民之所宗奉。所得功德，一念之间，不可算数，如佛之辩，不能称扬。除彼不肖人，孰闻不信乐！

旧 跋

慈云大师既集《往生净土忏愿仪》，复为在家人述《决疑、行愿二门》。然出家人亦可修此“行愿”。幽溪大师暮年奉“行愿”为日课，临终趺坐，以指书空，作“妙法莲华经”五字而化。法门之妙，于斯验矣。丁亥仲冬，净土弟子正知谨识。

净土十要

灵峰蕅益大师选定净土十要第三附

述曰：《净要》一书，皆历代善知识吹大法螺，击大法鼓，摧邪显正之大闲也。灵峰铨衡，一字不滥。成时何物，敢浪参耶？窃以《十六观经》，净土胜典，以非凡夫境界，属想无从。论者非妄劝修持，便概杜措意。然妄修则堕落坑堑，概杜则壅塞源流，进退两乖，均失佛旨。不知经为利、钝二性，平分胜、劣两门。利者修前十二观，感三辈生。钝者唯修第十三一观，亦分三辈九品。是则人虽钝，观虽劣，而作是一心之宗，如来夙愿之力，原无钝劣。故名此为"杂想观"者，指杂乱垢心，即是阿弥陀佛不思议身土也。敬宗此义，述《观经初心三昧门》，既无妄修之虞，又免概杜之过。觉韦提哀请，再启今时，而王宫法流，重通末运。关系匪小，避忌未遑。

又以《小本弥陀》，字字是行人真归，字字是行人妙观。归观会一，即是行经。谬辑《受持行仪》，自作往生左券。同学修之，佥谓有四利焉：持名行人二障均重，一行三昧未可要期。今即持名具破二障因缘，令其速成一心不乱，一利也。人多谓大本是广文，《观经》是深境。不知小本文虽约而义甚广，境虽近而观甚深。深广只在一心，以此弘通宝王，庶几允可，二利也。净土依正，皆不思议境。慈云忏法，略于观境，且宗唐译，未尽秦本之致。今宗秦本，专就观境具修事理二行。身居忍土，而瞻依礼觐，如已生乐邦。法巧趣幽，人怀悦慕，尘尘皆趣阿弥法身真体，将见往生品位必高，而花开见佛亦易，三利也。六方诸佛，恩德无涯，护念保绥，神力莫测。二大士及海众，皆我现在加持、临终救济、当来教授之师。今悉并切投诚，革除慢易，使无障碍而有感通，无忝受持之轨，四利也。四利匪虚，并出请益。

以上二种，《初门》续《观经》已断之慧命，《行仪》立持名妙行之准绳，皆前古未扬，实叔季甘露。述而非作，附入《净要》，或者其有当乎？本拟寄《西方合论》前以行，而二皆行经，与大小忏法同一部类，遂窃附慈云后，为第三册。兼申法门旨趣，略阐刍言，而语涉游扬，倍增丑拙，前修、同学其尚悯而教之也哉！成时和南识。

《观无量寿佛经》初心三昧门

清 古歙后学沙门成时 依经录辑

《观经》境胜，卒难受持。经谓：“若欲至心生西方者，先当观于一丈六像，在池水上。（“先当”二字，对前胜观而言，非对后二侍。）如先所说无量寿佛，身量无边，非凡夫心力所及。然彼如来夙愿力故，有忆想者，必得成就。”则知舍胜观劣，正是佛力所加，纵根钝，修必成。像观若成，具相亦现，故《钞》谓“观佛入门要术也”。又经前明胜相毫量，千六百五十万里。《疏》仅取一丈五尺。盖胜劣佛观，皆发轫白毫。故疏胜相毫量，预取后劣相文而释。良以忍界末流，纵大机胜种，皆当创归池像，决无顿契一切色身相者。韦提希等于前见佛，经中盛明佛加，非通途修证教意。复次，虽观劣身，亦圆符胜观。《钞》云：“境有胜劣，观皆顿照，即空假中。胜身心作心是，丈六非作是耶？”经云：“阿弥陀佛神通如意，于十方国，变现自在，或现大身满虚空中，或现小身丈六八尺。”明示人大身小身，无先无后，非所及，非所不及也。依第十三“杂想观”，述《初心三昧门》，下笔故序。

（行者面西，如三昧法治室，但供《观经》一卷，专令心想现像，称“阿弥陀佛”出入。入时投地，默白云：“南无释迦牟尼佛！无忧恼处，我当往生，不乐阎浮提浊恶世也。此浊恶处，地狱、饿鬼、畜生盈满，多不善聚。愿我未来，不闻恶声，不见恶人。”白已，起，于问讯时，复想云：“释迦牟尼佛，身紫金色，坐百宝莲花。佛顶有金台，状如须弥，极乐世界及十方净土主伴，悉于中现。”想已，次互跪拈香，复想云：“阿弥陀佛从金台出，住立空中，观音侍左，势至侍右，皆炽盛金色。佛相八尺，大士不及八尺。”起，至心唱和云：）

一切恭敬。一心顶礼十方常住三宝。（想云：“三宝三德如虚空，众生三障亦如是，是故平等普归敬，愿速同入法界海。”应归命三处三宝，谓导师、本师及金台中十方诸佛。下除别礼，余通礼、供养、赞叹、忏悔、三归，共六拜，同此运想，同用上偈。）

（想已，起，主者白云：）

是诸众等，各各互跪，严持香花，如法供养。

（众散花，和云：）

供养十方法界三宝。

（执炉，想“我此香花遍十方”云云。想已，复云：）

愿此香花云，遍满十方界，
供养无量寿，金台百宝莲，
如是佛世尊，佛法及佛子。
普熏诸众生，皆发菩提心。

（起，唱和云：）

供养已，一切恭敬。

（拜起，置炉，合掌正立，赞云：）

诸佛如来，是法界身，入一切众生心想中。心想佛时，是心即是三十二相、八十随形好。诸佛正遍知海，从心想生。是故一心系念谛观，多陀阿伽度、阿罗诃、三藐三佛陀。（拜。“心想生”之上，遍缘三三宝。“是故”下，偏缘阿弥陀佛。）

（次起立，复云：）

以此叹佛功德，修行净业正因。奉感（拈香）释、梵、护世、诸天，普雨天花，持供养者。又感（问讯）南无逆顺起教，五百思惟主伴、娑罗、阇世、月光、耆婆、天授恶友，及步虚以来，好持是语，无忘失者。咸降密室，大慈受熏。愿一切世间，增长增损。大兴末法，息诤扬宗。禅教律三，会归秘藏。

（次拈香云：）

一心顶礼，身紫金色，坐百宝莲花，本师释迦牟尼佛。（想云：“能礼所礼性空寂，感应道交难思议。我此道场如帝珠，释迦如来影现中。我身影现如来前，头面接足归命礼。”）

一心顶礼，佛顶妙高台中，十方无量诸佛，净业正因，过去、未来、现在三世诸佛。（前偈改“释迦”为“诸佛”，此中应想无量主伴。）

（次拈香云：）

一心顶礼，住立空中，观世音、大势至二大士侍立左右，无量寿佛。（应极感切，求哀救接。偈改“阿弥陀佛影现中”。想偈已，次即就地默想云：室内净池，涌三金莲。佛同二侍，下立花上，垂手接引。复对佛前，涌一金花，自身住其上，对佛作礼。）

一心顶礼，西方极乐世界，在池水上，住宝莲花，现八尺身，形真金色，圆光映彻，圆光中无量化佛菩萨，阿弥陀佛。（圆光化佛，及宝莲花，悉从八尺像身而观。）

一心顶礼，西方极乐世界，在池水上，阿弥陀佛。

一心顶礼，西方极乐世界，在池水上，住宝莲花，阿弥陀佛。

一心顶礼，西方极乐世界，在池水上，住宝莲花，现八尺身，阿弥陀佛。（丈六之文，姑且莫礼，令八尺之观成就。）

一心顶礼，西方极乐世界，在池水上，住宝莲花，现八尺身，形真金色，阿弥陀佛。

一心顶礼，西方极乐世界，在池水上，住宝莲花，现八尺身，形真金色，圆光映彻，阿弥陀佛。

一心顶礼，西方极乐世界，在池水上，住宝莲花，现八尺身，形真金色，圆光映彻，圆光中无量化佛菩萨，阿弥陀佛。

（次拈香云：）

一心顶礼，西方极乐世界，在池水上，身同众生，观世音菩萨、大势至菩萨摩诃萨。（偈改“二大菩萨影现中，我身影现菩萨前”。）

一心顶礼，西方极乐世界，在池水上，天冠立佛，观世音菩萨摩诃萨。（偈改“二大”为“观音”。）

一心顶礼，西方极乐世界，在池水上，肉髻宝瓶，大势至菩萨摩诃萨。（偈改“二大”为“势至”。）

一心顶礼，西方极乐世界，在池水上，于一切处身同众生，助佛普化，观世音菩萨、大势至菩萨摩诃萨。（前“身同众生”，谓同凡夫人中之身，七尺有零。此“身同众生”，谓一切处身，乃九法界身也。）

（次拈香云：）

一心顶礼，《观[①]无量寿佛经》。（想云：“真空法性如虚空，常住法宝难思议。我皆影现法宝前，一心如法归命礼。”）

一心顶礼，《净除业障得生佛前经》。（偈如上，下同。）

一心顶礼，第十三杂想观，及十方三世一切尊经。（若非此章，则忍界末流，妙观绝分，故应顶礼。又此中重在顺扶观道，故法宝结归末位。）

（次长跪叩云：）

南无极乐世界阿弥陀佛！无忧恼处，我当往生，不乐阎浮提浊恶世也。此浊恶处，地狱、饿鬼、畜生盈满，多不善聚。愿我未来，不闻恶声，不见恶人。（叩）今向世尊，五体投地，求哀忏悔。我等愚人，多造恶法，无有惭愧。毁犯五戒、八戒，及具足戒。偷僧祇物、现前僧物，不净说法。以诸恶业，而自庄严。乃至五逆十恶，具诸不善。应堕恶道，受苦无穷。（叩）唯愿观世音，及大势至，以大悲音声，为我广说诸法实相除灭罪法，令我闻已，发菩提心，应时即见极乐世界广长之相，得见佛身，及二菩萨，豁然大悟，逮无生忍。临命终时，（叩）阿弥陀佛授手迎接。不离金台，遍十方界，于诸佛前，次第受记。还至本国，觐百宝莲，广为多众，宣说佛语。僧那大悲，尽未来际。（三说）

（次起云：）

忏悔发愿已，归命礼三宝。（拜）

（次起，拈香执炉。如三昧法，至心行道。想降莲花，行池水面，举足下足，莲花出没。三像肩背，及天衣痕等，一一谛想，极令明了。称云：）

---

① “观”字弘化社本脱，今依卍续藏本补。

南无阿弥陀佛　南无观世音菩萨　南无大势至菩萨摩诃萨　（七称，或多称）

（次诵《杂观章》七遍，或多遍。次复如上三称，想归本位花上，结三归：）

自归于佛，当愿众生，体解大道，发无上心。

自归于法，当愿众生，深入经藏，智慧如海。

自归于僧，当愿众生，统理大众，一切无碍。

和南圣众。

次习坐，即观立佛白毫。毫中空，周围二寸五分，外八棱，右旋宛转在眉间。莹净明彻，显映金颜，分齐分明。复想舒毫下垂，长不及花台一尺，显映金躯，及与花足，耀琉璃水，照触自身。此观久久坚住。或将前行仪，端坐想礼一遍亦妙。

问：所礼佛位，何故重繁？

答：为炼观道，令开目、闭目，了了现前。当知习观不出总别二法。初则总不如别，以总略别详故。久则别不如总，以别渐总顿故。

问：入坛已白释迦，忏时何又白弥陀？

答：欣厌绵切，方得往生。故意业白本师，又口业白导师，文以重而表专。能白之业，所白之佛，以不重而无过。

问：何故亦观白毫？

答：胜、劣两观，皆以白毫为初步。所以智者于胜相毫中，详劣相毫状，《疏》意正在此章。后世慈云忏主等，皆扶此观，以妙契经旨故。又末世根钝，虽劣观或有难习之者，故将本观事境，详在行仪，令行者不觉其难，而自纯熟。其白毫观，以经中前文义通故，专令坐时修习。且恐不善观白毫者，又令坐中默然想礼行仪。既甫行行仪，想礼尤易成就。是法也，动静绵拶，事理互研，仪观等熏，通别巧锻（白毫为通，本观为别）。以斯应末世，庶可称善顺机宜也欤！其一心三观，详在《妙宗》，兹不赘。

受持《佛说阿弥陀经》行愿仪

清 古歙后学沙门成时 依经录辑

（行者西向治室，称“阿弥陀佛”出入。入时，想云：佛告舍利弗：“闻是经受持者，及闻诸佛名者，皆为一切诸佛之所护念，皆得不退转于阿耨多罗三藐三菩提。是故舍利弗，汝等皆当信受我语，及诸佛所说。”想已，即对本师、导师、十方一切三宝，至心唱和云：）

一切恭敬。一心顶礼十方常住三宝。（想云：“三宝三德如虚空，众生三障亦如是。是故平等普归敬，愿速同入法界海。”）

（次起，主者白云：）

是诸众等，各各互跪，严持香花，如法供养。

（众散花，和云：）

供养十方法界三宝。

（执炉，想“我此香花遍十方”云云。想已，复云：）

愿此香花云，遍满十方界，供养一切佛，世间难信法，及诸上善人。普熏诸众生，皆发菩提心。（法宝、僧宝，语局义通。）

（次起云：）

供养已，一切恭敬。（拜。用前总观偈。下赞叹、忏悔、三归拜处，皆用上偈。）

（次起置炉，赞云：）

身光不思议，遍照于十方，
无量光如来，西方大慈父。
寿命不思议，无边阿僧祇，
无量寿如来，西方大导首。

国土纯清净，功德所庄严，
一切诸群生，悉登不退地。
十方恒沙佛，共赞于此邦，
故我与众生，愿生极乐国。

（拜，想已，次起拈香云：）

一心顶礼，娑婆世界，五浊恶世，本师释迦牟尼佛。（想身及众生，业重生恶世。本师大慈，入恶世中，说难信之法。应极悯伤，感此恩德。想云：“能礼所礼性空寂，感应道交难思议。我此道场如帝珠，释迦如来影现中。我身影现如来前，为求往生接足礼。”）

一心顶礼，东方世界，阿閦鞞佛、须弥相佛、大须弥佛、须弥光佛、妙音佛，如是等恒河沙数诸佛。（下偈皆同上，但逐位改名号。想诸佛出广长舌，覆大千界，说诚实言，劝发往生。应极信受，不敢疑贰。下六拜，悉同。）

一心顶礼，南方世界，日月灯佛、名闻光佛、大焰肩佛、须弥灯佛、无量精进佛，如是等恒河沙数诸佛。

一心顶礼，西方世界，无量寿佛、无量相佛、无量幢佛、大光佛、大明佛、宝相佛、净光佛，如是等恒河沙数诸佛。

一心顶礼，北方世界，焰肩佛、最胜音佛、难沮佛、日生佛、网明佛，如是等恒河沙数诸佛。

一心顶礼，四维世界，最上广大云雷音王佛、最上日光名称功德佛、无量功德火王光明佛、无数百千俱胝广慧佛，如是等恒河沙数诸佛。（略准唐译，及《净土忏》，总补一礼。）

一心顶礼，下方世界，狮子佛、名闻佛、名光佛、达磨佛、法幢佛、持法佛，如是等恒河沙数诸佛。

一心顶礼，上方世界，梵音佛、宿王佛、香上佛、香光佛、大焰肩佛、杂色宝花严身佛、娑罗树王佛、宝花德佛、见一切义佛、如须弥山佛，如是等恒河沙数诸佛。

一心顶礼，西方极乐世界，清旦所供十万亿佛，及一切时中所供十方三世一切诸佛。（想西方一切众生，竖穷横遍而作佛事。如是重重无尽功德，我皆随喜，等修供养。）

（次拈香云：）

一心顶礼，西方极乐世界，寿命无量无边阿僧祇劫，阿弥陀佛。（一往作即报即法之想。我及众生，心性照而常寂，本与弥陀，契同一体。）

一心顶礼，西方极乐世界，光明无量，照十方国，阿弥陀佛。（一往作即法即报之想。普与众生，拔九界苦，得佛界乐，等蒙光照。）

一心顶礼，西方极乐世界，临命终时，现前导引，阿弥陀佛。（一往作即真即应之想。愿一切处，乃至临终，分明睹见，亲聆法音。倍应雨泪哀切。）

（又拈香云：）

一心顶礼，《佛说阿弥陀经》。（此一切世间难信之法，今得信受，应极敬重。想云："真空法性如虚空，常住法宝难思议。我皆影现法宝前，一心如法归命礼。"下二拜同。）

一心顶礼，《称赞不可思议功德一切诸佛所护念经》。

一心顶礼，西方极乐世界，阿弥陀佛所说，及十方三世一切尊经。（想导师、本师，及诸佛法宝，炳现道场。）

一心顶礼，西方极乐世界，光明众宝，无量真净色尘。（应预观成，令礼想时顿现。下五尘，皆阿弥陀佛从我净心中变化所作，一一即导师全体法性。想云："如来法身如虚空，化事住世难思议。我皆影现化事前，一心如法归命礼。"下四拜，偈同上。）

一心顶礼，西方极乐世界，和雅微妙，无量真净声尘。（想天乐、众鸟、行树、罗网无量妙音，及佛菩萨等所有一切法音，悉现道场。）

一心顶礼，西方极乐世界，身云花雨，无量真净香尘。（想依报、正报，一切众香，悉现道场。）

一心顶礼，西方极乐世界，饭食禅法，无量真净味尘。（想今道场，如在西方饭食、行坐、念佛、念法、念僧时不异。）

一心顶礼，西方极乐世界，德水微风，无量真净触尘。（想今道场，如在西方澡浴、经行、盛花、衣食、禅触等时不异。）

（次拈香云：）

一心顶礼，西方极乐世界，同佛授手，观世音菩萨，大势至菩萨，及诸圣众菩萨摩诃萨。（愿一切时，及临命终，分明睹见。）

一心顶礼，西方极乐世界，诸上善人，一生补处菩萨摩诃萨。（想无量无边阿僧祇等觉大士，同时安慰授手。）

一心顶礼，西方极乐世界，无量无边诸大菩萨摩诃萨。

一心顶礼，西方极乐世界，阿鞞跋致，同佛寿命，十方往生菩萨摩诃萨。

一心顶礼，西方极乐世界，无量无边声闻弟子，诸大菩萨摩诃萨。（虽证小果，实似位菩萨。）

一心顶礼，极乐世界，栏楯行树中，诸菩萨摩诃萨。（想无量栏楯、行树，炳现道场。我同在其中，顶礼受法。以下悉同此意。）

一心顶礼，极乐世界，宝池莲花中，诸菩萨摩诃萨。

一心顶礼，极乐世界，阶道楼阁中，诸菩萨摩诃萨。

一心顶礼，极乐世界，黄金地上，娱天花乐，诸菩萨摩诃萨。

一心顶礼，极乐世界，盛众妙花，广修佛事，诸菩萨摩诃萨。

一心顶礼，极乐世界，饭食经行，诸菩萨摩诃萨。

一心顶礼，极乐世界，闻音正念，诸菩萨摩诃萨。

一心顶礼，极乐世界，无有众苦，但受诸乐，一切菩萨摩诃萨。

一心顶礼，文殊师利法王子、阿逸多菩萨、乾陀诃提菩萨、常精进菩萨，如是等诸大菩萨，及十方三世一切菩萨摩诃萨。（诸菩萨同受佛语，同生西方，同垂接引。下同。）

一心顶礼，舍利弗尊者、迦叶尊者、阿难陀尊者，如是等诸大弟子，及十方三世一切圣僧。（想偈已，复想云：我及众生，无始常为三业六根重罪所障，不见诸佛，不知出要，但顺生死，不知妙理。我今虽知，犹与一切众生同为一切重罪所障。今对弥陀、十方佛前，普为众生归命忏悔，唯愿加护，令障消灭。）

（想已，跪云：）

普为法界一切众生，悉愿断除三障，归命忏悔。（叩）

（想云：我与众生，无始来今，由爱见故，内计我人；外加恶友；不随喜他一毫之善；唯遍三业，广造众罪；事虽不广，恶心遍布；昼夜相续，无有间断；覆讳过失，不欲人知；不畏恶道；无惭无愧；拨无因果。故于今日，深信因果；生重惭愧；生大怖畏；发露忏悔；断相续心；发菩提心，断恶修善；勤策三业，翻昔重过；随喜凡圣一毫之善；念十方佛有大福慧，能救拔我，及诸众生，从二死海，置三德岸；从无始来，不知诸法本性空寂，广造众恶，今知空寂，为求菩提，为众生故，广修诸善，遍断众恶。唯愿十方诸佛、弥陀世尊，慈悲摄受，听我忏悔。想已，仍跪于地，复叩云：）

至心忏悔。我弟子（某甲），及法界众生，从无始世来，无明所覆，颠倒迷惑。而由六根三业，习不善法，广造十恶，及五无间，一切众罪，无量无边，说不可尽。十方诸佛，常在世间。依正庄严，法音不绝。妙香充塞，法味盈空。放净光明，照触一切。常住妙理，遍满虚空。我无始来，六根内盲，三业昏暗，不见不闻，不觉不知。以是因缘，长流生死，经历恶道，百千万劫，永无出期。经云：“毗卢遮那，遍一切处。其佛所住，名常寂光。”是故当知，一切诸法，无非佛法。而我不了，随无明流。是则于菩提中，见不清净。于解脱中，而起缠缚。今始觉悟，今始改悔。奉对（叩）诸佛、弥陀世尊，发露忏悔。当令我与法界众生，三业六根，无始所作，现作当作，自作教他，见闻随喜，若忆不忆，若识不识，若疑不疑，若覆若露，一切重罪，毕竟清净。我忏悔已，六根三业，净无瑕累。所修善根，悉亦清净。皆悉回向，庄严净土，普与众生，同生安养。（叩）愿阿弥陀佛，常来护持。令我善根，现前增进，不失净因。临命终时，身心正念，视听分明。（叩）面奉弥陀，与诸圣众，手执花台，接引于我。一刹那顷，生在佛前，具菩萨道，广度众生，同成种智。（应三说）

（次起唱和云：）

忏悔发愿已，归命礼阿弥陀佛，及一切三宝。（想导师处中，为我作忏悔主。一切三宝，同为证明。）

（想偈已，次起立执炉，想上三宝叆塞道场。我身语意，如影响焰。若一若多，无杂无障。旋绕法座，安详而转。称云：）

南无十方佛（悉称赞净土者） 南无十方法（一切世间难信之法，即法界海，十方法门无不从此法界流，无不还归此法界） 南无十方僧（此土西方，十方一切僧宝，悉趋向净土者） 南无本师释迦牟尼佛 南无极乐世界阿弥陀佛 南无一切诸佛所护念经 南无观世音菩萨 南无大势至菩萨摩诃萨 （三称）

（诵《弥陀经》，诵毕复三称。称诵时，随文入观，历历分明。然名句文，犹空鸟迹，不可思议，故能遍十方界而作佛事。次归位置炉云：）

自归于佛，当愿众生，体解大道，发无上心。

自归于法，当愿众生，深入经藏，智慧如海。

自归于僧，当愿众生，统理大众，一切无碍。

和南圣众。

（次别处西向，如法端坐，执持名号，一心不乱。其观道，略引《要解》于下。）

经云："不可以少善根福德因缘，得生彼国。（菩提正道名善根，即亲因。种种助道，施、戒、禅等，名福德，即助缘。声闻、独觉菩提，名少善根。人天有漏福业，名少福德。唯以信愿持名，则一一声悉具多善因、福缘也。）若有善男子、善女人，闻说阿弥陀佛（闻慧），执持名号（思慧），若一日、若二日、若三日、若四日、若五日、若六日、若七日，一心不乱（修慧）。其人临命终时，阿弥陀佛与诸圣众现在其前。是人终时，心不颠倒，即得往生阿弥陀佛极乐国土。"

《要解》云："阿弥陀佛，是万德洪名，以名召德，罄无不尽。故即以执持名号为正行，不必更涉观想、参究等行，至简易，至直捷也。闻而信，信而愿，乃肯执持。不信不愿，与不闻等。虽为远因，不名闻慧。执持，则念念忆佛名号，故是思慧。然有事持、理持。事持者，信有西方阿弥陀佛，而未达是心作佛，是心是佛，但以决志愿求生故，如子忆母，无时暂忘。理持者，信西方阿弥陀佛是我心具，是我心造，即以自心所具所造洪名，为系心之境，令不暂忘也。利根一日，钝根七日，中根二、三、四、五、六日，而得不乱（此初学要期法，亦是随乐克期之法）。又利根七日，钝根一日，中根六、五、四、三、二日，而能不乱（此久学炼习法）。（上二种，若七日未办，乃至多七，一一七中，咸分利钝。此长期克办之法。）一心亦二种：不论事持、理持，持至伏除烦恼，乃至见思先尽，皆事一心。又不论事持、理持，持至心开，见本性佛，皆理一心。（一心是所显，非所生。盖不论杂乱垢心，从来是一心，本不可乱，但迷强不显耳。）事一心不为见思所乱，理一心不为二边所乱，即修慧也。不为见思乱，故感变化身佛及诸圣众现前，心不复起娑婆界中三有颠倒，往生同居、方便二种极乐世界。不为二边乱，故感受用身佛及诸圣众现前，心不复起生死、涅槃二见颠倒，往生实报、寂光二种极乐世界。当知执持名号，既简易直捷，仍至顿至圆。以念念即佛故，不劳观想，不必参究，当下圆明，无余无欠。上上根不能逾其阃，下下根亦可臻其阈。可谓横该八教，竖彻五时。所以彻底悲心，无问自说，且深叹其难信也。盖所持之名号，真实不可思议。能持之心性，亦真实不可思议。持一声，一声不可思议。持十、百、千、万、无量无数声，声声皆不可思议也。”余如《要解》所明，须悉研之。

二行合跋

余向于《观经》妙典，蕴四疑焉：机收三辈九品，逆恶不遮，而境细观深，唯收胜种，一疑也。经既有先当观之观文，解亦判为初入门之要术，而观道却在第十有三，二疑也。利人日观成就，仅齐下品下生，亦是凡夫。诸观中细境广高，凡夫如何注想？三疑也。利人已成十二胜想，复令作于杂想，何异压良为贱？虽为曲解，终未恰然。且本观经文，何又专属心劣凡夫？四疑也。坚师《初门》一出，顿释四疑。而修此初门，胜观决可成就，然后妙典不付空言。如昏夜中，落日重出，兴成破暗，有大功勋。至于《弥陀行仪》，只就小本具足若观若行，随文入观，是真受持；随观归诚，是真信受。述而不作，厥旨愈彰。末世弘经，罕有其匹。因手录二行，为跋其后云。戊申夏，同邑弟子胡净睿谨识。

净土十要

灵峰蕅益大师选定净土十要第四

述曰：列次《净土十要》，以教经居初，以行经居次二、次三，皆尊经以明道也。若夫作论通经，阐扬净土，则当以天台智者大师《十疑论》，奉为颏弁。厥义有三：一、智者乃释迦后身，人是大圣故；二、陈隋之世，接踵远祖，时亦在先故；三、此十问答，统净宗一切疑问，振菩提大道之纲，断疑生信，厥功最巨故。虽后世种种异见，像季未生，其间破立，未能尽应末法邪僻之病。而纲宗所被，何疑不遣？故次教、行二经，列当论部之首。

《净土十疑论》序

宋 无为子杨杰 述

爱不重不生娑婆，念不一不生极乐。娑婆，秽土也。极乐，净土也。娑婆之寿有量，彼土之寿则无量矣。娑婆备诸苦，彼土则安养无苦矣。娑婆随业轮转生死，彼土一往则永证无生法忍，若愿度生，则任意自在，不为诸业缚矣。其净秽、寿量、苦乐、生死，如是差别，而众生冥然不知，可不哀哉？

阿弥陀佛，净土摄受之主也。释迦如来，指导净土之师也。观音、势至，助佛扬化者也。是以如来一代教典，处处叮咛劝往生也。阿弥陀佛与观音、势至，乘大愿船，泛生死海，不着此岸，不留彼岸，不止中流，唯以济度为佛事。是故《阿弥陀经》云："若有善男子、善女人，闻说阿弥陀佛，执持名号，若一日，乃至若七日，一心不乱。其人临命终时，阿弥陀佛与诸圣众现在其前。是人终时，心不颠倒，即得往生极乐国土。"又经云："十方众生闻我名号，忆念我国，植诸德本，至心回向，欲生我国，不果遂者，不取正觉。"所以祇洹[①]精舍无常院，令病者面西，作往生净土想。盖弥陀光明，遍照法界念佛众生，摄取[②]不舍。圣凡一体，机感相应。诸佛心内众生，尘尘极乐。众生心中净土，念念弥陀。吾以是观

---

① "洹"，弘化社本作"桓"，今从卍续藏本。又《永乐北藏》、《乾隆大藏经》、《大正藏》各本均作"洹"。

② "摄取"，弘化社本作"摄受"，今从卍续藏本。又《永乐北藏》、《乾隆大藏经》、《大正藏》各本均作"摄取"。

之，智慧者易生，能断疑故。禅定者易生，不散乱故。持戒者易生，远诸染故。布施者易生，不我有故。忍辱者易生，不瞋恚故。精进者易生，不退转故。不造善不作恶者易生，念能一故。诸恶已作，业报已现者易生，实惭惧故。虽有众善，若无诚信心、无深心、无回向发愿心者，则不得上上品生矣。

噫！弥陀甚易持，净土甚易往。众生不能持，不能往，佛如众生何？夫造恶业，入苦趣。念弥陀，生极乐。二者皆佛言也。世人忧堕地狱，而疑往生者，不亦惑哉？晋慧远法师，与当时高士刘遗民等，结白莲社于庐山，盖致精诚于此尔。其后七百年，僧俗修持，获感应者非一，咸见于净土传记，岂诬也哉！

然赞辅弥陀教观者，其书山积。唯天台智者大师《净土十疑论》，最为首冠。援引圣言，开决群惑。万年暗室，日至而顿有余光。千里水程，舟具而不劳自力。非法藏后身，不能至于是也。杰顷于都下，尝获斯文，读示所知，无不生信。自遭酷罚，感悟益深。将广其传，因为序引。熙宁九年仲秋述。

净土十疑论

隋 天台智者大师 说

第一疑

问：诸佛菩萨以大悲为业，若欲救度众生，只应愿生三界，于五浊三途中救苦众生。因何求生净土，自安其身[①]，舍离众生？则是无大慈悲，专为自利，障菩提道。

答：菩萨有二种：一者久修行菩萨道，得无生忍者，实当所责。二者未得以还，及初发心凡夫。凡夫菩萨者，要须常不离佛，忍力成就，方堪处三界内，于恶世中，救苦众生。故《智度论》云："具缚凡夫，有大悲心，愿生恶世，救苦众生者，无有是处。"何以故？恶世界，烦恼强。自无忍力，心随境转，声色所缚，自堕三途，焉能救众生？假令得生人中，圣道难得。或因施戒修福，得生人中，得作国王、大臣，富贵自在，纵遇善知识，不肯信用。贪迷放逸，广造众罪，乘此恶业，一入三途，经无量劫。从地狱出，受贫贱身。若不逢善知识，还堕地狱。如此轮回，至于今日，人人皆如是。此名难行道也。

故《维摩经》云："自疾不能救，而能救诸疾人？"又《智度论》云："譬如二人，各有亲眷为水所溺。一人情急，直入水救，为无方便力故，彼此俱没。一人有方便，往取船筏，乘之救接，悉皆得脱水溺之难。新发意菩萨，亦复如是。如是未得忍力，不能救众生。为此常须近佛，得无生忍已，方能救众生，如得船者。"又论云："譬如婴儿，不得离母。

① "身"，原本作"生"，今依《永乐北藏》、《乾隆大藏经》、《大正藏》本改。

若也离母，或堕坑井，渴乳而死。又如鸟子，翅羽未成，只得依树传枝[①]，不能远去。翅翮成就，方能飞空，自在无碍。”

凡夫无力，唯得专念阿弥陀佛，使成三昧，以业成故，临终敛念得生，决定不疑。见弥陀佛，证无生忍已，还来三界，乘无生忍船，救苦众生，广施佛事，任意自在。故论云：“游戏地狱行者，生彼国得无生忍已，还入生死国，教化地狱受苦众生。”以是因缘，求生净土，愿识其教。故《十住婆沙论》名易行道也。

第二疑

问：诸法体空，本来无生，平等寂灭。今乃舍此求彼，生西方弥陀净土，岂不乖理哉？又经云：“若求净土，先净其心。心净故，即佛土净。”此云何通？

答：释有二义：一者总答，二者别答。

总答者。汝若言求生西方弥陀净土，则是舍此求彼，不中理者，汝执住此，不求西方，则是舍彼着此，此还成病，不中理也。又转计云我亦不求生彼，亦不求生此者，则断灭见。故《金刚般若经》云：“须菩提，汝若作是念，发阿耨菩提者，说诸法断灭相。莫作是念。何以故？发菩提心者，于法不说断灭相。”

二、别答者。夫不生不灭者，于生缘中，诸法和合，不守自性，求于生体，亦不可得。此生生时，无所从来，故名不生。不灭者，诸法散时，不守自性，言我散灭。此散灭时，去无所至，故言不灭。非谓因缘生外，别有不生不灭。亦非不求生净土，唤作无生。为此《中论》偈云：“因缘所生法，我说即是空，亦名为假名，亦名中道义。”又云：“诸法不自生，亦不从他生，不共不无因，是故知无生。”又《维摩经》云：“虽知诸佛国，及与众生空，而常修净土，教化诸群生。”又云：“譬如有人造

① 传枝，在枝间移动。《卍续藏》本及原论各藏本作“傅枝”。傅，依附、依凭。二义皆通。

立宫室，若依空地，随意无碍。若依虚空，终不能成。”诸佛说法，常依二谛，不坏假名，而说诸法实相。智者炽然求生净土，达生体不可得，即是真无生。此谓心净故即佛土净。愚者为生所缚，闻生即作生解，闻无生即作无生解，不知生即是无生，无生即是生。不达此理，横相是非，瞋他求生净土，几许误哉！此则是谤法罪人，邪见外道也。

第三疑

问：十方诸佛一切净土，法性平等，功德亦等。行者普念一切功德，生一切净土。今乃偏求一佛净土，与平等性乖，云何生净土？

答：一切诸佛土，实皆平等。但众生根钝，浊乱者多，若不专系一心一境，三昧难成。专念阿弥陀佛，即是一相三昧。以心专至，得生彼国。如《随愿往生经》云：普广菩萨问佛：“十方悉有净土，世尊何故偏赞西方弥陀净土，专遣[①]往生？”佛告普广：“阎浮提众生，心多浊乱。为此偏赞西方一佛净土，使诸众生专心一境，即易得往生。”若总念一切佛者，念佛境宽，则心散漫，三昧难成，故不得往生。

又求一佛功德，与一切佛功德无异，以同一佛法性故。为此念阿弥陀佛，即念一切佛。生一净土，即生一切净土。故《华严经》云：“一切诸佛身，即是一佛身，一心一智慧，力无畏亦然。”又云：“譬如净满月，普应一切水。影像虽无量，本月未曾二。如是无碍智，成就等正觉。应现一切刹，佛身无有二。”智者以譬喻得解。智者若能达一切月影即一月影，一月影即一切月影，月影无二故。一佛即一切佛，一切佛即一佛，法身无二故。炽然念一佛时，即是念一切佛也。

① “遣”，原本作“念”，今依《永乐北藏》、《乾隆大藏经》、《大正藏》本改。

第四疑

问：等是念求生一佛净土，何不十方佛土中，随念一佛净土，随得往生？何须偏念西方[①]弥陀佛耶？

答：凡夫无智，不敢自专，专用佛语，故能偏念阿弥陀佛。云何用佛语？释迦大师一代说法，处处圣教，唯劝众生专心偏念阿弥陀佛，求生西方极乐世界。如《无量寿经》、《观经》、《往生论》等，数十余部经论文等，殷勤指授劝生西方，故偏念也。

又弥陀佛别有大悲四十八愿，接引众生。又《观经》云："阿弥陀佛有八万四千相，一一相有八万四千好，一一好放八万四千光明，遍照法界念佛众生，摄取不舍。"若有念者，机感相应，决定得生。又《阿弥陀经》、《大无量寿经》、《鼓音王陀罗尼经》等云：释迦佛说经时，皆有十方恒沙诸佛，舒其舌相，遍覆三千大千世界，证成一切众生，念阿弥陀佛，乘佛大悲本愿力故，决定得生极乐世界。

当知阿弥陀佛与此世界偏有因缘。何以得知？《无量寿经》云："末世法灭之时，特驻此经百年在世，接引众生，往生彼国。"故知阿弥陀佛与此世界极恶众生偏有因缘。其余诸佛一切净土，虽一经、两经略劝往生，不如弥陀佛国，处处经论殷勤叮咛劝往生也。

第五疑

问：具缚凡夫，恶业厚重，一切烦恼，一毫未断。西方净土出过三界，具缚凡夫云何得生？

答：有二种缘：一者自力，二者他力。

自力者。此世界修道，实未得生净土。是故《璎珞经》云："始从具缚凡夫，未识三宝，不知善恶因之与果。初发菩提心，以信为本。住在佛

---

① "西方"二字，原本无，今依《永乐北藏》、《乾隆大藏经》、《大正藏》本补。

家，以戒为本。受菩萨戒，身身相续，戒行不阙。经一劫、二劫、三劫，始至初发心住。如是修行十信、十波罗蜜等无量行愿，相续无间，满一万劫，方始至第六正心住。若更增进，至第七不退住，即种性位。”此约自力，卒未得生净土。

他力者。若信阿弥陀佛大悲愿力摄取念佛众生，即能发菩提心，行念佛三昧，厌离三界身，起行施戒修福，于一一行中，回愿生彼弥陀净土。乘佛愿力，机感相应，即得往生。

是故《十住婆沙论》云：“于此世界修道，有二种：一者难行道，二者易行道。”难行者，在于五浊恶世，于无量佛时求阿鞞跋致，甚难可得。此难无数尘沙说不可尽，略陈有五：一者外道相善，乱菩萨法；二者无赖恶人，破他胜德；三者颠倒善果，能坏梵行；四者声闻自利，障于大慈；五者唯有自力，无他力持。譬如跛人步行，一日不过数里，极大辛苦。谓自力也。易行道者，谓信佛语，教念佛三昧，愿生净土，乘弥陀佛愿力摄持，决定往生不疑也。如人水路，行借船力，故须臾即至千里。谓他力也。譬如劣夫从转轮王，一日一夜周行四天下，非是自力，转轮王力也。

若言有漏凡夫不得生净土者，亦可有漏凡夫应不得见佛身。然念佛三昧，并无漏善根所起，有漏凡夫随分得见佛身粗相也，菩萨见微细相。净土亦尔，虽是无漏善根所起，有漏凡夫发无上菩提心，求生净土，常念佛故，伏灭烦恼，得生净土，随分得见粗相，菩萨见微妙相。此何所疑？故《华严经》说：“一切诸佛刹，平等普严净。众生业行异，所见各不同。”即其义也。

第六疑

问：设令具缚凡夫得生彼国，邪见、三毒等常起，云何得生彼国，即得不退，超过三界？

答：得生彼国，有五因缘不退。云何为五？一者阿弥陀佛大悲愿力摄持，故得不退；二者佛光常照，故菩提心常增进不退；三者水鸟树林，风声乐响，皆说苦空，闻者常起念佛、念法、念僧之心，故不退；四者彼国纯诸菩萨以为良友，无恶缘境，外无神鬼魔邪，内无三毒等，烦恼毕竟不起，故不退；五者生彼国即寿命永劫，共菩萨佛齐等，故不退也。在此恶世，日月短促。经阿僧祇劫，复不起烦恼，长时修道，云何不得无生忍也？此理显然，不须疑也。

第七疑

问：弥勒菩萨，一生补处，即得成佛。上品十善，得生彼处，见弥勒菩萨，随从下生，三会之中，自然而得圣果。何须求生西方净土耶？

答：求生兜率，亦曰[①]闻道见佛，势欲相似。若细比较，大有优劣，且论二种：

一者，纵持十善，恐不得生。何以得知？《弥勒上生经》云“行众三昧，深入正定”，方始得生，更无方便接引之义。不如阿弥陀佛本愿力、光明力，但有念佛众生，摄取不舍。又释迦佛说九品教门、方便接引，殷勤发遣，生彼净土。但众生能念弥陀佛者，机感相应，必得生也。如世间慕人，能受慕者机会相投，必成其事。[②]

二者，兜率天宫是欲界，退位者多。无有水鸟树林，风声乐响，众生闻者悉念佛发菩提心，伏灭烦恼。又有女人，皆长诸天爱着五欲之心。又天女微妙，诸天耽玩，不能自勉。不如弥陀净土，水鸟树林，风声乐响，众生闻者皆生念佛发菩提心，伏灭烦恼，又无女人、二乘之心，纯一大乘清净良伴，为此烦恼恶业毕竟不起，遂至无生之位。如此比较，优劣显然，何须致疑也。如释迦佛在世之时，大有众生见佛不得圣果者，如恒沙。弥勒出世亦尔，大有不得圣果者。未如弥陀净土，但生彼国已，悉得无生法忍，未有一人退落三界，为生死业缚也。

又闻《西国传》云：有三菩萨，一名无著，二名世亲，三名师子觉。

---

① “亦曰”,《十要》卍续藏本，及原论各藏本均作“一日”。

② 据宋代澄彧《净土十疑论注》，论中“慕”乃召募之意，“受慕”即应召。

此三人契志同生兜率，愿见弥勒。若先亡者，得见弥勒，誓来相报。师子觉前亡，一去数年不来。后世亲无常，临终之时，无著语云："汝见弥勒，即来相报。"世亲去已，三年始来。无著问曰："何意如许多时始来？"世亲报云："至彼天中，听弥勒菩萨一座说法，旋绕即来相报。为彼天日长，故此处已经三年。"又问："师子觉今在何处？"世亲报云："师子觉为受天乐，五欲自娱，在外眷属。从去以来，总不见弥勒。"诸小菩萨生彼，尚着五欲，何况凡夫？为此愿生西方，定得不退，不求生兜率也。

第八疑

问：众生无始以来，造无量业。今生一形不逢善知识，又复作一切罪业，无恶不造，云何临终十念成就，即得往生，出过三界？结业之事，云何可通？

答：众生无始以来，善恶业种，多少强弱，并不得知。但能临终遇善知识，十念成就者，皆是宿善业强，始得遇善知识，十念成就。若恶业多者，善知识尚不可逢，何可论十念成就？

又汝以无始以来恶业为重，临终十念为轻者。今以道理三种较量，轻重不定，不在时节久近多少。云何为三？一者在心，二者在缘，三者在决定。

在心者。造罪之时，从自虚妄颠倒生。念佛者，从善知识闻说阿弥陀佛真实功德名号生。一虚一实，岂得相比？譬如万年暗室，日光暂至，而暗顿灭。岂以久来之暗，不肯灭耶？

在缘者。造罪之时，从虚妄痴暗心，缘虚妄境界颠倒生。念佛之心，从闻佛清净真实功德名号，缘无上菩提心生。一真一伪，岂得相比？譬如有人被毒箭中，箭深毒碜，伤肌破骨。一闻灭除药鼓，即箭出毒除，岂以箭深毒碜而不肯出也？

在决定者。造罪之时，以有间心、有后心也。念佛之时，以无间心、无后心，遂即舍命，善心猛利，是以即生。譬如十围之索，千夫不制。童子挥剑，须臾两分。又如千年积柴，以一豆火焚，少时即尽。又如有人，一生以来，修十善业，应得生天。临终之时，起一念决定邪见，即堕阿鼻地狱。恶业虚妄，以猛利故，尚能排一生之善业，令堕恶道。岂况临终猛心念佛，真实无间善业，不能排无始恶业，得生净土，无有是处。又云："一念念佛，灭八十亿劫生死之罪。"为念佛时心猛利故，伏灭恶业，决定得生，不须疑也。

上古相传，判十念成就作别时意者，此定不可。何以得知？《摄论》云："由唯发愿故，全无有行。"《杂集论》云："若愿生安乐国土即得往生，若闻无垢佛名即得阿耨菩提者，并是别时之因，全无有行。"若将临终无间十念猛利善行，是别时意者，几许误哉！愿诸行者深思此理，自牢其心，莫信异见，自坠陷也。

第九疑

问：西方去此十万亿佛刹，凡夫劣弱，云何可到？又《往生论》云："女人及根缺，二乘种不生。"既有此教，当知女人及以根缺者，必定不得往生。

答：为对凡夫肉眼、生死心量说耳，西方去此十万亿佛刹。但使众生净土业成者，临终在定之心，即是净土受生之心，动念即是生净土时。为此《观经》云："弥陀佛国，去此不远。"又业力不可思议，一念即得生彼，不须愁远。又如人梦，身虽在床，而心意识，遍至他方一切世界，如平生不异也。生净土亦尔，动念即至，不须疑也。

"女人及根缺，二乘种不生"者，但论生彼国无女人，及无盲聋喑哑人，不道此间女人、根缺人不得生彼。若如此说者，愚痴全不识经意。即如韦提夫人是请生净土主，及五百侍女，佛授记悉得往生彼国。但此处女人，及盲聋喑哑人，心念弥陀佛，悉生彼国已，更不受女身，亦不受根缺身。二乘人但回心愿生净土，至彼更无二乘执心。为此故云："女人及根缺，二乘种不生。"非谓此处女人，及根缺人，不得生也。故《无量寿经》四十八愿云："设我得佛，十方世界一切女人，称我名号，厌恶女身，舍命之后，更受女身者，不取正觉。"况生彼国，更受女身？根缺者亦尔。

第十疑

问：今欲决定求生西方，未知作何行业，以何为种子，得生彼国？又凡夫俗人皆有妻子，未知不断淫欲，得生彼否？

答：欲决定生西方者，具有二种行，定得生彼：一者厌离行，二者欣愿行。

言厌离行者。凡夫无始以来，为五欲缠缚，轮回五道，备受众苦。不起心厌离五欲，未有出期。为此常观此身，脓血屎尿，一切恶露，不净臭秽。故《涅槃经》云："如是身城，愚痴罗刹止住其中，谁有智者当乐此身？"又经云："此身众苦所集，一切皆不净。扼缚痈疮等，根本无义利。上至诸天身，皆亦如是。"行者若行若坐，若睡若觉，常观此身，唯苦无乐，深生厌离。纵使妻房不能顿断，渐渐生厌，作七种不净观：一者观此淫欲身，从贪爱烦恼生，即是种子不净；二者父母交会之时，赤白和合，即是受生不净；三者母胎中在生藏下，居熟藏上，即是住处不净；四者在母胎时，唯食母血，即是食啖不净；五者日月满足，头向产门，脓血俱出，臭秽狼藉，即是初生不净；六者薄皮覆上，其内脓血遍一切处，即是举体不净；七者乃至死后膖胀烂坏，骨肉纵横，狐狼食啖，即是究竟不净。自身既尔，他身亦然。所爱境界，男女身等，深生厌离，常观不净。若能如此观身不净之者，淫欲烦恼，渐渐减少。又作十想等观，广如经说。又发愿："愿我永离三界杂食臭秽、脓血不净、耽荒五欲男女等身，愿得净土法性生身。"此为厌离行。

二明欣愿行者，复有二种：一者先明求往生之意；二者观彼净土庄严等事，欣心愿求。

明往生意者。所以求生净土，为欲救拔一切众生苦故，即自思忖："我今无力，若在恶世，烦恼境强，自为业缚，沦溺三途，动经劫数。如此轮转，无始以来，未曾休息，何时能得救苦众生？为此求生净土，亲近诸佛，若证无生忍，方能于恶世中救苦众生。"故《往生论》云：言发菩提心者，正是愿作佛心。愿作佛心者，则是度众生心。度众生心者，则是摄众生生佛国心。又愿生净土，须具二行：一者必须远离三种障菩提门法，二者须得三种顺菩提门法。何者为（远离）三种障菩提法？一者依智慧门，不求自乐，远离我心贪着自身故；二者依慈悲门，拔一切众生苦，远离无安众生心故；三者依方便门，当怜悯一切众生，欲与其乐，远离恭敬供养自身心故。若能远三种菩提障，则得三种顺菩提法：一者无染清净心，不为自身求诸乐故。菩提是无染清净处，若为自身求乐，即染身心，障菩提门。是故无染清净心，是顺菩提门。二者安清净心，为拔众生苦故。菩提心是安隐一切众生清净处，若不作心拔一切众生，令离生死苦，即违菩提门。是故安清净心，是顺菩提门。三者乐清净心，欲令一切众生得大菩提涅槃故。菩提涅槃是毕竟常乐处，若不作心令一切众生得毕竟常乐，即遮菩提门。此菩提因何而得？要因生净土，常不离佛，得无生忍已，于生死国中，救苦众生。悲智内融，定而常用，自在无碍，即菩提心。此是愿生之意。

二明欣心愿求者。希心起想，缘弥陀佛，若法身、若报身等，金色光明，八万四千相，一一相中八万四千好，一一好放八万四千光明，常照法界，摄取念佛众生。又观彼净土七宝庄严妙乐等，备如《无量寿经》、《观经》十六观等。常行念佛三昧，及施戒修等一切善行，悉以回施一切众生，同生彼国，决定得生。此谓欣愿门也。

《净土十疑论》后序

人心无常，法亦无定。心法万差，其本在此。信此则遍信，《华严》所以说十信。疑此则遍疑，智者所以说十疑。出疑入信，一入永入，不离于此，得究竟处。

净土者，究竟处也。此处有说法之主，名无量寿。此佛说法，未尝间断。疑障其耳，则聋而不闻。疑障其心，则昧而不觉。不闻不觉，安住恶习，赞叹不念，随喜粗心，妄指莲胞以为虚诞，终不自念此分段身从何而得，自何而来？胎狱秽浊，真实安在？信凭业识，自隔真际，于一幻境，非彼执此，生生不灵，永绝圣路。

以如是故，释迦如来起大慈悯，于秽浊中，发大音声，赞彼净土上妙之乐。于生死中，为大船师，载以法船，令趋彼岸，昼夜度生，无有休息。然而弥陀之岸，本无彼此。释迦之船，实非往来。譬如一灯，分照八镜，镜有东西，光影无二。弥陀说法，遍光影中。而释迦方便，独指西镜。故已到彼岸者，乃可以忘彼此。未入法界者，何自而泯东西。于此法中，若未究竟，勿滞方隅，勿分彼此，但当正念谛信而已。此二圣之意，而智者之所以信也。

信者万善之母，疑者众恶之根。能顺其母，能锄其根，则向之所谓障缘众生，聋可复闻，昧可复觉，未出生死，得出生死，未生净土，得生净土。顺释迦之诲，往面弥陀。随弥陀之愿，来助释迦。在此而遍历十方，即西而普入诸镜。自二圣建立以来，如是之人，如河沙数，云何不信？云何而疑？能自信已，又作方便，令诸未信无不信者。此则智者之所以为悲也。

明智大师中立，学智者之道，不顺其文，而顺其悲。所以又印此论，冠以次公之序。予乃申广其说，以助其传。

元祐八年七月十一日，左宣义郎前签书镇东军节度判官厅公事陈瓘序。

净土十要

灵峰蕅益大师选定净土十要第五

述曰：昔云栖宏祖在日，深慕飞锡法师《宝王论》及妙叶禅师《念佛直指》二书，往往博诹，未获遘止。神庙末年，古吴万融老宿某，偶于乱楮中获一遗编，盖二书合刻也。磨灭之余，仅存墨影。韩朝集居士正知，与灵峰旭老人，后先梓而行之。及老人流通《净要》时，遂将二书，双珏并荐。而《直指》前序，略载此缘，且若深惜其未入宏祖之慧照也。今刻《十要》，奉《宝王》次《十疑》之后。其论所云“念未来佛”，即信愿二种资粮，故最为得要云。

念佛三昧宝王论

唐 紫阁山草堂寺沙门飞锡 撰

客有高信，至吾禅居，前礼致问，辞甚清逸，问吾曰：修心之人，成道捷径。法华三昧，不轻之行。念佛三昧，般舟之宗。佥为无上深妙禅门者，愿闻其致。

对曰：吾拱默九峰，与世异营。天书曲临，自紫阁山草堂寺，令典千福法华胜场，向三十年矣。希高扣寂，未有若君之所问者也。子将涉无生之龙津，欲图南以鹏举。吾不敏也，尝试论之。今则略开二十门，以明斯旨耳。上卷七门，念未来佛。中卷六门，念现在佛。下卷七门，通念三世无不是佛。

念佛三昧宝王论卷上

念未来佛速成三昧门第一

夫心之二也，生于群妄。群妄虽虚，惑者犹滞。滞之不释，圣以之忧。玄韵畅而无说，法身空而具相。相之不明，说之不圆，一味之旨，绝言之路，讵可知其所归欤！

三昧之宗者，欲令弱丧知不二法门，存乎语默，匪唯净名杜口，文殊兴赞而已矣。何则？夫帝网未张，千璎焉觌。宏纲忽举，万目齐开。浴大海者，已用于百川。念佛名者，必成于三昧。一言以蔽，其在兹焉。亦犹清珠下于浊水，浊水不得不清。佛想投于乱心，乱心不得不佛。既契之后，心佛双亡。双亡，定也。双照，慧也。即定慧齐均，亦何心而不佛？何佛而不心？心佛既然，则万境万缘无非三昧者也。

而世上之人，多念过去释迦之月面，想现在弥陀之海目，如拔毒箭矣，如登快乐宫矣。吾亦以之为至教矣。独未闻念未来诸佛之聚日者，何耶？盖谓不了如来对众生之粗，说诸佛之妙，遂隔众生于诸佛之外，故不闻焉，孰肯念焉。

《净名经》中，有嗅薝卜不嗅余香，花有着身不着身者，此是抑扬大乘也。抑小，则置钵茫然。扬大，则同游不二。《法华经》决了声闻法，是诸经之王，一切薝卜，不着之旨明矣。苟非其人，则以诸佛为至尊也，众生为至卑也。高下出焉，群妄兴矣。敬傲立焉，一真隐矣。夫如是，必草芥万有，锱铢天下。慢幢已设，高倨稜层，目送飞鸿，心游青汉，不可屈也。则阻《维摩》"一切见敬，为供养中最"之文矣。又不信《楞伽经》说："如来藏自性清净，转三十二相入于一切众生心中，如大无价宝珠，垢衣所缠。"岂观城中最下乞人，与难胜如来等无有异。若圆念三世佛，普观十方尊，则合夫《理趣般若》"一切有情皆如来藏，普贤菩萨自体遍故"之文矣。贫女怀王，米在糠粭之旨，镜然可观，岂可罹此八慢之责哉！

人皆侮未来玉毫，不敢侮过、现金色。殊不知起罪之源，皆在于当来佛上，非已、今佛上也。众生苟非，当佛焉在？若[①]知母因子贵，米以糠全。有协[②]《法华》不轻之心，则念佛三昧，不速而成矣。

问曰：《法华》者，法也。念佛者，佛也。安得以法为佛，以佛为法，浩浩乱哉？

对曰：不乱也，元是一门，而谁为乱？夫芝朮之药，列仙之子，昔各在天涯，则都无仙号。为人服其药，羽化云行，故药受仙药之名，人得仙人之称。人、药异也，其仙一也。若无圣人，谁与道游？法无佛悟，岂令

---

① "若"，弘化社本作"吾"，今从《卍续藏》本。《大正藏》本亦作"若"。

② "协"，符合、相同。原本作"叶"（xié），二字音义同，全文共四处，《大正藏》本均作"协"。

自悟？法非佛不悟，念佛三昧生焉。佛非法不明，法华三昧起矣。一仙两称，俱得仙名。念佛、法华，同名佛慧。佛慧既同，则不轻、般舟，无上深妙禅门，于兹悟矣。未始异也，复何乱哉！

嬖女群盗皆不可轻门第二

问曰：一切众生，即未来诸佛，谨闻命矣。嬖女、群盗，恶之至者，安得求敬于念佛之宾欤？

对曰：如佛所演，有其二种：一对待门，二决了门。

言对待门者，谓女子之虚伪，说如来之至真，则佛可尊崇，女可厌离。厌离有二：一者诃欲，二者放心。

初诃欲者，如《菩萨诃色欲经》云："女色者，世间之枷锁，凡夫恋着，不能自拔。女色者，世间之重患，凡夫困之，至死不免。女色者，世间之衰祸，凡夫遭之，无厄不至。行者既得舍之，若复顾念，是为从狱得出，还复思入；从狂得止，而复乐之；从病得瘥，复思得病。智者愍之，知其狂而颠蹶，死无日矣。凡夫重女，甘为仆使，终身驰骤，为之辛苦。虽复𫓧[1]锧千刃，锋镝交至，甘心受之，不以为患。狂人乐狂，不是过也。行者若能弃之不顾，是则破枷脱锁，恶狂厌病。离于衰祸，既安且吉。得出牢狱，永无患难。女人之相，其言如蜜，其心如毒。譬如停泉澄波，而蛟龙居之；金山宝窟，而狮子处之。当知此害，不可近也。室家不和，妇人之由。毁宗败族，妇人之罪。实为阴贼，灭人慧明。亦如猎围，鲜得出者。譬如高罗，群鸟落之，不能奋飞。又如密网，众鱼投之，则刳肠俎肌。亦如暗坑，无目投之，如蛾赴火。是以智者知而远之，不受其害；恶而秽之，不为此物之所惑也。"

《大宝积经》，佛为优陀延王说是偈曰：

锋刃刀山，毒箭诸苦，

① "𫓧"，原本作"鐵"，今从《大正藏》本。𫓧锧，古代斩人的刑具。

女人能集，众多苦事。
假以香花，而为严好，
愚人于此，妄起贪求。
如海疲鸟，迷于彼岸，
死必当堕，阿鼻地狱。
现见众苦，皆来集身，
善友乖离，天宫永失。
宁投铁狱，驰走刀山，
眠卧炎炉，不亲女色。
如鸟为求食，不知避网罗，
贪爱于女人，被害亦如是。
譬如水中鱼，游泳网者前，
便为他所执，岂非自伤损?
女若捕鱼人，谄诳犹如网，
男子同于鱼，被网亦如是。

次放心者，如《大宝积经》云：文殊师利告善住天子言：“若人一心，专精自守。贪欲心发，即应觉知。方便散除，还令寂静。云何散除？应作是念：此是空，此是不净。求此欲心生处、灭处，从何所来，去至何所，是中谁染，谁受染者，谁为染法。如是观时，不见能染，不见所染，不见染事。以不见故，则无有取。以不取故，则无有舍。以不舍故，则无有爱。不舍不爱，则名离欲寂静涅槃也。若又恣心入诸尘劳生死之内，而亦不患贪恚痴等烦恼过患，是谓放心。”以上明第一对待门竟。

第二决了门者。若究竟离诸妄，无染如虚空，则为过、现诸佛也，非未来佛也。汝不闻夫，求无价宝，必下于沧海。采智慧宝，必先于烦恼中求。五逆相即解脱相，魔界如即佛界如。若聆佛音而喜，闻魔声而恚，不入音声法门，不住音声实际，不觉于诸法者，斯乃北辕适越之士也，安得与之而论道哉！

更为子明之。经不云夫？昔列仙名鹿蹄，地滑倒仆，以仙咒令旱，国人患之。王募嬖女，诱而得之，骑颈入城，油云四起，霈然洪霔。彼仙虽有御长风之通，凌太清之术，无能施也。仙人者，释迦尔。女者，耶输也。法华会上，未来成佛，号“具足千万光相如来”。而又念佛之人但睹嬖女之玉容，不念光相之金好，而失不轻之旨也，念佛三昧安得不诬哉？又阿那律昔为盗首，入寺盗佛额珠，箭挑佛灯，令清光不灭。阿那律者，此翻“无灭”，良在兹焉。当来作佛，号“普明如来”，皆此例也。念佛之人，尚不轻于群盗，况于不盗者乎？未来两佛，犹如皎日，何虑三昧而不成焉！

持戒破戒但生佛想门第三

问曰：两难释矣。《梵网经》云：“若人受佛戒，即入诸佛位。”而缁服之流，佩明月之戒，悬璎珞之珠，参位三尊，范围七众，宜其敬矣。苟非精持，动行颠沛。慢何过焉？捶何罪焉？望为剖之。

对曰：如来尝于《三昧海经》为父王说：昔有四比丘，犯律为耻，将无所怙。忽闻空中声曰：“汝之所犯，谓无救者，不然也。空王如来虽复涅槃，形像尚在，汝可入塔，一观宝像眉间白毫。”比丘随之泣泪言曰：“佛像尚尔，况佛真容乎！”举身投地，如大山崩。今于四方，皆成正觉，东方阿閦佛、南方宝相佛、西方无量寿佛、北方微妙声佛，是四破戒比丘也。所以如来名此观佛三昧，为大宝王戒品海者，可以涤破戒之罪垢，得尘累之清净也。此四比丘，一观宝像，佥为世雄。念佛之人，岂得惑于破戒之僧欤？故《大集经》云：“若诸王臣，打骂出家持戒、破戒，罪同出百亿佛身血。若见被袈裟者，无论持犯，但生佛想。”佛想者，念佛三昧也。斯之金口，明不轻之深旨也。安得恣行打骂，而不惧哉？

经云：“宁为心师，不师于心。”见悭贪人作施想，见破戒人作持戒想。夫然，则不为六蔽境界之所缠，盖成六度彼岸之观门焉。若住分别之心，自取冥司之罚，不亦哀哉？若能翻此见心，则念佛三昧，如川之流矣。

现处汤狱不妨受记门第四

问曰：若破戒观佛，皆成正觉，固不可轻，可信矣。如现处汤狱，或婴鬼趣，菩提难发，河清未期，安得求敬同于念佛之士欤？

对曰：岂不闻夫采良药者，必在山险，非华堂所出。集法药者，必在于险有，非无为自出。则《首楞严经》说四种记：一、未发心记，二、初发心记，三、密与授记，四、现前授记。今虽现处鬼、狱，即未发心，佛记当来必发大志，遇真善友，行菩萨行，还成正觉，故不可轻，即是未发心之记也。佛说四种记时，迦叶白佛："我等从今，当于一切众生，生世尊想。若生轻心，则为自伤。"佛言："善哉快说！人皆不应称量众生。唯有如来，乃能量尔。以是因缘，故我敕诸声闻，及余菩萨，于诸众生，应生佛想。"《华严经·普贤行愿品》，破百万障门，亦用此想。夫如是，则现居恶趣，蒙佛与记者。亦犹宅宝未开，不妨宝在于宅内。额珠斗没，何废珠隐于额中。

若不念众生为当来佛，必以六尘为寇贼。则犹防魔军，自坏其壁垒。存敌国，常起于怨仇。金革所以未宁，鼙鼓于焉尚振，安得高枕于其间哉？若使不降者来降，不服者咸服，则使天下一统矣，猎猎旌旗而焉用，翩翩飞将而奚适？吾将却马以粪田，日出而作，日入而息，虽帝尧之圣，于我何力哉！百姓日用而不知，方明圣化之广被矣。若能悟色声而为佛者，念众生为当来佛者，必不立心前之凡境也。或想自身为本尊也，瑜伽真言，深妙观门，不谋而会。夫因想而有者，岂得不空哉？则大鹏将尺鸮以齐，泰山与秋毫而一，无夷岳之僻、续凫之忧矣。

问曰：汤狱之子，殊未发心。如来法王，宥过与记。千光散射，十号圆明。诚如佛言，孰敢不信？原夫未悟，从何得醒耶？

对曰：言未悟者，亦有义焉。夫长江之源，滥乎一觞。大迷之本，存乎二见。若谓念外立无念，生外立无生，则生死异于涅槃也。万佛洪音，莫之能训矣。若了念而无念，观生而不生，烦恼即菩提也。一相庄严，斯之能悟矣。亦犹岩上群蜂，己房纯蜜。井中七宝，何废称珍？皆本有之，非适今也。念未来佛，罪从何生？吾放其心，遍一切所缘之处，皆见如来。道从恚等生，于是乎在。

《如来藏经》，佛告金刚慧菩萨言：“善男子，我以佛眼观一切众生，贪欲恚痴诸烦恼中，有如来智、如来眼、如来身，结跏趺坐，俨然不动。乃至德相备足，如我无异。”广说一切众生有如来藏，以九喻况之。《宝性论》释而结颂言：

萎花中诸佛，粪秽中真金，
地中珍宝藏，诸果子中芽。
朽故弊坏衣，缠裹真金像，
贫贱丑陋女，怀转轮圣王，
焦黑泥模中，有上妙宝像。
众生贪瞋痴，妄想烦恼等，
尘劳诸境中，皆有如来藏。
下至阿鼻狱，皆有如来身，
真如清净法，名为如来体。

以此文证，汤狱之记，顿觉明焉；三昧之门，自然洞启。

问曰：至人用心，澹然清净，攀缘永绝。今说放心，遍缘一切，所缘之处，皆见如来。教何在焉？

对曰：亦有教说，起心遍缘六尘三业，仍发妙愿，入佛境界。一一缘起，不离如来，名悉皆见矣。此是圆见，非由眼也。故《涅槃经》云：“声闻人虽有天眼，名为肉眼。学大乘者，虽有肉眼，名为佛眼。何以故？晓了己身有佛性故。”又如《胜天王经》中，佛告天王：“菩萨摩诃萨以方便力，行般若波罗蜜，于一切法，心缘自在。缘一切色，愿得佛色，无所得故。心缘众声，愿得如来微妙音声。心缘众香，愿得如来清净戒香。心缘诸味，愿得如来味中第一大丈夫相。心缘诸触，愿得如来柔软手掌。心缘诸法，愿得如来寂静之心。心缘自身，愿得佛身。心缘自口，愿得佛口。心缘自意，愿得如来平等之意。天王，菩萨摩诃萨行般若波罗蜜，无有一心一行空过，不向萨婆若者。遍缘诸法，而能不着。观见诸法，无不趣向菩提之道。菩萨修习诸行，皆因外缘而得成立。又如大地，住在水上。若凿池井，即得水用。其不凿者，无由见之。如是圣智境界，遍一切法。若有勤修般若方便，则便得之。其不修者，云何能得？”心缘之理，岂不大哉！

观空无我择善而从门第五

问曰：即动而静，静为躁君。即凡而圣，圣隐凡内。谨闻遐旨。又三教无我，理既不殊，择善而从，其义焉在？

对曰：三教之理也，名未始异，理未始同。且夫子四绝中一无我者，谦光之义，为无我也。道无我者，长而不宰，为无我也。佛无我者，观五蕴空，为无我也。上二教门，都不明五蕴，孰辨其四谛、六度、万行。贤圣阶级，蔑然无闻。但和光同尘，保雌守静，既慈且俭，不敢为天下先。各一圣也，安用商榷其浅深欤！三教无我明矣。

择善而从者。谓三性之理，理无不在。修心之士，择善而从。盖谓不善无益于至真，无记双亡于善恶，妨乱佛理，何莫由斯，故圣人简之而不取也。故《涅槃经》云：“一阐提者，心不攀缘一切善法，乃至不生一念之善。”是知念佛三昧，善之最上，万行元首，故曰三昧王焉。

无善可择无恶可弃门第六

问曰：若择善而从者，何不择诸佛之善，弃众生之恶？乃念未来诸佛，而同过、现正觉耶？

对曰：不易来问，自成我答焉。何者？择善而从者，盖不得已而言之。为力微任重，不能即恶而善，即妄而真，故以明之。苟能念未来之佛，协不轻之行，天地一指，万物一马，众生皆佛，此土常净，异鹙子之土石沙砾，同梵王之珍宝庄严，择善之至矣，无恶可弃矣。即天台智者释《法华经》，明绝待之妙，引证云：“众生见劫尽，大火所烧时，我此土安隐，天人常充满，园林诸堂阁，种种宝庄严。”又《胜天王经》曰：“佛所住处，实无秽土。众生薄福，而见不净。”良在此焉。梵云“南无”，唐言“归命”。梵云“阿弥陀”，唐言“无量寿”。三世诸佛，岂只一佛而寿无量耶？今与子同念于三世弥陀，同生于十方极乐，有何不可，而欲鹈路退飞哉？夫然，则烈三昧之猛焰也，不居于纤妄蚊蚋；铿十念之洪钟也，不间于散乱称佛，明矣。念弥陀通三世既尔，念诸佛菩萨不亦然欤？

问曰：念未来佛，即与过、现诸佛等者，愿闻其理也。

对曰：《华严经》云：“一切诸如来，同共一法身，一心一智慧，力无畏亦然。”《楞伽》偈云：“迦叶拘留孙，拘那含我是。以此四种等，我为佛子说。”言四等者：一、字等，同名“佛”也；二、语等，皆具迦陵频伽梵音声相；三、法等，尽得菩提分法无障碍智也；四、身等，法身色声相好无差也。《起信论》云：“依方故转，方实不转。”夫如是，则悟者悟于一方，群方自正。念者念于一佛，诸佛现前。经所谓：“水不上升，月不下降。光净因缘，虚空皓月，现于清水。彼佛不来，我身不往。念佛因缘，如来宝月，现于心水。”如说颂曰：

菩萨清凉月，游于毕竟空，
众生心水净，菩提影现中。

一切众生肉不可食门第七

问曰：肉者人之所食，而念佛之家绝之，何耶？

对曰：夫尸毗救鸽，上秤方平者，王、禽异也，保命一也。安得故食其肉，用资败躯，而兀兀然不知其惧哉？苟能悟之为未来诸佛者，孰肯飞白刃于赤鳞，放苍鹰于狡兔，如夕蛾投火，自取其毙欤！

故《楞伽宝经·佛语心品》偈云：

为利杀众生，以财网诸肉，
二俱是恶业，死堕叫唤狱。

以斯圣旨，若不施此财，则网者、屠者自息矣。且龙树不轻于鸽雀，高僧不跨于虫蚁。或问其故，答曰：“斯之与吾，同在生死，彼或将先成正觉，安可妄轻耶？”轻尚不可，岂得夺食其血肉哉！

《宝性论》云：《如来藏经》中，告舍利弗言："众生者，即是第一义谛，即是如来藏，即是法身，即是菩提。"吾谓犬唯逐块，不知逐人，块终不息。唯念过、现，不念未来，慢终不息。若如狮子而逐于人，其块自息。闻夫敬慢之道，一以贯之。则移敬就慢，均父母于平人，逆之甚也。移慢就敬，均平人于父母，孝之大也。故《梵网经》云："六道众生，皆是我父母。"孝名为戒，良在兹焉。观六道为当来佛者，父母之谈，犹近言耳。若能等沙弥之救蚁，促寿更延。同流水之济鱼，天花雨积。革旷劫众生之见，念未来善逝之身。粪秽之内，知有真金。重云之间，信有明月。则食肉之昏雾，生死之烟霾，慧风扫之于三昧长空矣。《梵网经》云："我是已成佛，汝是当成佛，常作如是信，戒品已具足。"岂得不念之哉！

问曰：肉不可食，信之矣。五辛如何？

对曰：圣教明之。《大佛顶经》云：佛告阿难："是五种辛，熟食发淫，生啖增恚。如是世界食辛之人，纵能宣说十二部经，十方天仙嫌其臭秽，咸皆远离。诸饿鬼等，因彼食次，舐其唇吻。常与鬼住，福德日消，长无利益。是食辛人修三摩地，菩萨、天仙、十方善神，不来守护。大力魔王，得其方便。"佛告阿难："修菩提者，永断五辛，是则名为第一增进修行渐次。"斯金口也，不亦诚哉！酒固不待言矣。

《百喻经》云：昔有贫人，在路而行，遇得一囊金钱，心大喜跃，即便数之。数未能周，钱主忽至，尽还夺去。其人当时悔不疾去，懊恼之情，甚为苦极。遇佛法者，亦复如是。虽得值遇三宝福田，不勤方便修行，而好多闻，忽尔命终，堕三恶道。如彼愚人，还为其主夺钱而去。偈曰：

今日营此事，明日营彼事，
乐着不观苦，不觉死贼至。
匆匆营众务，凡人无不尔，
如彼数钱人，其事亦如是。

以上七门，尽是念未来诸佛，以通三世之意也。若欲念于弥勒佛者，必得上生兜率天宫，见慈氏之尊。则弥天释道安，为其倡首耳。

念佛三昧宝王论卷中

念现在佛专注一境门第八

问：念未来佛，即众生是，已闻玄义，事广理幽也。又恐心散难检，今欲一以贯之，专西方，念一佛，践不退地，祛有漏心，乘扁舟于黄金之池，礼弥陀于白玉之殿，以通三世，希沾九品，不亦可乎？

对曰：《十住婆沙论》，并龙树菩萨造释《华严经》论，《易行行品》云："菩萨道有难行行，如陆地乘舟也。有易行行，如水路乘舟也。阿弥陀佛本愿之力，若人闻名称念，自归彼国。如舟得水，又遇便风，一举千里，不亦易哉！"则释迦如来父王眷属，六万释种，皆生极乐土，盖佛与此界众生缘深也。专注一境，圆通三世，不亦良哉！

问曰：专注一境，圆通三世，诚哉！然称念自归，往生彼国者，有为虚伪，风多浪鼓。曷若不驰想于外，但摄心于内，协无为之旨乎？

对曰：有为虽伪，舍之则道业不成。无为虽实，取之则慧心不朗。经云："厌离有为功德，是为魔业。乐着无为功德，亦为魔业。"子今厌乐交争，得不入于魔罥也？又若圣贤摄心谓之内，凡夫驰想谓之外。苟以驰外为乱，住内为定，复是内外所驰，非所以念佛三昧摄心之意也。

《注维摩经》，罗什法师云：外国有一女，身体金色。有长者子，名达暮多罗，以千两金邀入竹林，同载而去。文殊于道中变身为白衣士，身着宝衣，衣甚严好。女人见之，贪心内发。文殊言："汝欲得衣者，当发菩提心。"女曰："何等为菩提心？"文殊言："汝身是。"问曰："云何是？"答曰："菩提性空，汝身亦空，故是。"此女曾于迦叶佛所，多植善本，广修智慧，闻是说已，即得无生法忍。得是忍已，而将示欲之过，还与长者子入林，既入林已，自现身死，膖胀烂臭。长者子见已，甚大怖畏，往诣佛所。佛为说法，亦得法忍。大觉未成，未暇闲任，故名为忍。

如自观身实相，观佛亦然。女身空，佛身空，未始异也。菩提之义，岂得异乎？夫如是，则一切有为，即无为矣。一切内外，非内外矣。然在有而未尝有，有而常无。居无而未尝无，无而恒有。何患之于佛有相，心有念哉！

此生他生一念十念门第九

问曰：易行难行之谈，身即菩提之观，其旨镜焉。人生在世，石火电光，一念蹉跎，悔无所及。修道之人，尚不亲心，况亲于身？尚不亲于身，况身外欤？常恐出息不还，属于后世，狂风飘蓬，茫茫何之！愿示一念十念之门，此生他生之计。

答曰：夫净土之会，功业之大者。二乘乃澄神虚无，耽空怖相，不念众生，故无净土。而大乘有之。

按《悲华经》云：阿弥陀佛昔为转轮王，名无诤念。七宝、千子，悉皆具足。因宝海大臣为善知识，于宝藏佛所，发菩提心，取于西方极乐净土。则诸经中知名诸佛、菩萨、声闻等，皆昔之千子也。其长太子名不瞬，观世音也。次子名摩尼，大势至也。次子名王众，文殊师利也。次子名能伽奴，即金刚智慧光明菩萨。次子名无畏，即莲花尊如来。次子名庵婆罗，即虚空光明菩萨。次子名善臂，即狮子香菩萨。次子名泯图，即普贤也。次子名蜜苏，即阿閦佛也。蜜苏王子，一自发心以来，行时步步心心数法，常念诸佛，今登正觉，生妙乐刹焉。

吾谓经行广陌，徒步幽林，则不异蜜苏之见。若鸣珂入仗，动珮朝天，肃肃羽仪，骎骎车马，安得不用心于步步之间哉？今则例之，亦不移于前操矣。夫含齿戴发，死生交际，未有无出入息焉。又一息不还，即属后世者，亦诚如所问。世上之人，多以宝玉、水精、金刚、菩提木槵为数珠矣。吾则以出入息为念珠焉。称佛名号，随之于息，有大恃怙，安惧于息不还属后世者哉？余行住坐卧，常用此珠，纵令昏寐，含佛而寝，觉即续之，必于梦中得见彼佛。如钻燧烟飞，火之前相。梦之不已，三昧成焉。面睹玉毫，亲蒙授记，则万无一失也。子宜勉之！

又问：一念、十念，往生净土，何者为正？

对曰：但一念往生，住不退地，此为正也。如佛所说，谤佛毁经，打僧骂尊，五逆四重，皆一念恶业成，堕无间狱，犹如箭射。今之念佛生于净土，亦一念善业成，即登极乐，犹如屈臂。前一念五阴灭，后一念五阴生。如蜡印印泥，印坏文成。尚不须两念，岂要至十念哉？打僧骂尊，虽非正逆，是五逆之类也。

又一念者，如经云：爱酪沙弥，生一念爱心，后生酪中作虫。又大萨婆长者妻，坐对明镜，自爱其身。海风破船，生故尸中作虫，嬉戏往来，不离其所。斯皆一念，非十念也。

又《大无量寿经》，明一念念佛，皆得往生。《观经》十念，良有以也。盖为遘疾尫羸，力微心劣，故须十称弥陀，以助其念。若心盛不昧，一念生焉。亦犹栽植丝发，其茂百围也。

是心是佛是心作佛门第十

问曰：经明是心是佛，是心作佛。何用远称弥陀，存想于极乐之国；近念诸佛，兴敬于未来之尊。此皆自外而求，岂曰是心是佛耶？

对曰：子问非也。子但引经，不知经之所趣。经者，《观无量寿佛经》也，正明念阿弥陀之文矣。以念佛故，佛从想生，故云："是心是佛。"安得窃取弥陀之观，反噬弥陀之心者哉？若尔都不念佛，而言是心是佛者，亦应都不想恶，而言是心是恶耶？彼既不然，此亦焉可？况彼极乐之国，弥陀至尊。十万亿之须弥山王，不与眼根为障碍。恒河沙之光明相好，由佛愿力而想成。屈臂即得于往生，宁计彼方之远近也？

问曰：是心是佛，敬闻其理也。然此经所明十六妙观，韦提得之，则冰、日可想，金山晃然。魔光、佛光，自观、他观，邪正混杂，若为澄渟？愿一一示之，令念佛人，离师独坐，心安若海也。

对曰：冰想者，为琉璃地之张本也。日想者，作白毫光之由渐也。依想而现，曰自曰正。不依想现，则曰他曰邪。本则想白毫，白毫不现，而未想绀目，绀目现，此乖其本心，岂不邪也？况诸想欤？又魔光乃有影耀眼，佛光乃无影不耀眼。故《楞伽》偈曰：

佛地名最胜，清净妙庄严，
照耀如盛火，光明悉遍至，
炽焰不坏目，周轮化三有。

问：今之光现者，炽焰坏目，非魔如何？光而不耀，非佛如何？

答：又光之真也，令念佛人身心澄渟清净。光之伪也，令念佛人心躁动恍惚。故《涅槃经》云："澄渟清净，即真解脱。"真解脱者，即是如来，明矣。

又问曰：至人无思，而今用想，岂不谬哉？

对曰：不谬也。如《大威德陀罗尼经》云："超过有结，应发欲心，想无欲事。"今则例之：欲修念佛，应发想心，想无想事。故《方等贤护经》云："恶欲想女，梦见于女。善欲想佛，梦见于佛。"吾谓二想名同，善恶天隔。不可闻想，一概厌之。若苟厌之，虽不毁经、不谤佛，则必生于无想天宫矣。若固执无想，而嗤想佛者，则名谤法。以谤法故，遽入十方无择之囹圄，未知出日，岂有天宫之望乎？纵令得生，名外道天，非解脱路。《涅槃经》云："随闻毒鼓，远近俱死。"此亦如是，随其拨想，远近俱堕。经所谓："或时离地，一尺二尺，往返游行。"斯之谓矣。岂出于三界之流转焉？岂同于九品往生焉？况覆舟载舟，水也。因倒因起，地也。想妄即众生，想真即诸佛。离想之外，更用何焉？

问曰：事解已竟，理何在耶？如《般舟三昧经》云："心起想即痴，无想即涅槃。"今之用想，不亦然乎？

对曰：不然也。若存所想之佛，能想之心，或避想佛，则以恶取空为无想者，则痴之甚也。吾今了佛皆从想生，无佛无想，何痴之有？此乃观空三昧，无[①]邪见也。

子又问理何在者。夫至人冥真体寂，虚空其怀，虽复万法并照，而

---

①"无"，《大正藏》本作"非"。

心未尝有。则真智无缘，故无念可名。俗智有缘，故念想以生。又想不异空，空不异想，名第一义中道之理也，此显法身矣。空即是想，名俗谛之理也。恒沙万德，皆依俗谛，此显报身矣。想即是空，名真谛之理也。破二十五有，得二十五三昧，常空常化，和光利物，此显化身矣。是则以三观观三谛，证三德，成三身，乃至十种三法，有何不可。而欲摈于清净之想，取无想之想耶？塞于禅定之门，而取成佛之阈耶？

《楞伽》、《密严经》，皆曰“宁起有见如须弥”者，谓信有因果，存想念佛，生极乐净国，故曰“宁起有”也。“不起空见如芥子”者，谓拨无因果，谤于念佛，生阿鼻地狱，故云“不起空”也。吁！可畏者，其在兹焉！

高声念佛面向西方门第十一

问曰：想即无想，谨闻之矣。然方等经中，修无上深妙禅定，令继想白毫，兼称佛号，以祈胜定，既契之后，心佛两忘，信有之矣。但默念泉澄，即三昧自至，亦何必声喧里巷，响震山林，然后为道哉？

对曰：诚如所问，声亦无爽，试为明之。何者？夫辟散之要，要存于声。声之不厉，心窃窃然飘飘然无定。声之厉也，拔茅连茹，乘策其后，毕命一对，长谢百忧，其义一也。近而取之，声光所及，万祸冰消，功德丛林，千山松茂，其义二也。远而说之，金容荧煌以散彩，宝花淅沥而雨空，若指诸掌，皆声致焉，其义三也。如牵木石，重而不前，洪音发号，飘然轻举，其义四也。与魔军相战，旗鼓相望，用声律于戎轩，以定破于强敌，其义五也。具斯众义，复何厌哉？未若喧静两全，止观双运，协夫佛意，不亦可乎？定慧若均，则兼忘心佛，诚如所问矣。故庐山远公《念佛三昧序》云：“功高易进，念佛为先。察夫玄音之扣，心听则尘累每销，滞情融朗。非天下之至妙，其孰能与于此欤！”

言明证者，未若《华严经》偈云：

宁受无量苦，得闻佛音声；

不受一切乐，而不闻佛名。

夫然，则佛声远震，开善萌芽，犹春雷之动百草，安得轻诬哉！

问曰：高声下声称佛名号，敬承其义。十方净土，皆有如来。面之西方，何滞之甚耶？

对曰：子问非也。此是方等佛经作如是说，非人师之意也，岂可谤于方等经欤？

问曰：谨闻教矣，理在何焉？

对曰：亦有其理。如说痴人见观世音有十一面，即设难云："何不安十二面耶？"及随其语，又设难云："何不安十一面耶？"子欲将东难西，其义若此。犹迷未醒者，即以此身令其安置，不背一方，则其自悟矣。如其不悟，诚不可化，但可悲矣。又《胜天王经·二行品》，明如来八十种好，中有一随好光明功德，名"一切向不背他"矣。然佛不可背，常面向于一切众生，非如怨仇不欲相见，慈之至矣，是其义也。智者大师爰自抚尘之岁，终于耳顺，卧便合掌，坐必面西。大渐之际，令读四十八愿、九品往生，光明满山，天乐遝奏，生于净土。面西之义，不亦弘哉！

问曰：面向西方，敬闻教理。般舟之义，义在何耶？

对曰：梵云"般舟"，此云"现前"，谓思惟不已，佛现定中。凡九十日常行道者，助般舟之缘，非正释其义也。

问曰：净土妙门，般舟之义，具闻剖析。然近代以来，谁得登于安养之国？既无相报，焉知所诣？望为明之，

对曰：晋朝庐山远法师，为其首倡。远公从佛陀跋陀罗三藏，授念佛三昧[①]，与弟慧持、高僧慧永，朝贤贵士，隐逸清信，宗炳、张野、刘遗

---

① 印光大师注：考远公于晋孝武帝太元十五年庚寅，与缁素一百廿三人结社念佛。历十七年，至安帝义熙二年丙午，佛陀跋陀罗方至长安，后以小故，往庐山。紫阁谓佛陀授远公念佛三昧，方结社，系未详考。

民、雷次宗、周续之、阙公则[①]等，一百二十三人，凿山为铭，誓生净土。刘遗民著文，大略云：“推交臂之潜沦，悟无常之期切。审三报之相催，知险趣之难拔。如其同志诸贤，所以夕惕宵勤，仰思攸济者也。然复妙观大仪，启心正照。识以悟新，形由化革。藉芙蓉于中流，荫琼柯以咏言。飘云衣于八极，泛香风以穷年。体忘安而弥穆，心超乐以自怡。临三途而缅谢，傲天宫以长辞。绍众灵以继轨，指大息以为期。究兹道也，岂不弘哉！”

远公制《念佛三昧序》云：“夫称三昧者何？思专想寂之谓也。思专则志一不移，想寂则气虚神朗。气虚则智恬其照，神朗则无幽不彻。斯二乃是自然之玄符，会一而致用也。又诸三昧，其名甚众。功高易进，念佛为先。若以匹夫众定之所缘，故不得语其优劣，居可知也。”

谢灵运《净土咏》云：

法藏长王宫，怀道出国城，
愿言四十八，弘誓拯群生。
净土一何妙，来者皆菁英，
颓年安可寄，乘化必晨征！

子问未见往生相报者。有晋朝阙公则，愿生而来报。后同誓友人在东京白马寺，其夜为公则追忌转经，于时林殿皆作金色，空中有声曰：“我是阙公则也，所祈往生极乐宝国，今已果矣，故来相报！”言讫不现。

支道林赞曰：

大哉阙公，歆虚纳灵，

① 据《法苑珠林》卷四十二，阙公则于晋武帝（265 ~ 290）时往生西方安乐世界，为东土见于文献最早发愿生西者。东晋名僧支道林，曾为绘像制赞。慧远大师庐山结社为太元十五年（390），乃在此百年之后。本文误引为东林社中人，其后《佛祖统纪·东林十八高贤传》及《往生集》等亦沿袭其误。彭际清《居士传》曾特予订正。

神化西域，迹验东京。
徘徊霄虚，流响耀形，
岂钦一赞，示以非冥。

又虞孝敬赞曰：

猗欤公则，先甘法味，
知我者稀，其道乃贵。
金光夜朗，玉颜朝睟，
不舍有缘，言告其类。

梦觉一心以明三昧门第十二

问曰：阙公往生，金光相报，敬诺之矣。佛说一切法如梦者。未知所念之佛，所生净土，亦如梦否？若非其梦，则佛在心外。若是其梦，则佛在梦中。如梦中得金，觉无所获。诚恐虚念于三身，终归于一妄，请为辨之。

对曰：非妄也。何以知然？若修念佛三昧之人，如梦得金，觉无所获者，则同于妄也。究竟因念佛而生净土，岂曰妄哉？如习天眼法，先想珠、火等光，想之不已，实发天眼，孰曰妄焉？岂同梦金，毕竟无有？莫以远事近见举梦为喻，不得将念佛往生全同于梦，明矣。

又《华严经》云："心佛与众生，是三无差别。"心迷也如梦，则九法界众生是矣。心悟也如觉，则一法界即诸佛是也。迷、悟只在于一心，梦、觉曾无于两辙。经所谓："了妄本自真，则见卢舍那。"纵是梦妄，亦何爽焉？唯心察之，匪石其志。

念三身佛破三种障门第十三

问曰：佛有三身，如何忆念？愿示方便，令无所失。

对曰：夫佛之三身，法、报、化也。法身者，如月之体。报身者，如月之光。化身者，如月之影。万水之内，皆有月焉，此月为多为一耶？

不可言一，万水之月常差矣。不可言多，虚空之月常一也。如梵书“伊”字、摩醯三目，纵横并别，皆不可议也。经云“或现小身丈六八尺”者，皆众生心水中佛也。佛尚无形，岂有二哉？净国、秽土，亦自彼耳。

若欲将念三身，破三种障，今试明之：尔佛身之生，从止观生。止观不均，其障必起。念佛之人修止心沉，昏暗障起，而障化身佛。又须以观心策之，念白毫光，破昏暗障也。修观心浮，无恶不造，而障报身佛。还修于止，止一切恶，念诸佛昔因，恒沙功德，智慧圆满，酬因曰报，破恶念障也。若二边障动，诡状殊形，万相纷纶，两贼强软，障法身佛也。以中道第一义空破之，偈曰：“无色无形相，无根无住处，不生不灭故，敬礼无所观。”所观之理，如毗岚猛风，吹散重云，显明法身清净宝月，破逼恼障也。应病与药，不其然欤！（此是天台智者大师所解，披寻未广，实未曾见诸师有斯妙释也。止观意，前已略辨，俟在口诀，非文字能征也。）我既化人，人亦化物。物我俱成，三昧弥兴。众生无尽，三昧不绝也。

以上六门，尽是念现在阿弥陀佛以通三世之意也。广如《安乐集》、天台《十疑论》、感法师《释群疑论》、《往生传》、稠禅师《法宝义论》所解，亦如飞锡先撰《无上深妙禅门传集法宝》一卷广明也。

念佛三昧宝王论卷下

念过去佛因果相同门第十四

问曰：念现在佛，专注一境，已闻奥义。所念之佛，穷玄极圣，尊号如来，可矣。而能念佛人，俯窥真门，尚在凡位，安得叨窃，言同正觉哉？

对曰：《三昧海经》云："所念之佛，如出胎狮子王。"喻佛果也。"能念佛人，如在胎狮子王。"喻佛子也。因果虽殊，威神相继，论其佛也，更何异焉？欲令在胎狮子，便能哮吼、飞落、走伏者，未之有也。出胎之后，可翘足而待，曾何阙矣？而因果相同，其义一也。

又《法鼓经》云："如波斯匿王与敌国战，有中毒箭，苦不可堪。闻有良药，名消毒王。以药涂鼓，以桴击之，能令毒箭声下跳出，平复如故。若闻释迦牟尼佛名，及闻信方广比丘名，能令身中三毒之箭，声下跳出。是故此经，名《大法鼓》。"释迦即过去佛，果也。比丘即方广人，因也。灭罪相同，其义一也。

斯两经虽未阶极圣，闻名获益，与佛不异。故《法华三昧师资传》五卷中说：隋朝南岳思大禅师，有弟子大善禅师，得慈悲三昧。时衡阳内史郑僧杲，素非深信，尝会出猎，围鹿数十头，谓县令陈正业曰："公常称大善禅师有慈悲之力，其如此鹿何？"正业即率左右数人齐称曰："南无大善禅师！"一声，于时群鹿飞空而出。则与观音神力，复何异哉？大善与智者齐名于时矣。若不侮圣人之言，则念佛三昧，殄魔息灾，犹金之在冶矣，岂得推移嚜晓而不习[1]哉！

---

① "习"，原本作"息"，今从《大正藏》本。

无心念佛理事双修门第十五

问曰：圆念三世，或专面一方，谨闻幽义也。皆有念有思，有生有灭，安得与《胜天王所问经》“以无所念心而修念佛”之旨同焉？

对曰：无念之说，人多泣歧。不细精研，犹恐迷径。今以理事门辨之。

言理门者，真无念也。释曰：有之与无，即此念而本无矣。何者？佛从念生，心即是佛。如刀不自割，指不自触。佛不自佛，心不自心。安得佛外立心，心外立佛？佛既不有，心岂有哉？无心念佛，其义明矣。故世人谓念佛，有念也。吾则谓念佛，无念也。更何惑焉？

又念即是空，焉得有念？非念灭空，焉得无念？念性自空，焉得生灭？又无所念心者，应无所住也。而修念佛者，而生其心也。无所念心者，从无住本也。而修念佛者，立一切法也。无所念心者，念即是空也。而修念佛者，空即是念也。不异之旨，此明中道矣。双寂曰止也，双照曰观也。定慧不均，非正受也，岂得三昧之名欤？今则照而常寂，无所念心矣。寂而常照，而修念佛焉。如来证寂照三摩地，念佛三昧究竟之位也。故此三昧能生首楞严王狮子吼定，明矣。

如《菩萨念佛三昧经》破相偈曰：

念佛真金色，安住无着心，
观何法[①]名佛，摄心恒相续。
念[②]色非如来，四阴亦如是，
离阴[③]非如来，想识[④]应当知。

---

① “何法”，原本作“法何”，今依原经《永乐北藏》、《乾隆大藏经》、《大正藏》诸本改。

② “念”，原本作“金”，同上改。

③ “阴”，原本作“色”，同上改。

④ “识”，原本作“色”，同上改。

此是佛世尊，最胜寂静处，

善能灭一切，外道诸邪见，

如龙王降雨，泽及于一切。

此经明六度万行，未有一法不是念佛三昧者也。

问曰：理门已竟，愿示事门，令其学者得真无念，协般若波罗蜜，开无相大乘甚深禅定，不亦博哉！

对曰：夫理之与事，相去若何？前明即事之理，今明即理之事。《大品经》云：“佛为钝根人说诸法空寂，以其动生执见也。为利根人说诸佛相好，如其莲不染尘也。”则须菩提，小乘解空第一，无名无相。及夫得记，当来成佛，号曰名相如来。苟非大乘，当恐声香味触得其便耳，逃遁未暇，安敢盘游名相之园苑欤？既达名相，故获佛记也。

言事门者。夫佛生于心，《般舟》无念而已至。境出于我，《法华》不速而自来。无所念心者，绝诸乱想也。而修念佛者，善想一佛也。则《文殊所说摩诃般若经》云：“若人学射，久习则巧，后虽无心，箭发皆中。若人欲入一行三昧，随佛方所，专称名字，念念相续，即于念中见三世佛。如彼习射，既熟之后，无心皆中。”非无念也何耶？是以《方等》曰：“矻矻念，勿休息，佛当现也。”《璎珞经》云：“道名一心，多想非道。”《坐禅三昧经》云：“菩萨坐禅，不念一切，唯念一佛。如清泠海中，金须弥山王。乃至功德法身，亦如是念。”

问曰：若言无念是三昧者，直超无念，更何迂回而用于念哉？

对曰：《楞伽经》云：“用楔出楔。”俗谚云：“使贼捉贼。”今则以念止念，有何不可？况念之熟也，不谋而自成，不用力矣。如剑客舞剑，忽挥之青云，以鞘背承，未尝或失。庖丁解牛，投刃皆虚，音合桑林之舞。此念之熟也，不亦明焉？故《起信论》云：“若知虽说，无有能说可说，虽念，亦无能念可念，名为随顺。若离于念，名为得入。得入者，真如三昧也。况乎无念之位，在于妙觉，盖以了心初生之相也。而言之初相者，所谓无念，非菩萨十地所知。”而今之人尚未阶十信，即不依马鸣大士，从说入于无说，从念入于无念。实恐慕崇台而轻累土，倒裳索领，其可得哉？

《大佛顶诸菩萨万行首楞严经》云：大势至法王子，与其同伦五十二菩萨，即从座起，顶礼佛足，而白佛言："我忆往昔恒河沙劫，有佛出世，名无量光。十二如来相继一劫，其最后佛，名超日月光，彼佛教我念佛三昧。譬如有人，一专为忆，一人专忘。如是二人，若逢不逢，或见非见。二人相忆，二忆念深，如是乃至从生至生，同于形影，不相乖异。十方如来怜念众生，如母忆子。若子逃逝，虽忆何为？子若忆母，如母忆时，母子历生不相违远。若众生心，忆佛念佛，现前当来，必定见佛，去佛不远，不假方便，自得心开。如染香人，身有香气。此则名曰香光庄严。我本因地，以念佛心，入无生忍。今于此界，摄念佛人，归于净土。佛问圆通，我无选择，都摄六根，净念相继，得三摩地，斯为第一。"

了心境界妄想不生门第十六

问曰：不了心及缘，即起二妄想。今存所念之佛、能念之心，岂非二妄想耶？

对曰：《楞伽经》云："了心及境界，妄想即不生。"不生心者，即种种远离能相、所相。吾今念千轮、卍字、绀目、白毫，种种之相，皆吾自心，无佛可得。缘既不有，心岂有哉？则能相之念，所相之佛，自远离矣，安得住于二妄想耶？前圣所知，转相传授，妄想无性，于兹悟矣。又如观佛实相，观身亦然。遇境皆真，无心不佛。中道之理遍于一切，岂存于所缘之佛欤？

又解云：如鼻有墨点，对之明镜，人恶其墨，但揩于镜，其可得耶？好恶是非，对之前境，不了自心，但尤于境，其可得耶？未若洗分别之鼻墨，则一镜圆净矣，万境咸真矣，执石成宝矣，众生即佛矣。

故《续高僧传》云：齐朝有向居士，致书通好于慧可禅师曰："影由形起，响逐声来。弄影劳形，不知形是影本。扬声止响，不识声是响根。除烦恼而求涅槃者，喻避形而觅影。离众生而求佛性者，喻默声而寻响。故知迷悟一途，愚智非别。无名作名，因其名，是非生矣。无理作理，因其理，诤论起矣。幻化非真，谁是谁非？虚妄无实，何空何有？将知得无所得，失无所失矣。未及造谈，聊申此意，想为答之。”

慧可禅师命笔述意，答居士曰：“说此真法皆如实，契真幽理竟不殊。本迷摩尼谓瓦砾，豁然自觉是真珠。无明智慧等无异，当知万法即皆如。破此二见之徒辈，申辞措意作斯书。观身与佛无差别，何须更觅彼无余。”

此二上士，依达摩大师称法之行，理观用心，皆是念中道第一义谛法身佛也，必不离念存于无念，离生立于无生。若谓离之而别立者，斯不了烦恼即涅槃，众生即诸佛，安得悟彼瓦砾如真珠哉？既离之不可，即念佛而真无念也，即往生而真无生也。夫如是，则其义焕然，若秋天澄霁，明月出云矣。岂同愚人观指而不观月哉！

诸佛解脱心行中求门第十七

问曰：念佛名真无念，往生名真无生，信矣。《维摩经》云：“诸佛解脱，当于何求？当于一切众生心行中求。”既曰一切心行中求，何不求于自心，而乃求于外佛耶？

对曰：子谓念佛三昧无上妙禅，非心行中求者，不然也。为子明之：夫心之为行者，行于三境也。一行善境，即念佛三昧，善中之善，天中之天。二行不善境，谓贪瞋痴等，诸恶境界。三行无记境，谓其心不住，善恶不缘。若论夫理性，理遍前三。语其顺理，唯留善境。经云所谓“取我是垢，不取我是净”者，谓不了法性体无悭贪，违于法性，而不行施，纵施住施，不能舍施，非垢如何？若能了知随顺法性，行檀波罗蜜，无悭施相，善顺于理，非净如何？不善、无记，乖于法性，不可与善联镳也。故胜天王问佛：“云何菩萨通达禅波罗蜜？”佛告天王：“菩萨摩诃萨学般若波罗蜜，行禅波罗蜜，当观此心，行于何境，若善、不善、无记境界？若行善境，则勤修习。譬如莲花，不停水滴。一不善法，不得暂住。”据斯金口，岂有不善、无记而不摈之哉？是则顺理善心，行于善境，炽然念佛，解脱在心行中。若谓念佛心行而非解脱者，不善、无记二种心行岂得有哉？如斯解脱，迷之则滞于浩劫，悟之则证如反掌。

习禅明镜，允兹在兹。如来世雄，考彼群定，以念佛三昧为禅中王。诸余三昧有待有对者，皆匹夫之定耳。然宝王三昧，不住尊相，不住卑相，邪相、正相、生死相、涅槃相、烦恼相、菩提相、静相、乱相、成正觉相、度众生相、坐道场相、无所得相，如[①]是等相，皆悉不住，犹如梦觉，廓无来去。故《大品》云："无去无来是佛。"夫如是，则尚遣乎中道，岂住于边徼哉！

如《诸法无行经》偈云：

譬如人，于梦中，得佛道，度众生。
此无道，无众生。佛法性，亦复然。
坐道场，无所得。若不得，则不有。
明无明，同一相。知如是，为世尊。
众生性，即菩提。菩提性，即众生。
菩萨众，亦不二。知如是，为世尊。

三业供养真实表敬门第十八

问曰：三昧观门，已闻奇唱。三业供养，佛在灭后，献福何多？

对曰：夫论供养法界海者，万行之中，能净三业，皆名供养也，况浪思真境而非供养哉？《理趣》曰："观一切法，若常若无常，皆不可得。"于诸如来，广设供养，不亦明焉？又如来在世，严荐表诚，皆言"花云香海，遍微尘刹"，犹恨其少。大士所以入观，用想须弥为灯炷，大海为油盏。未展殷敬，故焚金色之臂，献净明之塔，金身火焰，洞照十方，则喜见菩萨其例矣。而今之人，但推于自心，或遥指花树，乖奉献之仪，何慢之深也！

子问佛在灭后，献福何多者，试为明之：且丁兰刻木于堂，温凊如在，名光青史，人到于今称之为真孝子也。若如来在世，金山晃耀，严相

① "如"，弘化社本作"以"，今从《大正藏》、《卍续藏》本。

赫然，谁有睹之，不发道意？献花伸悬，不亦易哉？洎世雄晦迹，月隐重山，不奉真仪，但传贝叶。对之形像，发无上意，能献一花，此志此心，足可嘉尚。有如是者，不亦难哉？《涅槃》云：“乃至献一花，则生不动国。”是则一香一花，一灯一乐，及以饮食，尽心乐得奉荐三世诸佛者，净土妙因，成圣元始。安得轻易其事，而不遵之哉！若离于此行，而听无稽之言，献心花、点心灯、焚心香、礼心佛，而欲求于正觉者，亦何异骋猿猴之巧，守梅林之望欤？及令彼衣心衣、饭心饭，则困拒不已。至于六度万行，何乃排于空见之心哉？指心望空之言，其过若此，不可不慎也。真言门中，瑜伽观行，亦约事门表相，不一向推心，常严荐香花，六时无废也。

无相献花信毁交报门第十九

问曰：花者事也，理在何焉？信之与毁，交报在何？

对曰：花即理也，色即空也。

信之报者，《悲华经》云：昔有王子，名无所畏，手持莲花，上宝藏佛。佛言：“汝以莲花印于虚空，今与汝号名虚空印。当来成佛，世界名莲花，佛号莲花尊，汝是也。”国土及佛，皆约昔日所献莲花而为号者，欲令明识行因感果之义也。何乃沮檀度之献花，而欲别遵之无相哉？

毁之报者，《大方广总持经》说：昔有一比丘，名净命，住于正见，持花供养。又一比丘，名法行，住于邪见，坐得四禅，常说空宗般若最胜，谤净命法师云：“净命所受诸花，不持供养，而自受用。”坐此一言，于六万世，常无舌根，乃至成佛，犹居五浊。彼何人耶？即释迦是也。佛言：“少闻之人，于我法中作二说者，命终之后，堕于地狱，多百千劫。若以恶眼视发菩提心人，得无眼报。以恶口谤发菩提心人，得无舌报。若唯修一般若波罗蜜得菩萨者，往昔迦尸迦王行菩萨行时，舍所爱身，头目髓脑，尔时此王岂无智慧哉？则知六波罗蜜，应具足修。执一非余，是为魔业。”安得弃献花之檀波罗蜜，而以恶取空，僭易于般若真无相哉？无舌之报，自贻伊咎。如来所以自引昔非，欲令众生不覆车于前辙耳。

一花若此，一切土木形像、竹帛诸经、剃发僧尼、住持三宝、戒定慧学，无论福田，及非福田，悉可敬之，一切皆入真实三业供法界海中。有何不可，而欲略之哉？

《法华》偈云：

若人于塔庙，宝像及画像，
以花香幡盖，敬心而供养，
乃至一小音，皆已成佛道。

万善同归皆成三昧门第二十

问曰：夫施灯长明，生日月宫。花香幡盖，与灯未异，尽生天之福也，而云“皆已成佛道”者，何酬报之深哉？

对曰：如帝王行幸，万乘千官。步卒以来，皆带“御”字，犯之天仗，死在斯须。若銮辂还宫，步卒放散，归乎村墅，苟称于“御”字，亦死在斯须。且步卒是同，而生死有异，盖为缘起之殊，有兹宠辱也。向若花盖香灯，不遇《法华经》王命之天仗，实亦报在天宫。今逢三昧宝王，犹当扈从，乃至献一花，皆已成佛道。斯则佛种从缘起，理教然耳。亦犹鸟向须弥，皆同一色。川朝巨海，无复异名。故《大宝积经·文殊普门会》，会天龙八部、地狱、畜生，色、声、香等，一切万法，皆三昧者。亦犹毛容巨海，芥纳须弥，岂毛、芥之神乎？盖神者神之耳。则知解犹于目，行类于足。解正即行正，解邪即行邪。魔佛浅深，俱凭于解。故《涅槃》曰：“于戒缓者，不名为缓。于乘缓者，乃名为缓。”乘者，即慧解之称也。一行既尔，万行皆然。

法华三昧者，即念佛三昧也。是以如来名此胜定，为三昧宝王，为光明藏，为除罪珠，为邪见灯、迷衢者导、王子金印、贫夫宝藏、空三昧、圣三昧、陀罗尼、真思惟、最胜观、如意珠、佛性、法性、僧性、无尽藏、胜方便、大慧光明、消恶观法三昧等。故知教、理、行、果，八万四千波罗蜜门，皆是念佛三昧之异名也。夫如是，则献一花，遍奉于三世尘刹。念一佛，体通于未来世雄。如大地而为射的，岂有箭发而不中者哉！不然，则为《思益经》“畏空舍空，行空索空”之诮耳。

客曰：医去留药，商行寄金。前贤所藏，非其人不可。弟子昧道懵学，辄窥三昧之门，尚期无生，每希一实之唱。如王奥旨，法之宝印。动寂双照，理事圆融。举心咸真，触类而长。称于“南无”，皆成于佛道。散花弹指，尽超于菩提。经王所在而自尊，目翳金錍而抉膜。二十义门，未尝闻诸。欣澡雪轻众生之愆，得优游宝庄严之土，何其幸也！愿不易此身，获醍醐之妙记。悟当来诸佛，即众生是焉。

遂稽首多宝塔，对之莲花僧，与吾普观十方尊，圆念三世佛，长跪叉手，而说颂曰：

一心忆念过去佛，亦忆未来诸世尊，
现在一切人中雄，亦学于其所说法。
无有一佛在过去，亦无现世及当来，
唯此清净微妙禅，彼不可言证能说。

旧跋

比丘正知，向见云栖大师《净土代言》，有唐朝《宝王论》，列在“名存书不存”中，心甚慕之。生年三十，万融师得此古本相赠，喜出望外，梓版于姑苏慧庆寺。丙戌，重梓于祖堂幽栖寺。伏愿法界有情，同生极乐世界。

净土十要

灵峰蕅益大师选定净土十要第六

述曰：吾观古今法运盛衰之故，而后知禅、净共为隆替者也。人唯未悟，故不了生死利害，岂有悟而犹轻一生不退者乎？人唯未悟，故不了诸佛甚深境界，岂有悟而犹见等流俗者乎？永明诸老，料拣禅、净，如道自家屋里事，由其彻悟自宗故耳。末世禅道大坏，食唾者多。于是净土一宗，异见茁长，由唐至宋，荆棘丛生。天如为中峰最胜子，故能继永明诸老，力扶净土之衰。今观《或问》一书，较诸天台、紫阁，其间邪帜遍树，见网交罗，作者推陷廓清，其劬劳亦未免倍甚。盖禅、净俱衰使然，读者亦可以观时变矣。然诸老匡扶净土，实救本宗。《或问》开章，谓永明深有功于宗、教。此等语，偷心未尽者，未肯遽以为然。然使宗、教上流，能参破第一则淆讹公案，能讲透第一个差别名相，超然于凡、外、权、小路歧，一去不复更入，又能普于十方为诸迷者遍破、遍透、遍超，而谓宗、教之能事不毕于此，吾不信也。序次《十要》，由《十疑》、《宝王》，而至《或问》，深有感于法运盛衰之故，因为弄引，请益后贤。

评点《净土或问》感赋（有小引）

余读《净土或问》，有怀于天如老人“深有功于宗、教”一语，遂谬为评点。时度夏华阳度云精舍，溪楼山影，云物静好，漫赋古兴一篇。赋成，三叹而感之。谨录于首，聊当题词。

窗外青山如列屏，山下清流朱弦声，
窗中有人拭几尘，熟读天如六字经。
世人皆悟向上窍，又能悟得心王妙，
须弥芥子都踌跳，露柱灯笼齐厮闹，
独有一个佛名号，千悟万悟悟不到。
天如两眼烁如火，淆讹公案直下剖，
不从门外循墙走，恰恰自家屋里坐。
愚夫愚妇闲活计，恰恰自家屋里事，
恒沙沙数诸通明，恰恰自家屋里人，
空中迅鸟迹如画，恰恰自家屋里话。
窗外青山如镜里，山下清流镜中水，
镜中有人逐云起，宝王三昧应如是。
奇哉一句阿弥陀，勘破宗教诸禅和，
就中也有无奈何，曾听边城[1]霜月歌。

戊申仲夏白月孟斋日，私淑后学成时题于度云庵云气楼之溪窗左个。

---

① “边城”，弘化社本作“城边”，今从《卍续藏》本。

净土或问

元 狮子林天如维则 述

天如老人方宴默于卧云之室，有客排闼而入者，禅上人也，因命之坐。坐久，夕阳在窗，篆烟将灭。客乃整衣起立，从容而问曰：窃闻永明寿和尚，禀单传之学于天台韶国师，是为法眼的孙。匡徒于杭之净慈，座下常数千指。其机辩才智，雷厉风飞。海内禅林，推之为大宗匠。奈何说禅之外，自修净土之业，而且以教人。复撰拣示西方等文，广传于世。及作《四料拣偈》，其略曰："有禅无净土，十人九蹉路。无禅有净土，万修万人去。"看他此等语言，主张净土，无少宽容。无乃自屈其禅，而过赞净土耶？此疑非小，师其为我辩之。

答曰：大哉问也！当知永明非过赞也，深有功于宗、教者也。惜永明但举其纲，而发明未尽，故未能尽遣禅者之疑也。余忝学禅，未谙净土，然亦尝涉猎净土诸书，稍知其概，本是易行易入之方，亦是难说难信之法。所以释迦慈父现在世时，为诸弟子说《弥陀经》，预知末法众生少能信向，故引六方诸佛出广长舌说诚实言，以起其信，以破其疑。及于经末，因诸佛所赞，乃复自言："当知我于五浊恶世行此难事，为一切世间说此难信之法，是为甚难。"此皆苦口叮咛，劝人信向矣。

且大悲世尊垂救末劫，凡金口所宣，一偈一句，而人非人等莫不信受奉行。独于净土之说，则间有疑者，何哉？良由净土教门，至广至大。净土修法，至简至易。以其广大而简易，故闻者不能不疑焉。所谓广大者，一切机根，摄收都尽。上而至于等觉位中一生补处菩萨，亦生净土。下而至于愚夫愚妇，与夫五逆十恶无知之徒，临终但能念佛悔过，归心净土者，悉获往生也。所谓简易者，初无艰难劳苦之行，又无迷误差别之缘，但持阿弥陀佛四字名号，由此得离娑婆，得生极乐，得不退转，直至成佛而后已也。其广大既如彼，其简易又如此，故虽智者亦不能无疑焉。汝如知此，则知永明之赞，深有意焉，而非过也。

问曰：广大简易，既闻命矣。如禅宗悟达之士，既曰见性成佛，其肯复求净土之生乎？

答曰：汝未之知耳。悟达之士，正愿求生。古人云："不生净土，何土可生？"汝但未悟，使汝既悟，则汝净土之趋，万牛不能挽矣。

问曰：佛祖出世，为度众生。学者但患大事不明，大事既明，当行佛教，随类化身，入泥入水，不避生死，广度生灵。今悟达之士求生净土，则厌苦趋乐，不顾他人，此非吾所愿也。

答曰：见卵而求时夜，何太早计耶！汝将谓一悟之后，习漏永除，便得不退转耶？汝将谓一悟之后，更无遍学佛法、修行证果等事耶？汝将谓一悟之后，便可上齐诸佛，入生入死，不受障缘之所挠耶？审如是，则诸大菩萨修六度万行，动经恒河沙数劫者，反有愧于汝矣。

古教有云："声闻尚有出胎之昧，菩萨亦有隔阴之昏。"况近时薄解浅悟，而自救不了者乎？纵有悟处深远，见地高明，行解相应，志在度人者。奈何未登不退，力用未充，居此浊恶，化此刚强，此亦先圣之所未许。如以未完不固之舟，济多人于恶海，自他俱溺，其理必然。故《往生论》云："欲游戏地狱门者，必生彼土，得无生忍已，还入生死，救苦众生。以此因缘，求生净土。"又先圣有云："未得不退转位，不可混俗度生。未得无生法忍，要须常不离佛。譬如婴儿，常不离母。又如弱羽，只可传枝。"今此国中，释迦已灭，弥勒未生。而况四恶趣苦，因果牵缠。外道邪魔，是非扇乱。美色淫声之相惑，恶缘秽触之交侵。既无现佛可依，又被境缘所挠，初心悟达之人，鲜有不遭其退败者。所以世尊殷勤指归极乐者，良有以也。盖彼弥陀现在说法，乐土境缘种种清净，倘依彼佛，忍力易成，高证佛阶，亲蒙授记，然后出化众生，去来无碍也。以是之故，虽上根利器，犹愿托生。况汝中下之辈，初得发明者乎？

岂不见《观佛三昧经》中，文殊自叙宿因，谓得念佛三昧，常生净土。世尊复记之曰："汝当往生极乐世界。"又不见《华严经》中，普贤劝进善财童子、海会大众，以十大愿王导归极乐，其偈云："愿我临欲命终时，尽除一切诸障碍，面见彼佛阿弥陀，即得往生安乐刹。"又云："彼佛众会咸清净，我时于胜莲花生，亲睹如来无量光，现前授我菩提记。蒙彼如来授记已，化身无数百俱胝，智力广大遍十方，普利一切众生界。"又不见《入楞伽经》中，授记龙树偈云："南天竺国中，大名德比丘，厥号为龙树，能破有无宗。世间中显我，无上大乘法。得初欢喜地，往生安乐国。"又不见《起信论》中，马鸣菩萨有求生之愿。《无量寿论》，天亲菩萨有愿往之心。又不见《大宝积经》中，印许净饭王，及七万释种，同生安养。《十六观经》中，指示韦提夫人，及五百侍女，同觐弥陀。且净饭、韦提等，皆是现得无生法忍。西竺似此之流，不可得而胜数矣。东土如庐山远公，合社高人。天台、贤首，诸宗尊者。自行化他，曰僧曰俗，同生净土者，又可得而胜数耶！

只如文殊、普贤，大菩萨也。善财、海众，遍参知识，悟同诸圣者也。马鸣、龙树等，亦菩萨也，亦禅宗以为大祖师也。此诸圣人，所悟所证，比今悟达之士，为何如哉？彼尚愿生乐国，亲近弥陀。而汝一悟之后，更不求生。则龙树、马鸣、普贤、文殊等，反不若汝。汝何不自揣其心，自量其力，所修所证，诚有过于二菩萨、二禅祖者乎？所参知识，所悟佛性，诚有过于善财、海众者乎？所得无生法忍，受佛印证，诚有过于净饭、韦提者乎？净饭国王，佛之父也。七万释种，佛之亲属也。净土之生，倘无利益，佛忍自误其父与亲属乎？向谓得无生法忍者，可许混俗度生。今其父王、亲属既得此忍，而尚记往生，则如来护持保养之意，岂不深且远乎！

多见今之禅者，不究如来之了义，不知达摩之玄机，空腹高心，习为狂妄。见修净土，则笑之曰："彼学愚夫愚妇之所为，何其鄙哉。"余尝论其非鄙愚夫愚妇也，乃鄙文殊、普贤、龙树、马鸣等也。非特自迷正道，自失善根，自丧慧身，自亡佛种，且成谤法之业，又招鄙圣之殃，佛祖视为可哀怜者。于是永明和尚深怜而痛哀之，剖出心肝，主张净土，既以自修，又以化世。故其临终，预知时至，乃有种种殊胜相现，舍利鳞砌于身。尝有抚州一僧，经年旋绕其塔。人问其故，僧曰："因病入冥，阎王以阳数未艾，得放还生。乃见殿左供养画僧一帧，阎王礼拜殷勤。遂叩主吏，吏曰：此永明寿禅师也。其修行精进，径生极乐上品。王故图像而礼敬之。"夫永明既悟达摩直指之禅，又能致身于极乐上品，以此解禅者之执情，以此为末法之劝信，故余谓其深有功于宗、教者，此也。

岂特永明为然？如死心新禅师作劝修净土之文，有云："弥陀甚易念，净土甚易生。"又云："参禅人最好念佛，根机或钝，恐今生未能大悟，且假弥陀愿力，接引往生。"又云："汝若念佛不生净土，老僧当堕拔舌地狱。"又如真歇了禅师作《净土说》，有云："洞下一宗，皆务密修，其故何哉？良以念佛法门，径路修行，正按《大藏》，接上上根器，傍引中下之机。"又云："宗门大匠，已悟不空不有之法，秉志孜孜于净业者，得非净业之见佛，尤简易于宗门乎？"又云："乃佛乃祖，在教在禅，皆修净业，同归一源。入得此门，无量法门，悉皆能入。"至如天衣怀禅师、圆照本禅师、慈受深禅师、南岳思禅师、法照禅师、净霭[①]禅师、净慈大通禅师、天台怀玉禅师、梁道珍禅师、唐道绰禅师、毗陵法真禅师、姑苏守讷禅师、北涧简禅师、天目礼禅师等诸大老，皆是禅门宗匠，究其密修显化，发扬净土之旨，则不约而同。

岂特诸大老为然？余尝闻一老宿言曰："合五家之宗派，尽天下之禅僧，悟与未悟，无有一人不归净土者。"因问其故，乃曰："如百丈大智海禅师，是江西马祖传道之的子。天下丛林，依他建立，从古至今，无一人敢议其非。天下清规，依他举行，从始至末，无一事敢违其法。看他为病僧念诵之规云：'集众同声举扬一偈，称赞阿弥陀佛，复同声称念南无

---

① "净霭"，《大正藏》本作"静霭"。又考《续高僧传》、《佛祖统纪》、《净土圣贤录》等均作"静蔼"。

阿弥陀佛，或百声，或千声。回向伏愿云：诸缘未尽，早遂轻安。大命难逃，径归安养。’此非净土之指归乎？又看他津送亡僧，大众念诵回向伏愿云：‘神超净域，业谢尘劳，莲开上品之花，佛授一生之记。’此非净土之指归乎？至于荼毗之际，别无所为，但令维那引声高唱‘南无西方极乐世界大慈大悲阿弥陀佛’，如是十唱，而大众十和，总名之曰十念也。唱毕，复回向云：‘上来称扬十念，资助往生。’此非净土之指归乎？自百丈以来，凡所以津送亡僧，皆依此法。然则所谓合五家之宗派，尽天下之禅僧，无有一人不归净土者，岂不然乎？”以余观老宿所引之言，诚有所据而不容辩矣。又因其言，遂悟百丈祖师立法之意，亦岂无所据而然耶！汝在丛林津送亡僧，不知其几矣。此等回向十念，口里唱过，耳里听过，又不知其几矣。汝既不会祖师之意，又自不发省觉之心，妄谓悟达之士不愿往生，则天下禅者之执，莫汝若矣。

问曰：净土摄机，诚乎其广矣，愚不敢复议矣。然亦尝闻有“唯心净土，本性弥陀”之说，愚窃喜之。及观净土经论，所谓净土者，十万亿土外之极乐也。所谓弥陀者，极乐国中之教主也。是则彼我条然，远在唯心本性之外矣，果何谓耶？

答曰：汝言局矣，不识汝心之广大而明妙者矣。《楞严》云：“色身外洎山河虚空大地，咸是妙明真心中物。”又云：“诸法所生，唯心所现。”安有佛土而不在吾心者哉？当知净土唯心，心外无土，如大海之现群沤，无一沤能外海也。唯心净土，土外无心，犹众尘之依大地，无一尘不名地也。

又当知先圣有云：唯此一心，具四种土：一曰凡圣同居，二曰方便有余，三曰实报无障碍，四曰常寂光也。

一、凡圣同居土者，自分二类：初曰同居秽，次曰同居净。初、同居秽土者，娑婆之类是也。居其中者，有凡有圣，而凡圣各二。凡居二者：一、恶众生，即四趣也；二、善众生，即人天也。圣居二者：一、实圣，即四果、辟支、通教七地、别十住、圆十信后心，通惑虽尽，报身犹在，皆名实也；二、权圣，谓方便、实报、寂光土中法身菩萨及妙觉佛，为利有缘，应生同居，皆是权也。是等与凡共住，故云凡圣同居。四趣共住，故云秽土也。次、同居净土者。且如极乐国，虽果报殊胜，非余可比，然亦凡圣同居。何以故？虽无四趣，而有人天。以生彼土者，未必悉是得道之人。如经云："犯重罪者，临终忏悔念佛，即得往生。"故知虽具惑染，亦得居也。圣居权、实，类前可知。但以无四恶趣，故名为净。或曰：具明土相，复多不同。如无动界，虽是净土，犹有男女及须弥等。净土既其不同，秽土亦应不等也。

二、方便有余土者，二乘、三种菩萨，证方便道者之所居也。何则？若修二观，断通惑，尽尘沙，别惑无明未断，舍分段身而生界外，受法性身，即有变易。所居之土，名"有余"者，无明未断也。名"方便"者，方便行人之所居也。故《释论》云："出三界外有净土，声闻、辟支佛出生其中，受法性身，非分段生也。"

三、实报无障碍土者，无有二乘，纯诸法身菩萨所居，破无明，显法性，得真实果，而无明未尽，润无漏业，受法性报身。亦名果报国，《仁王经》云"三贤十圣住果报"，是也。以观实相，发真无漏，所得果报，故名为"实"。修因无定，色心无碍，故名"实报无障碍土"。《华严》明因陀罗网世界，是也。

四、常寂光土者，妙觉极智所照如如法界之理，名之为国，亦名法性土。但真如佛性，非身非土，而说身土。离身无土，离土无身。名身土者，一法二义。《普贤观》："毗卢遮那住处，名常寂光。"前二土是应，即应佛所居。第三亦应亦报，即报佛所居。第四但是真净，非应非报，法身所居。又云："常即法身，寂即解脱，光即般若。如世伊三点，不纵横并别，名秘密藏。诸佛如来所游居处，真常究竟，极为净土。"

由是观之，所谓十方微尘国土者，唯吾心中之土也。三世恒沙诸佛者，唯吾心中之佛也。知此，则知无一土不依吾心而建立，无一佛不由吾性而发现。然则十万亿外之极乐，独非唯心之净土乎？极乐国中之教主，独非本性之弥陀乎？又当知唯此一心，具含十界，身土融通，重重无碍。

又当知心、佛、众生，三无差别，生佛互现，念念交参。所以云："诸佛心内众生，尘尘极乐。众生心中诸佛，念念弥陀。"又云："十方净秽，卷怀同在于刹那。一念色心，罗列遍收于法界。并天真本具，非缘起新成。一念既然，一尘亦尔。故能一一尘中一切刹，一一心中一切心。一一心尘复互周，重重无尽无障碍。一时顿现非隐显，一切圆成非胜劣。若神珠之顿含众宝，犹帝网之交映千光。我心既然，生、佛体等。如此，则方了迁神亿刹，实生乎自己心中。孕质九莲，岂逃乎刹那际内。"又云："极乐遍在一切处，举一而全收也。如帝释殿上千珠宝网，千珠光影咸入一珠，一珠光影遍入千珠。虽珠珠互遍，此珠不可为彼，彼珠不可为此。参而不杂，离而不分。一一遍彰，亦无所在。极乐净土即千珠之一，十万亿国亦各千珠之一。至若三乘、人、天，下至地狱、饿鬼、畜生、修罗，一一无非千珠之一，阿弥陀佛亦千珠直示一珠。见一佛，即见十方诸佛，亦见十方九界众生。微尘刹海，十世古今，一印顿圆，无余法矣。"

如上所引，皆佛祖圣贤递相发扬之明训也。知此，则知诸刹诸尘，尘尘皆唯心之极乐也。一尘一佛，佛佛皆本性之弥陀也。复何疑哉！

问曰：既谓净秽融通，尘尘极乐，何娑婆独不免于秽耶？

答曰：凡夫业感，即净而秽。佛眼所观，即秽皆净。岂释迦报境而果秽哉？

问曰：含摄无余，吾信唯心之大矣。圆融无碍，吾信唯心之妙矣。奈何尚滞迷情，未离秽业，则吾唯心之土，何由净耶？

答曰：心垢土垢，心净土净。故《维摩经》云："欲得净土，当净其心。随其心净，则佛土净。"夫欲净其心者，舍净土之修法，他无能焉。

问曰：净土修法，其详可得闻乎？

答曰：净土无修，修因迷有。法无高下，高下由根。根有多殊，修分多类。摄其多类，总有三门：一曰观想，二曰忆念，三曰众行，皆依极乐弥陀以为之主也。

一曰观想者，如《观经》云："诸佛如来是法界身，入一切众生心想中。是故汝等心想佛时，是心即是三十二相、八十随形好。是心作佛，是心是佛。诸佛正遍知海，从心想生。是故应当一心系念谛观彼佛。"《天台疏》曰："'诸佛如来'下，泛明诸佛。'是故应当'下，偏观弥陀。法界身者，报佛法性身也。众生心净，法身自在，故云入。如白日升天，影现百川。明佛身自在，能随物现也。又法界身，是佛身无所不遍，法界为体。得此观佛三昧，解入相应，故云入心想也。是心作佛者，佛本是无，心净故有。是心是佛者，向闻佛本是无，心净故有，便谓条然，故云即是。始学名作，终成即是。"

《妙宗》释曰："欲想佛身，当明观体。体是本觉，起成能观。本觉乃是诸佛法界之身，以诸佛无别所证，全证众生本性故也。若始觉有功，本觉乃显，故云法身从心想生。又弥陀与一切佛，一身一智，应用亦然。弥陀身显，即诸佛身。诸佛相明，即弥陀体。故泛明诸佛，以为弥陀观体。从'法界身'下，是约感应道交释。从'又法界身'下，约解入相应释。"《融心解》云："若无初释，则观非观佛。若无次释，则生佛体殊。二释相成，是今观法。"

《妙宗》又曰："今之心观，非直于阴观本性佛，乃托他佛显乎本性。故先明应佛入我想心，次明佛身全是本觉。故应佛显，知本性明。托外义成，唯心观立。若论作、是，即不思议三观也。以若破若立名作，空假二观也。不破不立名是，中道观也。全是而作，则三谛俱破俱立。全作而是，则三谛俱非破立。即中之空假名作，能破三惑，能立三法，故感他佛三身圆应，能成我心三身当果。即空假之中名是，则全惑即智，全障即德，故心是应佛，心是果佛。故知作、是一心，修此三观，乃诸观之总体，一经之妙宗也。"

又曰："此观能令四佛土净，如是方为此经宗致。"乃至云："此经本为韦提希厌同居秽，求同居净，故谈妙观，观彼依正。三观若成，粗垢先落。非有余净，更生何处？须知正为生同居净，故立三观。良由观妙，能破三惑，不独感于同居净土，随其惑断浅深之处，自然感得有余等三土。如病须药，本为身安。求得仙方，修合服之，不但身安，兼能轻骨。身安可喻生同居净，轻骨可喻感上三土。只是一药，效乃深胜。如一妙观，能净四土。”《解》云：“韦提本欲舍秽取净，而佛示观法，舍秽必尽，显净无遗。如月盖为免舍离果报之病，故请观音。及乎宣咒，乃能消伏三毒之根，具足五眼之果。故一心三观求生净土者，以三惑为秽土之因，以三谛为净土之果。故别惑尽，则寂光净，究竟三谛也。别惑未尽，则实报净，分证三谛也。”云云。

如上所明，一心三观，能破三惑，能净四土。其惑未破而生安养同居者，托胜增修，则有余等三净可待矣。且教有云，五浊轻重，同居净秽。而圆观轻浊所感同居，依正最净，比修戒善及余经众善感安养土，其相天殊，故天台宗以圆观为定善也。

二曰忆念者，或缘相好，或持名号，皆名忆念，而有理有事。

如《华严》解脱长者云：“我若欲见安乐世界无量寿如来，随意即见。如是十方一切世界所有如来，我若欲见，随意即见。我能了知一切如来，国土庄严，神通等事。无所从来，亦无所至。无有处所，亦无住处。亦如己身，无来无去，无行住处。然彼如来不来至此，我不往彼。知一切佛及与我心，皆如梦故。如梦所见，从分别生。见一切佛，从自心起。又知自心如器中水，悟解诸法如水中影。又知自心犹如幻术，知一切佛如幻所作。又知自心诸佛菩萨悉皆如响，譬如空谷，随声发响。悟解自心，随念见佛。我如是知，如是忆念，所见诸佛皆由自心。”《贞元疏》曰：“‘无所从来’下，正辨唯心。即心无心，便入真如。了彼相虚，唯心现故。既了唯心，了心即佛，故随所念，无非佛矣。下列四喻，通显唯心，喻无来往，别喻兼明不出入等。四喻皆具四观：一、正是唯心，二、唯心故空，三、唯心故假，四、唯心故中。融而无碍，即《华严》意。梦喻不来不去，影喻不出不入，幻喻非有非无，响喻非合非散。”

又如《般舟经》，教修佛立三昧，专念弥陀。其略云：“常念彼佛，譬如梦见金宝、亲属，相与娱乐”等。永明曰：“此喻唯心所作，即有而空，故无来去。又如幻非实，则心佛两忘。而不无幻相，则不坏心佛。空有无碍，即无去来，不妨普见。见即无见，常契中道。是以佛实不来，心亦不去，感应道交，唯心自见。”

又如《楞严》，大势至云：“子若忆母，如母忆时，母子历生不相违远”，至“我本因地，以念佛心，入无生忍。”雪川以理事判之曰：“观其母子相忆之喻，则是同居事相而已。观其自证无生法忍，则念佛心不可单约事相而解。念存三观，佛具三身，心破三惑，无生忍位乃可入焉。”

又如《弥陀经》云：“执持名号”，至“一心不乱。”净觉曰：“一心不乱，例前妙观，同名正受，即定心定善也。据往人之论，则有理、事。若达此心四性不生，与空慧相应，是理一心。若用心存念，念念不间，名事一心也。”真歇亦曰：“一心不乱，兼含理、事。若事一心，人皆可以行之，由持名号，心不乱故。如龙得水，似虎靠山。此即《楞严》忆佛念佛，现前、当来，必定见佛，去佛不远，不假方便，自得心开，连摄中下二根之义也。若理一心，亦非他法，但将阿弥陀佛四字做个话头，二六时中，直下提撕。不以有心念，不以无心念，不以亦有亦无心念，不以非有非无心念。前后际断，一念不生，不涉阶梯，径超佛地。”余尝评之：“不以有心念等，文有四节，可配三观。初节配空，次节配假。第三双离，第四双即，双离双即，可配中观。盖彼中观，亦含遮照之义也。合而言之，无非以修契性，显其当处即空，全体即有，亦非空有，亦是空有。不可凑泊，不可拟议。心路绝处，即名为佛。”

如上略举数条，通名忆念，而各分理、事。其理念者，与圆观同，能破三惑，能净四土，此摄上上根也。若其事相念者，近则感同居净，远则可为上三土之因耳。降此以下，事相不等。如诸经所说，或一生系念，或三月系念，或晨朝十念，或七七日念，或十日十夜六时中念，或一日一夜不断专念，加以深信之力、净愿之力、佛加被力，皆生极乐。又下而至于逆恶凡夫，临终十念，亦许得生，此摄中根及下下根也。

三曰众行者，如《华严经》，普贤菩萨劝进善财童子、海会大众，发十大愿：一者礼敬诸佛，二者称赞如来，三者广修供养，四者忏悔业障，五者随喜功德，六者请转法轮，七者请佛住世，八者常随佛学，九者恒顺众生，十者普皆回向。其一一愿皆云：“虚空界尽，众生界尽，众生业尽，众生烦恼尽，我愿乃尽。而虚空界乃至众生业、烦恼不可尽故，我此愿王无有穷尽。念念相续，无有间断。身语意业，无有疲厌。”至“临命终时，最后刹那，一切诸根悉皆散坏，一切威势悉皆退失。辅相大臣，宫殿内外，象马车乘，珍宝伏藏，无复相随。唯此愿王，不相舍离，于一切时，引导其前，一刹那间，即得往生极乐世界。到已，即见阿弥陀佛。其人自见生莲花中，蒙佛授记。得授记已，经无数劫，普于十方不可说不可说世界，以智慧力，随众生心，而为利益。乃至能于烦恼大苦海中，拔济众生，令其出离，皆得往生极乐世界。”

又如《法华经》云：“闻是经典，如说修行，于此命终，即往极乐世界，阿弥陀佛、大菩萨众围绕住处，生莲花中，宝座之上。不复为贪欲所恼，亦复不为瞋恚、愚痴所恼，亦复不为骄慢、嫉妒诸垢所恼，得菩萨神通、无生法忍。”

又如《大宝积经》，发十种心，往生极乐。佛告弥勒：“如是十心，非诸凡愚不善丈夫具烦恼者之所能发。何者为十？一者，于诸众生起于大慈，无损害心；二者，于诸众生起于大悲，无逼恼心；三者，于佛正法，不惜身命，乐守护心；四者，于一切法，发生胜忍，无执着心；五者，不贪利养恭敬尊重，净意乐心；六者，求佛种智，于一切时无忘失心；七者，于诸众生尊重恭敬，无下劣心；八者，不着世论，于菩提分，生决定心；九者，种诸善根，无有杂染，清净之心；十者，于诸如来，舍离诸相，起随念心。是名菩萨发十种心。由是心故，当得往生。若人于此十心，随成一心，乐欲往生彼佛世界，若不得生，无有是处。”

又如《观经》云：“欲生彼国者，当修三福：一者，孝养父母，奉事师长，慈心不杀，修十善业；二者，受持三归，具足众戒，不犯威仪；三者，发菩提心，深信因果，读诵大乘，劝进行者。此三种业，过去、未来、现在诸佛净业正因。”《疏》曰：“初业共凡夫，次业共二乘，后业乃大乘不共之法也。”

又如《大本》，三辈发菩提心。及诸经论所明诵经、持咒、建塔、造像、礼拜、赞颂、奉持斋戒、烧香散花、悬缯幡盖，凡一行一事，足以求生者，资之以信愿回向之力，无不生也。

如上泛引，通名众行。然愿行既有大小之不等，而又各有理事之不同。且如《华严》十愿、《宝积》十心之类，生于极乐者，其所感依正之胜，及所见之佛，所闻之法，较诸小行常流，应必悬异也。

问曰：吾闻善财童子，圆顿利根，一生取办。今乃不生华藏，而劝生极乐，此何意耶？

答曰：《华严疏》中，自有此问，彼所答云："有缘故，归凭情一故，不离华藏故，即本师故。"谓华藏中所有佛刹，皆微尘数。极乐去此十万亿土，并未出于刹种之中，故不离也。经云："或有见佛无量寿，观自在等共围绕。"此赞遮那随名异化，故即本师也。又曰："普贤为善财、海众，结归极乐者，盖为信解圆宗之人，入文殊智，修普贤行，福、慧、事、理皆称法界。此大心人，虽妙悟本明，顿同诸圣，然犹力用未充，未及如来出世普利众生，所以暂依净土，亲近弥陀，直至成佛，意在此也。"

问曰：众行门中，既云大小不等，理事有殊，所感生相，亦乃悬异。然则观想、忆念二门，修各不等，其所感相，同耶异耶？

答曰：皆不同也。故永明曰："九品往生，事非一等。或游化国，见佛应身。或生报土，见佛真体。或一夕而便登上地，或经劫而方证小乘。或利根、钝根，或定意、散意。或道悟迟速，而机器不同。或花开早晚，而时限有异。"又慈云曰："虽分九品，犹是略分。若更细分，亦应无量。"

问曰：极乐只是同居，本非实报，何谓"或生报土，见佛真体"耶？

答曰：你将谓同居之外，别有实报耶？当知三土，不离同居，特身境受用，递递不相同耳。如经云弥陀佛身高六十万亿那由他恒河沙由旬等。

古师曰："此实报身也。"又雪川曰："极乐国土，四土不同。"岂但极乐为然？荆溪云："直观此土，四土具足。"如当时华严海会，不离逝多林，而诸大声闻不知不见，即此类也。

问曰：既云此土四土具足，只消就此展转修行，反欲舍此而生彼国，何耶？

答曰：此方虽具四土，奈何秽业难除。夫欲舍秽取净，势须彼国求生。四明云："此土浊重，十信方出苦轮。彼土境胜，九品悉阶不退。岂不闻大通佛世，受教之徒，已经尘点劫来，尚在声闻之地，皆因退转，故涉长时。如身子已证六心，犹自退落五道，况悠悠修行者乎？盖由此土多值退缘。故云：'鱼子庵罗花，菩萨初发心，三事因中多，及其结果少。'若生极乐，借彼胜缘，博地凡夫便阶不退。以是之故，求生彼国也。"

问曰:同居净土，其类甚多。今偏指极乐，而又偏赞其境胜缘胜，何耶？

答曰：经云："彼国众生，无有众苦，但受诸乐，故名极乐。"今以娑婆对而比之：此则血肉形躯，有生皆苦；彼则莲花化生，无生苦也。此则时序代谢，衰老日侵；彼则寒暑不迁，无老苦也。此则四大难调，多生病患；彼则化体香洁，无病苦也。此则七十者稀，无常迅速；彼则寿命无量，无死苦也。此则亲情爱恋，有爱必离；彼无父母妻子，无爱别离苦也。此则仇敌怨雠，有怨必会；彼则上善聚会，无怨憎会苦也。此或困苦饥寒，贪求不足；彼皆衣食珍宝，受用现成。此或丑秽形骸，根多缺陋；彼则端严相貌，体有光明。此则轮转生死；彼则永证无生。此有四趣之苦；彼无三恶之名。此则丘陵坑坎，荆棘为林，土石诸山，秽恶充满；彼则黄金为地，宝树参天，楼耸七珍，花敷四色。此则双林已灭，龙华未来；彼则无量寿尊，现在说法。此则观音、势至，徒仰嘉名；彼则与二上人，亲为胜友。此则群魔外道，恼乱正修；彼则佛化一统，魔外绝踪。此则媚色妖淫，迷惑行者；彼则正报清净，实无女人。此则恶兽魑魅，交扇邪声；彼则水鸟树林，咸宣妙法。二土较量，境缘迥别，而乐邦之胜，其数无穷，未暇悉举也。其境胜者，可以摄众生取净之情。其缘胜者，可以助生者修行之力。虽同居净类甚多，唯极乐修行缘具，故偏指也。

问曰：十方如来皆可亲近，今独推弥陀者，何耶？

答曰：独推弥陀，其故有三：一誓愿深重，二娑婆有缘，三化道相关也。

愿重者。经云：弥陀往昔因中，尝发种种广大誓愿，其略曰："若我成佛以来，其有众生愿生我国，或闻我名，修诸善本，称我名号，乃至十念，若不生者，誓不取正觉。既生我国，若有退转，不决定成佛者，誓不取正觉。"故《华严钞》曰："弥陀愿重，偏接娑婆众生也。"

有缘者。我佛释迦现在世时，众生闻佛所教，归向弥陀，固已多矣。观佛灭后，末世众生，无问僧俗男女，贵贱贫富，稍闻佛教者，无不信向。未闻佛教者，亦会称名。纵是顽愚暴恶无信之徒，或遭厄难危险之处，或发赞叹怨嗟之声，不觉信口便叫阿弥陀佛。至于儿童、女子戏弄之际，聚沙抟泥，图墙画壁，便作弥陀佛像。甚至于学行未稳，学语未成者，自然能唱阿弥陀佛。此皆不劝而发，不教而能，非有缘而何？又如《无量寿经》云："吾说此经，令见无量寿佛及其国土。所当为者，皆可求之。无得以我灭度之后，复生疑惑。当来之世，经道灭尽，我以慈愍，特留此经，更住百岁。其有众生值此经者，随意所愿，皆可得度。"又经云："此经灭后，佛法全无，但留阿弥陀佛四字名号，救度众生。其有不信而谤毁者，当堕地狱，具受众苦。"故天台云："当知彼佛于此恶世，偏有缘耳。"

相关者。先觉谓：两土圣人，示居净秽，以折摄二门，调伏众生。此以秽、以苦、以促、以多魔恼而折之，俾知所厌。彼以净、以乐、以延、以不退转而摄之，俾知所欣。既厌且欣，则化道行矣。又我释迦于三乘授道之外，其有度未尽者，度在弥陀，故于诸大乘经叮咛反覆，称赞劝往者，盖化道之相关也。

以是三者之故，乃独推焉。

问曰：偏指独推之说，旨哉言乎！欣厌取舍之方，至哉教矣！敢问欣厌取舍，得无爱憎能所之过乎？

答曰：汝不知言也，此非世间之爱憎能所也，此乃十方如来转凡成圣之通法也。若非厌舍，何以转凡？若非欣取，何以成圣？故自凡夫预乎圣位，由圣位以至等觉，其间等而上之，无非欣厌。极乎妙觉，取舍始亡。故先德云："取舍之极，与不取舍，无有异也。"况此净土之法，只一化机，而释迦、弥陀之所共立者也。此指其往，彼受其来。倘非厌舍，离此无由。倘非欣取，生彼无分。既舍此矣，又生彼矣，借彼胜缘，直至成佛。然则爱憎能所，功莫大矣，何过之有哉！

问曰：取舍之谈，无敢议矣。但往生之说，能不乖于无生之理乎？

答曰：天台云："智者炽然求生净土，达生体不可得，即是真无生，此谓心净故佛土净。愚者为生所缚，闻生即作生解，闻无生即作无生解，不知生即无生，无生即生也。"长芦曰："以生为生者，常见之所失也。以无生为无生者，断见之所惑也。生而无生，无生而生者，第一义谛也。"天衣曰："生则决定生，去则实不去。"三家之说，其旨甚明。今余复以性、相二字释之。妙真如性，本自无生，因缘和合，乃有生相。以其性能现相，故曰无生即生。以其相由性现，故曰生即无生也。知此则知净土之生，唯心所生。无生而生，理何乖焉？

问曰：往生之说，其旨昭然。但今之学者不能晓了，千人万人皆疑极乐远隔十万亿国，临命终时恐难得到，复何策以晓之？

答曰：是可笑也，说了许多心外无土，土外无心，到这里犹道不晓。此无他，只是众生妄认自心在色身之内，方寸之间，不知自家心量，元自广大。岂不闻《赞佛偈》云："心包太虚，量周沙界。"且十方虚空无量无边，被我心量都卢包了。恒沙世界，无量无数，我之心量，一一周遍。如此看来，十万亿国在我心中，其实甚近，何远之有？命终生时，生我心中，其实甚易，何难之有？

岂不见《十疑论》云："十万亿刹，为对凡夫肉眼、生死心量说耳。但使众生净土业成者，临终在定之心，即是净土受生之心，动念即是生净土时。为此《观经》云：'弥陀佛国，去此不远。'又业力不可思议，一念即生，不须愁远。又如人梦，身虽在床，而心意识遍至他方。生净土亦尔，不须疑也。"经云："一弹指顷，即得往生。"又云"屈伸臂顷"，又云"顷刻之间"。故《自信录》云："十万亿刹顷刻至者，自心本妙耳。"此等重重喻说，只是言其生在自己广大心中，甚近而甚易者也。

我如今且莫说广大心量，且只就汝色身之内，方寸之间，说个譬喻。譬如此方到西天竺，动经十万余里，一路之间，多经国土。有一人虽未亲到，曾闻他人讲说一遍，记忆在心。其人后时坐卧之间，忽动一念思量彼国。思量千里，便到千里。思量万里，便到万里。思量天竺，便到天竺。以此比之生净土，便是这个道理，岂不是弹指之顷，一念便到，何难到之有哉！汝若不修净业，要到极难。净业若成，要到极易。但办肯心，决不相赚。

问曰：不修净业，要生极难，此诚言也。何故前举逆恶凡夫，临终亦生？吾未闻其详，而且有疑，幸详示而释之。

答曰：《观经》云："下品下生者，或有众生作不善业，五逆十恶，具诸不善。如此愚人，以恶业故，应堕恶道，经历多劫，受苦无穷。如此愚人，临命终时，遇善知识，种种安慰，为说妙法，教令念佛。此人苦逼，不遑念佛。善友告言：'汝若不能念者，应称无量寿佛。'如是至心，令声不绝，具足十念称南无阿弥陀佛。称佛名故，于念念中，除八十亿劫生死之罪。念佛之时[①]，见金莲花，犹如日轮，住其人前。如一念顷，即得往生极乐世界。于莲花中，满十二大劫，莲花方开。观世音、大势至，以大悲音声，为其广说诸法实相，除灭罪法。闻已欢喜，应时即发菩

① "念佛之时"，《大正藏》本作"命终之时"。

提之心。”此其详也。虽十二劫处莲花中，而其受用快乐，如忉利天。故古者云：“花中快乐如忉利，不比人间父母胎。”

逆恶得生者，《观经疏》曰：“以念佛除灭罪障，故即以念佛为胜缘也。”余详经意，即是念佛灭罪而生。然以《疏》、《论》[①]参而明之，则有三义：一者，或问：如何以少时心力，而能胜终身造恶耶？曰：心虽少时，而其力猛利，是心勇决，名为大心。以舍身事急故，如人入阵，不惜身命，名为健人也。二者，此虽造恶，或现世曾修三昧，故临终劝念，定心易成，亦是乘急戒缓人也。纵现世不修三昧，亦是宿种今熟，以宿善业强故，临终得遇善知识，十念功成也。三者，若非宿种，又非现修，则其念佛之时必有重悔。故永明曰：“善恶无定，因缘体空。迹有升沉，事分优劣。真金一两，胜百两之氎花。爝火微光，爇万仞之积草。”

问曰：五浊恶世，人皆有罪，纵未造五逆重罪，其余罪业，孰能无之？苟不忏悔消灭，但只临终念佛，能往生乎？

答曰：亦得生也，此乃全借弥陀不思议之大愿力也。《那先经》云：“如持百枚大石置于船上，借船力故，石不没水。若无其船，小石亦没。喻彼世人一生造恶，临终念佛，不入泥犁。若非念佛，虽作小恶，亦入泥犁，况大恶乎？船喻佛力，石喻恶业。”故昔人有带业往生之说。四土文中，亦云具惑染者，亦得生同居净也。又如僧雄俊，临入镬汤。并汾州人屠牛为业，临终见群牛逼触其身，苦痛切己。及张钟馗，杀鸡为业，临终见神人驱群鸡，啄破两目，流血盈床。称佛名号，俱生净土。此非佛力而何？

请复以喻明之。如人现犯官法，应入官囚。以投托国王，承王宣召，则官不能拘，而复达帝京也。所以《西资钞》云：“得生净土，是假他力。弥陀愿摄，释迦劝赞，诸佛护念。如渡大海，既得巨舟，仍有良导，加以便风，必能速到彼岸也。若其不肯登舟，迟留恶国者，谁之过欤？”

---

① 原本旁注：《观经疏》、《十疑论》。

问曰：前云博地凡夫便阶不退，此必已无恶业者也。今此带业而生，能不退乎？

答曰：例皆不退也。经云："其有生者，悉住正定之聚。"又云："众生生者，皆是阿鞞跋致。"又《十疑论》云："有五因缘，能令不退：一者阿弥陀佛大悲愿力摄持，故不退；二者佛光常照，菩提心常增长，故不退；三者水鸟树林，风声乐响，皆说苦空，闻者常起念佛、念法、念僧之心，故不退；四者彼国纯诸菩萨以为良友，无恶缘境，外无鬼神邪魔，内无三毒等，烦恼毕竟不起，故不退；五者但生彼国，即寿命永劫，共菩萨佛齐等，故不退也。"又古人云："不愿生净土则已，愿生则无不得生。不生则已，生则永不退转也。"

问曰：一生造恶，临终念佛，带业得生，又无退转。此弥陀愿力，诚乎不可思议矣。然则我于生前且做世间事业，直待临终，然后念佛，可乎？

答曰：苦哉苦哉，何等愚谬之言也！砒霜、鸩酒，毒中之毒。今汝此言，毒于砒霜、鸩酒者也，非特误赚自己，又且误赚天下若僧若俗、善男信女，皆此言也。向所谓逆恶凡夫临终念佛者，乃是宿有善根福德因缘，方遇知识，方得念佛。此等侥幸，万万人中无一个半个。汝将谓人人临终有此侥幸哉？

岂不见《群疑论》云："世间有十种人临终不得念佛：一者善友未必相遇，故无劝念之理；二者业苦缠身，不遑念佛；三者或偏风失语，不能称佛；四者狂乱失心，注想难成；五者或遭水火，不暇至诚；六者遭遇豺狼，无复善友；七者临终恶友，坏彼信心；八者饱食过度，昏迷致死；九者军阵斗战，奄忽而亡；十者忽坠高岩，伤坏性命。"如此等十种之事，皆是寻常耳闻眼见，不论僧俗男女，人皆有之。或宿业所招，现业所感，忽尔现前，不容回避。你又不是神通圣人，有宿命通，能知临终有业无业。又不是有他心、天眼，能知临终好死恶死。如上十种恶缘，忽然遭着一种，便休了也，便做手脚不得了也。便有知识活佛围绕，救你不得了也。便须随业受报，向三途八难中受苦受罪，到那时要闻佛名，不闻了也。直饶你无此恶缘，只是好病而死，亦未免风刀解体，四大分离，如生龟脱筒，螃蟹落汤，痛苦逼迫，怕怖慞惶，念佛不得了也。更饶你无病而死，又或世缘未了，世念未休，贪生怖死，扰乱胸怀。若是俗人，又兼家私未明，后事未办，妻啼子哭，百种忧煎，念佛不得了也。更饶你未死以前，只有些少病痛在身，忍疼忍苦，叫唤呻吟，问药求医，祈祷忏悔，杂念纷飞，念佛不得了也。更饶你未病以前，只是年纪老大，衰相现前，困顿龙钟，愁叹忧恼，只向个衰老身上左安右排，念佛不得了也。更饶你未老以前，正是少壮之日，正好念佛之时，稍或狂心未歇，俗务相关，东攀西缘，杂思乱想，业识茫茫，念佛不得了也。更饶你清闲自在，有志修行，稍于世相之中，照不破，放不下，把不定，坐不断，忽遭些子境界现前，一个主人随他颠倒，念佛不得了也。你看他老病之时，少壮清闲之日，稍有一事挂心，早是念佛不得，况待临终时哉？

何况你更道且做世间事业，你真痴人，说此痴话，敢保你错用身心了也。且世间事业，如梦如幻，如影如响，哪一件有实效？哪一件替得生死？纵饶广造伽蓝，多增常住，攀求名位，交结官豪，你将谓多做好事，殊不知犯了如来不体道本、广造伽蓝等戒。岂不见道：“有为之功，多诸过咎。天堂未就，地狱先成。生死未明，皆成苦本。眼光落地，受苦之时，方知平生所作，尽是枷上添枷，锁上添锁，镬汤下增柴炭，剑树上助刀枪。袈裟下失却人身，万劫难复。铁汉闻之，也须泪落。”祖师如此苦口劝人，曾许你且做事业，待临终方念佛乎？

又不见死心禅师道：“世间之人，财宝如山，妻妾满前，日夜欢乐，他岂不要长生在世？争奈前程有限，暗里相催。符到奉行，不容住滞。阎罗老子，不顺人情。无常鬼王，有何面目。且据诸人眼里亲见，耳里亲闻，前街后巷，亲情眷属，朋友兄弟，强壮后生，死却多少？世人多云待老来方念佛。好教你知黄泉路上无老少，能有几人待得老到，少年夭死者多矣。古人云：莫待老来方念佛，孤坟多是少年人。”又云：“自从早年索妻养儿，经营家计，受尽万千辛苦，忽然三寸气断，未免一旦皆休。若是孝顺儿孙，斋得几僧，看得部经，烧得陌纸，春三秋九，做得碗羹饭，哭得几声，犹是记忆爷娘。若是不肖之子，父母方死，骨头未冷，作挞财产，出卖田园，恣意作乐。以此较之，着甚么急？儿孙自有儿孙福，莫与儿孙作马牛。”复引古德云：“冷笑富家翁，营生忙似箭。囤内米生虫，库中钱烂贯。日里把秤称，夜间点灯算。形骸如傀儡，莫教绳索断。”死心如此苦口劝人，曾许你且做事业，待临终方念佛乎？

当思人生在世，能有几时？石火电光，眨眼便过。趁此未老未病之前，抖擞身心，拨弃世事，得一日光阴，念一日佛名，得一时工夫，修一时净业。由他临命终时好死恶死，我之盘缠预办了也，我之前程稳稳当当了也。若不如此，后悔难追。思之思之！

问曰：吾之言过矣，驷不及舌矣。承师之教，谁不寒心？奈何人心易进易退。一闻警策，勇猛精勤。忽于目前逢一障难，便转念头，别求方便。都道净业只是身后之事，于今目前无所利济，从此身心一时放退，是亦无怪其然耶？

答曰：汝之所见未广也。岂不见经中道，受持佛名者，现世当获十种胜利：一者，昼夜常得一切诸天、大力神将、河沙眷属，隐形守护。二者，常得二十五大菩萨，如观世音等，及一切菩萨，常随守护。三者，常得诸佛昼夜护念，阿弥陀佛常放光明，摄受此人。四者，一切恶鬼，若夜叉，若罗刹，皆不能害。一切毒蛇、毒龙、毒药，悉不能中。五者，火难水难，怨贼刀箭，牢狱枷锁，横死枉生，悉皆不受。六者，先所作业，悉皆消灭。所杀怨命，彼蒙解脱，更无执对。七者，夜梦正直，或复梦见阿弥陀佛胜妙色像。八者，心常欢喜，颜色光泽，气力充盛，所作吉利。九者，常为一切世间人民恭敬供养，欢喜礼拜，犹如敬佛。十者，命终之时，心无怖畏，正念现前，得见阿弥陀佛及诸圣众，持金莲花，接引往生西方净土，尽未来际，受胜妙乐。如上十种利益，经文具载，乃佛口之所宣也。既是现生、来世皆有利益，然则世出世间要紧法门，无如念佛者矣。但当精进，不用怀疑。

问曰：念佛之门，多承开导，群疑尽释，正信现前矣。但上文所谓抖擞身心，拨弃世事。今世网中人，间有境缘顺便，身意安闲者，则可依此而行。其有世事不容拨弃者，又当何以教之？

答曰：世网中人，若是痛念无常，用心真切者，不论苦乐逆顺，静闹闲忙，一任公私干办，迎宾待客，万缘交扰，八面应酬，与他念佛两不相妨。不见古人道："朝也阿弥陀，暮也阿弥陀，假饶忙似箭，不离阿弥陀。"又云："竹密不妨流水过，山高岂碍白云飞。"其有世缘稍重，力量稍轻者，亦须忙里偷闲，闹中取静，每日或念三万声、一万声、三千声、一千声，定为日课，不容一日放过。又有冗忙之极，顷刻无闲者，每日晨朝，必须十念，积久功成，亦不虚弃。念佛之外，或念经礼佛，忏悔发愿，种种结缘，种种作福，随力布施，修诸善功以助之。凡一毫之善，皆须回向西方。如此用功，非唯决定往生，亦且增高品位矣。

问曰：泛言念佛，未有其方。且十念、回向之法，亦所未喻。幸详以示之。

答曰：念佛者，或专缘三十二相，系心得定，开目闭目，常得见佛。或但专称名号，执持不散，亦于现身而得见佛。此间现见多是称佛名号为上。称佛之法，必须制心，不令散乱，念念相续，系缘佛号。口中声声唤阿弥陀佛，以心缘历，字字分明。称佛名时，无管多少，并须一心一意，心心相续。如此，方得一念灭八十亿劫生死之罪。若不然者，灭罪良难。

十念者，每日清晨，面西，正立合掌，连声称阿弥陀佛，尽一气为一念，如是十气，名为十念。但随气长短，不限佛数多少，唯长唯久，气极为度。其佛声不高不低，不缓不急，调停得中。如是十气，连属不断，意在令心不散，专精为功故。名此为十念者，显是借气束心也。尽此一生，不得一日暂废。

回向发愿者，念佛既毕，即云："弟子某，一心皈命极乐世界阿弥陀佛，愿以净光照我，慈誓摄我。我今正念，称如来名，为菩提道，求生净土。佛昔本誓，若有众生，欲生我国，至心信乐，乃至十念，若不生者，不取正觉。愿此念佛因缘，得入如来大誓海中，承佛慈力，众罪消灭，净因增长。若临命终，自知时至，身无病苦，心不贪恋，亦不颠倒，如入禅定。佛及众圣，手持金台，来迎接我。如一念顷，生极乐国，花开见佛，即闻佛乘，顿开佛慧，广度众生，满菩提愿。”

如上念佛之法，至于回向，乃先德垂训切要之方，盛传于世久矣，当遵而行之。

问曰：世网中人，随量指授微细方法，靡不详明矣。然则我辈世外之人，又当何以加其工焉？

答曰：前不云乎，修有多类，摄成三门。如是三门，门门可入。或单或兼，随意之所取耳。

问曰：圆观之修，唯心之念，似乎上器之行门。《华严》十愿，《宝积》十心，亦乃大根之功用。倘根器之不对，则功行之难成。今吾自揣其根，观吾所[①]好，唯在专持名号，暇则或加礼拜、忏悔而已。师以为如何？

答曰：善哉善哉！汝知量矣。观汝之言，正合善导专修无间之说矣。专修者，谓众生障重，境细心粗，识扬神飞，观难成就，是以大圣悲怜，直劝专称名号，正由称名易故，相续即生。若能念念相续，毕命为期，十即十生，百即百生。何以故？无外杂缘，得正念故；与佛本愿相应故；不违教故；顺佛语故。若舍专修，而修杂业，以求生者，百中稀得一二，千中稀得三四，乃由杂缘乱动，失正念故；与佛本愿不相应故；与教相违故；不顺佛语故；系念不相续故；心不相续报佛恩故；虽有业行，常与名利相应故；乐近杂缘，自障障他生净土故。无间修者，身须专礼阿弥陀佛，不杂余礼；口须专称阿弥陀佛，不称余号，不诵余经；意须专想阿

① “所”，原本作“自”，今从《大正藏》本。

弥陀佛，不杂余想。又若贪瞋痴来间者，随犯随忏，不令隔日、隔夜、隔时，常使清净，亦名无间修也。

善导和尚者，天竺传中称为弥陀化身也，观其专修无间之说，要紧只在念念相续。故孤山亦云：“不可等闲发愿，散乱称名。”永明亦云：“直须一心归命，尽报精修。坐卧之间，常面西向。当行道礼敬之际，念佛发愿之时，恳苦翘诚，无诸异念。如就刑戮，若在犴牢，怨贼所追，水火所逼，一心求救，愿脱苦轮，速证无生，广度含识，绍隆三宝，誓报四恩。如斯志诚，方不虚弃。如或言行不称，信愿轻微，无念念相续之心，有数数间断之意，恃其懈怠，临终望生，但为业障所遮，恐难值其善友，风火逼迫，正念不成。何以故？如今是因，临终是果。应须因实，果则不虚。声和则响顺，形直则影端故也。”

问曰：念念相续之修，岂非余所愿也？奈何定力未成，念头无主，或旧学未忘，或邪思乱起，或境缘相触，照顾不牢，或情想纷飞，遏捺不住，不觉念头东走西走，眨得眼来，千里万里去了。又或惹着一毫世事，便是五日十日，半月一月，摆脱不去，岂特间断而已哉！言之可惭，思之可恸。又当何策以治之？

答曰：呜呼！此天下学者之通病也。汝当间断之时，若不痛加鞭策，则专修无间之念，永无成就之期。余闻古人有三种痛鞭之策，今复为汝献之，汝当谛而听之。一曰报恩，二曰决志，三曰求验。

第一报恩者。既修净土，当念报恩。佛恩、国恩，固未暇论。只如父母养育之恩，岂非重恩？师长作成之德，岂非重德？你最初出家，便说要报重恩。后来行脚，又说要报重德。离乡别井，二三十年，父母、师长艰难困苦，你总不顾。父母老病，你又不看。及闻其死，你也不归。如今或在三途受罪受苦，望你救他，望你度他。你却念念间断，净土不成。净土不成，自救不了。自救不了，如何救他？既不能相救，你是忘恩负义大不孝人。经云：“不孝之罪，当堕地狱。”然则一念间断之心，便是地狱业也。又且不蚕而衣，不耕而食，僧房卧具，受用现成，你当勤修净业，图报信施之恩。祖师道："此是施主妻子分上减刻将来。道眼未明，滴水寸丝，也须牵犁拽耙偿他始得。"你却念念间断，净土不成。净土不成，酬偿有分。然则一念间断之心，便是畜生业也。

第二决志者。若学专修，志须决定。你一生参禅，禅既不悟。及乎看教，教又不明。弄到如今，念头未死，又要说几句禅，又要说几句教，又要写几个字，又要做几首诗，情挂两头，念分四路。祖师道："毫厘系念，三途业因。瞥尔情生，万劫羁锁。"你却志无决定，情念多端。因此多端，间断正念。然则一念间断之心，便是三途羁锁业也。又且守护戒根，志不决定，或因身口，念念驰求。教中道："宁以洋铜灌口，不可以破戒之口，受人饮食。宁以热铁缠身，不可以破戒之身，受人衣服。"况因诸戒不严，邪心妄动。因此妄动，间断专修。然则一念间断之心，何止热铁洋铜业也？又且断除憎爱，志不决定，每于虚名浮利，自照不破。名利属我，便生贪爱。名利属他，便生憎妒。古人云："贪名贪利，同趋鬼类。逐爱逐憎，同入火坑。"你却因此爱憎，间断净土。然则一念间断之心，便是饿鬼火坑业也。

第三求验者。既学专修，当求灵验。你如今发白面皱，死相现前，知道临终更有几日？须在目前便要见佛。只如庐山远法师，一生之中，三度蒙佛摩顶。又如怀感法师，称念佛名，便得见佛。又如少康法师，唱佛一声，众见一佛从口飞出；唱佛十声，则有十佛从口飞出，如贯珠焉。此等灵验，万万千千。你若心无间断，见佛不难。间断心生，决不见佛。既不见佛，与佛无缘。既无佛缘，难生净土。净土不生，必堕恶道。然则一念间断之心，便是三途恶道业也。戒之戒之！

如上三策，当自痛鞭。使其念不离佛，佛不离念，感应道交，现前见佛。既见乐邦之佛，即见十方诸佛。既见十方诸佛，即见自性天真之佛。既见自性天真之佛，即得大用现前。然后推其悲愿，广化一切众生。此名净土禅，亦名禅净土也。然则永明所谓："有禅有净土，犹如戴角虎，现世为人师，来生作佛祖。"岂不验于此哉？勉之勉之！

于是禅上人者，既喜且惊，矍然久之，如有所失。

天如老人乃复告之曰 :“禅与净土，了即俱了。心外无法，莫错会好。”

上人乃稽颡再拜曰：“吾多幸矣，今吾知所归矣。”谢而退。

净土十要

灵峰蕅益大师选定净土十要第七

述曰：灵峰老人有怀于净土要典，随缘会，取次流通。癸巳后，尚名《九要》。成时白老人云：“《西斋诗》千古绝唱，请以十要行，庶可称观止矣。”老人抚掌称善。甲午，成时从金陵入山，老人曰：“西斋汤头，而今亦有忌味，为作甲乙注矣。”成时窃讶。老人笑而示曰：“者话最忌涉理。净土尘尘不思议，说净土，须还他本不思议。倘涉理稍未圆，一辈愚人遂谓别有。”成时闻之，瞠乎大骇。因思中峰《怀净土诗》，非不入妙，然可置之禅宗，不可置诸净土。浅人爱其提掇，恐有欲立反破之弊。西斋一味阐扬不思议身土，而奇才妙悟，字字与不思议之白毫赤珠相当，如兰亭字、少陵诗，人不能学。然后知别提掇者，皆偏也。爱偏锋者，皆浅也。此话甚难说，得西斋公案，话乃大行。乙未老人西逝。丁未余适金陵，见《九要》板毁散，爰有重刻之举。谨奉灵峰《西斋诗》选本，编为第八要，刻老人所制赞于简端，颜全书为《十要》云。

按：成时大师订《净土十要》次序，首尊经，二、三重行，从四至十，皆以时为前后。而楚石大师于洪武三年七月示寂。妙叶大师于二十八年九月尚作《破妄念佛说》，附于《念佛直指》之后。由是言之，妙师晚于楚师多矣。时师未加深考，以《直指》为七要，以《西斋诗》为八要。今以《直指》原文比删本多四十余页，为调卷册厚薄适均之故，移《西斋诗》于《直指》之前，而改八为七，改七为八。则古德之前后不乱，书册之厚薄相宜，若质之成时大师，当亦为之首肯。恐不知者谓为妄改旧章，故为略述其所以云。民国辛未春，释印光识。

灵峰蕅益大师《西斋净土诗》赞

稽首楚石大导师，即是阿弥陀正觉，
以兹微妙胜伽陀，令我读诵当参学。
一读二读尘念消，三读四读染情薄，
读至十百千万遍，此身已向莲花托。
亦愿后来读诵者，同予毕竟生极乐，
还摄无边念佛人，永破事理分张恶，
同居净故四俱净，圆融直捷超方略。

成时曰：事理分张恶者，谓舍西方功德庄严之阿弥陀佛，而别计自性弥陀；舍西方功德庄严之极乐世界，而别取唯心净土。此则事理乖张，成大邪见，自他俱贼，隳正法轮，的是恶见恶业，当来必受十方阿鼻大恶报也。同居净故四俱净者，谓西方极乐世界超胜十方一切净土，然其故不在上三净土，而在同居。良以博地凡夫圆证三不退，下品人民与一生补处之上善人俱会一处。正报既尔，依报亦然。缘生胜妙五尘，与妙中谛称性五尘，非一非异，非远非近。所以横竖俱超，横竖俱即，最为不可思议。信则当下便是，拟议则乖。乖则贤智不可以为道，是则愚夫愚妇与知与能。故曰圆融直捷超方略也。

西斋净土诗卷上

明 四明梵琦楚石 著

清 西有沙门智旭 点定

怀净土诗七十七首（并自序）

儒者之诗云：“伐柯伐柯，其则不远。”说者曰：“执柯以伐柯，睨而视之，犹以为远。”信斯言也！吾宗念佛，唯我自心。心欲见佛，佛从心现。阿弥陀佛三十二相、八十种好，性本具足，不假外求。神通光明，极未来际，名无量寿。至于花池宝座，琼楼玉宇，一一净境，皆自我心发之。妙喜有云：“若见自性之弥陀，即了唯心之净土。”如楞严会上，佛敕阿难：“一切浮尘诸幻化相，当处出生，随处灭尽。因缘和合，虚妄有生。因缘别离，虚妄名灭。殊不知生灭去来，本如来藏，常住妙明。性真常中，求于去来、迷悟、生死，了无所得。”既无所得，但是一心。若净土缘生，秽土缘灭，则娑婆印坏，坏亦幻也。若秽土行绝，净土行兴，则极乐文成，成亦幻也。然此生灭、净秽，不离自心。心不见心，无相可得。虽终日取舍，未尝取舍。终日想念，未尝想念。在彼不妨幻证，在此不妨幻修。一发心时，已成正觉。何碍幻除结习，幻坐道场，幻化有情，幻臻极果。岂不了世出世间之幻法，调御丈夫之事乎？昔天衣怀禅师，亲见明觉，尽佛祖不传之妙，常修净土，垂问学者曰：“若言舍秽取净，厌此欣彼，则是取舍之情，众生妄想。若言无净土，又违佛语。修净土者，当云何修？”乃自答云：“生则决定生，去则实不去。”无过此语也。

余谢事闲居，作《怀净土诗》若干首，劝同袍之士，及同社之人，凡有心者，悉令念佛。前所谓唯心净土、自性弥陀，不出户庭，夫何远之有！

我佛真身不可量，大人陪从有辉光。食时并是天肴膳，行处无非圣道场。庭下碧流微吐韵，殿前瑶草细吹香。十方一等庄严刹，终说西方出异方（此世界悉檀中之第一义也）。

万劫修行相好身，身光知是几由旬？消磨岁月无穷寿，含裹虚空不老春。（此是主，下是伴。）四色瀳花香气远（诸天所居），诸天童子性情真。况兼善友皆招我，来作逍遥快乐人。

要观无量寿慈容，只在而今心想中。坐断死生来去路，包含地水火风空。顶分肉髻光千道，座压莲花锦一丛（心容如此）。处处登临宝楼阁，真珠璀璨玉玲珑（根心容来）。

每为娑婆苦所萦，谁闻净土不求生？天人皆是大乘器，草木亦称三宝名。处处园林如绣出，重重楼阁似生成（所闻净土如此）。诸贤莫怪归来晚，见说芙蕖始发荣（结归“谁不求生”）。

却望（二字贯下六句）金莲宝界遥，楼台一一倚云霄。黄莺韵美春长在，玉树枝柔岁不凋。流水有声随岸转，好花无数逐风飘。野人自选归来日，何待诸贤折简招（豪杰之士）。

此邦潇洒乐无厌，遥羡（二字贯到底）诸人智养恬。座用真珠为映饰，台将妙宝作庄严。纯金细砾铺渠底，软玉新梢出树尖。眉相古今描不尽，晚来天际月纤纤（上皆智养恬也）。

参差宝构倚层虚，纵有丹青画不如（为甚不如）。林影交飞金孔雀，水光倒浸玉芙蕖。分明池上佛身现，宛转眉间毫相舒。百亿三千大千界，尽令方寸摄无余（果然描不成、画不就）。

放下身心佛现前（提起下七句，皆佛现前也），寻常盈耳法音宣。风柯但奏无生曲，日观长开不夜天。行趁玉阶云冉冉，坐依珠树月娟娟。凡夫到此皆成圣，不历僧祇道果圆。

妙明觉体即如来，暂借莲花养圣胎。瑞相且分三十二，流光何止百千垓（垓，借作数目字用）。庄严宝具相随到，细软天衣不假裁（皆不离觉体）。上品上生生死绝，尘尘刹刹紫金台。

未归极乐尚阎浮，漂泊风尘更几秋（自痛余生）？残梦频惊蕉叶雨，故乡只在藕花洲（念佛三昧）。屈伸臂顷无多地，高占人群最上头（两联皆串）。二大士心怜老病，何妨携手上层楼。

纸画木雕泥塑成，现成真佛甚分明（此圆妙观智，即地暖、波清也）。皈依不是他家事，福德还从自己生。万树花开因地暖，千江月现为波清。朝参暮礼常如此，在处皆通极乐城。

念佛功深罪自除（惑业净），身归极乐国中居（苦果亡）。丛林草木琼瑶接，大地山河锦绣舒（承“极乐国中”来，映上“身”字，谓苦果亡而法身现）。香界来从移步后（应第一句），宝莲结自放花初（应第二句）。玉毫炳焕黄金面，天上人间总不如。

天人莫不证神通，一一黄金色相同。散众妙花为佛事，尽尘沙界起香风。身光触体成柔软，乐具流音说苦空（天人所闻）。却倚雕栏望宝树，无边佛国在其中（天人所见）。

经行地上尽奇珍，异草灵苗步步春。国界初无三恶道，庄严自有众天人。长空落日如悬鼓，大圣无时不现身。从旷劫来今始悟（悟其常遍），故乡曾不隔纤尘。

满目池台锦绣横，祥光瑞霭灭还生。了无酒色离烦恼，虽有天魔绝斗争。渴饮醴泉多舞凤，高栖琼树足流莺。待吾托质莲花后，却向琉璃地上行（亲证前六句，涤尽影响之见）。

池上藕花花上人，佛光来照紫金身。更闻妙法除心垢，尽救迷情出苦轮。举步遍游尘点国，利生终满涅槃因。娑婆界上光阴短，极乐知经几劫春？（上六事，一一尽未来际。）

净土真为不死乡，云霞影里望残阳。珠楼玉殿空为体，翠树金花密作行。款款好风摇菡萏，依依流水带鸳鸯（四句皆残阳中所望）。分明记得无生曲，便请知音和一场（赵州说的）。

一个浮泡梦幻身，如何只是纵贪瞋？好寻径直修行路，休学愚痴放逸人。护戒还同冰雪净，操心要与圣贤亲（净土真因）。明明指出西飞日，有识还令达本真。

几回梦到法王家，来去分明路不差。出水珠幢如日月，排空宝盖似云霞。鸳鸯对浴金池水，鹦鹉双衔玉树花（皆梦中景）。睡美不知谁唤醒，一炉香散夕阳斜。

风满瑶台水满池，花开菡萏一枝枝。细听凫雁鸳鸯语，正是身心解脱时（不是文字阿师）。璎珞自然成宝玉，袈裟全不假机丝。如来相好瞻无尽，所得明门誓忆持（花开见佛）。

遥指家乡落日边，一条归路直如弦（看他彻悟人语）。空中韵奏般般乐，水上花开朵朵莲。杂树枝茎成百宝，群居服食胜诸天（皆归家真受用）。吾师有愿当垂接，不枉翘勤五十年。

一朵莲含一圣胎（托质），一生功就一花开（花开）。称身璎珞随心现（莲花化生之身），盈器酥酡逐念来（化身所受正味）。金殿有光吞日月，玉楼无地着尘埃（化身所履道场）。法王为我谈真谛，直得虚空笑满腮。（道场中所闻所证如此。又云：何处得者一落索来？）

珠王宫殿玉园林，坐卧经行地是金。舍利时时宣妙响，频伽历历奏仙音。返闻顿悟无生理，常住周圆不动心（上一根反元，下六根齐脱）。触目皆为清净土，来从旷劫到如今。

曾于净土结因缘，二六时中现在前（六时，总）。每到黄昏增善念（后日分，别），遥随白日下长天。如来宝手亲摩顶，大士金躯拟拍肩。不借胞胎成幻质，吾家自有玉池莲。

莲台得坐最高层，我许凡夫愿力能。顷刻人心翻作佛，斯须水观化为冰（“能”字注脚）。玉抽玛瑙阶前树，金匝琉璃地上绳（即作佛、化冰也）。无限天花满衣裓，十方佛国任飞腾。

浊恶众生也可怜，菩提道果几时圆？总云国土随心净，争奈形神被业牵。正剑挥来藤落树，迷云散尽日流天。虚空毕竟无遮障，净土滔滔在目前。

一国巍巍一宝王，无朝无暮起祥光（振起下六句）。尼拘律树真金果，优钵罗花软玉房。见体自明非日月，知春长在不冰霜。又游佛刹归来也（收放一时），赢得天葩满袖香。

将参法会礼金仙（往生），渐逐香风出宝莲（花开）。红肉髻光流不尽，紫金身相照无边（见佛）。重重树网垂平地，一一花台接远天（见极乐世界广长之相）。诸佛界中稀有事，了如明镜现吾前（见十方世界，此指树网、花台中所见）。

土净令人道果圆，娑婆性习一时迁。鱼离密网游沧海，雁避虚弓入远天（喻习不起，映结句）。来往轮回从此息，死生烦恼莫能缠（迁习功能）。无心即是真清泰，有染如何望宝莲？

无限风光赋咏难（口门窄），乐邦初不厌游观（眼界宽，下两联皆不厌游观之旨）。十虚卷入秋毫末，一粟藏来天地宽。玛瑙殿中金钉钹（应第四句，谓殿中钉钹藏千界也），珊瑚楼上玉阑干（应第三句，谓楼上阑干卷十虚也）。妙音（即频伽鸟）历历闻人耳，何处飞鸣五色鸾。

金银宫阙彩云端，念佛人居眼界宽。宝树交加非一色，灵禽唱和有千般。酥酡自注琉璃碗，甘露长凝翡翠盘。不似雪山多药味，众生无福变成酸。

不向娑婆界上行，要来安养国中生（振起“愿力”二字）。此非念佛工夫到，安得超凡愿力成（以行填愿）。香雾入天浮盖影，暖风吹树作琴声。分明识得真如意，肯认摩尼作水晶？

释迦设教在娑婆，无奈众生浊恶何（非异方便不可）。欲向涅槃开秘藏，须从净土指弥陀（异中之异）。白云半掩青山色，红日初生碧海波。旷大劫来曾未悟，东西谁道没淆讹（结归起句，读此可悟大师末后一喝，笼统者应夺魄矣）。

粗境现前犹未识，法身向上几曾知？可怜转脑回头处，错认拈香择火时。口耳相传六个字，圣凡不隔一条丝（拈出法身向上事）。堂堂日用天真佛（出口入耳），火急回光也是迟（切忌回头转脑）。

念念念时无所念（念体本来如此），廓如云散月流天。此人造罪令除罪，与佛无缘作有缘。仙乐送归清泰国，好风吹上紫金莲（念念念时）。遥闻妙偈琅琅说，不是声尘到耳边（无所念）。

日夜思归未得归，天涯客子梦魂飞。觉来何处雁声过，望断故乡书信稀（斩尽娑婆根蒂）。几度开窗看落月，一生倚槛送斜晖。黄金沼内如船满，想见花开数十围。

曾闻白鹤是仙禽，日日飞来送好音。便欲寄书诸善友，定应知我一生心。长思乐土终归去，肯执莲台远访临（二句所寄书也）？百岁真成弹指顷，娑婆只恐世缘深（西来意）。

一寸光阴一寸金，劝君念佛早回心。直饶凤阁龙楼贵，难免鸡皮鹤发侵（迟则不堪）。鼎内香烟初未散，空中法驾已遥临（早则当下）。尘尘刹刹虽清净，独有弥陀愿力深。

咫尺金容白玉毫，单称名号岂徒劳（单传直指）。晨持万遍乌轮上，夜课千声兔魄高。岁阅炎凉终不倦，天真父子会相遭。如何说得娑婆苦，苦事纷纷等猬毛（昧天真）！

故乡别早话归迟，何待君言我自知。客路崄巇无一好，人生惆怅不多时。苍颜历历悲明镜，白发毵毵愧黑丝（二句再写“迟”字）。载读南屏《安养赋》，屋梁落月见[①]丰姿。

娑婆苦海泛慈舟，此岸能超彼岸否（问亲）？直指迷源须念佛（答确），横波径度免随流。千生万劫长安泰，五趣三途尽罢休。纵使身沾下下品，也胜豪贵王阎浮（尽偷心，免俗气）。

人生百岁七旬稀，往事回观尽觉非。每哭同流何处去，闲抛净土不思归（倒串）。香云玛瑙阶前结，灵鸟珊瑚树里飞。从证法身无病恼，况餐禅悦永忘饥。

人间苦乐事纵横，达者须寻径路行。福报天宫犹有死（应第一句），神栖佛国永无生（应第二句）。风前鹦鹉琴三叠，水面芙蓉锦一绷（无生声色）。作计欲归归未遂，他乡又见物华更。

说着无常事事轻，饥餐渴饮懒经营。一心不退思安养，万善同修忆永明。净洗念珠重换线，坚持佛号莫停声。妄缘尽逐空花落（根起句来），闲向风前月下行（结归正行）。

马鸣龙树是吾师，念佛参禅驾并驰（如何说并驰的道理）。五色云横

① “见”，《卍续藏》本作“现”。

日没处，一枝花拆眼开时（看他串对处，方知并驰宗旨）。玉音了了流仙偈，金采煌煌发令姿（收归上科）。旷劫相逢真父子，欲将何物报恩慈（半边汉，将谓有多少奇特）？（此首应与后“吾身念佛又修禅”参看。）

即心即佛断千差，名教名禅共一家。果证无边身相好，光流不可说河沙。余方妙丽终难并，本愿精深岂易夸（果然同居第一）。大抵熏修须及早，临终免被业缘遮（乌鸣哀）。

一自飘蓬赡部南，倚楼长叹月纤纤。遥知法会诸天绕，正想花台百宝严（欣极）。此界犹如鱼少水，微生只似燕巢檐（厌极）。同居善友应怀我（结归顶联），已筑浮图欠合尖。

少年顷刻老还衰，须信无常日夜催。九十六家邪智慧，百千万劫受轮回。不存宝界花池想，争得刀山剑树摧（深为邪智者告）。但自净心生愿乐，此中贤圣许追陪（邪倒不能坏）。

西行三十二河沙，彼国庄严是我家。但用一真为种子，全将七宝作莲花（体用串）。娑婆极厌今生苦，懈慢无令后世差（勤怠串）。宝月顿从心水现，如今光影正交加。

劳生能有几光阴，健只须臾病又侵。常恐浮云蔽西日，须营净舍学东林。可怜世上愚痴辈，不及花间智慧禽（悲愍惭愧）。宝树亦能谈妙法，何妨坐听罢参寻。

佛自凡夫到果头，亲曾历劫用功修。净邦岂是天然得，大道初非物外求（串对）。先悟色空离欲海，后严福慧泛慈舟。今来古往皆如此（应起句），度尽众生愿未休（以佛为师）。

乱世人如虱在裈，炎炎火宅避无门。早知佛国相期处，别有仙家不死村。身相短长同父子（非同虮虱），莲花开合表晨昏（言无晨昏，应第四句）。赤真珠树黄金屋，每夜飞来入梦魂。

见说西方住处佳，凭高极目兴无涯。世情每逐炎凉改，人事多因治乱乖。白骨可怜萦野草（应第四句），金台谁得挂庭槐（应第三句）？劝君早结宗雷社，坐看云端宝仗排。

琉璃地列紫金幢，翡翠楼开白玉窗。文字可夸才不称，肉身未到意先降。

能言（四无碍辩）孔雀知多少，善语（初善、中善、后善）频伽定几双？清梦正贪归路直（从是西方），夜阑无奈鼓逄逄（逄，叶符方切，音房）。

刹海森罗一念包（振起下七句），于中不断圣贤交。倾身送想浮云外，极目斜阳挂树梢。潋滟金波随岸转，参差宝叶任风敲。诸天叹我鬖鬖老，早晚鸡栖彩凤巢（诸天慰语）。

赞佛言词贵直陈，攒花簇锦枉尖新（丽句禅机愧死）。自然润泽盈身器，无数光明涌舌轮。称性庄严依报土(上三句指三轮不思议化,下句总承上三轮，机局巧异)，随机劝发信心人（上皆直赞也，大宗匠拈动教义，直是家常茶饭而已）。愿求功德池中水，尽涤娑婆世上尘（以陈情结）。

莫将胎狱比花池，早向池中占一枝。却坐大莲成佛子（承第二句），何烦慈母浴婴儿（承第一句）。口餐法喜真肴膳，心得明门妙总持（串对）。般若台前回定日，令人长忆雁门师。

百亿劫中生死罪，才称名号尽消除（若不了者，请看注脚）。迷时妄想同春梦（点雪），我佛真身等太虚（洪炉，倒串）。宫殿水晶千柱匝，园林云锦万花舒（皆洪炉也）。痴心不是分高下（向道皆洪炉也），上上金台始可居(九品亦约权实开显，妙极，确极)。

八表同游只等闲，须臾飞去又飞还。玉楼冉冉红云里，珠树亭亭紫雾间（元来只在者里）。不立君王唯有佛，平铺世界断无山。天人一样黄金色，尽未来时但少颜（竖穷横遍，首尾相映）。

须摩提国赞何穷，不与他方佛境同（全提，此约十方同居而论，详在下两联）。百味酸甜长满钵，一身轻健任游空。初心便获无生忍（圆三不退），具缚能教宿命通（任运而知，不比小乘作意。此二句下通凡地，上通圣地，一切教网无此名相，一切佛刹无此阶差，的确不与他方佛国同也）。今古往来留传记，尽尘沙界扇真风（个个全提）。

五浊煎熬道未成，群贤修习誓非轻（珍重）。光中每出弥陀影，梦里亲书普慧名（二句根“誓”字来，行者深重誓愿，入佛菩萨大誓海中，故精通吻合也）。绣佛虽斋防退失（应“道未成”），火车已现急求生（应“煎熬”）。临风莫洒杨朱泪，就我西方径路行（结归“群贤修习”）。

水若澄清月始临，金容佛影现吾心。春风不易回枯木（惑障），磁石应难受曲针（业障）。未得往生（报障）缘障重，必期成就用功深（机局巧妙）。譬如九转丹砂力，一点能令铁化金。

幽居悄悄柏森森，不遣红尘染素襟。一佛号收无量佛（解妙、行妙），后心功在最初心（因妙、果妙）。云开白月毫光满，雨过青山髻色深。当念休生差别解，声声远唳尽玄音。

曾闻金鼎炼硃砂，一服飞惊玉帝家。轻举似风飘柳絮，美颜如日映桃花。况修净业身心妙（狮非狐类），兼得慈尊愿力加（如日照昼）。此是长生无比法，仙经十卷不须夸（神鸾遗响）。

朝朝暮暮道心中，岁岁年年佛事同。一往进修安乐界（应第一句），六时朝礼法王宫（应第二句）。方袍不厌香烟黑，坐具何妨手汗红。（承"一往"、"六时"四字来，明信愿行三，数十年家风不改也。）如此出家今有几，灼然认得主人公。（痴人犹自不肯。又云：随黄檗脚跟，食大颠口唾，寻常粥饭僧耳。）

池中莲萼大如车，据实犹为小小花。圣众略言千万亿，佛身知是几恒沙（隐言大花）？我闻妙德同慈氏，谁道弥陀异释迦？南北东西清净土，尽归方寸玉无瑕。

红莲常映白莲开，只有金莲不易栽。念念若能离溷浊，生生从此脱胞胎（积秽不易舍）。且依彼国严新果，却遍他方发旧荄（法界缘起不易信）。事与种莲无少异，根苗元向淤泥来。

莲宫只在舍西头，易往无人着意修。三圣共成悲愿海，一身孤倚夕阳楼（着意）。秋阶易落梧桐叶，夜壑难藏舴艋舟（速速着意）。幸有玉池凫雁在，相呼相唤去来休（结归"三圣"）。

千经万论不虚标，共指西方路一条。念念刮磨心垢净，时时防护道芽焦。栖莲静觉身安稳（应第三句），得果轰传地动摇（应第四句）。谩费工夫推甲子，娑婆大劫只崇朝。

家在西头白玉京，老来难遣故乡情。每瞻云际初三月，先注花间第一名。密密疏疏琪树影，来来往往水禽声。红楼紫殿春长好，纵有丹青画不成。

近有人从净土来，池心一朵玉莲开。正当萼上标名字，已向身前结圣胎。极乐逍遥长不死，阎浮逼迫最堪哀。法王特地垂慈愍，同坐黄金百尺台。

吾身（方袍圆顶）念佛又修禅，自喜方袍顶相圆。（下何故单承念佛，不承参禅？参！）曾向多生修福果，始依九品结香缘（绝不似禅和口气）。名书某甲深花里，梦在长庚落月边。（两联一顺串，一倒串。）浊恶凡夫清净佛，双珠黑白共丝穿。（且道此是佛耶？禅耶？参！）

念极心开见佛时，自然身到碧莲池（乞儿见小利者急须讽此）。火轮罪净千千劫（闭眼也着），琼树光分万万枝（开眼也着）。善友深谈终不厌（广长舌），灵禽妙语实难思（四六句）。功成果满须臾事，尚谓奔流闪电迟（钝鸟逆风飞者急须读此）。

无边大士与声闻，海众何妨逐品分（无为差别）。一会圣贤长在定，十方来去总乘云（差别无为）。谈玄树上摩尼水，念佛林间共命群。坐卧经行无挂碍，天花随处落缤纷。

佛袈裟下失人身，重得人身有几人？万行不如修白业，一心何苦恋红尘。法王立誓丘山重，迷子思归涕泪频。若解返观观自性，明珠百八总家珍（昼夜一百八）。

西望红霞白日轮，仰观宝座紫金身。一方土净方方净，十念心真念念真。生极乐城终不退（驴前马后汉），尽虚空界了无尘（撒沙坌土）。向来苦海浮还没，何幸今为彼岸人。

娑婆生者极愚痴，众苦萦缠不解思。在世更无清净业，临终哪有出离时（须要思量到此乃可）？百千经里寻常劝，（血滴滴地。又云：而今鼓歇钟沉久矣。）万亿人中一二知。（上六句乃行者所缘境也，正为此等求生西方。）珍重大仙金色臂，早来携我入花池（大事因缘）。

评点定怀净土诗跋

右灵峰老人选诗七十七首，其圈点皆在平实切要处点睛，其诗家名句文身妙处，概不污一丝墨痕。此大人作略，堪使行者吃紧得力，无复问桥之误者也。读诵之士，须具择法眼以观之。至于成时评语，亦在宗旨上讨警策，无非欲读者以深信大愿而起妙行耳，不无小补，故不敢废。成时稽首谨识。

西斋净土诗卷中

列名净土诗一百八首（并自序）

予幼时便修十念，愿登净土。倏忽三纪，未尝废忘。闲居西斋，试笔一百八篇，劝人念佛，盖沙门释子分内事也。凡僧、儒、道、俗、尼、童、男、女、禅、教、律、密、云宗、瑜伽、女冠、外宗，及文、武、医、卜、士、农、工、商、琴、棋、书、画、渔、樵、耕、牧、吏、卒、巫、匠、屠、酤、织、染、奴、婢、娼、囚，与夫金、银、珠、玉之伎，雕、铸、塑、妆之巧，缝、绣、梳剃、椝籴、伶官、司庖之流，于山、城、船、村所居之地，春、夏、秋、冬、行、住、坐、卧、苦、乐、逆、顺、喜、怒、哀、荣、贤、愚、好、丑、贫、富、贵、贱、闲、忙、老、少、致仕、隐沦、患难、疾病、流移、危亡之境，自十岁至百二十，唯佛是念，必令心心无少间断，则净土可登矣。教中所谓："随其心净，则佛土净。"复何疑哉！

僧　为僧念佛正家风，圆顶方袍与佛同。眼见耳闻俱是善，根身器界尽成空。时时出入玄门里，步步游行净域中。识得此心无量寿，何妨随处现神通。

儒　儒家亦考性根源，尚赖先王典籍存。《周易》最初唯一画，《中庸》末后不多言。修心必向禅门悟，成佛须从慧业论。要识弥陀真面目，松梢落月挂金盆。

道　道门清净佛因缘，无有中门出妙玄。象帝不知谁氏子，灰身何异小乘禅。回心念佛终成佛，服药求仙暂得仙。如矿炼金金绝矿，从田变海海为田。

俗 衮衮红尘俗士家，留心念佛最堪夸。如生石上珊瑚树，似出泥中菡萏花。消遣万殊归一理，阐扬三宝破群邪。抛离火宅真安乐，雪白牛儿不驾车。

尼 狮子嚬呻亦是尼，善财童子礼为师。人人尽有光明在，念念何曾顷刻离。月地云阶行道处，蒲团竹几坐禅时。紫金身相袈裟下，莫遣尘缘犯一丝。

童 童子身心似水清，休将浊欲坏真情。最初教念弥陀号，终久思归净土生。花褪残红须结实，月销半黑转天明。先贤又有蓬麻喻，大器何妨晚节成。

男 此身难得是男儿，千万人中几个知。不作善因来世苦，须将佛号用心持。天冠大士皆吾友，宝髻如来即我师。最后智从何处满，金刚座上刹那时。

女 女流念佛莫因循，报得当来男子身。五障已除添福德，一心常净断埃尘。红莲舌软生甘露，白玉台高会众真。拈起宝珠成正觉，还他无垢界中人。

禅 参禅只是自明心，作佛何烦向外寻？动静去来真极乐，见闻知觉古观音。高悬慧日三千界，普现慈光百万寻。把本修行须念佛，神仙也要用功深。

教 教口禅心两不差，青黄赤白总莲花。要知佛祖无文字，休学儿童算海沙。高座谈玄明似鉴，古人得道数如麻。净邦散在群经里，非独《华严》与《法华》。

律 持律标为净土因，凛如冰雪照天人。衣盂即似鸟双翼，定慧犹如车二轮。成佛本缘从戒起，出家功德在心真。莲花纵好经霜死，不死莲花是此人。

密 显密何曾有异途，千差万别总毗卢。虚空突出金刚杵，铁末化为如意珠。持此游方皆见佛，自然缩地不须符。才生极乐红莲沼，几见娑婆劫海枯。

云宗 从本云宗是道流，自耕自食自为谋。参禅可学神光悟，念佛宜从善导修。可惜为田忙过了，不如回首去来休。西方一片黄金地，及早经营定有秋。

瑜伽 瑜伽法事在行持，弟子何尝不奉师？神咒古今多不译，梵音深远实难思。清晨玉偈重宣处，永夜金铃独响时。无量寿身全显露，阇黎大似不曾知。

女冠 令人长忆吕纯阳，《圆觉》深通十二章。但劝女冠勤念佛，何劳仙药更求方。琼林总胜蓬莱岛，金地唯闻菡萏香。因果具严三十二，丈夫容貌佛威光。

外宗 如一城门辟四方，东西南北尽朝王。外宗不出心清净，随处皆为佛道场。钗钏瓶盘金共造，枝条花叶树同芳。善财参遍诸知识，遍友工夫不可量。

文 细读《龙舒净土文》，文人念佛甚精勤。既能博学通今古，又复雄谈饱见闻。纸上争容邪语惑，胸中更把定香熏。即心是佛无多字，倒腹倾肠说与君。

武 武士人人勇猛多，专工念佛离娑婆。心城直透涅槃路，智剑能除生死魔。好向净邦安世界，须教苦海息风波。筑坛拜将当时事，今日归来奏凯歌。

医 阿弥陀佛大医王，接引人归不死乡。信手拈来皆妙药，和盘托出尽奇方。橘中未觉乾坤大，壶内哪知岁月长。只这病缘无起处，通身热恼自清凉。

卜 众生仗佛作蓍龟，此道须臾不可离。念念莲花从口发，团团日影向西驰。黄金座上安身处，碧玉林中听法时。寄语君平休更卜，心为世出世间师。

士 貂蝉未可笑兜鍪，免得无常老病否？出仕临民须念佛，渡河入海要乘舟。西方尽有黄金殿，上品非无白玉楼。试听觉皇谈妙法，大千沙界一毫收。

农 祖父田园遍十方，深耕浅耨莫教荒。水中得火天然异，石上栽花分外香。刍狗双双号落月，铁牛对对卧斜阳。农家念佛功成后，白茧缲丝谷满场。

工 良工念佛智逾明，规矩方圆物物精。净土岂非心画出，琼林俱是愿雕成。无边宝座流光聚，不尽虚空奏乐声。一会庄严师弟子，挥斤去垩任非轻。

商 听说商人念佛功，不离家舍与途中。便将为利心行善，都把贪财事扫空。就地彩云擎落日，满天花雨散香风。到头不被无常罩，端坐金台礼觉雄。

琴 由来学道似调琴，清浊高低在自心。声太促时弦又断，指才停处韵还沉。一尘不到山当户，万籁俱消月满林。抛却丝桐勤念佛，子期未必是知音。

棋 棋盘黑白未分时，便是神仙也不知。一着中间论胜负，两奁倒畔辨雄雌。年光有限成虚掷，局势无穷费苦思。念佛此生超净土，烂柯空悔到家迟。

书 小楷能书《遗教经》，一行自胜百《兰亭》。曹溪但倩人书壁，怀素唯耽酒满瓶。笔阵如云垂大地，墨池似水注沧溟。满虚空写弥陀号，留与娑婆作典型。

画 顾陆丹青世所传，多严佛像与神仙。后生着意描山水，前辈留心在圣贤。每笑伯时工画马，何如灵运喜栽莲。西方变相能挥笔，宝树花池总现前。

渔 且把丝纶放下休，不居此岸不中流。常观大海莲花国，普运众生藕叶舟。艳艳夕阳红似火，纤纤新月曲如钩。渔人念佛皆真境，一抹烟横古渡头。

樵 瞥然撒手向悬崖，树倒藤枯是烂柴。尽转山河归自己，都将风月付平怀。担头自有千钧重，脚下曾无一线乖。樵者如斯真念佛，莲台不必预安排。

耕 普天匝地古田畴，且唤泥人驾铁牛。信手着鞭无早晚，随时下种度春秋。发生成熟皆吾分，收拾归来免外求。念佛但将耕稼比，丰年哪有绝粮忧？

牧 茧栗牛儿养未驯，犯他苗稼易生瞋。收来且把绳头掣，睡去从教鼻息匀。淡淡夕阳千嶂晚，萋萋芳草四郊春。牧童悟此天真佛，归掩柴门月色新。

吏 为吏须存念佛心，休随尘土丧光阴。寸毫点出光明藏，一字翻为福德林。闭阁垂帘人寂寂，烧香隐几夜沉沉。此中总是修行地，谁见杨公不受金！

卒 走卒驱驰不少停，何妨念佛暗持经。要看选佛标黄甲，殊胜居尘混白丁。落月半笼门外锁，微风徐动阁前铃。存心便作莲池想，一旦神游似梦醒。

巫 师巫念佛有何疑，脱下神衫取次披。心是净邦菩萨子，名标上品丈夫儿。神头鬼面从翻改，汉语胡言任设施。飏下纸钱收酒盏，当阳显示佛容仪。

匠 匠为棺木好回头，哪个人曾不死休？莫待神奇为臭腐，须将幻质等浮沤。长生久视谁偏在，一去无还佛也愁。记取阿弥陀宝号，早归乐国是良谋。

屠 杀生心是度生心，须信宗门理趣深。屠刽受身增恶报，牛羊趋死作哀吟。将刀放下同成佛，信手拈来尽化金。截断千差一句子，谁家屋里没观音！

酤 酤酒人家过失多，劝君作紧念弥陀。身心流入苦空海，麴糵变成香水河。闹市红尘俱扫荡，平生黑业顿消磨。临终管取游清泰，眼净心空一刹那。

织 念佛心如纺织时，疏经密纬岂虚施。收来大地绀成绢，擘破虚空捻作丝。一片云藏无缝袄，万般花绽不萌枝。忽然掉臂还乡去，正见莲开白玉池。

染 佛亦何曾离染坊，染坊说法更琅琅。青红碧绿随深浅，锦绣绫罗任短长。生处般般呈彩色，没时种种放毫光。从来本性清无滓，一朵金莲遍界香。

奴 报作人奴业所牵，六时念佛要精专。主人翁即弥陀是，今日身为净土缘。心定满腔流法水，寿终随念发池莲。经行霭霭香云里，听取琅琅玉偈宣。

婢 豪家侍婢莫愚痴，百岁光阴有几时？年少不常容易老，人身难得更须知。且休自怨裙钗贱，何待人嫌齿发衰。动静去来勤念佛，多生五障一朝离。

娼 从古娼人到处家，不唯恋酒更迷花。劝君念佛除贪妒，从此回心息怨嗟。水满金渠清似镜，莲开玉沼大如车。终当脱体为男子，万劫无令一念差。

囚 罪重无过杀盗淫，身囚犴狱口呻吟。敲枷打锁能称佛，覆地翻天莫变心。夜半从教神鬼啸，空中自有圣贤临。收因结果莲台上，自性弥陀不外寻。

金 百炼精金出冶时，全凭妙手用钳锤。分毫铢两曾无损，钗钏瓶盘各有宜。散去祥光何闪烁，敲来美韵实稀奇。目前便作弥陀想，长对真身不暂离。

银 良工器皿打银成，信手拈来觌面呈。一色普贤同境界，六牙香象比光明。为杯巧制莲花样，念佛终归极乐城。烂煮乌梅揩白雪，犹如净业在专精。

珠 穿珠正好念弥陀，一佛名随一颗过。线短线长真佛现，穿来穿去积功多。顿教甘露生喉舌，休把狂心悬绮罗。识得自身如意宝，低头无奈喜欢何。

玉 碾玉工夫不偶然，临窗且要用心坚。平时可诵弥陀号，浊世须资净土缘。业尽往生游宝界，眼开欢喜见金仙。荆山泣血成何事，百岁光阴枉弃捐。

雕 香木雕栾属巧人，异花灵草俨如春。请君自看优昙像，去垩谁挥匠石斤？念佛功圆当此日，求生愿满在今身。抠衣八德池边去，净若芙蓉不染尘。

铸 扬子云夸孔铸颜，范铜合土刹那间。一模泻就浑相似，千尺熔成只等闲。心佛自今专忆念，死生从此断轮环。大炉鞴里翻身去，红藕花高不可攀。

塑 莫笑抟沙弄土呆，千般出我掌中来。塑真面目由心作，捏大规模放手开。念念不停持佛号，声声无间结莲胎。如人起倒皆依地，管取花中产玉孩。

妆 土木形骸金碧光，五分雕塑十分妆。良工自喜工奇妙，念佛能令佛赞扬。界绝山河并日月，莲分赤白与青黄。银台不若金台好，但得功成任选将。

缝 缝人念佛更奇哉，玉尺金刀巧剪裁。四大海从针孔沸，五须弥入线蹊来。云霞盖覆真空体，锦绣铺张杂宝台。做得工夫无间断，临终花合便花开。

绣 手拈针线绣衣裳，口念弥陀也不妨。玉树枝头栖孔雀，金莲叶底睡鸳鸯。深深院落青春好，曲曲屏风白昼长。到此身心成一片，他时佛国会翱翔。

梳剃 梳云剃玉甚风标，着脚虽低试手高。万顷良田输薄艺，一泓秋水见铦刀。才闻赞佛无疑惑，但劝持名勿惮劳。烦恼顿除功行满，紫金花里睹明毫。

粜籴 闹市红尘粜籴家，心平便是好生涯。年荒斗斛量无减，岁熟钱刀赠有加。专想乐邦归路直，莫贪微利染缘差。经行坐卧弥陀号，咫尺莲台本不赊。

伶官 伶官事业太风流，一曲能消万种愁。长对王孙歌绮席，每邀公子醉琼楼。青春忽过难停步，白发相寻易满头。乐器能宣无我法，弥陀不必向他求。

司庖 司庖不误佛僧斋，每事精勤与愿谐。紫蕈红姜微点缀，金盘玉箸巧安排。直教清净除荤血，何羡丰饶备海淮。请念弥陀须猛省，西方自此陟瑶阶。

山 山栖念佛最幽深，鱼跃澄潭鸟啭林。如此乐邦真境界，自然终日好身心。雪梅竞吐枝头玉，霜橘争垂叶底金。无量寿随尘刹现，众生多只向西寻。

城 城市红尘没马高，于中念佛匪徒劳。昏衢烁破光明烛，爱网挥开智慧刀。顿使凡夫登觉地，如同长者诱儿曹。西方不得真公据，枉向娑婆走一遭。

船 船居念佛水为邻，不染长街短巷尘。目对慈容如月满，口称圣号把珠轮。芙蓉浦里收帆速，杨柳堤边拨棹频。已往碧琉璃世界，更须圆证紫金身。

村 村野偏于念佛宜，葺茅为舍竹为篱。操心简淡全然别，守信纯诚更不疑。秽土本非清净境，乐邦须筑久长基。基成便是金刚座，一任毗岚八面吹。

春 春晚林梢送落晖，杜鹃日日劝人归。此禽每叫声流血，远客才闻泪滴衣。道路古今行不到，圣贤来往疾如飞。何由换却空腔子，使我莲台愿不违。

夏 池塘入夏绽新荷，对此令人感慨多。欲采幽花满衣袖，又闻好鸟啭庭柯。半生碧落西沉日，万事沧江东逝波。善恶皆归大圆镜，谁言极乐异娑婆？

秋 晚来天宇展新秋，露出纤纤月一钩。清泰主人全体现，恒沙国土此心周。高峰过雨堆青髻，大海无波拭绀眸。不涉思惟亲见得，东西南北任遨游。

冬 深冬景物报君知，正是全彰净土时。雪覆千山皆玉树，冰连万壑尽瑶池。烟尘扫荡空无翳，境界分明不待思。大士声闻应念我，天寒岁晚涕涟洏。

行 行时见佛在吾前，烜赤光超日月天。碧海重重眸子净，青山叠叠髻螺旋。露垂体上珠璎满，云结空中伞盖圆。鹊噪鸦鸣松柏里，谁知心印是伊传。

住 住亦还同珠走盘，佛无体相若为观？中宵月满三千界，匝地风清十二阑。闻若返闻闻不及，见曾离见见尤难。圆通大士应微笑，多少平人被热瞒。

坐 坐得人心湛不摇，正宜念佛暮连朝。全将境界闲中现，莫把光阴闹里消。狮子象龙皆法侣，鸳鸯凫雁各仙标。故家五十年归计，红藕应抽碧玉条。

卧 卧向林间梦到家，满池都是白莲花。鸣禽广赞三乘法，结构横分五色霞。风动宝衣香惨淡，月笼珠树影交加。觉来恰恰晨钟动，星斗阑干河汉斜。

苦 娑婆无量苦萦缠，归则须归极乐天。衣敝忽逢珍御服，腹空如值绮罗筵。千花宝座三时礼，百法明门一念圆。只见光辉超日月，何劳甲子记流年。

乐 乐事教人放逸增，阿弥陀佛口常称。十方佛土随心现，九品莲台作念登。真性犹如空印月，妄缘恰似火消冰。只今已住难思地，何待当来始化升。

逆 从他逆境勿求离，起灭分明更是谁？揭示全身无量寿，消融一等不思议。但将正念空诸妄，已歇狂心任百为。放得目前荆棘过，红珊瑚映碧琉璃。

顺 诸缘顺我意低昂，正眼观时反不祥。但念佛名休放逸，才随他去便乖张。金颜外合虚空体，宝聚中流日月光。此岂等闲修种得，都因正见作梯航。

喜 喜时阵阵喜风吹，爱欲相牵未肯离。把住休教心放逸，唤回便是佛慈悲。花看蝶舞长供饮，柳听莺歌亦展眉。证此无忧妙三昧，弥陀安得不熙怡。

怒 怒者初因气不平，多从逆境界中生。只消放下浑无事，才涉思惟便有争。诸上善人同聚会，十方菩萨共修行。如何着得贪瞋汉，一味柔和养性情。

哀 衔哀不觉泪沾巾，错认冤家作己亲。朝暮但随憎爱转，往来未出死生轮。才登净土离烦恼，更得长年脱苦辛。试看北邙山下路，神号鬼哭正愁人！

荣 荣华富贵暂时间，靠作须弥一座山。只见无常登鬼录，未闻有药驻童颜。行高佛国容归去，罪重阎王肯放还？玉殿琼楼多少景，长生不死任跻攀。

贤 东晋诸贤世所钦，首传念佛到如今。香山社里白太傅，龙井山中苏翰林。世味无多真嚼蜡，官年未满早抽簪。求生净土人何限，试把遗编仔细寻。

愚 道也须臾不可离，愚蒙即是佛根基。不愁耳目聪明误，何异乾坤混沌时。但念乐邦无别念，专持圣号勿他持。回头却笑惺惺汉，蹉过弥陀总不知。

好 好人大有好行藏，心地仁慈语不伤。正念化成金世界，全身流出玉毫光。梦中佛授菩提记，口角风飘菡萏香。闲坐困眠皆净域，更于何处觅西方？

丑 形模虽丑此心真，便与花台宝树邻。若遣西施蒙不洁，何如嫫母体无尘？仰看落日如悬鼓，遥想西方有美人。容相庄严三十二，世间出世丈夫身。

贫 贫士身贫道不贫，自宜念佛劝他人。寻常但用不贪宝，造次难忘无价珍。清泰国中长劫寿，阎浮界内暂时春。临终勿谓西方远，动步犹如臂屈伸。

富 在富虽云念佛难，丰衣足食此身安。烧香自可排金鼎，刻像犹宜用紫檀。意往速于千里马，神前胜似九还丹。知君净土收功日，尽把乾坤掌上观。

贵 贵人闻法易心开，有福皆从念佛来。能动三千金世界，化成百万玉楼台。现身具足菩提种，依报庄严解脱胎。从此信根生定慧，劝君圆满法王财。

贱 居贱从来作罪轻，罪轻念佛易专精。娑婆印向无心坏，极乐文从有想成。四色宝花铺地匝，六时天乐满空鸣。脱胎换骨何潇洒，便得金台上品生。

闲 闲中独坐面西方，手把轮珠念不忘。佛号能令心地净，舌根便作藕花香。晖晖日到衔山处，闪闪金浮满室光。此境此时无别想，许君亲见鼓音王。

忙 忙里偷闲亦在人，人生谁满百年春？送迎毕竟无时了，悲喜交煎逐日新。休念功名唯念佛，但忧道业勿忧贫。忽然铁树花开也，妙转如来正法轮。

老 老人念佛是常规，到此休寻别路岐。眼合眼开无异见，身来身去有光仪。往生净土全由我，除却心王更问谁。名字若标莲萼上，定参贤圣不须疑。

少 少年莫道尚青春，生死无常不贷人。花正开时逢骤雨，索当危处值奔轮。琼林玉树堪留意，绿鬓红颜正健身。劝尔后生须念佛，老来迟钝少精神。

致仕 名利场中兴已阑，请君致仕挂衣冠。抛家不及归家好，念佛何愁作佛难。南北路岐休洒泪，东西日月任跳丸。心如一颗珠相似，置在光明白玉盘。

隐沦 隐随大小贵身安，凡圣都卢没两般。白石清泉居亦易，红尘闹市住何难。平生得处无多子，妄想兴来有若干。只个心心心是佛，焚香默坐静中观。

患难 人经患难要扶持，认取弥陀作本师。猛虎毒蛇横路处，大刀长剑逼身时。精专念佛休嫌早，急切回光莫待迟。刹土虽云十万亿，众生举意佛先知。

疾病 大患明明为有身，须知疾病不饶人。但关妄想无非妄，纵得真仙未是真。众热聚来风扇火，一朝抛去骨缠筋。唯余念佛离生死，只恋阎浮化作尘。

流移 流移何处不堪伤，南北东西失本乡。盗贼偶存穷性命，儿孙难复旧田庄。劝令旦暮归依佛，勤措身心极乐方。报满自然超秽浊，黄金为殿玉为堂。

危亡 才话危亡泪便流，死生生死几时休。花开铁树何曾见，位极金轮不可留。四大同成虚妄体，百年正是结交头。若明本性弥陀佛，天上人间总自由。

十岁 一十岁云身幼小，先教念佛作资粮。枝头尚恐青梅落，世上休夸白日长。水自沮洳成巨浸，山从培塿至高冈。法华会上称龙女，八岁巍巍坐道场。

二十岁 二十男儿当弱冠，五分百岁一分过。修心念佛非为早，布德行慈不厌多。血气方刚须检束，欲心正盛渐消磨。可持富贵安贫贱，降伏身中烦恼魔。

三十岁 三十吾师成道岁，发心念佛效如来。中宵忽睹明星现，此日方知正眼开。幽鸟自吟花自笑，好山如画水如苔。撑天拄地真男子，一念回光亦俊哉！

四十岁 四十无闻古所悲，行藏念佛是便宜。三分老色侵明镜，一片飞花脱故枝。听法轮音生宝树，想功德水溢金池。人间甲子如流电，莫道宽为净土期。

五十岁 五十骎骎作老翁，眼光初暗耳将聋。若非念佛修身后，未免临行堕暗中。大地展开双眼碧，长天飞下一轮红。此时皎洁无余想，见紫金山满太空。

六十岁 六十龙钟半百过，思量只好念弥陀。千龄共尽风中烛，一去难回水上波。白菡萏胎频梦想，红珊瑚树好枝柯。悠然不作西归计，奈此霜毛满镜何？

七十岁 七十高年自古稀，晨昏念佛待西归。可怜黑业除难尽，堪叹红轮去似飞。敛念便当游净刹，入棺何用制新衣。目前了了瞻毫相，一念精诚破铁围。

八十岁 八十康强有几人，孜孜念佛最为亲。头垂白发浑成雪，眼入澄空只见尘。便是磻溪逢圣主，何如净土近能仁。行藏总在光明里，只一毫端万亿身。

九十岁 九十安排理去装，前程未审到何方？要归不老不死国，须念无边无量光。五色彩云垂作帐，七重琼树列成行。如来大士诸尊者，一会同居乐未央。

一百岁 百岁光阴到尽头，娑婆界是片时留。尘中快念弥陀号，劫外同乘般若舟。莲吐萼时分九品，佛扬光处豁双眸。更无老死相拘绊，随念纵横得自由。

百一十岁　百一十年真可敬，须凭念佛作前程。行思宝刹空无碍，卧想瑶池梦亦清。水鸟树林皆演说，天冠璎珞有光明。白银地上黄金屋，总是人心变化成。

百二十岁　百二十年称上寿，勤修后世念弥陀。众生身住涅槃界，功德水非生死河。即佛是心心即佛，如何问我我如何。教君径直西方去，莫笑山僧口太多。

西斋净土诗卷下

十六观赞二十二首

日观

第一观门名日观，遥观落日向西悬。光明了了同金鼓，轮相团团挂碧天。身去身来心不昧，眼舒眼合意常缘。众生与佛无差别，即见弥陀现我前。

水观

第二观门名水观，水成冰后作琉璃。金幢照耀珠无数，宝界分明事不疑。楼阁万千如月朗，乐音八种好风吹。无常无我如何说，全佛全心更是谁。

地观

第三地观观前地，一一观来了了知。虽造次间无不念，纵须臾顷亦当思。想成略见庄严国，佛说唯除饭食时。消尽无边生死罪，必登净土复何疑。

树观

第四观门名树观，七重宝树列成行。高低尽覆真珠网，上下交辉七宝光。五百亿童花里住，三千世界果中藏。自心种子栽培得，各各撑天拄地长。

池观

第五观名池水观，八池皆是七珍成。水从如意珠中出，沙向黄金渠底明。流出莲花微妙响，化生宝鸟赞扬声。何时到此分涓滴，业障尘劳尽洗清。

总观

第六观门名总观，宝楼五百亿峥嵘。虚空悬处诸天乐，日夜宣扬三宝名。上圣皆言心本具，西方不远想初成。娑婆界内人虽恶，念佛功深定往生。

花座观

第七观名花座观，想成七宝地莲花。脉光花叶乃无数，八万四千非强夸。台上宝珠虽似幻，镜中面像未曾差。虽云大道离真伪，不碍通人辩正邪。

像观

第八观门名像观，众生不异佛如来。谛观金色相好具，端坐宝莲心眼开。凫雁鸳鸯谈妙法，观音势至列花台。所闻要与真乘合，出定休将妄想猜。

真身观

第九真身观彼佛，佛身高广世难量。山毫宛转笼千界，海目分明照十方。大士众多为近侍，化形无数出圆光。慈悲心是弥陀体，不动纤尘见法王。

观音观

第十谛观观自在，顶辉肉髻紫金身。头冠中立一化佛，足印下成千辐轮。菩萨众随光不夜，摩尼花布色长春。婴儿久失慈悲父，应念临风泣涕频。

势至观

十一观门观势至，天冠五百宝花新。顶中肉髻尤殊妙，头上金瓶绝比伦。行处庄严填布满，坐时国界动摇频。堂堂一佛二菩萨，同现众生数等身。

普观

十二观门名普观，想身趺坐大花中。宝光照体如红日，圣众开眸满碧空。水鸟树林谈法妙，语言文义与经同。道无彼此谁云隔，实在精诚一念通。

杂 观

十三杂观先观佛，池上端严丈六躯。左侍观音花座近，右从势至宝光舒。莫轻小相流尘刹，何碍全身满太虚。变现十方皆自在，本来无欠亦无余。

上品观

上品上生

十四观门三品列，上中下辈逐根差。三心具足功无间，众行兼修念不差。上品上生安养国，金台金地法王家。须臾便得无生忍，到此宁忧作佛赊。

上品中生

上品中生尤直截，大乘因果信无疑。不论口诵诸经典，惟愿身生七宝池。圣众俨临居止处，金台迎接命终时。花开见佛亲称赞，小劫何嫌受记迟。

上品下生

上品下生人易行，行如中辈不多争。但因无上道心发，直往金莲花内生。目睹如来诸相好，耳闻妙法众音声。经三小劫登初地，佛果不劳弹指成。

中品观

中品上生

十五观门三品列，上中下辈巧安排。求生定满众生意，五戒兼持八戒斋。不造逆愆无过患，永离恶趣出沉埋。花开即证阿罗汉，任运游行白玉阶。

中品中生

中品中生持戒法，沙弥具足一朝昏。威仪检点心无悔，眷属来迎佛有恩。先仗金光登净域，后敷莲萼赞慈尊。预流道果从中证，便了真心彻本源。

中品下生

中品下生男与女，各行孝养具仁慈。命终知识说净土，法藏比丘真汝师。生在宝莲开合处，捷如健臂屈伸时。观音势至亲开导，果证无生不厌迟。

下品观

下品上生

十六观门三品列，上中下辈为君评。愚人造恶无惭愧，善友垂慈劝往生。顿使刹那心地净，全标十二部经名。临终口诵弥陀号，便感西来化佛迎。

下品中生

下品中生多犯戒，纯将恶业自庄严。罪无避处神魂乱，命欲终时气势熸。广赞佛乘天荡荡，能消地狱火炎炎。佛菩萨众来迎汝，七宝花池得例霑。

下品下生

下品下生须猛省，众生不善苦无穷。此人若听高贤语，来报当离恶趣中。一旦魂飞心散乱，十称佛号罪消镕。金莲铄铄如初日，当念西升极乐宫。

化生赞八首

白 鹤

西方白鹤岂凡曹，朱顶玄裳格调高。岂与仙人作骐骥，难同海雁啄腥臊。孤游不隔云天路，六翮何惭腹背毛。能赞苦空无我法，有闻因此断尘劳。

舍 利

唐言舍利是春莺，墨蘸修眉漆点睛。浓把黄金涂作翅，碎悬碧玉扣为声。群飞上下七珍树，百啭低昂三宝名。谁解返闻闻自性，不劳重奏女娲笙。

孔 雀

飞来孔雀净无尘，亦是如来一化身。翠尾摆开金殿晓，珠花摇动玉楼春。不教都护声相杂，专念弥陀语最真。净土灵禽知妙理，娑婆界上枉为人。

鹦鹉

此方鹦鹉信能言，念佛荼毗舌竟存。五色自来多慧解，一灵从本共根源。山鸡谩照寒潭影，杜宇空怀旧国冤。尔辈何由如此鸟，高栖乐国任腾骞。

频伽

慈尊六十种音声，巧匠何由刻画成。狮子嚬呻空外吼，频伽缭绕树间鸣。觉雄尽遣群雌伏，在壳须教众鸟惊。尽未来时闻妙响，心珠朗彻耳轮清。

共命

两首虽殊一体同，来为共命佛园中。羽毛不异人头面，言语皆宣法苦空。菡萏叶香朝饮露，娑罗枝软昼吟风。细看互用根尘处，谁道缘差性不通。

水鸟

金凫玉雁彩鸳鸯，水鸟同时赞吉祥。闲绕绿汀分个个，却回丹浦列行行。七重树里逍遥境，四色花间富贵乡。何日宝池亲拭目，得瞻如意大珠王。

树林

好将净土系吾心，花叶重重覆树林。七宝互成微妙色，三乘同唱涅槃音。失身地下皆霜剑，回首人间尽棘针。西向坐思无限乐，几多楼阁未登临。

析善导和尚念佛偈八首

原偈：渐渐鸡皮鹤发，看看行步龙钟，假饶金玉满堂，难免衰残老病。任你千般快乐，无常终是到来。唯有径路修行，但念阿弥陀佛。

渐渐鸡皮鹤发，精神未免枯竭。可怜老眼昏花，恰似浮云笼月。妄想随时出生，贪心何日休歇。不如及早念佛，苦海从今超越。

看看行步龙钟，首腹犹如簸舂。涉远奈何力倦，登高徒自情浓。出门途路千里，拄杖云山万重。不如及早念佛，速瞻宝座慈容。

假饶金玉满堂，珠翠绮罗艳妆。花下时时歌舞，樽前日日杯觞。寻思无限活计，毕竟难逃死王。不如及早念佛，临终定往西方。

难免衰残老病，休夸气力强盛。朱颜能得几时，白发忽然满镜。有限光阴尽来，无常杀鬼催并。不如及早念佛，悟取弥陀自性。

任你千般快乐，饶君万种方略。何由永固此身，谩说长生妙药。非久形神脱离，争容顷刻停泊。不如及早念佛，净土方为安乐。

无常终是到来，三界众生可哀。如入宝山相似，自甘空手而回。弥陀全体呈露，净土随方展开。不如及早念佛，转身得坐莲台。

唯有径路修行，实从自心发生。不离如今正念，顿除历劫无明。痴人尚自执着，浊染何由廓清。不如及早念佛，菩提道果圆成。

但念阿弥陀佛，此心念念是佛。佛外更无别心，心外更无别佛。吹开万里白云，涌出一轮红日。宝树花池现前，语言文字难述。

怀净土百韵诗

欲生安养国，承事鼓音王。合掌须西向，低头礼彼方。观门诚易入，仪轨信难量。佛愿尤深广，人心要久长。婴儿思乳母，远客望家乡。郑重迎新月，殷勤送夕阳。分明蒙接引，造次莫遗忘。饮啄斋称首，熏修策最良。五辛全斩断，十恶永堤防。勿用求名利，毋劳论否臧。布裘遮幻质，藜糁塞空肠。摆拨多生债，枝梧九漏囊。精神才懒慢，喜怒便抢攘。水滴俄盈器，江流始滥觞。积来功行满，趁取色身强。室置千花座，炉焚百种香。新衣经献着，美馔待呈尝。莫点残油炬，宜煎浴像汤。形骸同土木，戒检若冰霜。想念离诸妄，跏趺在一床。刹那登净域，方寸发幽光。骨肉都融化，乾坤极杳茫。太虚函表里，佛刹据中央。莲吐葳蕤萼，波翻潋滟塘。鲜飙须动荡，彩仗恣摇扬。灿烂黄金殿，参差白玉堂。楼随四宝合，台备七珍妆。镜面铺阶砌，荷心结洞房。珊瑚裁作槛，玛瑙制为梁。田地琉璃展，园林锦绣张。内皆陈绮席，外尽绕银墙。覆有玲珑网，平无突兀冈。琼林连处处，琪树列行行。果大甜如蜜，音清妙似簧。乔柯元自对，茂叶正相当。一一吟鹦鹉，双双集凤凰。瑶池无昼夜，珠水自宫商。渠莹金沙底，风轻宝岸旁。高低敷菡萏，深浅戏鸳鸯。异彩吞群鸟，奇葩掩众芳。千枝分赤白，万朵间青黄。暂挹身根爽，微通鼻观凉。频伽前鼓舞，共命后飞翔。竟日莺调舌，冲霄鹤引吭。悟空宁有我，知苦悉无常。大士谈玄理，声闻会宝坊。经宣十二部，偈演百千章。直指菩提径，俱浮般若航。挽回寻剑客，唤醒失头狂。九品标粗妙，三乘互抑扬。炼深终绝矿，簸净岂存糠。示现真弥勒，咨参妙吉祥。圣贤云叆叇，天乐日铿锵。俊伟纯童子，伊优绝女郎。语言工问答，进退巧趋跄。火齐恒流焰，摩尼益耀芒。不须悬日月，何处限封疆。食是天肴膳，餐非世稻粱。挂肩如意服，擎钵自然浆。脱体殊清净，含晖更焜煌。袈裟笼瑞霭，璎珞衬仙裳。遍往微尘国，周游正觉场。慈颜容礼觐，供具任持将。侧听能仁教，还令所得亡。及归弹指顷，翻笑取途忙。每受经行乐，谁云坐卧妨。普天除斗诤，匝地息灾殃。南北威灵被，东西德化彰。几番经劫烧，四海变耕桑。此界无亏损，斯人但寿昌。户丁休点注，年甲罢推详。满耳唯闻法，充饥不假粮。永怀恩入髓，且免毒侵疮。试说娑婆苦，争禁涕泪滂。内宗谁复解，邪见转堪伤。忍被贪瞋缚，甘投利欲坑。君臣森虎豹，父子剧豺狼。尽爱钱堆屋，仍思米溢仓。山中搜雉兔，野外牧牛羊。夺命他生报，衔怨累世偿。太平逢盗贼，离乱遇刀枪。好饮耽杯酒，迷情恋市娼。心猿抛罥索，意马放垂缰。逸志摧中路，英魂赴北邙。干戈消礼乐，揖让去陶唐。战伐愁边鄙，焚烟彻上苍。连村遭杀戮，暴骨满城隍。鬼哭天阴雨，人悲国夭殇。岁凶多饿死，棺贵少埋藏。瓦砾堆禅刹，荆榛出教庠。征徭兼赋税，禾黍减丰穰。念佛缘犹阻，寻经事亦荒。素襟龙奋迅，高步鹄腾骧。载顾同群雁，毋为独跳獐。圣胎吾已就，法侣尔相望。宝地同潇洒，金台共颉颃。翘勤山岌嶪，积德海汪洋。旷劫功弥著，纤毫过即禳。三心期远到，十念整遥装。必欲超魔界，从今奉觉皇。

娑婆苦渔家傲十六首

听说娑婆无量苦，能令智者增忧怖。寿命百年如晓露，君须悟，一般生死无穷富。　　绿发红颜留不住，英雄尽向何方去？回首北邙山下路，斜阳暮，千千万万寒鸦度。

听说娑婆无量苦，风前陡觉双眉竖。贪欲如狼瞋猛虎，魔军主，张弓架箭痴男女。　　日月往来寒又暑，乾坤开合晴还雨。白骨茫茫销作土，嗟今古，何人踏着无生路？

听说娑婆无量苦，千思万算劳肠肚。地水火风争胜负，何牢固，到头尽化微尘去。　　一颗心珠离染污，声前色后常披露。打破髑髅无觅处，除非悟，如来金口亲分付。

听说娑婆无量苦，死王总作轮回主。六贼操刀为伴侣，同居住，何曾顷刻抛离去。　　功德天和黑暗女，两人最是难相聚。有智主人俱不取，依吾语，从今更莫登门户。

听说娑婆无量苦，箧中四大蚖蛇聚。重者好沉轻好举，相凌侮，况兼合宅空无主。　　早觉参差梁与柱，风飘雨打难撑拄。毕竟由他倾坏去，教人惧，不如觅个安身处。

听说娑婆无量苦，人皆染色贪樽俎。玉镂笙箫金贴鼓，长歌舞，梨园子弟邯郸女。　　冬衣紫貂春白苎，凉亭暖阁消寒暑。一旦神魂归地府，应难取，空教泪点多如雨。

听说娑婆无量苦，为君一一分明举。风俗淫邪人跋扈，多囹圄，命终未免沉冥府。　　检点恶名看罪簿，因兹惹起阎罗怒。炉炭镬汤烧又煮，争容汝，自家作业非人与。

听说娑婆无量苦，高夸富足惭贫窭。无食无衣无栋宇，悬空釜，举头又见红轮午。　　只有涧边芹可煮，黄昏坐听饥肠语。多粟多金多子女，同欢聚，看来总是前生注。

听说娑婆无量苦，家家未免为商贾。出入江山多险阻，非吾土，磨牙噬肉遭人虎。　　魂魄欲归迷去所，烟横北岭云南坞。一望连天皆莽卤，知何许，荒村飒飒风吹雨。

听说娑婆无量苦，人当乱世投军旅。寇至不分男与女，摧腰膂，鸣蝉竟断螳螂斧。　　纵有才能超卒伍，几人衣锦还乡土。燕颔虎头封万户，虚相误，奈何李广逢奇数。

听说娑婆无量苦，凶兵解散还屯聚。昨日为齐今日楚，更奴掳，乾坤毕竟归神武。　　赵括才疏空自许，强秦用间欺其主。四十万军生入土，悲前古，至今鬼哭长平下。

听说娑婆无量苦，星分海角船居户。东望扶桑朝日吐，迷洲渚，炮车云起青天雨。　　卸却云帆停却橹，打头风急鲸鱼舞。滚滚潮声喧万鼓，愁肝腑，遭逢患难谁依怙？

听说娑婆无量苦，茶盐坑冶仓场务。损折课程遭棰楚，赔官府，倾家卖产输儿女。　　口体将何充粒缕，飘蓬未有栖迟所。苛政酷于蛇与虎，争容诉，劝君莫犯雷霆怒。

听说娑婆无量苦，如今业债前来负。贼劫货财身被掳，逢狼虎，挑生咒死兼巫蛊。　　奴婢辛勤依恶主，黑疮白癞聋和瞽。丑恶愚痴相与处，谁怜汝，发心归命慈悲父。

听说娑婆无量苦，横遭狱讼拘官府。大杖击身疮未愈，重鞭楚，血流满地青蝇聚。　　牒诉纷纷皆妄语，无人敢打登闻鼓。天上群仙司下土，能轻举，何时一降幽囚所？

听说娑婆无量苦，三农望断梅天雨。车水种苗苗不举，难禁暑，被风扇作荒茅聚。　　久旱掘泉唯见土，海潮又入蒹葭浦。南北东西皆斥卤，枯禾黍，官粮更要征民户。

西方乐渔家傲十六首

听说西方无量乐，三贤十圣同依托。稽首弥陀圆满觉，长参学，川流赴海尘成岳。　　佛性在躬如玉璞，须凭巧匠勤雕琢。凡圣皆由心所作，难描邈，华堂宝座珠璎珞。

听说西方无量乐，庄严七宝为楼阁。玛瑙珊瑚兼琥珀，光堪摘，金绳界道何辉赫。　　宝树灵禽皆化作，满池凫雁鸳鸯鹤。鹦鹉频伽并孔雀，争鸣跃，更看朵朵金莲拆。

听说西方无量乐，琉璃田地金城郭。翡翠鲜明珠磊落，莲披萼，几多青赤并黄白。　　大士声闻随所适，天花烂熳沾衣裓。各各化身千百亿，神通力，须臾游遍微尘国。

听说西方无量乐，法王治化消诸恶。天上人间元不隔，相参错，圣凡平等同圆觉。　　长见宝花空际落，朝朝暮暮闻音乐。衣食自然非造作，香台阁，遍周国界常宽廓。

听说西方无量乐，凡夫浅智难图度。随有愿求无不获，何劳索，珠衣绮馔黄金宅。　　地似掌平尤广博，八功德水非穿凿。白藕花中胎可托，三生约，如今岂可轻抛却。

听说西方无量乐，君王便是如来作。不立三光并五岳，除沟壑，红霞紫雾长笼络。　　四八仪容金闪烁，钵中美味随斟酌。发愿往生真上策，堪呵责，死生路上飘蓬客。

听说西方无量乐，风林水鸟声交作。法句时时相警觉，贪瞋薄，能教有学成无学。　　不染六尘离五浊，如蝉脱去无明壳。肯受涅槃生死缚，空捞摸，语言文字皆糟粕。

听说西方无量乐，一闻妙道忘知觉。胸次不留元字脚，真标格，光明遍界红轮赫。　　鹏翅展开沧海窄，谁能更问篱边雀。多少凡毛并圣角，都拈却，尘尘刹刹归无着。

听说西方无量乐，长生不假神仙药。胎就眼开花正拆，心彰灼，永为自在逍遥客。　　来度众生离火宅，命终免被阎王责。露地牛儿如雪白，无鞭索，黄金地上从跳跃。

听说西方无量乐，娑婆已悔从前错。佛号自呼还自诺，思量着，唯心净土谁云隔。　　一贯由来双五百，婴儿谩把空拳吓。拟议不来遭一掴，诸禅客，凡情圣解曾销铄？

听说西方无量乐，四方上下天垂幕。不比娑婆田地恶，无垠埒，纯将一片琉璃作。　　能埽爱河波浪涸，尽翻苦树枝条落。智焰争容蚊蚋泊，神超卓，径登广大毗卢阁。

听说西方无量乐，且教影与形商略。收拾神情归澹泊，重磨削，觚圆更复雕为朴。　　世事休休还莫莫，谁将天爵并人爵。一念未生谁善恶，俄然觉，紫鳞掣断黄金索。

听说西方无量乐，未曾闻见须扬搉。异宝奇珍光间错，同栖泊，如来大士并缘觉。　　诸上善人皆许诺，谈空说苦相酬酢。百鸷群中随一鹗，翔寥廓，从兹永断凡夫恶。

听说西方无量乐，乐邦是我心开拓。根缺女人皆不着，谁强弱，一人一朵金莲萼。　　行树七重珠网络，宝楼风韵金铃铎。天上乐音相间作，须诚悫，返闻自性同先觉。

听说西方无量乐，娑婆自恨身飘泊。注想存心连晦朔，归皇觉，金台接引休忘约。　　架厦区区同燕雀，成桥渺渺随乌鹊。早晚无常来逼迫，难推却，西游快展摩霄翮。

听说西方无量乐，弥陀圣主垂恩泽。洗我禅心清且白，难寻迹，月光倒射寒潭碧。　　旧债新怨都解释，通身变作黄金色。一念须臾圆万德，真奇特，十方佛授如来职。

净土十要

灵峰蕅益大师选定净土十要第八

述曰：闻夫法外之异见易除，法内之异见难涤，慈氏所谓“谤菩萨藏，说相似法”也。净土法门，如大小权实诸疑，皆自外来者也。胥徒入境，望为敌国，壁垒虽坚，而亦可攻。唯认自性弥陀、唯心净土者，以虚妄识神为自性，以胸中缘影当唯心，痴守迷情，妄拨身土，此自内发者也。以法谤法，真、似难明，袭我旌旗而来，人皆认贼为己。在昔像季，此说尚未炽然。末法渐深，毒气渐惨。古今师匠，未有认定此疸以为时症，而专治之者也。妙喜老人痛呵默照邪禅，扫清黑山鬼窟。妙叶禅师著《念佛直指》，暴斥土外立心之谬。二师所治者同一病，所投者同一药，所显示者同一不思议心性，而净土尤难。良以自性二语，乃诸祖诚言，天下古今所共据。奸生肘腋，多易忽难图。举国皆狂，每一呼众哗。余读《十疑》、《或问》，以迄《直指》，深叹运愈移，人根愈陋，时日降，见网日张。所幸至人出兴，恰应时节。萧墙祸起，干蛊诞生。十方广长，无处不遍。诸佛恩德，其在兹乎！谨奉《直指》，次天如禅师《或问》而流通焉[1]。至于此书显晦之缘，详在别序。

---

① 印光法师注：“今调《西斋诗》于第七，此则次《西斋诗》后。”

重刻《宝王三昧念佛直指》序

念佛三昧所以名为宝王者，如摩尼珠，普雨一切诸三昧宝，如转轮王，普统一切诸三昧王，盖是至圆至顿之法门也。始自《华严》，终至《法华》，一代时教，无不赞扬此宝王三昧。始自文殊、普贤，乃至永明、楚石，一切菩萨圣祖，无不修证弘通此宝王三昧。而世之昧者，犹以为自性弥陀非即乐邦教主，唯心净土不在十万亿西，妄认六尘缘影为自心相，全不知十方法界，一一无非即心自性也，可不哀哉！元末明初，鄞江有大善知识，厥名妙叶，深悯邪见，述为《念佛直指》二十二篇。世久失传，故云栖老人每欲见之，而不可得。神庙年间，古吴万融禅伯偶于乱书中得此遗帙，与唐飞锡法师所撰《宝王论》，同为一编，皆云栖老人所未见也。韩朝集居士先刻《宝王论》板，置于云栖。予续刻此《直指》板，留于佛日。

客岁幻寓长干，有车謩蕃居士，秉受归戒，听讲《唯识心要》，及南岳《大乘止观》，遂专心修净土行。今夏禁足九旬，执持名号，因念今时狂妄之徒，薄视念佛法门，以大悲心，手辑古今净土法语一册，名曰《念佛须知》，分为信解、发愿、修行、证验四门。盖信、愿、行三，乃生西之要筏。而证验，则举果以劝因也。节录甫成，适予应祖堂请，重到长干，遂虚心乞予雠校可否。予曰："居士之志则善矣，但净土法语，从古迄今，充楹积栋，曷择其简切精到者而流通之，不尤易取信乎？以予观居士命名立科之旨，则叶师《直指》最为相似。何以言之？彼第一极乐依正，第二斥妄显真，第三诃谬解，乃至第八示折摄，皆居士所谓信解门也。第九劝修，即居士所谓发愿门也。第十劝戒杀，乃至第十八罗显众义，皆居士所谓修行门也。第十九一愿四义，谓戒、解、行、向，是重申以愿摄信、行也。戒亦是行，解即是信，向仍是愿。一愿便具四义，四义乃满一愿。明信、愿、行，本非条别，愿居于中而统前后，厥义彰矣。第二十示灭罪义，第二十一示列祖行，皆居士所谓证验门也。第二十二正示回向，普劝往生，例同经论有流通分。从始至终，雅合居士之旨若此。居士何不舍己从人，乐取于人以为善乎？”于是居士踊跃欢喜，再拜稽首而谢曰：“某乃知妙叶大师，先得我心之所同然，又能发我之所未发也。今得奉此遗编，誓当刊布流通，用荐先人，早生净土。又愿普与法界有情，决定信入此门，永不退转。请更序厥缘，以为同志者告。”噫！如车居士，亦可谓勇于自利利他者矣。读是书者，慎勿负此苦心也哉！

庚寅冬十有一月之吉，古吴蕅益道人智旭识于祖堂幽栖寺之大悲坛右。

刻《宝王三昧念佛直指》序

蕅益道人智旭 著

夫念佛三昧，名为如来胜异方便，凡圣均收，利钝悉被，以一念顿归佛海，可谓至圆至顿第一了义者也。而世之迷义徇名者，见有五逆众恶十念往生之说，反以为专摄凡劣，但化钝根。可谓昧佛妙旨，谤讟深经矣。予因慨末世行人多疑多障，难悟难开，于此深妙法门，非着事而忘理，必执理而拨事。着事者，犹堪作下品生因。执理者，竟沦于恶取空见。盖至此而直指之道翻成断灭深坑，非借金錍，谁抉翳膜？

爰有妙叶导师，法绍宗乘，教兴莲社，应永明角虎之记，畅宝王三昧之谈。境观并彰，纤疑悉破。阐惟心之致，依正宛然。示自性之源，感应不忒。俾达者以理融事，而理非事外。愚者亦因事入理，而事挟理功。诚除惑之前茅，生西之左券也。顾二百余年，几成废典，流通机塞，莲大师尚欲见而未能。而愿力不磨，韩居士乃从万融禅师处遘得之。予既获借读，如饫醍醐，悲劫浊之方殷，喜津梁之有在，急谋付梓，以广厥传。普愿见闻随喜，种乐土之圆因。读诵思惟，证宝王之法印。转相晓悟，共脱沉沦，庶不负此希有良缘也已！[①]

① 此序弘化社本未收，兹据《大正藏》、《卍续藏》本补入，其下注云："右序编录乎《净信堂初集》，今钞出冠于篇首也。"

宝王三昧念佛直指卷上（并序）

明 四明鄞江沙门妙叶 集

念佛三昧称为宝王者，盖于一切三昧之中，最上三昧者也。首独唱于庐山，后遍流于天下。历代所修，往生非一。著文于世，证验良多。自昔至今，富于编简。若禅若教，无不尊崇。是圣是凡，悉皆景仰。但末代浅根，因药致病，以极乐净土不求之于西方，而求之于分别缘影。多流此见，内怀痛伤，嗟彼唐丧其功，虽修无感。乃以净土诸经，及各宗疏钞，采其奥旨，述以成编。虽其言之不文，莫敢裁于胸臆，自为警省，敢闻于人，故以《宝王三昧念佛直指》定其名焉。

极乐依正第一

原夫无上正遍知觉，圣主世尊，普应机宜，从兜率宫降神于世。故四十年中，说法三百余会，皆令群有，同证真常。乃至末后灵山会上，方说《法华》，俾令众生开示悟入佛之知见。出世本怀，于兹畅矣。然出世度生之道，非但释迦。三世如来，莫不咸尔。而于释迦一代施化法门之中，求其所以机宜相感，生佛缘深，至简至易，而功高径捷者，无越求生净土一法门也。

盖念佛法门，首因法藏比丘于无量劫前为大国王，闻世自在王佛说法，遂弃国出家而成比丘。其佛复为广说二百一十亿佛刹庄严，人天善恶，粗妙不同等事。法藏闻已，即于佛前发四十八种大愿。愿成佛时，国中无有三途、三毒、八苦、八难、九恼、十缠等一切障碍。生我国者，皆住正定，得忍悟心，解脱胜智之人，乃至十念得生。若不尔者，不取正觉。其时大地震动，天雨妙花，空乐自鸣，佛与其记。今已得果，成佛十劫。因昔愿胜，功德、神通、光明、力无畏等，超过十方，佛号阿弥陀。其阿弥陀佛所居之国，从是娑婆世界直西过十万亿国土，名曰极乐，或曰安乐。今现在彼，以昔大愿及神通力而为说法，摄取十方世界念佛众生。众生生者，得不退转。刹那尚莫胜数，何况历劫度脱？其生彼者，有何限极？微尘、恒沙所不能喻。

其佛国土庄严胜妙，超过十方。有诸宝池，随其大小，皆七宝成。或有大池，其量盈广，正住其中。底布金沙，边铺阶道。其池之上，复有楼阁，千层万叠，广博妙好，光明赫奕，不可具说。其池之内，八功德水，香美清彻，盈溢充满，为十四支，于诸无量庄严具中，寻流上下，出声演说无量法门。是妙水中，复有六十亿七宝莲花，团圆正等。水注叶间，四色四光。三辈九品，行列次第。香洁微妙，映蔽其国。宝地平正，愿力所成。于其地上，复有七重栏楯、七重行树，宝幢、台榭、幡盖、珠缨，各各无量，殊特妙好，周回间列，庄严其国。又于虚空，雨诸天衣、天香、天花、天缯、天乐，各各无量，缤纷散漫，遍虚空界。如是无量诸庄严具，皆金、银、琉璃、砗磲、玛瑙、毗楞伽、甄叔迦等、金刚、摩尼、如意珠王，不可思议众宝所成。是众宝内，各放无量百千万亿宝色光王，互相辉映，一一遍照三千大千世界。其光交罗，不相障碍，极虚空际，不可穷尽。

如是无量一一光明，一一庄严，与虚空中天乐、香花、珍禽、铃网，其声雅正，宫商清彻，铿锵应节，流出无量无边微妙之音。其音遍满，不间不断，悉能演说苦、空、无我、诸波罗蜜，叹菩提道，赞佛、法、僧，或说念处、正勤、根、力、觉、道、诸菩萨行、谛、缘、愿、度、力无畏等、十八不共、大慈、大悲、大喜、大舍，不可思议无量法门。其所说法，三世十方依正色心，融通无碍，及劝精进。如佛音声，等无有异。其国众生闻是法已，悉皆念念随其所乐，速能证入三乘胜行，一切道品，无量解脱。如从佛闻，得无差别。纵是凡夫，闻此法故，自然精进。尚无一念疲倦之心，云何更有退转？

又彼国土，纯一男子，无有女人，莲花化生，不处胎胞。妙服美味，能成法喜，从其所欲，悉随念至。无寒暑昼夜，无生老病死，无土石诸山，无三途恶道。往来虚空，经行树下。欲作佛事，示现神通，悉从心念。又复寿命无极。如是种种快乐无极，故名极乐。

况复弥陀世尊，功德、光明、威神、相好，各八万四千，如紫金山。处大莲花狮子之座，庄严赫奕，超过虚空。大海弥卢，所不能及。眉间白毫，功德增胜，如日舒光，众明悉绝。光中化佛、菩萨、声闻，各放光明，远照尘刹，摄受众生。彼二大士，亦复如是。文殊师利，普贤大行，诸大菩萨，皆住彼国。一生补处，其数甚多。诸上善人，俱会一处。悉为良友，以佛为师。亲近慈容，闻第一义。顿超三界，即证无生，十地高超，二觉圆满。况能于念念中供养十方三宝，成就一切法门，游戏神通，净佛国土。乃至入于三途六道，舒光破暗，救苦众生。或复尘刹分身，随机化导，应病与药，如佛弘慈。于念念中圆满普贤所有行愿，具文殊智，有大势力。如观世音，同证菩提，同佛所住。则一切众生，性虽昏昧，得闻此说，谁不欢喜而生信乐？

然彼妙土及庄严事，虽具我心，若非弥陀如来于过去世，为度众生，行菩萨道，不可称计，焉得成就？当知彼佛行愿无边，庄严无尽，是故如来居彼国土，大愿圆满，宝土斯成，依正庄严，悉皆具足。如是庄严依正境界，假使各十方面，百恒河沙微尘刹数菩萨、声闻，以大辩才，如实称扬，尽未来时，不可穷极。若善男子、善女人，闻如是说，至心信乐，欲生彼国者。应如佛教，圆发三心，具足众戒，不犯威仪。然后直心正向，观彼国土一切依正无量庄严胜妙境界，及彼如来八万相好功德光明清净之身，或复随取一相一境，乃至如来眉间白毫相光，远离虚妄，或一念至十念，或一日至七日，譬如壮士屈伸臂顷，即得往生。其有直信有彼国土，有彼如来愿力威神，不生疑惑，但能一心不乱，执持名号者，不出所期，亦得生彼。何待色身报满，然后得生？当知阿弥陀佛接引众生，令离苦海，过彼慈亲。于先劫中，已立大誓，无苦不忍，无行不臻，无愿不立，无法不说，为度我故，方便百千。今正是时，目睛不瞬，垂臂待我，已历十劫，念念不舍，甚于剖心。乃至其心激切，入生死中，遍历三道，地狱猛火，不辞劳倦。我若回心向佛，如子恋母，正慰所怀，则不逾当念，便得往生。何必更经十念之顷，然后得生？

斥妄显真第二

行人欲生彼国，出离生死，先当深识求生彼土真妄之心。且谓如是极乐世界，为是在境？为是在心？若在于心，但有虚想，无土可生。若在于境，虽有生处，又复失心。若谓心、境二俱求生，则我身心是一，宁生两处？若谓心、境是一，一心求生，则自今心、境宛尔，难说是一。又极乐、娑婆，净秽不同，况是世尊垂教，敕令舍秽求净，一义奚得？四句既不可求，或谓处处皆是西方极乐，或谓心净则是极乐，或云极乐不离这个。若作此解，皆名邪见。而余因不得以默矣。

彼若谓极乐在心，即便妄认此心住在我今身中。既在身中，但名求心，何名求生？岂我世尊不知极乐在心，而说在西方十万亿国土之外耶？又岂不能指说内心，而但能说外境耶？今西方极乐世界阿弥陀佛，现在说法，实境宛然。此是圣人诚言，焉敢不信？而不知此缘影心外之极乐，正即是我真心。我此真心，如彼大海不增不减，而汝妄谓为境。汝谓极乐在缘影心，此缘影心，如海一沤，生灭全妄，而汝妄谓为心。汝若固执妄见，不信外有极乐，信在汝缘影心内者，汝缘影心无体，不可以心求生于心。而不知彼极乐虽在西方，西方即我真心。真心无性，即彼名体以显我心。名体本空，亦即我心而示其相。心、境一体，生、佛同源。求彼佛，即求自心，非外求也。究自心，须求彼佛，岂他惑哉？如是则取舍忻厌，炽然着相，任我所求，岂复外心？心能具故，则知此心圆裹一切依正境界，乃至色心净秽，生佛因果，三世十方诸法，含摄无外，同一受用。求一外相，了不可得。虽无外相，不分而分，净秽宛尔。故当如是而求，岂可求之于妄心也？如是愿求，佛所印可。与彼世之不识本心，愚痴无智，不求西方极乐之佛，但向自己肉团缘影妄心中求，谓是唯心净土、本性弥陀者，实迂远矣。

然彼极乐国土，非依缘影妄心。又彼弥陀色身，非在众生阴体。若向我今四大、缘影身心中，求本性自己之佛，不求西方极乐之佛，则妄心生灭，佛亦生灭，佛生灭故，三昧不成。纵求有得，但成生灭之佛，还生生灭之土，不成正行。经云：“以轮回心，生轮回见。彼圆觉性，亦同轮转。”即此义也。若欲离诸妄见，直生彼者，但求西方十万亿国土外极乐弥陀之佛，以称性妙观，如实观之。使彼如来本觉相好，于彼显现。合我众生始觉真心，于此发明。始本相冥，生佛互感，三昧乃成，正行斯立。不生灭土，始可生也。故知此心遍一切处，尚不间于地狱，何止极乐。但地狱苦处，今顺性而求离。极乐九品，今顺性而求生。但依修多罗教，顺佛法音，求离苦得乐，从凡入圣，实不出吾之心性，故名唯心净土、本性弥陀。非谓从妄心中求。妄心无体，焉得名为唯心本性之佛耶？彼向自己缘影妄心中求者，以色身及山河大地十方刹海为外境也。此向自己不动真心中求者，即十方刹海大地山河为内心也。若知十方刹海即内心，则打成一片，故我任意于中舍秽取净，厌东忻西，不出自心。以实有彼大愿果佛能接引故，故求无不得。若谓十方刹海为外境，则打作两橛。故才动念，便乖法体，即失其用，不得自心。以但有此性具因佛，无力用故，故虽求无得。

又妄心但是虚妄缘影，惑为色身之内，无土可生。真心含育一切尘刹，本具极乐依正，求之必生。妄心舍外趣内，真心即外为内。内无外故，外求有相果佛，即求自心。内非实故，内求无体缘影，不见自心。妄心心境宛然，真心即心即境。妄心生灭无据，真心不动不摇。妄心在因无果，始终生灭。真心因果一致，性修交彻。故知从真心、妄心求者，其别若是。论时，则何啻日劫相倍。论处，则何但天地悬殊。论体，真则圆裹十虚，妄则居于身内。论用，真则横截娑婆，直出生死；妄则煮沙为饭，经劫难成。是故行人发菩提心，求生净土，岂可但求自己缘影妄心，不求西方极乐真佛？良可痛伤。譬如欲西而面东，欲升而抱石，从水求火，从火觅水，奚可得焉！

嗟今之人，不识真心遍一切处，即色显体，而妄认缘尘影事，谓是本性，谬之甚矣。譬如有人认贼为子，其家财宝必被消灭。分别影事，妄认为心，亦复如是。若或识子是贼，贼不为害。知意是妄，妄亦奚伤？但不可认彼为是极乐依正也。四明法智大师所以有指妄即真之说，观佛观心之谈，终不拨于极乐依正实境。奈何后世邪见蜂起，魔侣炽然，破灭佛法，断佛种性，妄计极乐妙土在我缘影心中，而不肯西求，可胜颠倒！彼闾巷之人未闻正说，以此邪见密相传授，疑误人者，虽不逃于地狱苦报，尚有可恕。而我出家四众，圆顶方服者，同此见解，尤可伤悯。

倘若真为生死，则必以此说为是。若有障重之人，于此法门不能随顺者，则当更审缘影妄心，境界云何？此虚妄心既无有体，但随我生灭，遂即妄认为我。妄认我故，便谓此心住在我今色身之内，谓此色身住于今之世界，谓此世界还住今之虚空之中。此虚空性，广大难量，遍含尘刹。如是则空大界小，心劣于身。一念转微，不可举示。岂可以至微至末一念无体之妄心，而于此求极乐依正之妙境乎？不可求而求，岂不甚惑？既了此义，则知如是空性无边，虽不可量，元不出我大觉清净心中，如彼片云，点太清里。况诸世界在虚空耶？况此色身在世界耶？况此妄心在色身耶？故知妄微身著，界大空圆，从纤至洪，不出我今本心之内。故知我心如空，彼空如尘。我心广大无涯无底，圆裹十方三世一切虚空微尘刹土，一切众生色身、妄念。欲求一法在于心外，了不可得，何特西方极乐非心外耶？造次颠沛，尚不可离。况净行庄严，要期西迈，透脱生死，岂求外耶？

经云："认悟中迷，晦昧为空。空晦暗中，结暗为色。色杂妄想，想相为身。聚缘内摇，趣外奔逸。昏扰扰相，以为心性。一迷为心，决定惑为色身之内。不知色身外洎山河、虚空、大地，咸是妙明真心中物。譬如百千澄清大海弃之，唯认一浮沤体，目为全潮，穷尽瀛渤。汝等即是迷中倍人，如我垂手，等无差别。"又云："妙觉明心，遍十方界，含育如来十方国土，清净宝严妙觉王刹。"又云："十方虚空，生汝心内，犹如片云，点太清里。况诸世界在虚空耶？"以是义观，既十方空刹，依正色心，是我本有。我今决志求生本有之土，求见本有之佛，有何不可，而谓外求？我既愿求，心能感故，彼佛为我显现之时，即我自家底本有心佛显现。心佛真实，何有外来？既无外来，彼佛显时，即我心显。我心显时，即彼佛显。我心即是彼佛之心，彼佛即是我心之佛。一体无二，性本圆融。何可舍彼西方极乐内心之佛，而妄计别有唯心佛也？

或曰：虽妄心，岂不亦具依正之法，何必使人求乎外境？

答曰：妄心设具一切依正之法，岂不亦具西方极乐？若知西方极乐，一如娑婆之实境可求，可说心具。若谓此心即是，心外更无实境，此则但是妄心虚想，有何实焉，而谓心具？又即境之心名真心，离境之心名妄心。故知真、妄虽同，即、离为异。即得，离失。即是，离非。其旨明矣。又如法师少康，因念佛故，称佛名时，佛从口出，状若连珠。亦存其相，使其众会皆得见也。佛既有相，土焉不实？更有一等，谓于事则有，于理则无，或云处处皆是净土，伤哉此辈，深惑难祛！又禅宗南阳国师为禅客举无情说法之话，虽不专言净土旨趣，亦痛末世向缘影求佛者多。故此说中，不得不备。

［附］

真妄心境图说[①]

下图大方相，喻大觉不生灭之真心也。心量不可为喻，今姑以方相拟之。内一圆相，喻十方无边虚空也。内十个小方相，喻十方各微尘数世界也。内人身[②]中“心”字，喻汝今胸中所蕴六尘缘影之妄心也。此妄影心在我身中，身在世界，世界在空，空在大觉本然真心之中。故知此东秽西净二土，实境两形，远隔十万亿国土之外，岂在汝今虚妄缘影心中？佛祖有云“唯心净土、本性弥陀”者，正在此以方相为喻能含裹十虚大觉不生灭真心中。若谓在汝即今妄想缘影心中，可谓惑甚。《楞严》云：“譬如

① 《大正藏》本，图说附于《直指》全文后，有序引云：“此图所引乃上卷第二篇斥妄显真之说中来，恐人观彼犹有昧者，故作此图再述其旨，使后学易晓云。”又其图名为“真妄心境胜劣之图”。

② 原图娑婆方相中有一人形，代表娑婆众生。极乐方相中有一佛像，代表阿弥陀佛。

百千澄清大海，弃之。唯认一浮沤体，目为全潮，穷尽瀛渤。此是迷中倍人。”即此义也。又云：“十方虚空生汝心内，如片云点空。”况世界在空，岂能离我本然真心也？又云：“空生大觉中，如海一沤发。有漏微尘国，皆依空所生。”如是则净秽等土，不离真心，又何碍于着相求生耶？若能了远即近，求即无求，自合理趣。此真妄二心，古人广有妙释，不能具引，行者可不鉴乎！

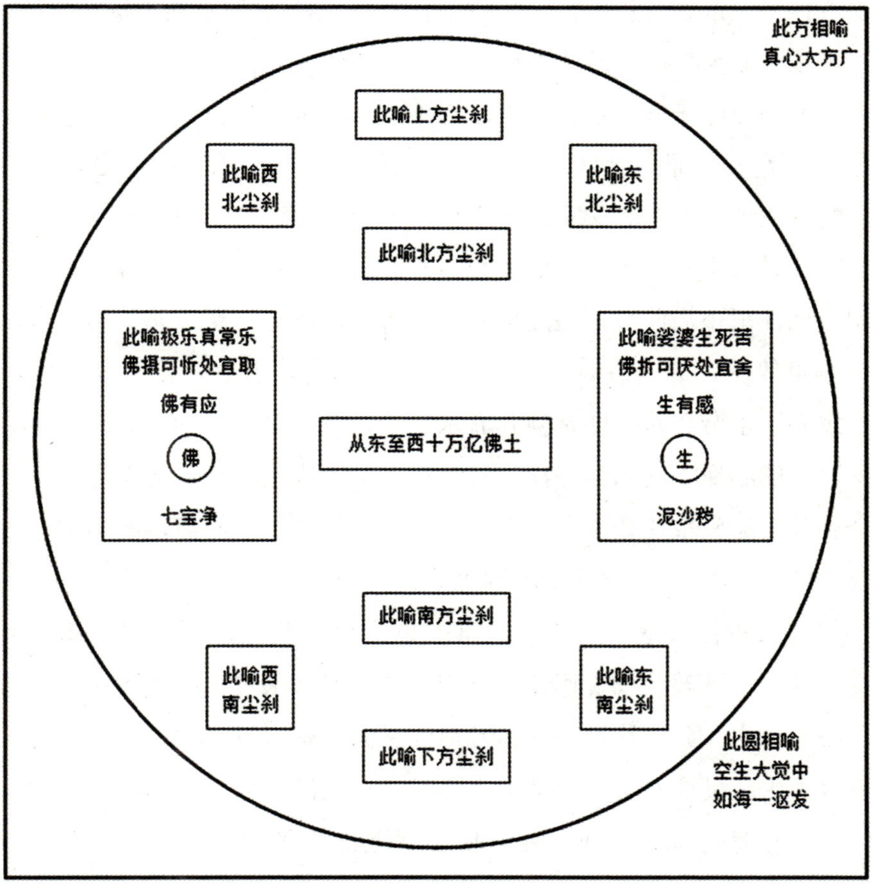

真妄心境图

诃谬解第三

念佛三昧，名三昧王。境界甚深，卒难究竟。古今师授，互有不同。至于天台，其说大备。慈恩、贤首，各引其长。暨我禅宗，亦极明显。但后学浅陋，莫得指归。尚未升堂，焉能入室？寻门未得，异见多途。遂将禅宗六祖大师《坛经》说净土处，暗地挎量，随语生解，便谓本无净土，不必求生。而不知我大师非但所说随机，实乃义符经旨。纵随其语，但言净土不必生，亦不说无净土。净土既有，生理昭然。何故初机执指为月？

若依大师所云："迷人念佛求生于彼，悟人自净其心。"又云："东方人，但心净即无罪。虽西方人，心不净亦有愆。东方人造罪，念佛求生西方。西方人造罪，念佛求生何国？凡愚不了，不识身中净土，愿东愿西。悟人在处一般。"又言净土远近，但随众生善根不同，而佛土焉有远近之异，是谓不必求生也。然要众生永断十恶八邪，具修十善八正。又令妙识心地性王不离此身，但迷悟有异。若悟，则能行慈、悲、喜、舍、能净、平直等善，即是观音、势至、释迦、弥陀。若迷，则分别人我，邪心、虚妄、尘劳之殊，即是须弥海水之境，龙、鬼、地狱之党。今详大师旨意，但能心净，则随处皆净。实与维摩会上佛足按地，变秽为净，其诸大众各各自见坐宝莲花，义实无二。则经所谓"随其心净，即佛土净"，其说明矣。大师之辩，岂不称可佛心，深符经旨？

但圣人说法，遮、表不同。其有位未至于此者，不可引彼遮诠而自诳也。况一大藏教，或说遮诠，一切皆非，何必求生；或说表诠，一切皆是，必当求生。此二法说，同出佛口，义无有殊。岂可偏执遮诠之说，顿弃表诠求生之义耶？若果直谓于土不必舍秽取净，而但净其心者，则大师亦当谓人但净心而已，不必令人断诸恶业而修善行也。今既令人断恶行善，则必于土舍秽取净，其义益明。故佛说遮诠之时，正欲显于表诠令求生；说表诠时，正是依于遮诠知无生。故知曹溪令人因心先净，则报境自净，不令求生，遮诠也。庐山令入佛报境净，则因心自净，教必求生，表诠也。然佛祖说法，因果不二，非前非后，二义未尝相离，虽使人所入不同，而法体本一。奈何今人才闻遮诠之说谓是，便谓表诠之谈为非，自生退障，良可悯伤。不知大师作此遮诠不必求生之说，正是显于表诠，令求生净土故也。又如释尊一代圣教，诸部历谈，无非一味。而于显说法中，定多赞显说。于密说义中，必特称密说。各宗当部，而置别谈。然佛岂无别谈妙于此者？盖欲应机，使众会受持，得以一志无犹豫也。今像季中扶宗树教，岂无抑扬之时？六祖既欲弘一行三昧，理宜杜绝诸乘。庐山特欲阐念佛三昧，使之横超直截。正当圆摄群机，后学岂可妄生二见？宜详审之。

又谓东方、西方之人，心净无罪，不净有愆者。正谓东方恶境粗强，佛已灭度，不能心净。如俗在家，火宅万煎，纵修亦失。譬如小石，入水即沉。故必求生西方，弥陀圣众现在，境胜行深，逃子既回，佛亲诲益，如出家在寺，善缘具足，决不退转。故生彼国，心净无愆，如彼大石乘船，入水不沉故也。又东方、西方，理本一体。彼佛国土，非但境胜，其佛现在，能除愆罪，心必清净，圣地可阶，故必远胜娑婆，须求生也。若是根胜如曹溪六祖者，尚能入生死大海，寻声救苦，教化众生，何必求生。其或道力未充，妄效先觉，自不求生，教人亦不求生，譬如救溺无船，彼此俱溺，可奈何哉！

又我大师实弘禅宗之六祖，所说岂非阐扬少室之禅？乃云："心平何劳持戒，行直何用修禅。"若依此语，则谓不必持戒、修禅矣。而不知心若平，则我待物无不平。物我既平，岂可杀他自养，盗彼自利，分男女相而行非行，语不真实，而更饮酒，使醒醉异时？心平既无此犯戒之相，则一切戒皆在其中。岂可全不持戒，与劫杀人等，而云心平？是知作此"心平何劳持戒"之语，正是显于大戒也。"禅"字乃是梵语，此翻"静虑"，或翻"正定"，或翻"一行三昧"。岂有行直之人，其心虑而不静，其住定而不正，其行有不一者？是知"何用修禅"之语，正是显于深禅也。

大师行超天人之表，道隆像季之间，恐后学着法泥迹，于戒体中说"何劳持戒"之语，于禅境中说"何用修禅"之言。例此，则知亦于必当求生净土法中，而说"不必求生"之语也。后学犹转泥迹，谓实不必求生，愚之甚也。盖大师所说，反劝也。诸祖所谈，顺赞也。非顺则无以启进修之路，非反则不显圆顿之修。反劝、顺赞，悉应当时之机，无有实法。如云“逢佛杀佛”，岂真杀佛乎？若杀佛之语是实，则文殊仗剑，亦是真杀佛乎？苟随古人之语，不求古人之心，谓实不必求生者，正所谓醍醐上味，为世所珍，遇斯等人翻成毒药矣。是故大师称彼三谛圆妙之理，于有生中说无生，于无证中说修证，二边叵得，中道不存，合教乘圆顿法门，坦然明白，如揭日月于昏衢，无不蒙照。而谓禅宗于念佛三昧净土旨趣有所未尽，可乎？若夫河西绰公、长安善导、信源禅师、智觉、慈觉，岂非继其后者，皆能远禀遗音，力弘斯道。道珍、怀玉，行业厥彰。圆照诸师，其验益著。况今禅林为病僧念诵，及荼毗十念称佛名号，俾其往生。事载典章，余风尚在，更奚惑焉！

正明心佛观慧第四

夫念佛三昧者，实使群生超三界、生极乐之径路也。始自鹫岭敷宣，次羡庐山继轨，十方称赞，诸祖传持，自昔至今，有自来矣。但其说或不能一，致后学不得其归。独天台三观法门，理冠群经，超乎众说，禀教得旨，其益难思，故后学不可不以此为舟航也。

夫三观者，一念即空、即假、即中也。自我如来恢扬，至于智者妙悟，所谓空则一切皆空，假则一切皆假，中则一切皆中，俱破俱立，俱非破立，圆融绝待，难议难思。统诸部之玄门，廓生佛之境智，极万法之源底，显净土之圆修。念佛三昧，非此法门，则有所未尽也。四明大师发扬妙旨，以谕后学，今悉用其语。求生净土，虽不外乎世间小善及彼事想，若非以大乘圆妙三观法门释彼《十六观经》奥旨，使人开解起行，何由必生？

十六观者，初观落日，所以先标送想向彼佛也。初心行人，虽了根尘皆是法界，而心想羸劣，胜境难现。是故如来设异方便，即以落日为境，想之令起观中之日。圆人妙解，知能想心，本具一切依正之法。今以具日之心，缘于即心之日，令本性日，显现其前。斯乃以法界心，缘法界境，起法界日。既皆法界，岂不即空、假、中？此犹总示。若别论三观成日功者，以根境空寂，则心日无碍；以缘起假立，故累想日生；以其心日皆法界，故当体显现。日观既成，则三观同在一心，非一非三，而一而三，不可思议。日观既尔，余观例然。应知十六，皆用即空假中一心三观以为想相之法。次观清水，复想成冰。良以彼土琉璃为地，此地难想，且令想冰，冰想若成，宝地可见。如上且以所见落日及冰以为方便。次观地、观树、观池，及以总观楼、地、池等。以上六观，皆所以观彼土之依报也。至于观花座者，为三圣之亲依。观宝像者，类三圣之真体。欲观于佛，先观于座。真佛难观，要先观像。乃至普观往生、杂观佛菩萨等，七观皆所以观彼土之正报也。后三观者，明三辈九品之人自此而生彼也。既然修因不同，是故感果差降。今亦观者，为令行人识别三品优劣，舍于中下而修习上品往生故也。然诸观皆用经所示相，忆持在心，为所观境，仍了自心本具此法，托境想成，发明心目。

又经题云“佛说观无量寿佛经”者，佛是所观胜境，举正报以收依果，述化主以包徒众，观虽十六，言佛便周，则当但观彼佛也。欲观彼佛者，则当先观彼佛如虚空量端严微妙广大色身。一一身分，八万四千相。一一相中，八万四千随形好。一一好中，八万四千光明。一一光明之中，一一世界海。彼世界海中，一切十方诸佛、菩萨、声闻、缘觉、僧众，一一微妙广大，不可具说。但当忆想，令心眼见。见此事者，即见十方诸佛。以见诸佛故，名念佛三昧。作是观者，名观一切佛身。以观佛身故，亦见佛心。佛心者，大慈悲是，以无缘慈，摄诸众生。作此观者，舍身他世，生诸佛前，得无生忍。

又云：“观无量寿佛者，从一相好入。但观眉间白毫，极令明了。见眉间白毫者，八万四千相好，自然当现。见无量寿佛者，即见十方无量诸佛。得见无量诸佛故，诸佛现前授记。是为遍观一切色身相。”故知十六妙观，以观佛为要。八万相好都想难成，故令但观眉间毫相如五须弥，此想若成，八万皆现。此为要门也。若修前诸观，心得流利，观已宏深，则可称彼毫量而观，使八万相好自然皆现。疏中令观劣应毫相，乃为未修前诸观者，及为虽修观未成者，故于佛身别示初心可观之相，为三昧门也。

又慈云法师但令直想阿弥陀佛丈六金躯坐于花上，专系眉间白毫一相。其毫长一丈五尺，周围五寸，外有八棱，中表俱空，右旋宛转，在眉中间，莹净明彻，不可具说，显映金颜，分齐分明。作此想时，停心注想，坚固勿移。此想若成，则三昧现前矣。是故《观佛三昧经》云："若人至心系念，端坐观念色身。当知心如佛心，与佛无异，虽在尘劳，不为诸尘之所覆蔽。"作是观者，是真念佛。是知观佛功德，其事如是。

又彼世尊相好光明，微妙广大。众生狭劣，想念难成。佛令于真身观前，先令想像。佛必坐座，又先观座。座观若成，则当想像。经云："诸佛如来是法界身，入一切众生心想中。是故汝等心想佛时，是心即是三十二相、八十随形好。是心作佛，是心是佛。诸佛正遍知海，从心想生。是故应当一心系念，谛观彼佛。"夫法界身者，报佛法性之身也。满足始觉，名为报佛。究显本觉，名法性身。始本相冥，能起应用。然非众生能感，则诸佛亦岂能应？能感如水，能应如日。是故始觉合本，犹白日升天。应入净想，如影现百川。有感有应，此二道交，是为入众生心想之义也。又法界身者，即佛身也，无所不遍，故以法界为体。若能得此观佛三昧，则观解心契入佛体，佛体入观解心，斯乃始觉解于本觉，是故本觉入于始觉。有解有入，此二相应，是为入众生心想中也。当知今之心观，非直于阴心观本性佛，乃托他佛以显本性。是故先明应佛入我想心，次明佛身全是本觉。故应佛显，知本性明。托外义成，唯心观立。二义相成，是今观法。

又经中云"是心作佛，是心是佛"者，所以示今观佛，当明修性不二之旨。言"作佛"者，此有二义：一者净心能感他方应佛，谓诸佛法身本无色相，由众生净心，依于业识，熏佛法身，故能见佛胜应色相。二者三昧能成自己果佛，谓众生以净心想，成就观佛三昧，故能使自己终成果佛。此之二义，初作他佛，次作己佛。当知果佛从证，非是自然。即是而作，全性成修，显非性德自然是佛也。言"是佛"者，亦有二义：一者心即应佛。前言佛本无相，心感故有，则心佛有无，条然永异。今泯此见，故即众生之心，全是应佛，以离此心外更无佛故。二者心即果佛。既心是果佛，故知无有成佛之因，以众生心中已有如来结跏趺坐，岂待当来方成果佛。此之二义，初是应佛，次是果佛。当知果佛本具，非从缘成。即作而是，全修成性，显非修德因缘成佛也。若以作、是显于三观，则空破假立，皆名为作，二边之观也；不破不立，名之为是，中道之观也。全是而作，则三谛俱破俱立。全作而是，则三谛俱非破立。即中之空假名作，则能破三惑，立三法，故感他佛三身圆应，能成我心三身当果。即空假之中名是，则全惑即智，全障即德，故心是应佛，心是果佛。故知作、是之义一心修者，乃不思议之三观，为十六观之总体，一经之妙宗也。文出此中，义遍初、后，是故行者当用此意修净土因。

或曰：何不依经所说，惟以事想直生净土，乃显慧观之门，使初心难入耶？

答曰：观慧、事想，乃至人中微善，但得一心，皆可生于净土，但粗妙之不同耳。粗则惟彼事想，妙则专乎心观。疏云："良以圆解全异小乘。小昧唯心，佛从外有，是故心、佛其体不同。大乘行人，知我一心具诸佛性，托境修观，佛相乃彰。今观弥陀依正为缘，熏乎心性。心性所具极乐依正，由熏发生。心具而生，岂离心性？全心是佛，全佛是心。终日观心，终日观佛。"其旨明矣。"又应了知，法界圆融不思议体，作我一念之心，亦复举体作生、作佛、作依、作正、作根、作境。一心一尘，至一极微，无非法界全体而作。既一一法全法界作，故趣举一，即是圆融法界全分。既全法界，有何一物不具诸法？以一切法，一一皆具一切法故。是故今家立于唯色唯香等义。"又云："毗卢遮那，遍一切处。一切诸法，皆是佛法。所谓众生性德之佛，非自、非他、非因、非果，即是圆常大觉之体。故知果佛圆明之体，是我凡夫本具性德。故四三昧，通名念佛。若此观门，托彼安养依正之境，用微妙观，专就弥陀，显真佛体。虽托彼境，须知依正同居一心。心性周遍，无法不造，无法不具。若一毫法从心外生，则不名为大乘观也。"又《仁王般若经》云：佛问波斯匿王："汝以何相而观如来？"王言："观身实相，观佛亦然。无前际、中际、后际，不住三际，不离三际。不住五蕴，不离五蕴。不住四大，不离四大。不住六处，不离六处。不住三界，不离三界。乃至非见闻觉知，心行处灭，言语道断，同真际，等法性。我以此相观如来身。”佛言：“应如是观。若他观者，名为邪观。”此义益明矣。

又云：若其然者，何不直观彼土真身之妙，而又此经教人先修像观耶？

答：娑婆教主称赞乐邦，务引众生出离五浊。教观彼佛六十万亿那由他由旬之法身，而先之以花上宝像者，开示方便，使观粗见妙也。继之以丈六八尺之像者，随顺下凡，使观小见大也。盖粗妙异想，悉从性而起修。小大殊形，咸自本而垂迹。能观之性，初无差别。所观之境，宁可度量？是故圆顿之谈，一音普被。开示其次第而非渐，随顺其根器而非偏。并启观门，全彰实相。像教之源，岂不在兹？此是念佛三昧单提直截之旨，始终不二之谈，大乘圆顿之道，如日月普照天下后世，使知真妄之心，即一而不同，而理有所诣也。可谓不离日用，解、行、观慧悉皆具足，学者可不尽其心哉！

道场尊像念佛正观第五

夫观慧三昧者，当以斯观慧之旨，观彼极乐依正，使此心纯熟，心境理一，而直生于彼土也。道场正观者，以彼虽达观慧之旨，而六根所对，尚留尘境，或有退转，故于道场圣像，乃至庄严供具，即与极乐依正，一体而观。行人虽未离娑婆，以此心观一故，如已生净土矣，于命终时，莫不感应。且如行人忏悔行事，清净道场，庄严供事，至于一香一花，岂不即彼三谛之理？若不以此谛理，事事之中，正念观察，使胜行有归，则于大乘圆顿之道不能开显。

如彼佛土，有无量一一庄严之具，皆从彼佛初修菩萨行时因行所感。因行既立，果土现前，故庄严具，胜妙无尽。我今观果知因，则知三昧道场一一庄严，与彼极乐因果无二。岂不亦各各成大三昧，显诸法门圆融微妙，如极乐土，等无差别。亦自即彼严具，为妙身相。身相、供事，非彼非此，非一非多。依正互融，显法界理。如诸佛土不可思议，岂可视为土木所成境耶？故知或境或心，或身或土，同一受用，自在无碍。经云：

“以波罗蜜所生一切宝盖，于一切境界清净解所生一切华帐，无生法忍所生一切衣，入金刚法无碍心所生一切铃网，解一切法如幻心所生一切坚固香，周遍佛境界如来座心所生一切众宝妙座，供养佛不懈心所生一切宝幢，解诸法如梦欢喜心所生一切佛所住处宝宫殿，无着善根所生一切宝莲花云”等。以是观之，则知极乐依正之境，乃是弥陀如来因行所成，今感其果。我此道场，既是生净土因。胜劣虽有不同，如海如滴。而其气分，岂不与同体耶？

因是义故，则道场中，六根所对香花、灯烛、胜幡、宝盖、一切供具，乃至衣服、卧具、饮食、医药、诸受用具，一色一香，及一微尘，无非三昧，无非法门，皆能使人发乎妙解，悟心证圣。虽未闻音，亦能表现念佛三昧诸大法门。亦即一切生佛之身，境智无碍。亦能与我同行，为真法侣。行人敢轻视之，使不发妙悟，俱生彼国，可乎？经云：“禅定持心常一缘，智慧了境同三昧。”义亦若是。能作此观，则根境一致，何但我之三业为能修也？又如地狱苦具，刀杖剑火，以彼先造恶因所使，皆能摇动为蛇为狗，为虫为鸟，穿骨入髓，作诸苦事。况道场中诸庄严具，而不依正同源，皆解脱法，与我共成三昧者乎？

又道场庄严，形皆异物，尚能使人发乎妙解。况今所奉尊像，恭敬供养，尽心竭志，如父如母，岂不能令我解脱，速生安养？且如一佛二菩萨像，置道场中，为的对忏悔之主，余像是伴，总名为正。诸庄严具，悉名为依。是则主伴依正，与彼极乐依正，虽粗妙不同，而其像主所有神通愿力，同佛真身。叩之则灵，求之则应，有何差别？既无差别，则于此像，岂可但作土木胶漆金彩所成之见，而不作西方极乐大愿相好真身之佛观耶？若于像中不见真身，则其心不一，三昧难成，妙悟不深，失之甚矣。盖今所见之像，与彼真身实无二致。但以彼佛大慈普遍，于无二身，随机应现，示真示化，或示形像。而我亦眼障尚深，于一法中所见自异，于佛真身而谓像耳。则知此像，岂实像哉？譬如《观经》三辈九品接引之佛，随其品位，所遣从胜至劣，各各不同。故知我所见像，实亦当我所见，岂佛慈不普，而示我以像哉？虽然见有不同，皆即弥陀一体。又如经说，忏彼眼障渐薄，见佛座已，先见一佛、二佛，障又薄时，渐渐见佛遍虚空界。以彼例此，若我忏愿求生之心与理相应，先见佛像及化，后能见佛真身。又如华严会上，佛体本一，大菩萨众见佛是广大无量天冠庄严舍那之身，三乘见佛是王宫降生老比丘身。我等凡夫，故应见佛是土木所成之身。不尔，云何《普贤观经》，但忏眼罪，而得见佛？是知佛本一体，或真或像，实见者自异耳。又昔有人刻木为母，母身本木，人有借觅于母，或与或恪，木母亦能形喜愠色，与真母同。彼世间孝意所感，尚能若是。况我无量大愿神通之佛即真宝像，不及木母者乎？况古今造像，征验不一，或放光明，或示瑞应，乃至身生舍利，水溺火焚不坏者，载之传记，不可具陈。则我道场像主，即是弥陀如来真实色身，而我障故，谓是像耳。纵彼直谓是像，亦能入前像观，从像见真，岂不显同体之妙？经云："佛清净身，遍一切处。"又云："一切诸法，无非佛法。"何特此像而非佛乎？

或问：离一切相，即名为佛。佛身尚非，何况此像与佛同耶？

答：若于相非佛，何止于像？虽舍那报身，亦非是佛。若一切非佛，即一切是佛，何非佛耶？若知此义，则悟我今所奉尊像，不离愿海，具大神力，能摄能受，所有一切力无畏等、十八不共、大慈大悲、常乐我净、相好光明，与弥陀真身等无差别。而我于中忏悔行事，当如乞人得近帝王，常怀惭战，畏爱兼抱，渴仰摄受，冀求出离。况复历劫难遇，今既遭逢，岂可轻易，使胜行不进，自作障难耶？又念彼佛哀悯我故，垂示像身，受我忏悔，既受我忏，则一切重罪定得消灭，必生净土。于是心得欢喜，忽如天廓地清，获得法眼，彼极乐国，可如目睹。故知真、像一致之说，非不甚深。学者宜尽其诚，莫作异解。

辟断空邪说第六

释迦如来一代圣教，一本于善恶果报、因缘诸法，为始终不易之正教也。虽有百非超脱之句，岂必离乎因缘法哉？奈何今时有一等断人善根极恶阐提之辈，不识佛祖为人破执除疑、解粘去缚之谈，随他脚后跟转，妄谓除此心外，诸行皆空，无佛无法，非善非恶。错认妄识是真，谓此心外，无法可得。遂即拨无因果，排斥罪福，言："一切菩萨诸佛形像，只是个金银铜铁、土块、木头。一大藏教，亦只是个树皮，揩不净底故纸。本非真实，何足依凭？"于一切善行功德，无不一一扫除，谓言着相。一路谈他之短，显己之长。或存所参话头，而又谓不可固执，索性使人内外空索索、豁达地了。即乃潜行诸恶，及淫怒痴等，反谓于道无碍。自赚赚他，内心腐烂，殆不可闻。譬如狮子身中虫，自食狮子身中肉。此等见解，其类甚多，必是天魔波旬昔恨未消，所遣来者，令同我形服，坏我道法，而无遗余。呜呼痛哉！

若如彼见，谓："形像非佛，不知何者是佛。纸墨非经，不知何者是经。"若自心是佛，何物非心？而独谓圣人之像非心非佛耶？又心既是佛，何人无心？而独谓汝心是佛，使人非像非经耶？不知众生之心，全体在迷，必假圣人形像、经法而表显之，使人有所悟解也。若有悟解，则识生佛真心平等，遍一切处。经云："诸佛说空法，为度于有故。若复着于空，诸佛所不化。"又云："宁可说有如须弥山，不可说无如芥子许。"纵证空法，犹滞小乘，岂能如大菩萨等，从空入有，证于俗假，于众生界，如佛度生者也？是故小乘空见，是大乘菩萨所弃。佛说空法，是未了义。又佛说空法，乃即有显空，空不离有，得名真空。今人说空，离有方空，空成断见，深为可畏，如陷坑阱，永不可出。永嘉云："弃有着空病亦然，还如避溺而投火。"斯之谓也。善星比丘妄说法空，宝莲香比丘尼私行淫欲，生陷泥犁，岂不是后人龟鉴？后人不以为戒，复蹈其已覆之辙，如盲引盲众，使师及弟子自甘没溺，可悲甚矣。

又若孝子闻父过恶，以承彼生育之恩，犹尚不忍。况我释氏之子，负出世恩，于佛形像、法言，恣意轻毁，安然不惧，可不痛伤？此人必向五无间狱大热猛焰之中，各各自受今日谬解之报，岂虚语哉！纵是德山、丹霞，亦但如文殊等一时为人破执显理耳，岂欲以此教后世耶？今为其后者，不识先人之方便，更吃彼已吐之唾，一向谬谓拆佛殿、烧木佛是究道之行，可谓颠倒。若遵彼遗说，唯能烧拆便是道者，今天下释子皆当如文殊师利以剑自随，有佛杀佛，无佛斫像，即是道矣，更不须以佛所传定慧等学而为道耶？又佛法门得久住者，全赖经像、形服、威仪、善行、乘法而已，不知舍是何据而得久住者哉？是故佛说于诸经像敬之不至，尚获大罪，况更轻毁，罪逆可知。《妙经》有云：提婆达多昔作仙人阿私陀时，为释迦师。释迦自以其身而为床座，奉上供养。令我具足六度、相好、金色、无畏、摄法，乃至不共，神通道力，成佛度生等者，皆因达多善知识也。今释迦已得证果，欲相成其道，不说法空，但逆赞其法，微损佛足小指，尚不逃于地狱长劫之痛。何况后五百岁，断人善根，妄说法空者，岂能免苦果耶？

又佛说法空，盖欲令人体空断恶。奈何不识佛意，而反滞空退善，岂不颠倒？又彼于诸不善尚说无碍，不知善法何碍，而欲不修？古人以不落因果答学者问，尚五百世堕野狐身，非百丈老人，不能脱之。况今妄说法空，拨无因果，不惧后世，恣意妄谈，非只毁于经像，又将素食之人比之牛羊，说法之人叱为虚解，罪将安极？不知慧解如人之目，道行如人之足。有目无足，虽见而不能行。有足无目，虽行而不能见。以不见故，必堕坑堑。以不行故，奚到宝所？虽不能到，还识是非。既堕坑堑，身命俱失。如经所谓："五度如盲，般若如导。"以如盲故，行必堕凶。以如导故，必到宝所。岂可反叱经教之谈为虚解也？然则解、行虽各为要，设使有行无解，莫若慧解为优。譬如罗汉应供，象身挂缨，其义可了。又若有解无行，菩提可发。有行无解，难会圆乘。故知文殊解深，为诸佛之师。普贤行大，作群生之父。岂可偏滞一隅而自执也？禅宗南岳，尚以不似一物，不无修证，不可污染，为悟道入门之要旨。况今人邪见若是之深，岂不速疾陷于极苦之处？《楞严》云："自谓已足，忽有无端大我慢起，心中尚轻十方如来，何况下位声闻、缘觉。"又云："忽然归向永灭，拨无因果，一向入空，空心现前。乃至心生长断灭解，不礼塔庙，摧毁经像。谓檀越言：'此是金铜，或是土木。经是树叶，或是氎花。肉身真常，不自恭敬，却崇土木，实为颠倒。'其深信者，从其毁碎，埋弃地中。疑误众生，入无间狱。失于正受，当从沦坠。"则知世尊于妄说法空之人，及未得谓得、未证谓证者，预已授其入狱之记，明鉴若是，今人岂能逃佛所记哉！

或曰：“彼达多入狱无苦，我奚畏焉？”不知达多因心欲逆赞释迦之道，故在地狱，非但无苦，且如三禅天乐。然以身口似谤，故在地狱之中，还如身口所作，具受无量种苦。佛师尚尔，况今人效之，使人于经像间不生尊敬，视犹土木，待如故纸，令彼不识因果，薄于罪福，违佛教诫，近五逆行。如是恶报，其能免乎？

开示禅佛不二法门第七

释迦如来所垂念佛法门，统法界群机而无外者也，实文殊、普贤所证大人境界。天台、四明，判与《华严》、《法华》同部，味属醍醐，即禅宗所谓单传直指之道。永明《四料简》中谓：“无禅有净土，万修万人去，但得见弥陀，何愁不开悟。”诚向上一路也。奈何今人因于名利所谋，不遂其志，乃作色长叹而自悔云：“噫！我平生一切都罢了，参禅非我所望，不知且念些阿弥陀佛，以修来世，苟不折本足矣。”于是反怠其身，曾未深省。倘或忽遇些些儿得志趣，便自无量恶作，依旧一时现前，莫之能御也。念佛如此，何益之有？

今详其见，彼谓参禅虽妙而难，如造万间大厦；念佛虽粗且易，如作一隙草窟。见地若此，譬如饥世得遇大王百味珍膳，认作草菜之食。以如意珠王，视为鱼目。可不哀哉！不知禅、佛二门，发行虽异，到家一着，其理是同。当知所以发行异者，如参禅拈来即是，不着佛求，然若自不能具正知见，又不遇正知见人，纵不退转，多入魔道，无佛力救护故也。若念佛，一切不取，惟念彼佛，虽无正解，及师友开发，但直信有佛身土，发志即生，纵滞偏小，亦还于正，有弥陀愿力救护故也。是名发行有异，非谓法门地位深浅有异也。是知参禅即念佛，念佛即参禅。禅非佛不得往生，佛非禅不得观慧。念佛、参禅，岂有二致？若知此义，则当乘彼功名富贵得志之时，一刀割断，即便猛发大心，力行斯道。于世所有妻子宝货，头目髓脑，乃至身命，不自吝惜，决志求生。岂可直待悔吝失节不得已之际，以此最上法门，但作草窟、鱼目小道之见，以苟且之心而欲修之，可伤可惜甚矣！若能因是悔吝，从今一时放下，生大乘宝所之见，办决定不退转心，譬如随风顺流之舟，更加橹棹，岂不疾有所至，何幸如之！

问：若是，则禅书有云：如何是佛？答干屎橛，答麻三斤。云："我当时若见，一棒打杀与狗子吃，贵图天下太平。"乃至"魔来也杀，佛来也杀"。且道与念佛三昧尊敬恋慕、畏爱渴仰之心，及到家之旨，如何同耶？

答：念佛者，本持念彼西方极乐世界报身阿弥陀佛也。此佛报身有无量相好光明，化佛菩萨声闻，愿力功德，不可具说，此为佛身。又佛所依境，有诸宝池、地、树、幢、网、栏、台、铃、幡、花、水等一切庄严，此为国土。然彼佛以身为土，以土为身，身土无碍，心境圆通，或彼或此，同一受用。乃至蕴、入、界、处一切诸法，直至无上菩提，及能杀、所杀之义，一切时，一切处，无障无碍，非缚非脱，纵横逆顺，皆即弥陀清净色身。何以故？心即境，境即心。身即土，土即身。生即佛，佛即生。此即彼，彼即此。及青、黄、赤、白之色，眼、耳、鼻、舌之根，如是诸法，或心或身，亦一一无不自在，无不解脱。尚不间于淫怒痴是梵行，尘劳俦是法侣，何特干屎橛、麻三斤非是佛耶？此既是佛，何须于净地上特地示现降生，挖肉做疮，起度生想？如此正好一棒打杀与狗子吃，却省得许多作模作样，六年苦行，降魔说法，于无生灭平等法中，唱生唱灭，卖弄千端，搅动世界，恼乱一切，使平地上死人无数，岂不天下太平？咦！到这里切忌错会，不得动着，动着则吃我手中痛棒有分。若谓此说是曹溪门下搕𢶍堆头触着得底，且未曾梦见在，我早打折你驴腰。

问：恐不容汝如此计较。

答：亦不外此计较。又汝莫谓计较有心，计较无心，我几曾计较来？

问：只此早是计较了。

答：我适来说什么底？

问者不会，良久又问：若一切是佛，则粪箕、苕帚皆可酬彼所问，何特以极劣干屎橛而作答耶？

答：既一切是佛，则门窗、户阈、目前诸境皆可为问，何特取最胜之佛而为问耶？故知问者心地未纯，太取其高，而答者欲破彼执，反取其劣耳。若知屎橛非劣，则佛亦且非优。岂可谓彼语有不同，而妄认禅、佛为异行哉？

问：此念佛法门若如此奇特，与少室指心成佛之说、台宗观心观佛之谈，初无有异。可谓不出一念，显三千妙法，而三观宛然。不离万法，究一真如门，而一心顿了。且教我钝根后学之人，如何修行，得相应去？

答：但肯发行，何虑不成。譬如空谷之间，有声皆答，声大则大鸣，声细则细响，随彼发声，无不克应。正如乐国以三辈九品摄受众生，亦随其根利钝、深浅、邪正、迟速而导之，应生何品，无遗机矣。如谷应声，高低共作。若能勤加精进，必不唐捐。又况时无先后，何嫌钝根？以是义故，则知一切法门即一法门，一法门即一切法门。岂特禅、佛不二，举释迦一代施化之道，不出念佛一法门矣。又此法门量广大故，摄机无外，何间愚智之根。奉劝后贤，于此法门，莫生异见。

示诸佛二土折摄法门第八

夫二土者，即诸佛折、摄二门也。行人闻上所说依正之境，则能如彼经旨，了知此土实苦，彼土实乐。虽闻观慧法门，圆融微妙，而直见二土俨然，皆即实境。非如浅信之人，谓彼土心有则有，心无则无，光影幻化，虚妄不实，处处皆是西方等解。深知彼土亦如此土，端确的实而无谬误。若人能具此智，不为世间一切邪解偏见诸恶知识之所回转，则当正观二土苦乐净秽，于其境上，生二种心，以为方便。非此二心，不能生彼。何谓二心？一者厌离心，二者忻乐心。于此娑婆生厌离故，则能随顺释迦所说折门。于彼极乐生忻乐故，则能随顺弥陀所示摄门。以此二门精进修行，念佛三昧必定成就。

何谓折门？以闻如上所说极乐胜妙，则应如理观察此娑婆世界皆苦，无一乐者。三途地狱，日夜烧燃。饿鬼旁生，不可堪忍。修罗忿战，人处何安。根尘与八苦交煎，因果共四生升坠。时有寒暑，境是沙泥。昼夜推迁，无常不住。又复受身臭秽，男女异形。所需衣食，艰难粗恶。寿命不永，众苦相生。纵有生于天宫，报尽还归极苦。又不知人中乐即是苦，亲正是怨，颠倒攀缘，不求出路，从业致业，展转不休。如是苦恼，不可具陈，故当厌离也。

何谓摄门？行人闻说娑婆实苦如是，则于彼土西方极乐生大忻乐。彼极乐土，宝地宝池，无三恶道，庄严妙胜，超过十方。无寒暑昼夜推迁，无生老病死结业。纯男无女，莲花化生。衣食自然，能成法喜。寿命无量，身光莫穷。闻法音则应念知归，睹相好而刹那悟道。如是种种，快乐无量，得名极乐，故当忻乐也。

若能于此二门，精进修习，日夜不休，随顺佛教。于此土声色诸境，作地狱想，作苦海想，作火宅想。于诸宝物，作苦具想。饮食衣服，如脓血铁皮想。于诸眷属，作夜叉罗刹啖人鬼想。况复生死不住，长劫奔跋，实可厌离。于知识若经卷中，闻彼佛愿力，国土庄严。于念念中，称彼理趣，生安隐想，生宝所想，生家业想，解脱处想。弥陀如来，菩萨僧众，如慈父想，如慈母想，生接引想，生津梁想。于怖畏急难之中，称名即应，功不唐捐，刹那便至速来救护想，应念出离想。如是功德无量，实可忻乐。若于此折门不能修行，厌离不深，则娑婆业系不脱。若于彼摄门不能修行，忻乐不切，则极乐胜境难跻。是以行人欲生净土，成就念佛三昧，当齐修二门，为发行最初一步也。若不修此二门，虽了观慧之旨，但成虚解。纵欲生彼，以不忻厌，无因可得。若能修此二门，不识观慧之旨，虽可生彼，但事想故，位非上辈。若能炽然忻厌，圆修观慧，既生而复上品者矣。学者岂可谓此说固执着相而轻弃也？

或曰：何不诸缘放下，一念万年，使心与理会，境与神融，自然合道，何必忻厌取舍若是之深？

答：若谓诸缘放下是道，只起一念放下之心，便不名为放下，却与道反远，类于断见外道。故鹅湖云："莫只忘形与死心，此个难医病最深。"又云："若还默默恣如愚，知君未解做工夫。"又佛十八不共法中，有"精进无减"。又六波罗蜜，因精进故，方得成满。且放下者，但放下世间业缘耳，岂是放下精进体道之心哉？古人所谓"坐在无事甲里”，正是此辈。若谓放下自在是道，而不勤加精进一心修行，岂得心会境融，打成一片，与道合耶？若知不放下是放下，炽然忻厌取舍即是不忻厌取舍，修即无修，念即无念，则名无功用行，亦名无作妙心，奚难速证中道之理？又修故离断，无修离常。断常既离，则异乎所问，而直生安乐世界，以二大士为同修，日与弥陀佛相对。彼时有何法而不可问，何行而不可学，何疑而不可除，何求而不可得？既无退转，则此忻厌岂不是成无上正觉之大因行哉！

劝修第九

夫净秽同心，生佛一理，诸法本等，奚假劝修？其奈众生迷心作境，净秽斯分。对待相成，缚脱迥异。缠缚多劫，不觉不知。故须劝娑婆苦海众生，求生西方极乐世界也。行人既闻如上所说二种法门，则必深知净秽苦乐之土真实不谬，便当发行求生，如彼农民得利自趋，止之不可得也。然彼农民近为一岁饥寒之苦，尚甘日夜不休，朝愁暮苦，具经年载，而不自倦。况彼三昧行者，若一念精勤，超历劫娑婆之苦，何止一岁饥寒，登九品极乐之安，何止一年温饱。以彼较此，优劣可知，是尤不必待人劝也。又前示人折、摄二门，其旨已明。如云：“此是金玉，此是沙石。”虽三尺孺子，亦必弃石而求金，不劝而自取，盖因识其贵贱。行者亦尔，既明识此土是苦，彼土是乐，此是生死沉溺，彼是自在解脱，亦必舍此秽土，而求彼净土。自然念念不住，心心不息，如救头燃，闻教便行，奚待更劝？苦乐二土，是佛所说，谛信不疑，修则自得。今人见屎尿，则必搐鼻攒眉，嫌其臭秽，便欲速去。见锦绮，则必舒颜展笑，贪其莹洁，便欲速得。彼暂时美恶幻境，尚不能一忍，而憎爱炽然。况长劫极乐极苦之处，而不速生忻厌，可谓愚之甚，惑之深矣！

又此娑婆世界，释迦已灭，弥勒未生，贤圣隐伏。一切众生奔跋苦海，犹失父之儿，若不以极乐愿王为归，则谁为救护？又况此界六道杂遝，人天虽优，报尽则坠。今且以人处竖修论之。彼神仙之党，未离空地，尚不易至，况彼天乎？彼生天者，以三品十善之因，生三界天。自劣至优，各历多劫，不能如愿。成小败广，如海如滴。中间或遇邪恶魔党，永退永失。敢言得出三界，而望四果、四向之地，况历信、住、行、向、诸地，而超此耶？若能修此念佛法门，求生净土。虽在凡地，不出一生，即便横截三界五道生死，径超诸有，蒙佛接引，顿生安养。于彼上品莲台托质，花开见佛，闻法悟道，不离当念，阔步大方，供养一切三宝，教化一切众生。弥勒世尊降生之时，再来此地，同佛弘慈。所有历劫父母妻子、兄弟姊妹、怨亲等境，谕以道品，告以昔因，皆令证果，则其行愿岂不广大耶？此娑婆世界所有三障，一切结业，更不能累我。如是功德，若一念失修，便属后世，岂宜自缓？

况又世事千端，生缘万扰，如锁如钩，连环不断。心则念念不住，身则在在无休，役我升沉，障我本性，历劫至今，曾未休息。无常迁变，不可久留。纵寿百年，不逾弹指。今日明日，难保其存。忽于眼光落地之际，不觉刹那异生，随其业因，受形别类，披毛戴角，着地飞空，今日见解都忘，恍忽三途六趣，飘零多劫，不知自归，可谓大苦。纵是弥勒出世，而我生处何知？尚不闻父母三宝名字，何况经教圆谈？虽受异身，保惜深重，因业致业，从冥入冥，惧死贪生，不异今日。若非即于目下当念之间，效彼先觉丈夫，猛发大心，立决定志，奋扬举鼎拔山之力，一截截断，跳出稠林，使两头撒开，中间放下。安能行业昭著，光动人天，群有蒙恩，诸佛护念，闭三恶趣，开总持门，即使不待娑婆报满，便得往生者也。若又更待处所稳便，衣食丰饶，充足香花，事事称意，思前算后，卜彼良时，报尽恩怨，圆成善事，然后发行。假使虚空界穷，亦无此日矣。所谓晴干不肯去，直待雨淋头。古云：“即今休去便休去，欲觅了时无了时。”斯之谓也。

宝王三昧念佛直指卷下

劝戒杀第十

相国裴公美休，尝著《圆觉经疏序》，其略曰："夫血气之属必有知，凡有知者必同体。所谓真净明妙，虚彻灵通，卓然而独存者也。"以是观之，则知蜎飞蠕动至微之物，及彼大身狮、象、巴蛇之类，与十方佛圆觉妙心，虚彻灵通，同一真净，奚可分优劣乎？生、佛既同，人虽至灵，岂不亦与彼等同一体性，共禀四大五行之质，同生天地之间。如虚鼠、危燕之类，上应乾象，肖乎日月，反能司人灾福，焉得不及人也？此理既明，乃知人与物类，性均天伦，彼此无别。岂可逞我一时之强暴，乘彼之微弱，而恣行杀戮哉？

又彼所以异于人者，但因无始妄想、极重恶业所牵，故不觉不知，改头换面，异类受形耳，非谓心体有异也。体既无异，又与彼类俱在生死，云何析其皮骨，溃其血肉、肠胃、肝胆，或称量买卖，煎煮百端，咀嚼其躯，恣取甘美？于一时间，饫我贪饕，适我口腹，曾不顾惧未来恶道长劫之痛，可谓失之甚也。人虽或谓优彼，但业对未至耳，岂真优于彼哉？况彼类中，有报尽当为人者，为天者，有圣人、诸佛、菩萨示同其类者。我障不识，奚可杀彼所极爱重之身命，资我片时之口欲？忽尔人业报尽，反有不及彼者。奚谓彼类是我食啖，而定不及我乎？又况我身昔同彼类，彼类同我，于类类中，亦曾互为父母、兄弟、妻子、姊妹、诸亲眷属。形体变流，心亦迷没，不复相识，妄谓彼劣。今杀食之，即杀我父母、先亲、眷爱。又我身不离四大，亦杀自己四大故身也。又佛言："一切众生，皆有佛性。"以未来必成佛故。尚当供养给侍，如父母想，奚忍杀之？若杀之，是亦杀未来佛也，可不惧乎！

嗟今伤杀之人，不识先因。为亲之时，于逆境中，多生违逆，从亲起怨，从怨结恨。怨恨连雠，世世不失，于是相生相杀，展转不已。如彼海潮，盈亏往来，不能自止。审彼约己，可不痛伤！故《梵网经》中，既禁自杀，乃至教他、方便、赞叹、誓咒等杀，及因、缘、法、业，皆制令永断，此佛诚教诫也。我若不止相吞食者，则必令彼佃猎渔捕恶求之人展转滋多，使水陆空行一切众生藏窜无地。才入其手，毛羽鳞甲一时伤毁，哀声未绝，便供食啖，或易他物以养吾体。岂知一切物类，怕死贪生之心，本与我同。若能知是先亲，同断杀业，亦能全乎孝道。经云："孝名为戒。"即戒杀为孝也。

且彼物类，性具先知，避不择时，逃不择处，况复天地宽阔，亦有自养之处。今故不能自生，而两恰相值，必入人之手者，盖以先因不可逃耳。先因既不可逃，今因自当深思痛戒。倘或不戒，则彼此杀害之业，必如前牵入其类，亦安可逃耶？经云："假使百千劫，所作业不亡，因缘会遇时，果报还自受。"岂虚语也。故我世尊满净觉者，现相人中，于诸法会，以此戒杀之训叮咛告诫，非不再三，且以此戒列于诸乘之首，于梵行中非不严切。又复示现琉璃大王尽杀释种，佛亦头痛，及金枪之报，垂诫于世，欲使人知因果难逃，而同止其杀也，可不信乎？或谓佛必无此，而为物示此者，则圣人有诳人之过。佛既无过，此奚不实？此既是实，佛自尚尔，何况于人？故知报偿之理，如影随形。又如世人，平生友善，但或一言之忤，一物之负，尚结怨至死。况加以白刃，恣食其肉，可忘深恨乎？

且彼世典，亦有不合围，不掩群，钓而不纲，弋不射宿，及闻其声不忍食肉之训。正与吾佛三藏渐教，许食三种净肉之说颇同。虽不如大乘方等尽止杀业，亦止杀之渐也。止杀之渐，尚有至德及禽兽之誉。何况口悉素餐，身必麻襦，意专慈忍，不暴一物，使各遂其生，岂不德化无边，可称誉也。且古圣尚不肯暴露枯骨。枯骨无知，心犹不忍而葬之。何况有命血肉同灵之物，乃可杀食耶？老子曰："驰骋田猎，令人心发狂。"又曰："射飞逐走，发蛰惊栖，纵暴杀伤，非理烹宰，乃至行住坐卧，举动施为，所伤杀物，其于天地空中，必有司命，钦承上帝好生之德，随其轻重，悉笔记之，毫发无失，使彼生则减纪，招不如意，死则堕狱，备受众苦。”所有刀山、剑树、斩锉、煎煮、抽肠、拔肺、剥皮、啖肉、切骨、削髓、绞首、挑眼、焚脚、烧手诸大地狱，靡不经历。拂石尘沙，无可喻其寿命。纵彼大狱之报有尽，于百千劫，复堕饿鬼。于如是劫，又堕畜生。于畜生中，必杀一酬一。杀心若重，或杀一报之千万，乃至无尽。方与相杀之人如前相值，或杀或食，以偿宿债，锱铢无差。如其先有微善，得生人中，尚世世贫穷孤苦，多病短命，癫痫失志，盲聋喑哑，疥癞痈疽，脓血诸衰，百千等苦，以自庄严。众怨境界，毕集其身。亲族弃舍，不可堪忍。此皆杀业既深，故受如是极苦也。是以梓潼帝君有《化书》“戒杀”之篇。《书经》亦云：“作恶降之百殃。”不其然乎？

又况异类亦有仁心，理不可杀。羔羊跪乳，慈鸟返哺，有行孝之礼。胡犬护主，獬豸不屈，有忠直之能。蜂蚁君臣，鸳鸯夫妇，雁行兄弟，嘤鸣友朋。观彼群生，与人何异？人虽至灵，反不能推同体之慈以及含识，更杀彼命以养一己，可谓灵乎？可谓仁乎？又如陆亘大夫问南泉云：“弟子食肉是？不食是？”泉云：“食是大夫禄，不食是大夫福。”义亦可了。纵彼世俗延会宾客，及行时祭之礼，岂无苹藻、瓜果、庶羞可荐之仪，得全斋戒之道也？又如经说，昔有屠杀之子，欲求出家，因不肯杀。其父以刀及羊，并子共闭密室，谓：“若不杀羊，当杀于汝。”其子因即自杀，缘是功德，便生天上，于多劫中，受天快乐。是知不杀之人，既生善处，必善其身，世世得长寿之报，又能以德远及子孙世代矣。

然今佛法欲灭，如一丝系于九鼎。多有为佛弟子，不能体佛慈悲，饮啖自若，见素食人，反谤为小乘、为魔头，甚至比为牛羊、为鹅豕，或谓其心太毒，及百般绮语，讦露其过。此等恶人，虽天神见而怒之，谓若啖人罗刹。其如世人得彼类己，反谓之条直也。呜呼！此佛法将灭之兆，不可不知。夫子产于鱼，尚发得其所哉之叹。齐王不忍，乃称无伤仁术之言。《戴记》杀兽，有不孝之谈。书生救蚁，中甲科之选。当知杀与不杀，损益昭然。况我释氏四众，乃可行此杀业乎？《楞严》云：“以人食羊，羊死为人，人死为羊。汝偿我命，我偿汝债。以是因缘，经百千劫，常在生死。”又云：“生生死死，互来相啖。恶业俱生，穷未来际。”《法华》云：“畋猎渔捕，为利杀害，贩肉自活之人，皆勿亲近。”又有偈云：“若欲杀生者，应作自身观。自身不可杀，物命无两般。”此等诫训，宁不昭然？或有邪见之人，谓彼众生但妄生妄死，罪福本空，杀之无报者，则何不道我等亦妄求妄食，舌味本空，食之无益也？是以既有贪心，岂无报境？若云此类不食何用，则蜈蚣、蛇虺皆无用者，可食之乎？

以上所述，乃是审己例彼，平等不杀，仁人各行之道。若我出家之子，欲修念佛三昧，正欲清净三业，解怨释结，生于净土。岂可不断杀食，于临终时而自障乎？《大藏经》中，广有教旨。诸佛一音，始终不二。三教圣训，莫不皆然。片纸之中，岂能备引。但愿法界众生，闻斯义趣，体道好生，同跻仁寿，俱尽天年，免诸怨结。更能如法化人，充圣人慈济之道，使彼己悉证慈心，必同造于莲花之域，成正觉矣。

劝持众戒第十一

惑者问曰：今闻念佛直指戒杀之说，可谓指体投机，事理悉备，实善世利物之训也。敢问为只此杀业当极戒之，为兼盗、淫、妄等诸恶，悉宜深戒之耶？若当悉戒，何以语之略也？

答：噫！是何言也？子岂不闻经有具足众戒之说，奚独戒杀。但杀业最重，通于贵贱，人所难除，故于正行之首先令断杀，庶可具乎众戒，故语之详耳。戒体岂有取舍哉？又若戒德不修，凭何立行？如器欲贮醍醐，先涤不净。修三昧者，亦复如是，必众戒清净，乃可得成。纵其宿业深厚，不能顿断，当亦方便制抑，自劝自心，省身悔过，修四念处。了知世间乐少苦多，无常败坏，不久磨灭。一切诸法，皆不清净，如梦幻无我。设诸方便而使必断，岂可随妄念而失其宰？又戒德虽具，若不使身心澄定，息诸世间伎能杂术，乃至一切若善若恶能分念者，设不摒去，何能一心修此三昧？三昧不一，往生何由？然今一切众生无明业识，遍周法界。苟起一念世心，便被如是等尘劳魔党牵拽将去，全身陷没，求出无期。譬如游鱼虽逸，一丝可系，其害非不大也。心念尚尔，况身行哉。今既修此三昧，正欲如箭一心取的，不待此身报尽，跳出稠林，决生净土。岂可失戒攀缘，志行因循，使三昧不成，更入恶道，可不痛伤！若果闻之不戒，则临终无验，莫谓佛力无感应也。

勉起精进力第十二

精进者，不为世间八风所退，又不为身心异见、一切大小病缘而怠其行，故名精进也。行人既依劝发，永断杀业，渐具众戒，欲入三昧。于三昧中，或被一切强软二魔内外惑乱，行有退转者，则当坚强其志，重加精进。如金刚幢，不可摧毁。如须弥卢，不可摇动。如彼大海，众毒莫坏。假使行人闻佛记云："汝今虽修此行，彼安养土必不得生。"即当答言："善哉世尊！我先受佛记，求生极乐。释迦佛言：'一切众生，皆当发愿，愿生彼国。'尚不间于女人、根缺、十恶、五逆、阿鼻之辈，何况于我？我今道行虽微，不造五逆，数过十念，必当得生。佛岂自诳，肯违本愿？况十方诸佛示广长舌相，证明斯事。是故我今必定求生，不敢退转也。"如是名为行人金刚延幢勇健之力。佛记尚不能退其初志，何况天魔恶党，人中水火、盗贼、强邪境界，及妻妾情爱，而能动我行愿哉！

或曰：我见世人虽修而不得生者，何耶？

答：盖其见异而行不庄故也。

问：如是则虚丧其功耶？

答：岂虚其功？彼亦必承弥陀愿力，今世不生，二世必生，二世不生，三世必生。若但一念一动归向彼佛，必在当来多世定得往生，是名皆得不退转者，岂有不生者乎？故知生彼国者，得不退转。修此行者，亦得不退转也。但彼后世生者，枉受多劫轮回之苦。故须一生取决，岂可自二其志，堕在他世往生者乎？其中若有宿业所使，愿行有亏，常当一心诵此《拔一切轻重业障得生净土陀罗尼》。若持一遍，即灭身中所有一切五逆十恶等罪。若持一十万遍，即得不废忘菩提心。若持二十万遍，即感菩提芽生。若持三十万遍，阿弥陀佛常住其顶，决生净土。此咒世所诵者，虽出藏本，其音声句读多讹谬。今所传者，乃是近代三藏法师沙罗巴所译，比他本最为详要。修是行者，故宜诵之，为正行之直指。今附录于此，咒曰：

奈麻辣怛纳　特啰耶也　奈麻阿哩也　阿弥打跋也　怛达哥怛也　阿啰喝帝　三迷三不达也　怛的也挞　唵　阿弥哩帝　阿弥哩打　嗢巴伟　阿弥哩打　三巴伟　阿弥哩打　葛哩比　阿弥哩打　薜帝　阿弥哩打　帝际　阿弥哩打　韦羯兰帝　阿弥哩打　韦羯兰帝　哥弥你　阿弥哩打　哥哥奈　羯哩帝葛哩　阿弥哩打　顿度比　苏哇哩　萨哩哇　阿勒挞　萨怛你　萨哩哇　哥哩麻　吉哩舍　吉哩也　葛哩　莎喝

亦名《无量寿如来根本真言》，诵此得大精进，速生净土。

正行第十三

如上所述依正二境，乃至精进，虽皆圆妙，悉是求生之方，未为正行。此下所陈，乃是正行之旨。

何谓正行？行者既发此志，必使身心清净，入于道场。先当观察，我及尽虚空界微尘刹海一切众生，常在生死大海，历劫不休，飘零沉溺，于六道中，无归无救。若不令其普得解脱，何名正行？于是等观怨亲之境，即此境上起大悲心，如虚空量，广大普覆。又作是念：我今此身，如彼疮疣，怨业苦聚。若不以此布施众生，等修三昧，令彼解脱，则违佛教诫，违我本愿。众生受苦，甚可悲愍。我今发心，如狮子王出窟，不求伴侣，不求护助，嚬呻哮吼，摧伏一切，定不为彼弊魔恶党之所退转。

如是大心既立，然后审彼古贤念佛正行。当择自然寂静之方，及非先曾秽染之地。所费先当尽己所有，乃可丐人。如法建立道场，下以香泥，上悬宝盖，中奉三身及九品像，极令严净。布诸幡花，供事毕备，皆令莹净微妙。次则着新净衣，烧香燃灯，安设坐具。无始所有一切善根，普为众生回向净土，庄严行愿。若不如是回向，生因奚得？于是三心圆发，五体投诚，观佛相好，胡跪合掌，乃至运心普缘无边刹海一切众生，及我此身，自昔至今，流浪不返，深为可痛，涕泪悲泣，求佛垂慈，不觉此身如大山崩，归命三宝。手擎香花，想遍法界，请佛叹德，敬礼投诚。剖腹洗肠，发露过罪，修行五悔，旋绕归依。于是端坐面西，观佛相好。诵经念佛，出入经行。昼夜六时，克期练行。如或障深未感，至死为期，于中不得刹那念世五欲。如是一心，若不往生，则我佛是大妄语者。故此三昧，其神若是。此三昧者，诸佛所赞，诸圣同遵，始则唱于庐山，终则流于天下，历代传弘，皆以此为归趣。但三昧仪轨虽多，惟慈云所撰，详略得中，宜熟味之。此是第一上行，境界甚深，学者于中当竭其力，慎不可舍此而趋彼也。

若或根机不等，胜行难全，亦必处于净室，使内外肃清，随意立行，礼佛忏悔，日定几陈，精进一心，誓不中悔。或专诵经，或专持咒。或但执持名号，直求往生。或能深达法义，观佛依正。若至得见好相，即知罪灭缘深，亦生彼国。如经有云："不可以少善根福德因缘，得生彼国。若有闻说阿弥陀佛，执持名号，一日、二日，乃至七日，一心不乱。其人命终，佛与众圣现前接引，即得往生。"故知执持名号，即是多善根、多福德因缘也。又有未能尽断世缘，亦修世善，于极乐国谛信不疑，念念恋慕不忘。于前行门，随意修习。四威仪内，以此为归。触境则达彼渊源，临事则力行方便。临命终时，必生彼也。

然此诸行，详略虽有不同，而其法力本等，但存心或有缓速，故佛应亦有迟疾，学者不可不知。又有慈云"十念法门"，每于晨朝盥漱已毕，静处面西，宜亦修行。此实往生极乐之初因，愿必不可失也。如上行相，义具委明，可谓义无余蕴矣。

或曰：某于念佛之际，虽运身口，而心念纷飞，不能自制。且如何用心，得不散乱？

答：能运身口之念，毋论其散，但不间不断，自能一心，亦可即名一心。惟行之不休为度，固不必忧散乱矣。譬如父母丧爱子，龙失命珠，不期心一而心自一，岂制之令一也？此心本不可制，实在行人勤怠耳。

别明客途所修三昧第十四

道场既备，供事已陈，一一无不如仪，岂可随时空过。则当依教，运之以观慧，解之以妙境。承此胜心，立无作行。则生死海必枯，净土必生矣。

时有客在坐，雍容自如，端庄雅重，内蕴不怯之志，忽作礼而问曰：今观师诲，则知运心广大，深浅咸该。然皆建立道场，使供事毕备，乃安心处静，方可起修之说也。若余生于晚辈，机钝寡闻。自昔至今，跉跰湖海，周旋境邑，或去或来，虽欲处静进功，量力未得。若能即于旅次，不假道场，亦可六时行道，三业无亏，诵咒持经，称名礼忏，一一如仪，期生安养，一同道场功行，庶我辈可以奉行。伏愿弘慈，启迪未闻之旨，曲垂始终方便。

答：大哉问也！世人欲修三昧，谓必所需百事具足，然后发行。今子之志，可谓拔乎其类矣。非此问，不发吾之所蕴，使悉被余机也。盖圣人垂教，如一味雨，三草二木，各得敷荣。况念佛三昧，普摄群机。子若求决生净土，当知四威仪中，皆为道用，岂特妨于客途哉！子若欲就斯立行者，最初当先立不欺心，藏德露玼，慎毋矜耀，始从脚根下，便要内外稳当。次则必放下诸缘，休息万事，预宜熟读净土经咒，五悔忏法，极令通利，又应修习所行威仪，必使端庄雅重。乃如前说，起真正信心，运大悲智，普为众生，如理观察二土净秽，苦乐两报，实可厌忻。于此发行，既在客途，居处不一，如云如水，故不必庄严道场。但一清净身心，服随分净胜之服。于六斋日，或客何处，即具蕞尔香花之供，供养三宝，表有所施。正当于三宝前，拜跪稽颡，立广大愿，誓不退转。在处生世，以此为归，更不生中悔心。虽无道场庄严，即于是日为始，至形寿尽，每日六时，修行此法。香灯有无，毋固必矣。

问：三昧既须一心，人事则有万绪。且如何修行，佛事、世事不相妨碍？

答：譬如捕鸟入笼，身虽在笼，心忆园林，两不妨碍。笼但系身，不能系彼求出之心。事但拘身，不能拘我愿往之志。所谓三界如笼，此身如鸟，求出即愿往，园林乃净土也。故知妄缘万绪，不碍真心，何况客中，他事少恼，自不涉他，身心坦如，正好进修。

问：法门次第，愿更委曲，使进修之人，临事不惑。

答：日三夜三，时分不差，是其次第。今在客中，或日初时至，若有像处，或自有像随身，则当口诵身礼，或默诵身礼，对像而修。如无佛像，或对经卷，或但面西遥礼。或但除东向，随方修礼。当具如道场仪式。若有时在道登舟，及不得已一切治身动用之事，不可拨置，则佛事世事同运也。又当念此世务，本为养身。我身行道，功亦不弃，即与三昧同体也。

问：我闻心无二用，得一失一，如何二事同运？

答：子岂不闻笼鸟之喻，已自委明。又如一心不妨眼见耳闻，身作心忆，应用无尽，何止二事？用既无尽，则当就彼一切动用之中，一心持诵《小阿弥陀经》一卷，或《上品》，或《楞严势至章》，及诵《净土咒》，或三或七，至百多遍。又称佛号，或三百、五百、至千，及不计数，为入忏佛事。回向已，方入忏。其礼忏仪式，具出慈云《忏仪》。从一切恭敬，次礼三宝、运香、叹佛、礼拜、忏悔，至于旋绕、归依。皆当随其文义节段，一一想我此身，恭对净土佛前，或此道场形像佛前，跪拜瞻绕。一一明了，不使昏乱。礼毕，观佛及白毫相等，量时而止。于是如前念诵经咒、佛号，回向毕，方为初日分佛事。以此想礼，与道场行法一同，但加身礼为异耳。又其所诵之音，虽随人境好恶而轻重之，当令声默相半，沉大雅重，俾两肩之人隐闻。切不可与人多语。又当于未作务前，或先于佛前烧香一炷。或更不能，但随手拈物为香，就先散之，至时但运想耳。于余时惟宜独坐独行，远离喧杂，及聚众闲谈，戏谑侮弄，哂笑歌叹，吟咏笔砚，使人忘失正念等事。是为日初分佛事。其日中分、后分，与夜三分亦然，是为六时行法。念彼夜中，人定境寂，用功正宜与日不同。行者既为生死事大，岂可随于懈怠，而恣睡眠？纵历寒暑之极，慎勿脱衣。法服、数珠，宜置近处。手巾、净水，不离坐隅。或有所需，皆应预备。

又应观彼信根厚薄，不恼他人，不使人厌，于此无碍，则当微出其声，如琴如瑟，细而沉重，大而不雌，使天神欢喜降护，鬼畜闻声解脱，则其功弥深。或在船中，及在他家卑隈之处，皆当察境察人，一心精进，方便宛转，以竭其行。切不可于中起人之过，彰人之恶。又不可尽人之欢，倾人之美。纵遇时闲处便，或有他事异人为碍者，亦当择于僻处，端坐面西，合掌至膺，声默随宜，如前想礼，与作务不异。又若于作务之时，事讫身闲，不拘其忏多少，乃至一句一拜未圆，即当连音随诵，至彼佛前，身礼圆满。若于佛前端礼之时，忽有他事急为，亦不拘忏多少，乃至一句一拜未圆，即当随所作处，想礼圆满。切不可入忏未多，而重起忏。又此客中想礼，盖出乎不得已者，不可暇时亦以想礼而怠其身，又不可以此想礼加于作务之时，而于闲时反虚掷也。于浅信人，不可遽然劝修。于深信人，又不可不密启之，使其自肯。又不可使化功归己，如春育物，不见其功。彼依道场所修者，名顺中易行。从客中而修者，名逆中易行。若以逆中易行，比之于顺中易行，不啻若天地之悬远矣。逆中易行，其功益著。

问：此想礼与身礼同否？

答：同。子岂不闻三业者，意为身口之主，主既注想，焉得不及乎身口也。又如忏中运念香花，及此身心遍至之旨，岂不亦但念想也？例此可知。

问：若尔，但心想礼，可不运身口耶？

答：意业虽胜，若全身口，名三业圆修也。其默诵之义，例此可知。又能以此想礼之数，于空时填礼，其行尤壮。

问：六时行法之外，如何用心？

答：或观佛相好、持咒、诵经、称名、顶礼等行，念念不舍，克期往生。如行路人，步紧到速，步缓到迟，当如是用心也。若人身心力弱，不能具修六时行法，但克定经忏之目，每日或三五时，虽不厌乎加多，亦不可一时增减，而改其所立之行也。

问：客中三昧之说，圆融次第，于世罕闻。若尔，则依道场所修者为不必耶？

答：如人堕海，求船未得，忽遇横木，且执之得达岸也。岂可有船，反弃其木而自丧哉？况又客中去住，随主厌忻。得无挂碍，可不进功？

如上是为客途所修三昧。此三昧者，境界甚深，功能广大，合佛妙心，称扬莫尽。四三昧中，名非行非坐三昧，亦名随顺四威仪三昧。正被大机。小智小根，随分受益。以此三昧比于道场，或缺身礼，余仪亦同。子当以此三昧精进受持，一志西驰，切不可因循而更滞于生死也。如上自为正行。余又观今世之人，或有志于斯道者，才闻其易，即作易想，便妄谓得证。才闻其难，即生退屈，便尽失其志。纵有信心颇切者，又流入邪见丛里，密相传授，以误多人。其传授之法，千形万状，至有不可闻者，皆能罗罩人心，使其自肯，非行渐张，师徒俱陷。岂能若尔正心下问之切也。

客作礼曰：某崎岖于客中久矣，每想生死无常，欲修未得，但虑口体之养，于法行道场不得起修为恨。今宿生缘幸，得闻此说，可谓如甘露灌顶，彻骨清凉。敢谓决志受持，始从今日。如怨为亲，更无余恨。从是身心放下，如息重担，自在坦然。愿世世生生，顶戴受持，宁断命根，誓不退失。普使一切同人，皆悉了知，在处在客，于逆顺中，不碍道用，同成三昧，可谓群生之大幸，可谓学佛者之大幸也。此既可修，则知一切奔驰世务，流荡四方，劳生贩卖，邸店市廛，商贾负道，百工伎艺，男女老幼，奴婢黄门，受人驱役，不自在者，于彼一切行住坐卧，着衣吃饭，语默动静，及被牢狱者，于喜怒哀乐之间，未有不可修时。况出家四众，在家四民，有居可处，有暇可修，所欲皆具，得自在者，宁不进其行也。

客又曰：今有闻极乐过十万亿佛土之遥，而望途怯远，闻生者多是一生补处，而耻躬弗逮者，云何？

答曰：彼等岂知如上所说，十方空界，悉是我心，心净则十万非遥，心垢则目睫犹远。但期心净，何算程途。如少顷睡眠，梦行千里，岂以常时为比较哉？理既有土可生，切不可谓但能心净即是，更不须生于彼土也。

乃复礼曰：唯！敬受来教。

又曰：某初闻是说，先所未闻，谓师但随自意以垂其言。今闻三昧之名，乃知来自圣典，实应机宜，如青天白日，可谓后学之诫训也，岂是为我曲说哉。愿笔记之，永为将来之训。更求垂示道场所修始终微细正行法门，普利斯世，则其幸尤大。

余曰：善哉！当尽子意，而与彼说之。

客乃谦恭而退。其客名行一，字志西，自言曾读智觉禅师《万善同归集》甚熟，后游庐山，见始祖远公遗迹，因发愿念佛云。

三昧仪式第十五

念佛法门，严建道场之事，并供养仪式，及预治衣服鞋履、更衣沐浴、门频出入，方便、正修、禅诵、忏礼等清净法则，具如慈云尊者《忏仪》等文，此不再具。如所期日至，当于七日之前，营理庶事俱毕，必先使身心静定，期于忏内，障尽行圆。又起首必六斋日。又期日之前，或三日，或七日，佛前香花、净水等供，不宜不谨。盖有佛天先降，森严此处，辟除魔事秽恶等障，使行人于道场中三昧成就故。于此道场，当作净土想，作解脱处想，作宝所想，作定得往生想，无轻视之。又当返观世间无穷之苦，如得避怨，永不再入。又不可将平日难割舍事，蕴之于心，存其余念，与正忏时作障，使胜行不进，虚丧其功，恐难再会。仪云："不得刹那念世五欲。"

行者十人以还，多则不许。须预审择其人可否，观彼平日行止，无大粗过，或信根淳厚，离诸卒暴，音声和雅，仪轨端庄，受人约束，为生死故，不生悔恼，肯存谦下，可作同修。若无是人，只四三人亦善，或一己尤妙。不可失察，反使败坏轨则，恼乱清修。又于众中，宜推尊一人德重行熟者，或别请久为师范者，作方等道场之主，主行忏事，使一众观其仪礼，听其举扬，作大依止。于中或时示现逆顺之相，毋见过失。其人亦可审己谦辞，或赴或止。

其礼诵仪式，或拜或跪，或坐或立，叉手合掌，恭敬旋绕，皆当一一端庄雅重，收视隔听，摄境归心。未达者，当问先觉，慎勿自恃其力，使身心摇动，或攲或倚。

众虽预集，当于隔宿之前，沐浴盥漱，换服履等，使道具如仪。忏首鸣引磬，领众入道场。除内护二人外，余不许同入。各周旋烧香了，依修忏位，朝佛三礼，以祈感降。礼毕，环绕立定。主忏出众白文一篇，赞佛，赞水，乞祈三宝加护证明，俾于正修之时，无魔无障，必生净土。祷毕，就举过去正法明赞，念《大悲咒》七遍、《如意轮咒》七遍、《毗卢灌顶咒》七遍。主忏候举咒之时，即以手执水盂，于香炉上请熏，约半卷许，方传与右边之人。次沙，次香，次花，亦然。如是右旋，展转三匝。

三咒毕，复举《大悲咒》，周围洒净，及各处欲经过所。先明灯已，当最前挑灯照路，次则执盂洒水，次捧盘撒沙，次提炉行香，后随处散花。领众从佛座后转，先于道场内右绕熏洒，圆满三匝，使沙水边皆遍。次从道场外，及施生处所，到禅悦堂，亦绕转一匝。次净厨，次东净浴室、脱着处、宴息处、闲处及要路。凡行人及经过处，或绕彼屋，皆当熏洒一匝。是故以洒为界，名为结界。经云："界如金刚城墙。"盖遵此义。又撒沙者，换土净地，结地界也。洒水者，即去垢镇疆，结方隅界也。行香者，使香云如悬盖于空，结虚空界也。散花者，显莹洁鲜明，庄严法界也。如上一切法用，悉是我大悲圣主及神咒力加持，故沙水到处，为佛宝土，以是因缘，邪魔不能入，外道不能坏，而我三昧可成也。

又此界相，慎不可破。若破此界，便为不祥，必使一众道行难成、多障。何谓界相？界相有二，有内，有外。内界相者，即修忏道场四方际畔是也。外界相者，即屋际外八方，沙水到处是也。内人出至外界里必止，越外界为破界。外人入至内界外必止，越内界名破界。或办事人以手指及衣裾入内界帘幕内一分许，亦为破界。或荤秽恶人入外界片时，亦为破界。破界之兆，不吉可知。若如经旨，则当重建道场，再行忏悔，乃能远破界之相也。行人可不畏哉！

其有身心之力不及，于此法行不能具修，若欲但修五时者，当止日中时；欲修四时者，又止夜中时；欲修三时者，又再止日后时；若欲但修二时者，惟在早晚之间也。又行虽随意而立，立定之后，不许改易，但可增修，不可退减。纵有病缘官事，亦当想念。岂可随意勤怠，或兴或废，朝立暮改，使其正行不纯一也。今欲修此道者，必先取彼念佛法则，及净土经、忏、咒等，前后排布，如意多少，安顿谛当，再三审实，我能行否。譬如有人，浮身渡水，察水远近，不致疲绝，而乃渡之。行人亦尔，观自勤怠，观法广略，而乃取之。不当趁一时之勇而立，即时而废。又不可别有诵持，心不专注。如人发箭，心一则中。念佛法门，亦复如是。若能行纯心一，应念得生，游戏极乐。于一念中，所获功德，岂易量哉！

扬佛下化之力第十六

以上所述种种方便，皆是众生起心进行上求之心。而不知我世尊下化愿力，种种方便，无所不至，过于众生上求之心百千万倍，不得为喻。如经所谓阿弥陀佛慈悲光明，遍照法界，普覆众生，作大救护，不令坠堕。阿弥陀佛慈悲愿力，遍周法界，普接众生，作大摄受，不令漏失。阿弥陀佛阴、入、界身，遍同法界，普示众生，令彼了悟，不令退转。是故十方世界一切众生，皆我弥陀愿力所持。犹彼慈母，爱惜婴儿，怀抱乳哺，不令失念。父母爱儿，但止一世，报尽则休。佛念众生，世世不舍。以是义故，能于我佛大愿之中，一称其名，灭八十亿劫生死重罪，信有旨矣！盖我弥陀愿力，常在世间救苦众生，众生能念，岂不速应？譬彼母救婴儿水火之难，何待儿求。儿若能求，母必倍爱。惟彼历劫逃逝，自甘退失，不受救者，诚难救焉。纵有五逆具造，十恶满心，毁谤妄语，虚诳说法，无罪不造，临命终时，应堕阿鼻，其相已现，必入地狱之人，若能遇善知识，教令念佛，此人苦逼，一念改悔，能十称其名者，尚能变地狱之相为净土，而得往生。若能以是观行庄严，及能先排所造之业者，岂不克应？喻昔有人惧虎上树，因失声故，称“南无佛”三字，后值释迦得道。况彼命终苦逼，猛励十念，而不感彰？

问：我闻弥陀愿力，遍一切处。今观此说，但能救彼将入地狱及未命终之人，其已入者似不能救。如不能救，则知弥陀及诸佛愿力有不遍之处耶？

答：子岂不闻诸法所生，唯心所现。一切因果世界微尘，因心成体。若知诸法尚不离于众生之心，岂离弥陀本体而愿力有不遍处耶？

问：若尔，如何地狱之人长劫受苦，未闻有能救护者？

答：子又当观今之市廛屠肆之内，聚生而杀，日夜不休，未闻有能止其杀者。杀因既不能止，狱报亦无能救。然则杀在彼而报在我，但因果难逃耳。岂弥陀愿力不遍，而地狱无救护者耶？譬如有人，颇知经义，合佛妙心，而于身三口四等恶，承宿习故，不能灭除。因不灭故，其人命终之时，不遇善友提奖念佛，直入地狱。于地狱中，受无量苦。虽受诸苦，善因不灭，于诸苦事，皆能照察，触境知心。既知是心，亦知生佛一体。以一体故，即知正是如来微妙清净之身。由能觉了生佛一故，则当其人正受苦时，悉如梦事，了彼苦相，即是菩提。此心淳熟无错谬故，又能促彼多劫地狱极苦之报，一时轻受。其人于是虽受众苦，得无苦相，反起代受苦心，是以不求出离。以此妙解合佛心故，彼昔所曾供养之佛，乃至曾于名像所归敬佛，及经卷中所信解佛，或念弥陀机感相投之佛，彼佛则必如伊解境，还现如是广大如虚空量威德炽盛光明之佛，相好神通，巍巍赫奕，至彼地狱最上之顶，垂肩弹指，慈音告敕。于其支体，放大光明，其音随光直至地狱渊源之底。其狱所有铁城、铁门、铁网、铜柱，乃至刀山、剑树、镬汤、炉炭一切苦具，承光照者，无不摧碎灰灭，如影如风，了无踪迹。又彼一切牛头马面、鬼吏狱卒、铜狗、铁鹰、铁蛇、铁嘴诸虫鸟等，承光照故，如菩萨相，慈视爱念。其受苦人，及同狱苦因，忽得本心，增益善念，见彼光明，又闻告敕。如深井底，仰望云汉，举眼上视，见佛胜身，踊跃欢喜，头面顶礼，悔过自责，与同苦者发菩提心，随光直上，至佛所已，摩顶授记，接足作礼，听佛说法，应念悟道。即能飞行，游戏神通，净佛国土，同佛生处，如大菩萨，成无上道，教化众生，难可穷极。

问：若从因果，则此佛光但照胜解之人出狱。众囚无与，如何一时同出？

答：譬如有一恶逆之人，罹于官祸，入狱之时，由彼一恶为因，众过俱生，则必展转累乎妻子、父母、亲戚、知识人等，同受苦果。其善行人出狱之时，亦复如是，岂不亦令同受苦者展转生善，悉承佛力，皆生乐处。若此，则我弥陀愿力，实遍一切时处，岂特不能救护已入地狱众生耶？若谓狱报未尽，先欲使之令出。狱因无善，而欲佛光下照。其可得乎？更能以彼省己，奚不自悔？

问：若待狱报尽时，佛光来照。我必报尽自出，何须佛光照耶？

答：若非佛光，报尽虽出，于三恶道，未知何生。则必各各自重至微，展转历于多劫、多无量劫、不思议劫，方至人中，犹自贫穷下贱，癃残百疾，受诸大苦。又因求不得苦，恶念转甚，若无微善，还堕地狱。如盲入棘林，何由能脱也？若承佛光下照威力，则能转重轻受，转长短受，转多少受，又能一出地狱，便生佛土，岂可言不须佛光照耶？若作此见，得大重罪。经云：“假使大千世界满中大火，念彼佛者，直过无疑，何况一己之火而不可灭？”即此义也。又云：“弥陀如来，悲心激切，乃至于无间狱大火轮中，代诸众生受诸苦恼，方便救脱，令生安养。况未沦坠之人，而不救护？”又云：“彼佛慈力，普覆世间一切众生。于彼佛身刀斫、香涂，以慈力故，不二摄受。”是故弥陀愿力，下化众生激切之心，于兹可见。何况以种种形，身同众生，于诸时处作化事者，实难可测。若不谛信，未可谓知法者。或谓：“众生全体是佛，未审谁是能救所救者？”余只向他道：“汝欠悟在！”

十大碍行第十七

详夫一心平等，体性无亏。众生虽缠绵于业识之中，靡不有出尘之志。方欲究道，魔境先彰。一事亏心，万善俱失。成小败广，得者还稀。况乎物欲交倾，死生迁变，递相仿效，易地皆然。使我如来于三大阿僧祇劫，舍无数头目髓脑、国城妻子、身肉手足，戒忍精进，承事知识，不惜身命，修行道品，所得法门，因兹障碍退其心故，一旦在我而灭，可不痛伤！我今既为释迦之子，不以力争，坐令法界群有永失慧目，甚于割切身肉也。是故我今依经，创立十种大碍之行，名“十不求行”。人虽不故愿于碍，但于此间，或不得已有一切障碍现前之时，俾我身心先居碍中，而众魔诸恶障碍之境不能侵我，不能障我。譬如金火同炉，火虽欺金，金必成器。

其十种大碍之行，今当说：一、念身不求无病，二、处世不求无难，三、究心不求无障，四、立行不求无魔，五、谋事不求易成，六、交情不求益我，七、于人不求顺适，八、施德不求望报，九、见利不求沾分，十、被抑不求申明。

此十种大碍之行，摄一切诸碍，惟上智者堪任，中下之人，不敢希冀。若有得闻此十句义，于诸碍中一一皆能照察觉悟，省身体道，持之不失，则能入诸魔界，不为群魔退转其心。循诸色声，不为色声惑乱其志。乃至憎爱利名之境，人我得失之场，我心先居碍中，彼碍岂能为碍？碍若无碍，则于道行尚可直进，何况得于自然无碍之境，道岂不可进哉！譬如高崖之木，虽久旱如焚，尚不改其秀色。何况雨泽滂霈，而又加于三春之令，岂不敷荣茂实者乎？又如根缺之人，运用虽艰，而于求食之计，有不胜之巧。若以求得之计，移之于求道，岂在碍不能行道乎？当知此碍，即是一切众生大善知识，亦是一切众生良佑福田，可以了死脱生，可以超凡入圣。于诸世间，所有美味、上服、金刚、珠玉、一切众宝所不能及。

是故若非以碍为通，则于非碍反成为碍。何以故？身无病，则贪欲乃生；世无难，则骄奢必起；心无障，则所学躐等；行无魔，则誓愿不坚；事易成，则志成轻慢；情益我，则亏失道义；人顺适，则内必自矜；德望报，则意有所图；利沾分，则痴心必动；抑申明，则人我未忘。以是义故，则知十无碍道，能生是过，及成如是一切不吉祥事，为障道因缘。何以故？贪欲生，必破戒退道；骄奢起，必欺压一切；学躐等，必未得谓得；愿不坚，必未证谓证；志轻慢，必称我有能；亏道义，必见人之非；内自矜，必执我之是；意有图，必华名欲扬；痴心动，必恶利毁己；存人我，必怨恨滋生。是十种过，从凡妄生，皆名邪见，展转生起无量恶法，遍虚空界，必令众生堕于地狱。岂可于此不生敬慎？

若能体兹碍境，识病因缘，知病性空，病不能恼；了难境界，体难本妄，难亦奚伤；解障无根，即障自寂，障不为碍；达魔妄有，究魔无根，魔何能娆；量事从心，成事随业，事不由能；察情有因，于情难强，情乃依缘；悟人处世，观人妄为，人但酬报；明德无性，照德非常，德亦非实；世利本空，欲利生恼，利莫妄求；受抑能忍，忍抑为谦，抑何伤我。是故大圣化人，以病苦为良药，以患难为解脱，以障碍为逍遥，以群魔为法侣，以事难为安乐，以弊交为资粮，以逆人为园林，以施德为弃屣，以疏利为富贵，以受抑为行门。如是则居碍反通，求通反碍。于此障碍，皆成妙境。故得之与失，自不能知，人奚于中强生取舍？

是以如来于障碍中得菩提道，至若为半偈时之遇罗刹，作仙人世之值歌利，瓦石来击之增上慢比丘，木盂为孕之大毁谤孌女，及央掘摩罗之辈、提婆达多之徒皆来作逆，而佛悉与其记，化令成佛，岂不以彼逆而为吾之顺，以彼毁而为吾之成也。何况时薄世恶，人事异常，于学道人岂无障碍。于今若不先居于碍，则障碍至时，莫能排遣，使法王大宝因兹而失，可不惜诸？愚故依经聊述所知，愿勿嫌弃。倘因闻此义故，障碍现前，反能勇进于道，可谓得斯旨焉。

罗显众义第十八

夫念佛三昧者，名一行三昧也。盖彼行人既了深旨，能持一心，唯念彼土，唯忆彼佛，知身土无二，了忆念亦一，乃得名为一行也。虽名一行，亦当以彼一切世出世间无量法门、诸功德行以为助道，则往生行疾。是故一切诸行，悉为净土而修，无别歧路，名一行耳。譬如众流入海，同得海名。万善同归，得名一行。以是义故，则一切念处、正勤、根、力、觉、道、四弘、六度，皆净土行。乃至弹指之善，及散心念佛，或一称名，或举一手，一礼一赞，或一瞻仰，乃至或奉一香、一水、一花、一灯、一供养具，或一念修习，至于十念，或发一施、一戒、一忍，禅定、智慧，一切善根，回向极乐。愿力持故，虽有迟疾，皆得往生。如经所说喻，昔有人以小滴水寄于大海，愿不坏不失，不异不竭，虽经多劫，要还原水。其人经多劫已，如寄所取，果得原水，不坏不竭。此亦如是，以小善根，回向极乐，如寄滴水，虽经异生，善根不失，亦不坏竭，生彼无疑。是以大乘、小乘、有漏、无漏、散心、定善、事想、观慧，皆名一行，悉得往生，惟除外道种性。故云："但办肯心，必不相赚。"又经所谓："一称南无佛，皆已成佛道。"良可深信。其有因心未起，善行未立，身心未屈，先期感应者，不可与其同语也。是故释迦圣主一代至谈，有无量三昧、无量解脱、无量行愿，总持相应无量法门。唯念佛一门，圆摄无外，悉皆具足。如彼大海，吞纳众流，性无增减。如如意珠，置高幢上，能满一切众生愿求，体无亏损。此三昧宝王，能摄能具，亦复如是。

由是义故，始我世尊以此三昧遍告众会，非不再三。彼会所有承听大根之士，若文殊等，及三乘圣贤、天龙八部，无不倾心而归信也。逮法流东土，有大至人，于彼庐山阐扬遗化。彼信奉者，如风行草上，极天下之望，无不美其教焉。自佛至今，将二千三百余载，中有圣贤之人、高僧、巨儒、农商仕贾、匹夫匹妇、奴婢、黄门，或自行而劝人，或著文而作誓，重法如宝，轻身若尘，临难不惧，临死不顾，挺身立行，力修此道者，何知其几。或修随喜，或信归依，乃至随得尽己之诚而行者，其数益众。诚所谓列宿、尘沙莫况其多也。或有半信不信，犹豫不决之人，尚生彼国疑城边地，何况正信行者哉！传记所载，万不及一。自古及今，咸受其赐，岂笔舌所能尽述。纵欲别修道品，但假自心之力，或有退转着魔之患。唯此法门，因仗佛力，修则必成，无复魔业，永不退转。

又此三昧，非但远魔，亦于人间一切县官口舌、是非患难、水火盗贼、恶人凶事，乃至一切虎狼虫兽、鬼魅妖精、不吉祥事，不能侵害。又亦不为一切疫疠伤寒、痈疥下贱、眼耳鼻舌诸病所恼。如其愿行无亏，皆能排遣。唯于人中名闻利养、甜爱软贼，及瞋心瞋火，虽有佛力，盖是自咎，不能救焉。行人当深加精进，以攘却之，若一念因循，必为所夺。然彼软魔，但能害浅信贪怠失念之人。其精进者，如刚火得水反坚，焉敢小近而睥睨也。

是故行人因佛捍魔，非只此身安乐，又得三昧成就，天人护助，临终正念往生。其往生之际，瑞应非一，或天乐盈空，或异香满室，或光明照体，或宝座现前，或弥陀垂臂亲自来迎，或菩萨执台授手而接。乃至预知时至，正念不谬，诸障忽空，自能沐浴、跏趺，会众说法，叉手告别。或更勉人进道，书偈掷笔，合掌而逝。或临终之后，举体如生，齿骨、数珠烧之不坏，光焰异常，五色鲜明，祥物于空，盘旋不散，烟所至处，舍利流珠，触物而生。此耳目之所常有者也，若非平日履践明白，精进力感，焉能若是？

嗟今之人，或有修而无效者，盖彼信根浅薄，因地不真。未曾立行，先欲人知，内则自矜，外欲显曜，使人恭敬供养，冀有所得。甚至妄言得见净境，或见小境及梦中善相，未识是非，先欲明说。此等卑下，必为如上魔侣所惑，愿行退失，还随生死苦趣。可不慎哉！虽有道场持诵忏愿仪式，不得不被人知，盖出于不得已，岂可特露其迹，使观行倾败哉？是则行人还当审谛，密实自行，内怀惭愧，勿露其德。至到家时，不被如上强软二魔所惑可也。中有宿障欲灭，微见好相，如其不能蕴德，闻人之耳，则其行必覆。所以远公三睹圣相，平日未尝言也，但除临终时耳。至祷至祷。

又此三昧，体性虽圆，所解则宜广大，所行则宜尽诸微细条章，革诸猥弊，乃至小罪，犹怀大惧。又当解随大乘，行依小学，乃能合此三昧。若知小不自小，小随解圆，圆不离小，小即是大，小大解行，一理无分，即超世见。经云："孝养父母，奉事师长，慈心不杀，修十善业，受持三归，具足众戒，不犯威仪，发菩提心，深信因果，读诵大乘，劝进行者。"以上每句是一法行，古人各有法训一章，兹不能述。又复当护人心，勿使夸嫌，动用自若。诵大乘经，解第一义。亲近善友，请问先觉。不执己见，不引己长。志存忍辱，行当依经。听闻正法，不毁僧尼。息世杂善，不贪名利，远离邪恶。处事必忠，将过归己。深诫绮语，一心不乱，视人如佛。捐弃伎能，唯求往生，身必清净。如是等无量善行，悉宜修习，能助正道。更能割世染心，于憎爱二境，无诸留难，凝心如一，必生净土。其功甚大，不可尽述。是故于此法中，密修斯行，高而不名，得生彼者，何知其几。而有名于传记之人，如大海之滴耳。岂可量其数哉！

若人能依教诫，但行此行，尚能利益无量怨业众生，何况父母、师长、法门眷属、兄弟姊妹，及平日中解我患难、提挈我者，不得其利？故知但修此行，恩无不报，是以应当一心念佛。阿弥陀佛及二大士，境界甚深，于苦海中，难得亲近，难得忆念。何以故？能忆念者，必解脱故。闻名尚难，何况亲近。经云："若善男子、善女人，但闻佛名、二菩萨名，除无量劫生死之罪，何况忆念。若念佛者，当知此人，是人中芬陀利花。观世音菩萨、大势至菩萨，为其胜友。当坐道场，生诸佛家。"是故十方如来示大舌轮，殷勤劝励。娑婆教主告诫叮咛，其辞激切。俾令五浊众生，必修此道，乃得度世。何以故？盖彼五浊众生，身心俱苦，以苦为命，犹水火聚。而佛特于苦处，行悲最深，正应机宜，如水如月，感应道交故也。是故世尊自成正觉，至入涅槃，其音不二。于说法中，始从华严会上，终极法华道场，玉音布告，称述何穷。彼会所有大心胜志之士，承顺兹旨，悉皆起愿而求生也，何况我等末世钝机流浪者哉。有识之流，须铭肌骨。自是弥陀愿力不断，代不乏人。圣人以此唱之于前，贤者以此继之于后。廓然遍乎十方三世，何止天下。霈然充乎六道四生，奚但人伦。天神向化，鬼物顺之。若人非人，无不赞仰。载诸行事，具诸典章，盈溢乎海藏龙宫，遍布乎人间天上。深根固蒂，悉应群机。盖皆我弥陀愿力致然也。佛言："最后恶世，我法灭时，唯此教典，多留百年，以度群有。"然则此法，岂非我等殿后之至训也。彼飞禽名八八、鸲鹆者，堕在愚痴妄想异类之中，以能随人称名，亦承三昧力故，尚于埋处生莲，何况于人。人而不如，可谓不知愧矣！

余生于末世，正值后五百岁，故人根浅薄，疑惑不信。又复异见邪解，各执不同，递相诱掖，使彼正行之人，多被惑乱。伤感盈怀，是故集彼禅、教、净土诸文，及诸经卷，取其极深至要之义，述作此说，类以成编，流布世间，斥邪显正。普愿法界众生，于此说中，一见开解，了悟真心。知弥陀依正，还在西方。达西方依正，不离本性。但含识者，皆同往生，悉深入其阶位也。更愿先觉，不吝慈悲，见未悟人，如法教导。前人若昧，可与随根应病，剖析幽微，更为宣说。彼若一念信解，行愿必成，往生可期，功莫称述。纵有异执牢固，信乐不深，但一句染神，亦成缘种，展转利益，无尽无穷。劝发之功，非不大矣。若人果能如是不师于心，不欺不妄，随此正教，诲人不倦者，纵自不行，即为已行，纵自未学，即为已学。何以故？法界一相，无自他故。如昔有人，自于一生未曾修行，但能二次悉倾已有，平等一心，建会劝人同念佛故，命终之时，亦得往生，其事昭著。故知能发慈悲之心，示摄受之相，及能利彼，劝人念者，所得弘多，诚为无上法王所使，但不可执谓已定不必修耳。是故三昧甚深，法门如海。显利之事，岂能尽言。聊记所闻，为世劝发。

独示一愿四义之门第十九

或有问曰：念佛劝发之书，吾于古人见之多矣，虽唱和相寻，言有同异，而义岂有异哉？若此集者，除述依正、明观慧、分折摄、显众义等，余如斥妄显真之类，余若未之闻也。虽古之至人，尚未肯尽，如有所待，况某于此而敢轻视哉？余虽不能入直指之道，而亦获新闻之益。敢问何为而作也？

答曰：噫！余伤世之不轨道也，而悉逐块陷邪，故为之说。岂余之好辩哉？盖出乎不得已也。

又问：此三昧说，既详且明。或谓难至。还可以一句而尽其义乎？

答：何必一句，亦可以一言而尽。何谓一言？所谓愿也。何谓一句？所谓戒、解、行、向也。然此一部之义，不出戒、解、行、向一句。戒、解、行、向一句，必从愿起，乃可以一言尽也。或广或略，卷舒自由，岂复滞于一隅者哉！

何谓为戒？行人既修三昧，若不持戒，虽有信心，为彼世间恶缘杂染相侵相夺，尘劳难遣，毁坏法身，令解入邪，不得往生。经云："若一日夜持沙弥戒、持具足戒，即得往生。"故必当持戒也。

何谓为解？行人修此三昧，求生极乐。若不以此深慧妙解，知净秽两土，东西敌立，真实不谬，又知即此净秽两土，全具我心，不离当念。从何法修，可得生彼？经云："读诵大乘，解第一义，乃得往生。"故必当正解也。

何谓为行？行人求生净土，慧解既正，则必依解立行。六时行道，三业无亏，直进不退，决期生彼。经云："修行六念，回向发愿，一日乃至七日，即得往生。"故必当立行也。

何谓为向？行人欲必往生，于如是戒、解、行等所生功德，及今一切时处，与无始来大小善根，一一回向净土，临终乃得决生。经云："回向愿求生极乐国，譬如办事于家，归家得用。"故必当发回向也。

此四大法门一句之义，能摄一切善法。譬如四时，成实谷果，各得其要，失一不成。此四法门，亦复如是，若失其一，三昧不成。是故须当四义具修，乃满一愿也。

问：只此一句，还成多句。

答：多句即一句，一句即多句。多句、一句，摄义皆尽。不可谓多句义详，而一句义阙也。

问：若是，何不但说一句？

答：多句广说，一句略言。广略虽殊，盖各为其机，皆能显道。岂可但一句说，而废广说也？

又问：彼三家村里匹夫匹妇、行公行婆，东西不辨，菽麦不分，此持戒等一言四义，懵然无知，或唯一心称名，或但专勤礼拜，而得往生，临终征验昭著，何也？

答：此一心中，何法不具？既从慧解，信有二土，发行称名，回向求生，岂更破乎佛戒？如是四义既具，诸行不立而成，遂得往生，成其初愿。岂可名为菽麦东西不分不辨者哉？

问：若尔，行者但当一心，诸行自具，更不必立四义等也。

答：若先知四义而一心者，如以基地坚牢故，则永无退转。若先一心而具四义者，虽得往生，于中忽遇魔恶邪党，则多有退转。是知还以四义为优也。

即时问众将散，忽有承上问意，复作问曰：我闻净土劝修之书，自古及今，作者多矣。其辞义纯善，悉应机宜，将遍于人间世，又依教得生者已广，可谓义无余蕴矣。云何于今更有所作，使学者有异解耶？今详此集，义若述古，古人已明，不须更说；义若别立，今人莫解，恐成臆见。若不出二句而说，不知为名耶？为利耶？愿闻其要。

答：噫！陋矣，子之难诲难明也。吾闻古人立言，必祖佛经。既祖佛经，虽一句义，假使大千世界尘数众生，皆如普贤，经劫而谈，理趣犹尚不尽。岂古人已说，今人不可言哉？岂先佛已说，古人不可言哉？不知今人不述古人之言，古人之言行不显。古人不垂今人之诫，今人之志虑无凭。又义虽述古，意趣不重。语虽别立，理不异古。但以世去人逝，所解异端。虽决甲疑，复增乙病。乙病既复，丙疾又生。展转多歧，流于歧见。又彼圣贤之书，虽则山高海积，泯灭者多。后学机迟，卒难寻究。是故于彼广文中，摘其精华简要之义，急欲解当世之惑，集以成帙，尽壬癸之沉痾，岂为利名乎哉？子之所问，惭且愧矣。譬如大海添流，海岂厌其深广。巍山如土，山奚恶其崇高。又今人之疑，古所未闻。古人之偏，今人莫至。去圣既远，故当依经辨明今人之疑也。又如满室并金之药虽贵，若不诊其疾而择其对者用之，非但疾之弗瘳，命亦难保。又经中一义，万解万明，何厌乎言之再闻，何惮乎言之未闻也。子当以此三昧，披究详明，立大愿行，直进于道，求生净土。慎毋更待临行决别之际，爱境惜身，如生龟脱壳，万苦攒心而自悔焉。

示念佛灭罪义门第二十

有客问曰：《念佛三昧直指》，始于极乐依正之境，终则求生行愿之门，无不毕备。但经有“称佛一声，能灭八十亿劫生死重罪”之句。某于此语，不能无惑。若果有此理，今观世人若贵若贱，于尽生中，未有不一称其名者，则当皆灭如是重罪，悉生极乐世界矣。何世人依旧业识茫茫，死时如落汤螃蟹，升坠不识所之，灭罪之义何在？不应佛语有虚妄者，愿为释答。

答曰：至哉问也！彼世间未悟之人，因子所问，于此三昧必不退转，直生净土矣。今世行人，皆谓此说是方便劝进之语，岂知是佛真实之说，必不我欺也。子岂不闻汝于无量劫前与世尊释迦牟尼同为凡夫之义否？而我世尊成道以来，已经尔所尘点劫数。此尘点劫，《妙经》委明。然我亦于尔所劫中，在凡夫地，漂零六道，造诸结业，不可限量，同佛至今，久远无异。如此尘劫，安可称量？假使有人于一生内，不说余善，但称佛名，尽寿声声不绝，随其所称之名，一一皆灭八十亿劫生死重罪。然尽一生以及他生称佛，灭罪劫数虽多，若比如是极大久远尘点之劫，正如指上土，欲比大地土耳。岂可谓称佛名能灭多劫罪故，更无余劫之业，障我生净土耶？而不知未灭之罪，劫数长久。无始无际，与佛同寿，实过如是八十亿等数量劫外。又如炬火虽热，欲消大地之雪，岂易融泮？故虽念佛灭罪，未得生者，其义如是。况人长劫造业心坚，念佛片时心弱，退易进难。又况与佛同为凡夫之前，劫数转倍，乃至烦恼无始，发心在近，罪岂易灭？可不思之？

今谓一日至七日，一心不乱，即得往生。及临命终时，一心不乱，称佛一声，即灭八十亿劫生死重罪。乃至极恶逆人，临终狱火相现，能称十念，悉生净土者。盖仗我称佛名号灭罪威神一隙之功，承佛速疾救护大愿之力。譬如壮士正战堕围，临危仓卒之际，得一勇夫与之强弓锐刃、良马善策，即便猛发其志，踊身马上，奋扬威武，努力挥挽，突围而出，战胜获功，偃寇施恩，归奉其主，永享丰乐。此亦如是，彼佛接引生极乐国，其义若此。故云："称佛一声，灭八十亿劫生死重罪。"非谓如今念佛人，今日三，明朝四，且犹且豫，或见目前些儿声色境界，便被牵拽将去，全无把捉，与不曾念者一般。欲因一称之中，真实灭多劫罪，使便不为障，即生净土，其可得乎？然如此念者，声声非不灭如是劫数罪，但因初心缓故，报生亦缓，只可作他世生缘耳。或能称念不息，虽成聚露成流之功，岂得与前说较优劣速疾哉？若人精进，能如前说，生犹反掌。如箭取的，决无不中。故知散心念者，及虽志诚，未离妄想者，或被如是劫外之罪所障，但报在他生，不能即应其功。若励声竭志勇猛念者，既灭尔所劫罪，由勇疾力，余劫之罪不为障碍，便得十念成就，往生净土。此义了然可见，决定无疑。岂可因悠悠念佛之人，依旧业识茫茫，死时如落汤螃蟹，而疑佛为妄语，但是劝进之说哉？故知佛力广大，遍覆一切时处，能摄我小善，入佛大愿，使同一味，拔诸众生置安乐地，使一切劫罪皆得消灭，何止灭八十亿劫之罪耶！

如是称佛功德，实难可测。大乘圆顿横超直截之旨，于斯可见。《十疑论》云："譬如十围之索，千夫莫制。童子挥刃，须臾两分。"如《观经》下辈生因之说，此喻才念灭罪即生者也。又如佛世有人，于佛众会欲求出家，历遍圣众，悉以道眼观察，皆谓此人永无善根，无肯度者。后至佛所，佛乃度之。比丘以是问佛，佛言："此人虽无善根，但于无量劫前，非二乘道眼所知，此人因采薪，为虎所逼，上树避之，忽失声称‘南无佛’。以此一称名故，于此贤劫之中，值我得度，后当会道。”此明一生念佛，未即获报，于后世方得往生者也。以此例之，则知一称佛名，虽未着何佛，尚能令人灭罪得道。何况弥陀愿力超过十方，专注彼佛，称名功德，所灭罪障，可思议耶？经云：“一称南无佛，皆已成佛道。”是斯说之明证也。故知若能称弥陀名，念念不休，此功德实难称量。虽障重人，有散心退转者，其于往生之验，必在将来。

又称佛属口，惟论其功。念佛在心，乃彰其德。论功则在我不倦，彰德乃见佛现前。二义不同，优劣可见。口称尚尔，况心念乎？是故我今因汝所问，依经述事，达诸同行决志之人。愿于此义如说修行，慎毋疑虑。

略示列祖行门第二十一

法门广大，遍摄群机，易进功高，众行莫及。始自鹫峰初演，大器所归。终至震旦流辉，三乘共证。其于法化益盛，振古绝今，可谓最上微妙不可思议，极胜广大法门者也。

迨至东晋远祖，于彼匡庐倡立其教，即时和者一百二十三人。祖师三睹圣相，如愿往生。朝士刘遗民作文立誓，亦见彼佛亲自摩顶，衣覆其体。又与同志阙公则等，于命终时，悉从其行。此皆传记所明，实人世共知者也。

又石晋翰林张抗，但持《大悲咒》十万遍。刘宋江陵僧昙鉴，以平日毫芒之善，悉回净土。南齐扬都僧慧进，愿诵《法华》为净土行。而此三人皆生彼国，可谓行不虚矣。抗即见净土在西屋间，良久而化。鉴乃睹弥陀以水洒面曰：“涤汝尘垢，清汝心念。汝之身口，俱致严净。”又睹瓶中生花，定起与寺僧话别。进因诵经致病，乃愿造《法华》百部施人，填吾所诵，造毕病愈，忽闻空中赞善，随即往生。此三人者，其功尤难具述。

又后魏壁谷僧昙鸾，弃仙学佛，修净土真长生法。临终乃令弟子高声念佛，鸾即向西叩头而亡，空中天乐，从西而去。隋僧道喻，以栴檀香造三尺弥陀之像，发愿求生。后亦死而复苏，乃于冥中亲睹瑞应，见佛谓云："明星现时，吾来接引。"及期果逝。其大行者，如唐京师善导和尚，台州怀玉，汾州芳、果二师，真州自觉，睦州少康，及并州惟岸等，皆不离大乘，建誓立愿，具修是行。灵验昭著，感动天人。法云普覆，含摄无穷。法雨遍濡，充扩一切。其德故非一端，实不可具述矣。

又陈隋天台智者国师，洎传法列祖法智、慈云等，宋初永明智觉禅师、长芦慈觉禅师，此大圣师，行超人天，德临三有，揭昏衢之慧日，破苦处之导师，皆以此三昧为自利利他、杰世化人之道。化仪既毕，皆生上品者也。

又唐长安尼净真，诵《金刚经》十万遍，将终五月内，十度见佛，两度神游极乐。唐房翥，因劝一人念佛，感动幽冥。长安李知遥，五会念佛，见空中神僧来接，得生净土。上党姚婆，念佛立化。并州温静文妻，修行如愿。又张钟馗、张善和，皆为杀业，狱相已现，十念便归。石晋凤翔僧智通、宋明州僧可久，观智者遗文，一心修习，亦尔神游净土，见标名花座者，出定之后，悉如其言。宋金太公、黄打铁、吴琼，初皆为恶业，因改悔精修，于往生时，悉有瑞应。荆王夫人、观音县君、冯氏夫人，虽在女流，其德反著。故知此胜法门，凡有心者，皆可修行，奚间缁白男女、老幼愚智、异流极恶、最逆阐提之辈也。雉闻法音，尚生善道。人能念佛，岂不西归？如是则但虑人之弗修，毋虑佛不垂应也。

今依传记，聊述所闻，俾同志之士，见贤思齐，为日用行藏之警省耳。至若四海八极之地，古往今来之时，耳目不接，所闻未广，历时既久，亡失者多，岂能尽述。

正示回向普劝往生第二十二

详夫邪见之源，实由于不正师友之教也，虽是夙业所召，岂免于自心见惑哉？惑既不离我心，报必难逃苦趣。况彼一染于识，万化莫回。所以《宝王三昧念佛直指》，由是而作也。余才立斯志，即以此心缘娑婆业系之大苦，念极乐依正之逍遥。净秽交参，生佛互显。无量义海，聚之于心。法喜充盈，如不见我。理事无碍，身土圆融。或匪笔舌所拘，盖犹生净土矣。如是功德，无量无边。我今愿以如上功德，及未来际观集发心求生净土一切善根，如法性理，展转无穷，自果从因，遍周尘刹，为行为愿，回施众生，一切圆成，同生净土。又愿承兹念力，悉使十方刹海并娑婆世界一切众生，如我所愿，若同若别，依正色心，一时趣入乐邦教主无量光明一毫端中，皆为乐国，变现自在，游戏神通，如佛所住，永无遗余，我愿方满。

于是重复一心，摄我无始至今，尽未来际，若大若小，三业所修一切无量善根，皆现在前，普与众生于极乐国一心回向。仰祈诸佛神力、弥陀愿力，及二大士功德之力，愿此法门，愿此善根，遍我六根，及诸支体。令我六根，境智自在，满虚空界，皆为色身，悉能宣说如是法门。以此根身，即于一切众生之前，尽未来际，不生疲厌，供养恭敬，如事世尊。五体投地，胡跪合掌，志心奉劝，劝以偈曰：

极乐世界最清净，庄严微妙超世间，
弥陀愿力同虚空，相好光明亦如是，
念念不离众生界，普度我等生其邦。
我等自甘生死中，历劫沉沦莫超越，
彼佛垂臂待已久，咨嗟弹指诚殷勤，
光明欲发莲花开，今正是时愿生彼。
身欲无常时欲过，众苦交煎应当离，
愿速念佛同修行，尽此报身生极乐。

又愿此集法门，常在世间，如佛法身，作不请友，利乐一切，同生安养。愿天龙八部，常来护持，于此法门，不容毁灭。如法性理，永远流通，与佛常住。

［附］

破妄念佛说

（一名直指心要）

念佛三昧者，大雄氏观此娑婆有生老病死等业系诸苦，教人念彼阿弥陀佛，求生极乐国土之法也。以彼佛身，及彼国土，清净无比，庄严第一，依正极妙，故得名焉。彼佛众会所有大心菩萨，闻佛言教，得生彼者，何止万亿。自是法流天下，东土西国，自始至今，如教生者转多，不可以微尘恒沙比其数量也。

去圣逾远，人世浇漓，不知西方极乐实境现存，乃错解“诸法在心”一句以为玄妙，便妄认胸中六尘缘影昏扰扰相为心，谓乐土在内，不求生彼，颠倒甚矣。此六尘缘影，皆属前尘，本无自体。前尘若无，此心即灭，云何更有彼土在此心内耶？汝又谓心本在胸。心小在胸，焉可着此广大佛土耶？纵谓悟道便为佛土在心者，只可名为见性悟道，焉可谓之净土在心？若人作此见者，实名邪见。纵是天魔恶贼、外道种性，亦超此见。世间无有此见最下劣矣，可怜悯哉！

汝今若欲悟真实本然心者，先当观汝所认六尘缘影之心，本在汝胸，胸住于身，身居国土。此土及一切净秽刹海，悉在虚空之内。此虚空界，无际无外，十界依正，一切在中，广大难思。此空虽大，我之天然不动真实本心，非大极大，又能圆裹如上最大虚空。彼空在我真心，尚如小片之云，忽点太清之里。云何娑婆、极乐、一切净秽刹海，而不在我本然心中耶？然则佛说诸法在心者，实非在汝胸中妄想缘影心内也，乃在现前一念本真之心内也。此真实心，远离知觉，超诸闻见，永断一切生灭增减之相，非始非今，性本真如，具含众妙，乃十界迷悟之本，实不可得而思议其广大者。既一切身土皆在汝今大觉不动真心之中，与佛同证，则知极乐、娑婆等土，虽是实境，乃全我心。既全我心，我今任意于中舍东取西，厌秽忻净，恶娑婆，求极乐，乃至憎生爱佛，恣意炽然着相而求，皆不离我心也。如是而求，不离心故，故彼极乐弥陀相好现时，即自心显。自心显时，即彼佛现。又我心即是彼佛之心，彼佛即是我心之佛，一体无二，故云："唯心净土，本性弥陀。"非谓西方无土无佛，不须求生，但在汝生灭缘影之中，名为唯心本性也。又云："求彼佛，即求自心。求自心，须求彼佛。"义意甚明。

云何今时有等破法散僧，闲道游儒，与泛参禅理者，不知即境即心，求不碍真之理。反于不二法中，分内分外，辨境辨心。又教人舍外取内，背境向心，使憎爱转多，分别更甚，而深违理趣也。一分其境，便以极乐为外，教人不必求生。一分其心，便妄指六尘缘影、虚伪妄想为心，谓极乐在内。因思此心无质，又谓本无一切因果善恶修证之法。从是恣意，妄涉世缘，教人不须礼佛、烧香、燃灯、诵经、忏愿等，种种善行，谓之着相。其上者，又使彼缚心不动，如顽石相似，坏乱禅法。甚者更令其放旷自如，言杀盗淫业悉是空花，无妨于道。因此邪见，堕落生死，直向阿鼻狱底最下一层而住，罪甚屠酤。直待此见悔时，彼狱亦随而坏，方乃得出。又于身外田屋山河大地所依之境，虽见实有，不敢说无。亦皆指为心外之物，打作两橛，不能得成片段，使心境一如。唯于着衣吃饭，因贪口体之重，不敢叱之为外。而于天堂、地狱，及极乐土等尘刹，虽曾闻名，因不见故，直说为无。反言某人某处快乐，便是天堂。某人某处苦楚，便是地狱。曾不知彼真心非幻，而亦实具天堂、地狱、刹海也，以此教人不必求生，愚之甚矣。呜呼！汝既不识不生灭真心含裹太虚，妄认身内方寸缘影为心，以贼为子，不求于佛，其见卑哉。经云："譬如百千澄清大海弃之，惟认一浮沤体，目为全潮，穷尽瀛渤。如来说为可哀怜者。"正此辈也。

是以我心实与佛心同一理故，故我弥陀愿力、威德、光明在我心中，承我心愚痴之力，作一切佛事，无时不引导于我。我心亦于弥陀愿力大心之内，修诸念佛、求生、一切善行，无一善行而不具含佛德，了彼佛德，成我三昧。故知弥陀愿力，始于发心，终于究竟，无一法而不直趣我心，以我心即佛心故。我心亦于无始至今，尽未来际，修一切三昧，无一法而不摄归佛海，成本来佛，以佛心即我心故。如是依正色心，因果净秽，虽同一心，而实不妨一一自分，各住其位于一心内也。以一心故，虽净秽不同，所求不出于真心。以自分故，虽一心，而必舍秽取净也。舍秽取净，则感应道交，见彼本性弥陀。了悟一心，则净秽自分，可悟唯心净土。如是而修，譬如一滴投海，便同一味，方知大海即自己也。岂有一行虚弃，不成功德者哉！

今彼三家村里愚夫愚妇，虽不识理，以信实有彼土故，于命终时，反得往生。彼畏有陷空之人，因认缘影为心，谓无外土故，虽修道行，还受生死。如是则知弥陀光明、威德、愿力，常在世间，化事不息，尚欲摄取逃逝专忘众生，况忆念佛者，岂不生也？又彼国土既胜，其求生者亦必当深心起胜愿行，或单称名号，专持一咒，及但旋绕礼拜，乃至烧香散花，六时忏悔，尽拨世缘，一心专注，观佛形容，与白毫相，心不懈废，命终定生。更能孝养父母，奉事师长，慈心不杀，修十善业，受持三归，具足众戒，不犯威仪，发菩提心，深信因果，读诵大乘，劝进行者，修如此法，亦生彼也。若得生彼，非只得生，又能了知如上着实努力念念求生之时，正是无念无求无生之理。何以故？即精修是无修，非谓不修是无修也。若果谓一切放下，善恶无着，坦荡无碍，为无修者，又何异断见外道？非愚痴而何？岂不闻古人以色相反为无相，以深修乃为无修。以彼例此，法法皆尔。可不审之？今念人命无常，转息来世。又况尘事连环，如钩锁不断。若不能于世事萦心，尘劳郁结时，及正当得志，歇手不得处，一割割断，起愿立行，尽力一跳，焉得应念生彼？是故我今作礼，奉劝佛子，皆当一心精进而行也。

（此说因吾乡大方李居士作《劝念佛图》，请着语于中，故述此云。时洪武乙亥九月二十日书附。）

旧跋

净直向读云栖大师法语，便知有净土法门。然犹谓净业与禅，正如春兰、秋菊，不妨各擅其美，未知净业即是无上深妙禅也。自丁亥冬，登祖堂，礼蕅益大师，闻禅净不二之谈，谓不唯不可分，亦且无待合。虽慕之，而窃疑之。今读此《念佛直指》，方信蕅师实非臆说，兼信永明大师《四料简》语，真不我欺。故力募众缘，刻印流通，而众友亦各欢喜乐助，当知阿弥陀佛弘誓愿力，贯彻于人心久矣。刻既成，敬跋数语，以识法喜。辛卯中秋望日，净业弟子车净直书于四莲居，时年六十。

净土十要

灵峰蕅益大师选定净土十要第九

述曰：灵峰老人云："昔人列莲宗七祖，太局。只如天台教主，坐不背西，卧必合掌，其发明净土，如堂堂之阵，正正之旗，无敢与敌。又如法眼冢孙，昼夜弥陀十万声，万善庄严安养，其发明净土，如大将军令出如山，无敢动者。非皆莲宗列祖乎？天台幽溪无尽师，奉慈云《行愿》为日课。讲自所述《生无生论》，每一登座，天乐临虚。临终画空，书《妙经》题，屹然而化。以为莲宗嫡裔，何愧焉？"《净要》中收幽溪两作，今会为一要。近代诸师，公其绝唱矣。

净土生无生论

明 天台山幽溪沙门传灯 和南撰

稽首能仁圆满智，无量寿觉大导师；
所说安养大乘经，了义了义至圆顿；
妙德普贤观自在，势至清净大海众，
马鸣龙树及天亲，此土庐山莲社祖，
天台智者并法智，古往今来弘法师。
我今皈命礼三宝，求乞冥加发神识。
敬采经论秘密旨，阐明净土生无生，
普使将来悟此门，断疑生信阶不退。

将造此论，立为十门：一、一真法界门，二、身土缘起门，三、心土相即门，四、生佛不二门，五、法界为念门，六、境观相吞门，七、三观法尔门，八、感应任运门，九、彼此恒一门，十、现未互在门。

初、一真法界门

一真法性中，具足十法界，
依正本融通，生佛非殊致。

论曰：一真法界，即众生本有心性。此之心性，具无量德，受无量名。

云何具无量德？举要言之，谓性体、性量、性具。云何性体？谓此心性，离四句，绝百非，体性坚凝，清净无染，不生不灭，常住无坏。云何性量？谓此心性，竖穷三世，横遍十方。世界有边，虚空无边。虚空有边，心性无边。现在有边，过、未无边。过、未有边，心性无边。无尽无尽，无量无量。云何性具？谓此心性，具十法界，谓佛法界、菩萨法界、缘觉法界、声闻法界、天法界、修罗法界、人法界、畜生法界、饿鬼法界、地狱法界，此是假名。复有正报，谓佛五阴、菩萨五阴，乃至地狱五阴，此是实法。复有依报，谓佛国土、菩萨国土，乃至地狱国土。令易解故，作三种分别。得意为言，即性具是性体、性量。性体离过绝非，即性具十界离过绝非。性体体性坚凝，清净无染，不生不灭，常住不坏；性具十界亦然。性量竖穷横遍，无尽无尽，无量无量；性具十界亦然。正报五阴，同性体、性量，清净周遍；依报国土亦然。此之三法，亦名三谛，性体即中谛，性量即真谛，性具即俗谛。故《楞严经》云："而如来藏，本妙圆心，非心非空，非地水火风，非眼耳鼻舌身意，非色声香味触法，非眼界，乃至非意识界，非无明，乃至非老死，非无明尽，乃至非老死尽，非苦集灭道，非智，非得，非檀那，乃至非般剌若，非怛闼阿竭，非阿罗诃，非三耶三菩，非常乐我净。"此即性量无相，是为真谛。"而如来藏，元明心妙，即心即空，即地水火风，即六凡，即二乘，乃至即如来常乐我净。"此即性具十界，是为俗谛。"而如来藏，妙明心元，离即离非，是即非即。"此即性体统摄，是为中谛。又云："如来藏性色真空，性空真色，清净本然，周遍法界。地、水、火、风、空、见、识，莫不如是。"地、水、火、风、空、见、识，即性具也。清净本然，即性体也。周遍法界，即性量也。又地、水、火、风、空，清净本然，周遍法界，即依报国土性体、性量也。见、识清净本然，周遍法界，即正报五阴性体、性量也。

云何受无量名？举要言之，此之心性，或名空如来藏，或名真如、佛性，或名庵摩罗识，或名大圆镜智，或名菩提、涅槃。性体、性量名空如来藏，即性具十界五阴国土名空如来藏。性体、性量名真如、佛性，即性具等名真如、佛性。性体、性量名庵摩罗识，即性具等名庵摩罗识。性体、性量名大圆镜智，即性具等名大圆镜智。性体、性量名菩提、涅槃，即性具等名菩提、涅槃。故曰："一真法性中，具足十法界，依正本融通，生佛非殊致。”

问曰：此一真法界，为初心是，为后心是？若初心是，应无七名。若后心是，应无九界。初、后俱堕，立义不成。

答曰：此正显初心是。以初心是故，方有后心是。以后心是故，方显初心是。云何以初心是方有后心是？如果地依正融通，色心不二，垂形九界，方便度生，悉由证此因心所具。故曰：“诸佛果地融通，但证众生理本，故得称性施设，无谋而应。”若不然者，何异小乘、外道作意神通？故法智大师云：“六即之义，不专在佛，一切假实三乘、人、天，下至蛣蜣、地狱色心，皆须六即辩其初后。所谓理蛣蜣，名字乃至究竟蛣蜣。以论十界皆理性故，无非法界，一不可改。故‘名字’去，不唯显佛，九亦同彰。至于果成，十皆究竟。”云何后心是方显初心是？正由后心果地，全证众生理本，故果地七种名目，悉是众生性德美称。但众生在迷，性德不显，故无此称。克论性德，岂可言无？故初、后俱善，立义成矣。

二、身土缘起门

一真法界性，不变能随缘，

三身及四土，悉由心变造。

论曰：一真法界性，即前文所明性体、性量、性具也。教中说“真如不变随缘，随缘不变”者，正由性体、性量即性具故。如君子不器，善恶皆能。故晋译《华严经》云：“能随染净缘，具造十法界。”谓真如性中所具九法界，能随染缘，造事中九法界；真如性中所具佛法界，能随净缘，造事中佛法界。所以能者，正由性具。性若不具，何所称能？天台家言：“并由理具，方有事用。”此之谓也。是知事中十法界三身四土，悉由真如随缘变造。既曰真如不变随缘，随缘不变，则事中染净身土，当体即真，无一丝毫可加损于其间者。《楞严经》云：“见（八识见分）与见缘（八识相分，见、相二分皆依他起性），并所想相（此不了依他，而起遍计），如虚空花，本无所有。此见及缘，元是菩提妙净明体。”是也。若然，则娑婆、极乐，此世众生、当生九品，弥陀已成、吾心当果，悉由心性之所变造。心具而造，岂分能所？即心是佛，即佛是心。即心是土，即土是心。即心是果，即果是心。能造因缘，及所造法，当处皆是心性。故明此宗而求生乐土者，乃生与无生两冥之至道也。

三、心土相即门

西方安乐土，去此十万亿，

与我介尔心，初无彼此异。

论曰：《佛说阿弥陀经》云：“从是西方，过十万亿佛土，有世界名曰极乐。”百亿日月，百亿须弥，百亿大海，百亿铁围山，名一佛土。十千为万，十万为亿。一佛国土，已自广大，况亿佛国土乎？况十万亿乎？是则极乐国土，去此甚远。博地凡夫，念佛求生，弹指即到者，正由生吾心所具之佛土也。言“介尔心”者，即凡夫念佛之心也。刹那之心，至微至劣，故称“介尔”。谓十万亿远之佛土，居于凡夫介尔之心，即心是土，即土是心，故曰：“初无彼此异”。

问曰：介尔之心，居于方寸，何能包许远佛土？

答曰：介尔之心，昧者谓小。达人大观，真妄无二。盖此妄心，全性而起，性既无边，心亦无际。性如大海，心似浮沤，全海为沤，沤还匝海。盖真如不变随缘，随缘不变。既曰随缘不变，岂可以真妄而局大小哉！

四、生佛不二门

阿弥与凡夫，迷悟虽有殊，

佛心众生心，究竟无有二。

论曰：阿弥陀佛者，果人也，成就三身、四智、十力、四无所畏、十八不共等功德。凡夫者，因人也，具足无量恒沙烦恼，造作无量恒沙业系，当受无量恒沙生死。迷悟之相，譬彼云泥。言究竟不二者，谓据相而言，则不二而二；约性而论，则二而不二。盖诸佛乃悟众生心内诸佛，众生乃迷诸佛心内众生。所以悟者，悟众生本具性体、性量、性具也。所以迷者，迷诸佛所证性体、性量、性具也。心性之妙，岂受其迷。迷而不迷，斯言有在。故众生本有性体即诸佛所证法身，性量即报身，性具即应身。四智、十力、四无所畏、十八不共等功德，会合可知。故古德云："诸佛心内众生，尘尘极乐。众生心内诸佛，念念证真。"故弥陀即我心，我心即弥陀。未举念时，早已成就。才举心念，即便圆成。感应道交，为有此理。故念佛人，功不唐捐。

五、法界为念门

法界圆融体，作我一念心，

故我念佛心，全体是法界。

论曰：行者称佛名时，作佛观时，作主、伴、依、正余观时，修三种净业时，一心不乱时，散心称名时，以至见思浩浩，恒沙烦恼，凡此有心，皆由真如不变随缘而作，全体即是法界。故法智大师云："法界圆融不思议体，作我一念之心，亦复举体作生、作佛、作依、作正。"若然者，余心尚是，况念佛心乎。是故行者念佛之时，此心便是圆融清净宝觉。以此妙心，念彼阿弥，则彼三身，何身不念？求彼四土，何土不生？但随功行浅深，品位高下耳。

六、境观相吞门

十六等诸境，事理两种观，

彼此互相吞，如因陀罗网。

论曰：境观相吞者，正由事事无碍也。事事所以无碍者，所谓有本者如是也。盖由法界圆融不思议体，作我一念之心，亦复举体作生、作佛、作依、作正。既皆全体而作，有何一法不即法界？故曰：一尘法界不小，刹海法界不大。多亦法界，少亦法界。是以西方十六诸境，吾心事理二观，一一无非法界全体。如帝释宫中因陀罗网，虽彼此各是一珠，而影入众珠；虽影入众珠，而东西照用有别。境观亦然，以境为事，则观为理，理能包事，是为以观吞境；以观为事，则境为理，理能包事，是为以境吞观。若观若境，或一为事，余为理；或一为理，余为事。彼此互各相吞，故如因陀罗网。若然者，当我作观时，则西方依正，已在我观之内；我今身心，已在依正之中。了此而求生安养，可谓雁过长空，影沉寒水，雁绝遗踪之意，水无留影之心。

七、三观法尔门

能观为三观，所观即三谛，

全性以起修，故称为法尔。

论曰：三谛者，真、俗、中也。三观者，空、假、中也。忘情绝解，莫尚乎真。随缘应用，莫尚乎俗。融通空有，莫尚乎中。虚灵不昧，此吾心自空者也。物来斯应，此吾心自有者也。空有相即，此吾心自中者也。此性也，非修也。三谛也，非三观也。修之者，称性照了也。故体达此心，空洞无物，谓之空。照了此性，具足万法，谓之假。融通二边，不一不异，谓之中。然则即虚灵而应物也，即应物而虚灵也。空即假、中也，假即空、中也，中即空、假也。是称性而修也，绝待而照也，不思议之三观也，首楞大定之司南也。此别论也如此。

若总论者，或以吾心虚灵者为空，以所观万物者为假，以心境不二者为中。物，吾心之物也，何假而不空。心，万物之心也，何空而不假。即心即物，即物即心，何中而不空假。是以观极乐依正者，以吾一心之三观，照彼一境之三谛，无不可者。以吾三观之一心，照彼三谛之一境，亦无不可者。虎溪大师云："境为妙假观为空，境观双忘即是中。忘照何尝有先后，一心融绝了无踪。"尚何三观之不法尔乎！

八、感应任运门

我心感诸佛，弥陀即悬应，

天性自相关，如磁石吸针。

论曰：诸佛、众生，同一觉源，迷悟虽殊，理常平等。故曰：“诸佛是众生心内诸佛，众生是诸佛心内众生。”迹此而言，则诸佛、众生，心精无时而不通吻。但诸佛无时不欲度生，而众生念念与之迷背。故势至菩萨云：“一人专忆，一人专忘，若逢不逢，或见不见。子若忆母，如母忆时，母子历生不相违远。若众生心忆佛念佛，现前当来，必定见佛，去佛不远。”正由一理平等，天性相关，故得任运拔苦与乐。况无量寿佛因中所发四十八愿，誓取极乐，摄受有情。今道果久成，僧那久满，故凡百众生，弗忧佛不来应，但当深信忆念，数数发愿，愿生西方。如磁石与针，任运吸取。然磁能吸铁，而不能吸铜。针能合磁，而不能合玉。譬犹佛能度有缘，而不能度无缘。众生易感弥陀，而不易感诸佛。岂非生佛誓愿相关者乎？是以求生净土者，信、行、愿三，缺一不可。

九、彼此恒一门

若人临终时，能不失正念，

或见光见花，已受宝池生。

论曰：《往生传》云：张抗仕石晋，为翰林学士，课《大悲咒》十万遍，愿生西方。一日寝疾，唯念佛号，忽谓家人曰：“西方净土只在堂屋西边，阿弥陀佛坐莲花上，见翁儿在莲花池金沙地上礼拜嬉戏。”良久念佛而化。翁儿，抗之孙也。所以尔者，盖西方极乐世界乃吾心中之一土耳，娑婆世界亦吾心中之一土耳。约土而言，有十万亿彼此之异。约心而观，原无远近。但众生自受生以来，为五阴区局真性，不契心源。念佛之人，果报成熟，将舍现阴，趣生阴时，净土莲花忽然在前。唯心境界，非有去来彼此之相。故《首楞严经》云："临命终时，未舍暖触，一生善恶，俱时顿现。纯想即飞，必生天上。若飞心中，兼福兼慧，及与净愿，自然心开，见十方佛，一切净土随愿往生。"法智大师云："须知垂终自见坐金莲身，已是彼国生阴。"亦此意也。

十、现未互在门

行者今念佛，功德不唐捐，

因中已有果，如莲花开敷。

论曰：圆顿教人，顿悟心性，无修而修，修彼乐邦。性中所具极乐，由修显发。而此心性，竖贯三际，横裹十虚。佛法、生法，正法、依法，因法、果法，一念圆成。是以念佛之人，名为全性起修，全修在性。全性起修，虽名为因。全修在性，因中有果。以所具因法，与所具果法，同居一性，心性融通，无法不摄，故如莲花开敷，花中有果。况此心常住，无生灭去来。即今念佛之心，便是当来花池受生之时。故说初发心人，极乐宝池已萌莲种。若精进不退，日益生长，花渐开敷，随其功德，大小辉煌。其或懈退悔杂，日渐憔悴。若能自新，花复鲜丽。其或不然，芽焦种败。且此莲花，人谁种植？现、未互在，斯言有归也。

旧 跋

幽溪大师中兴天台教观，以性具圆理阐净土法门，著为《生无生论》。初开演于新昌石城寺，每一登座，天乐盈空。大众同闻，事非虚诳。诚可谓离五浊之大津梁，登九莲之胜方便。正知于丁巳年春，归依大师，即蒙相授，旋梓流通。后因版寄慧庆，遂复久置高阁。今与《十疑》、《宝王》重梓，合成净土三论。伏愿见闻随喜，尽断狐疑，速成三昧宝王，顿悟无生法忍，亲觐弥陀，等蒙授记。丙戌冬日古吴比丘正知识于祖堂。

跋

此论以现前一念心无法不具为本（初门），具则必造（二门），故佛土、佛身，皆即我心（三门、四门）。今即以此本不可思议之一念念佛（五门），而西方依正，圆妙三观，生佛感应，旷劫誓愿因缘，总不出我现前念佛之一念（六门、七门、八门）。如是，则十方彼此，三世因果，凡、小、偏、邪种种诸疑可以悉断矣（九门、十门）。后学成时识。

［附］

续净土生无生论

清 闽鼓山沙门道霈 造

明万历间，天台幽溪无尽灯法师，本一家教观，作《净土生无生论》，理无不圆，事无不彻，乃净土之正宗，往生之捷径。故当时论成，师登座为四众讲演，感天乐鸣空，众共闻见，每日皆然，讲毕乃止。其灵应不爽如此。净业行人，依之修持，复何惑哉！然余今日复有是作，貂续于其后者，盖以十门中，有旨别而门同者，有门别而旨别者，皆足以互相发明，究竟净土指归。聊备自修，兼示同见同行者，同生净土云尔。唯愿我本师和尚阿弥陀如来，观世音、大势至、诸大圣众，以及十方常住三宝，慈悲鉴念。倘有一言冥契佛心，愿共法界众生，同体眷属，无生而生，齐登上品，共成佛道。时大清康熙丁卯岁，九月九日阁笔叙。

今造此论，分为十门：一、一真法界门，二、性心具造门，三、心佛互遍门，四、心佛同体门，五、唯心即至门，六、性德庄严门，七、佛佛同体门，八、心佛感应门，九、三无差别门，十、因果互具门。

一、一真法界门

一真法界性，无佛无众生，
常清净无相，不可得思议。

论曰：夫一真法界，空有未形，生佛绝朕，清净无相，湛然常住。四句既亡，百非斯遣，不可得而名，强名曰一真法界。《华严经》第六地偈云："法性本寂无诸相，犹如虚空不分别，超诸取着绝言道，真实平等常清净。"此偈初句，标法性体本寂灭，无圣凡之相。次句，喻以虚空有三意，一喻不分别，二喻寂灭无相，三喻周遍。第三句，超诸取着，谓心行处灭；绝言道，谓语言道断，不可思议也。末句，结归实际，谓真实而无虚伪，平等而无差别，常住而不迁变，清净而无惑染也。

问曰：若如是者，诸众生等云何随顺而能得入？

答曰：个中本无众生，谁背谁顺？谁出谁入？有佛无佛，性相常然，平等平等，不可思议。此是诸佛本源，一切众生性体，身心寂灭，平等真际。苟以情求之，不亦远乎！虽然，试强言之。若欲入者，且从文殊一门而入。《大般若经·曼舒室利分》，佛告文殊云："汝于佛法，岂不趣求？"文殊答云："我不见有法非佛法者，何以趣求？"世尊云："汝于佛法已成就耶？"文殊答云："我都不见法可名佛法，何以成就？"世尊云："汝岂不得无着性耶？"文殊答云："我即无着，岂无着性复得无着？"行者若能于文殊所答三语，云："我不见有法非佛法者。"又云："我都不见法可名佛法。"又云："我即无着，岂无着性复得无着？"如是信解悟明，则生佛具尽，我法皆空，是谓从文殊门入。以文殊主信故，又主智故。故云：佛法大海，信为能入，智为能度。

二、性心具造门

真如寂灭性，具恒沙功德，

四圣及六凡，皆由心变造。

论曰：昔马鸣菩萨宗百部大乘经，造《起信论》，一心具二门：一者心真如门，二者心生灭门。既云心真如、心生灭，岂有二致，不过波水之异耳。是以论中二门，皆各总摄一切法，以二门不相离故。今此中前门摄真如门，唯明真如体。此第二门乃生灭门，具明体、相、用。故论云："是心真如相，即示摩诃衍体。是心生灭因缘相，能示摩诃衍体相用故。"此偈初句云寂灭性者，真如体也。次句具恒沙德者，真如相也。后二句四圣六凡由心变造者，真如随缘之用也。随缘者，论云："依如来藏，有生灭心。所谓不生不灭，与生灭和合，非一非异，名阿黎耶识。此识有二种义，一者觉义，二者不觉义。”夫如来藏者，真如随缘之别名也。生灭心者，真如随无明缘，动作生灭也。不生不灭，即如来藏，与无明生灭心和合，故非一异，得黎耶名。二义中，觉义，四圣之本也；不觉义，六凡之本也。凡圣虽殊，皆由真如性体本具，随染净缘，熏变而起，所谓不思议熏（不可熏而熏也），不思议变（不可变而变也），此之谓也。我今现前念佛，愿生净土，蒙佛授记，分身尘刹，摄化众生，是菩萨法界。愿究竟圆满无上菩提，以念佛成佛，是亲种故，是佛法界。二者皆自心真如随缘熏变而起，不由他得也。

又《达摩经》颂云：“无始时来界，一切法等依，由此有诸趣（六凡），及涅槃证得（四圣也）。”界，作因义。因，指黎耶含藏染净种子，故名种子识。如此犹涉权说。若作性义，性指一真法界性，即真如体也。四圣六凡，皆是性起，即入圆门。圆门者，天台性具圆顿法门云：现前念佛介尔之心，具足百界千如，三世间三千诸法，即空、假、中，更有各具、互具之义。以趣举一法，即法界之大都，互具各具，互融互摄，参而不杂，离而不分，一多自在，不相留碍。故《辅行》云：“学者纵知内心具三千（各具义也），不知我心遍彼三千。彼彼三千，互遍亦尔（互具义也。彼彼者，一彼彼佛，一彼彼生。心、佛、众生皆有各具、互具之义）。”如帝网珠，交彻融摄，重重无尽也。然此一念，所以能尔者，以全性起修，全修即性故。四明尊者云：“法界圆融不思议体，作我一念之心，亦复举体作生（九界也）、作佛（佛界也）、作依（器世间也）、作正（五蕴世间也）。”且趣举一法，尚复具足，况念佛之心乎。如是念佛，是念究竟佛，必臻上品也。

三、心佛互遍门

弥陀法界身，遍我心想中，
我心想佛时，佛即全体现。

论曰：此偈即《观无量寿佛经》云：“诸佛如来是法界身，入一切众生心想中。是故汝等心想佛时，是心即是三十二相、八十随形好。是心作佛，是心是佛。诸佛正遍知海，从心想生。是故应当一心系念谛观彼佛，多陀阿伽度（如来）、阿罗诃（应供）、三藐三佛陀（正遍知）。”“诸佛如来”下，统观诸佛。“是故应当”下，别观本师无量寿尊。诸佛是法界身者，界，性义，谓法性身也，无处不遍，谓遍一切众生、一切国土，及与三世，无有遗余。故《华严经》云：“法性遍在一切处，一切众生及国土，三世悉在无有余，亦无形相而可得。”今但云遍入众生心想者，令其观心，观易成故。又诸佛法身入众生心想中，是诸佛心内众生，心心寂灭也。“是故汝等心想佛时，是心即是三十二相、八十随形好，是心作佛，是心是佛”者，是众生心内诸佛万德庄严也。心佛互遍，如一室千灯，虽灯灯不同，而光光互相遍摄，重重无尽也。又是心作佛者，从性起修也；是心是佛者，全修即性也。诸佛正遍知海从心想生者，谓行人想佛之心，亲从法界缘起，缘生无性，当体寂灭，即是如来正遍知海，无二无别。是故我现前一念观想阿弥陀佛之心，即是弥陀相好光明全体显现，无二法也。

四、心佛同体门

我心与佛心，究竟无有二，
举念佛现前，非一亦非异。

论曰：前门心佛所以互遍者，以诸佛、众生同一自性清净心也。何以知然？《华严经》云：“如来成正觉时，于其身中普见一切众生成正觉，乃至普见一切众生入涅槃，皆同一性，所谓无性。”是果门摄法无遗，以佛所证即众生本觉真心也。又云：“菩萨摩诃萨应知自心，念念常有佛如来成等正觉。何以故？诸佛如来不离此心成正觉故。如[1]自心，一切众生心亦复如是。”是因门摄法无遗，以众生之心即佛所证觉体也。若然者，

---

① “如”，原本作“知”，据《乾隆大藏经》、《大正藏》原经改。

心佛佛心，究竟无二。行人凡举一念，念阿弥陀佛时，而阿弥陀佛即时现前。以心佛历然，故曰非一。心佛一体，故曰非异。大法眼云："华严六相义，同中还有异。异若异于同，全非诸佛意。"是也。

五、唯心即至门

此去西方路，远隔十万亿，

弹指顷即到，以本唯心故。

论曰：西方路隔十万亿者，《阿弥陀经》云："从是西方，过十万亿佛土，有世界名曰极乐。其土有佛，号阿弥陀，今现在说法。"弹指即到者，《观无量寿佛经·上品上生章》云："此人精进勇猛故，阿弥陀如来，与观世音、大势至、无数化佛、百千比丘声闻大众、无量诸天、七宝宫殿。观世音菩萨执金刚台，与大势至菩萨，至行者前。阿弥陀佛放大光明，照行者身，与诸菩萨授手迎接。观世音、大势至与无数菩萨赞叹行者，劝进其心。行者见已，欢喜踊跃，自见其身，乘金刚台，随从佛后，如弹指顷，往生彼国。"夫极乐净土，此去限十万亿佛土之遥，而到在弹指顷者，以唯心故也。

以是观之，十万亿佛土不远，而弹指顷不近。以心法无形，贯满十方，无远近故。娑婆众生耳根最利，非五根所能及，试于耳根中观之。如危楼百尺，洪钟在簴，遥杵一击，声闻百里。声既不来，耳亦不往，声闻同时，历历现前。讵非唯心之明验乎？非唯土是唯心，而土中之佛亦唯心现。故《无量寿经》云："佛告阿难：'汝起整衣服，合掌恭敬，礼无量寿佛。'阿难禀教，正面西向，五体投地。即见无量寿佛放大光明，普照一切诸佛世界。威德巍巍，如须弥山，高出一切诸世界上。此会四众，一时悉见。彼见此土，亦复如是。"夫礼拜之顷，举念即见阿弥陀佛放光普照者，是亦唯心之明征也。

又解脱长者示善财唯心念佛法门云："我欲见安乐世界阿弥陀佛，随意即见。"乃至云："然彼如来不来至此，我身亦不往诣于彼。知一切佛，及与我心，悉皆如梦如影，如幻如响。我如是知，如是忆念，所见诸佛，皆由自心。”夫由自心者，一法界心也。既云知一切佛及与我心悉如梦等，则若佛若心，皆从一法界真心现起，当体寂灭，故无来往也。清凉国师云：“既了境唯心，了心即佛，故随所念，无非佛矣。况无境非心，无心非佛，加以志一不挠，精诣造微，佛应克诚，于何不见？”

问：即佛之心，为如梦心，为法界心？

答：达得心佛是梦，则当处寂灭，即法界心，非有二也。

六、性德庄严门

西方安乐国，依正极庄严，

须信非他物，皆是性功德。

论曰：西方依正庄严，皆性功德者。《起信论》云：“复次真如自体相者，一切凡夫、声闻、缘觉、菩萨、诸佛，无有增减，非前际生，非后际灭，毕竟常恒[①]。”（注曰：此明真如体也。诸佛、众生同一真性，无生灭增减，毕竟常住，无有变异。）“从本以来，自性满足一切功德，所谓自体有大智慧光明义故，遍照法界义故，真实识知义故，自性清净心义故，常乐我净义故，清凉不变自在义故，具足如是过于恒沙不离、不断、不异、不思议佛法，乃至满足无有所少义故，名为如来藏，亦名法身。”（注曰：此明真如相也。大智慧光明者，性自神解也。遍照法界者，周遍法界，事理俱照也。真实识知者，无倒正知也。自性清净者，离诸惑染也。常乐我净者，四德圆备也。清凉不变自在义者，性离惑业，四相莫迁，无诸障碍也。不离者，恒沙性德，不离真体也。不断者，无始相续也。不异者，体相一味也。不思议佛法者，唯佛证穷也。乃至满足无有所少义者，真如体中，性体具足。如来既证性已，万德圆彰，即验真如本具也，故名之曰如来

① “毕竟常恒”四字，原本无，今依原论补。

藏，亦名如来法身。）

问曰：上说真如其体平等，离一切相。云何复说体有如是种种功德？

答曰：虽有此诸功德义，而无差别之相，等同一味，唯一真如云云。由此观之，西方极乐世界，依正二报，功德庄严。如《弥陀经》中，珠网丽天，琼林矗地，池流八德，莲吐四光，天乐韵于六时，祴花散于亿刹，化禽演道品，风树传法音，如是等无量功德，皆是极乐国土依报庄严也。又如相好八万，举光明以遍收。功德喻沙，言寿命以统括。成佛十劫，简过未以释疑。声闻皆发大心，菩萨多居补处。生者咸归于定聚，趣途即预于阿鞞。如是等无量功德，皆是寿尊一佛二菩萨及海会眷属等正报庄严也。如上依正二报无量功德，原非他物，乃是真如体上本有之性功德。故云栖莲池大师疏《阿弥陀经》，一一以称理释之，其有旨哉！

问曰：此功德性，为化主性？为海众性？

答曰：化主、海众，本同一性，而不妨有各具、互具之义。如上一室千灯之喻，可见也。

七、佛佛同体门

弥陀与诸佛，同一法界身，

一称无量寿，诸佛齐现前。

论曰：问：十方诸佛各有愿力，摄受众生。何以不念十方诸佛，而偏念西方阿弥陀佛，求生极乐耶？答：以诸佛如来同一法身，念阿弥陀佛即是念十方诸佛，故一称弥陀万德洪名，而十方诸佛一时齐现。何以故？同一法界身故。故《华严经》云：“一切如来一法身，真如平等无分别。”又云：“一切诸如来，同共一法身，一心一智慧，力无畏亦然。”以此观之，若称阿弥陀佛，而诸佛不现前，则阿弥陀佛非法界身，以有身外诸佛故。阿弥陀佛既是法界身，则诸佛何以不现前？以是知行人至心称念阿弥陀佛，而诸佛齐现，复何疑乎！

八、心佛感应门

我心感我佛，我佛即应我，

应感非前后，心佛同一体。

论曰：我现前感佛之心，是法身真我。而所感之佛，即我法身。即感即应，无前后也。何以故？以心佛同体，感应一时，感是我心之感，应是我心之应也。是以阿弥陀佛居法身地，与法界众生心心相照，吻然契合，无二无别。行人能以信、行、愿感之，当处现前，不爽毫发也。

唐解脱和尚，五台县人，姓邢氏，七岁出家。初从慧超禅师，超器之。后于五台专诵《华严》，依经作观，求见文殊。文殊现身诲云：“汝不须礼覲于我，应自悔责，必当大悟。”因反求，乃大悟，感诸佛现身说偈曰：“诸佛寂灭甚深法，旷劫修行今乃得。若能开晓此法眼，一切诸佛皆随喜。”解脱问：“寂灭之法，若为可说，得教人耶？”诸佛即隐。复有声告曰：“方便智为灯，照见心境界。欲究真实法，一切无所见。”以此观之，诸佛与文殊、解脱，同一法性。解脱以真诚心求见文殊，而文殊现；感诸佛，而诸佛应。念佛行人求见阿弥陀佛，亦复如是。心外无佛，佛外无心。感应道交，炳然齐现也。

九、三无差别门

心佛及众生，是三无差别，

我念佛发愿，上求而下济。

论曰：心、佛、众生，三无差别。古谓：“佛法太高，众生法太广，观心为易，故但观心法。”佛是心佛，故念佛发愿，上求于佛果。众生是心众生，故下济度于众生。所以须上求下济者，岂不见楞严会上，阿难因世尊开示五阴、六入、十二处、十八界、地水火风空见识七大等，一一推破，了不可得，本如来藏妙真如性，清净本然，周遍法界。廓然大悟，乃发愿云："愿今得果成宝王，还度如是恒沙众。将此深心奉尘刹，是则名为报佛恩。"愿今得果者，上求于佛果也。还度沙众者，下度于众生也。深心者，佛本是心，则无佛可求，无可求中，吾固求之；众生是心，则无生可度，无可度中，吾固度之。故《维摩诘经》云："虽知诸佛国，及与众生空，而常修净土，教化于群生。"无求而求，无度而度，是谓深心。以此深心，奉尘刹诸佛，勤求大果，化尘刹众生同生净土，以众生亦是未来之诸佛故，如此故能仰报于佛恩也。凡净业行人，念佛发愿，上求下化，应如是知。

十、因果互具门

临终在定心，已生安养国，

上品宝花中，因果各互具。

论曰：天台智者大师云："临终在定之心，即是净土受生之心。"是因中有果也。花开见佛，悟无生忍，繁兴万行，尘刹利生，是果中有因也。世间草木之花，或先花后果，或先果后花。唯莲花，花果同时。花中有莲，是因中有果也。莲中有薏，是果中有因也。因果互具，三际一时。故《华严经》，一切处文殊师利说偈云："一念普观无量劫，无去无来亦无住。如是了知三世事，超诸方便成十力。"故净业行人，当拳拳致意于末后临终一念，蓦直而去，永无后念。如此成就，始是生净土之明验也。《智度论》云："临终少时，能胜终身修行之力，以猛利故，如火如毒。"唯恐其障缘现前，此一念不成就耳。故《行愿品》，普贤菩萨教行人预发愿云："愿我临欲命终时，尽除一切诸障碍，面见彼佛阿弥陀，即得往生安乐刹。"又《净名经》，文殊菩萨问维摩诘云："生死有畏，菩萨当何所依？"维摩诘言："菩萨于生死畏中，当依如来功德之力。"夫菩萨于生死畏中，尚须依如来功德。况博地凡夫，而欲自恃天真，作增上慢人，非自赚乎？然如来功德无量，略具于《观无量寿佛经》。净业行人但能随念其名字，及相好、光明、寿量等少分功德，倘不能久持，但一念顷专心瞻仰，而五畏一时可息，不特生死畏也。故《华严》云："若念如来少功德，乃至一念心专仰，诸恶道怖悉永除，智眼于此能深悟。"如子依母，则得大安乐也。

问曰：若然，则赵州何以云："佛之一字，吾不喜闻。"又云："念佛一声，漱口三日。"此何说也？

答曰：若如实知得赵州落处，许汝亲见弥陀法身，是真念佛。若也不知，鹦鹉学语，自误误人，其害匪细。故四明云："不肖之徒，轻欺生死，于净土要术，生谤障人，痛哉痛哉！"凡真心修净业者，应如是永息诸疑，一心念佛，期生上品，始是佛之真子，不可忽也。

跋

丁卯仲秋朔，余静中念佛，忽得此十偈，窃欲续于幽溪《生无生论》后，而不果。越旬日，而温陵龚明府岸斋居士至，即出以相示，一览知妙，洞彻源委，了无疑议，居士请竟其业。余深嘉其般若因地，来自多生，非偶尔也，不违其请，乃宗诸大经大论，作此论释。既成，相与合二论而观之，互相发明。净土深旨，似无遗憾。因思非居士无以发余之绪言，非余无以竟居士之净业。法会因缘，千载一遇，岂偶然哉。因并识之，以志一时缘起云。西真比丘道霈书于圣箭堂。

《净土十要》一书，真修净指南，法门至宝。惜原板已失，广播无由。化杰募依原本，续有是刻，俾使修净诸公，自始至终，虔心体玩，如入五都之市，已无宝不陈矣。剞劂将终，又得为霖大师《续生无生论》一卷，更加众宝之中，又获骊珠一粒，欣喜不胜。谨成霖师本愿，附刻《生无生论》后，更使修净诸公，无宝不收焉。可庵比丘化杰书于教忠堂。

净土法语

明 天台山幽溪沙门传灯 述

夫修行法门，乃如来对病之良药也。药随病广，数逾恒沙。求其至捷径、最简要者，莫胜于念佛求生净土法门，可谓速出生死之玄关，疾成觉道之秘诀也。盖凡修行，求出离生死，须仗三种力：一、自力，二、他力，三、本有功德之力。若惟务自修，悟明心地，裂无明网，出爱欲河，成佛作祖，谓之自力。是为没量好汉，真大丈夫。如佛在世及正法中诸大菩萨、声闻、缘觉，及诸大祖师，是其人也。若像、末之世，去古既远，根器谫劣，有虽修而不悟，悟而不精，内照似脱，对境仍迷。纵使不迷，犹然坯器。菩萨有隔阴之昏，初果有入胎之昧。方之博地，安免随流？此自力之无功，出尘之不效，一错百错，实可寒心。是以诸佛菩萨，曲垂方便，又有仗他之法门兴焉。此之法门，经论发明，其品亦夥。求其苦口叮咛，极言称叹，列祖弘通，人心崇奉，惟极乐世界念佛一门为究竟。可谓言言阐唯心净土之心宗，句句演本性弥陀之妙法。悟此者，达生心与佛心平等，心土与佛土无差。修此者，获妙观与妙境相符，自力与他力兼济。况本有功德之力，无始性具者，因此以全彰。旷劫积累者，借之而顿发。故得娑婆报满，净土现前，莲花化生，不迷生阴，一入永入，更不退转。故曰：“众生生者，皆是阿鞞跋致，其数甚多。”比夫在娑婆而入道，历尘境之粗强，险难恶道无处不有，固不侔矣。

然而说之匪难，行之为难。行之匪难，心要为难。此昔人之所诫，在我辈之当遵。若求其为吾真切教诫，莫要乎杨次公之两言，谓：“爱不重不生娑婆，念不一不生极乐。”夫念佛以一其心，恳切持名，专志不乱，此吾所当尽心者。然或忘之而不能念，念之而不能一，无他，为情爱之所牵也。夫轻爱以杜其妄，斩断情根，脱离爱网，此吾所当尽心者。然或念之而不能忘，忘之而不能尽，此无他，为念心之不能一也。故念佛求生净土之人，寻常有娑婆一爱之不轻，则临终为此爱之所牵而不得生，矧多爱乎？即极乐有一念之不一，则临终为此念之所转而不得生，矧多念乎？盖爱之所以为爱者，有轻焉、重焉、厚焉、薄焉、正报焉、依报焉。历举其目，则父母妻子、昆弟朋友、功名富贵、文章诗赋、道术技艺、衣服饮食、屋室田园、林泉花卉、珍宝玩物，种种妙好，不可枚尽。大而重于泰山，小而轻于鸿毛。有一物之不忘，爱也。有一念之不遗，爱也。有一爱之存于怀，则念不一。有一念之不归于一，则不得生。呜呼！“爱不重不生娑婆，念不一不生极乐。”此两语，可谓刮翳眼之金錍，治膏肓之圣药。凡有志于求生极乐者，宜以此书之于屋壁，铭之于肌肤，时时庄诵，念念提撕。于娑婆之爱，日务求其轻。极乐之念，日务求其一。轻之又轻之，以渐阶乎无。一之又一之，以渐邻乎极。果能如此，则此人虽未脱娑婆，不是娑婆之久客。虽未生极乐，已是极乐之嘉宾。临终正念现前，往生极乐必矣。

或问：轻爱有道乎？

曰：轻爱莫要乎一念。

又问：一念有道乎？

曰：一念莫要乎轻爱。

或者莞尔谓曰：师言首鼠两端，似无主正，俾学者乎何从？

曰：非两端也，欲明一念之所以也。盖念之所不能一，由散心异缘之使然。散心异缘，又由逐境纷驰之使然。故娑婆有一境，则众生有一心。众生有一心，则娑婆有一境。故曰：心生故种种法生，法生故种种心生。聚缘内摇，趣外奔逸。心境交驰，尘沙莫尽。爱苟不忘，念能一乎？故欲一其念者，莫若轻其爱。欲轻其爱者，莫若一其心。一其心者，莫若杜其境。众境皆空，则万缘都寂。万缘都寂，则一念自成。一念若成，则爱缘俱尽。故曰：欲一其念，莫若轻爱。欲轻其爱，莫若一念。盖爱之与念，势不两立，若日月之代行，明暗之相背也。

或曰：杜境有道乎？

曰：余所谓杜境者，非屏除万有也，亦非闭目不观也，将即境以了其虚，会本以空其末也。正以万法本自不有，有之者情，故情在物在，情空物空，物空而本性现，本性现而万法空，万法空而情念息，自然而然，非加勉强。《楞严》所谓："见与见缘，并所想相，如虚空花，本无所有。此见及缘，元是菩提妙净明体，云何于中有是非是？"是以欲杜其境，莫若体物虚。体物虚，则情自绝。情自绝，则爱不生，而惟心现，念一成。故《圆觉》云："知幻即离，不作方便。离幻即觉，亦无渐次。"一去一留，不容转侧。功效之速，有若桴鼓。学道之士，于此宜尽心焉。

又问曰：轻爱与一念，同乎异乎？

对曰：能轻娑婆之爱，未必能一极乐之念。能一净土之念，必能轻于娑婆之爱。此约无志、有志间说也。若去无志而独言有志，则爱非念一而不忘，念非忘爱而不一，两者功夫，初无间然。

又问曰：轻爱既闻命矣，一念为之奈何？

对曰：一念之道有三：曰信、曰行、曰愿。

夫不疑谓之信，苟有疑焉，则心不得其一矣。是以求生极乐者，要以敦信为之始。必须遍读大乘，广学祖教。凡是发明净土之书，皆须一一参求。悟极乐原是我唯心之净土，不是他土。了弥陀原是我本性之弥陀，非是他佛。大要有二：一悟妙有遍周遍具，以为欣净之本；一悟真空圆离圆脱，以为舍秽之原。

第二、修行者。前敦信如目视，今修行如足行。信而不行，犹有目而无足。行而不信，犹有足而无目。是故信解既备，应当念佛修行。犹如目足兼备，然后能到凉池。故次信而说行也。

行门有二：一正、二助。

正行复二：一称名、二观想。

称名如小本《弥陀经》，七日持名，一心不乱。有事一心、理一心。若口称佛名，系心在缘，声声相续，心心不乱，设心缘外境，摄之令还。此须生决定心，断后际念，拨弃世事，放下缘心，使此念心渐渐增长，从渐至久，自少至多，若一日、二日，乃至七日，毕竟要成一心不乱而后已。此事一心也。苟得此已，则极乐之净因成就，而垂终之正念必然，身无病苦，不受恶缠，预知时至，身心欢喜，吉祥而逝，坐脱立亡，亲见弥陀，垂光接引。若理一心者，此无他法，但于事一心中，念念了达能念之心、所念之佛，三际平等，十方互融，非空非有，非自非他，无去无来，不生不灭。现前一念之心，便是未来净土之际。念而无念，无念而念。无生而生，生而无生。于无可念中，炽然而念。于无生中，炽然求生。是为事一心中明理一心也。

二、观想者，具如《观无量寿佛经》，境有十六，观佛最要。当观阿弥陀佛丈六之身，作紫磨黄金色像，立七宝花池之上，作垂手接引状，身有三十二种大人相，相有八十种随形好。作此想者，亦有事、理。事则以心系佛，以佛系心，初观足下安平，犹如奁底，次观具千辐轮相，如是次第逆缘至于顶中肉髻，复从肉髻顺缘至于足底，了了分明，无分散意。理一心者，经云："诸佛如来是法界身，入一切众生心想中。是故汝等心想佛时，是心即是三十二相、八十种好。是心作佛，是心是佛。诸佛如来正遍知海，从心想生。是故汝等应当系念彼佛多陀阿伽度、阿罗诃、三藐三佛陀。"此义具明微妙三观，具如《观经疏妙宗钞》中说。

然此二种正行，要当相须而进。凡于行住睡卧时，则一心称名。凡于趺坐蒲团时，则心心作观。行倦则趺坐以观佛，坐出则经行以称名。苟于四威仪中，修之不间，往生西方必矣。

二、助行，亦有二：一者世间之行，如孝顺父母，行世仁慈，慈心不杀，具诸戒律，凡是一切有利益之事，若能回向西方，无非助道之行。二者出世之行，如六度万行，种种功德，读诵大乘，修诸忏法，亦须以回向心而修之，无非净土助行。更有一种微妙助行，当于历缘对境，处处用心。如见眷属，当作西方法眷之想，以净土法门而开导之，令其轻爱，以一其念，永作将来无生眷属。若生恩爱想时，当念净土眷属无有情爱，何当得生净土，远离此苦？若生瞋恚时，当念净土眷属无有触恼，何当往生净土，得离此苦？若受苦时，当念净土无有众苦，但受诸乐。若受乐时，当念净土之乐，其乐无央。凡是所历缘境，皆以此意而推广之，则于一切时处，无非净土之助行也。

第三、愿者。夫净土般若舟航，要以信为点头探水，行为篙橹风帆，愿为船柁拨正。无点头探水，则不知通塞浅深。无篙橹风帆，则不能至其所止。无船柁拨正，则无约束要制。故次行以明愿也。第所发之愿，有通、有别，有广、有狭，有遍、有局。通如长途修忏课诵，古德所立回向发愿之文。别则各随自己之意所立。广如四弘，上求下化。狭如自修自度，决志往生。局如课诵有时，随众同发。遍则时时发愿，处处标心。要须体合四弘，不得师心自立。大率所发之愿，宜别不宜通。通恐随人语转，而自无绳准。别则自己标心，克志进取。若能随通文而生决志，此则虽通而别。若于别文而久生滥漫，此则别亦成通。又宜广而不宜狭。广则所发之心大，而所克之果胜。狭则所发之心小，而所获之果劣。宜遍而不宜局。局则标心有限，数数间断于期心。遍则念念要心，刻刻圆成于乐土。

如此三法，可谓生净土之弘纲，觐弥陀之宝筏，一切净土法门，举不外乎是矣。

净土十要

灵峰蕅益大师选定净土十要第十

述曰：世有两般人，于净土法门必不能入：禅者执悟门，矜自力，视念佛不啻依草附木，摇尾乞怜；儒者咀名理，艳清言，视念佛不啻臭腐残馊，食唾欲呕。此两者，一如长眙深瞶而不见睫毛，一如觅龙肝凤髓而厌弃本分茶汤也，何从接而入哉！倘冀其入，须向此人眼底盘踞鸱蹲，扬声大呼，使其睒睗失据，或俟枵腹垂涎时，进以箪食豆羹，使其馋馍厌足。然非寻常禅者、儒者及念佛者可能也。禅能灭却正法眼藏，灼见永明、楚石用处；儒能裂断文字缚，彻悟君子之道，果造端乎夫妇之知能。然后从而发挥净土，庶可死两般人偷心耳。袁宏道身为横扫千军之儒英，又为跳踉井榦之禅擘，乃能百尺竿头，得一退步，合西方言教而论断之。使上两般人不能不屈骄折傲，俯从而窥。才一俯窥，心胆俱寒，肺腑尽夺。匪仗阿弥神力，未易有此也。嗟乎！《坛经》之警策既杳，世徒闻破斥安养之谈。龙溪之宗说双亡，世徒有寻僧说禅之号。西方丰蔀，日斗俱蔽矣。《合论》出于净宗弊极之年，阐教救时，于今为烈。灵峰收为一要，卷当第十，志殿也。

评点《西方合论》序

唯大彻大悟人，始可与谈念佛三昧，否则百姓之与知与能，犹远胜仁者见之谓之仁、智者见之谓之智也。达摩西来，事出非常，有大利，必有大害。呜呼！先辈幸得大利，今徒有大害而已。谁能以悟道为先锋，以念佛为后劲，稳趋无上觉路者耶？

袁中郎少年颖悟，坐断一时禅宿舌头。不知者，以为慧业文人也。后复深入法界，归心乐国，述为《西方合论》十卷，字字从真实悟门流出，故绝无一字蹈袭，又无一字杜撰。虽台宗堂奥，尚未诣极。而透彻禅机，融贯方山、清凉教理，无余矣。或疑佛祖宗教，名衲老宿，未易遍通，何少年科第，五欲未除，乃克臻此？不知多生熏习，非偶然也。传闻三袁是宋三苏后身。噫！中郎果是东坡，佛法乃大进矣。

予每谓明朝功业士，远不及汉、唐、宋，理学则大过之。阳明一人，直续孔颜心脉。佛门居士，唐梁肃，宋陈瓘，明袁宏道，盖未可轩轾也。忠肃初年，偶疑“金刚为泥人揩背”语，遂为禅者所笑。试读彼《三千有门颂》，可复笑乎？中郎少年风流洒落，亦为缁素所忽。试读彼《西方合论》，可复忽乎？呜呼！今人不具看书眼，何怪乎以耳为目也哉！特即吴门所刻标注，并为评点以表彰之。重谋付梓，用广流通。普使法界有情，从此谛信念佛法门，至圆至顿，高超一切禅、教、律，统摄一切禅、教、律，不复有泣歧之叹也。

辛卯夏四月，北天目蕅益沙门智旭拜述。

《西方合论》原序

香光子避嚣山刹，修习净业。有一禅人，阔视高步，过舍而谈，见案上有石头居士新撰《净土合论》，阅未终篇，抗声言曰："若论此之法门，原用接引中下之根。何者？中下根人智慧轻微，业力深重，以忆佛念佛，获生净土，如顽石附舟，可以到岸，诚宜念佛。至于吾辈洞了本源，此心即是佛，更于何处觅佛？此心即是土，更于何处见土？于实际理中，觅生佛去来生死三世之相，无一毛头可得。才说成佛，已是剩语。何得更有分净分秽，舍此生彼之事？若于此处悟得，是自在闲人，即淫怒痴，皆是阿弥平等道场，如如不动。何乃舍却己佛，拜彼金铜？且谓悟与未悟，皆宜修习。无事生事，吾所不晓。"

香光子闻而太息曰："若汝所言，只图口角圆滑，不知一举足将坠于火坑也。生死无常，转盼即至，如何熟记宗门现成相似之语，以为究竟？都云我已成佛，不必念佛。若约理而言，世间一蚤一虱，皆具有如来清净觉体，无二无别。乃至诸佛成等正觉，证大涅槃，本体未尝增得一分。众生堕三途，趋生死海，本体未尝减却一分。如如之体，常自不动。生死、涅槃，等是妄见。亦无如来，亦无众生。于此证入，亦无能证之人，亦无所证之法。泯绝心量，超越情有。大地无寸土，佛之一字向何处安着？至于进修法门，于无修证中修证，于无等级中等级，千差万别。虽位至等觉，尚不知如来举足下足之处。

"从上祖师所以呵佛斥教，一切皆遮者，只因人心执滞教相，随语生解，不悟言外之本体，漫执语中之方便。一向说心说性，说空说幻，说顿说渐，说因说果，千经万论，无不通晓，及问渠本命元辰，便将经论现成语言抵对，除却现成语言，依旧茫然无措。所谓数他家宝，己无分文。其或有真实修行之人，不见佛性，辛苦行持，如盲无导，只获人天之果，不生如来之家。于是诸祖知其流弊，遂用毒手，铲其语言，塞其解路，拶其情识，令其苦参密究，逆生灭流。生灭情尽，取舍念空，始识得亲生父母，历劫宝藏。却来看经看教，一一如道家中事，然后如说进修，以佛知见，净治余习。拜空花之如来，修水月之梵行，登阳焰之阶级，度谷响之众生。不取寂证，是谓佛种。（悟后正好看经，正好修行。可见悟道是初步，看经、修行是悟后工夫。不同流俗以看经、修行为浅近，悟道为深远，成颠倒见。）正如杲日当空，行大王路。不同长夜趋走，攀荆堕棘。岂谓一悟之后，即同极果？如供奉问岑大虫：'果上涅槃，天下善知识证否？'岑曰：'未证。'奉曰：'何以未证？'岑曰：'功未齐于诸圣。'奉曰：'若尔，何得名为善知识？'岑曰：'明见佛性，亦得名为善知识也。'弘辨禅师曰：'顿明自性，与佛同俦。然有无始染习，故假对治，令顺性起用。如人吃饭，不一口便饱。'沩山曰：'初心从缘，顿悟自理，犹有无始旷劫习气，未能顿净。须教渠净除现业流识，即修也。不可别有法，教渠修行趣向。'（看经、修行，皆所以净除习气，皆非别法。）若论诸祖师为人之处，壁立万仞。大火聚中，触之即烂。刀枪林里，动着便创。未曾开口，已隔千里万里。至机缘之外，平实商量，未尝尽绝阶级，尽遮修行。《传灯录》中，分明详悉。大慧、中峰言教，尤为紧切，血诚劝勉，惟恐空解着人，堕落魔事。何曾言一悟之后，不假修行，顿同两足之尊，尽满涅槃之果？

"后世不识教意，不达祖机，乃取喝佛骂祖，破胆险句，以为行持。昔之人为经论所障，犹是杂食米麦，不能运化。后之人饱记禅宗语句，排因拨果，越分过头，是日取大黄、巴豆以为茶饭也。自误误人，弊岂有极！是以才入此门，便轻十方如来，莫不自云无佛可成，无行可修。见人念佛，则曰自性是佛。见人修净土，则曰即心是净。言参禅，则尊之九天之上。言念佛，则踩之九地之下。全不思参禅、念佛，总之为了生死，同是出苦海之桥梁，越界有之宝筏。事同一家，何胜何劣？参门之中，所悟亦有浅深。念佛之众，所修亦有高下。如何执定参者即是上根，念者便为中下？

“自达摩西来立此宗门，已云：‘二百年后，明道者多，行道者少。说理者多，通理者少。’今《传灯录》中，如麻似粟，同云入悟，其实迥别。至如般若缘深，灵根夙植，迦陵破卵，香象截流，或见根宗于片言，或显威用于一喝，一闻千悟，得大总持。或有怀出世之心，具丈夫之志，舍彼尘情，究此大事。不怙小解，惟求实知。卧薪尝胆，饮冰吞檗。如此三十年、四十年后，或遇明师，痛与针扎，偷心死尽，心花始开。此后又须潜行密修，销融余习，法见尚舍，何况非法。若赵州除粥饭是杂用心，涌泉四十年尚有走作，香林四十年打成一片。兢兢业业，如护头目。直至烟销灰灭，自然一念不生，业不能系。生死之际，随意自在。诘其所证，恐亦未能超于上品上生之上。何以明之？龙树菩萨，宗门之鼻祖也，得大智慧，具大辩才，住持佛法。故世尊数百年前，于楞伽会上，遥为授记，然亦不过曰‘证初欢喜地，往生安乐国’而已。而《观经》中上品上生，生于彼间，一刹那顷，亦证初地。今宗门诸大祖师，纵使见离盖缠，语出窠臼，岂能即过龙树？龙树已悟无生无相之义，已具不堕阶级之见，而生于安养，与上品上生所证之果正等。则禅门诸人所证，岂能独过？良以上品上生，解第一义，还同禅门之悟。深信因果，还同禅门之修。只是念佛往生别耳。

“然吾以为禅门悟修之士，既不能取无余涅槃，同于如来。又不肯取有余涅槃，同于二乘。必入普贤行愿之海。若不舍一身受一身，济度众生，则当从一刹至一刹，供养诸佛。既见诸佛，还同往生。究竟与上品上生，只在雁行伯仲之间。何以高视祖师，轻言净侣？其或悟门已入，休歇太早，智不入微，道难胜习，一念不尽，即是生死之根，业风所牵，复入胞胎。如五祖戒复为东坡，青草堂再作鲁公。隔阴之后，随缘流转。道有消而无长，业有加而无减。纵般若缘深，不落三途，而出房入房，亦太辛苦。还视中下往生之众，已天地不足喻其否泰矣。

“况后世宗风日衰，人之根器亦日以劣，发心既多不真，功夫又不纯一，偶于佛祖机锋、知识语言，或悟得本来成佛处，当下即是处，意识行不到、语言说不及处，一切不可得即不可得亦不可得处，将古人语句和会，无不相似，既得此相似之解，即云驰求已歇，我是无事道人。识得烦恼如幻，则恣情以肆烦恼。识得修行本空，辄任意以坏修行。谓檀本空也，反舍檀而取悭。谓忍本空也，反听随而置忍。言戒，则曰本无持犯，何必重持轻犯。言禅，则曰本无定乱，何必舍乱取定。听情顺意，踏有谈空。既云法尚应舍，何为复取非法？既云真亦不求，胡为舍之求妄？既云修观习定皆属有为之迹，何独贪名求利偏合无为之道？爱憎毁誉之火，才触之而即高。生老病死之风，微吹之而已动。争人争我，说是说非。甚至以火性为气魄，以我慢为承当，以谲诈为机用，以诳语为方便，以放恣为游戏，以秽言为解粘，赞叹破律无行之人，侮弄绳趋尺步之士。偏显理路，故穷玄极妙，莫之踪迹。尽铲行门，故纵意任心，无复规矩。口言往生是小乘法，令人修习，已乃宴然。或至经年不拜一佛，经年不礼一忏，经年不转一经，反看世间不必有之书，行道人不宜行之事。使后生小子，专逞聪明，惟寻见解，才有所知，即为一超直入，更复何事。轻狂傲慢，贡高恣睢，口无择言，身无择行。父既报仇，子遂行劫。写乌成马，展转差谬。不念世间情欲无涯，堤之尚溢。如何日以圆滑之语，大破因果之门，决其防藩，导以必流。自误误人，安免沦坠！若不为魔所摄，定当永陷三途。刀山剑树，报其前因。披毛戴角，酬还宿债。莫云我是悟达之人，业不能系。夫谓业不能系，非谓有而不有，正以无而自无。生既随境即动，死安得不随业受生？眼前一念瞋相，即是怪蟒之形。眼前一念贪相，即是饿鬼之种。无形之因念甚小，有形之果报甚大。一念之微，识田持之，历千万劫，终不遗失。如一比丘，以智慧故，身有光明；以妄语故，口流蛆虫。一言之微，得此恶果，虽有智慧，终不能消。况今无明烦恼，炽然不断，欲以相似见解，消其恶业，冀出三途，无有是处。向使此等不得少以为足，常如说以修行，终不自言：'我已悟了即心是佛，岂可复同中下念佛求生。'了达生本无生，不妨炽然求生。即心是土，莲邦不属心外。不释礼拜，不舍念诵。智力、行力，双毂并进。方当踞上品之莲台，坐空中之宝阁，朝饭香积，夕游满月。回视胎生之品，亻亍宝地，不闻法语，不见法身，象马难群，鸡凤非类。何况人天小果，瓮中蚊虻者哉！而乃空腹高心，着空破有，卒以偏执之妄解，撄非常之果报。不与阿弥作子，却为阎罗之囚。不与净众为朋，却与阿旁为伍。弃宝林而行剑树，舍梵音而听叫号。究其所受，尚不能与世间无知无见之人行少善事，作少功德，生于人天者等。毫发有差，天地悬隔，可不哀欤！

“然则宗门中人，上之未必能超于上品上生，而下之已堕三途。故知此道险难，未易行游。成则为佛，败则为魔。王虏分于弹指，卿烹别于丝毫。苦乐之分，宜早择矣。况今代悟门一脉，不绝如线。禅门之中，寂寥无人。只有二三在家居士，路途端直，可以流通此法。然既为居士，不同沙门释子犹有戒律缚身，方置身大火之中，浸心烦恼之海，虽于营幹世事内，依稀得一入门，而道力甚浅，业力甚深。即极粗莫如淫杀之业，犹不能折身不行，何况其细。生死之间，安能脱然？徒见豪奢如于頔，奸恶如吕惠卿、夏竦，躁进如张天觉，风流艳冶如白乐天、苏子瞻等，皆列于《传灯》，便谓一切无碍。不知从上诸人，虽具正见，若谓其从此不受分段，业不能系，吾未敢许。方当长夜受报，未有了期。故知念佛一门，于居士尤为吃紧。业力虽重，仰借佛力，免于沉沦。如负债人藏于王宫，不得抵偿。既生佛土，生平所悟所解，皆不唐捐。生死催人，出息难保，早寻归路，免致忙乱。纵使志在参禅，不妨兼以念佛。世间作官作家，犹云不碍，况早晚礼拜念诵乎？且借念佛之警切，可以提醒参禅之心。借参门之洞彻，可以坚固净土之信。适两相资，最为稳实。如此不信，真同下愚。

“石头居士，少志参禅，根性猛利，十年之内，洞有所入，机锋迅利，语言圆转。寻常与人论及此事，下笔千言，不踏祖师语句，直从胸臆流出，活虎生龙，无一死语。遂亦自谓了悟，无所事事。虽世情减少，不入尘劳，然嘲风弄月，登山玩水，流连文酒之场，沉酣骚雅之业，懒慢疏狂，未免纵意。如前之病，未能全脱。所幸生死心切，不长陷溺。痛念见境生心，触途成滞。浮解实情，未能相胜。悟不修行，必堕魔境。佛魔之分，只在顷刻。始约其偏空之见，涉入普贤之海。又思行门端的，莫如念佛，而权引中下之疑，未之尽破。及后博观经论，始知此门原摄一乘，悟与未悟，皆宜修习。于是采金口之所宣扬，菩萨之所阐明，诸大善知识之所发挥，附以己意。千波竞起，万派横流，诘其汇归，皆同一源。其论以不思议第一义为宗；以悟为导；以十二时中持佛名号，一心不乱，念念相续为行持；以六度万行为助因；以深信因果为入门。此论甫成，而同参发心持戒念佛者，遂得五人。共欲流通，以解宗、教之惑。

“香光识劣根微，久为空见所醉，纵情肆志，有若狂象。去年沉湎之夜，亲游鬲子地狱，烈火洞燃，见所熟谈空破戒亡僧，形容尪羸，跛足而过，哭声震地，殆不忍闻。及寤，身毛为竖，遂亦发心，归依净土。后读此论，宿疑冰释。所以今日，不惮苦口。病夫知医，浪子怜客。汝宜尽铲旧日知见，虚心诵习，自当有入。生死事大，莫久迟疑。”

于是禅人悲泪交集，自云：“若不遇子，几以空见赚过一生。子生我矣！”恳求案集，作礼而去。

时万历庚子仲春之二十有三日也，袁宗道伯修甫书于白苏斋。

西方合论

明 荷叶庵石头道人袁宏道 撰述

夫滞相迷心，有为过出。着空破有，莽荡祸生。达摩为救执相之者，说罪福之皆虚。永明为破狂慧之徒，言万善之总是。灭火者水，水过即有沉溺之灾。生物者日，日盛翻为枯焦之本。如来教法，亦复如是。五叶以来，单传斯盛。迨于今日，狂滥遂极。谬引唯心，同无为之外道。执言皆是，趋五欲之魔城。不思阿难未得尽通，头陀擯斥。磨达微牵结使，尊者呵讥。蝉翅薄习，宝所斯遥。丘山丛垢，净乐何从。至若《楞伽》传自达摩，悟修并重。《清规》创始百丈，乘戒兼行。未闻一乘纲宗，呵叱净戒；五灯嫡子，贪恋世缘。昔有道士夜行，为鬼所着，宛转冢间。有田父见之，扶掖入舍，汤沃乃醒。道士临别，谓田父曰："羁客无以赠主人，有辟鬼符二张，愿以为谢。"闻者笑之。今之学者，贪瞋邪见，炽然如火，而欲为人解缚，何其惑也！

余十年学道，堕此狂病。后因触机，薄有省发，遂简尘劳，归心净土。礼诵之暇，取龙树、天台、长者、永明等论，细心披读，忽尔疑豁。既深信净土，复悟诸大菩萨差别之行。如贫儿得伏藏中金，喜不自释。会愚庵和尚与平倩居士，谋余裒集西方诸论。余乃述古德要语，附以己见，勒成一书，命曰《西方合论》。始于己亥十月二十三日，成于十二月二十二日。既寡检阅，多所脱漏。唯欲方便初心，尚期就正有道。略稽往哲，分叙十门：

第一刹土门、第二缘起门、第三部类门、第四教相门、第五理谛门、第六称性门、第七往生门、第八见网门、第九修持门、第十释异门。

第一、刹土门

夫一真法界，身土交参。十佛刹海，净秽无别。只因众生行业有殊，诸佛化现亦异，或权或实，或偏或圆，或暂或常，或渐或顿。一月千江，波波具涵净月。万灯一室，光光各显全灯。理即一谛，相有千差。若非广引灵文，众生何所取则？爰约诸教，略叙十门：一、毗卢遮那净土，二、唯心净土，三、恒真净土，四、变现净土，五、寄报净土，六、分身净土，七、依他净土，八、诸方净土，九、一心四种净土，十、摄受十方一切有情不可思议净土。

一、毗卢遮那净土者，即诸佛本报国土，十莲华藏世界海。一一莲华藏最下世界，皆有十佛世界微尘数广大刹，清净庄严。一一广大刹，复有十佛世界微尘数诸小刹围绕，倍倍增广。一一华藏世界，皆满虚空，互相彻入，净秽总含，重重无尽。如法而论，一草一木，一毛一尘，各各皆具此无尽法界。佛及众生，无二无别。

或曰：此是众生实报庄严，不同权教推净土于他方，是为实教。

或曰：众生虽具此实报，争奈真如无性，不能自证。漫漫长夜，无见日期。波波劫海，无到岸期。虽云地狱起妙觉之心，佛果现泥犁之界，其如眼前铁床铜柱何哉！譬之饿鬼渴死于海边，贫人数钱于金窟，只见其虚，何名为实？若非假之方便，由权入实，众生岂有证毗卢之日也。

答曰：若约诸佛化仪则可。实相土中，无此戏论。夫毗卢遮那，此云遍一切处。遍一切处，即无量寿表义，岂有胜劣。只因如来为一分取相凡夫故，说有阿弥陀在于西方。亦如《大云经》中，阿弥陀佛告一菩萨言，有释迦在于娑婆世界也。夫当释迦为主，则释迦遍一切，而阿弥陀为所遍之一处。当阿弥为主，则阿弥遍一切，而释迦牟尼为所遍之一处。如一人之身，当自自时，不妨为一切人之他。当他他时，不妨为一切人之自。以是义故，自他不成。自他不成，即自亦遍一切处，他亦遍一切处，岂定有他方可执？是故西方、毗卢，非自他故。何以故？毗卢无不遍故。若言权、言方便，即有不遍。有不遍者，毗卢之义不成。（可见西方即毗卢净土，毗卢是实，则西方决非权矣。）

二、唯心净土者，直下自证，当体无心，即是净土。如《维摩经》云："宝积当知，直心是菩萨净土，菩萨成佛时，不谄众生来生其国。深心是菩萨净土，菩萨成佛时，具足功德众生来生其国。大乘心是菩萨净土，菩萨成佛时，大乘众生来生其国。"经文繁多，不能广引。大约谓："欲得净土，当净其心。随其心净，则佛土净。"夫心是即土之心，土是即心之土。心净土净，法尔如故。此语岂非西方注脚？多有执心之士，卑此法门以为单接钝根者，由于心外见土故也。夫念即是心，念佛岂非心净？心本含土，莲邦岂在心外？故知约相非乖唯心，称心实碍普度矣。

三、恒真净土者，即灵山会上所指净土，引三乘中权教菩萨，令知此土即秽恒净，诸众信而未见。夫秽性本寂，俗相恒空。本寂故，菩萨居秽常寂。恒空故，菩萨入俗常空。正显净义。但以众生执海难清，识绳易缚。言业本空，则恣情作业。言行无体，即肆意冥行。犯永嘉之所呵，堕善星之所坠，以至生遭王难，死为魔眷者，往往而是。嗟夫！使尽大地皆菩萨，则斯言诚为利益。天下之菩萨少而凡夫多，则斯言之利天下也少，而害天下多矣。（谁敢以恒真净土之言为利少害多？非大悟者，不能有此胆识。）

四、变现净土者，如《法华经》，三变净土，移诸人天置于他方；《维摩经》，世尊以足指按地，即时三千大千世界，若百千珍宝严饰。此是如来暂令显现，亦是法尔。然智如鹙子，尚且如盲。劣根众生，无缘获见。且人天置诸方外，全无接引之缘。神力暂现还无，讵是恒常之土。岂若安养净邦，尘劫常住；阿弥慈父，十恶不遗者哉！国土胜劣，居然可知。

五、寄报净土者，如摩醯首罗天，如来于彼成等正觉，此为实报净土。《起信论》云："菩萨功德成满，于色究竟处，示一切世间最高大身。谓以一念相应慧，无明顿尽，名一切种智。自然有不思议业，能现十方，利益众生。"藏和尚云："何故受用报身在此天者？以寄报十王，显别十地。第十地寄当此天王，即于彼身，示成菩提。"然彼天虽云无漏，未若莲邦直出三界。何以故？在色究竟故。

六、分身净土者。如《涅槃经》，佛答高贵德王云："善男子，西方去此娑婆世界，度三十二恒河沙佛土，有世界名曰无胜，犹如西方极乐世界。我于彼土，出现于世。为化众生故，于此世界现转法轮。”又《央掘经》，佛谓央掘曰：“我住无生际，而汝不觉知。”央掘云：“若住无生际，何以生于此土？”佛云：“东方有佛，汝往问之。”央掘往问，彼佛答言：“释迦者，即是我身。”大意谓彼净土是佛实报，此是分身。虽彰一佛之报境，未具摄化之义，佛分上即有，众生分上即无，未为殊胜。

七、依他净土者，如《梵网经》云：“我今卢舍那，方坐莲花台。周匝千花上，复现千释迦。一花百亿国，一国一释迦”等者。以初地化百佛刹，则有百叶之花。二地化千佛刹，故花有千叶。若至三地，应现万叶。四地亿叶。次第倍增。为是依他受用身，分示报境，入地乃见。非如莲池会上，十念众生，顿见净佛国土故。

八、诸方净土者，如东方药师佛、南方日月灯佛、上方香积佛，佛佛各有净土。诸经所述，不可具载，皆是诸佛实报庄严。经中或有以佛神力暂令显现，或诸大菩萨诣彼供养。缘彼佛未言摄生，故诸众生亦无缘生彼。即如妙喜世界，释迦虽记有往生者，未闻无动有普引之言。且其国有铁围、须弥诸山，及鬼神、妇女，当知严净不如安养也。又如药师如来以十二大愿度诸有情，经中亦言有信心者应当来生。稽彼愿力，多是解脱一切忧苦，究竟安乐。未若阿弥如来，纯以念佛，摄一切人，往生彼土。

九、一心四种净土者，一曰凡圣同居土，二曰方便有余土，三曰实报无障碍土，四曰常寂光土。一、凡圣同居土者，自分二类：初同居秽土，次同居净土。秽土之中，凡居、圣居各二。凡居二者：一、恶众生，即四趣也；二、善众生，即人天也。圣居二者：一、实圣，即四果、辟支、通教七地、别十住、圆十信后心，通惑虽尽，报身犹在，皆名实也；二、权圣，谓方便、实报、寂光土中法身菩萨及妙觉佛，为利有缘，应生同居，皆是权也。是等与四趣共住，故名秽土。次同居净土者，如极乐中有众生，妙喜国中有铁围、男女之类，以无四恶趣，故名净土。余按同居秽土之中，既有诸圣，亦可名同居净土。如娑婆世界在华藏世界第十三重，亦云华藏也。二、方便有余土者（下方便等三土，各分净秽。唯西方极乐横具四土，而四土皆净，所以最妙，尚宜细细发挥），二乘、三种菩萨，破见思惑，证方便道，尘沙别惑、无明未断，舍分段身而生界外，名曰有余。故《释论》云："出三界外有净土，声闻、辟支佛出生其中，受法性身，非分段也。"三、实报无障碍土者，无有二乘，纯诸法身菩萨所居，尽尘沙惑，分破无明，得真实果，而无明未尽，润无漏业，受法性报身，亦名果报国。故《仁王经》云："三贤十圣住果报。"以观实相，发真无漏，感报殊胜，七宝庄严，具净妙五尘，故名为实。色心不二，毛刹相容，故名无障碍。《华严》明因陀罗网世界是也。四、常寂光土者，妙觉极智所照如如法界，名之为国，亦名法性土。但一真如佛性，非身非土而说身土，离身无土，离土无身，诸佛如来所游居处。《妙宗》曰："经论中言寂光无相，乃是已尽染碍之相。非如太虚，空无一物。良由三惑究竟清净，则依正色心究竟明显。《大经》曰：'因灭是色，获得常色。受想行识，亦复如是。'《仁王》称为法性五阴。"是为极果。然十方刹土随心异见，七宝、砂砾当处差别。故雪川曰："极乐国土，四土不同。"何则？约人、天、二乘，即前二种土。约菩萨、佛，即后二种土。故知六十万亿那由他恒河沙由旬等身，不妨更有丈六之身。华藏海会无边佛土，不妨更有尼连河土。何以故？是法尔故，非是神力变现故。

十、摄受十方一切有情不可思议净土者，即阿弥陀佛西方净土。其中所有大功德海、大悲智海、大愿力海，若具说者，假使尽十方世界诸佛、菩萨、声闻、辟支、天、人、鬼、畜，下至蜎飞蠕动，及一切无情草木瓦砾、邻虚微尘之类，一一具无量口，口中一一具无量舌，舌中一一出无量音声，常说、倍说、炽然说、无间说，经百亿万尘沙阿僧祇劫，亦不能尽。今且略释：一、身土不思议义，二、性相不思议义，三、因果不思议义，四、去来不思议义，五、毕竟不可思议不思议义。一、身土不思议义者。阿弥身中有无量众生，众生身中有无量阿弥。国土亦然。是故一众生念阿弥，一阿弥现。众众生念阿弥，众阿弥现。众生念念阿弥，即念念阿弥现。若众生身中无阿弥者，阿弥不现。如阳燧身中，不能得水，非本有故。阿弥身中无众生者，阿弥亦不现。如石女求生儿，必不可得，以非应得故。是故身中含身，身中含身身。土中含土，土中含土土。身土交含，重重无尽，是身土不思议义。二、性相不思议义者。若离性言土，土即心外，是幻化故，幻化者即断灭相，众生不生。若即性言土，性是有形，是一定故，一定者即无变易，无变易众生亦不生。即性即相，非性非相，存非非亡，存即即坏，是性相不思议义。三、因果不思议义者，有二义：一、因先果后义。如念佛是因，见佛是果。见佛是因，成佛是果。成佛是因，度众生是果。二、因果无前后义，即念即见即成即度，一时具足。如人三十至四十岁，三十是因，四十是果。然三十、四十，无间断相。若无四十，三十不立。无三十者，四十不成。是故当知非离三十至四十故。若离三十至四十者，中间即有分限相，而我此身无分限故。若由三十至四十者，中间即有相续相，而我此身乃至相续不可得故。念佛因果，亦复如是，是因果不思议义。四、去来不思议义者。若阿弥陀佛因念而来此，众生因忆佛而生彼，即有去来。有去来，即有程途。有程途，即有险易。如人近京师则觐君易，远则难。果尔，念佛求生应有难易，而阿弥仆仆道途，亦无说法之日矣。故《般舟三昧经》曰：“不于是间终，生彼间佛刹。佛无所从来，我亦无所至。”又先德云：“生则决定生，去则实不去。”如天鼓鸣，远近齐闻，非去来故。如水中月，东行则东，西行则西，非去来故。是去来不思议义。五、毕竟不可思议不思议义者，如澄潭山影，如春旸百草，如众生业力，如日月光相，如胎中根，如身中我，如齿坚舌柔，如眉横发长，是毕竟不可思议不思议义。所以十方诸佛吐心吐胆，亦只道得个稀有难信而已。虽有遍覆三千大千舌相，讵能分疏其万一哉！孔子曰：“夫妇之愚，可以与知。及其至也，圣人不知。”至哉言也！无量法门，一以贯之矣。

第二、缘起门

夫乐鲍肆者，不念栴檀。非实不念，以不厌故。乍使引之暗室，热栴炙沉，不终日而悲其昔之秽，厌离之不早也。夫生死臭秽，愈于鲍肆。众生贪嗜，倍彼蝇蚋。诸佛为鬻香长者，见一辈人天没溺浊海，能不恻然？

是故阿弥导师，广开香严之肆。释迦慈父，确指净域之门。尽大地无非贫儿，一佛号便为资本。欲验诚言，莫离十念。塞鼻膻腥，久当自厌。今约西方起教，略分十义：一、一大事故，二、宿因深故，三、显果德故，四、依因性故，五、顺众生故，六、秽相空故，七、胜方便故，八、导二乘故，九、坚忍力故，十、示真法故。

一、一大事者。众生处五浊世，如囚处狱。但以罪之轻重，受等不等罚。或干小法，或投极网。罪虽不同，至于缧绁之苦，笞杖之罚，未有一人得免者。何也？以入狱者皆罪人。处人天者，皆是业报分段之身故也。然罪人一入狱，未有时刻不求出离者，则以知狱之煎苦难忍难堪，棘墙之外更有许大安乐世界故也。今众生以烦恼为家，以生死为园观，系心衣冠之囚长，适情金玉之桁杨，岂知大铁围山是我棘墙，三界法场之外各各自有家乡田地也。诸佛悯此，酸心痛骨，是故为分别净秽，指以脱归路程。而岁久抛业之人，了无归处。诸佛又大建宅舍以安之，一则往来狱门为治道途，一则长伺狱外修饰旅馆。如是之恩，何身可报！嗟夫！烛三界之长夜，揭亿生之覆盆，诸佛既不惜垂手，众生独何苦恋恋也？经曰："如来为一大事出现于世。"大事者，即此事也。众生种种，反恋此毛头许事，以小易大，甘心瘐死，何哉？（囚以饥寒死，曰瘐。）

二、宿因深者，有三：一者正因，二者正愿，三者正行。一、正因者，即是三世诸佛与诸有情自清净体。如万象依空，山川依地，谷依种子，花果依仁。若无此因，佛果不成。何以故？一切悲智，纯依此因而得建立故。长者《合论》曰："如来藏身，即法身也。诸福智海莫不居中，故称为藏。若不见法身，一切福、智、大慈、大悲，悉皆不办，总属生灭。"法身者，即正因是。二、正愿者。如本经，法藏比丘于世自在王如来所，发四十八大愿，一愿不成，不取菩提。此是依自性无量悲智，发如是不可思议愿力，非是心外见有众生，发愿欲度，以众生非心外故。三、正行者。如本经言："发是愿已，如是安住种种功德，修习如是菩萨行，经于无量无数亿那由他百千劫。"又如《一向出生菩萨经》云："阿弥陀佛昔为太子，闻此微妙法门，奉持精进。七千岁中，胁不至席，不念爱欲、财宝，不问他事，常独处止，意不倾动。复教化八千亿万那由他人，得不退转。”此是自性行持，自性精进，非是有作有为功德。虽历亿劫，不离一念。以微妙法门，离一切行、一切劫故。是谓正因、正愿、正行。如伊三点，缺一不成。非是作得，非不作得。故先德云：“根深果茂，源远流长。宿因既深，教起亦大。”诚然乎哉！（∴此梵书伊字也。）

三、显果德者。如《华严经·普贤行愿品》云：“诸佛如来，因于众生，而起大悲。因于大悲，生菩提心。因菩提心，成等正觉。譬如旷野沙碛之中，有大树王，若根得水，枝叶花果悉皆繁茂。生死旷野，菩提树王，亦复如是。一切众生而为树根，诸佛菩萨而为花果。以大悲水饶益众生，则能成就诸佛菩萨智慧花果。”是故当知一切诸佛取佛果者，依于众生。若无众生，佛果不成。譬如汉王以救民故，而有百战。以百战故，登大宝位。登宝位故，百姓乐业。若无百姓，即无如上等事。究而论之，凡行一德、一事、一利、一名者，若无众生，皆悉不成。是故我无众生，即不成我。众生是依，我即是正。众生是正，我即是依。人我平等，依正无碍，是法尔故。法尔者，即自然果德故。若向外建立，即不成果义。（纵迷心性，向外建立，亦不在心性外，以心性无外故。）

四、依因性者。一切众生，皆有如是净性。譬一精金，冶为钗、钏及溺器等，金性是一。溺器者，是器具秽，非金秽故。若加销冶，为种种玩好等物，金亦不易。生、佛亦然，同一净性。但以钗、钏、溺器而有差别，非是性异。是故博地凡夫十念即生者，以本净故。阿弥陀佛欲摄受是众生即摄受者，以众生本净故。如镜中之光，不从磨得。生净土者，非是行愿及与念力所能成就。何以故？念行如炉锤等，但能销金，无别有金生故。

五、顺众生者。谓乐儿童者当以饼果，乐妇女者必用绮罗。一切众生所重，惟宝玉、衣食，是故有自然七宝，及与楼阁妙丽、衣服饮食等事。譬诸火宅诸儿，非羊鹿等车决不肯出，出已，纯与大车。今释迦如来顺众生情见，说阿弥陀七宝净土，只为众生见境如是，合如是说。众生生已，各各自见细妙净相，无可比喻，方知琉璃、砗磲、玛瑙，犹如瓦砾。如达官贵人向田舍儿说王宫精严，姑就彼人所极珍异者为比。向非情量所及，如对生盲说色，亦无所用其方比矣。

六、秽相空者。如《智论》曰："譬如人有一子，喜在不净中戏，聚土为谷，以草木为鸟兽，而生爱着。人有夺者，瞋恚啼哭。其父知已，思惟此子今虽爱着，此事易离，儿大自休。何以故？此物非真故。菩萨亦如是，观众生爱着不净臭身及种种五欲，若信等五根成就时，即能舍离。若小儿所着实是真物，虽复年至百岁，着之转深。若众生所着物实有者，虽得五根，亦不能舍。以诸法皆空诳不实故，故得舍离。"如来为众生说净土亦尔，以众生所着非实，即易为训化故。如人少时悦色，壮岁营官，老年嗜利，若是实可好者，不应年变月易。以变易故，说净土时，亦悦、亦营、亦嗜。如梦中人，唤之即醒。若梦实者，虽唤无益。以俱非实，是故诸佛为一切众生说如是法门。

七、胜方便者。为此方便，非是自力，亦非他力。缘自性海中，具有如是自在功德，一切现成。是故一句圣号，无复烦词。十念功成，顿超多劫。如万窍怒号，力在扶摇，因窍显故。如幽谷洞明，功在晨曦，因谷现故。如一线之蚁孔，能穿连山之堤，是水之力，非蚁力故。又如一叶之苇席，能运万斛之舟，是风之力，非苇力故。总之皆是法界性海无作无为不思议力所现，非自非他，一切具足，故有如是殊胜方便。是谓捷中之捷，径中之径。舍此不修，是真愚痴。

八、导二乘者。二乘避境趋寂，证假涅槃，不得如来法身，受业惑苦。一者无明住地，不得至见烦恼垢浊习气臭秽究竟灭尽净波罗蜜果；二者因无明住地，有虚妄行未除灭故，不得至见无作无行我波罗蜜果；三者因微细虚妄，起无漏业，意生诸阴未除尽故，不得至见极灭远离乐波罗蜜果；四者变易生死，断续流注，不得至见极无变易常波罗蜜果。以是四种业惑，未证真理。如来悯之，教令回断灭心，修净土行。令知即空不断，即有不常。乘大乘智，入涅槃海。

九、坚忍力者。龙树菩萨曰："童子过四岁以上，未满二十，名为鸠摩罗伽地。若菩萨初生菩萨家者，如婴儿。得无生法忍，乃至十住地，离诸恶事，名为鸠摩罗伽地。欲得如是地，当学般若波罗蜜，常欲不离诸佛。问曰：菩萨当化众生，何故常欲不离诸佛？答曰：有菩萨未入菩萨位，未得阿鞞跋致受记莂故，若远离诸佛，便坏诸善根，没在烦恼。自不能度，安能度人？如人乘船，中流坏败，欲度他人，反自没水。又如少汤投大冰池，虽消少处，反更成冰。菩萨未入法位，若远离诸佛，以少功德，无方便力，欲化众生，虽少利益，反更坠落。以是故新学菩萨不应远离诸佛。问曰：若尔者，何以不说不离声闻、辟支佛？声闻、辟支佛亦能利益菩萨。答曰：菩萨大心，声闻、辟支佛虽有涅槃利益，无一切智故，不能教导菩萨。诸佛一切种智故，能教导菩萨。如象没泥，非象不能出。菩萨亦如是，若入非道中，唯佛能救，同大道故。故说菩萨常欲不离诸佛。复次菩萨作是念：'我未得佛眼故，如盲无异。若不为佛所引导，则无所趣，错入余道。设闻佛法异处行者，未知教化时节，行法多少。'复次菩萨见佛，得种种利益。或眼见，心清净。若闻所说，心则乐法，得大智慧，随法修行而得解脱。如是等值佛无量益利，岂不一心常欲见佛？譬如婴儿，不应离母。又如行道，不离粮食。如大热时，不离冷风、凉水。如大寒时，不欲离火。如度深水，不应离船。譬如病人，不离良医。菩萨不离诸佛，过于上事。何以故？父母、亲属、知识、人天王等，皆不能如佛益利。佛益利诸菩萨，离诸苦处，住世尊之地。以是因缘故，菩萨常不离佛。问曰：有为之法，欺诳不真，皆不可信。云何得如愿不离诸佛？答曰：福德、智慧具足故，乃应得佛，何况不离诸佛。众生有无量劫罪因缘故，不得如愿。虽行福德，而智慧薄少。虽行智慧，而福德薄少。故所愿不成。菩萨求佛道故，要行二忍，生忍、法忍。行生忍故，一切众生中发慈悲心，灭无量劫罪，得无量福德。行法忍故，破诸法无明，得无量智慧。二行合和故，何愿不得？以是故菩萨世世常不离诸佛。复次菩萨常爱乐念佛故，舍身受身，恒得值佛。譬如众生习欲心重，受淫鸟身，所谓孔雀、鸳鸯等。习瞋恚偏多，生毒虫中，所谓恶龙、罗刹、蜈蚣、毒蛇等。是菩萨心不贵转轮圣王人天福乐，但念诸佛，是故随心所重而受身形。复次菩萨常善修念佛三昧因缘故，所生常值诸佛。"

天如《或问》曰："禅宗悟达之士，既曰见性成佛，焉肯复求净土？

答曰：悟达之士，正愿求生。汝但未悟，使汝既悟，净土之趋，万牛莫挽。问曰：学者但患大事不明，大事既明，当行佛教，随类化身，入泥入水，不避生死，广度生灵。何故求生净土，厌苦趋乐？答曰：汝将谓一悟之后，习漏永除，便得不退转耶？将谓一悟之后，更无遍学佛法、修行证果等事耶？将谓一悟之后，便可上齐诸佛，入生死不受障缘之所挠耶？审如是，则诸大菩萨修六度万行，动经恒河沙数劫者，是皆愧汝。古教有云：'声闻尚有出胎之昧，菩萨亦有隔阴之昏。'况近时薄解浅悟，自救不了者？纵有悟处深远，见地高明，行解相应，志在度人者，奈何未登不退，力用未充，居此浊恶，化此刚强，此亦先圣之所未许。如以未完不固之舟，济多人于恶海，自他俱溺，其理必然。故《往生论》云：'欲游戏地狱门者，必生彼土，得无生忍已，还入生死，救苦众生。以此因缘，求生净土。'又先圣有云：'未得不退转位，不可混俗度生。未得无生法忍，要须常不离佛。譬如婴儿，常不离母。又如弱羽，只可传枝。'今此国中，释迦已灭，弥勒未生。四恶趣苦，因果牵缠。外道邪魔，是非扇乱。美色淫声之相惑，恶缘秽触之交侵。既无现佛可依，又被境缘所挠，初心悟达之人，鲜有不遭其退败者。所以世尊殷勤指归极乐，良有以也。盖彼弥陀现在说法，乐土境缘种种清净，倘依彼佛，忍力易成，高证佛阶，亲蒙授记，然后出化众生，去来无碍。多见今之禅者，不究如来之了义，不知达摩之玄机，空腹高心，习为狂妄。见修净土，则笑之曰：'彼学愚夫愚妇之所为。'余尝论其非鄙愚夫愚妇，乃鄙文殊、普贤、龙树、马鸣等也。非特自迷正道，自失善根，自丧慧身，自亡佛种，且成谤法之业，又招鄙圣之殃，佛祖视为可哀怜者。于是永明和尚深怜痛哀，剖出心肝，主张净土，既以自修，又以化世。故其临终，有种种殊胜相现，舍利鳞砌，径生极乐上品，乃至阎罗以为稀有，图像礼敬。夫永明既悟达摩直指之禅，又能致身于极乐上品，以此解禅者之执情，以此为末法之劝信，是真大有功于宗、教者。岂特永明为然？如死心新禅师作劝修净土之文。又如真歇了禅师作《净土说》，有云：'洞下一宗，皆务密修，其故何哉？良以念佛法门，径路修行，正按《大藏》接上上根器，傍引中下之机。’又云：‘宗门大匠，已悟不空不有之法，秉志孜孜于净业者，以净业见佛，尤简易于宗门故。’又云：‘乃佛乃祖，在教在禅，皆修净业，同归一源。入得此门，无量法门悉皆能入。’至如天衣怀禅师、圆照本禅师、慈受深禅师、南岳思禅师、法照禅师、净霭禅师、净慈大通禅师、天台怀玉禅师、梁道珍禅师、唐道绰禅师、毗陵法真禅师、姑苏守讷禅师、北涧简禅师、天目礼禅师等诸大老，皆是禅门宗匠。究其密修显化，发扬净土之旨，则不约而同。”广如彼文，不能尽录。是故当知禅宗密修，不离净土。初心顿悟，未出童真。入此门者，方为坚固不退之门。

十、示真法者。一切修行法门，言空即断，言有即常，未为究竟。唯此念佛三昧，即念而净，净非是无。即净而念，念非是有。达净无依，即是念体。了念本离，即是净用。是故非净外有念能念于净，若净外有念，念即有所，所非净故。非念外有净能入诸念，若念外有净，净即有二，二非净故。当知诸佛顺寂灭心而严净土，是故念净土者当入一切寂灭门。诸佛顺常乐我净心而严净土，是故念净土者当入一切常乐我净门。诸佛顺平等众生心而严净土，是故念净土者当入一切平等众生门。诸佛顺大悲智业而严净土，是故念净土者当入一切大悲智业门。诸佛顺无作无为不可思议业而严净土，是故念净土者当入一切无作无为不可思议门。诸佛顺尘劳烦恼性而严净土，是故念净土者当入一切尘劳烦恼门。诸佛顺微尘芥子相而严净土，是故念净土者当入一切微尘芥子门。以上诸大法门，但一声阿弥陀佛，皆悉证入，亦无能证所证之相。若不尔者，则是有余之净。念佛三昧，即不如是。

第三、部类门

夫如来说教，广有多门。经中或偶一拈题，或因缘举出者，不可胜载。唯念佛一门，频形赞叹。如高峦之峙平原，跃空而出。类金星之晃沙碛，映日即明。故知法门殊胜，未有逾此一门者也。今约诸经，但言西方大事者，一概收入，分经、纬二义。《说文》曰：“织有经，集丝为之。经常而纬变。”是故以经则非专谈安养者不收，以纬则凡泛举念佛者亦入。登葱山而樵玉，首采羊脂。泛溟海而斫香，忍舍牛头。孔子曰：“尔所不知，人其舍诸？”至于闻所未闻，不无望于来哲。一、经中之经，二、经中之纬，三、纬中之经，四、纬中之纬。

一、经中之经者

一、《无量清净平等觉经》；二、《无量寿经》；三《阿弥陀经》；四、《无量寿庄严经》；五、出《宝积》第十八经，名《无量寿如来会》。五经同一梵本，前四译稍不精。六、即《大阿弥陀经》，龙舒居士将前四译和会者。佛在王舍城灵鹫山，为阿难、慈氏等说。中间出《宝积》者，旨富词法，不知龙舒何以不见此本？

一、《佛说阿弥陀经》；二、《称赞净土佛摄受经》。二经同一梵本，初经简净愈于后译。佛在舍卫国祇树给孤独园，为舍利弗说。读诵者多主此经。

一、《观无量寿佛经》。佛在王舍城耆阇崛山中，为韦提希夫人说。经中言十六妙观。修持法门，备载此经，故孤山判为定善。

然三种经，皆专为西方起教。如天中之天，人中之王，不必自相排抑。譬如太虚空，一尚不得，岂有二哉？经中妙义，具见余门，今不赘述。

二、经中之纬者

一、《鼓音声王经》。佛在瞻波大城伽伽灵池，与比丘百人说。中云：若有四众受持阿弥陀佛名，临命终时，佛与圣众接引往生。

一、《后出阿弥陀佛偈经》。自“惟念法比丘，乃从世饶王”，至“弘此无量誓，世世稽首行”，共五十六句，始终唯偈。

二经亦专言净土，言义较前甚略，判入纬类。又《鼓音》意重持咒，《偈经》是伽陀部，非教本故。

三、纬中之经者

一、《华严经》，普贤菩萨劝进善财童子、海会大众，发十大愿。至临命终时，一切诸根悉皆散坏，一切威势悉皆退失，惟此愿王不相舍离，于一切时引导其前，一刹那间即得往生极乐世界。其人自见生莲花中，蒙佛授记。得授记已，经无数劫，普于十方不可说不可说世界，以智慧力，随众生心而为利益，乃至能于烦恼大苦海中，拔济众生，令其出离，皆得生于极乐世界。

又解脱长者云："我若欲见安乐世界无量寿如来，随意即见。如是十方一切世界所有如来，我若欲见，随意即见。我能了知如来国土庄严神通等事，无所从来，亦无所去。无有行处，亦无住处。亦如己身，无来无去，无行住处。"

一、《法华经》云："闻是经典，如说修行。于此命终，即往安乐世界，阿弥陀佛、大菩萨众围绕住处，生莲花中，宝座之上，得菩萨神通，无生法忍。得是忍已，眼根清净，以是清净眼根，见七百万二千亿那由他恒河沙等诸佛如来。"

一、《楞严经》，大势至白佛："我忆往昔恒河沙劫，有佛出世，名无量光。十二如来，相继一劫。其最后佛，名超日月光，彼佛教我念佛三昧。譬如有人，一专为忆，一人专忘，如是二人，若逢不逢，或见非见。二人相忆，二忆念深，如是乃至从生至生，同于形影，不相乖异。十方如来怜念众生，如母忆子。若子逃逝，虽忆何为？子若忆母，如母忆时，母子历生，不相违远。若众生心，忆佛念佛，现前、当来必定见佛，去佛不远。不假方便，自得心开。如染香人，身有香气。此则名曰香光庄严。我本因地，以念佛心，入无生忍。今于此界，摄念佛人，归于净土。佛问圆通，我无选择。都摄六根，净念相继，得三摩地，斯为第一。"

一、《宝积经》，佛告父王："一切众生，皆即是佛。汝今当念西方世界阿弥陀佛，常勤精进，当得佛道。"王言："一切众生云何是佛？"佛言："一切法无生，无动摇，无取舍，无相貌，无自性。可于此佛法中，安住其心，勿信于他。"尔时父王与七万释种，闻说是法，信解欢喜，悟无生忍。佛现微笑，而说偈曰："释种决定智，是故于佛法，决信心安住。人中命终已，得生安乐国，面奉阿弥陀，无畏成菩提。"

又佛告弥勒："发十种心，往生极乐。何者为十？一者于诸众生起于大慈，无损害心；二者于诸众生起于大悲，无逼恼心；三者于佛正法，不惜身命，乐守护心；四者于一切法，发生胜忍，无执着心；五者不贪利养恭敬尊重，净意乐心；六者求佛种智，于一切时无忘失心；七者于诸众生尊重恭敬，无下劣心；八者不着世论，于菩提分生决定心；九者种诸善根，无有杂染，清净之心；十者于诸如来，舍离诸相，起随念心。是名菩萨发十种心。由是心故，当得往生。若人于此十心随成一心，乐欲往生彼佛世界，若不得生，无有是处。”

一、《般舟三昧经》，佛告跋陀和菩萨：“若沙门、白衣所，闻西方阿弥陀佛刹，常念彼方佛。不得缺戒。一心念，若一日昼夜，若七日七夜。过七日以后，见阿弥陀佛。于觉不见，于梦中见之。譬如梦中所见，不知昼，不知夜，亦不知内，亦不知外，不用在冥中故不见，不用有所蔽碍故不见。如是跋陀和，菩萨心当作是念时，诸佛国境界，名大山、须弥山，其有幽冥之处，悉为开辟，目亦不蔽，心亦不碍。是菩萨摩诃萨不持天眼彻视，不持天耳彻听，不持神足到于佛刹，不于是间终，生彼间佛刹乃见。便于是间坐，见阿弥陀佛，闻所说经，悉受得。从三昧中，悉能具足为人说之。”

一、《观佛三昧经》，文殊自叙宿因，谓得念佛三昧，当生净土。世尊复记之曰：“汝当往生极乐世界。”

一、《大集经·贤护品》云：“求无上菩提者，应修念佛禅三昧。”偈云：“若人称念弥陀佛，号曰无上深妙禅。至心想像见佛时，即是不生不灭法。”

一、《十住断结经》云：时座中有四亿众，自知死此生彼，牵连不断，欲为之源，乐生无欲国土。佛言：“西方去此无数国土，有佛名无量寿。其土清净，无淫怒痴。莲花化生，不由父母。汝当生彼。”

一、《如来不思议境界经》云：“菩萨了知诸佛及一切法皆唯心量，得随顺忍，或入初地，舍身速生妙喜世界，或生极乐净土中。”

一、《随愿往生经》言：“佛国无量，专求极乐者何？一以因胜，十念为因故。一以缘胜，四十八愿普度众生故。”

一、《称扬诸佛功德经》云：“若有得闻无量寿如来名者，一心信乐。其人命终，阿弥陀佛与诸比丘住其人前，魔不能坏彼正觉心。”又云：“持讽诵念，此人当得无量之福，永离三途。命终之后，往生彼刹。”

一、《大云经》云：“善男子，于此西方有一世界，名曰安乐。其土有佛，号无量寿，于今现在，常为众生讲宣正法，告一菩萨：‘汝善男子，娑婆世界释迦牟尼佛为诸薄福钝根众生说《大云经》，汝可往彼，至心听受。’是彼菩萨欲来至此，故先现瑞。善男子，汝观彼土诸菩萨身，满足五万六千由旬。”“世尊，彼来菩萨名号何等？何缘而来此土，将非为度众生故来？唯愿如来为诸众生分别解说。”“善男子，彼土菩萨欲闻净光受记莂事，并欲供养如是三昧，是故而来。善男子，是菩萨名无边光，通达方便，善能教导。”

一、《入楞伽经》云：“大慧汝当知，善逝灭度后，南天竺国中，大名德比丘，厥号为龙树。能破有无宗，世间中显我，无上大乘法。得初欢喜地，往生安乐国。”

一、《大悲经》云：“我灭度后，北天竺国有比丘名祈婆伽，修习无量最胜善根已，而命终生于西方过百千亿世界无量寿佛国。以后成佛，号无垢光如来。”

四、纬中之纬者

一、如《华严·毗卢遮那品》云：“尔时大威光童子，见波罗蜜善根庄严王如来成等正觉，现神通力，即得念佛三昧，名无边海藏门。”

又《光明觉品》云：“尔时光明过千世界，乃至一切处文殊菩萨，各于佛所，同时发声，说此颂言：一切威仪中，常念佛功德，昼夜无暂断，如是业应作。”

又《贤首品》云：“见有临终劝念佛，又示尊像令瞻敬，俾于佛所深归仰，是故得成此光明。”

又《十无尽藏品》第八念藏云：“此念有十种，所谓寂静念、清净念、不浊念、明彻念、离尘念、离种种念、离垢念、光耀念、可爱乐念、无能障碍念。”

又《兜率偈赞品》，离垢幢菩萨云：“以佛为境界，专念而不舍，此人得见佛，其数与心等。”

又《十回向品》第十回向云：“以法施回向，愿得忆念与法界等无量无边世界未来、现在一切诸佛。”

又《十地品》中，从初至末，地地皆云：“一切所作，不离念佛。”

又《佛不思议法品》云：“如来有十种佛事：一者若有众生专心忆念，则得现前。二者若有众生心不调顺，则为说法”等。

又《入法界品》云：德云比丘告善财言：“善男子，我得自在决定解力，信根清净，智光照耀，普观境界，离一切障，具清净行。往诣十方，供养诸佛。常念一切诸佛如来，总持一切诸佛正法。常见一切诸佛，随诸众生种种心乐，示现种种成正觉门，于大众中而狮子吼。善男子，我唯得此忆念一切诸佛境界智慧光明普见法门，所谓智光普照念佛门，常见一切诸佛国土种种宫殿悉严净故；令一切众生念佛门，随诸众生心之所乐，皆令见佛得清净故；令安住力念佛门，令入如来十力中故；令安住法念佛门，见无量佛，听闻法故；照耀诸方念佛门，悉见一切诸世界中等无差别诸佛海故；入不可见处念佛门，悉见一切微细境中诸佛自在神通事故；住于诸劫念佛门，一切劫中常见如来诸所施为，无暂舍故；住一切时念佛门，于一切时常见如来，亲近同住不舍离故；住一切刹念佛门，一切国土咸见佛身，超过一切，无与等故；住一切世念佛门，随于自心之所欲乐，普见三世诸如来故；住一切境念佛门，普于一切诸境界中，见诸如来次第现故；住寂灭念佛门，于一念中见一切刹一切诸佛示涅槃故；住远离念佛门，于一念中见一切佛从其所住而出去故；住广大念佛门，心常观察一一佛身充遍一切诸法界故；住微细念佛门，于一毛端有不可说如来出现，悉至其所而承事故；住庄严念佛门，于一念中见一切刹皆有诸佛成等正觉现神变故；住能事念佛门，见一切佛出现世间，放智慧光，转法轮故；住自在心念佛门，知随自心所有欲乐，一切诸佛现其像故；住自业念佛门，知随众生所积集业，现其影像，令觉悟故；住神变念佛门，见佛所坐广大莲花周遍法界而开敷故；住虚空念佛门，观察如来所有身云庄严法界虚空界故。”

一、《法华经》云:“若有因缘,独入他家,一心念佛。乞食无侣,一心念佛。”又云 :“若人散乱心，入于塔庙中，一称南无佛，皆已成佛道。”

一、《净名经》云："宝积当知，直心是菩萨净土，菩萨成佛时，不谄众生来生其国。深心是菩萨净土，菩萨成佛时，具足功德众生来生其国。大乘心是菩萨净土，菩萨成佛时，大乘众生来生其国。布施是菩萨净土，菩萨成佛时，一切能舍众生来生其国。持戒是菩萨净土，菩萨成佛时，行十善道满愿众生来生其国。忍辱是菩萨净土，菩萨成佛时，三十二相庄严众生来生其国。精进是菩萨净土，菩萨成佛时，勤修一切功德众生来生其国。禅定是菩萨净土，菩萨成佛时，摄心不乱众生来生其国。智慧是菩萨净土，菩萨成佛时，正定众生来生其国。四无量心是菩萨净土，菩萨成佛时，成就慈、悲、喜、舍众生来生其国。四摄法是菩萨净土，菩萨成佛时，解脱所摄众生来生其国。方便是菩萨净土，菩萨成佛时，于一切法方便无碍众生来生其国。三十七品是菩萨净土，菩萨成佛时，念处、正勤、神足、根、力、觉、道众生来生其国。回向心是菩萨净土，菩萨成佛时，得一切具足功德国土。说除八难是菩萨净土，菩萨成佛时，国土无有三恶八难。自守戒行、不讥彼缺是菩萨净土，菩萨成佛时，国土无有犯禁之名。十善是菩萨净土，菩萨成佛时，命不中夭、大富、梵行、所言诚谛、常以软语、眷属不离、善和诤讼、言必饶益、不嫉、不恚、正见众生来生其国。如是宝积，菩萨随其直心，则能发行。随其发行，则得深心。随其深心，则意调伏。随意调伏，则如说行。随如说行，则能回向。随其回向，则有方便。随其方便，则成就众生。随成就众生，则佛土净。随佛土净，则说法净。随说法净，则智慧净。随智慧净，则其心净。随其心净，则一切功德净。是故宝积，若菩萨欲得净土，当净其心。随其心净，则佛土净。"

又云："菩萨成就八法，于此世界，行无疮疣，生于净土。何等为八？饶益众生而不望报，代一切众生受诸苦恼，所作功德，尽以施之；等心众生，谦下无阂；于诸菩萨，视之如佛；所未闻经，闻之不疑；不与声闻而相违背；不嫉彼供，不高己利，而于其中调伏其心；常省己过，不讼彼短；恒以一心求诸功德。是为八。"

一、《涅槃经》云："菩萨六念，念佛第一。"又云："系念思惟因缘力故，得断烦恼。”

一、《大悲经》云：“一称佛名，以是善根，入涅槃界，不可穷尽。”

一、《大般若经》云：佛告曼殊室利：“菩萨能正修行一相庄严三昧，疾证菩提。修此行者，应离喧杂，不思众生相，专心系念于一如来，审取名字，善想容仪。即为普观三世一切诸佛，即得诸佛一切智慧。”

一、《坐禅三昧经》曰：“菩萨坐禅，不念一切，惟念一佛，即得三昧。”

一、《增一阿含经》云：“四事供养阎浮提一切众生。若有称佛名号，如毂乳顷，功德过上，不可思议。”

一、《文殊般若经》云：佛告文殊：“欲入一行三昧者，应处空闲，舍诸乱意，不取相貌，系心一佛，专称名字。随彼方所，端身正向，能于一佛念念相续，即是念中，能见过去、未来、现在诸佛。念一佛功德，与念无量佛功德无二。阿难所闻佛法，犹住量数。若得一行三昧，诸经法门，一一分别，皆悉了知，昼夜宣说，智慧、辩才终不断绝。阿难多闻辩才，百千等分不及其一。”

一、《大集经》云：“若人专念一方佛，或行或坐，至七七日，现身见佛，即得往生。”

一、《法华三昧观经》云：“十方众生一称南无佛者，皆当作佛。唯一大乘，无有二三。一切诸法一相一门，所谓无生无灭，毕竟空相。习如是观，五欲自断，五盖自除，五根增长，即得禅定。”

一、《那先经》云：王问那先：“人生造恶，临终念佛，得生佛国，我不信是语。”那先答言：“如持大石置于船上，因得不没。人虽本恶，因念佛故，不入泥犁。其小石没者，如人作恶，不知念佛，便入泥犁中。”

颂曰：

如来金口言，赞叹西方土，
如入长安城，东西南北入，
入已即一城，无别天子都。
普贤佛长子，文殊七佛师，
授记及回向，是果位往生。
释种得法忍，善财证佛果，

面奉阿弥陀，是菩萨往生。
龙树破有无，祈婆最胜根，
皆得佛授记，是禅师往生。
闻佛心信乐，诵念与持讽，
大石置船上，是下劣往生。
阿难世多闻，佛子中第一，
不如念一佛，顿了诸经法，
云何义解家，得轻易念佛？
诸正念法门，经中皆悉载，
但一大乘法，无二亦无三。
奉劝悟达士，趁时歇狂解，
一心念阿弥，莲花念念生。
此是常寂光，非报非方便，
作是观为正，勿妄生分别。
禅教律三乘，同归净土海，
一切法皆入，是无上普门。
教海义无量，瓮观拾少许，
一脔遍鼎味，是中有全藏。

第四、教相门

夫一大藏教，如器衔空。空无相体，器有方圆。器尽空除，缘亡教灭。是故随缘普应，则涅槃、真如一器也。称智自在，则名相、专持一空也。药无定方，定方以病。岂谓玉屑、珊瑚无上妙药，概以治四百四病哉？夫病除药贵，便溺即是醍醐。异症同方，参苓化为鸩毒。何况无上医王，治三乘出世之药，疗人、天、声闻、凡夫等疮者哉。故先德约教，或一或多，名相虽别，理趣是同。道人不揣固陋，窃附先哲，分别诸句，用彰一乘。庶使观者知净土法门摄一代时教，毋为笼统禅宗、轻狂义虎所诳惑云尔。一、假有教（原名纯有），二、趋寂教，三、有余教（上三教分摄）；四、无余教，五、顿悟教，六、圆极教（上三教全摄）。（纯有，即人天乘。趋寂等五，即小、始、终、顿、圆也。若论判教，须约化仪四教、化法四教、通别五时，方可全收一代所说法门。今仅依五教，尚可商。惜中郎四十余岁已弃世，未入台宗之室也。又纯有不能出世，不得立教，只可附在三藏教耳。）

一、假有教者。为诸凡夫耽着爱染，造诸黑业。如来悲悯，为说地狱苦、饿鬼苦、畜生苦、无福德着我所苦，欲生人天，当修善根。如佛初成道，为提谓说世间因果，五百贾人同受五戒，先忏悔五逆、十恶、谤法等罪，是为有教。

《观经》修三福中，首言“孝养父母，奉事师长，慈心不杀，修十善业”。又《无量寿经》极言五恶、五痛、五烧之苦，教化群生，令持五善，亦摄此义。然是经为求往生，遮诸不善，非是忻心人天小果。修持是同，证果即别。如《楞严》、《华严》诸方等虽不单说，亦兼带之，不名假有。

《观经钞》曰：“圆顿行者，岂违小乘出家之式，三归、众戒、威仪等事。”又曰：“得前前者不得后后，得后后者必得前前。”何以故？一切诸佛无不以十善而得度故。

《华严经》曰：“十不善业道，是地狱、畜生、饿鬼受生之因。十善业道，是人、天乃至有顶处受生之因。又此上品十善业道，以智慧修习，心狭劣故，怖三界故，阙大悲故，从他闻声而了解故，成声闻乘。又此上品十善业道，修治清净，不从他教，自觉悟故，大悲、方便不具足故，悟解甚深因缘法故，成独觉乘。又此上品十善业道，修治清净，心广无量故，具足悲愍故，方便所摄故，发生大愿故，不舍众生故，希求诸佛大智故，净治菩萨诸地故，净修一切诸度故，成菩萨广大行。又此上品十善业道，一切种清净故，乃至证十力、无畏故，一切佛法皆得成就。是故我今等行十善，应令一切具足清净。”乃至“菩萨如是积集善根，成就善根，增长善根，思惟善根，系念善根，分别善根，爱乐善根，修习善根，安住善根。菩萨摩诃萨如是积集诸善根已，以此善根所得依果，修菩萨行，于念念中见无量佛，如其所应，承事供养。”又云：“虽无所作，而恒住善根。”又云：“虽知诸法无有所依，而说依善法而得出离。”

奉劝悟达之士，勿轻戒律，勿贪虚名。猛省永嘉豁达之言，早寻白社不请之友。莲邦不远，请即加鞭。

二、趋寂教者。即二乘寂灭之教，趋向涅槃，于严土、利他不生喜乐，是为小乘，与净土大乘之教正反。今云分摄者，以《无量寿经》及《观经》中，皆有须陀洹，乃至得阿罗汉果故。先德云小乘不生，据决定性不生。此中明生，为在此间先发大乘心，熏成种子，退心下地，要由垂终回小向大故生。

问曰：既回心向大，何故至彼复证小果？

释曰：以退大既久，习小功深，是故彼佛称习说小，且令证果。又此证小果者，不守小位而住，还起大心，进行弥速，或五劫，或十劫，得成初地。如是阶级，犹是殊胜，是故不同。又云：经中亦有频婆证阿那含，然非此教正所被机。今从正为韦提希等宣净土观，尚非通、别，岂是小乘？如迦文出世，亦有声闻毕竟大乘，是正以羊鹿等车，非实车故。

三、有余教者。了二空真理，修习万行，趣大乘佛果。唯不许阐提、二乘成佛。谓阐提无性，二乘定性，决不可成。未尽大乘真理，故名有余。此经言除五逆不生，又云二乘种不生，教义似同。二乘，上已释竟。言五逆不生者，以谤法故。以无信心，非是无性决不可成故。《观经》中，毁戒众生临终恶相现者，闻赞佛功德，地狱猛火化清凉风。乃至五逆十恶，具足十念者，见金莲花犹如日轮，一刹那顷皆得往生。此是自性不思议功德，仗不思议佛力，得显现故。若不具足佛性，如顽石浊滓，岂能透月？当知念能显性，如是往生，是性力故。如日能显空，空非因日。是故一切众生皆成佛，故不同始教有余之教。

四、无余教者。一切众生，平等一性，悉当成佛，是为大乘极则之教。唯一自心为教体，故云无余。今此净土法门，依、正、信、愿等法，究极皆归一心。故经中言一心不乱，即得往生。又《大本》三辈生彼者，皆云发无上菩提之心。菩提心者，即佛性是。《华严经》曰："菩提心者，犹如种子，能生一切诸佛法故；犹如良田，能长众生白净法故；犹如大地，能持一切世间故；犹如净水，能洗一切烦恼垢故；犹如大风，普于世间无所碍故；犹如盛火，能烧一切诸见薪故。"广在彼经。当知菩提心是铁炮中利药，念佛是药线。《华严》初发心时便成正觉，即是此义。菩萨五位加行，亦只是药中引线耳。无量妙行，讵有加一行三昧之外者哉！

五、顿悟教者。长者论曰："但一念不生，即名为佛。不从地位渐次而说，故立为顿教。如《思益经》，得诸法正性者，不从一地至一地。《楞伽经》曰：'十地则为初，初则为八地'，乃至'无所有何次'。"当知顿者，即是不历阶级之义。天台《观经疏》曰："顿悟渐入，此即顿教。正为韦提希及诸侍女并是凡夫，未证小果，故知是顿，不从渐入。"钞曰："今经顿者，乃于化法，以圆为顿。何故？无生忍位，别在初地，圆在初住。别教凡夫，经无数劫，方至此位。唯有圆教，即生可入。今就韦提希即身得忍，判为顿者，是圆顿故。"又他经说受菩萨戒，身身相续，戒行不缺，经一劫、二劫、三劫，始至初发心住。如是修行十波罗蜜等无量行愿，相续不断，满一万劫，至第六正心住。从是修行增进，始至第七不退住。今此经中，五逆十恶，持名即生，皆得不退，正合顿义。如《观经》中"是心作佛，是心是佛"等语，皆直指心宗，更无迂回。且如阿弥一声，是非俱铲，何等直截，故古人谓之头则公案。镬汤波底，岂贮寒冰。烈火焰中，讵容寸草。达摩复起，不易吾说。更或踟蹰，万里千年。

六、圆极教者。慈恩《通赞》曰："此方先德总判经论有四宗：一、立性宗。二、破性宗。三、破相宗。四、显实宗，《涅槃》、《法华》、《华严》等是，显于真实中道义，舍化城而归宝所。故知《弥陀经》乃第四宗也。"又以教准宗，宗有其八：一、我法俱有宗；二、有法无我宗，三、法无去来宗，四、现通假实宗，五、俗妄真实宗，六、诸法但名宗，七、胜义皆空宗，八、应理圆实宗。如《华严》及《弥陀经》，是第八宗收。又若真歇了禅师等，以帝网千珠，发明净土圆融之义，诸书具载。

近有老宿以《华严》配此经，谓圆全摄此，此分摄圆，得圆少分，分属圆故。据经判义，甚有旨趣。但圆极义者，无全无分。如月在川，川川皆有全月，乃至瓶池寸水亦是全月，无分月故。如风在树，树树皆有全风，乃至片叶茎草亦是全风，无分风故。若圆中有分者，圆即有段。若分中非全者，圆即不遍。分、全双乖，圆义不成。

今约莲宗圆极，分五种义：一、刹海相含义，二、三世一时义，三、无情作佛义，四、依正无碍义，五、充遍不动义。

一、刹海相含义者。一切诸佛报化国土，互相摄入，全他全此，而无留碍。若计不相入者，此即情见，情见非实。如一室中，含一虚空，其中若人、若畜、若鬼、若虫、若几、若瓶、若架之类，皆依虚空建立。虚空属人时，则诸鬼、畜、虫、几、瓶、架所依之虚空，一切摄入人中。虚空属鬼时，则诸人、畜、虫、几、瓶、架所依之虚空，一切摄入鬼中。虚空属虫时，诸人、鬼、畜、几、瓶、架所依之虚空，一切摄入虫中。乃至虚空属架时，则诸人、畜、鬼、虫、几、瓶所依之虚空，一切摄入架中。参而不杂，离亦不分，非入非不入。是故经云："国土光净，遍无与等，彻照无量无数不可思议世界，如明镜中现其形像。"当知净方、浊土，交光相入，如千灯一室故。

二、三世一时义者。众生情见，执有时分，过、现、未来等事。约实相中，即无时体可得。何以故？若计晦明是时者，晦明则是业相，如病眼见眚，非定相故。若计老少是时者，老少则是幻质，如敝网裹风，非定质故。云何是中而有实义？今约延促相入二义，以明时体：一、促中有延，二、延中有促。一、促中有延者。如人假寐，梦经种种城邑聚落，及见故人，悲笑分明，经历时月。醒而问人，熟睡几时？侍者答言，数千钱时。其人自思假寐无几，云何经历如许变态，了了记忆，非病非醉。展转追惟是义，终不可得。二、延中有促者。如人二十忽得癫病，吞刀捉火，或为人言未来事。或对妻子嬉笑如常，及生男女。或忽能文，著种种书。经三十年，遇一异人，咒水与饮，其人如睡忽觉，即以二十为昨日事。家人屈指为计岁月，出示子女及种种书。其人自思，本无岁月，焉有是事？亦不复记病与不病。以是二喻，进退互观，毕竟无有三世可得。是故经云：

“观彼久远，犹若今日。经须臾间，历事诸佛，遍十方界。”是谓三世无间。三世无间者，时体不可得故。

三、无情作佛义者。权教中言：“有情有佛性，无情无佛性。一切草木器界，不能成道及转法轮。”此是执情强计，属意即有，属物即无，不了诸法皆住法位。何以故？意是色故，是空根故，是往古来今故，是无情故，一无一切无故。青黄是意故，风鸣谷响是意故，草木瓦砾是意故，是有情故，一有一切有故。故知情之为情，亦可说自，亦可说物，不应说言谁无谁有。如一夫妻共生一子，不应说言谁生谁不生。夫发毛爪齿，亦是无情，与我俱佛耶？抑与我不俱佛耶？梦中见山见水，见木见石，亦是无情，是情想摄耶？抑非情想摄耶？当知是中尚无是我非我，云何更计有情无情？是故经中，道场宝树，能净诸根。风枝水响，咸宣妙法。无一物非佛身，无一物不转法轮。岂是情见妄知所能计度？

四、依正无碍义者。依是器界，正是身根。若约凡情，即横计有依有正。是义非实。何以故？若言虚空是依者，如人张口，则虚空入，乃至毛孔、骨节、心腹之内，皆有虚空，是依耶？是正耶？若言地水火风是依者，如人涎液入器为水，发焦为土，两手相触成火，嘘气为风，是依耶？是正耶？是故经中无量宝花，一一花中出三十六亿那由他百千光明，一一光明出三十六亿那由他百千佛，普为十方说一切法。以佛力故现有宝花，以宝花故复现诸佛。是故当知尽一刹是佛身，刹刹皆然。无一身非佛刹，身身皆然。非是佛神力变现，唯一真法界智为依正故。

五、充遍不动义者。众生妄计佛身即有去来，而实佛身无去无来，亦无不去不来。譬如鸟飞空中，一日千里。空非随鸟，鸟不离空。是故经言阿弥陀佛常在西方，又言至一切行人之所。如《涅槃经》，佛言：“善男子，波罗奈城有优婆夷，已于过去无量先佛，种诸善根。是优婆夷，夏九十日，请命众僧，奉施医药。是时众中有一比丘，身婴重病。良医诊之，当须肉药，若不得肉，病将不痊。时优婆夷寻自取刀，割其髀肉，切以为臛，送病比丘。比丘服已，病即得瘥。是优婆夷患疮苦恼，不能堪忍，即发声言：‘南无佛陀！南无佛陀！’我于尔时在舍卫城，闻其音声，于是女人起大慈心。是女寻见我持良药涂其疮上，还合如本。我即为其说种种法，闻法欢喜，发阿耨多罗三藐三菩提心。善男子，我于尔时实不往至波罗奈城，持药涂是优婆夷疮。当知皆是慈善根力，令彼女人见如是事。复次善男子，调达恶人贪不知足，多服酥故，头痛腹满，受大苦恼，发如是言：‘南无佛陀！南无佛陀！’我时住在优禅尼城，闻其音声，即生慈心。尔时调达寻便见我往至其所，手摩头腹，授与盐汤，而令服之，服已平复。善男子，我实不往调达所，摩其头腹，授汤令服。当知皆是慈善根力，令调达见如是事。复次善男子，憍萨罗国有五百贼，群党抄掠，波斯匿王遣兵伺捕，得已，挑目，逐着黑暗丛林之下，受大苦恼，各作是言：‘南无佛陀！南无佛陀！’啼哭号啕。我时住在祇桓精舍，闻其音声，即生慈心。时有凉风吹香山中种种香药，满其眼眶，寻还得眼，如本不异。诸贼开眼，即见如来住立其前，而为说法。贼闻法已，发阿耨多罗三藐三菩提心。善男子，我于尔时实不作风吹香山中种种香药，住其人前而为说法。当知皆是慈善根力，令彼群贼见如是事。”如上之法，岂容思议？总之皆是一真法界，不得言是自心感现，亦不得言心佛和合。以佛地中，离自离他，离和合故。是故入此门者，莫同凡夫情见，分别计度。如清凉云：“阿弥陀佛，即本师卢舍那。”犹属情量。何以故？十方世界，惟一智境，无别佛故。

第五、理谛门

夫即性即相，非有非空。理事之门不碍，遮表之诠互用。言无者，如水月镜花，不同龟毛兔角。言有者，似风起云行，不同金坚石碍。是故若滞名着相，即有漏凡夫。若拨果排因，即空见外道。梦中佛国，咸愿往生。泡影圣贤，誓同瞻仰。说真说相，似完肤之加疮。道有道无，类红炉之点雪。爰约真谛，分别四门：一、即相即心门，二、即心即相门，三、非心非相门，四、离即离非门。

一、即相即心门者。《净土境观要门》曰：“经云：‘心包太虚，量周沙界。’又云：‘心如工画师，造种种五阴。一切世间中，莫不从心造。’是故极乐国土宝树、宝地、宝池，弥陀海众正报之身、三十二相等，皆是我心本具，皆是我心造作，不从他得，不向外来。能了此者，方可论于即心观佛。故《观经》云：‘诸佛如来是法界身，入一切众生心想中’，至‘八十随形好’句。天台大师作二义释，一约感应道交释，二约解行相应释。若无初释，则观非观佛。若无次释，则心外有佛。至释‘是心作佛，是心是佛’。从修观边说，名为心作。从本具边说，名为心是。义遍初后。例合云：是心作日，是心是日，乃至是心作势至，是心是势至。以至九品之中，随境作观，莫不咸然。”又曰：“观心观佛，皆属妄境。意在了妄即真，不须破妄然后显真。故荆溪云：‘唯心之言，岂唯真心？须知烦恼心遍，子尚不知烦恼心遍，安能了知生死色遍。色何以遍？色即心故。’若尔，不须摄佛归心，方名约心观佛。如此明之，非但深得佛意，亦乃迥出常情。”

《宗镜录》曰：“自心遍一切处，所以若见他佛，即是自佛。不坏自他之境，唯是一心。众生如像上之模，若除模，既见自佛，亦见他佛。何者？虽见他佛，即是自佛，以自铸出故。亦不坏他佛，以于彼本质上虽变起他佛之形，即是自相分故。”又曰：“自心感现，佛身来迎。佛身常寂，无有去来。众生识心，托本佛功德胜力，有来有去，如面镜像，似梦施为。镜中之形，非内非外。梦里之质，非有非无。但是自心，非关佛化。故知净业纯熟，目睹佛身。恶果将成，心现地狱。如福德之者，执砾成金。业贫之人，变金成砾。砾非金而金现，金非砾而砾生。金生但是心生，砾现唯从心现。转变是我，金砾何从。”

《正法念处经》云：“黠慧善巧画师，取种种彩色，取白作白，取赤作赤，取黄作黄，若取鸽色则为鸽色，取黑作黑。心业画师，亦复如是。缘白取白，于天人中则成白色。何义名白？欲等漏垢所不染污，故名白色。又复如是心业画师，取赤彩色，于天人中能作赤色。何义名赤？所谓爱声味触香色。又复如是心业画师，取黄彩色，于畜生道能作黄色。何义名黄？彼此递互饮血啖肉，贪欲瞋痴，更相杀害，故名黄色。又复如是心业画师，取鸽彩色，攀缘观察，于饿鬼道作垢鸽色。何义名鸽？彼身犹如火烧林树，饥渴所恼，种种苦逼。又复如是心业画师，取黑彩色，于地狱中画作黑色。何义名黑？以黑业故，生地狱中，有黑铁壁，被燃被缚，得黑色身。如是乃至心业画师，善治禅彩，攀缘明净。”如彼画师善治彩色，画作好色，皆是自心，非他所作。是故当知心业画师，以纯净色，画作净土，亦复如是。

又如《般舟三昧》中说：菩萨得是三昧，便于是间坐，见阿弥陀佛。譬如有人闻毗耶离国有淫女人，名庵罗婆利。舍卫国有淫女人，名须曼那。王舍城淫女人，名优钵罗槃那。有三人，各各闻人赞三女人端正无比，昼夜专念，心着不舍，便于梦中，梦与从事。觉已心念，彼女不来，我亦不往，而淫事得办。因是而悟，一切诸法，皆如是耶？往告跋陀和菩萨，菩萨答言：“诸法实尔，皆从念生。”如是种种为三人说，三人即得不退转地。菩萨于是间国土闻阿弥陀佛，数数念，用是念故，见阿弥陀佛。譬如人远出，到他郡国，念本乡里、家室、亲属、财产。其人于梦中，归到故乡里，见家室、亲属，喜共言语。于梦中见已，觉为知识说之：“我归到故乡里，见我家室、亲属。”菩萨如是，其所向方闻佛名，常念所向方，欲见佛，菩萨一切见佛。譬如比丘，观死人骨着前，有观青时，有观白时，有观赤时，有观黑时。其骨无有持来者，亦无有是骨，亦无所从来，是意所作。菩萨如是，欲见何方佛，即见。何以故？持佛威神力，持佛三昧力，持本功德力，用是三事，故得见佛。譬如年少之人端正姝好，以持净器，盛好麻油，及盛净水。或新磨镜，或无瑕水精。于是自照，悉自见影。何以故？以明净故，自见其影。其影亦不从中出，亦不从外入。菩萨以善清净心，随意悉见诸佛，见已欢喜，作是念言：“佛从何所来，我身亦不去。”即时便知佛无所从来，我亦无所去。复作是念：“三界所有，皆心所作。何以故？随心所念，悉皆得见。以心见佛，以心作佛。心即是佛，心即我身。心不自知，亦不自见。”若取心相，悉皆无智。心亦虚诳，皆从无明出。因是心相，即入诸法实相。是故当知心外见佛，即成魔境。何以故？以心外无一法可得故，以心性无外故，以一切十方三世诸法皆不在心外故。若达心外无法，则魔界即佛界，以一如无二如故。

二、即心即相门者。谓诸法毕竟空故，则有诸法。若诸法有决定性者，则一切不立。《般若经》曰：“若诸法不空，即无道无果。”《法句经》曰：“菩萨于毕竟空中，炽然建立。”《华严经》曰：“菩萨摩诃萨了达自身及以众生本来寂灭，而勤修福智，无有厌足。于诸境界永离贪欲，而常乐瞻奉诸佛色。知佛国土皆如虚空，而常庄严佛刹。”以是义故，菩萨乐修净土。

《群疑论》问曰：“诸佛国土亦复皆空，观众生如第五大。何得取着有相，舍此生彼？”答：“诸佛说法，不离二谛。经云：‘成就一切法，而离诸法相。’成就一切法者，世谛诸法也。离诸法者，第一义谛无相也。又云：‘虽知诸佛国，及与众生空，而常修净土，教化于群生。’汝但见说圆成实相之教，破遍计所执毕竟空无之文，不信说依他起性因缘之教，即是不信因果之人，说于诸法断灭相者，是为邪见外道。”

又《十疑论》曰：“夫不生不灭者，于生缘中，诸法和合，不守自性，求于生体，亦不可得。此生生时，无所从来，故名不生。诸法散时，不守自性。此散灭时，去无所至，故言不灭。非因缘生灭外，别有不生不灭。亦非不求生净土，唤作无生。偈云：‘因缘所生法，我说即是空，亦名为假名，亦名中道义。’又云：‘诸法不自生，亦不从他生，不共不无因，是故说无生。’又云：‘譬如有人造立宫室，若依空地，随意无碍。若依虚空，终不能成。’诸佛说法，常依二谛，不坏假名，而说诸法实相。智者炽然求生净土，达生体不可得，即是真无生。此谓心净故佛土净。愚者为生所缚，闻生即作生解，闻无生即作无生解。不知生即无生，无生即生。不达此理，横相是非，瞋他求生净土，几许误哉！”

长芦曰：“以生为生者，常见之所失也。以无生为无生者，断见之所惑也。生而无生、无生而生者，第一义谛也。”永明曰：“即相之性，用不离体。即性之相，体不离用。若欲赞性，即是赞相。若欲毁相，只是毁性。”天如曰：“性能现相，无生即生。相由性现，生即无生。”是则无声声中，风枝水响。非色色里，宝树栏干。岂同灰飞烟灭之顽空，与拨无因果之魔属哉！

三、非心非相门者。《婆沙论》明新发意菩萨，先念佛色相，相体、相业、相果、相用，得下势力；次念佛四十不共法心，得中势力；次念实相佛，得上势力，不着色、法二身。偈云："不贪着色身，法身亦不着。善知一切法，永寂如虚空。"

《宝性论》曰："依佛义故，经云：'佛告阿难言：如来者，非可见法。'是故眼识不得见故。依法义故，经云：'所言法者，非可说事。'是故非耳识所闻故。依僧义故，经云：'所言僧者，名无为。'是故不可身心供养礼拜赞叹故。"

《摩诃般若经》曰："菩萨摩诃萨念佛，不以色念，不以受、想、行、识念，以诸法自性空故。不应以三十二相、八十随形好念，不应以戒、定、慧、解脱、解脱知见而念，不以十力、四无所畏、四无碍智、十八不共法而念。何以故？是诸法自性空故。自性空，则无所念。无所念故，是为念佛。"

《智度论》曰："若菩萨于过去诸佛，取相分别回向，是不名回向。何以故？有相是一边，无相是一边。离是二边行中道，是诸佛实相。是故说诸过去佛不堕相数中，不堕无相数中[①]。若不取相数回向，是为不颠倒。"

《佛藏经》曰："见诸法实相，名为见佛。何等名为诸法实相？所谓诸法毕竟空无所有。以是毕竟空无所有法念佛。"乃至"又念佛者离诸想，诸想不生，心无分别，无名字，无障碍，无欲无得，不起觉观。何以故？舍利弗，随所念起一切诸想，皆是邪见。舍利弗，随无所有，无觉无观，无生无灭，通达是者，名为念佛。如是念中，无贪无着，无逆无顺，无名无想。舍利弗，无想无语，乃名念佛。是中乃至无微细小念，何况粗身口意业？无身口意业处，无取无舍，无诤无讼，无念无分别，空寂无性，灭诸觉观，是名念佛。舍利弗，若人成就如是念者，欲转四天下地，随意能转，亦能降伏百千亿魔。况弊无明，从虚诳缘起，无决定相。是法

---

① 此句原本作："是故说诸过去佛，堕相数中。"今依《大智度论》原文改。

如是无想无戏论，无生无灭，不可说，不可分别，无暗无明，魔若魔民所不能测。但以世俗言说，有所教化，而作是言：‘汝念佛时，莫取小想，莫生戏论，莫有分别。何以故？是法皆空，无有体性，不可念一相，所谓无相，是名真实念佛。”

又《止观》明念佛三昧者：“当云何念？为复念我当从心得佛？从身得佛？佛不用心得，不用身得。不用心得佛色，不用色得佛心。何以故？心者佛无心，色者佛无色。故不用色、心得三菩提。佛色已尽，乃至识已尽。佛所说尽者，是痴人不知，智者晓了。不用身口得佛，不用智慧得佛。何故？智慧索不可得，自索我了不可得，亦无所见。一切法本无所有，坏本绝本。”若如是念者，是名实相念佛之门，亦名绝待门。

四、离即离非门者。永明曰：“若执言内力，即是自性。若言他力，即成他性。若云机感相投，即是共性。若云非因非缘，即无因性。皆滞阂执，未入圆成。”

当知佛力难思，玄通罕测。譬如阿迦叔树，女人摩触，花为之出。是树无觉触，非无觉触。菩萨摩诃萨不思议念触，亦复如是。

又如象齿因雷生花，是齿非耳，云何有闻？若无闻者，花云何生？又若雷能生花者，诸物应有。菩萨摩诃萨不思议声尘，亦复如是。

又如勇士疑石为虎，箭至没镞。箭非克石，石非受矢。菩萨摩诃萨不思议精进，亦复如是。

又如有人远行，独宿空舍。夜中有鬼担一死人，来着其前。复有一鬼随逐瞋骂，云是我物。先鬼言：“我自持来。”后鬼言：“实我担来。”二鬼各执一手争之。前鬼言：“此中有人可问。”后鬼即问：“是谁担来？”是人思惟，二鬼力大，妄语亦死，何若实语？即言前鬼担来。后鬼大瞋，捉此人手，拔断着地。前鬼取死人一臂，附之即着。如是两臂、两脚、头、胁，举身皆易。于是二鬼共食所易人身，拭口而去。其人思惟：“眼见我身被鬼食尽，今此我身尽是他肉。”即于一切时作他身想，乃至五欲，亦不贪着，是他身故，不应供养。乃至妻子，亦不生染，是他身故，不应有染。乃至种种诃斥苦辱，亦皆顺受，是他身故，无复骄慢。后忽自计："若是他者，不应有我。若非他者，他身现在。是中非他，非非他，非我，非非我。我亦不可得，他亦不可得。从本以来，恒自如是。"即时得知一切法，是我非我，皆为妄计。菩萨摩诃萨不思议观力，见佛自他，亦复如是。

又如贫人商丘开，信富者言，入火不烧，入水不溺，投高不折，乃至随诸诳语，皆得实宝物。而是贫人，无他术故。菩萨摩诃萨不思议贪欲，获佛宝王，亦复如是。

又如空谷随声发响，此响不从空来，不从谷来，不从声来。若从空来者，空应有响。若从谷来者，应时时响。若从声来者，呼平地时，此响亦传。乃至非和合来，非因缘来，非自然来。菩萨摩诃萨不思议声相，非来非去，亦复如是。

又如幻人，幻长者所爱马入小瓶中。瓶不加大，而马跳跃如常。长者为设食已，马系柱如故。菩萨摩诃萨不思议幻法，变现佛刹，亦复如是。

又如诃宅迦药，人或得之，以其一两变千两铜悉成真金，非千两铜能变此药。菩萨摩诃萨不思议大丹，点秽成净，亦复如是。

又如有人得安缮那药，以涂其目，虽行人中，人所不见。菩萨摩诃萨不思议药力，于念念生中，得无生身，亦复如是。

又如无能胜香，若以涂鼓，其声发时，一切敌军皆自退散。又转轮王有香，名海藏，若烧一丸，王及四军皆腾虚空。菩萨摩诃萨不思议正念香，伏诸魔军，超越三界，亦复如是。

是故当知念佛三昧，不可思议。如普贤毛孔不可思议，如摩耶夫人腹不可思议，如净名丈室不可思议，如具足优婆夷小器不可思议。何以故？一切法皆不可思议故。若有一毛头许可思议者，即非法界性海。如上言心言境，言有相无相者，皆是思议法。若入此不思议解脱，即知一切分别念佛，皆为戏论。

第六、称性门

夫一切贤圣，称心而行。法性无边，行海叵量。是故或一刹那中行满三祇，或恒河沙劫未成一念。飞空鸟迹，辨地位之分齐。泪日风华，明过现之影像。无胫而走，舍阿弥以何之。不疾而速，识西方之非远。譬诸五色至玄而亡，万流以海为极者也。今约大乘诸行总入一行，略示五门：一、信心行，二、止观行，三、六度行，四、悲愿行，五、称法行。

一、信心行者。经云："信为道元功德母。"一切诸行，无不以信为正因。乃至菩提果满，亦只完此信根。如谷子堕地，迨于成实，不异初种。如稚笋参天，暨至丛叶，本是原竿。初心菩萨，无不依是信力而成就者。是故莲宗门下，全仗此信为根本。一者，信阿弥陀佛不动智、根本智，与己无异。如一太虚空，日映则明，云来则翳，虚空本无是故，又则云与日皆即虚空故。二者，信阿弥陀佛从发愿来，那由他劫内，一切难行难忍种种修习之事，我亦能行。何以故？自忆无始劫中，漂溺三途，生苦、死苦、披毛戴角苦、铁床铜柱苦、一切无益之苦皆能受之，何况如今菩萨万行、济众生事岂不能为？三者，信阿弥陀佛无量智慧、无量神通，及成就无量愿力等事，我亦当得。何以故？如来自性方便，具有如是不思议事，我与如来同一自体清净性故。四者，信阿弥陀佛不去不来，我亦不去不来，西方、此土不隔毫端，欲见即见。何以故？一切诸佛皆以法性为身土故。五者，信阿弥陀佛修行历劫，直至证果，不移刹那。我今亦不移刹那，位齐诸佛。何以故？时分者是业收。法界海中，业不可得故。如是信解，是谓入道初心，信一切诸佛净土之行。

二、止观行者。如《圆觉》、《楞严》、《华严》诸方等经，古今学者广设观门。唯台宗三观，最为直捷，示一心之筌蹄，撮诸法之要领，修行径路，无逾于此。西方宗旨，自有十六正观，然一一观中，具含此三义。故天台诠经，直以三谛摄彼十六。《妙宗钞》曰："性中三德，体是诸佛三身。即此三德三身，是我一心三观。若不然者，则观外有佛，境不即心，何名圆宗绝待之观？亦可弥陀三身以为法身，我之三观以为般若，观成见佛即是解脱。举一具三，如新伊字。观佛既尔，观诸依正，理非异途。"广如疏钞，不能具述。至若温陵禅师，则纯以念佛一声入三观门，言："念存三观者，如一声佛，遂了此能念体空，所念无相，即念存空观，所念之佛即应身，即心破见思惑也；虽能念体空，所念无相，不妨能念分明，所念显然，即念存假观，所念之佛即报身，即心破尘沙惑也；正当能念所念空时，即能念所念显然，正当能念所念显时，即是能念所念寂然，空假互存，即念存中观，所念之佛即法身，即心破无明惑也。”是又即念佛因，究竟三谛，净彼四土。如拈一微尘，变大地作黄金。是谓法界圆融不可思议观门。

三、六度行者。《起信论》曰：“菩萨从初正信以来，于第一阿僧祇将欲满故，于真如法中，深解现前，所修离相。知法性体离悭贪故，随顺修行檀波罗蜜。法性无染，离五欲过故，随顺修行戒波罗蜜。法性无苦，离瞋恼故，随顺修行忍波罗蜜。法性无身心相，离懈怠故，随顺修行精进波罗蜜。法性常定，体无乱故，随顺修行禅波罗蜜。法性体明，离无明故，随顺修行般若波罗蜜。”故《智度论》曰：“菩萨观一切法毕竟空，不生悭贪心。何以故？毕竟空中，无有悭贪，悭贪根本断故。乃至般若波罗蜜毕竟空故，常不生痴心。所以者何？佛说一切法无施无受，非戒非犯，乃至不智不愚故。”又云：“菩萨虽不见布施，以清净空心布施，作是念：‘是布施空无所有，众生须故施与。’如小儿以土为金银，长者则不见是金银，便随意与，竟无所与。其余五法，亦复如是。”是谓菩萨行于六度。修净土者，即无如是差别名相，然亦不越一行，具此六义。一者舍诸杂念，是行于施。又则系佛，不住舍念，是性施故。二者念念中净，是行于戒。又则系佛，不求灭念，是性戒故。三者世念尽寂，是行于忍。又则系佛，非关摧念，是性忍故。四者毕念不退，是行精进。又则一念即是，不着苦行，是性精进故。五者得念三昧，是行于定。又则念念是佛，不贪禅味，是大定故。六者了念佛因，即念而佛，是行于智。又则念本非有，佛本非无，不落断常，是一切种智故。是故念佛一门，能该诸行。何以故？念佛是一心法门，心外无诸行故。然亦不废诸行，若废诸行，即是废心故。

四、悲愿行者。诸佛菩萨性海无尽，供养无尽，戒施无尽，乃至饶益无尽。如普贤发十大愿，虚空界、众生界无有尽时，而我此愿亦无有尽，身语意业无有疲厌，名为愿王。一切诸佛无不成就如是愿王，证涅槃果。故天亲菩萨净土五念门，以礼拜、赞叹、作愿、观察前四种，为成就入功德门；回向一切烦恼众生，拔世间苦，为成就出功德门。菩萨修五念门，速得阿耨多罗三藐三菩提。

难曰：佛及众生，本无所有。如《净名经》言："菩萨观于众生，如呼声响，如水聚沫，如芭蕉坚，如电久住，如无色界色，如焦谷芽，如得忍菩萨贪恚毁禁，如佛烦恼习，如梦所见已寤，菩萨观众生为若此。"是则众生本空，菩萨种种发愿利生，将无眼见空花耶？

答曰：《智度论》中说："此中言无佛者，破着佛想，不言取无佛相。"是故当知言无众生者，破众生想，不言取无众生相。如净名言："菩萨作是观已，自言我当为众生说如斯法，即真实慈。"即知菩萨不取无众生相。又则说是法者，真实利生，真实悲愿，无别度众生事也。又如《般若经》："菩萨深入大悲。如慈父见子为无所值物故死，父甚怜之，此儿但为虚诳故死。诸佛亦如是，知诸法空，毕竟不可得，而众生不知。众生不知故，于空法中染着，着因缘故，堕大地狱。是故深入大悲。"是则诸佛兴慈运悲，正以众生空故，众生诳入生死故，岂有反息悲愿之理？故知菩萨种种度生者，是深达无众生义。何故？若见有众生，故即有我，慈悲心劣，岂能行如是饶益之行？又先德云："未居究竟位，全是自利门。从十信初心，历十住、十行、十回向、十地，直至等觉，佛前普贤，犹是自利利他门者。登妙觉位，佛后普贤，方是利他之行。"如佛告比丘："功德果报甚深，无有如我知恩分者。我虽复尽其边底，我本以欲心无厌足故得佛，是故今犹不息。虽更无功德可得，我欲心亦不休。"当知行海无边，非丈竿尺木所能探其底里。如痴儿见人指门前竿，云在天半。即计量言："从地至天，只两竿许。"佛法戏论，亦复如是。

五、称法行者。法界海中无量无边，菩萨行海亦无量无边。虚空着彩，粉墨徒劳。法界无方，辙迹安用。是故菩萨自性行者，非有非无，非行非不行，唯是称法自在之行。一者菩萨度一切众生，究竟无余涅槃，而众生界不减。如登场傀儡，悲笑宛然，唯一土泥，空无所有。是称法行。

二者菩萨行五无间，而无恼恚；至于地狱，无诸罪垢；至于畜生，无有无明骄慢等过。如倩女离魂，逐所欢去，乃至生子，而身常在父母前。是称法行。三者菩萨自身入定，他身起定；一身入定，多身起定；从有情身入定，从无情身起定。如猛虎起尸，跪拜作舞，唯虎所欲，而尸本无知。是称法行。四者菩萨于一小众生身中，转大法轮，燃大法炬，震大法雷，魔宫摧毁，大地震动，度无量无边众生，而此小众生不觉不知。如天帝乐人，逃入一小女子鼻孔，遍索不得，而此女子不觉不知。是称法行。五者菩萨欲久住世，即以念顷衍作无量无数百千亿那由他劫；欲少住世，即以无量无数百千亿那由他劫缩为念顷。如小儿看灯中走马，计其多寡首尾，了不可得。是称法行。是故若证如是不思议行者，一念之中，三世诸佛净土摄入无余，是谓菩萨庄严净土之行。以无思智照之可见，非是情量所能猜度。何以故？以自性超一切量故。

第七、往生门

夫究竟涅槃，唯除如来。二乘破有执空，假名寂灭。菩萨发真无漏，分破无明。何况劣根浅解，大海一滴，辄逞狂慧，断无后有，以恣情为游戏，以修行为缠缚，自杀杀他，何异鸩毒？如佛在时，有一比丘得四禅，生增上慢，谓得阿罗汉，不复求进。命欲尽时，见有四禅中阴相现，便生邪见，谓无涅槃，佛为欺我。恶邪生故，失四禅中阴，便现阿鼻泥犁中阴相，命终即生阿鼻地狱。此等犹是坐禅持戒，一念妄证，遂沉黑狱。而今禅人得少为足，荡心逸轨，其恶报又不知当如何也！古人云："不生净土，何土可生？"三祇途远，入余门者多有退堕，是以古今圣流皆主张此一门。今略示六种，以定指南：一、菩萨生人中者；二、菩萨生兜率天者；三、菩萨生长寿天者；四、菩萨生界外者；五、菩萨初发心时生如来家者；六、菩萨三祇行满，生十方世界，利益一切众生者。

一、菩萨生人中者。如《般若经》云："有菩萨人中命终，还生人中者。除阿毗跋致，是菩萨根钝，不能疾与般若波罗蜜相应。诸陀罗尼门、三昧门，不能疾现在前。"夫人中火宅，百苦相缠。唯大菩萨处之，则无染累。如鹅入水，水不令湿。若诸小菩萨，非深种善根，尺进丈退，何由得诸三昧？如舍利弗，于六十劫行菩萨道，欲渡布施河时，有乞人来乞其眼，舍利弗出一眼与之，乞者得眼，于舍利弗前嗅之，唾而弃地，又以脚踏。舍利弗思惟言："如此弊人等，难可度也。不如自调，早脱生死。"思惟是已，于菩萨道退回小乘。又如飞行仙人，以王夫人手触，神通顿失。迦文往因，以欢喜丸媚药，昵就淫女。贤圣犹尔，何况初心？岂若一念阿弥，三昧疾现，寄质莲邦，永离贪欲者哉。论曰："菩萨以不见现在佛故心钝。"即知菩萨常当近佛，以近佛根利，疾得般若故。

二、菩萨生兜率天者。为一生补处菩萨，皆生兜率。欲随菩萨下生者，亦生彼处。《十疑论》曰："兜率天宫是欲界，退位者多。又有女人，长诸天爱欲。天女微妙，诸天耽玩，自不能舍。不如阿弥净土，纯一大乘清净良伴，烦恼恶业毕竟不起，遂致无生之位。如师子觉菩萨生彼，为受天乐，从去以来，总不见弥勒。诸小菩萨尚着五欲，何况凡夫？"又《弥勒上生经》，得入正定，方始得生，更无方便接引之义。是则兜率内院，尚不求生，何况欲界诸天，妙欲之薮。岂有需饮而入焦石之乡，避溺而沉大海之底者哉！

三、菩萨生长寿等天者。《智度论》曰："菩萨无方便入初禅，乃至行六波罗蜜。无方便者，入初禅时不念众生，住时、起时不念众生，但着禅味，不能与初禅和合行般若波罗蜜。是菩萨慈悲心薄故，功德薄少，为初禅果报所牵，生长寿天。长寿天者，非有想非无想处，寿八万大劫。或有人言，一切无色定，通名长寿天，以无形不可化故，不任得道，常是凡夫处故。或说无想天名为长寿，亦不任得道故。或说从初禅至第四禅，除净居天，皆名长寿，以着味邪见，善心难生故。如经中说，佛问比丘：'甲头土多，地上土多？'诸比丘言：'地上甚多，不可为喻。'佛言：'天上命终，还生人中者，如甲头土。堕地狱者，如地土。'何以故？以本发阿耨多罗三藐三菩提心，或于禅中集诸福德，方得还生人中闻佛法故。"若是最初发心求生净土，即常得闻法，直至不退，岂有如是等过。

四、菩萨生三界外者，有二种：一、二乘三种菩萨，折伏现行烦恼，舍分段而生界外。悲智狭劣，于严土利他，不生喜乐，为如来所呵。若不回心行六度等行，毕竟不入大乘智海。二、法身菩萨，如《般若经》，佛告舍利弗："有菩萨摩诃萨得六神通，不生欲界、色界、无色界，从一佛国至一佛国，供养恭敬尊重赞叹诸佛。舍利弗，有菩萨摩诃萨游戏神通，从一佛国至一佛国，所至到处，无有声闻、辟支，乃至无二乘之名。舍利弗，有菩萨摩诃萨所至到处，其寿无量。"释曰："菩萨有二种，一者生身菩萨，二者法身菩萨。法身菩萨断结使，得六神通。生身菩萨不断结使，或离欲得五神通。得六神通者，不生三界，所至世界，皆一乘清净，寿无量阿僧祇劫。菩萨生彼，为乐集诸佛功德故。"当知菩萨具六神通，方得生彼，甚为稀有。凡夫往生者，以佛力故，又则念力不可思议，以念念中具六神通故。

五、菩萨初发心时生如来家者。为上上根人，顿示本智，初心创发。十住位上，即与佛同。如《华严经》，有一类菩萨经百千亿那由他劫，行六波罗蜜，不生佛家，犹是假名菩萨，以虽见佛性，未彰智业。

长者《决疑论》云："初发心住，明以从禅定显得根本空智慧门，无明始谢，智慧始明，初生如来智慧之家，名住佛所住，故得忆念一切诸佛境界智慧光明普门法门。以此见道，无古今中边等见。经历五位，炼磨习气，增长慈悲，名为修道。故言：'初发心时，便成正觉。'方可修道。如善财南行，求诸胜友，皆云：'我已先发阿耨多罗三藐三菩提心，云何学菩萨行，修菩萨道？'不云增长佛道。为根本智以定显得，无作无修，但学菩萨行，根本智自明自显。若不得正觉之体，诸行并是无常，皆是人天有生死业报也。"又云："经此现生一生发心相应时，得以正智于分段身观行心成，兼修善业，来生入变易身。以今生分段之身，是过去作业。今身以智修观行业，来生得神通变化生也。如十善业，尚生天上，得业报神通。如龙、大力鬼，尚以无明恶业，犹有神通。何况道眼开敷，慈善根力，使智神用一生作意，而于来世不获大用神通者也？"

《宗镜录》曰："初心成佛者，非谓不具诸功德。如经说，普庄严童子，一生得闻善熏习，二生成其解行，三生得入果海，同一缘起。而此三生，只在一念。犹如远行，到在初步，然此初步之到，非谓无于后步。明此童子得入果海，非不久植善根。问：既久修始得，云何言一念得耶？答言：久修善根者，即在三乘教摄。从三乘入一乘，即是一念始修足故。经云：‘初发心时，便成正觉。’譬众川入海，才入一滴，即称周大海，无始无终。若余百川，水之极深，不及入大海之一滴。即同三乘中修多劫，不及一乘之一念。又此时劫不定，或一念即无量劫，如十玄门，时处无碍。又大乘明一念成佛有二：一者会缘以入实，性无多少，故明一念成佛。二者行行才满，取最后念，名为一念成佛。如人远行，以后步为到。若一乘明一念成佛者，如大乘取后一念成佛，即入一乘。以后即初，初念即是成。何故？以因果相即，同时相应故。然一念成者，即与佛同位，未具究竟故，复有浅深之殊。如人始出门，及以久游行他土，虽同在空中，而远近有别。是故十信、十住等五位，各各言成佛，而复辨其浅深。此中须善思之。”

若二大士言，即知禅门悟达之士，不得废一切行，销磨无始结习也。夫居此浊恶，进一退万，若不近佛，垢腻交集，行何由成？（此明悟后修行，须生净土。）如善财初发心悟道时，德云比丘教以忆念一切诸佛法门。及入弥勒阁后，普贤菩萨为发十大愿王，导生极乐。此是一切如来入道榜样。《华严》所说一真法界门，不同余教有权有实。是经不信，即真阐提。虽使释迦赞叹，普贤劝进，弥勒作证，亦末如之何也已矣。

六、菩萨三祇行满，生十方世界，利益一切众生者。菩萨功德成满，自然有不思议业，能现十方，利益众生。《起信论》曰：“证发心菩萨，于一念顷，能至十方无余世界，供养诸佛，请转法轮。唯为开导利益众生，不依文字。或示超地，速成正觉，为怯弱众生故。或说我于无量阿僧祇劫当成佛道，为怠慢众生故。而实菩萨种性根等，发心则等，所证亦等，无有超过之法。以一切菩萨，皆经三阿僧祇劫故。”如《智度论》言：“释迦世尊，从过去释迦文佛，至尸弃佛，为初阿僧祇；从尸弃佛，至燃灯佛授记时，为二阿僧祇；从燃灯佛，至毗婆尸佛，为三阿僧祇。”《婆沙论》叙三阿僧祇劫修六度行，百劫种相好因，然后获五分法身。

《唯识》谓地前历一僧祇，初地满二僧祇，八地至等觉是三僧祇，然后获究竟法身。

难曰：长者《合论》，皆云："不离一念，历阿僧祇。"何得执定永劫，乖第一义？

答曰：长者但言三祇本空，时体不可得，非是无时。如人眼耳鼻舌身现在，说六根本无，不是废却六根言无也。譬如小儿见水中月，心生爱着，欲取而不可得。智者教言："是可眼见，不可手捉。"但破可取，不破可见。诸佛菩萨三世行业亦然，虽一切不可得，而非是无行。且如龙树、马鸣二大菩萨，皆是禅门传衣之祖，岂肯自诳诳他，误赚后来？当知生死事大，非是一知半行所能跳出。《智度论》曰："有菩萨利根心坚，未发心前，久来集诸无量福德智慧。是人遇佛，闻是大乘法，发阿耨多罗三藐三菩提心，即时行六波罗蜜，入菩萨位，得阿鞞跋致地。所以者何？先集无量福德，利根心坚，从佛闻法故。譬如远行，或有乘羊而去，或有乘马而去，或有神通去者。乘羊者久久乃到，乘马者差速，乘神通者发意顷便到。如是不得言发意间云何得到。神通相尔，不应生疑。菩萨亦如是，发阿耨多罗三藐三菩提时，即入菩萨位。有菩萨初发意，初虽心好，后杂诸恶。时时生念，我求佛道，以诸功德回向阿耨多罗三藐三菩提。是人久久无量阿僧祇劫，或至或不至。先世福德因缘薄，而复钝根，心不坚固，如乘羊者。有人前世少有福德利根，发心渐渐行六波罗蜜，若三、若十、若百阿僧祇劫，得阿耨多罗三藐三菩提。如乘马者，必有所到。第三乘神通者，如上说。"是知渐修、顿证，各各不同。菩萨欲取佛位，无骤至者。故先德云："虽齐佛觉，未逮极果，非为究竟。"是故悟达之士，决当求生净土，如法修行，免致退堕。俟忍力坚固，入世利生，方为究竟佛果故。

第八、见网门

夫一切迷情，依诸见起，履之则为稠林，溺之则为热海。如蚕作茧，即住处为受缚之因。似蛾赴灯，依光明作丧生之本。故先达云："行起解绝。”所以将趋圣室，先入普贤之门。欲修正因，首割邪见之网。今约诸家负堕，略分十则。无法可舍，是见必诃。抛家荡子，惯怜羁旅之人。落第寒生，备识穷途之苦。幸顺佛言，莫依魔教。一、断灭堕，二、怯劣堕，三、随语堕，四、狂恣堕，五、支离堕，六、痴空堕，七、随缘堕，八、唯心堕，九、顿悟堕，十、圆实堕。（唯心、顿悟、圆实，皆名为堕。非真见理，哪有此胆识！）

一、断灭堕者，有二种：一、诸儒生滞现在身，疑未来断灭；二、新发意学人执空相，疑一切断灭。此等尚不信有生，云何信往生及净土等事？今为略释。

一释儒生等者。《楞严经》，佛告波斯匿王：“汝今自伤发白面皱，其面必定皱于童年。则汝今时观此恒河，与昔童时观河之见，有童耄不？”王言：“不也。”佛言：“大王，汝面虽皱，而此见精，性未曾皱。皱者为变，不皱非变。变者受灭。彼不变者，元无生灭，云何于中受汝生死，而言此身死后全灭？”

《智度论》：“问曰：人死归灭，灭有三种：一者火烧为灰，二者虫食为粪，三者终归于土。今但见其灭，不见更有出者受于后身，以不见故，则知为无。答曰：若谓身灭便无者，云何有众生先世所习忧喜怖畏等？如小儿生时，或啼或笑。先习忧喜，故今无人教而忧喜续生。又如犊子生，知趣乳。猪羊之属，其生未几，便知有牝牡之合。子同父母好丑贫富，聪明暗钝，各各不同。若无先世因缘者，不应有异。如是等种种因缘，知有后世。又汝先言不见别有去者，人身中非独眼根能见，身中六情各有所知。有法可闻、可嗅、可味、可触、可知者。可闻法尚不可见，何况可知者。有生有死法，亦可见，亦可知，汝肉眼故不见，天眼者了了能见。如见人从一房出，入一房。舍此身至后身亦如是。若肉眼能见者，何用求天眼？若尔者，天眼、肉眼、愚、圣无异。汝与畜生同见，何能见后世？可知者，如人死生，虽无来去者，而烦恼不尽故，于身情意相续，更生身情意。身情意造业，亦不至后世，而从是因缘更生，受后世果报。譬如乳中着毒，乳变为酪，酪变为酥，乳非酪酥，酪酥非乳，乳酪虽变，而皆有毒。此身亦如是，今世五众因缘故，更生后世五众。行业相续不异故，而受果报。又如冬木虽未有花叶果实，得时节会，则次第而出。于是因缘，故知有死生。复次，现世有知宿命者，如人梦行疲极，睡卧觉已，忆所经由。又一切圣人内外经书，皆说后世。复次，现世不善法，动发过重，生瞋恚、嫉妒、疑悔内恼故，身则枯悴，颜色不悦。恶不善法受害如是，何况起身业、口业。若生善法，净信业因缘，心清净，得如实智慧。心则欢悦，身得轻软，颜色和悦。以有苦乐因缘故，有善不善。今定有善不善故，当知必有后世。但众生肉眼不见，智慧薄故，而生邪疑，虽修福事，所作浅薄。譬如医师为王疗病，王密为起宅，而医师不知，既归见之，乃悔不加意尽力治王。复次，圣人说今现在事实可信，故说后世事亦皆可信。如人夜行险道，导师授手，知可信故，则便随逐。比智及圣人语（比量之智），可知定有后世。汝以肉眼重罪，比智薄故，又无天眼。既自无智，又不信圣语，云何得知身后？”

如宣圣言费隐，则言鬼神德盛。明明说道武周达孝，唯在识鬼神之情状，事死如事生处。而考亭先生曲为解说，归之二气。何其敢于诬先圣，疑后来耶？且稗官野史不足论，如彭生为豕，伯有为厉，刘聪为遮须国王，蒋济之子乞官于泰山令，则正史也。玄鸟生商，帝武肇周，则正经也。雀化蛤，田鼠化鴽，鹰化鸠，则正令也。一微尘识，所知几何？拟欲蛙嫌海量，萤掩日光，侮圣亵天，当得何罪？又谈者恒言非人所经历，及道理不可信者，即不足凭。如日月度数，及五星往来，非人所得经历也。天不来此，人亦不往彼，何以推测皆验？又天何为高，地何为卑，风何为起，云何为行，春何为生，秋何为杀。此有何道理可凭？胎中之根，无知而转。字母之乳，无因而出。此有何道理可凭？微而至于一毛一尘，一草一木。若有毫头许道理可凭，幸为指出。不过常见故则常之，此常见者亦复无理。是故不应以不见故，而疑往生。

二释学道执空相者。论曰：“学人闻说空，于生死业因缘中生疑：若一切法毕竟空，无来无去，无出无入，云何死而有生？现在眼见法尚不应有，何况死后复生余处？不知佛法中，诸法毕竟空，而亦不断灭。生死虽相续，亦不是常。无量阿僧祇劫业因缘虽过去，亦能生果报而不灭。是为微妙难知。若诸法都空，佛不应说往生。何有智者，前后相违？若生死相实有，云何言诸法毕竟空？但为除诸法中爱着邪见颠倒故，说毕竟空，不为破后身。又为遮罪业因缘故，说种种往生。佛法不着有，不着无，有无亦不着，非有无亦不着，不着亦不着。如是人则不容难。如以刀斫空，则无所伤。是为毕竟空相。毕竟空不遮生死业因缘，是故说往生。”

此疑甚浅，少有知者，皆能断之。以世间人作此见最多，故首破之，为是求往生者之第一障难故。

二、怯劣堕者，一疑结习浓厚，二疑念力轻微，三疑万亿刹远。

一疑结习浓厚者。凡夫但知业力，不知业性空故。所以若众生业性实者，尽虚空界亦无容受处。如黑云障空，风至则灭。若云实者，吹亦不去。虚空喻性，黑云喻业，念佛喻风。又则业性即是法性，力用至大，以结使故，神力不现。如乌刍瑟摩，闻空王佛说，多淫人成猛火聚，却后遍观四肢百骸诸冷暖气，神光内凝，化多淫心成智慧火。夫同一热恼，方其淫，成大火聚，及其离，成大宝焰。若淫性实者，云何是中而得三昧？是故迷成则处胎狱，念成即入莲胞。以胎性即是化性，非从外来。如浊水中清，非外来故。

二疑念力轻微者。众生愚昧，信有形之行业大，不信无形之念力尤大。何故？念力是行业根，一切事业，非念不成。如人造罪，无心造者，重得轻报，有心造者反是，以念力重故。如人无记时，流俗鄙事耳提面嘱，亦复不记。若心在者，种种难记之事，一入耳根，终身忆持不忘，以念力坚故。苏子瞻曰：“佛以大圆觉，充满十方界。我以颠倒想，出没生死中。云何以一念，得往生净土？我造无始业，本从一念生。既从一念生，还从一念灭。生灭灭尽处，则我与佛同。如投水海中，如风中鼓橐。虽有大圣智，亦不能分别。”《净土决》云：“人之念头所系最急。如水之必赴海，如火之必炎上，如利刃之必伤，如毒药之必杀，无空过者。念佛之念，亦复如是。”如淫男子，淫念坚故，化为猛焰，延烧神庙。又如月光童子观想水故，弟子窥屋，唯见清水。又如僧清辩与外道论议，外道坚执己见，忽化为石。清辩犹书目于石上，明日往视之，亦有答辞。久之忽自破碎，而吼声于空中。是等皆以念力坚猛，无因变化。云何念佛而佛不现？当知念力是一切法中之王。如摩诃那伽大力勇士怒时，额上必生疮，疮若未合，遍阎浮提人无敌者故。

三疑亿万刹远者。凡夫执定十万亿刹，意谓快马疾帆，日不千里，云何刹那得生彼处？不思国土远近者，从分段身计度生，从肉眼生。此往生者，为是分段身耶？为是周遍含容之心耶？若分段身者，身是顽质，云何得生？若心生者，心周沙界，净土原在心中，焉有往来？如人在长安思乡，或闽或滇，随念即至，岂有程途。又如人梦时，身虽在床，而心意识遍至他方。无功居士曰："极乐去此十万亿刹，凡夫命终，顷刻即至者，盖自心本妙耳。故《楞严》云：'汝犹未明一切浮尘诸幻化相，当处出生，随处灭尽。因缘和合，虚妄有生。因缘别离，虚妄名灭。'以此推之，当命终时，染浊缘离，故娑婆当处幻灭。清净缘合，故极乐当处幻生。此灭彼生，间不容发，亦何顷刻之可论？"往余乡有人，能致乩仙。乩仙者，即其兄也。后赴选京师，余兄等有所卜，其人虞地远不能赴，不得已书符宣词，少顷即至。此等是业系，尚如是速疾。何况不思议念力，仗阿弥陀本愿功德，顺水张帆，有何障难？

是故念佛之人，应当遣此三疑。若不遣者，是真结习浓厚，是真念力轻微，是真十万程远。如人欲出门，而自扃其龠，是自不欲出，非无门过。

三、随语堕者。六祖言："东方人造罪，念佛求生西方。西方人造罪，念佛求生何国？"庞居士云："事上说佛国，此去十万里。大海渺无边，动即黑风起。"因此一辈无知，传虚接响，谓净土不足修。自障障他，深可怜悯。夫论宗门提唱，尚不言有佛，何况佛国。为欲破相明心，是非俱铲。如吹毛利刃，执则伤手。金刚、栗棘，岂是家常茶饭。且宗门中，此等语句甚多，若一一执之，释迦老子出世，将真以饲云门狗子乎？又古德云："如何是佛？干屎橛。"果尔，则凡见粪车、粪担、溷厕，应当一一礼拜供养。《弥陀疏钞》曰："西方去此十万亿土，《坛经》言十万八千者，是错以五天竺等为极乐也。"此语近是。为六祖未阅《大藏》，闻人说西方，即以为五天竺者有之。教中分明言极乐国三毒不生，得不退转，今言“西方造罪，求生何土”，此亦一证也。然宗门中，此等一期之语最多，亦不足辩。噫！学人果能顿悟顿修，解行相应，如六祖；投金汉水，游戏生死中，如庞老。虽不求生，亦何害于生哉？（六祖、庞老亦何害生西方，千古至言。）

四、狂恣堕者。有等魔民，专逞狂慧，不肯持戒修行，妄引经中相似语言，如“烦恼即菩提，淫怒痴即梵行”之类，随语生解，随解发毒。果如彼说，迦文悟道，应亲宝女；阿难淫舍，何须提奖；六祖初随猎人，尚未受戒，何苦但食肉边菜也。经云：“尚无不杀不盗不淫，何况更有杀盗淫事？”岂有闻人呵沉水香，便谓应住坑厕者也。昔五天有僧达磨达者，有辩慧，师事师子尊者。尊者知其悟解，对众称之，至传法嗣祖，则以授婆舍斯多。磨达心恨之曰：“尊者盖知我之深，何故嗣位不以见授？”一日独行度水，有女子浣，露其胫。磨达念曰：“此胫白皙乃尔。”尊者忽在旁曰：“今日之心，可授祖位乎？”磨达于是摄念，礼足求哀。即一淫戒，余行可例。《般若经》曰：“罪不罪不可得故，应具足尸罗波罗蜜。”释云：“罪不罪不可得者，非为邪见粗心言不可得。菩萨深入诸法相，行空三昧，慧眼观故，罪不可得。罪无故，不罪亦不可得。若人贪着无罪，见破戒罪人则轻慢，见持戒善人则爱敬，如是持戒，是名起罪因缘，不名具足。”故知住戒即破，何况弃毁？戒执亦戒，始名持戒。诸大经言梵行不可得等，皆即此义。

永明曰：“带习尚被境牵，现行岂逃缘缚？犹醉象无钩，痴猿得树，奔波乍拥，生鸟被笼。是故菩萨禀戒为师，常怀大惧。”又曰：“末代宗门中，学大乘人多轻戒律。所以《大涅槃经》扶律谈常，则乘戒俱急，故号此经为续常住命之重宝。何以故？若无此教，但取口解脱，全不修行，则乘戒俱失故。”乘，谓悟第一义。戒，谓止一切黑业。祖师于此分四料简：一、戒急乘缓。以戒急故，生人天中，如箭射空，力尽还坠。以乘缓故，虽闻大法，如聋若哑。二、乘急戒缓。以戒缓故，生恶趣中。以乘急故，常闻大法。如华严会上八部鬼神是也。三、乘戒俱急，则生人天中，而常闻大法。四、乘戒俱缓，则堕三恶道，而永不闻法。是故乘、戒二法，如车二轮，废一不可得故。龙树曰："破戒之人，如清凉池而有毒蛇，不中澡浴。其家如冢，人所不到。失诸功德，譬如枯树。如田被雹，不可依仰。如大病人，人不欲近。譬如吐食，不可更啖。"菩萨如是苦口呵责，曾许人破戒否？是故千日学解，不如一日持戒。何得贪悟道之虚名，受泥犁之实祸，欺己诳人，枉遭王难。夫狂吠之人，无所不破。今独言戒者，以邪见恶火，首烧戒宝故。又则戒是净业之基，一切白法由戒生故。

五、支离堕者。多有法师，涉猎教典，记注章句，执法身之假名，析名相之分齐，东缉西补，竟月穷年，弄毗卢之画面，坐法界之排场，贡高我慢，得少为足。闻人念佛，则曰此小乘中摄妄想之一法；或云教海义深，尔辈钝根，念此亦可；或云此三藏中为某藏摄；或云此属何教。似坊上小儿斗曲，以多为胜。各争己见，无实行履。如长爪梵志，以论议力，摧伏诸师，唐突蹴蹋，无能制者。后至佛所，作是念："一切论可破，一切执可转。是中何者是诸法实相？何者是第一义？何者性？何者相不颠倒？"作是思惟已，白佛言："瞿昙，我一切法不受。"佛问梵志："尔一切法不受，是见受否？"梵志答言："瞿昙，一切法不受，是见亦不受。"佛语梵志："汝不受一切法，是见亦不受，则无所受，与众人无异。何用贡高，而生骄慢？"如是梵志不得答，自是服膺。是故当知饥儿过屠门大嚼，只益馋心，无救枵腹。

昔在江南，有一灵俐座主，为余辨析唯识，及示所得教中奥义，于诸名流注疏，多肆评驳。余问曰："是可敌得生死否？"僧傲然曰："有何生死可敌！"余曰："是即是，但恐阎罗殿前无译字生，不会座主语言三昧也。"此虽一时戏笑，亦大中讲席之病。奉劝少年开士，长篇短章，牵藤引蔓，口诵心忆，脑昏眼眯。究其效验，不过上几回座，讲几期经，受几个瞎汉礼拜。若无真实功行，唯添业债。何若一声阿弥，直登不退，事一功百。如昙谟最，讲《涅槃》、《华严》，领众千人。为阎罗所呵云："讲经者，心怀彼我，以骄凌物，比丘中第一粗行。"即押付司。可为明戒。然有义解高流，因参教典，悟此西方不思议大事，以此自利利他，转益未来，燃长夜炬，功德无量。又何必惩噎废食，见蹶停骖哉！

六、痴空堕者。学道之人，稍窥法空，闻人念佛，即曰：法离名字，若徇假名，转益虚妄。何故？文言尚空，何况名号。答：《法句经》曰：佛告宝明菩萨："汝且观是诸佛名字，若是有，说食与人，应得充饥。若名字无者，定光如来不授我记，及于汝名。如无授者，我不应得佛。当知名字，其已久如，以我如故。备显诸法名字性空，不在有无。"《华严经》曰："譬如诸法不分别自性，不分别音声，而自性不舍，名字不灭。"《群疑论》曰："若言名字无用，不能诠诸法体，亦应唤水，火来。故知筌蹄不空，鱼兔斯得。称斯弘名，生实净土，何得言虚？"

天台智者曰："世间有空行人，执其痴空，不与修多罗合。闻此观心，而作难言：观心是法身等，应触处平等。何故经像生敬，纸木生慢？敬慢异故，则非平等。非平等故，法身义不成。答：我以凡夫位中，观如是相耳。为欲开显此实相，恭敬经像，令慧不缚，使无量人崇善去恶，令方便不缚。岂与汝同耶？"《上都仪》曰："夫皈命三宝者，要指方立相，住心取境，不明无相离念也。佛悬知凡夫系心尚乃不得，况离相耶？如无术通人，居空造舍也。"《法华经》曰："汝证一切智，十力等佛法，具三十二相，乃是真实灭。"南泉大师曰："微妙净法身，具相三十二。只是不许分剂心量。若无如是心，一切行处，乃至弹指合掌，皆是正因。"百丈和尚曰："行道礼拜，慈悲喜舍，沙门本事，宛然依佛敕，只是不许执着。"

《净土指归》曰："圆顿行人，语默动静，皆遵圣教，尽合佛心。若以念佛生心动念成妄想者，则息心无念，亦成妄想。《首楞严经》云：'纵灭一切见闻觉知，内守幽闲，犹为法尘分别影事。'若以念佛着有为患，则执空之人，其患尤甚。永嘉云：'豁达空，拨因果，漭漭荡荡招殃祸。'若以外求他佛为未达，则内执己心，不达尤甚。长沙云：'学道之人不识真，只为从来认识神。无量劫来生死本，痴人唤作本来人。'若以别求净土为偏见，则执目前为净土者，其失尤甚。《楞严经》说，落魔道者，都指现前即为佛国，无别净居，及金色相。口中好言：'眼耳鼻舌皆为净土，男女二根即是菩提。’弟子与师，俱陷王难。迷惑无知，堕无间狱。若以执有修证为权说者，执无修证，堕落外道，其祸尤甚。《楞严经》曰：‘若彼定中诸善男子，见色阴消，受阴明白，自谓已足，则有一分大我慢魔入其心腑，谓三祇劫，一念能越。心中尚轻十方如来，何况下位声闻、缘觉。不礼塔庙，摧毁经像。谓檀越言：此是金铜，是土木。经是树叶，或是氎花。肉身真常，不自恭敬，却崇土木，实为颠倒。疑误众生，入无间狱。’”是故当知执空破相，皆是魔属。

《智度论》曰：“譬如田舍人，初不识盐，见人以盐着种种肉菜中而食，问言：‘何以故尔？’语言：‘此盐能令诸物味美故。’其人便念此盐能令诸物味美，自味必多，便空抄盐，满口食之，咸苦伤口，而问言：‘汝何以言盐能作美？’人言：‘痴人！此当筹量多少，和之令美，云何纯食？’无智人闻空解脱门，断诸善根，亦复如是。”思之思之。任尔一切空，生死空，争奈阎罗大王空不得何？

七、随缘堕者。谓古人云，随缘消旧业，任运着衣裳。但顺天真，万行自圆。举足下足，谁非净业，何用种种作为？答：先德问曰：“即心是佛，何假修行？”答：“只为是故，所以修行。如铁无金，虽经锻炼，不成金用。”贤首国师曰：“今佛之三身十波罗蜜，乃至菩萨利他等行，并依自法融转而行。由众生心中有真如，体大、相大、用大，今日修行，引出法报身等。由众生心中有真如，法性自无悭贪，今日修行顺法性无悭，引出檀波罗蜜等。”《涅槃经》，佛告狮子吼菩萨：“一切众生皆有念心、慧心、发心、勤精进心、信心、定心。如是等法，虽念念灭，犹故相似相续不断，故名修道。”乃至“如灯虽念念灭，而有光明除破暗冥。如众生食，虽念念灭，亦能令饥者而得饱满。譬如上药，虽念念灭，亦能愈病。日月光明，虽念念灭，亦能增长草木树林。”《宝积经》曰：“若无正修者，猫兔等亦应成佛。”牛头融大师曰：“若言修生，则造作非真。若言本有，则万行虚设。”长者论曰：“若一概皆平，则无心修道。应须策修，以至无修。”《慈愍三藏录》曰：“若言世尊说诸有为定如空花，如何敕诸弟子勤修六度万行妙因，当证菩提涅槃之果？岂有智者赞乾闼婆城坚实高妙，复劝诸人以兔角为梯而可登陟乎？由此理故，虽有漏修习，是实是正。”如达摩对梁武之言，为彼贪着有为，因病发药。何得以一期之语，废佛道业？且诸经中所谓不住相戒施等者，谓有而不住耳。有而不住，故作而无作。今以本无为不住，如下里乞儿，向人言：“吾不以富贵骄人。”岂非梦语？又复执言无作者，将须槁心枯体，如铸金像等耶？抑犹酬酢应对，如常人耶？若酬酢应对者，应非无作。若言不乖无作者，观佛礼念，本自天真，岂应独乖？二义不成，即大妄语。是故当知随缘任运，非是无碍。若无碍是随缘者，蚓壤蛙泥，亦是随缘，何不成佛？错认祖机，执砾为玉，与市井儿所宗之无为教，何以异哉？

八、唯心堕者。谓自性净土，即俗恒真。七宝瓦砾，一道平等。但净自心，何须分别？答：汝言心净土净，不须分别者，引汝入厕室中，能久住否？入死尸场，秽气熏灼，不掩鼻否？与疥癞脓血之人，能同应器及床褥否？若不能者，此相即是厌五浊相。若居住尚须净室，同游尚宜净侣者，此相即是忻净土相。忻厌炽然，何谓平等？纵汝难忍能忍，如上所说种种浊秽，不求远离，则诸蜣螂鸦犬，亦能亲近此种种物，岂皆得道？脱汝净秽俱离，依然取舍，于唯心义，亦不相应。是故当知诸佛以唯心故，忻厌出生。以唯心故，说名平等。以唯心故，庄严佛土。若不唯心，岂能随念？若非平等，凡夫无分。秽尚不舍，何独舍净？舍既是心，取亦何乖？皆由不了佛旨，致斯妄执。但识唯心，疑义斯遣。

九、顿悟堕者。今世禅人，皆云一超直入，不落功勋，尚不求作佛，何况往生？答：言不求作佛者，舍身之后，将灰断永灭耶？抑尚受后有耶？若受后有者，为生净土耶？为生三界耶？若居三界，即不如净土。若净土者，即同往生。又先德曰：“夫善知识者，虽明见佛性，与佛同等。若论其功，未齐诸圣，须从今日步步资熏。”又云：“未悟而修，非真修也。唯此顿悟渐修，既合佛乘，不违圆旨。如顿悟顿修，亦是多生渐修，今生顿熟。此在当人时中自验。若所言如行，所行如言，量穷法界之边，心合虚空之理，八风不动，三受寂然，种现双销，根随俱尽，譬诸无病，不应服药。如或现行未断，烦恼习气又浓，寓目生情，触尘成滞，虽了无生之义，其力未充，不可执云我已悟了烦恼性空，若起心修，却为颠倒。然则烦恼性虽空，能令受业。业果无性，亦作苦因。苦痛虽虚，只么难忍。如遭重病，病亦全空。何求医人，遍服药饵？”祖师云：“将虚空之心，合虚空之理，亦无虚空之量，始得报不相酬。”

汾阳无业禅师云：“如今天下解禅解道，如河沙数。说佛说心，有百千万亿。纤尘不尽，未免轮回。丝念不忘，尽从沦坠。如斯之类，尚不能自识业果，妄言自利利他。自谓上流，并他先德，但言：‘触目无非佛事，举足尽是道场。’原其所习，不如一个五戒十善凡夫。观其发言，嫌他二乘十地菩萨。且醍醐上味，为世所珍，遇斯等人，翻成毒药。假使才并马鸣，解齐龙树，只是一生、两生不失人身，临命终时，一毫圣凡情量不尽，纤尘思念未忘，随念受生，轻重五阴，向驴胎马腹里托质，镬汤炉炭里烧煮。从前记持忆想见解，一时失却，依旧再为蝼蚁，从头又作蚊虻。虽是善因，而招恶果。”

圆悟和尚曰：“生死之际，处之良不易。唯大达超证之士，一径截断则无难。然此虽由自己根力，亦假方便，于常时些小境界，转得行，打得彻，践履将去，养得纯熟，到缘谢之时，自然无怖畏。是故古德坐脱立亡，行化倒蜕，能得勇健，皆是平昔淘汰得净。香林四十年得成一片，涌泉四十年尚有走作，石霜劝人休去歇去、古庙香炉去。永嘉云：‘体即无生，了本无速。’盖兢兢业业，念兹在兹，方得无碍自在。既舍生之后，得意生身，随自意趣后报，悉以理遣，不由业牵，所谓透脱生死者耶。”

当知诸大师密密履践，只是图个生死好处。路虽不同，期于终净一也。往有狂僧自负见地，余问之曰：“汝信得出家否？信得身在长安否？”僧愕然曰：“恶得不信？”余曰：“汝梦中或梦未出家时，见父母兄弟时，或为稚子嬉戏时，是时知身在客否？”僧曰：“不知。”余曰：“论汝信得出家及与行脚，可是极明极彻。汝见道明白，当不过此。然才到枕上，返僧为俗，易客为家，已自不知。何况生死长夜，靠汝些子见地，焉能保其不颠倒也？”时僧悚然。

十、圆实堕者。谓华藏世界，一刹一尘，具含无量国土。本无净秽，焉有往来？故长者言：“西方净土，是权非实。”以情存取舍，非法界如如之体故。答：若约真论，则华藏世界亦是权立，何独西方？如论中言：“理智无边，名之为普。知随根益，称之曰贤。”是普贤菩萨亦权也。“文殊师利，是自心善简择妙慧。觉首、目首等菩萨，是随信心中理智现前。”是文殊菩萨等亦权也。又如此方圣贤，尼父、颜渊等，论中皆云此是表法，本无是人。是一切贤圣皆权也。今试定量，文殊、普贤及与此方贤圣，权耶？实耶？若言权，则现有其人及诸遗言往行。若言实，则是长者诬凡灭圣，犯大妄语。于此辨得，西方亦入刹尘，刹尘亦含西方，岂有权实？又若论中云：“莲华藏体，是法身随行无依住智体之所报得。宫殿，总大悲含育之所报得。楼阁，即是智照观根、顺悲济物之所报得。其地金刚，平等自性法身之所报得。摩尼庄严，法身戒体随行报得。金刚轮围山，大悲戒防护之业之所报得。众花庄严，万行利生开敷之所报得。宝树，建行利生、覆荫含识之所报得。但业不相应者，同住居而不见。犹如灵神及诸鬼趣，与人同处，人不能见。”若尔，则所谓华藏世界者，与汝所见之刹尘，同耶？异耶？若云同者，目连、鹙子，视听尚隔。若云异者，何名一真？又如僧灵幹，志奉《华严》，作华严观，及弥勒天宫观。至于疾甚，目睛上视，若有所见。童真问之，答曰：“向见童子引至兜率天宫，而天乐非久，终堕轮回，莲华藏是所图也。”言终气绝。须臾复苏，真问：“何所见？”幹曰：“见大水遍满，花如车轮，而坐其上，所愿足矣。”言终而逝。故清凉国师云：“观行则天童迎，而大水弥漫。”此与西方往生，为同为别？是故当知漏卮勺海，萤火焚山，徒益疲劳。诸有智者，不应如是分别。（谓娑婆在华藏十三层者，乃凡人之报土，非佛之净土也。长者所论之华藏，与灵幹所生之华藏，皆是佛之报土，凡人所同住而不见者也。）

第九、修持门

夫积劫情尘，多生爱海。似蚀剑之苔花，若吞珠之泥锈。无砺不吐，去垢方明。欲得心净，除非秽灭。悟者常须觉观，迷人勤加折伏。其或爱锁贪枷，亦当恸年惜月。孔子曰：“困而不学，民斯为下。”今欲一生超僧祇之果，十念摄亿万之程。岂是粗见浮思，结心尘口所能超越？不拌一忍，空累多生。如法而修，免堕魔罥。一、净悟门，二、净信门，三、净观门，四、净念门，五、净忏门，六、净愿门，七、净戒门，八、净处门，九、净侣门，十、不定净门。

一、净悟者。行者欲生实净土，当真实参究，如法了悟。何故？悟是迷途导师，如人入暗，当燃灯炬。悟是净国图引，如人行远，当识邮程。悟是诸行领首，如人冲坚，当随将帅。一者悟能了知即秽恒净，不舍净故。二者闻净佛国土不可思议，不怯弱故。三者知毕竟空中，因果不失，止一切恶法，不更作故。四者知彼土不去不来，此亦不去不来故。五者悟佛身量遍满虚空，众生身量亦遍满虚空，如地狱业力，一人亦满，多人亦满故。六者闻阿僧祇劫无量诸行，如人说弹指顷事，不惊怖故。七者修十善三福，不住人天故。八者如觉后忆梦中事，不作有无解故。九者如眼见故乡，信不信不可得故。十者知法无我，顺性利生，直至成佛，无疲厌故。菩萨入此门已，成就白法，随意得生。是故《观经》上品云：“深解义趣，于第一义，心不惊动。”疏云：“第一义者，谓诸法实相。言语道断，心行处灭。”又上品六念义云：“安心不动，名之为念。”钞曰：“第一义理，悉不为二边所动，通名为念。”故西方如韦提希、善财、龙树等，以入地往生。此方如远公、智者、永明等，以证悟往生。一切经论中广载，不能具录。论中或有言生彼求悟者，为中下人说。至言悟自己佛，不必求生，此则为十地菩萨以上说。若云悟第一义，诸结使未断者，皆不求生，则如龙树、永明等，亦为捏目生花，无事多事矣。

二、净信者。《智度论》曰：“若人心中有信清净，是人能入佛法。若无信，是人不能入。譬如牛皮未柔，不可屈折，无信人亦如是。又经中说信为手，如人有手，入宝山中，自在能取，若无手不能取，信亦如是。”昔王仲回问无为子曰：“如何念佛得无间断？”无为子曰：“一信之后，更不再疑，即是不间断也。”仲回欣跃而去，未几得生，还来致谢。是故若人修行，未能顿悟，当深植信根，不惊不动。一者信金口诚言，决定当生故。二者信自心广大，具有如是清净功德故。三者信因果如形影，决定相随故。四者信此身形识，及一切世界建立，如阳焰空花，无所有故。五者信五浊恶世，寒热苦恼，秽相熏炙，不容一刻居住故。六者信一切法唯心，如忆梅舌酸故。七者信念力不可思议，如业力故。八者信莲胞不可思议，如胞胎故。九者信佛无量身、无量寿、无量光，不可思议，如蚁子身、蜉蝣岁、萤火光，同一不思议故。十者信此身决定当死故。若人具有如是信根，举足下足，无非念佛。故知信之一字，通上中下。但信有大小，若无甚深信力，如无羽之鸟，决定不得飞故。

三、净观者。众生无始垢秽，遍一切法，如油入面，似金在矿。修净业者，当加种种观行，磨炼习气，为白法之垣坛，作往生之津梁。一、净观，谓观佛相好，如《十六观经》所说故。二、不净观，谓观身心不净，器世界不净，生厌离故。三、无常观，谓观一切法无定，如一美色，淫人观之为乐，妒妇观之为苦，观行人观之种种恶露，异类观之如土木故。四、和合观，谓观是身、是世界、是见闻觉知，如积木为屋，积土为垒，积杂彩为画，无实体故。五、对治观，谓观自身何结最重，当用何法对治。如轻冷苦涩药草饮食等，于热病中为药，于余病非药。轻辛甘热药草饮食等，于冷病中为药，于余病非药。如是观察对治故。六、惭悔观，谓观一切众生，无量劫来，与我互为父母、兄弟、姊妹、男女，递相淫毒，曾不觉知。如枭獍杀父母，牛羊鸽雀配其亲属，彼不自知，而人观之，惭愧讥笑。诸佛菩萨见于我等，亦复如是。是故当生大悔恨故。七、念念观，谓观一切时中，几许忆念佛心，几许利生心，几许垢净沉掉心故。八、平等观，谓观一切色一色，无好丑故；一切声一声，无誉毁故；一切受一受，无恩仇故；一切义一义，无浅深故。九、微细观，谓观佛念、法念，起于何来，去于何往故。十、法界观，谓观一毛一尘一草一木，皆具有无量净佛国土故。行者若行诸观时，以第一净观为主，余九为伴。如石中觅珠，若不破石，无缘得珠故。

四、净念者。念佛之法，名一行三昧，惟在决定。若不得念，即有散漫，三昧不成。一、摄心念，谓一切处摄念不忘，纵令昏寐，亦系念而寝，不隔念、不异念故。二、勇猛念，如好色人闻淫女所在，高岩深涧，燐途虎窟，必往不怯故。三、深心念，如大海深广，必穷其底，觉路遥遥，不竟不休故。四、观想念，谓念念中见三十二相、八十随形好故。五、息心念，谓息一切名心、宦心、欲心、世间心、贪恋心、贡高心、遮护心、人我是非心念佛故。六、悲啼念，每一想佛，身毛皆竖，五内若裂，如忆少背之慈母，及多慧之亡儿故。七、发愤念，如落第孤寒，负才寂寞，每一念及，殆不欲生故。八、一切念，谓见闻觉知，及与毛孔骨髓，无一处不念佛故。九、参究念，谓念佛一声，便念此声落处故。十、实相念，谓不以有心念，不以无心念，不以有无心念，不以非有无心念故。是为上品念佛门。若如是念佛者，现生必得见佛。

五、净忏者。经云："前心起罪，如云覆空。后心灭罪，如炬破暗。"又云："百年垢衣，可于一日浣令鲜净。"是故欲除重障，当勤忏悔。一、内忏，谓忏心意识不净因故。二、外忏，谓忏一切色、一切声、一切不净法故。三、事忏，谓忏十八界、二十五有、八万四千种种尘劳结使，障学阿僧祇劫见佛利生诸行业故。四、理忏，谓忏入道以来所得狂解，所学经论，所闻奥义，作、止、任、灭等病，障佛无漏智故。五、过去忏，谓忏无始世来所作黑业。如今生虽不偷盗，但所求不如意，即是盗业未尽。今生虽不邪淫，但值不随意眷属，即是淫业未尽。今生虽不谤法妄语，但言出人或疑信相半，即是谤法及妄语业未尽。于一切果中，察一切因。当知前生无恶不造，一一当忏悔故。六、未来忏，谓一切恶法，即今便止，尽未来世永不相续故。七、现在忏，谓忏现在世所有生老病死种种苦业、种种烦恼业、举足下足业、起口动心业、一切微细不可称量业故。八、刹那忏，谓一念中有九十刹那，一刹那有九百生灭，一生灭一忏故。九、究竟忏，谓等觉位中有一分无明，犹如微烟，究竟洗涤故。十、法界忏，谓法性中无我无人，普为十方过、现、未来一切众生忏故。若能如是真实忏者，一切障碍悉得消灭，不离道场，得见诸佛。

六、净愿者。《智度论》曰："诸菩萨见诸佛世界无量严净，发种种愿。有佛世界都无众苦，乃至无三恶之名者，菩萨见已，自发愿言：

‘我作佛时，世界无众苦，乃至无三恶之名，亦当如是。’有佛世界七宝庄严，昼夜常有清净光明，无有日月。便发愿言：‘我作佛时，世界常有严净光明，亦当如是。’有佛世界一切众生皆行十善，有大智慧，衣被、饮食应念而至。便发愿言：‘我作佛时，世界中众生衣被、饮食，亦当如是。’有佛世界纯诸菩萨，如佛色身三十二相，光明彻照，乃至无有声闻、辟支佛名，亦无女人，一切皆行深妙佛道，游至十方，教化一切。便发愿言：‘我作佛时，世界中众生，亦当如是。’如是等无量佛世界种种严净，愿皆得之，以是故名愿受无量诸佛世界。问曰：诸菩萨行业清净，自得净报。何以要须立愿，然后得之？譬如田家得谷，岂复待愿？答曰：作福无愿，无所标立。愿为导御，能有所成。譬如销金，随师而作，金无定也。如佛所说，有人修少施福，修少戒福，不知禅法，闻人中有富乐人，或闻欲天、色天，心愿乐者，命终之后，各生其中。菩萨亦如是，修净世界愿，然后得之。以是故知因愿受胜果。复次庄严佛界事大，独行功德不能成，故要须愿力。譬如牛力虽能挽车，要须御者，能有所至。净世界愿，亦复如是。福德如牛，愿如御者。问曰：若不作愿，不得福耶？答曰：虽得，不如有愿。愿能助福，常念所行，福德增长。”以是义故，修净佛国土者，当发大愿。一者不为福田故愿，愿为一切众生荫，生净土故。二者不为眷属故愿，愿治一切如来家，生净土故。三者不为病苦故愿，愿医一切世间无明等疮，生净土故。四者不为转轮王故愿，愿转诸佛如来法轮，作大法王，生净土故。五者不为欲界故愿，愿离一切微妙五欲，生净土故。六者不为色界故愿，愿离一切禅着，生净土故。七者不为无色界故愿，愿尽种种微细流注，证无量相好身，生净土故。八者不为声闻、辟支故愿，愿以福智二严，饶益一切众生，生净土故。九者不为一世界、千世界故愿，愿代无央数世界苦，拔一切世界众生，生净土故。十者不为一阿僧祇劫、千阿僧祇劫众生故愿，愿代无量无数阿僧祇劫众生苦，拔一切众生，生净土故。若能如是发大愿者，最后刹那，决定当如普贤愿中所说。是故当知愿为截苦海之舟航，导极乐之明师故。

七、净戒者。一切净法，以戒为址。如人作舍，先求平地。如画师画诸山水，先治光明素练，然后着彩。戒亦如是，是故戒为诸善法之首，入净国之初门。若不持戒，如恶陋敝女，欲事帝释，无有是处。一、悭贪戒，谓行财命二施，及与法施，无爱惜故。二、毁禁戒，谓五戒、律仪戒，乃至无漏戒，满足持故。三、瞋恚戒，谓以忍调心，及于身口，若遇恶口、刀杖所加，但自思惟业因缘法，作偿负想，作导师想，作风寒冷热想故。四、放逸戒，谓生死险道，无放身处，如人持满油钵，行悬绳上，不得左右顾视及生第二念故。五、散乱戒，谓守摄诸根，息诸缘影，如护风灯，如防生鸟故。六、愚痴戒，谓以智慧破诸迷闷，如作务人，常借日光，若是长夜，诸作皆废故；又如登览，当用开目，若是盲人，及与睡眠，诸山河大地与无等故。七、骄慢戒，谓不应以才辩故贡高，不应以悟解故贡高，不应以诤论故贡高，一切所得如大地上尘，如镜面上垢，不应以此垢骄彼垢故。八、覆藏戒，谓一切处诸佛、一切处菩萨、一切处神明，无可覆故，如日中逃影，波中逃湿，沙中逃尘，无可逃故。九、无益戒，谓一切嬉戏事无益，一切诗文无益，一切尘缘无益，一切口解脱无益，当远离故。十、不住戒，谓如上持戒，但为生净土，饶益众生，不求闻誉法，及诸人天二乘果故。菩萨如是行于净戒，则能摄诸众生，生于净土。何以故？一切众生虽至冥顽，莫不钦仰戒德故。

八、净处者。学道之人，既有志出尘，应当舍诸恶处。若不舍者，应是厌离未极。若厌离未极者，应是忻净土未极。龙树曰："菩萨心不贵转轮圣王，人天福乐，但念诸佛。是故随心所重，而生佛土。"今小小适意处，尚不能舍，何况转轮圣王？如缚足欲行，系翅求飞，去住皆累，两心虚萦。一、繁华喧阗处当远故。二、歌楼酒肆处当远故。三、热焰熏灼处当远故。四、论除目及朝事处当远故。五、恩爱缠缚及熟游历处当远故。六、诗坛文社、斗章摘句处当远故。七、讥刺古今、较长竞短处当远故。八、讲无义味道学处当远故。九、义解家斗名相、矜小智之处当远故。十、宗乘狂解，妄谈顿悟，轻视戒律之处当远故。是等挠道，与魔不异，是故当远。行者若离是诸处，一切道业即当成办。

九、净侣者。一切悟机，非友不发。一切恶法，非友不止。如车二轮，去一则蹶。是故世间文字，诸戏论法，尚须同心印正，何况志求无上大道因缘。经曰："譬如风性虽空，由栴檀林、薝卜林吹香而来，风有妙香。若经粪秽、臭尸而来，其风便臭。又如净衣置之香篋，出衣衣香。若置臭处，衣亦随臭。友亦如是，是以行道求友者，当严别净秽。一、山林闲适之友当近，能止躁心故。二、严持戒律之友当近，能淡诸欲故。三、智慧广大之友当近，能出迷津故。四、总持文字之友当近，能决疑难故。五、寂寞枯槁之友当近，能恬进取故。六、谦卑忍辱之友当近，能销我慢故。七、直心忠告之友当近，能抑诸过故。八、勇猛精进之友当近，能速道果故。九、轻财好施之友当近，能破大悭故。十、仁慈覆物、不惜身命之友当近，能摧人我等执故。若无如是净侣，即当屏人独处，自办道业，以像设为师，以经论为侣。其他嬉戏之徒，宁绝勿通。如入园中，虽无佳花，不植臭草，以无益赏心，徒增厌秽故。

十、不定净者。一切众生根器，利钝不同。如上诸法，皆是上根利器，方得具足。是故如来有异方便，开九品之门，分上中下修习三等。一者或解义谛，未全伏惑，或不深解，但能诵读诸经故。二者或但依语生信，或因他生信，或遇贫穷折辱生信故。三者或观金像，或随意观一相故。四者或晨朝十念、百念，乃至千念故。五者或但忏诸粗重习气，及十不善业故。六者或为怖生死发愿往生，或遇苦难发愿往生，但不得作人天及诸福德愿故。七者或但持八戒、五戒，乃至但戒杀盗淫妄故。八者一切喧场不能卒离，但时时生厌离心故。九者于诸世法中人不能即断，但不随顺故。十者如《观经》下品中说，或但临终十念故。如上诸法，但能至心受持一法者，皆得往生。唯不得疑信相参，若有疑者，一切诸行悉不成就。如人夜中，独趋远道，不得生疑。是故众生闻法，疑者不如不闻。何以故？彼无闻者，但不闻法，非有障难，此则自作障难故。

第十、释异门

夫西方大旨，经中自明。净土要门，诸论具释。如天亲、智者、海东、越溪等，皆抉发幽微，举扬宗趣。近则云栖和尚所著《小本疏钞》，条分类析，精宏渊博，真照夜途之长炬，截苦海之轻舟。诸师所发，已无余蕴。但诸经中随时立教，逗根说义，时有差别，致生学者疑畏。今略为拈出，博采诸论，附以管见，会归一处，以便参考。一、刹土远近释，二、身城大小释，三、寿量多少释，四、花轮大小释，五、日月有无释，六、二乘有无释，七、妇女有无释，八、发心大小释，九、疑城胎生释，十、五逆往生释。

一、刹土远近者

问：大小本经皆云西方去此十万亿刹，《观经》独云阿弥陀佛去此不远，二说谁正？

释：以远近无定故，故言亦远亦近。何故？凡言某方者，某方至某方几城几邑者，是从色身建立。身相虚故，是故所计方向道里，亦皆不实，不得言谁近谁远。如滇人言燕地远，是从滇计故，燕实无远。齐人言燕地近，是从齐计故，燕实无近。又如十步之地，蚁子即远，大象即近。不应言远是实，何故？是地不当从蚁计故。亦不应言近是实，何故？是地不当从象计故。又则计十步者，亦非是实，何故？是地既不从蚁不从象，亦不当从人计故。《智度论》曰："随世俗所传故说有方，方实不可得。问曰：何以言无方？是方亦有亦常。如经中说，日出处是东方，日没处是西方，日行处是南方，日不行处是北方。日有三分合，若前合、若今合、若后合。随方日分初合是东方。南方、西方亦如是。日不行处是无分。答曰：不然。须弥山在四域之中，日绕须弥，照四天下。郁怛罗越日中，是弗婆提日出，于弗婆提人是东方。弗婆提日中，是阎浮提日出，于阎浮提人是东方。是实无初。何以故？一切方皆东方，皆南方，皆西方，皆北方。汝言日出处是东方，日行处是南方，日没处是西方，日不行处是北方，是事不然。问曰：我说一国中方相，汝以四国为难，以是故东方非无初。答曰：若一国中日与东方合，是为有边，有边故无常，无常故是不遍，以是故但有方名而无实。是则方所尚不可得，岂有程途？然亦不废方所及程途故，何故？以不当从阎浮提计，亦可即阎浮提计故。如日虽非东西出没，亦可言东出西没故。"

二、身城大小者

问：《声王经》曰："阿弥陀佛与声闻俱，其国号曰清泰，圣王所住，其城纵广十千由旬。"《观经》曰："佛身高六十万亿那由他恒河沙由旬。眉间白毫右旋宛转，如五须弥山。佛眼如四大海水。"今计一海八万四千由旬，四海合三十三万六千由旬，身过其眼五百六十万由旬。计所住城，尚少于眼三十二万六千由旬，何况其身。不应身、城悬绝如是。

释：《海东疏》中，亦有此问。疏曰："彼佛有众多城，随众大小，城亦大小。大城之中，示以大身。小城之中，现以小身。《声王经》言十千由旬者，是与声闻俱住之城。当知佛身相当而住。《观经》所说身高大者，当知其城亦随广大，与诸大众俱住处故。"先德云："《法华》中净光庄严土唯演顿故，《净名》中众香佛土纯菩萨故，所以彼佛但现高大之身。若安养土，顿渐俱谈，声闻、菩萨共为僧故，故使佛示生身、法身二种之相。三十二相，通于生、法，大小共见。若八万相，局在法身，大乘贤圣方得见也。是故应以藏尘尊特之相得四益者，佛为称机现藏尘尊特身。应以八万尊特之相得四益者，佛为称机现八万尊特身。应以三十二尊特之相得四益者，佛为称机现三十二尊特身。"如毗卢遮那，声闻视听，隔于对颜，不妨菩萨更见大身。何故？佛身随所被机大小，如日光随隙分大分小，而是日光无大小故。

三、寿量多少者

经云："彼佛寿命，无量无边阿僧祇劫。"又云："彼佛至般泥洹时，观世音菩萨乃当作佛。"既当入灭，即是有量。

释：先德云："藏、通补处，彰佛有量。别、圆补处，显佛无量。以十方三世一切如来，更无彼此迭相见故，同一法身、一智慧故。菩萨机忘，如来应息，名补佛处。实异藏、通，前佛定灭，后佛定生。故《金光明》四佛降室，疏乃释云：'若见四佛同尊特身，一身一智慧，即是常身，弟子众一故。若见四佛佛身不同，即是应化，弟子众多故。'"故知全法界身，非生非灭。岂得竖分当现，横论彼此？既非生灭，无量义成。且净佛刹中，尘刹水树，皆是佛身。故经中云："是诸众鸟，皆是阿弥陀佛变化所作。”《智度论》曰：“众生甚多，若佛处处现身，众生不信，谓为幻化，心不敬重。有众生从人闻法，心不开悟，若从畜生闻法，则便信受。如《本生经》说，菩萨受畜生身，为人说法。人以说法稀有故，无不信受。有人谓畜生是有情之物，以树木无心而有音声，则皆信受。”以是故水、树、禽鸟，皆是佛身变现故。若佛寿量有尽者，道场国土，及诸水鸟音声，亦应有尽。若有尽者，不应有补。若无尽者，不应言灭。如虚空分齐，非有分齐，非无分齐。以不思议智，照之可得。

四、花轮大小者

小本曰：“池中莲花，大如车轮。”《观经》云：“一一池中，有六十亿七宝莲花，团圆正等十二由旬。”大本云：“池中莲花，或一由旬，乃至百由旬、千由旬。”夫人世车轮，大不逾丈。纵复轮王千辐金轮，纵广不过一由旬。何得大小相悬乃尔？

释：花轮大小，亦如身、城。以众生机有大小故，身、城、水、树现有大小。莲花亦然。如初地化百佛刹，现百叶花。二地化千佛刹，即现千叶。三地万叶，四地亿叶，五地千亿，六地百千亿，七地百千亿那由他，八地百千万三千大千世界微尘数，九地百千万亿阿僧祇国土微尘数，十地十不可说百千亿那由他佛微尘数。以自受用身有大小故，现花亦尔，非是花有大小故。尝闻僧言：海边有阿育王舍利塔，众生见者，光明各异。有见无光者，有见光如细豆许者，有见如枣巨者，有见如指顶大者，有见大如斗者。如斗者，千不一见。众生同一肉眼，所见尚异。何况菩萨、声闻乃至人天等，功用悬绝，所感花轮，焉得不殊？如此土中刹利贵种，飞楼杰阁，遍满城邑。寒微茕子，敝茅土窟，乃至不得。不应难言大小悬殊，何故？是自福德所招故。宝池花相，应亦如是。

（此上所言阿育王舍利塔，以本人未曾亲见，传闻失实，爰为补书，以昭圣迹。其寺原名“阿育王”，后改为“广利”，人仍以“阿育王”称之，在浙江宁波鄞县南乡四十里鄮山。佛灭度百年后，中天竺国阿育王，统王阎浮，威德广大，所有鬼神皆为臣属。意欲普利世人，启其祖阿阇世王所藏之八万四千佛舍利，役使鬼神，碎七宝众香为泥，一夜造成八万四千宝塔，散布南赡部洲。

耶舍尊者伸手放八万四千道光，一鬼捧一塔，顺光而趋，至光尽处，则安置地中。东震旦国有十九处，大教东来，次第出现，如五台、育王等是也。五台之塔，闷于大塔之中。育王之塔，于晋武帝太康三年，刘萨何，乃利宾菩萨示迹，出家法名慧达，礼拜请求，从地涌出，遂建阿育王寺，供于殿内石塔中。塔门常锁，有欲睹舍利者，先通知塔主，殿中礼佛，礼毕跪于殿外阶缘。每有人跪，凡欲睹者均随之而跪，塔主请塔出，先令居中跪者睹，次则遍令随跪者睹，虽一日随睹数次，亦不以为烦。其塔高一尺四寸，周围亦只尺余。塔之中级内空，中悬一实心钟，钟底正中有一针，舍利附于针端。四面有窗，花格栏遮，手不能入，即于花格孔中睹之。其舍利之形色、大小、多少、定动，均无一定。平常人睹，多见是一粒，亦有见二、三、四粒者。有见舍利靠于钟底不动者，有见一针下垂至寸许者。有见忽降忽升，忽小忽大者。有见青者、黄者、赤者、白者，及一色之浓淡不同，并二色相兼之各种异色者。有见色气黯然者，有见色气明朗者。不独人各异见，即一人亦多转变不一。又有见莲花及佛菩萨像者。亦有业力深重，完全了无所见者。见其小时，每如小绿豆大。亦有见如黄豆、大枣大者。明万历间，吏部尚书陆光祖笃信佛法，极力护持，与亲友数人来睹，初看如小豆大，次如黄豆大，次如枣大，次如瓜大，次如车轮大，光明朗耀，心目清凉。时舍利殿坏，塔供库房，陆遂发心重修塔殿。彼亲友所见亦甚好，但无陆之奇特神妙耳。须知如来大慈，留此法身真体，俾后世众生种出世善根，以由睹此神异，自可生正信心，从兹改恶修善，闲邪存诚，以期断惑证真，了生脱死，直至复己本具佛性，圆满无上菩提。此如来示现不思议相，曲垂接引之本心也。愿见闻者，同深感念，则幸甚。光于光绪二十一年，幸得虔礼数旬，兼阅《育王山志》，故知其详。民国二十年辛未元日，常惭愧僧释印光谨书。）

五、日月有无者

诸本或言日月处空，或言处空而不运转，或不言有无，或直言无有。又经曰：“彼佛光明，普照佛刹无量无数不可思议，映蔽日月。诸声闻众，皆有身光，能照一寻。菩萨光照，极百千寻。二菩萨光明，常照三千大千世界。”如是虽有日月，如爝火之处太阳，岂有光照？若日月不能照者，应无昼夜，何故经言昼夜六时及与清旦食时等事，明知亦是权说。借此昼夜，喻彼时分，非为实事。且昼夜往来者，是众生心明暗倾夺，感有此相。故净佛国土，不应有此。如忉利而上，尚不假明日月，何况极乐。纵令有者，亦是彼化国众生，色空见未尽，现有如是日月相故，而实佛土无有日月。如《大论》曰：“释迦文佛更有净国土，如阿弥陀佛。阿弥陀佛亦有不严净国，如释迦文佛。”此随机感说，亦不妨说有故。

六、二乘有无者

问：天亲菩萨《无量寿偈》曰：“大乘善根界，等无讥嫌名。”乃至不闻二乘名，何况有实。是诸经中皆言国土声闻不可称量，何故？

释：先德云：“二乘生者，皆是临终回小向大。以习小功深，闻佛所说，及风柯水响皆演小故，暂证小果。渐次增进，至菩萨位，非是住小。是故说无二乘者，有二义：一是决定二乘不生，是实无故；二是不住二乘，是毕竟无故。”譬如二人同官郎署，一人官止于此，一人将迁。止郎署者，可以称郎，以无后官故。将迁官者，不定是郎，以郎毕竟改故。以是故净土不得言有二乘，以毕竟至菩萨位故。

七、妇女有无者

《声王经》中，阿弥陀佛亦有父母，何得言无女人？

释：此亦化作，如化鹦鹉。《海东疏》曰：“《声王经》说安乐世界阿弥陀佛有父母者，是变化女，非实报女。又复虽有父母，而非胎生，实是化生，假为父母。如彼经言：‘若四众能正受佛之名号，以此功德，临命终时，阿弥陀佛即与大众住此人所，令其得见。见已庆悦，倍增功德。以是因缘，所生之处永离胞胎秽欲之形，纯处鲜妙宝莲花中，自然化生，具大神通，光明赫奕。’当知父母假寄之耳。或说《声王经》中说有父母，是显彼佛所住秽土，是义不然。何故？彼经既说宝莲化生，又言二菩萨侍立左右，此等悉是净土相，不异《观经》所说故。当知彼经所说提婆达多及魔王等，悉于净土变化所作。不由此等，为非净土。如化畜生，非秽土故。”

八、发心大小者

魏译三辈之中皆有发菩提心，《观经》下品直言十念，诸经互异。

今欲和会者，诸经皆是发大菩提心以为因故。何故？若是最初无大因者，其人虽复经耳，亦生疑难，何得顿闻顿信？是故当知下品十念者，亦是宿植大因，后生退堕，故其临终遇善知识，如旱苗得雨，萌芽顿发故。若无因者，知识尚不得遇，何况信受？如聪慧贵游之士，多有愈闻愈不信者。即知一闻顿念，非是小缘。不应以一生作恶，便谓此人无大因故。经云：“世间人民，得闻阿弥陀名号，若慈心喜悦，毛发耸然，泪即出者，皆是累世尝行佛道，或他方佛所尝为菩萨。”是故不论颛愚、黠慧，凡至心念佛者，皆是多劫深植善根，发大菩提心故。何故？所谓善根者，不专言智慧。若复无根，如种焦谷，岂有芽出？如世间弈棋小事，有无知贱流，顿学顿精者。有智士习之，终身居末品者。即知是因。小技无因，尚不得入，何况大法。是故若有信是稀有难信之法者，是人即是大心菩萨故。（十恶五逆，若信此净土法门，即不思议人，决得成佛。自负大彻大悟，若谤此净土法门，即最下贱人，决定堕落。）

九、疑城胎生者

唐译曰：“若有众生，堕于疑悔，积集善根，希求佛智、普遍智、不思议智、无等智、威德智、广大智，于自善根不能生（真实之）信。由闻佛名，起（求生净土之）信心故。以此因缘，于五百岁处花胎中，犹如园苑宫殿之想，不见佛，不闻法，是名胎生。”

魏译曰：“不了佛智，然犹信罪福，修习善本，愿生其国，是故胎生。”

宋译曰：“众生所种善根，不能离相，不求佛慧，妄生分别，深着世乐人间福报，是故胎生。”

王氏本曰：“若有众生修诸功德，愿生彼刹，后复疑悔，不信有彼佛刹，不信作善得福。其人虽尔续有念心，暂信暂不信。临命终时，佛乃化现其身，令彼目见。以心悔故，其过差少，亦生彼刹。是谓胎生。”

今按前二译，但不信自性，不了佛智，名胎生故。宋译则直言修善求生人天者为胎生，极乐国中无胎生故。若王氏，则又以不信佛刹，不信罪福，暂信暂不信，为胎生，异前译中闻名起信及修习善本二种往生。大约净土中略言九品，广言千万品亦不能尽。如今生人中者，种种福报，种种罪业，各各不同。是故诸译虽互异，皆为实语。就中唐译旨趣尤奥，以不信自善根故，依他起信，即是疑城。信自善根者，即顿了自心，不从他得。以入悟方能脱疑，是故未悟而修，终隔疑胎。胎以裹蔽为义，未悟之人，诸障未彻，合得是报。此等当在中下、下上品摄。何故？下品后二种，经历六劫、十二劫，方得花开，此但五百岁故。若如王本，则信佛猛利，未若最后二种。又所生在其刹边地，不应五百岁得见佛故。

十、五逆往生者

《大经》曰，唯除造五无间恶业，诽谤正法及诸圣人。《观经》则五逆十恶，临终十念，皆得往生。当知《大经》拣五逆者，以诽谤故。何故？入净土以信为导师，诽谤是信之贼。如水无所不容，但不容火，以火自不能容故。如风无所不入，但不入石，以石自不堪入故。诽谤之人，烧正法如猛焰，障佛智如铁壁，是故法海慧风，无因得受。《观经》拣诽谤、不拣五逆者，义同文异。以五逆虽至恶，尚无决定不信之见，不应拣故。然有大心之人，始或不信，后因启发，猛省前失。如韩昌黎始斥佛骨，后皈依大颠。张无尽初诋佛书，欲著《无佛论》，后观《净名经》，大有省发，卒为宗门龙象，尤是法中稀有之事。是故儒林英特，或有谬听先入，误谤佛法，但速图改悔，即是盛事，不应以谤为障难故。

跋

净土玄门，失阐久矣。云栖大师重揭义天，海内共仰。而曹鲁川辈，犹谬执方山《合论》，谬争权实，盖由未透圆宗，徒取圆融广大语声故也。《西方合论》一出，判之为圆实堕。然后知净土诸经，的与《华严》、《法华》不分优劣，可破千古群疑矣。伏愿见闻此论者，广破邪疑，直开正信，揭净土之心灯，照尘劫而无尽。辛卯秋净业弟子明善谨跋。

［附］

纪梦

袁中道

万历甲寅冬十月十五日，予晚课毕，微倦，趺坐榻上，形体调适，心神静爽，忽尔瞑去，如得定状。俄魂与魄离，跃出屋上。时月色正明，予不觉飘然轻举，疾于飞鸟。云霄中见二童子，清美非常，其去甚驶，予不暇问，但遥呼予曰：“快逐我来！”盖西行也。予下视世界，高山大泽，平畴旷野，城邑村落，有若垤土杯水、蜂衙蚁穴。予飞少坠，即觉腥秽不可闻，极力上振乃否。

俄至一处，二童子忽下至地，曰：“住。”予亦随之而下。见有坦道如绳，其平如掌。细视其地，非沙非石，光耀滑腻。逐路有渠，皆文石为砌，宽可十余丈许，中种五色莲花，芬香非常。渠上有树，枝叶晃耀，好鸟和鸣。间有金桥界渠，栏楯交罗。树内隐隐朱楼画阁，整丽无比，见楼中人清美妍好，宛若仙人，皆睨予而笑。童子行疾，予常追之不及，乃大呼曰：“卿可于前金桥边少待，我当有所言。”童子如言，予始及之，共倚桥上宝栏少息。予揖二童子，问：“卿何人？此地何处？幸为我言。”二童子曰：“予灵和先生之侍者也，先生欲与卿有所晤言，特遣相迎耳。”予问曰：“灵和先生何人也？”二童子曰：“即令兄中郎先生是也，今生西方净域，易今称矣。相见自为卿言，可疾往。”

予遂与二童子复取道，俄至一处，有树十余株，叶如翠羽，花作金瓣。树下有池，泉水汩汩。池上有白玉扉，一童先入，如往报者，一童导予入内。所过楼阁凡二十余重，皆金色晃耀，灵花异草，拂于檐楹。至一楼下，俄见一人下楼相迎，神情似中郎，而颜色如玉，衣若云霞，可长丈余。见予而喜曰："吾弟至矣！"因相携至楼上，设拜共坐。有四、五天人，亦来共坐。中郎谓予曰："此西方之边地也，凡信解未成，戒宝未全者，多生此地，亦名懈慢国。其上方有化佛楼台，前有大池，可百由旬，中有妙莲，众生皆托体于其中，时满则散居各处楼台之上，与有缘清净道友相聚。以无淫声美色，故胜解易成，不久升进为净土中人耳。"予私念："如此美妙之处，尚是边地耶？"仍问中郎曰："兄今生在何处？"中郎曰："我初亦以净愿虽深，情染未除，生于此地少时，今已居净域矣。然终以乘急戒缓，仅与西方众生同一地居，不得与诸大士同升于虚空宝阁，尚需进修耳。幸宿生智慧猛利，又曾作《西方论》，赞叹如来不可思议度生之力，感得飞行自在，游诸刹土，凡诸佛说法之处，皆得往听。此实为胜，非诸众生所能及也。"

拉予行，中郎冉冉上升，予亦不觉飘然轻举，倏忽虚空千百万里。至一处，随中郎下，无有日月，亦无昼夜，光明照耀，无所障蔽。皆以琉璃为地，内外映彻。以黄金绳，杂厕间错。界以七宝，分剂分明。地上有树，皆栴檀吉祥，行行相值，茎茎相望，数万千重，一一叶出众妙花，作异宝色。下为宝池，波扬无量自然妙声，其底沙纯以金刚，其中生众宝莲，叶作五色光。池上隐隐危楼回带，阁道傍出，栋宇相承，窗闼交映，阶墀轩楹，种种满足，皆有无量乐器，演诸法音。大约与大小《阿弥陀经》所载，觉十不得其一杪一忽耳。予爱玩不舍，已仰而睇之，见空中楼阁，皆如云气上浮。中郎曰："汝所见净土地行诸众生光景也，过此以上，为法身大士住处，甚美妙千倍万倍于此，其神通亦千倍百倍于此。吾以慧力能游行其间，终不得住也。又过此以上，为十地、等觉所居，即吾亦不得而知也。又过此为妙觉所居，唯佛与佛乃能知之，即等觉诸圣亦莫能测度矣。"

语罢，复引予至一处，无墙垣，而有栏楯。其中院宇，光耀非常，不知俱以何物为之，第觉世间之黄金白玉，皆如土色矣。共坐一楼下少谈。中郎曰："吾不图乐之至此极也。然使吾生时严持戒律，则尚不止此。大都乘戒俱急，则生品最高。其次戒急，则生最稳。若有乘无戒，多为业力所牵，流入八部鬼神众去，予亲见同学诸人矣。弟之般若气分颇深，而戒定之力甚少。夫悟理不能生戒定，亦狂慧也。归至五浊，趁此色力强健，实悟实修，兼之净愿，勤行方便，怜悯一切，不久自有良晤。一入他途，可怖可畏。如不能持戒，有龙树六斋遗法现存，遵而行之。诸戒之中，杀戒尤急。寄语同学，未有日启鸾刀，口贪滋味，而能生于清泰者也。虽说法如云如雨，何益于事？我与汝于空王劫时，世为兄弟，乃至六道轮回，莫不皆然。幸我此生已得善地，恐汝堕落，故以方便神力摄汝至此。净秽相隔，不得久留。”予更问伯修诸人生处。曰：“生处皆佳，汝后自知。”言已忽凌空而逝，俄已不见。

予起步池上，忽如堕者，一骇而醒，通身汗下。时残灯在篝，明月照窗，更已四漏矣。（出《珂雪斋外集》）

袁中郎传

袁中郎，名宏道，号石头居士，湖北公安人也。兄伯修，名宗道，号香光居士。弟小修，名中道，号上生居士。三人同母生，少以文名，长而皆好禅宗。万历中，先后举进士。伯修官至右庶子。中郎为吴江知县，听断敏决，公庭鲜事，辄喜游山水。后为礼部主事，谢病归。筑园城南，植柳万枝，号曰柳浪，与诸禅人游处其中。初学禅于李卓吾，信解通利，才辩无碍。已而自验曰：“此空谈，非实际也。”遂回向净土，晨夕礼诵，兼持禁戒。伯修、小修亦同时发愿。中郎因博采经教，作《西方合论》，圆融性相，入不二门。书成，伯修序之。已而中郎起故官，再迁至稽勋司郎中，移病归。抵家不数日，入荆州城，宿于僧寺，无疾而卒。小修官南礼部郎中，乞休，老于家。居常勤于礼诵，一夕课毕，神游净土，如上所纪。

净土十要附本

净土十要附本序

蕅益大师所选《净土十要》，实为净宗最要之妙典。成时大师欲为广布，特节略之，致使有文义隐晦，稍拂初机之处。因搜罗原本，特为排印，仍作四册。以卷有薄者，遂取古德宏扬净土之要文附之，如帝网珠，互相辉映，诚为净宗一大快事。

窃以天亲菩萨《往生论》，净宗之要典也，世罕流通。昙鸾法师之注，文畅达而义深邃，洵足开人正智，起人正信，乃净业学人之大导师。惜中国久已失传，清末杨仁山居士请于东瀛，刻以流通。因论、注相联，初机殊难分判，乃逐段标出，令徐蔚如居士刻于北京。今拟将此书并《莲花世界诗》合作一册，以作《净土十要》之附本，冀与《十要》并传于世。庶可熢焞火宅常被焚烧之同伦，知此宅之外，原有最极清净安隐之家乡。从兹当仁不让，贾勇先登，同出五浊，同登九品，同预莲池海会，同侍无量寿佛，以渐证夫无生法忍与无上菩提，得以上不辜于佛化，下不负于己灵，方可名为真大丈夫也已。

民国二十一年壬申季春，释印光识。

无量寿经优婆提舍愿生偈

婆薮槃头菩萨 造

元魏 菩提流支 译

世尊我一心，归命尽十方，
无碍光如来，愿生安乐国。
我依修多罗，真实功德相，
说愿偈总持，与佛教相应。
观彼世界相，胜过三界道。
究竟如虚空，广大无边际。
正道大慈悲，出世善根生。
净光明满足，如镜日月轮。
备诸珍宝性，具足妙庄严。
无垢光焰炽，明净曜世间。
宝性功德草，柔软左右旋，
触者生胜乐，过迦旃邻陀。
宝花千万种，弥覆池流泉，
微风动花叶，交错光乱转。
宫殿诸楼阁，观十方无碍，
杂树异光色，宝栏遍围绕。
无量宝交络，罗网遍虚空，
种种铃发响，宣吐妙法音。
雨花衣庄严，无量香普熏。

佛慧明净日，除世痴暗冥。
梵声悟深远，微妙闻十方。
正觉阿弥陀，法王善住持。
如来净花众，正觉花化生。
爱乐佛法味，禅三昧为食。
永离身心恼，受乐常无间。
大乘善根界，等无讥嫌名，
女人及根缺，二乘种不生。
众生所愿乐，一切能满足。
是故愿生彼，阿弥陀佛国。
无量大宝王，微妙净花台。
相好光一寻，色像超群生。
如来微妙声，梵响闻十方。
同地水火风，虚空无分别。
天人不动众，清净智海生。
如须弥山王，胜妙无过者。
天人丈夫众，恭敬绕瞻仰。
观佛本愿力，遇无空过者，
能令速满足，功德大宝海。
安乐国清净，常转无垢轮，
化佛菩萨日，如须弥住持。
无垢庄严光，一念及一时，
普照诸佛会，利益诸群生。
雨天乐花衣，妙香等供养，
赞诸佛功德，无有分别心。
何等世界无，佛法功德宝，
我愿皆往生，示佛法如佛。

我作论说偈，愿见弥陀佛，

普共诸众生，往生安乐国。

《无量寿修多罗》章句，我以偈颂总说竟。

论曰：

此愿偈明何义？示现观彼安乐世界，见阿弥陀佛，愿生彼国故。

云何观？云何生信心？若善男子、善女人，修五念门行成就，毕竟得生安乐国土，见彼阿弥陀佛。

何等五念门？一者礼拜门，二者赞叹门，三者作愿门，四者观察门，五者回向门。云何礼拜？身业礼拜阿弥陀如来、应、正遍知，为生彼国意故。云何赞叹？口业赞叹，称彼如来名，如彼如来光明智相，如彼名义，欲如实修行相应故。云何作愿？心常作愿，一心专念，毕竟往生安乐国土，欲如实修行奢摩他故。云何观察？智慧观察，正念观彼，欲如实修行毗婆舍那故。彼观察有三种，何等三种？一者观察彼佛国土庄严功德，二者观察阿弥陀佛庄严功德，三者观察彼诸菩萨庄严功德。云何回向？不舍一切苦恼众生，心常作愿，回向为首，得成就大悲心故。

云何观察彼佛国土庄严功德？彼佛国土庄严功德者，成就不可思议力故。如彼摩尼如意宝性，相似相对法故。观察彼佛国土庄严功德成就者，有十七种，应知。何等十七？一者庄严清净功德成就，二者庄严量功德成就，三者庄严性功德成就，四者庄严形相功德成就，五者庄严种种事功德成就，六者庄严妙色功德成就，七者庄严触功德成就，八者庄严三种功德成就，九者庄严雨功德成就，十者庄严光明功德成就，十一者庄严妙声功德成就，十二者庄严主功德成就，十三者庄严眷属功德成就，十四者庄严受用功德成就，十五者庄严无诸难功德成就，十六者庄严大义门功德成就，十七者庄严一切所求满足功德成就。

庄严清净功德成就者，偈言“观彼世界相，胜过三界道”故。

庄严量功德成就者，偈言“究竟如虚空，广大无边际”故。

庄严性功德成就者，偈言“正道大慈悲，出世善根生”故。

庄严形相功德成就者，偈言“净光明满足，如镜日月轮”故。

庄严种种事功德成就者，偈言“备诸珍宝性，具足妙庄严”故。

庄严妙色功德成就者，偈言“无垢光焰炽，明净曜世间”故。

庄严触功德成就者，偈言“宝性功德草，柔软左右旋，触者生胜乐，过迦旃邻陀”故。

庄严三种功德成就者，有三种事，应知。何等三种？一者水，二者地，三者虚空。庄严水功德成就者，偈言“宝花千万种，弥覆池流泉，微风动花叶，交错光乱转”故。庄严地功德成就者，偈言“宫殿诸楼阁，观十方无碍，杂树异光色，宝栏遍围绕”故。庄严虚空功德成就者，偈言“无量宝交络，罗网遍虚空，种种铃发响，宣吐妙法音”故。

庄严雨功德成就者，偈言“雨花衣庄严，无量香普熏”故。

庄严光明功德成就者，偈言“佛慧明净日，除世痴暗冥”故。

庄严妙声功德成就者，偈言“梵声悟深远，微妙闻十方”故。

庄严主功德成就者，偈言“正觉阿弥陀，法王善住持”故。

庄严眷属功德成就者，偈言“如来净花众，正觉花化生”故。

庄严受用功德成就者，偈言“爱乐佛法味，禅三昧为食”故。

庄严无诸难功德成就者，偈言“永离身心恼，受乐常无间”故。

庄严大义门功德成就者，偈言“大乘善根界，等无讥嫌名，女人及根缺，二乘种不生”故。净土果报离二种讥嫌过，应知，一者体，二者名。体有三种，一者二乘人，二者女人，三者诸根不具人。无此三过故，名离体讥嫌。名亦三种，非但无三体，乃至不闻二乘、女人、诸根不具三种名故，名离名讥嫌。等者，平等一相故。

庄严一切所求满足功德成就者，偈言“众生所愿乐，一切能满足”故。

略说彼阿弥陀佛国土十七种庄严功德成就。示现如来自身利益大功德力成就，利益他功德成就故。彼无量寿佛国土庄严，第一义谛妙境界相，十六句及一句次第说，应知。

云何观佛庄严功德成就？观佛庄严功德成就者，有八种相，应知。何等八种？一者庄严座功德成就，二者庄严身业功德成就，三者庄严口业功德成就，四者庄严心业功德成就，五者庄严大众功德成就，六者庄严上首功德成就，七者庄严主功德成就，八者庄严不虚作住持功德成就。

何者庄严座功德成就？偈言“无量大宝王，微妙净花台”故。

何者庄严身业功德成就？偈言“相好光一寻，色像超群生”故。

何者庄严口业功德成就？偈言“如来微妙声，梵响闻十方”故。

何者庄严心业功德成就？偈言“同地水火风，虚空无分别”故。无分别者，无分别心故。

何者庄严大众功德成就？偈言“天人不动众，清净智海生”故。

何者庄严上首功德成就？偈言“如须弥山王，胜妙无过者”故。

何者庄严主功德成就？偈言“天人丈夫众，恭敬绕瞻仰”故。

何者庄严不虚作住持功德成就？偈言“观佛本愿力，遇无空过者，能令速满足，功德大宝海”故。即见彼佛，未证净心菩萨毕竟得证平等法身，与净心菩萨、与上地诸菩萨毕竟同得寂灭平等故。

略说八句，示现如来自利利他功德庄严次第成就，应知。

云何观察菩萨庄严功德成就？观察菩萨庄严功德成就者，观彼菩萨有四种正修行功德成就，应知。

何者为四？一者，于一佛土身不动摇，而遍十方种种应化，如实修行，常作佛事。偈言“安乐国清净，常转无垢轮，化佛菩萨日，如须弥住持”故，开诸众生淤泥花故。

二者，彼应化身一切时不前不后，一心一念，放大光明，悉能遍至十方世界教化众生，种种方便，修行所作，灭除一切众生苦故。偈言“无垢庄严光，一念及一时，普照诸佛会，利益诸群生”故。

三者，彼于一切世界，无余照诸佛会大众，无余广大无量供养、恭敬、赞叹诸佛如来功德。偈言“雨天乐花衣，妙香等供养，赞诸佛功德，无有分别心”故。

四者，彼于十方一切世界无三宝处，住持庄严佛、法、僧宝功德大海，遍示令解，如实修行。偈言“何等世界无，佛法功德宝，我愿皆往生，示佛法如佛”故。

又向说观察庄严佛土功德成就、庄严佛功德成就、庄严菩萨功德成就，此三种成就，愿心庄严，应知。略说入一法句故。一法句者，谓清净句。清净句者，谓真实智慧无为法身故。此清净有二种，应知。何等二种？一者器世间清净，二者众生世间清净。器世间清净者，如向说十七种庄严佛土功德成就，是名器世间清净。众生世间清净者，如向说八种庄严佛功德成就、四种庄严菩萨功德成就，是名众生世间清净。如是一法句，摄二种清净义，应知。

如是菩萨，奢摩他、毗婆舍那广略修行，成就柔软心，如实知广略诸法，如是成就巧方便回向。何者菩萨巧方便回向？菩萨巧方便回向者，谓说礼拜等五种修行，所集一切功德善根，不求自身住持之乐，欲拔一切众生苦故，作愿摄取一切众生，共同生彼安乐佛国，是名菩萨巧方便回向成就。

菩萨如是善知回向成就，即能远离三种菩提门相违法。何等三种？一者依智慧门，不求自乐，远离我心贪着自身故。二者依慈悲门，拔一切众生苦，远离无安众生心故。三者依方便门，怜愍一切众生心，远离供养恭敬自身心故。是名远离三种菩提门相违法。

菩萨远离如是三种菩提门相违法，得三种随顺菩提门法满足故。何等三种？一者无染清净心，以不为自身求诸乐故。二者安清净心，以拔一切众生苦故。三者乐清净心，以令一切众生得大菩提故，以摄取众生生彼国土故。是名三种随顺菩提门法满足，应知。

向说智慧、慈悲、方便三种门，摄取般若，般若摄取方便，应知。向说远离我心不贪着自身、远离无安众生心、远离供养恭敬自身心，此三种法，远离障菩提心，应知。向说无染清净心、安清净心、乐清净心，此三种心，略一处成就妙乐胜真心，应知。

如是菩萨智慧心、方便心、无障心、胜真心，能生清净佛国土，应知。是名菩萨摩诃萨随顺五种法门，所作随意自在成就。如向所说身业、口业、意业、智业、方便智业，随顺法门故。

复有五种门，渐次成就五种功德，应知。何者五门？一者近门，二者大会众门，三者宅门，四者屋门，五者园林游戏地门。此五种门，初四种门成就入功德，第五门成就出功德。

入第一门者，以礼拜阿弥陀佛，为生彼国故，得生安乐世界，是名入第一门。

入第二门者，以赞叹阿弥陀佛，随顺名义称如来名，依如来光明智相修行故，得入大会众数，是名入第二门。

入第三门者，以一心专念，作愿生彼，修奢摩他寂静三昧行故，得入莲华藏世界，是名入第三门。

入第四门者，以专念观察彼妙庄严，修毗婆舍那故，得到彼处，受用种种法味乐，是名入第四门。

出第五门者，以大慈悲，观察一切苦恼众生，示应化身，回入生死园烦恼林中，游戏神通，至教化地，以本愿力回向故，是名出第五门。

菩萨入四种门，自利行成就，应知。菩萨出第五门，回向利益他行成就，应知。菩萨如是修五门行，自利利他，速得成就阿耨多罗三藐三菩提故。

《无量寿修多罗优婆提舍愿生偈》略解义竟。

往生论注

《往生论注》序

生死，吾人第一大事也。净土法门，了生死无上妙法也。一代时教，浩若渊海，其究竟畅佛普度众生之本怀者，唯净土一法而已。以下凡信愿念佛，即可带业往生；上圣若肯回向，速得圆成觉道。仗佛慈力，与唯仗自力，其难易固日劫相倍。

天亲菩萨广造诸论，宏阐佛乘。复宗《无量寿经》，作愿生偈论，示五门修法，令毕竟得生，具显礼拜、赞叹、作愿、观察、回向之法。于观察门，详示净土庄严、如来法力、菩萨功德。凡见闻者，悉愿往生。昙鸾法师撰注详释，直将弥陀誓愿、天亲衷怀彻底圆彰，和盘托出。若非深得佛心，具无碍辩，何克臻此！

夫净土一法，为一切诸法之所归趣。以故《华严》证齐诸佛之等觉菩萨，尚须以十大愿王回向往生。则文殊、普贤、马鸣、龙树、智者、慈恩、清凉、永明等，自行化他，同归净土者，有由来矣。知此则唯执自力，不仗佛力者，可以怵然惊，憬然悟，以期现生即得出此娑婆，生彼极乐，与观音、势至等诸上善人俱会一处，常时亲炙阿弥陀佛，以冀证无生忍，圆满菩提而后已也。吾言不足信，请质之普贤菩萨，自可无疑矣。

民国十一年壬戌，五月望日，常惭愧僧释印光谨撰。

无量寿经优婆提舍愿生偈注卷上

婆薮槃头菩萨 造
魏 永宁寺北天竺沙门菩提流支 译论
魏 西河石壁谷玄中寺沙门昙鸾 注解

谨案龙树菩萨《十住毗婆沙》云：菩萨求阿毗跋致，有二种道，一者难行道，二者易行道。难行道者，谓于五浊之世，于无佛时，求阿毗跋致为难。此难乃有多途，粗言五三，以示义意：一者外道相善，乱菩萨法；二者声闻自利，障大慈悲；三者无赖恶人破他胜德；四者颠倒善果，能坏梵行；五者唯是自力，无他力持。如斯等事，触目皆是。譬如陆路，步行则苦。易行道者，谓但以信佛因缘，愿生净土，乘佛愿力，便得往生彼清净土，佛力住持，即入大乘正定之聚。正定，即是阿毗跋致。譬如水路，乘船则乐。

此《无量寿经优婆提舍》，盖上衍之极致，不退之风航者也。“无量寿”是安乐净土如来别号。释迦牟尼佛在王舍城，及舍卫国，于大众之中，说无量寿佛庄严功德。即以佛名号为经体。后圣者婆薮槃头菩萨，服膺如来大悲之教，傍经作《愿生偈》，复造长行重释。

梵言“优婆提舍”，此间无正名相译，若举一隅，可名为“论”。所以无正名译者，以此间本无佛故。如此间书，就孔子而称“经”。余人制作，皆名为“子”。国史、国纪之徒，各别体例。然佛所说十二部经中，有论议经，名优婆提舍。若复佛诸弟子解佛经教，与佛义相应者，佛亦许名优婆提舍，以入佛法相故。此间云“论”，直是论议而已，岂得正译彼名耶？又如女人，于子称母，于兄云妹，如是等事，皆随义各别。若但以“女”名，泛谈母、妹，乃不失女之大体，岂含尊卑之义乎？此所云

“论”，亦复如是，是以仍存梵音，曰“优婆提舍”。

此论始终凡有二重：一是总说分，二是解义分。总说分者，前五言偈尽是。解义分者，“论曰”以下长行尽是。所以为二重者，有二义：偈以颂经，为总摄故；论以释偈，为解义故。

“无量寿”者，言无量寿如来，寿命长远不可思量也。“经”者，常也。言安乐国土佛及菩萨清净庄严功德、国土清净庄严功德，能与众生作大饶益，可常行于世，故名曰经。“优婆提舍”，是佛论议经名。“愿”，是欲乐义。“生”者，天亲菩萨愿生彼安乐净土如来净花中生，故曰愿生。“偈”，是句数义，以五言句略颂佛经，故名为偈。

译“婆薮”云“天”，译“槃头”言“亲”。此人字天亲，事在《付法藏经》。“菩萨”者，若具存梵音，应言“菩提萨埵”。“菩提”者，是佛道名。“萨埵”，或云众生，或云勇健。求佛道众生，有勇猛健志，故名“菩提萨埵”。今但言“菩萨”，译者略耳。“造”，亦作也。庶因人重法，故云某造。是故言“《无量寿经优婆提舍愿生偈》，婆薮槃头菩萨造”。

解论名目竟。

△ 偈中分为五念门，如下长行所释。

△ 第一行四句偈，含有三念门，上三句是礼拜、赞叹门，下一句是作愿门。

△ 第二行，论主自述，我依佛经造论，与佛教相应，所服有宗。何故云此？为成优婆提舍名故，亦是成上三门，起下二门，所以次之说。

△ 从第三行，尽二十三行，是观察门。

△ 末后一行，是回向门。

分偈章门竟。

【世尊我一心，归命尽十方，无碍光如来，愿生安乐国。】

“世尊”者，诸佛通号。论智，则义无不达。语断，则习气无余。

智、断具足，能利世间，为世尊重，故曰世尊。此言意归释迦如来。何以得知？下句言“我依修多罗”。天亲菩萨在释迦如来像法之中，顺释迦如来经教，所以愿生。愿生有宗，故知此言归于释迦。若谓此意遍告诸佛，亦复无嫌。夫菩萨归佛，如孝子之归父母，忠臣之归君后，动静非己，出没必由。知恩报德，理宜先启。又所愿不轻，若如来不加威神，将何以达？乞加神力，所以仰告。

“我一心”者，天亲菩萨自督之词，言念无碍光如来，愿生安乐，心心相续，无他想间杂。

问曰：佛法中无我，此中何以称“我”？

答曰：言“我”有三根本，一是邪见语，二是自大语，三是流布语。今言“我”者，天亲菩萨自指之言，用流布语，非邪见、自大也。

“归命尽十方无碍光如来”者，“归命”，即是礼拜门；“尽十方无碍光如来”，即是赞叹门。

何以知“归命”是礼拜？龙树菩萨造《阿弥陀如来赞》中，或言“稽首礼”，或言“我归命”，或言“归命礼”。此《论》长行中，亦言修五念门。五念门中，礼拜是一。天亲菩萨既愿往生，岂容不礼？故知归命即是礼拜。然礼拜但是恭敬，不必归命。归命必是礼拜。若以此推，归命为重。偈申己心，宜言归命。论解偈义，泛谈礼拜。彼此相成，于义弥显。

何以知“尽十方无碍光如来”是赞叹门？下长行中言：“云何赞叹门？谓称彼如来名，如彼如来光明智相，如彼名义，欲如实修行相应故。”依舍卫国所说《无量寿经》，佛解阿弥陀如来名号：“何故号阿弥陀？彼佛光明无量，照十方国，无所障碍，是故号阿弥陀。又彼佛寿命，及其人民，无量无边阿僧祇劫，故名阿弥陀。”

问曰：若言无碍光如来光明无量，照十方国土，无所障碍者，此间众生何以不蒙光照？光有所不照，岂非有碍耶？

答曰：碍属众生，非光碍也。譬如日光周四天下，而盲者不见，非日光不周也。亦如密云洪霔，而顽石不润，非雨不洽也。

若言一佛主领三千大千世界，是声闻论中说。若言诸佛遍领十方无量无边世界，是大乘论中说。天亲菩萨今言“尽十方无碍光如来”，即是依彼如来名，如彼如来光明智相赞叹，故知此句是赞叹门。

“愿生安乐国”者，此一句是作愿门，天亲菩萨归命之意也。其“安乐”义，具在下观察门中。

问曰：大乘经论中，处处说众生毕竟无生如虚空。云何天亲菩萨言愿生耶？

答曰：说众生无生如虚空，有二种：一者如凡夫所谓实众生，如凡夫所见实生死，此所见事，毕竟无所有，如龟毛，如虚空。二者谓诸法因缘生故，即是不生，无所有如虚空。天亲菩萨所愿生者，是因缘义。因缘义故，假名生，非如凡夫谓有实众生、实生死也。

问曰：依何义说往生？

答曰：于此间假名人中，修五念门，前念与后念作因。秽土假名人，净土假名人，不得决定一，不得决定异。前心、后心，亦复如是。何以故？若一则无因果，若异则非相续。是义《观一异门论》中委曲释。

第一行三念门竟。

△ 次成优婆提舍名，又成上起下偈。

【我依修多罗，真实功德相，说愿偈总持，与佛教相应。】

此一行，云何成优婆提舍名，云何成上三门、起下二门。

偈言：“我依修多罗”，“与佛教相应”。“修多罗”，是佛经名。我论佛经义，与经相应，以入佛法相故，得名优婆提舍。名成竟。

成上三门、起下二门：何所依，何故依，云何依。何所依者，依修多罗。何故依者，以如来即真实功德相故。云何依者，修五念门相应故。成上起下竟。

“修多罗”者，十二部经中直说者名修多罗，谓四阿含三藏等。三藏外大乘诸经，亦名修多罗。此中言“依修多罗”者，是三藏外大乘修多罗，非《阿含》等经也。

“真实功德相”者，有二种功德：一者从有漏心生，不顺法性，所谓凡夫人天诸善、人天果报，若因若果，皆是颠倒，皆是虚伪，是故名不实功德。二者从菩萨智慧清净业起庄严佛事，依法性入清净相，是法不颠倒、不虚伪，名为真实功德。云何不颠倒？依法性，顺二谛故。云何不虚伪？摄众生入毕竟净故。

“说愿偈总持，与佛教相应”者，“持”名不散不失，“总”名以少摄多，“偈”言五言句数，“愿”名欲乐往生，“说”谓说诸偈论。总而言之，说所愿生偈，总持佛经，与佛教相应。相应者，譬如函盖相称也。

△ 此以下是第四观察门，此门中分为二别：一者观察器世间庄严成就，二者观察众生世间庄严成就。

【观彼世界相，胜过三界道。】

此句以下，至“愿生彼阿弥陀佛国”，是观器世间庄严成就。

观器世间中，复分为十七别，至文当目。

此二句，即是第一事，名为观察庄严清净功德成就。此清净是总相。

佛本所以起此庄严清净功德者，见三界是虚伪相，是轮转相，是无穷相。如蚇蠖循环，如蚕茧自缚。哀哉众生，缔此三界，颠倒不净。欲置众生于不虚伪处，于不轮转处，于不无穷处，得毕竟安乐大清净处，是故起此清净庄严功德也。成就者，言此清净不可破坏，不可污染。非如三界，是污染相，是破坏相也。

“观”者，观察也。“彼”者，彼安乐国也。“世界相”者，彼安乐世界清净相也，其相别在下。

“胜过三界道”。道者，通也。以如此因，得如此果。以如此果，酬如此因。通因至果，通果酬因，故名为道。三界者，一是欲界，所谓六欲天，四天下人、畜生、饿鬼、地狱等是也；二是色界，所谓初禅、二禅、三禅、四禅天等是也；三是无色界，所谓空处、识处、无所有处、非想非非想处天等是也。此三界，盖是生死凡夫流转之暗宅，虽复苦乐小殊，修短暂异，统而观之，莫非有漏。倚伏相乘，循环无际。杂生触受，四倒长拘。且因且果，虚伪相袭。安乐，是菩萨慈悲正观之由生，如来神力本愿之所建。胎、卵、湿生，缘兹高揖。业系长维，从此永断。续括之权，不待劝而弯弓。劳谦善让，齐普贤而同德。胜过三界，抑是近言。

【究竟如虚空，广大无边际。】

此二句，名庄严量功德成就。

佛本所以起此庄严量功德者，见三界狭小，堕陉陪陼，或宫观迫迮，或土田逼隘，或志求路促，或山河隔障，或国界分部，有如此等种种拘局事，是故菩萨兴此庄严量功德愿："愿我国土，如虚空广大无际。"

"如虚空"者，言来生者虽众，犹若无也。"广大无际"者，成上"如虚空"义。何故如虚空？以广大无际故。成就者，言十方众生往生者，若已生，若今生，若当生，虽无量无边，毕竟常如虚空，广大无际，终无满时。是故言："究竟如虚空，广大无边际。"

问曰：如维摩方丈，苞容有余。何必国界无赀，乃称广大？

答曰：所言广大，非必以畦畹为喻，但言如空，亦何累方丈？又方丈之所苞容，在狭而广。核论果报，岂若在广而广耶？

【正道大慈悲，出世善根生。】

此二句，名庄严性功德成就。

佛本何故起此庄严？见有国土，以爱欲故，则有欲界。以攀厌禅定故，则有色、无色界。此三界皆是有漏邪道所生，长寝大梦，莫知悕出。是故兴大悲心："愿我成佛，以无上正见道，起清净土，出于三界。"

"性"是"本"义，言此净土随顺法性，不乖法本，事同《华严经》宝王如来性起义。又言积习成性，指法藏菩萨集诸波罗蜜积习所成。亦言"性"者是圣种性，序法藏菩萨于世自在王佛所，悟无生法忍，尔时位名圣种性，于是性中，发四十八大愿，修起此土，即曰安乐净土，是彼因所得，果中说因，故名为"性"。又言"性"是必然义、不改义。如海性一味，众流入者必为一味，海味不随彼改也。又如人身性不净故，种种妙好色香美味，入身皆为不净。安乐净土诸往生者，无不净色，无不净心，毕竟皆得清净平等无为法身，以安乐国土清净性成就故。

“正道大慈悲出世善根生”者，平等大道也。平等道所以名为正道者，平等是诸法体相。以诸法平等，故发心等。发心等，故道等。道等，故大慈悲等。大慈悲是佛道正因，故言“正道大慈悲”。慈悲有三缘：一者众生缘，是小悲；二者法缘，是中悲；三者无缘，是大悲。大悲即出世善也。安乐净土从此大悲生故，故谓此大悲为净土之根，故曰“出世善根生”。

【净光明满足，如镜日月轮。】

此二句，名庄严形相功德成就。

佛本所以起此庄严功德者，见日行四域，光不周三方；庭燎在宅，明不满十仞。以是故起满净光明愿。如日月光轮，满足自体。彼安乐净土，虽复广大无边，清净光明无不充塞。故曰：“净光明满足，如镜日月轮。”

【备诸珍宝性，具足妙庄严。】

此二句，名庄严种种事功德成就。

佛本何故起此庄严？见有国土以泥土为宫饰，以木石为华观。或雕金镂玉，意愿不充。或营备百千，具受辛苦。以此故兴大悲心：“愿我成佛，必使珍宝具足，严丽自然，相忘于有余，自得于佛道。”此庄严事，纵使毗首羯磨，工称妙绝，积思竭想，岂能取图？

“性”者，“本”义也。能生既净，所生焉得不净？故经言：“随其心净，则佛土净。”是故言：“备诸珍宝性，具足妙庄严。”

【无垢光焰炽，明净曜世间。】

此二句，名庄严妙色功德成就。

佛本何故起此庄严？见有国土，优劣不同。以不同故，高下以形。高下既形，是非以起。是非既起，长沦三有。是故兴大悲心，起平等愿：“愿我国土，光焰炽盛，第一无比。不如人天金色，能有夺者。”若为相夺？如明镜在金边则不现；今日时中金，比佛在时金则不现；佛在时金，比阎浮那金则不现；阎浮那金，比大海中转轮王道中金沙则不现；转轮王道中金沙，比金山则不现；金山比须弥山金则不现；须弥山金，比三十三天璎珞金则不现；三十三天璎珞金，比焰摩天金则不现；焰摩天金，比兜率陀天金则不现；兜率陀天金，比化自在天金则不现；化自在天金，比他化自在天金则不现；他化自在天金，比安乐国中光明则不现。所以者何？彼土金光从绝垢业生故，清净无不成就故。安乐净土，是无生忍菩萨净业所起，阿弥陀如来法王所领，阿弥陀如来为增上缘故。是故言："无垢光焰炽，明净曜世间。"曜世间者，曜二种世间也。

【宝性功德草，柔软左右旋，触者生胜乐，过迦旃邻陀。】

此四句，名庄严触功德成就。

佛本何故起此庄严？见有国土，虽宝重金玉，不得为衣服。珍玩明镜，无议于敷具。斯缘悦于目，不便于身也。身、眼二情，岂弗矛盾乎？是故愿言："使我国土，人天六情，和于水乳，卒去楚越之劳。"所以七宝柔软，悦目便身。

迦旃邻陀者，天竺柔软草名也，触之者能生乐受，故以为喻。注者言：此间土石草木，各有定体。译者何缘目彼宝为草耶？当以其萃茸蓁葋，故以草目之耳。余若参译，当别有途。

生胜乐者。触迦旃邻陀，生染着乐。触彼软宝，生法喜乐。二事相悬，非胜如何？是故言："宝性功德草，柔软左右旋，触者生胜乐，过迦旃邻陀。"

【宝花千万种，弥覆池流泉，微风动花叶，交错光乱转。】

此四句，名庄严水功德成就。

佛本何故起此愿？见有国土，或溇溺洪涛，滓沫惊人。或凝凘洟澲，蹙栅怀忒。向无安悦之情，背有恐值之虑。菩萨见此，兴大悲心："愿我成佛，所有流泉池沼，与宫殿相称。种种宝花，布为水饰。微风徐扇，映发有序。开神悦体，无一不可。"是故言："宝花千万种，弥覆池流泉，微风动花叶，交错光乱转。”

【宫殿诸楼阁，观十方无碍，杂树异光色，宝栏遍围绕。】

此四句，名庄严地功德成就。

佛本何故起此庄严？见有国土，嶕峣峻岭，枯木横岑。峆嵣陉嶙，茼茅盈壑。茫茫沧海，为绝目之川。苋苋广泽，为无踪之所。菩萨见此，兴大悲愿：“愿我国土，地平如掌。宫殿楼阁，镜纳十方。的无所属，亦非不属。宝树宝栏，互为映饰。”是故言：“宫殿诸楼阁，观十方无碍，杂树异光色，宝栏遍围绕。”

【无量宝交络，罗网遍虚空，种种铃发响，宣吐妙法音。】

此四句，名庄严虚空功德成就。

佛本何故起此庄严？见有国土，烟云尘雾，蔽障太虚。震烈霽霍，从上而堕。不祥灾霓，每自空来。忧虑百端，为之毛竖。菩萨见此，兴大悲心：“愿我国土，宝网交络，罗遍虚空。铃铎宫商，鸣宣道法。视之无厌，怀道见德。”是故言：“无量宝交络，罗网遍虚空，种种铃发响，宣吐妙法音。”

【雨花衣庄严，无量香普熏。】

此二句，名庄严雨功德成就。

佛本何故兴此庄严？见有国土，欲以服饰布地，延请所尊，或欲以香花、名宝，用表恭敬，而业贫感薄，是事不果。是故兴大悲愿：“愿我国土，常雨此物，满众生意。”

何故以雨为言？恐取着云：“若常雨花、衣，亦应填塞虚空，何缘不妨？”是故以雨为喻，雨适时则无洪滔之患，安乐报岂有累情之物乎？经言：“日夜六时，雨宝衣，雨宝花。宝质柔软，履践其上，则下四寸。随举足时，还复如故。用讫入宝地，如水入坎。”是故言：“雨花衣庄严，无量香普熏。”

【佛慧明净日，除世痴暗冥。】

此二句，名庄严光明功德成就。

佛本何故兴此庄严？见有国土，虽复项背日光，而为愚痴所暗。是故愿言："使我国土所有光明，能除痴暗，入佛智慧，不为无记之事。"亦云安乐国土光明，从如来智慧报起，故能除世暗冥。经言："或有佛土，以光明为佛事。"即是此也。故言："佛慧明净日，除世痴暗冥。"

【梵声悟深远，微妙闻十方。】

此二句，名庄严妙声功德成就。

佛本何故兴此愿？见有国土，虽有善法，而名声不远。有名声虽远，复不微妙。有名声妙远，复不能悟物。是故起此庄严。

天竺国称净行为"梵行"，称妙辞为"梵言"。彼国贵重梵天，多以"梵"为赞。亦言中国法与梵天通故也。"声"者，名也。名谓安乐土名。经言："若人但闻安乐净土之名，欲愿往生，亦得如愿。"此名悟物之证也。《释论》言："如斯净土，非三界所摄。何以言之？无欲故，非欲界。地居故，非色界。有色故，非无色界。盖菩萨别业所致耳。"出有而有曰"微"（出有者，谓出三有；而有者，谓净土有也），名能开悟曰"妙"。是故言："梵声悟深远，微妙闻十方。"

【正觉阿弥陀，法王善住持。】

此二句，名庄严主功德成就。

佛本何故兴此愿？见有国土，罗刹为君，则率土相啖；宝轮驻殿，则四域无虞。譬之风靡，岂无本耶？是故兴愿："愿我国土，常有法王，法王善力之所住持。"住持者，如黄鹄持子安，千龄更起；鱼母念持子，经泶不坏。安乐国为正觉善持，其国岂有非正觉事耶？是故言："正觉阿弥陀，法王善住持。"

【如来净花众，正觉花化生。】

此二句，名庄严眷属功德成就。

佛本何故兴此愿？见有国土，或以胞血为身器，或以粪尿为生元。或槐棘高圻，出猜狂之子。或竖子婢腹，出卓荦之才。讥诮由之怀火，耻辱缘以抱冰。所以愿言：“使我国土，悉于如来净花中生，眷属平等，与夺无路。”故言：“如来净花众，正觉花化生。”

【爱乐佛法味，禅三昧为食。】

此二句，名庄严受用功德成就。

佛本何故兴此愿？见有国土，或探巢破卵，为饛饶之膳。或悬沙指袋，为相慰之方。呜呼诸子，实可痛心。是故兴大悲愿：“愿我国土，以佛法、以禅定、以三昧为食，永绝他食之劳。”

爱乐佛法味者，如日月灯明佛说《法华经》六十小劫，时会听者亦坐一处，六十小劫谓如食顷，无有一人若身若心而生懈倦。以禅定为食者，谓诸大菩萨常在三昧，无他食也。三昧者，彼诸人天若须食时，百味嘉肴罗列在前，眼见色，鼻闻香，身受适悦，自然饱足，讫已化去，若须复现，其事在经。是故言：“爱乐佛法味，禅三昧为食。”

【永离身心恼，受乐常无间。】

此二句，名庄严无诸难功德成就。

佛本何故兴此愿？见有国土，或朝预衮宠，夕惶斧钺。或幼舍蓬藜，长列方丈。或鸣笳道出，历经催还。有如是等种种违夺。是故愿言：“使我国土，安乐相续，毕竟无间。”身恼者，饥渴、寒热、杀害等也。心恼者，是非、得失、三毒等也。是故言：“永离身心恼，受乐常无间。”

【大乘善根界，等无讥嫌名，女人及根缺，二乘种不生。】

此四句，名庄严大义门功德成就。门者，通大义之门也。大义者，大乘所以也。如人造城，得门则入。若人得生安乐者，是则成就大乘之门也。

佛本何故兴此愿？见有国土，虽有佛如来、贤圣等众，由国浊故，分一说三。或以拓眉致诮，或缘指语招讥。是故愿言："使我国土，皆是大乘一味，平等一味。根败种子，毕竟不生。女人、残缺，名字亦断。"是故言："大乘善根界，等无讥嫌名，女人及根缺，二乘种不生。"

问曰：案王舍城所说《无量寿经》，法藏菩萨四十八愿中言："设我得佛，国中声闻，有能计量知其数者，不取正觉。"是有声闻一证也。又《十住毗婆沙》中，龙树菩萨造《阿弥陀赞》云："超出三界狱，目如莲花叶，声闻众无量，是故稽首礼。"是有声闻二证也。又《摩诃衍论》中言："佛土种种不同。或有佛土，纯是声闻僧。或有佛土，纯是菩萨僧。或有佛土，菩萨、声闻会为僧，如阿弥陀安乐国等是也。"是有声闻三证也。诸经中有说安乐国处，多言有声闻，不言无声闻。声闻即是二乘之一。《论》言乃至无二乘名，此云何会？

答曰：以理推之，安乐净土不应有二乘。何以言之？夫有病则有药，理数之常也。《法华经》言："释迦牟尼如来，以出五浊世故，分一为三。"净土既非五浊，无三乘明矣。《法华经》道诸声闻："是人于何而得解脱？但离虚妄，名为解脱。是人实未得一切解脱，以未得无上道故。"核推此理，阿罗汉既未得一切解脱，必应有生。此人更不生三界，三界外除净土更无生处，是以唯应于净土生。如言声闻者，是他方声闻来生，仍本名故，称为声闻。如天帝释生人中时，姓憍尸迦，后虽为天主，佛欲使人知其由来，与帝释语时，犹称憍尸迦，其此类也。又此《论》但言"二乘种不生"，谓安乐国不生二乘种子，亦何妨二乘来生耶？譬如橘栽不生江北，河洛果肆亦见有橘。又言鹦鹉不渡陇西，赵魏架桁亦有鹦鹉。此二物但言其种不渡。彼有声闻亦如是，作如是解，经、论则会。

问曰：名以召事，有事乃有名。安乐国既无二乘、女人、根缺之事，亦何须复言无此三名耶？

答曰：如软心菩萨，不甚勇猛，讥言声闻。如人谄曲，或复佇弱，讥言女人。又如眼虽明而不识事，讥言盲人。又如耳虽聪而听义不解，讥言聋人。又如舌虽语而讷口謇吃，讥言哑人。有如是等，根虽具足，而有讥嫌之名。是故须言乃至无名，明净土无如是等与夺之名。

问曰：寻法藏菩萨本愿，及龙树菩萨所赞，皆似以彼国声闻众多为奇，此有何义？

答曰：声闻以实际为证，计不应更能生佛道根芽。而佛以本愿不可思议神力，摄令生彼，必当复以神力生其无上道心。譬如鸩鸟入水，鱼蚌咸死。犀牛触之，死者皆活。如此不应生而生，所以可奇。然五不思议中，佛法最不可思议。佛能使声闻复生无上道心，真不可思议之至也。

【众生所愿乐，一切能满足。】

此二句，名庄严一切所求满足功德成就。

佛本何故兴此愿？见有国土，或名高位重，潜处无由。或人凡姓鄙，悕出靡路。或修短系业，制不在己，如阿私陀仙人类也。有如是等为业风所吹，不得自在。是故愿言：“使我国土，各称所求，满足情愿。”是故言：“众生所愿乐，一切能满足。”

【是故愿生彼，阿弥陀佛国。】

此二句，结成上观察十七种庄严国土成就，所以愿生。

释器世间清净，讫之于上。

△ 次观众生世间清净，此门中分为二别：一者观察阿弥陀如来庄严功德，二者观察彼诸菩萨庄严功德。

△ 观察如来庄严功德中有八种，至文当目。

问曰：有论师泛解“众生”名义，以其轮转三有，受众多生死，故名众生。今名佛、菩萨为众生，是义云何？

答曰：经言：“一法有无量名，一名有无量义。”如以受众多生死故名为“众生”者，此是小乘家释三界中众生名义，非大乘家众生名义也。大乘家所言“众生”者，如《不增不减经》言：“言众生者，即是不生不灭义。”何以故？若有生，生已复生，有无穷过故，有不生而生过故，是故无生。若有生，可有灭。既无生，何得有灭？是故无生无灭，是“众生”义。如经中言：“五受阴通达空无所有，是苦义。”斯其类也。

【无量大宝王，微妙净花台。】

此二句，名庄严座功德成就。

佛本何故庄严此座？见有菩萨，于末后身，敷草而坐，成阿耨多罗三藐三菩提。人天见者，不生增上信、增上恭敬、增上爱乐、增上修行。是故愿言：“我成佛时，使无量大宝王微妙净花台以为佛座。”

无量者，如《观无量寿经》言：“七宝地上，有大宝莲花王座。莲花一一叶作百宝色，有八万四千脉，犹如天画，脉有八万四千光。花叶小者，纵广二百五十由旬。如是花有八万四千叶，一一叶间，有百亿摩尼珠王以为映饰。一一摩尼放千光明，其光如盖，七宝合成，遍覆地上。释迦毗楞伽宝以为其台，此莲花台，八万金刚甄叔迦宝、梵摩尼宝、妙真珠网，以为校饰。于其台上，自然而有四柱宝幢。一一宝幢，如百千万亿须弥山。幢上宝幔，如夜摩天宫。有五百亿微妙宝珠以为映饰。一一宝珠，有八万四千光。一一光，作八万四千异种金色。一一金色，遍安乐宝土，处处变化，各作异相，或为金刚台，或作真珠网，或作杂花云。于十方面，随意变现，施作佛事。”如是等事，出过数量。是故言：“无量大宝王，微妙净花台。”

【相好光一寻，色像超群生。】

此二句，名庄严身业功德成就。

佛本何故庄严如此身业？见有佛身，受一丈光明。于人身光，不甚超绝。如转轮王相好亦大同。提婆达多所减唯二，致令阿阇世王以兹惑乱。删阇耶等敢如螳螂，或如此类也。是故庄严如此身业。

案此间诂训，六尺曰寻。如《观无量寿经》言：“阿弥陀如来身高六十万亿那由他恒河沙由旬，佛圆光如百亿三千大千世界。”译者以“寻”而言，何其晦乎？里舍间人，不简纵横长短，咸谓横舒两手臂为寻。若译者或取此类，用准阿弥陀如来舒臂为言，故称一寻者，圆光亦应径六十万亿那由他恒河沙由旬。是故言：“相好光一寻，色像超群生。”

问曰：《观无量寿经》言：“诸佛如来是法界身，入一切众生心想中。是故汝等心想佛时，是心即是三十二相、八十随形好。是心作佛，是心是佛。诸佛正遍知海，从心想生。”是义云何？

答曰：身名集成，界名事别。如眼界缘根、色、空、明、作意五因缘生，名为眼界。是眼但自行己缘，不行他缘，以事别故。耳、鼻等界亦如是。言“诸佛如来是法界身”者，法界是众生心法也。以心能生世间、出世间一切诸法，故名心为法界。法界能生诸如来相好身，亦如色等能生眼识，是故佛身名法界身。是身不行他缘，是故入一切众生心想中。

“心想佛时，是心即是三十二相、八十随形好”者，当众生心想佛时，佛身相好，显现众生心中也。譬如水清则色像现，水之与像，不一不异。故言佛相好身即是心想也。

“是心作佛”者，言心能作佛也。“是心是佛”者，心外无佛也。譬如火从木出，火不能离木也。以不离木故，则能烧木。木为火烧，木即为火也。

“诸佛正遍知海从心想生”者。正遍知者，真正如法界而知也。法界无相，故诸佛无知也。以无知，故无不知也。无知而知者，是正遍知也。是知深广不可测量，故譬海也。

【如来微妙声，梵响闻十方。】

此二句，名庄严口业功德成就。

佛本何故兴此庄严？见有如来，名似不尊。如外道轵人，称瞿昙姓。成道日声，唯彻梵天。是故愿言：“使我成佛，妙声遐布，闻者悟忍。”是故言：“如来微妙声，梵响闻十方。”

【同地水火风，虚空无分别。】

此二句，名庄严心业功德成就。

佛本何故兴此庄严？见有如来说法云：此黑此白，此不黑不白，下法、中法、上法、上上法。有如是等无量差别品，似有分别。是故愿言："使我成佛，如地荷负，无轻重之殊。如水润长，无莤（恶草）葀（瑞草）之异。如火成熟，无芳臭之别。如风起发，无眠寤之差。如空苞受，无开塞之念。得之于内，物安于外。虚往实归，于是乎息。"是故言："同地水火风，虚空无分别。"

【天人不动众，清净智海生。】

此二句，名庄严大众功德成就。

佛本何故起此庄严？见有如来说法轮下，所有大众诸根性欲种种不同，于佛智慧若退若没，以不等故，众不纯净。所以兴愿："愿我成佛，所有天人皆从如来智慧清净海生。"海者，言佛一切种智深广无涯，不宿二乘、杂善中下死尸，喻之如海。是故言："天人不动众，清净智海生。"不动者，言彼天人成就大乘根，不可倾动也。

【如须弥山王，胜妙无过者。】

此二句，名庄严上首功德成就。

佛本何故起此愿？见有如来众中，或有强梁者，如提婆达多流比。或有国王与佛并治，不知甚推佛。或有请佛，以他缘废忘。有如是等，似上首力不成就。是故愿言："我为佛时，愿一切大众无能生心敢与我等，唯一法王，更无俗王。"是故言："如须弥山王，胜妙无过者。"

【天人丈夫众，恭敬绕瞻仰。】

此二句，名庄严主功德成就。

佛本何故起此庄严？见有佛如来，虽有大众，众中亦有不甚恭敬。如一比丘语释迦牟尼佛："若不与我解十四难，我当更学余道。"亦如居迦离谤舍利弗，佛三语而三不受。又如诸外道辈，假入佛众，而常伺求佛短。又如第六天魔，常于佛所，作诸留难。有如是等种种不恭敬相。是故愿言："使我成佛，天人大众恭敬无倦。"所以但言天人者，净土无女人及八部鬼神故也。是故言："天人丈夫众，恭敬绕瞻仰。"

【观佛本愿力，遇无空过者，能令速满足，功德大宝海。】

此四句，名庄严不虚作住持功德成就。

佛本何故起此庄严？见有如来，但以声闻为僧，无求佛道者。或有值佛而不免三途，善星、提婆达多、居迦离等是也。又人闻佛名号，发无上道心，遇恶因缘，退入声闻、辟支佛地者。有如是等空过者，退没者。是故愿言："使我成佛时，值遇我者，皆速疾满足无上大宝。"是故言："观佛本愿力，遇无空过者，能令速满足，功德大宝海。"住持义如上。

观佛庄严八种功德，讫之于上。

△ 次观安乐国诸大菩萨四种庄严功德成就。

问曰：观如来庄严功德，何所阙少，复须观菩萨功德耶？

答曰：如有明君，则有贤臣。尧舜之称无为，是其比也。若使但有如来法王，而无大菩萨法臣，于翼赞道，岂足云满？亦如薪积小，则火不大。如经言，阿弥陀佛国有无量无边诸大菩萨，如观世音、大势至等，皆当一生于他方次补佛处。若人称名忆念者、归依者、观察者，如《法华经·普门品》说，无愿不满。然菩萨爱乐功德，如海吞流，无止足情。亦如释迦牟尼如来，闻一目暗比丘吁言："谁爱功德，为我维针？"尔时如来从禅定起，来到其所，语言："我爱福德。"遂为其维针。尔时失明比丘暗闻佛语声，惊喜交集，白佛言："世尊！世尊功德犹未满耶？"佛报言："我功德圆满，无所复须。但我此身从功德生，知功德恩分故，是故言爱。"如所问观佛功德，实无愿不充。所以复观菩萨功德者，有如上种种义故耳。

【安乐国清净，常转无垢轮，化佛菩萨日，如须弥住持。】

佛本何故起此庄严？见有佛土，但是小菩萨，不能于十方世界广作佛事，或但声闻、人、天，所利狭小。是故兴愿："愿我国中，有无量大菩萨众，不动本处，遍至十方，种种应化，如实修行，常作佛事。"譬如日在天上，而影现百川，日岂来耶？岂不来耶？如《大集经》言："譬如有人善治堤塘，量其所宜，及放水时，不加心力。菩萨亦如是，先治一切诸佛及众生应供养、应教化种种堤塘，及入三昧，身心不动，如实修行，常作佛事。"如实修行者，虽常修行，实无所修行也。是故言："安乐国清净，常转无垢轮，化佛菩萨日，如须弥住持。"

【无垢庄严光，一念及一时，普照诸佛会，利益诸群生。】

佛本何故起此庄严？见有如来眷属，欲供养他方无量诸佛，或欲教化无量众生，此没彼出，先南后北，不能以一念一时，放光普照，遍至十方世界教化众生，有出没、前后相故。是故兴愿："愿我佛土诸大菩萨，于一念时顷，遍至十方，作种种佛事。"是故言："无垢庄严光，一念及一时，普照诸佛会，利益诸群生。"

问曰：上章云身不动摇，而遍至十方。不动而至，岂非是一时义耶？与此若为差别？

答曰：上但言不动而至，或容有前后。此言无前无后，是为差别，亦是成上不动义。若不一时，则是往来。若有往来，则非不动。是故为成上不动义故，须观一时。

【雨天乐花衣，妙香等供养，赞诸佛功德，无有分别心。】

佛本何故起此庄严？见有佛土，菩萨、人、天志趣不广，不能遍至十方无穷世界，供养诸佛如来大众。或以己土秽浊，不敢向诣净乡。或以所居清净，鄙薄秽土。以如此等种种局分，于诸佛如来所，不能周遍供养，发起广大善根。是故愿言："我成佛时，愿我国土一切菩萨、声闻、天人大众，遍至十方一切诸佛大会处所，雨天乐、天花、天衣、天香，以巧妙辩辞，供养赞叹诸佛功德。"虽叹秽土如来大慈谦忍，不见佛土有杂秽相。虽叹净土如来无量庄严，不见佛土有清净相。何以故？以诸法等故，诸如来等，是故诸佛如来名为等觉。若于佛土起优劣心，假使供养如来，非法供养也。是故言：“雨天乐花衣，妙香等供养，赞诸佛功德，无有分别心。”

【何等世界无，佛法功德宝，我愿皆往生，示佛法如佛。】

佛本何故起此愿？见有软心菩萨，但乐有佛国土修行，无慈悲坚牢心。是故兴愿：“愿我成佛时，我土菩萨皆慈悲勇猛，坚固志愿，能舍清净土，至他方无佛法僧处，住持庄严佛法僧宝，示如有佛，使佛种处处不断。”是故言：“何等世界无，佛法功德宝，我愿皆往生，示佛法如佛。”

观菩萨四种庄严功德成就，讫之于上。

△ 次下四句，是回向门。

【我作论说偈，愿见弥陀佛，普共诸众生，往生安乐国。】

此四句，是论主回向门。回向者，回己功德，普施众生，共见阿弥陀如来，生安乐国。

【《无量寿修多罗》章句，我以偈颂总说竟。】

问曰：天亲菩萨回向章中言：“普共诸众生，往生安乐国。”此指共何等众生耶？

答曰：案王舍城所说《无量寿经》，佛告阿难：“十方恒河沙诸佛如来，皆共称叹无量寿佛威神功德不可思议。诸有众生闻其名号，信心欢喜，乃至一念至心回向，愿生彼国，即得往生，住不退转。唯除五逆、诽谤正法。”案此而言，一切外凡夫人皆得往生。又如《观无量寿经》有九品往生，下下品生者：“或有众生作不善业，五逆十恶，具诸不善。如此愚人，以恶业故，应堕恶道，经历多劫，受苦无穷。如此愚人，临命终时，遇善知识，种种安慰，为说妙法，教令念佛。此人苦逼，不遑念佛。善友告言：‘汝若不能念者，应称无量寿佛。’如是至心令声不绝，具足十念，称‘南无阿弥陀佛’。称佛名故，于念念中，除八十亿劫生死之罪。命终之时，见金莲花，犹如日轮，住其人前。如一念顷，即得往生极乐世界。于莲花中，满十二大劫，莲花方开（当以此消五逆罪也）。观世音、大势至，以大悲音声，为其广说诸法实相除灭罪法。闻已欢喜，应时即发菩提之心。是名下品下生者。”以此经证，明知下品凡夫，但令不诽谤正法，信佛因缘，皆得往生。

问曰：《无量寿经》言：愿往生者，皆得往生，唯除五逆、诽谤正法。《观无量寿经》言：作五逆十恶，具诸不善，亦得往生。此二经云何会？

答曰：一经以具二种重罪，一者五逆，二者诽谤正法，以此二种罪故，所以不得往生。一经但言作十恶五逆等罪，不言诽谤正法，以不谤正法故，是故得生。

问曰：假使一人具五逆罪，而不诽谤正法，经许得生。复有一人但诽谤正法，而无五逆诸罪，愿往生者，得生与否？

答曰：但令诽谤正法，虽更无余罪，必不得生。何以言之？经言：五逆罪人堕阿鼻大地狱中，具受一劫重罪。诽谤正法人堕阿鼻大地狱中，此劫若尽，复转至他方阿鼻大地狱中，如是展转经百千阿鼻大地狱，佛不记得出时节，以诽谤正法罪极重故。又正法者，即是佛法。此愚痴人既生诽谤，安有愿生佛土之理？假使但贪彼土安乐而愿生者，亦如求非水之冰，无烟之火，岂有得理？

问曰：何等相是诽谤正法？

答曰：若言无佛、无佛法，无菩萨、无菩萨法，如是等见，若心自解，若从他受，其心决定，皆名诽谤正法。

问曰：如是等计，但是己事，于众生有何苦恼，逾于五逆重罪耶？

答曰：若无诸佛菩萨说世间、出世间善道，教化众生者，岂知有仁、义、礼、智、信耶？如是世间一切善法皆断，出世间一切贤圣皆灭。汝但知五逆罪为重，而不知五逆罪从无正法生，是故谤正法人，其罪最重。

问曰：《业道经》言：“业道如秤，重者先牵。”如《观无量寿经》言：有人造五逆十恶，具诸不善，应堕恶道，经历多劫，受无量苦。临命终时，遇善知识，教称“南无阿弥陀佛”，如是至心令声不绝，具足十念，便得往生安乐净土，即入大乘正定之聚，毕竟不退，与三途诸苦永隔。先牵之义，于理如何？又旷劫以来，备造诸行有漏之法，系属三界，但以十念念阿弥陀佛，便出三界。系业之义，复欲云何？

答曰：汝谓五逆十恶系业等为重，以下下品人十念为轻，应为罪所牵，先堕地狱，系在三界者。今当以义较量，轻重之义，在心，在缘，在决定，不在时节久近多少也。

云何在心？彼造罪人，自依止虚妄颠倒见生。此十念者，依善知识方便安慰，闻实相法生。一实一虚，岂得相比？譬如千岁暗室，光若暂至，即便明朗，暗岂得言在室千岁而不去耶？是名在心。

云何在缘？彼造罪人，自依止妄想心，依烦恼虚妄果报众生生。此十念者，依止无上信心，依阿弥陀如来方便庄严真实清净无量功德名号生。譬如有人被毒箭所中，截筋破骨，闻灭除药鼓，即箭出毒除。（《首楞严经》言：“譬如有药，名曰灭除。若斗战时，用以涂鼓，闻鼓声者，箭出毒除。菩萨摩诃萨亦复如是，住首楞严三昧，闻其名者，三毒之箭自然拔出。”）岂可得言彼箭深毒厉，闻鼓音声不能拔箭去毒耶？是名在缘。

云何在决定？彼造罪人，依止有后心、有间心生。此十念者，依止无后心、无间心生。是名决定。

较量三义，十念者重，重者先牵，能出三有。两经一义耳。

问曰：几时名为一念？

答曰：百一生灭，名一刹那。六十刹那，名为一念。此中云念者，不取此时节也。但言忆念阿弥陀佛，若总相，若别相，随所观缘，心无他想，十念相续，名为十念。但称名号，亦复如是。

问曰：心若他缘，摄之令还，可知念之多少。但知多少，复非无间。若凝心注想，复依何可得记念之多少？

答曰：经言“十念”者，明业事成办耳，不必须知头数也。如言蟪蛄不识春秋，伊虫岂知朱阳之节乎，知者言之耳。十念业成者，是亦通神者言之耳。但积念相续，不缘他事便罢，复何暇须知念之头数也。若必须知，亦有方便，必须口授，不得题之笔点。

无量寿经优婆提舍愿生偈注卷下

【论曰：】

“论曰”以下，此是解义分。此分中义有十重：一者愿偈大意，二者起观生信，三者观行体相，四者净入愿心，五者善巧摄化，六者离菩提障，七者顺菩提门，八者名义摄对，九者愿事成就，十者利行满足。

“论”者，议也，言议偈所以也。“曰”者，词也，指下诸句是议释偈词也。故言“论曰”。

△ 愿偈大意者

【此愿偈明何义？示现观彼安乐世界，见阿弥陀如来，愿生彼国故。】

△ 起观生信者，此分中又有二重：一者示五念力，二者出五念门。

△ 示五念力者

【云何观？云何生信心？若善男子、善女人，修五念门行成就，毕竟得生安乐国土，见彼阿弥陀佛。】

△ 出五念门者

【何等五念门？一者礼拜门，二者赞叹门，三者作愿门，四者观察门，五者回向门。】

门者，入出义也。如人得门，则入出无碍。前四念，是入安乐净土门。后一念，是出慈悲教化门。

【云何礼拜？身业礼拜阿弥陀如来、应、正遍知。】

诸佛如来，德有无量。德无量故，德号亦无量。若欲具谈，纸笔不能载也。是以诸经或举十名，或腾三号，盖存至宗而已，岂此尽耶？所言三号，即此“如来”、“应”、“正遍知”也。

“如来”者，如法相解，如法相说，如诸佛安隐道来，此佛亦如是来，更不去后有中，故名“如来”。

“应”者，“应供”也。佛结使除尽，得一切智慧，应受一切天地众生供养，故曰“应”也。

“正遍知”者，知一切诸法实不坏相，不增不减。云何不坏？心行处灭，言语道过，诸法如涅槃相不动。故名“正遍知”。

“无碍光”义，如前偈中解。

【为生彼国意故。】

何故言此？菩萨之法，常以昼三时、夜三时，礼十方一切诸佛，不必有愿生意。今应常作愿生意，故礼阿弥陀如来也。

【云何赞叹？口业赞叹。】

赞者，赞扬也。叹者，歌叹也。赞叹非口不宣，故曰口业也。

【称彼如来名，如彼如来光明智相，如彼名义，欲如实修行相应故。】

“称彼如来名”者，谓称无碍光如来名也。

“如彼如来光明智相”者，佛光明是智慧相也。此光明照十方世界无有障碍，能除十方众生无明黑暗。非如日、月、珠光，但破空穴中暗也。

“如彼名义，欲如实修行相应”者，彼无碍光如来名号，能破众生一切无明，能满众生一切志愿。然有称名忆念，而无明犹在，而不满所愿者，何者？由不如实修行，与名义不相应故也。云何为不如实修行，与名义不相应？谓不知如来是实相身，是为物身。又有三种不相应：一者信心不淳，若存若亡故；二者信心不一，无决定故；三者信心不相续，余念间故。此三句，展转相成。以信心不淳，故无决定；无决定，故念不相续。

亦可念不相续，故不得决定信；不得决定信，故心不淳。与此相违，名与实修行相应，是故论主建言“我一心”。

问曰：名为法指，如指指月。若称佛名号便得满愿者，指月之指应能破暗。若指月之指不能破暗，称佛名号亦何能满愿耶？

答曰：诸法万差，不可一概。有名即法，有名异法。名即法者，诸佛菩萨名号、般若波罗蜜，及陀罗尼章句、禁咒音辞等是也。如《禁肿辞》云：“日出东方，乍赤乍黄”等句。假使酉、亥行禁，不关日出，而肿得瘥。亦如行师对阵，但一切齿中诵“临兵斗者皆陈列在前”，行诵此九字，五兵之所不中，《抱朴子》谓之要道者也。又苦转筋者，以木瓜对火熨之则愈。复有人但呼木瓜名亦愈，吾身得其效也。如斯近事，世间共知，况不可思议境界者乎？灭除药涂鼓之喻，复是一事，此喻已彰于前，故不重引。有名异法者，如指指月等名也。

【云何作愿？心常作愿，一心专念，毕竟往生安乐国土，欲如实修行奢摩他故。】

译“奢摩他”曰“止”。止者，止心一处，不作恶也。此译名乃不乖大意，于义未满。何以言之？如止心鼻端，亦名为止。不净观止贪，慈悲观止瞋，因缘观止痴，如是等亦名为止。如人将行不行，亦名为止。是知“止”语浮漫，不正得“奢摩他”名也。如椿、柘、榆、柳，虽皆名木。若但云木，安得榆、柳耶？

“奢摩他”云“止”者，今有三义：一者，一心专念阿弥陀如来，愿生彼土，此如来名号及彼国土名号能止一切恶。二者，彼安乐土过三界道，若人一生彼国，自然止身口意恶。三者，阿弥陀如来正觉住持力，自然止求声闻、辟支佛心。此三种止，从如来如实功德生，是故言：“欲如实修行奢摩他故。”

【云何观察？智慧观察，正念观彼，欲如实修行毗婆舍那故。】

译“毗婆舍那”曰“观”。但泛言“观”，义亦未满。何以言之？如观身无常、苦、空、无我、九相等，皆名为观。亦如上木名，不得椿、柘也。

“毗婆舍那”云“观”者，亦有二义：一者，在此作想，观彼三种庄严功德。此功德如实故，修行者亦得如实功德。如实功德者，决定得生彼土。二者，一得生彼净土，即见阿弥陀佛，未证净心菩萨毕竟得证平等法身，与净心菩萨、与上地菩萨毕竟同得寂灭平等。是故言：“欲如实修行毗婆舍那故。”

【彼观察有三种，何等三种？一者观察彼佛国土庄严功德，二者观察阿弥陀佛庄严功德，三者观察彼诸菩萨庄严功德。】

心缘其事曰观，观心分明曰察。

【云何回向？不舍一切苦恼众生，心常作愿，回向为首，得成就大悲心故。】

回向有二种相：一者往相，二者还相。往相者，以己功德回施一切众生，作愿共往生彼阿弥陀如来安乐净土。还相者，生彼土已，得奢摩他、毗婆舍那方便力成就，回入生死稠林，教化一切众生共向佛道。若往若还，皆为拔众生渡生死海，是故言：“回向为首，得成就大悲心故。”

△ 观行体相者，此分中有二体：一者器体，二者众生体。

△ 器分中又有三重：一者国土体相，二者示现自利利他，三者入第一义谛。

△ 国土体相者

【云何观察彼佛国土庄严功德？彼佛国土庄严功德者，成就不可思议力故，如彼摩尼如意宝性相似相对法故。】

“不可思议力”者，总指彼佛国土十七种庄严功德力不可得思议也。诸经统言有五种不可思议：一者众生多少不可思议，二者业力不可思议，三者龙力不可思议，四者禅定力不可思议，五者佛法力不可思议。此中佛土不可思议，有二种力：一者业力，谓法藏菩萨出世善根大愿业力所成；二者正觉阿弥陀法王善住持力所摄。此不可思议，如下十七种，一一相皆不可思议。至文当释。

“如彼摩尼如意宝性相似相对”者，借彼摩尼如意宝性，示安乐佛土不可思议性也。诸佛入涅槃时，以方便力，留碎身舍利，以福众生。众生福尽，此舍利变为摩尼如意宝珠。此珠多在大海中，大龙王以为首饰。若转轮圣王出世，以慈悲方便，能得此珠，于阎浮提作大饶益。若须衣服、饮食、灯明、乐具，随意所欲种种物时，王便洁斋，置珠于长竿头，发愿言：“若我实是转轮王者，愿宝珠雨如此之物，若遍一里，若十里，若百里，随我心愿。”尔时即便于虚空中雨种种物，皆称所须，满足天下一切人愿，以此宝性力故。彼安乐佛土亦如是，以安乐性种种成就故。

“相似相对”者。彼宝珠力，求衣食者，能雨衣食等物，称求者意，非是不求。彼佛土则不然，性满足成就故，无所乏少。片取彼性为喻，故言“相似相对”。又彼宝但能与众生衣食等愿，不能与众生无上道愿。又彼宝但能与众生一身愿，不能与众生无量身愿。有如是等无量差别，故言“相似”。

【观察彼佛国土庄严功德成就者，有十七种，应知。何等十七？一者庄严清净功德成就，二者庄严量功德成就，三者庄严性功德成就，四者庄严形相功德成就，五者庄严种种事功德成就，六者庄严妙色功德成就，七者庄严触功德成就，八者庄严三种功德成就，九者庄严雨功德成就，十者庄严光明功德成就，十一者庄严妙声功德成就，十二者庄严主功德成就，十三者庄严眷属功德成就，十四者庄严受用功德成就，十五者庄严无诸难功德成就，十六者庄严大义门功德成就，十七者庄严一切所求满足功德成就。】

先举章门，次续提释。

【庄严清净功德成就者，偈言“观彼世界相，胜过三界道”故。】

此云何不思议？有凡夫人烦恼成就，亦得生彼净土。三界系业，毕竟不牵。则是不断烦恼，得涅槃分，焉可思议？

【庄严量功德成就者，偈言“究竟如虚空，广大无边际”故。】

此云何不思议？彼国人天，若意欲宫殿楼阁，若广一由旬、若百由旬、若千由旬，千间、万间，随心所成，人各如此。又十方世界众生愿往生者，若已生、若今生、若当生，一时一日之顷，算数所不能知其多少，而彼世界常若虚空，无迫迮相。彼中众生，住如此量中，志愿广大，亦如虚空无有限量。彼国土量，能成众生心行量，何可思议？

【庄严性功德成就者，偈言“正道大慈悲，出世善根生”故。】

此云何不思议？譬如迦罗求罗虫，其形微小，若得大风，身如大山。随风大小，为己身相。生安乐众生亦复如是，生彼正道世界，即成就出世善根，入正定聚。亦如彼虫，非身而身，焉可思议？

【庄严形相功德成就者，偈言“净光明满足，如镜日月轮”故。】

此云何不思议？夫忍辱得端正，我心影响也。一得生彼，无瞋忍之殊。人天色像，平等妙绝。盖净光之力也。彼光非心行，而为心行之事，焉可思议？

【庄严种种事功德成就者，偈言“备诸珍宝性，具足妙庄严”故。】

此云何不思议？彼种种事，或一宝、十宝、百千种宝，随心称意，无不具足。若欲令无，倏焉化没。心得自在，有逾神通。安可思议？

【庄严妙色功德成就者，偈言“无垢光焰炽，明净曜世间”故。】

此云何不思议？其光曜事，则映彻表里。其光曜心，则终尽无明。光为佛事，焉可思议？

【庄严触功德成就者，偈言“宝性功德草，柔软左右旋，触者生胜乐，过迦旃邻陀”故。】

此云何不思议？夫宝例坚强，而此柔软。触乐应着，而此增道。事同爱作，何可思议？

有菩萨字“爱作”，形容端正，生人染着，经言：“染之者，或生天上，或发菩提心。”

【庄严三种功德成就者，有三种事，应知。何等三种？一者水，二者地，三者虚空。】

此三种所以并言，以同类者故也。何以言之？一者六大类，所谓虚空、识、地、水、火、风。二者无分别类，所谓地、水、火、风、虚空。但言三类者，识一大，属众生世间故；火一大，彼中无故；虽有风，风不可见故，无住处故。是以六大、五类中，取有而可庄严三种并言之。

【庄严水功德成就者，偈言“宝花千万种，弥覆池流泉，微风动花叶，交错光乱转”故。】

此云何不思议？彼净土人天，非水谷身，何须水耶？清净成就，不须洗濯，复何用水耶？彼中无四时，常调适不烦热，复何须水耶？不须而有，当有所以。经言：“彼诸菩萨及声闻，若入宝池，意欲令水没足，水即没足。欲令至膝，水即至膝。欲令至腰，水即至腰。欲令至颈，水即至颈。欲令灌身，自然灌身。欲令还复，水辄还复。调和冷暖，自然随意。开神悦体，荡除心垢。清明澄洁，净若无形。宝沙映彻，无深不照。微澜回流，转相灌注。安详徐逝，不迟不疾。波扬无量自然妙声，随其所应，莫不闻者。或闻佛声，或闻法声，或闻僧声，或闻寂静声，空无我声，大慈悲声，波罗蜜声，或闻十力、无畏、不共法声，诸通慧声，无所作声，不起灭声，无生忍声，乃至甘露灌顶众妙法声。如是等声，称其所闻，欢喜无量。随顺清净离欲寂灭真实之义，随顺三宝、力、无所畏、不共之法，随顺通慧菩萨声闻所行之道。无有三途苦难之名，但有自然快乐之音。是故其国名曰安乐。”此水为佛事，安可思议？

【庄严地功德成就者，偈言“宫殿诸楼阁，观十方无碍，杂树异光色，

宝栏遍围绕”故。】

此云何不思议？彼种种事，或一宝、十宝、百宝、无量宝，随心称意，庄严具足。此庄严事，如净明镜，十方国土净秽诸相、善恶业缘，一切悉现。彼中人天见斯事故，探汤不及之情，自然成就。亦如诸大菩萨以照法性等宝为冠，此宝冠中皆见诸佛，又了达一切诸法之性。又如佛说《法华经》时，放眉间光，照于东方万八千土，皆如金色，从阿鼻狱，上至有顶，诸世界中六道众生，生死所趣，善恶业缘，受报好丑，于此悉见，盖斯类也。此影为佛事，安可思议？

【庄严虚空功德成就者，偈言“无量宝交络，罗网遍虚空，种种铃发响，宣吐妙法音”故。】

此云何不思议？经言：“无量宝网，弥覆佛土，皆以金镂、真珠、百千杂宝、奇妙珍异，庄严校饰。周匝四面，垂以宝铃。光色晃耀，尽极严丽。自然德风，徐起微动。其风调和，不寒不暑，温凉柔软，不迟不疾，吹诸罗网及众宝树，演发无量微妙法音，流布万种温雅德香。其有闻者，尘劳垢习，自然不起。风触其身，皆得快乐。”此声为佛事，焉可思议？

【庄严雨功德成就者，偈言“雨花衣庄严，无量香普熏”故。】

此云何不思议？经言：“风吹散花，遍满佛土，随色次第，而不杂乱。柔软光泽，馨香芬烈。足履其上，陷下四寸。随举足已，还复如故。花用已讫，地辄开裂，以次化没，清净无遗。随其时节，风吹散花，如是六返。又众宝莲花，周满世界。一一宝花，百千亿叶。其花光明，无量种色，青色青光，白色白光，玄、黄、朱、紫，光色赫然，暐晔焕烂，明曜日月。一一花中，出三十六百千亿光。一一光中，出三十六百千亿佛，身色紫金，相好殊特。一一诸佛，又放百千光明，普为十方说微妙法。如是诸佛，各各安立无量众生于佛正道。”花为佛事，安可思议？

【庄严光明功德成就者，偈言“佛慧明净日，除世痴暗冥”故。】

此云何不思议？彼土光明从如来智慧报起，触之者，无明黑暗终必消除。光明非慧，能为慧用，焉可思议？

【庄严妙声功德成就者，偈言“梵声悟深远，微妙闻十方”故。】

此云何不思议？经言：“若人但闻彼国土清净安乐，克念愿生，亦得往生，即入正定聚。”此是国土名字为佛事，安可思议？

【庄严主功德成就者，偈言“正觉阿弥陀，法王善住持”故。】

此云何不思议？正觉阿弥陀不可思议，彼安乐净土为正觉阿弥陀善力住持，云何可得思议耶？

“住”名不异不灭，“持”名不散不失。如以不朽药涂种子，在水不烂，在火不焦，得因缘则生。何以故？不朽药力故。若人一生安乐净土，后时意愿生三界教化众生，舍净土命，随愿得生。虽生三界杂生水火中，无上菩提种子毕竟不朽。何以故？以经正觉阿弥陀善住持故。

【庄严眷属功德成就者，偈言“如来净花众，正觉花化生”故。】

此云何不思议？凡是杂生世界，若胎、若卵、若湿、若化，眷属若干，苦乐万品，以杂业故。彼安乐国土，莫非是阿弥陀如来正觉净花之所化生，同一念佛，无别道故。远通夫法界之内，皆为兄弟也。眷属无量，焉可思议？

【庄严受用功德成就者，偈言“爱乐佛法味，禅三昧为食”故。】

此云何不思议？不食而资命，盖所资有以也，岂不是如来满本愿乎？乘佛愿为我命，焉可思议？

【庄严无诸难功德成就者，偈言“永离身心恼，受乐常无间”故。】

此云何不思议？经言：“身为苦器，心为恼端。”而彼有身有心，而受乐无间，安可思议？

【庄严大义门功德成就者，偈言“大乘善根界，等无讥嫌名，女人及根缺，二乘种不生”故。净土果报，离二种讥嫌过，应知。一者体，二者名。体有三种，一者二乘人，二者女人，三者诸根不具人。无此三过故，名离体讥嫌。名亦三种，非但无三体，乃至不闻二乘、女人、诸根不具三种名故，名离名讥嫌。“等”者，平等一相故。】

此云何不思议？夫诸天共器，饭有随福之色。足指按地，乃详金砾之旨。而愿往生者，本则三三之品，今无一二之殊，亦如淄渑一味，焉可思议？

【庄严一切所求满足功德成就者，偈言“众生所愿乐，一切能满足”故。】

此云何不思议？彼国人天，若欲愿往他方世界无量佛刹供养诸佛菩萨，及所须供养之具，无不称愿。又欲舍彼寿命，向余国生，修短自在，随愿皆得。未阶自在之位，而同自在之用，焉可思议？

△ 示现自利利他者

【略说彼阿弥陀佛国土十七种庄严功德成就。示现如来自身利益大功德力成就，利益他功德成就故。】

言“略”者，彰彼净土功德无量，非唯十七种也。夫须弥之入芥子，毛孔之纳大海，岂山海之神乎？毛芥之力乎？能神者神之耳。是故十七种虽曰利他，自利之义，炳然可知。

△ 入第一义谛者

【彼无量寿佛国土庄严，第一义谛妙境界相，十六句及一句，次第说，应知。】

第一义谛者，佛因缘法也。此“谛”是“境”义，是故庄严等十六句，称为妙境界相。此义至“入一法句”文，当更解释。

“及一句次第”者，谓观器净等总别十七句观行次第也。云何起次？建章言：“归命无碍光如来，愿生安乐国。”此中有疑，疑言：生为有本，众累之元。弃生愿生，生何可尽？为释此疑，是故观彼净土庄严功德成就，明彼净土是阿弥陀如来清净本愿无生之生，非如三有虚妄生也。何以言之？夫法性清净，毕竟无生。言生者，是得生者之情耳。生苟无生，生何所尽？尽夫生者，上失无为能为之身，下湎三空不空之痼。根败永亡，号振三千。无反无复，于斯招耻。体夫生理，谓之净土。净土之宅，所谓十七句是也。

十七句中，总、别为二。初句是总相，所谓是清净佛土过三界道。彼过三界有何相？下十六种庄严功德成就相是也。一者量，究竟如虚空，广大无边际故。既知量，此量以何为本？是故观性。“性”是“本”义。彼净土从正道大慈悲出世善根生。既言出世善根，此善根生何等相？是故次观庄严形相。既知形相，宜知形相何等体，是故次观种种事。既知种种事，宜知种种事妙色，是故次观妙色。既知妙色，此色有何触，是故次观触。既知身触，应知眼触，是故次观水、地、虚空庄严三事。既知眼触，应知鼻触，是故次观衣花香熏。既知眼鼻等触，须知离染，是故次观佛慧明照。既知慧光净力，宜知声名远近，是故次观梵声远闻。既知声名，宜知谁为增上，是故次观主。既知有主，谁为主眷属，是故次观眷属。既知眷属，宜知此眷属若为受用，是故次观受用。既知受用，宜知此受用有难无难，是故次观无诸难。既知无诸难，以何义故无诸难，是故次观大义门。既知大义门，宜知大义门满不满，是故次观所求满足。

复次，此十七句非但释疑，观此十七种庄严成就，能生真实净信，必定得生彼安乐佛土。

问曰：上言知生无生，当是上品生者。若下下品人，乘十念往生，岂非取实生耶？但取实生，即堕二执，一恐不得往生，二恐更生生惑。

答：譬如净摩尼珠，置之浊水，水即清净。若人虽有无量生死之罪浊，闻彼阿弥陀如来至极无生清净宝珠名号，投之浊心。念念之中，罪灭心净，即得往生。又是摩尼珠，以玄黄币裹，投之于水，水即玄黄，一如物色。彼清净佛土，有阿弥陀如来无上宝珠，以无量庄严功德成就帛裹，投之于所往生者心水，岂不能转生见为无生智乎？又如冰上燃火，火猛则冰解，冰解则火灭。彼下品人，虽不知法性无生，但以称佛名力，作往生意，愿生彼土。彼土是无生界，见生之火，自然而灭。

△ 众生体者，此分中有二重：一者观佛，二者观菩萨。

△ 观佛者

【云何观佛庄严功德成就？观佛庄严功德成就者，有八种相，应知。】

此“观”义，已彰前偈。

【何等八种？一者庄严座功德成就，二者庄严身业功德成就，三者庄严口业功德成就，四者庄严心业功德成就，五者庄严大众功德成就，六者庄严上首功德成就，七者庄严主功德成就，八者庄严不虚作住持功德成就。】

【何者庄严座功德成就？偈言“无量大宝王，微妙净花台”故。】

若欲观座，当依《观无量寿经》。

【何者庄严身业功德成就？偈言“相好光一寻，色像超群生”故。】

若欲观佛身，当依《观无量寿经》。

【何者庄严口业功德成就？偈言“如来微妙声，梵响闻十方”故。】

【何者庄严心业功德成就？偈言“同地水火风，虚空无分别”故。无分别者，无分别心故。】

凡夫众生身、口、意三业以造罪，轮转三界，无有穷已。是故诸佛菩萨庄严身、口、意三业，用治众生虚诳三业也。云何用治？众生以身见故，受三途身、卑贱身、丑陋身、八难身、流转身。如是等众生，见阿弥陀如来相好光明身者，如上种种身业系缚，皆得解脱，入如来家，毕竟得平等身业。众生以骄慢故，诽谤正法，毁呰贤圣，捐庳尊长（尊者，君、父、师也；长者，有德之人及兄党也），如是人应受拔舌苦、喑哑苦、言教不行苦、无名闻苦。如是等种种诸苦众生，闻阿弥陀如来至德名号、说法音声，如上种种口业系缚，皆得解脱，入如来家，毕竟得平等口业。众生以邪见故，心生分别，若有若无，若非若是，若好若丑，若善若恶，若彼若此，有如是等种种分别，以分别故，长沦三有，受种种分别苦、取舍苦，长寝大夜，无有出期。是众生若遇阿弥陀如来平等光照，若闻阿弥陀如来平等意业，是等众生如上种种意业系缚，皆得解脱，入如来家，毕竟得平等意业。

问曰：心是觉知相，云何可得同地、水、火、风无分别耶？

答曰：心虽知相，入实相，则无知也。譬如蛇性虽曲，入竹筒则直。又如人身若针刺，若蜂螫，则有觉知。若石蛭啖，若甘刀割，则无觉知。如是等有知、无知，在于因缘。若在因缘，则非知、非无知也。

问曰：心入实相，可令无知。云何得有一切种智耶？

答曰：凡心有知，则有所不知。圣心无知，故无所不知。无知而知，知即无知也。

问曰：既言无知故无所不知，若无所不知者，岂不是知种种法耶？既知种种之法，复云何言无所分别耶？

答曰：诸法种种相，皆如幻化。然幻化象、马，非无长颈、鼻、首、足异。而智者观之，岂言定有象、马分别之耶？

【何者庄严大众功德成就？偈言“天人不动众，清净智海生”故。】

【何者庄严上首功德成就？偈言“如须弥山王，胜妙无过者”故。】

【何者庄严主功德成就？偈言“天人丈夫众，恭敬绕瞻仰”故。】

【何者庄严不虚作住持功德成就？偈言“观佛本愿力，遇无空过者，能令速满足，功德大宝海”故。】

不虚作住持功德成就者，盖是阿弥陀如来本愿力也。今当略示虚作之相不能住持，用显彼不虚作住持之义。人有辍餐养士，或衅起舟中。积金盈库，而不免饿死。如斯之事，触目皆是。得非作得，在非守在，皆由虚妄业作，不能住持也。所言不虚作住持者，依本法藏菩萨四十八愿、今日阿弥陀如来自在神力。愿以成力，力以就愿。愿不徒然，力不虚设。力、愿相符，毕竟不差，故曰成就。

【即见彼佛，未证净心菩萨毕竟得证平等法身，与净心菩萨、与上地诸菩萨毕竟同得寂灭平等故。】

平等法身者，八地以上法性生身菩萨也。寂灭平等者，即此法身菩萨所证寂灭平等之法也。以得此寂灭平等法故，名为平等法身。以平等法身菩萨所得故，名为寂灭平等法也。此菩萨得报生三昧，以三昧神力，能一处一念一时，遍十方世界，种种供养一切诸佛，及诸佛大会众海。能于无量世界，无佛法僧处，种种示现，种种教化，度脱一切众生，常作佛事。初无往来想、供养想、度脱想。是故此身名为平等法身，此法名为寂灭平等法也。

未证净心菩萨者，初地以上、七地以还诸菩萨也。此菩萨亦能现身，若百、若千、若万、若亿、若百千万亿，无佛国土施作佛事，要须作心入三昧乃能，非不作心。以作心故，名为未得净心。此菩萨愿生安乐净土，即见阿弥陀佛。见阿弥陀佛时，与上地诸菩萨，毕竟身等、法等。龙树菩萨、婆薮槃头菩萨辈，愿生彼者，当为此耳。

问曰：案《十地经》，菩萨进趣阶级，渐有无量功勋，经多劫数，然后乃得。此云何见阿弥陀佛时，毕竟与上地诸菩萨身等、法等耶？

答曰：言毕竟者，未言即等也。毕竟不失此等，故言等耳。

问曰：若不即等，复何待言？菩萨但登初地，以渐增进，自然当与佛等。何假言与上地菩萨等？

答曰：菩萨于七地中，得大寂灭，上不见诸佛可求，下不见众生可度，欲舍佛道，证于实际。尔时若不得十方诸佛神力加劝，即便灭度，与二乘无异。菩萨若往生安乐，见阿弥陀佛，即无此难，是故须言毕竟平等。

复次《无量寿经》中，阿弥陀如来本愿言："设我得佛，他方佛土诸菩萨众来生我国，究竟必至一生补处。除其本愿自在所化，为众生故，被弘誓铠，积累德本，度脱一切，游诸佛国，修菩萨行，供养十方诸佛如来，开化恒沙无量众生，使立无上正真之道。超出常伦诸地之行，现前修习普贤之德。若不尔者，不取正觉。"案此经推，彼国菩萨或可不从一地至一地。言十地阶次者，是释迦如来于阎浮提一应化道耳，他方净土，何必如此？五种不思议中，佛法最不可思议。若言菩萨必从一地至一地，无超越之理，未敢详也。譬如有树，名曰好坚，是树地生，百岁乃具。一日长高百丈，日日如此。计百岁之长，岂类修松耶？见松生长，日不过寸，闻彼好坚，何能不疑？即同有人闻释迦如来，证罗汉于一听，制无生于终朝，谓是接诱之言，非称实之说。闻此《论》事，亦当不信。夫非常之言，不入常人之耳，谓之不然，亦其宜也。

【略说八句，示现如来自利利他功德庄严次第成就，应知。】

此云何次第？前十七句，是庄严国土功德成就。既知国土相，应知国土之主，是故次观佛庄严功德。彼佛若为庄严？于何处坐？是故先观座。既知座已，宜知座主，是故次观佛庄严身业。既知身业，应知有何声名，是故次观佛庄严口业。既知名闻，宜知得名所以，是故次观庄严心业。既知三业具足，应为人天大师，堪受化者是谁，是故次观大众功德。既知大众有无量功德，宜知上首者谁，是故次观上首，上首是佛。既知上首，恐同长幼，是故次观主。既知是主，主有何增上，是故次观庄严不虚作住持。八句次第成已。

△ 观菩萨者

【云何观察菩萨庄严功德成就？观察菩萨庄严功德成就者，观彼菩萨有四种正修行功德成就，应知。】

真如是诸法正体。体如而行，则是不行。不行而行，名如实修行。体唯一如，而义分为四。是故四行以一正统之。

【何者为四？一者，于一佛土身不动摇，而遍十方种种应化，如实修行，常作佛事。偈言“安乐国清净，常转无垢轮，化佛菩萨日，如须弥住持”故，开诸众生淤泥花故。】

八地以上菩萨常在三昧，以三昧力，身不动本处，而能遍至十方，供养诸佛，教化众生。

无垢轮者，佛地功德也。佛地功德，无习气烦恼垢。佛为诸菩萨常转此法轮，诸大菩萨亦能以此法轮开导一切，无暂时休息，故言常转。

法身如日，而应化身光遍诸世界也。言日未足以明不动，复言“如须弥住持”也。

淤泥花者，经言：“高原陆地，不生莲花。卑湿淤泥，乃生莲花。”此喻凡夫在烦恼泥中，为菩萨开导，能生佛正觉花。谅夫！绍隆三宝，常使不绝。

【二者，彼应化身一切时不前不后，一心一念，放大光明，悉能遍至十方世界教化众生，种种方便，修行所作，灭除一切众生苦故。偈言“无垢庄严光，一念及一时，普照诸佛会，利益诸群生”故。】

上言不动而至，容或至有前后，是故复言一念一时无前后也。

【三者，彼于一切世界，无余照诸佛会大众，无余广大无量供养、恭敬、赞叹诸佛如来功德。偈言“雨天乐花衣，妙香等供养，赞诸佛功德，无有分别心”故。】

无余者，明遍至一切世界一切诸佛大会，无有一世界一佛会不至也。肇公言：“法身无像，而殊形并应。至韵无言，而玄籍弥布。冥权无谋，而动与事会。”盖斯意也。

【四者，彼于十方一切世界无三宝处，住持庄严佛、法、僧宝功德大海，遍示令解，如实修行。偈言“何等世界无，佛法功德宝，我愿皆往生，

示佛法如佛”故。】

上三句虽言遍至，皆是有佛国土。若无此句，便是法身有所不法，上善有所不善。

观行体相竟。

△ 以下是解义中第四重，名为净入愿心。

△ 净入愿心者

【又向说观察庄严佛土功德成就、庄严佛功德成就、庄严菩萨功德成就，此三种成就，愿心庄严，应知。】

应知者，应知此三种庄严成就，由本四十八愿等清净愿心之所庄严。因净故果净，非无因、他因有也。

【略说入一法句故。】

上国土庄严十七句、如来庄严八句、菩萨庄严四句，为广。入一法句，为略。何故示现广略相入？诸佛菩萨有二种法身，一者法性法身，二者方便法身。由法性法身，生方便法身。由方便法身，出法性法身。此二法身，异而不可分，一而不可同，是故广略相入，统以法名。菩萨若不知广略相入，则不能自利利他。

【一法句者，谓清净句。清净句者，谓真实智慧无为法身故。】

此三句展转相入。依何义名之为法？以清净故。依何义名为清净？以真实智慧无为法身故。

真实智慧者，实相智慧也。实相无相，故真智无知也。无为法身者，法性身也。法性寂灭，故法身无相也。无相故能无不相，是故相好庄严，即法身也。无知故能无不知，是故一切种智，即真实智慧也。

以真实而目智慧，明智慧非作、非非作也。以无为而标法身，明法身非色、非非色也。非于非者，岂非非之能是乎？盖无非之曰是也。自是无待夫非是也。非是非非，百非之所不喻。是故言清净句。清净句者，谓真实智慧无为法身也。

【此清净有二种，应知。】

上转入句中，通一法入清净，通清净入法身。今将别清净出二种故，故言应知。

【何等二种？一者器世间清净，二者众生世间清净。器世间清净者，如向说十七种庄严佛土功德成就，是名器世间清净。众生世间清净者，如向说八种庄严佛功德成就、四种庄严菩萨功德成就，是名众生世间清净。如是一法句，摄二种清净义，应知。】

夫众生为别报之体，国土为共报之用。体用不一，所以应知。然诸法心成，无余境界。众生及器，复不得异，不得一。不一则义分，不异同清净。器者，用也，谓彼净土是彼清净众生之所受用，故名为器。如净食用不净器，以器不净故，食亦不净。不净食用净器，食不净故，器亦不净。要二俱洁，乃得称净。是以一清净名，必摄二种。

问曰：言众生清净，则是佛与菩萨。彼诸人天得入此清净数否？

答曰：得名清净，非实清净。譬如出家圣人，以杀烦恼贼故，名为比丘。凡夫出家者，持戒、破戒皆名比丘。又如灌顶王子，初生之时，具三十二相，七宝即为所属，虽未能为转轮王事，亦名转轮王，以其必为转轮王故。彼诸人天，亦复如是，皆入大乘正定之聚，毕竟当得清净法身，以当得故，得名清净。

△ 善巧摄化者

【如是菩萨，奢摩他、毗婆舍那广略修行，成就柔软心。】

柔软心者，谓广略止观，相顺修行，成不二心也。譬如以水取影，清净相资而成就也。

【如实知广略诸法。】

如实知者，如实相而知也。广中二十九句，略中一句，莫非实相也。

【如是成就巧方便回向。】

如是者，如前后广略，皆实相也。以知实相故，则知三界众生虚妄相也。知众生虚妄，则生真实慈悲也。知真实法身，则起真实归依也。慈悲之与归依，巧方便在下。

【何者菩萨巧方便回向？菩萨巧方便回向者，谓说礼拜等五种修行，所集一切功德善根，不求自身住持之乐，欲拔一切众生苦故，作愿摄取一切众生，共同生彼安乐佛国，是名菩萨巧方便回向成就。】

案王舍城所说《无量寿经》，三辈生中，虽行有优劣，莫不皆发无上菩提之心。此无上菩提心，即是愿作佛心。愿作佛心，即是度众生心。度众生心，即摄取众生生净佛国土心。是故愿生彼安乐净土者，要发无上菩提心也。若人不发无上菩提心，但闻彼国土受乐无间，为乐故愿生，亦当不得往生也。是故言："不求自身住持之乐，欲拔一切众生苦故。"住持乐者，谓彼安乐净土为阿弥陀如来本愿力之所住持，受乐无间也。

凡释回向名义，谓以己所集一切功德，施与一切众生共向佛道。巧方便者，谓菩萨愿以己智慧火，烧一切众生烦恼草木，若有一众生不成佛，我不作佛，而众生未尽成佛，菩萨已自成佛。譬如火栝，欲摘一切草木烧令使尽，草木未尽，火栝已尽。以后其身而身先，故名巧方便。此中言方便者，谓作愿摄取一切众生，共同生彼安乐佛国，彼佛国即是毕竟成佛道路无上方便也。

△ 离菩提障者

【菩萨如是善知回向成就，即能远离三种菩提门相违法。何等三种？一者依智慧门，不求自乐，远离我心贪着自身故。】

知进守退曰智，知空无我曰慧。依智故，不求自乐。依慧故，远离我心贪着自身。

【二者依慈悲门，拔一切众生苦，远离无安众生心故。】

拔苦曰慈，与乐曰悲。依慈故，拔一切众生苦。依悲故，远离无安众生心。

【三者依方便门，怜愍一切众生心，远离供养恭敬自身心故。】

正直曰方，外己曰便。依正直故，生怜愍一切众生心。依外己故，远离供养恭敬自身心。

【是名远离三种菩提门相违法。】

△ 顺菩提门者

【菩萨远离如是三种菩提门相违法，得三种随顺菩提门法满足故。何等三种？一者无染清净心，以不为自身求诸乐故。】

菩提是无染清净处，若为身求乐，即违菩提。是故无染清净心，是顺菩提门。

【二者安清净心，以拔一切众生苦故。】

菩提是安隐一切众生清净处，若不作心拔一切众生离生死苦，即便违菩提。是故拔一切众生苦，是顺菩提门。

【三者乐清净心，以令一切众生得大菩提故，以摄取众生生彼国土故。】

菩提是毕竟常乐处，若不令一切众生得毕竟常乐，则违菩提。此毕竟常乐依何而得？依大乘门。大乘门者，谓彼安乐佛国土是也。是故又言：“以摄取众生生彼国土故。”

【是名三种随顺菩提门法满足，应知。】

△ 名义摄对者

【向说智慧、慈悲、方便三种门，摄取般若，般若摄取方便，应知。】

般若者，达如之慧名。方便者，通权之智称。达如则心行寂灭，通权则备省众机。省机之智，备应而无知。寂灭之慧，亦无知而备省。然则智慧、方便，相缘而动，相缘而静。动不失静，智慧之功也。静不废动，方便之力也。是故智慧、慈悲、方便摄取般若，般若摄取方便。

应知者，谓应知智慧、方便，是菩萨父母。若不依智慧、方便，菩萨法则不成就。何以故？若无智慧，为众生时，则堕颠倒。若无方便，观法性时，则证实际。是故应知。

【向说远离我心不贪着自身、远离无安众生心、远离供养恭敬自身心，此三种法，远离障菩提心，应知。】

诸法各有障碍相，如风能障静，土能障水，湿能障火，五黑、十恶障人天，四颠倒障声闻果。此中三种不远离，障菩提心。应知者，若欲得无障，当远离此三种障碍也。

【向说无染清净心、安清净心、乐清净心，此三种心，略一处成就妙乐胜真心，应知。】

乐有三种：一者外乐，谓五识所生乐。二者内乐，谓初禅、二禅、三禅意识所生乐。三者法乐乐，谓智慧所生乐。此智慧所生乐，从爱佛功德起。是远离我心、远离无安众生心、远离自供养心，是三种心，清净增进，略为妙乐胜真心。“妙”言其好，以此乐缘佛生故；“胜”言胜出三界中乐；“真”言不虚伪、不颠倒。

△ 愿事成就者

【如是菩萨智慧心、方便心、无障心、胜真心，能生清净佛国土，应知。】

应知者，谓应知此四种清净功德，能得生彼清净佛国土，非是他缘而生也。

【是名菩萨摩诃萨随顺五种法门，所作随意自在成就。如向所说身业、口业、意业、智业、方便智业，随顺法门故。】

随意自在者，言此五种功德力，能生清净佛土，出没自在也。身业者，礼拜也。口业者，赞叹也。意业者，作愿也。智业者，观察也。方便智业者，回向也。言此五种业和合，则是随顺往生净土法门自在业成就。

△ 利行满足者

【复有五种门，渐次成就五种功德，应知。何者五门？一者近门，二者大会众门，三者宅门，四者屋门，五者园林游戏地门。】

此五种，示现入出次第相。入相中，初至净土是近相，谓入大乘正定聚，近阿耨多罗三藐三菩提；入净土已，便入如来大会众数；入众数已，当至修行安心之宅；入宅已，当至修行所居屋宇。修行成就已，当至教化地，教化地即是菩萨自娱乐地，是故出门称园林游戏地门。

【此五种门，初四种门，成就入功德；第五门，成就出功德。】

此入出功德门何者是，释言。

【入第一门者，以礼拜阿弥陀佛，为生彼国故，得生安乐世界，是名入第一门。】

礼佛愿生佛国，是初功德相。

【入第二门者，以赞叹阿弥陀佛，随顺名义称如来名，依如来光明智相修行故，得入大会众数，是名入第二门。】

依如来名义赞叹，是第二功德相。

【入第三门者，以一心专念作愿生彼，修奢摩他寂静三昧行故，得入莲华藏世界，是名入第三门。】

为修寂静止故，一心愿生彼国，是第三功德相。

【入第四门者，以专念观察彼妙庄严，修毗婆舍那故，得到彼处，受用种种法味乐，是名入第四门。】

种种法味乐者，毗婆舍那中，有观佛国土清净味、摄受众生大乘味、毕竟住持不虚作味、类事起行愿取佛土味，有如是等无量庄严佛道味，故言种种。是第四功德相。

【出第五门者，以大慈悲，观察一切苦恼众生，示应化身，回入生死园烦恼林中，游戏神通，至教化地，以本愿力回向故，是名出第五门。】

示应化身者，如《法华经》普门示现之类也。游戏有二义：一者自在义。菩萨度众生，譬如狮子搏鹿，所为不难，如似游戏。二者度无所度义。菩萨观众生毕竟无所有，虽度无量众生，而实无一众生得灭度者。示度众生，如似游戏。言本愿力者，示大菩萨于法身中，常在三昧，而现种种身、种种神通、种种说法，皆以本愿力起。譬如阿修罗琴，虽无鼓者，而音曲自然。是名教化地第五功德相。

【菩萨入四种门，自利行成就，应知。】

成就者，谓自利满足也。应知者，谓应知由自利故，则能利他，非是不能自利而能利他也。

【菩萨出第五门，回向利益他行成就，应知。】

成就者，谓以回向因，证教化地果。若因若果，无有一事不能利他。应知者，谓应知由利他故，则能自利，非是不能利他而能自利也。

【菩萨如是修五念门行，自利利他，速得成就阿耨多罗三藐三菩提故。】

佛所得法，名为阿耨多罗三藐三菩提。以得此菩提，故名为佛。今言速得阿耨多罗三藐三菩提，是得早作佛也。

“阿”名“无”；“耨多罗”名“上”；“三藐”名“正”；“三”名“遍”；“菩提”名“道”。统而译之，名为“无上正遍道”。无上者，言此道穷理尽性，更无过者。何以言之？以正故。正者，圣智也。如法相而知，故称为正智。法性无相，故圣智无知也。遍有二种，一者圣心遍知一切法，二者法身遍满法界。若身若心，无不遍也。道者，无碍道也。经言：“十方无碍人，一道出生死。”一道者，一无碍道也。无碍者，谓知生死即是涅槃，如是等入不二法门无碍相也。

问曰：有何因缘，言速得成就阿耨多罗三藐三菩提？

答曰：《论》言修五门行，以自利利他成就故。然核求其本，阿弥陀如来为增上缘。他利之与利他，谈有左右。若自佛而言，宜言利他。自众生而言，宜言他利。今将谈佛力，是故以利他言之。当知此意也。凡是生彼净土，及彼菩萨人天所起诸行，皆缘阿弥陀如来本愿力故。何以言之？若非佛力，四十八愿便是徒设。今的取三愿，用证义意：

愿言：“设我得佛，十方众生至心信乐欲生我国，乃至十念，若不得生者，不取正觉。唯除五逆、诽谤正法。”缘佛愿力故，十念念佛，便得往生。得往生故，即免三界轮转之事。无轮转故，所以得速。一证也。

愿言：“设我得佛，国中人天，不住正定聚，必至灭度者，不取正觉。”缘佛愿力故，住正定聚。住正定聚故，必至灭度，无诸回复之难，所以得速。二证也。

愿言：“设我得佛，他方佛土诸菩萨众来生我国，究竟必至一生补处。除其本愿自在所化，为众生故，被弘誓铠，积累德本，度脱一切，游诸佛国，修菩萨行，供养十方诸佛如来，开化恒沙无量众生，使立无上正真之道。超出常伦诸地之行，现前修习普贤之德。若不尔者，不取正觉。”缘佛愿力故，超出常伦诸地之行，现前修习普贤之德。以超出常伦诸地行故，所以得速。三证也。

以斯而推他力为增上缘，得不然乎？当复引例，示自力、他力相。如人畏三途故，受持禁戒。受持禁戒故，能修禅定。以禅定故，修习神通。以神通故，能游四天下。如是等名为自力。又如劣夫，跨驴不上，从转轮王行，便乘虚空，游四天下，无所障碍。如是等名为他力。愚哉！后之学者，闻他力可乘，当生信心，勿自局分也。

【《无量寿修多罗优婆提舍愿生偈》略解义竟。】

经始称“如是”，彰信为能入；末言“奉行”，表服膺事已。论初归礼，明宗旨有由；终云“义竟”，示所诠理毕。述作人殊，于兹成例。

略论安乐净土义

魏 西河石壁谷玄中寺沙门昙鸾 撰

问曰：安乐国于三界中何界所摄？

答曰：如《释论》言："如斯净土，非三界所摄。何以故？无欲故，非欲界。地居故，非色界。有形色故，非无色界。"经曰：阿弥陀佛本行菩萨道时，作比丘名曰法藏，于世自在王佛所，请问诸佛净土之行。时佛为说二百一十亿诸佛刹土，天人善恶，国土精粗，悉现与之。于时法藏菩萨即于佛前发弘誓大愿，取诸佛土。于无量阿僧祇劫，如所发愿，行诸波罗蜜，万善圆满，成无上道。别业所得，非三界也。

问曰：安乐国有几种庄严，名为净土？

答曰：若依经据义，法藏菩萨四十八愿，即是其事。寻读可知，不复重叙。若依《无量寿论》，以二种清净，摄二十九种庄严成就。二种清净者，一器世间清净，二是众生世间清净。

器世间清净，有十七种庄严成就：一者国土相胜过三界道；二者其国广大，量如虚空，无有齐限；三者从菩萨正道大慈悲出世善根所起；四者清净光明圆满庄严；五者备具第一珍宝性，出奇妙宝物；六者洁净光明，常照世间；七者其国宝物柔软，触者适悦，生于胜乐；八者千万宝花庄严池沼，宝殿、宝楼阁，种种宝树，杂色光明，影纳世界，无量宝网覆虚空，四面悬铃，常吐法音；九者于虚空中自然常雨天花、天衣、天香，庄严普熏；十者佛慧光明照除痴暗；十一者梵声开悟，远闻十方；十二者阿弥陀佛无上法王善力住持；十三者从如来净花所化生；十四者爱乐佛法味，禅三昧为食；十五者永离身心诸苦，受乐无间；十六者乃至不闻二乘、女人、根缺之名；十七者众生有所欲乐，随心称意，无不满足。如是等十七种，是名器世间清净。

众生世间清净，有十二种庄严成就：一者无量大珍宝王微妙花台以为佛座；二者无量相好、无量光明庄严佛身；三者佛无量辩才，应机说法，具足清白，令人乐闻，闻者必悟解，言不虚说；四者佛真如智慧犹如虚空，照了诸法总相、别相，心无分别；五者天人不动众广大庄严，譬如须弥山，映显四大海，法王相具足；六者成就无上果，尚无能及，况复过者；七者为天人丈夫调御师，大众恭敬围绕，如狮子王狮子围绕；八者佛本愿力庄严住持诸功德，遇者无空过，能令速满足一切功德海，未证净心菩萨毕竟得证平等法身，与净心菩萨、与上地菩萨毕竟同得寂灭平等；九者安乐国诸菩萨众，身不动摇而遍至十方，种种应化，如实修行，常作佛事；十者如是菩萨应化身，一切时不前不后，一心一念放大光明，悉能遍至十方世界，教化众生，种种方便，修行所作，灭除一切众生苦恼；十一者是等菩萨于一切世界，无余照诸佛大会，无余广大无量供养、恭敬、赞叹诸佛如来功德；十二者是诸菩萨于十方一切世界无三宝处，住持庄严佛法僧宝功德大海，遍示令解，如实修行。如是等法王八种庄严功德成就，如是菩萨四种庄严功德成就，是名众生世间清净。

安乐国土具如是等二十九种庄严功德成就，故名净土。

问曰：生安乐土者，凡有几辈？有几因缘？

答曰：《无量寿经》中，唯有三辈，上、中、下。《无量寿观经》中，一品分为上、中、下，三三而九，合为九品。今依傍《无量寿经》为赞，且据此经作三品论之。

上辈生者，有五因缘：一者舍家离欲而作沙门；二者发无上菩提心；三者一向专念无量寿佛；四者修诸功德；五者愿生安乐国。具此因缘，临命终时，无量寿佛与诸大众现其人前，即便随佛往生安乐，于七宝花中自然化生，住不退转，智慧勇猛，神通自在。

中辈生者，有七因缘：一者发无上菩提心；二者一向专念无量寿佛；

三者多少修善，奉持斋戒；四者起立塔像；五者饭食沙门；六者悬缯燃灯，散花烧香；七者以此回向，愿生安乐。临命终时，无量寿佛化现其身，光明、相好具如真佛，与诸大众现其人前，即随化佛往生安乐，住不退转。功德智慧，次如上辈。

下辈生者，有三因缘：一者假使不能作诸功德，当发无上菩提心；二者一向专意，乃至十念念无量寿佛；三者以至诚心愿生安乐。临命终时，梦见无量寿佛，亦得往生。功德智慧，次如中辈。

又有一种往生安乐，不入三辈中。谓以疑惑心修诸功德，愿生安乐。不了佛智、不思议智、不可称智、大乘广智、无等无伦最上胜智，于此诸智疑惑不信。然犹信罪福，修习善本。生安乐国七宝宫殿，或百由旬，或五百由旬，各于其中受诸快乐，如忉利天，亦皆自然。于五百岁中，常不见佛，不闻经法，不见菩萨、声闻圣众。安乐国土谓之边地，亦曰胎生。边地者，言其五百岁中不见闻三宝，义同边地之难，或亦于安乐国土最在其边。胎生者，譬如胎生人，初生之时，人法未成。边言其难，胎言其暗。此二名皆借此况彼耳，非是八难中边地，亦非胞胎中胎生。何以知之？安乐国土一向化生故，故知非实胎生。五百年后，还得见闻三宝故，故知非八难中边地也。

问曰：彼胎生者，处七宝宫殿中，受快乐否？复何所忆念？

答曰：经喻云：譬如转轮王子得罪于王，内于后宫，系以金锁，一切供具无所乏少，犹如王。王子于时虽有好妙种种自娱乐具，心不受乐，但念设诸方便，求免悕出。彼胎生者，亦复如是。虽处七宝宫殿，有好色香味触，不以为乐，但不见三宝，不得供养修诸善本，以之为苦。识其本罪，深自责悔，求离彼处，即得如意，还同三辈生者。当是五百年末，方识罪悔耳。

问曰：以疑惑心往生安乐，名曰胎生者，云何起疑？

答曰：经中但云疑惑不信，不出所以疑意。寻“不了”五句，敢以对治言之。“不了佛智”者，谓不能信了佛一切种智，不了故，故起疑，此一句总辨所疑。下四句一一对治所疑，疑有四意：

一者疑但忆念阿弥陀佛，不必得往生安乐。何以故？经曰：“业道如秤，重者先牵。”云何一生，或百年、或十年、或一月，无恶不造，但以十念相续，便得往生，即入正定聚，毕竟不退，与三途诸苦永隔乎？若尔，先牵之义，何以可信？又旷劫以来，具造诸行有漏之法，系属三界。云何不断三界结惑，直以少时念阿弥陀佛，便出三界乎？系业之义，复欲云何？对治此疑，故言“不思议智”。不思议智者，谓佛智力能以少作多，以多作少；以近为远，以远为近；以轻为重，以重为轻；以长为短，以短为长。如是等佛智无量无边，不可思议。譬如百夫百年聚薪，积高千仞，豆许火焚，半日便尽。岂可得言百年之薪积，半日不尽乎？又如躄者寄载他船，因风帆势，一日至千里。岂可得言躄者云何一日至千里乎？又如下贱贫人，获一瑞物，而以贡主，主庆所得，加诸重赏，斯须之顷，富贵盈溢。岂可得言以颇有数十年仕，备尽辛勤，上下尚不达归者，言彼富贵无此事乎？又如劣夫，以己身力，擲驴不上，从转轮王行，便乘虚空，飞腾自然。复可以擲驴之劣夫，言必不能乘空耶？又如十围之索，千夫不制。童子挥剑，瞬顷两分。岂可得言一小儿力不能断索乎？又如鸩鸟入水，鱼蚌斯毙。犀角触泥，死者咸起。岂可得言性命一断，无可生乎？又如黄鹄呼子安，子安还活。岂可得言坟下千岁灵，决无可苏乎？一切万法，皆有自力、他力，自摄、他摄，千开万闭，无量无边。安得以有碍之识，疑彼无碍之法乎？又五不思议中，佛法最不可思议。而以百年之恶为重，疑十念念佛为轻，不得往生安乐入正定聚者，是事不然。

二者疑佛智于人不为悬绝。何以故？夫一切名字从相待生，觉智从不觉生。如人迷方，从记方生。若使迷绝不迷，迷卒不解。迷若可解，必迷者解，亦可云解者迷。迷解、解迷，犹手反覆耳。乃可明昧为异，亦安得超然哉？起此疑故，于佛智慧生疑不信。对治此疑，故言“不可称智”。不可称智者，言佛智绝称谓，非相形待。何以言之？法若是有，必应有知有之智。法若是无，亦应有知无之智。诸法离于有无，故佛冥诸法，则智绝相待。汝引解迷为喻，犹是一迷耳，不成迷解。亦如梦中与他解梦，虽云解梦，非是不梦。以知取佛，不曰知佛。以不知取佛，非知佛。以非知非不知取佛，亦非知佛。以非非知非非不知取佛，亦非知佛。佛智离此四句，缘之者心行灭，指之者言语断。以是义故，《释论》云："若人见般若，是则为被缚。若不见般若，是亦为被缚。若人见般若，是则为解脱。若不见般若，是亦为解脱。"此偈中说，不离四句者为缚，离四句者为解脱。汝疑佛智与人不悬绝者，是事不然。

三者疑佛不能实度一切众生。何以故？过去世有无量阿僧祇恒沙诸佛，现在十方世界亦有无量无边阿僧祇恒沙诸佛，若使佛实能度一切众生，则应久无三界。第二佛则不应复为众生发菩提心，具修净土，摄受众生。而实有第二佛摄受众生，乃至实有三世十方无量诸佛摄受众生，故知佛实不能度一切众生。起此疑故，于阿弥陀佛作有量想。对治此疑，故言"大乘广智"。大乘广智者，言无法不知，无烦恼不断，无善不备，无众生不度。所以有三世十方者，有五义：一者，若使无第二佛，乃至无阿僧祇恒沙诸佛者，佛便不能度一切众生。以实能度一切众生故，则有十方无量诸佛。无量诸佛即是前佛所度众生。二者，若一佛度一切众生尽者，后亦不应复有佛。何以故？无觉他义故，复依何义说有三世佛乎？依觉他义故，说佛佛皆度一切众生。三者，后佛能度，犹是前佛之能。何以故？由前佛有后佛故。譬如帝王之中，得相绍袭，后王即是前王之能故。四者，佛力虽能度一切众生，要须有因缘。若众生与前佛无因缘，复须后佛。如是无缘众生，动经百千万佛，不闻不见，非佛力劣也。譬如日月周四天下，破诸暗冥，而盲者不见，非日不明也。雷震裂耳，而聋者不闻，非声不厉也。觉诸缘理，号之曰佛。若情强违缘理，非正觉也。是故众生无量，佛亦无量。征佛莫问有缘无缘，何不尽度一切众生者，非理言也。五者，众生若尽，世间即堕有边。以是义故，即有无量佛度一切众生。

问曰：若众生不可尽，世间复须堕无边。无边故，佛则不能实度一切众生。

答曰：世间非有边非无边，亦绝四句。佛令众生离此四句，名之为度。其实非度非不度，非尽非不尽。譬如梦渡大河，值涛波诸难，其人畏怖，叫声彻外。外人唤觉，坦然无忧。但为渡梦，不为渡河。

问曰：言度与不度，皆堕边见。何以但说度一切众生为大乘广智，不说不度众生为大乘广智？

答曰：众生莫不厌苦求乐，畏缚求解。闻度则归向。闻不度，不知所以不度，便谓佛非大慈悲，则不归向，故长寝久梦，无由可息。为是人故，多说度，不说不度。复次《诸法无行经》亦言："佛不得佛道，亦不度众生。凡夫强分别，作佛度众生。"言度众生，是对治悉檀。言不度众生，是第一义悉檀。二言各有所以，不相违背。

问曰：如梦得息，岂不是度耶？若一切众生所梦皆息，世间岂不尽？

答曰：说梦为世间，若梦息则无梦者。若无梦者，亦不说度者。如是知世间即是出世间，虽度无量众生，则不堕颠倒。

四者疑佛不得一切种智。何以故？若能遍知诸法，诸法堕有边故。若不能遍知，则非一切种智故。对治此疑，故言"无等无伦最上胜智"。无等无伦最上胜智者，凡夫智虚妄，佛智如实，虚实悬殊，理无得等，故言无等。声闻、辟支佛欲有所知，入定方知，出定不知，又知亦有限。佛得如实三昧，常在深定而遍知，照万法二与无二。深法非伦，故言无伦。八地以上菩萨，虽得报生三昧，用无出入，而习气微熏，三昧不极明净。形待佛智，犹为有上。佛智断具足，如法而照，法无量故，照亦无量，譬如函大盖亦大，故言最上。此三句亦可展转相成，以佛智无与等者故，所以无伦，以无伦故最上胜。亦可最上胜故无等，无等故无伦。但言无等便足，复何以须下二句者？如须陀洹智不与阿罗汉等，而是其类。初地至十地亦如是，智虽不等，非不其伦。何以故？非最上故。汝以知有边为难，疑佛非一切智者，是事不然。

问曰：下辈生中云，十念相续，便得往生。云何名为十念相续？

答曰：譬如有人，空旷迥处，值遇怨贼，拔刀奋勇，直来欲杀。其人劲走，视渡一河，若得渡河，首领可全。尔时但念渡河方便："我至河岸，为着衣渡？为脱衣渡？若着衣纳，恐不得过。若脱衣纳，恐无得暇。”但有此念，更无他缘。唯念何当渡河，即是一念。如是不杂心，名为十念相续。行者亦尔，念阿弥陀佛，如彼念渡，经于十念。若念佛名字，若念佛相好，若念佛光明，若念佛神力，若念佛功德，若念佛智慧，若念佛本愿，无他心间杂，心心相次，乃至十念，名为十念相续。

一往言十念相续，似若不难。然凡夫心犹野马，识剧猿猴，驰骋六尘，不暂停息。宜至信心，预自克念，使积习成性，善根坚固也。如佛告频婆娑罗王：“人积善行，死无恶念。如树西倾，倒必随西。”若使风刀一至，百苦凑身，若前习不在怀，念何可办？又宜同志五三，共结言要，垂命终时，迭相开晓，为称阿弥陀佛名号，愿生安乐，声声相次，使成十念也。譬如蜡印印泥，印坏文成。此命断时，即是生安乐时。一入正定聚，更何所忧也！

［附］

婆薮槃头法师传（节录）

梁 真谛 译

婆薮槃头法师者，北天竺富娄沙富罗国人也。富娄沙，译为丈夫。富罗，译为土。此土有国师婆罗门，姓憍尸迦。有三子，同名婆薮槃头。婆薮，译为天。槃头，译为亲。

天竺立儿名，有此体，虽同一名，复立别名以显之。第三子婆薮槃头，于萨婆多部出家，得阿罗汉果，别名比邻持跋婆。比邻持，是其母名。跋婆，译为子，亦曰儿。长子婆薮槃头，是菩萨根性人，亦于萨婆多部出家，得大乘空观。因此为名，名阿僧伽。阿僧伽，译为无著。数上兜率多天，咨问弥勒大乘经义。造大乘经优波提舍，解释佛所说一切大教。

第二婆薮槃头，亦于萨婆多部出家，博学多闻，遍通坟籍，神才俊朗，无可为俦，戒行清高，难以相匹。兄弟既有别名，故法师但称婆薮槃头。造《七十真实论》，破外道所造《僧佉论》，首尾瓦解，无一句得立。于阿逾阇国起三寺，一比丘尼寺，二萨婆多部寺，三大乘寺。法师尔后更成立正法，先学毗婆沙义已通，后为众人讲毗婆沙义。一日讲，即造一偈，摄一日所说义。刻赤铜叶以书此偈，标置醉象头上，击鼓宣令："谁人能破此偈义？能破者当出！"如此次第造六百余偈，摄毗婆沙义尽。一一皆尔，遂无人能破。即是《俱舍论偈》也。偈讫后，即作长行解偈，立萨婆多义，随有僻处，以经部义破之，名为《阿毗达摩俱舍论》。法师既遍通十八部义，妙解小乘，执小乘为是，不信大乘，谓摩诃衍非佛所说。

阿僧伽法师住在丈夫国，既见此弟聪明过人，识解深广，该通内外，遣使往阿逾阇国报云："我今疾笃，汝可急来。"天亲即随使还本国，与兄相见，咨问疾源。兄答云："我今心有重病，由汝而生。汝不信大乘，恒生毁谤，以此恶业，必永沦恶道。我今愁苦，命将不全。”天亲闻此惊惧，即请兄为解说大乘，兄即为略说大乘要义。法师聪明，即于此时，悟知大乘理，应过小乘，于是就兄遍学大乘义，后如兄所解，悉得通达。解意既明，思维前后，悉与理相应，无有乖背，始验小乘为失，大乘为得。若无大乘，则无三乘道果。昔既毁谤大乘，不生信乐，惧此罪业，必入恶道。深自咎责，欲悔先过。往至兄所，陈其过迷，今欲忏悔先愆，未知何方得免，云：“我昔由舌故生毁谤，今当割舌以谢此罪。”兄云：“汝设割千舌，亦不能灭此罪。汝若欲灭此罪，当更为方便。”法师即请兄说灭罪方便。兄云：“汝舌能毁谤大乘，汝若欲灭此罪，当善解说大乘。”

阿僧伽法师殂殁后，天亲方造大乘论，解释诸大乘经。《华严》、《涅槃》、《法华》、《般若》、《维摩》、《胜鬘》等诸大乘经论，悉是法师所造。又造《唯识论》，释《摄大乘》、《三宝性》、《甘露门》等诸大乘论。凡是法师所造，文义精妙，有见闻者，靡不信求。故天竺及余边土，学大小乘人，悉以法师所造为学本。异部及外道论师，闻法师名，莫不畏伏。于阿逾阇国舍命，年终八十。虽迹居凡地，理实难思议也。

北魏昙鸾法师传

昙鸾，雁门人。少游五台山，见神迹灵异，因发信心出家。读《大集经》，以其词义深密，因为注解。文言过半，便感气疾，周行医疗。既而叹曰：“人命危脆，旦夕无常。吾闻长年神仙，往往间出，得是法已，方崇佛教，不亦可乎？”遂往江南陶隐居所，恳求仙术，隐居授以《仙经》十卷。欣然而还，至洛下，遇三藏菩提留支。鸾问曰：“佛法中颇有长生不死法，胜此《仙经》者乎？”留支曰：“此方何处有长生不死法？纵得长年，少时不死，卒归轮转，曷足贵乎！夫长生不死，吾佛道也。”乃以《十六观经》授之，曰：“学此，则三界无复生，六道无复往。盈虚消息，祸福成败，无得而至。其为寿也，河沙劫量，莫能比也。此吾金仙氏之长生也。”鸾大喜，遂焚《仙经》，而专修净观。自行化他，流布弥广。魏主重之，号为“神鸾”，敕住并州大寺，晚移汾州玄中寺。兴和四年，一夕室中见梵僧谓曰：“吾龙树也，久居净土，以汝同志，故来相见。”鸾自知时至，集众教诫曰：“劳生役役，其止无日。地狱诸苦，不可不惧。九品净业，不可不修。”因令弟子高声唱佛，西向稽颡而终。在寺者，俱见幡花幢盖，自西而来，天乐盈空，良久乃已。（《续高僧传》、《乐邦文类》）

案净土宗以三经一论为宗要。所谓论者，即天亲菩萨所造《往生论》是也。元魏昙鸾法师为之注，中土久佚，近年得自日本，已由金陵刻经处刻行于世。唯古人称注者，皆直注本文之下。绝域传钞，遂将注文与论文混而为一。今以注文低一格书之，较为醒目。复荷普陀印光法师合鸾师《略论净土义》，及天亲菩萨、昙鸾法师二人传，一再校订，由本处重付剞劂，以饷当世，或亦足为读斯论之一助欤。北京刻经处附识。

唐五台山竹林寺法照传

释法照，不知何许人也。大历二年，栖止衡州云峰寺，勤修不懈。于僧堂内粥钵中，忽睹五彩祥云，云内现山寺。寺之东北五十里以来有山，山下有涧，涧北有石门，入可五里，有寺，金榜题云“大圣竹林寺”。虽目击分明，而心怀陨获。他日斋时，还于钵中五色云内，现其五台诸寺，尽是金地，无有山林秽恶，纯是池台楼观，众宝庄严，文殊一万圣众而处其中，又现诸佛净国，食毕方灭。心疑未决，归院问僧：“还有曾游五台山已否？”时有嘉延、昙晖二师言曾到，言与钵内所见一皆符合。然尚未得台山消息。

暨四年夏，于衡州湖东寺内有高楼台，九旬起五会念佛道场。六月二日未时，遥见祥云弥覆台寺，云中有诸楼阁，阁中有数梵僧，各长丈许，执锡行道。衡州举郭咸见弥陀佛，与文殊、普贤，一万菩萨，俱在此会，其身高大。见之者，皆深泣血设礼。至酉方灭。照其日晚于道场外遇一老人，告照云：“师先发愿往金色世界，奉觐大圣，今何不去？”照怪而答曰：“时难路艰，何可往也？”老人言：“但亟去，道路固无留难。”言讫不见。照惊入道场，重发诚愿，夏满约前往，任是火聚冰河，终无退衄。

至八月十三日，于南岳与同志数人惠然肯来，果无沮碍。则五年四月五日，到五台县，遥见佛光寺南，数道白光。六日，到佛光寺，果如钵中所见，略无差脱。其夜四更，见一道光从北山下来射照。照忙入堂内，乃问众云：“此何祥也？吉凶焉在？”有僧答言：“此大圣不思议光，常答有缘。”照闻已，即具威仪，寻光至寺东北五十里间，果有山，山下有涧，涧北有一石门。见二青衣，可年八、九岁，颜貌端正，立于门首，一称善财，二曰难陀，相见欢喜，问讯设礼，引照入门。向北行五里以来，见一金门楼。渐至门所，乃是一寺，寺前有大金榜题曰“大圣竹林寺”，一如钵中所见者。方圆可二十里，一百二十院，皆有宝塔庄严。其地纯是黄金，流渠、花树，充满其中。

照入寺，至讲堂中，见文殊在西，普贤在东，各据狮子之座，说法之音，历历可听。文殊左右菩萨万余，普贤亦无数菩萨围绕。照至二贤前作礼，问言：“末代凡夫，去圣时遥，知识转劣，垢障尤深，佛性无由显现。佛法浩瀚，未审修行于何法门，最为其要？唯愿大圣，断我疑网。”文殊报言：“汝今念佛，今正是时。诸修行门，无过念佛、供养三宝，福慧双修。此之二门，最为径要。所以者何？我于过去劫中，因观佛故，因念佛故，因供养故，今得一切种智。是故一切诸法，般若波罗蜜，甚深禅定，乃至诸佛，皆从念佛而生。故知念佛，诸法之王。汝当常念无上法王，令无休息。”照又问：“当云何念？”文殊言：“此世界西，有阿弥陀佛，彼佛愿力不可思议。汝当继念，令无间断。命终之后，决定往生，永不退转。”说是语已，时二大圣各舒金手摩照顶，为授记别：“汝以念佛故，不久证无上正等菩提。若善男女等，愿疾成佛者，无过念佛，则能速证无上菩提。”语已，时二大圣互说伽陀。照闻已，欢喜踊跃，疑网悉除。又更作礼，礼已合掌。文殊言：“汝可往诣诸菩萨院，次第巡礼。”受教已，次第瞻礼。遂至七宝果园，其果才熟，其大如碗，便取食之。食已，身意泰然。造大圣前，作礼辞退。还见二青衣，送至门外。礼已举头，遂失所在，倍增悲感。乃立石记，至今存焉。

复至四月八日，于华严寺西楼下安止。洎十三日，照与五十余僧同往金刚窟，到无著见大圣处，虔心礼三十五佛名。照礼才十遍，忽见其处广博严净，琉璃宫殿。文殊、普贤，一万菩萨，及佛陀波利，居在一处。照见已，惟自庆喜，随众归寺。其夜三更，于华严院西楼上，忽见寺东山半，有五圣灯，其大方尺余。照咒言：“请分百灯归一畔。”便分如愿。重谓：“分为千炬。”言讫便分千数，行行相对，遍于山半。又更独诣金刚窟所，愿见大圣。三更尽到，见梵僧，称是佛陀波利，引之入圣寺。语在《觉护传》（即《佛陀波利传》）。

至十二月初，遂于华严寺华严院，入念佛道场，绝粒要期，誓生净土。至于七日初夜，正念佛时，又见一梵僧入乎道场，告云："汝所见台山境界，何故不说？"言讫不见。照疑此僧，亦拟不说。翌日申时，正念诵次，又见一梵僧，年可八十，乃语照曰："师所见台山灵异，胡不流布，普示众生，令使见闻，发菩提心，获大利乐乎？"照曰："实无心秘蔽圣道，恐生疑谤故，所以不说。"僧云："大圣文殊，现在此山，尚招人谤，况汝所见境界？但使众生见闻之者发菩提心，作毒鼓缘耳。"照闻斯语，便随忆念录之。时江东释慧从，以大历六年正月内，与华严寺崇晖、明谦等三十余人，随照至金刚窟所，亲示般若院立石标记。于时徒众诚心瞻仰，悲喜未已，遂闻钟声，其音雅亮，节解分明。众皆闻之，惊异尤甚，验乎所见不虚。故书于屋壁，普使见闻，同发胜心，共期佛慧。自后，照又依所见化竹林寺题额处，建寺一区，庄严精丽，便号"竹林"焉。

又大历十二年九月十三日，照与弟子八人，于东台睹白光数四，次有异云叆叇，云开见五色通身光，光内有圆光红色，文殊乘青毛狮子，众皆明见。乃霏微下雪，及五色圆光，遍于山谷。其同见弟子纯一、惟秀、归政、智远、沙弥惟英、优婆塞张希俊等。

照后笃巩其心，修炼无旷，不知其终。绛州兵掾王士詹，述《圣寺记》云。（《宋高僧传·感通篇》）

唐洛阳罔极寺慧日传

释慧日，俗姓辛氏，东莱人也。中宗朝得度，及登具足。后遇义净三藏，造一乘之极，躬诣竺乾，心恒羡慕，日遂誓游西域。始者泛舶渡海，自经三载，东南海中诸国，昆仑、佛誓、狮子洲等，经过略遍，乃达天竺。礼谒圣迹，寻求梵本，访善知识，一十三年，咨禀法训。思欲利人，振锡还乡，独影孤征，雪岭胡乡，又涉四载。

既经多苦，深厌阎浮。何国何方，有乐无苦？何法何行，能速见佛？遍问天竺三藏学者，所说皆赞净土。复合金口，极于速疾，是一生路，尽此报身，必得往生极乐世界，亲得奉事阿弥陀佛。闻已顶受，渐至北印度健驮罗国，王城东北有一大山，山有观音像，有志诚祈请，多得现身。日遂七日叩头，又断食，毕命为期。至七日夜且未央，观音空中现紫金色相，长一丈余，坐宝莲花，垂右手摩日顶曰："汝欲传法，自利利他。西方净土极乐世界弥陀佛国，劝令念佛诵经，回愿往生，到彼国已，见佛及我，得大利益。汝自当知，净土法门，胜过诸行。"说已忽灭。日断食既困，闻此强壮。

及登岭东归，计行七十余国，总一十八年。开元七年，方达长安，进帝佛真容、梵夹等，开悟帝心，赐号曰"慈愍三藏"。生常勤修净土之业，著《往生净土集》行于世。其道与善导、少康，异时同化也。又以僧徒多迷五辛中兴渠。兴渠，人多说不同，或云芸薹、胡荽，或云阿魏。唯《净土集》中别行书出云："五辛，此土唯有四，一蒜、二韭、三葱、四薤，阙于兴渠。梵语稍讹，正云'形具'。余国不见，回至于阗，方得见也。根粗如细蔓菁根而白，其臭如蒜，彼国人种取根食也。于时冬天，到彼不见枝叶。薹、荽非五辛，所食无罪，日亲见为验欤。”以天宝七年，卒于住寺，报龄六十九，葬于白鹿原，成小塔焉。（《宋高僧传·声德篇》）

圆观、鉴空、法云、海印信、末山、义断崖、绝学诚公座下之少年僧及法华尼、念佛婆子诸人传

圆观、鉴空等传评曰：按此多人，皆与念佛无关。而圆观，在生已悟后果，再世不昧前因，其定慧造诣均非常人所能企及，因其不知念佛求生西方，又未到断惑证真境界，依旧滞在轮回，不能自由摆脱。鉴空，宿生尚为讲主，浮俗已断根源，修持颇称精苦，因尚未及果证，稍有疵纇，转世即为常受冻馁之穷困士。宿生同修五人，只梵僧独得解脱，其余均困生死中。法云，往昔为大法师，因贪利养，吝佛法，致堕牛类，偿宿债，久受剧苦，方转为人，犹痴钝无记。海印，亦属名僧，曾主大刹，受人崇奉，转生即作檀越家女。末山，来历不凡，为僧复能好善，再转则与僧为仇，痴呆无智，顿失宿生所习。断崖与某少年僧，参禅均称已悟，二皆仍转为僧。一则受人供养，忙碌一生，己躬事完全忘失。一则利养到身，骄奢心动，竟成流俗之造业僧。法华尼，苦修三十年，谅由淫心固结，致转世失身为官妓。唯念佛婆子，宗、教一无所知，只以弥陀是念，而死后演出如许奇特事，确证往生西方之无疑。总是以观，若论生前慧解，则诸僧尼之超过念佛婆远甚。至论身后果证，而诸僧尼之不及念佛婆亦远甚。圆观、鉴空、法云尚恐不及，其余真不足以望其项背。可见自力了脱之难，念佛往生之易。故云：“余门学道，如蚁子上于高山。念佛往生，似风帆扬于顺水。”知此，则平昔以高明自负，欲仗自力了生脱死，而尚未至业尽情空之地位者，宁不凛然？故特附录于此，以为藐视净土，好仗自力而夸口头者戒。凡有志于自利利人，欲速得解脱者，均当注意于念佛一门焉。释德森录毕识。

唐洛京慧林寺释圆观，不知何许人也。居于洛宅，率性疏简。或勤梵学，而好治生，获田园之利，时谓之空门猗顿也。此外施为绝异，且通音律。大历末，与李源为忘形之友。源父憕居守，天宝末陷于贼中，遂将家业舍入洛城北慧林寺，即憕之别墅也，以为公用无尽财也。但日给一器，随僧众饮食而已，如此三年。源好服食，忽约观游蜀青城、峨眉等山洞求药。观欲游长安，由斜谷路。李欲自荆入峡。争此二途，半年未决。李曰："吾已不事王侯，行不愿历两京道矣。"观曰："行无固必，请从子命。"遂自荆上峡。行次南浦，泊舟，见妇女绦达锦珰，负罂而汲。观俯首而泣曰："某不欲经此者，恐见此妇人也。"李曰："自上峡来，此徒不少，奚独泣为？"观曰："其孕妇王氏者，是某托身之所也，已逾三载，尚未解娩，唯以吾未来故。今既见矣，命有所归，释氏所谓循环者也。请君用符咒遣其速生，且少留行舟，葬吾山谷。其家浴儿时，亦望君访临，若相顾一笑，是识认君也。后十二年，当中秋月夜，专于钱塘天竺寺外，乃是与君相见之期也。"李追悔此之一行，致观到此，哀恸殆绝。召孕妇告以其事，妇人喜跃还。顷之，亲族毕集，以枯鱼浊酒，馈于水滨，李往授符水。观具其沐浴，新其衣装。观其死矣，孕妇生焉。李三日往看新儿，襁抱就明，果致一笑。李泣具告王氏，王氏厚葬观。明日李回棹归慧林寺，询问弟子，方知已理命矣。李常念杭州之约，至期，到天竺山寺。其夜桂魄皎然，忽闻葛洪井畔，有牧童歌《竹枝》者，乘牛扣角，双髻短衣，徐至寺前，乃观也。李趋拜曰："观公健否？"曰："李公真信士，我与君殊途，慎勿相近。君俗缘未尽，但且勤修不堕，即遂相见。"李无由叙语，望之潸然。观又歌《竹枝》，杳裹前去，词切调高，莫知所谓。叹曰："真得道之僧也！咫尺悬隔，圣凡路殊，谅有之乎！"（《宋高僧传·感通篇》）

唐洛阳香山寺释鉴空，俗姓齐，吴郡人也。少小苦贫，虽勤于学，而寡记持。壮岁为诗，不多靡丽。常困游吴楚间，已四、五年矣。干谒侯伯，所润无几。钱或盈贯，则必病生，用罄方瘥。元和初，游钱塘，属其荒俭，乃议求餐于天竺寺。至孤山寺西，馁甚不前，因临流雪涕，悲吟数声。俄有梵僧临流而坐，顾空笑曰："法师秀才，旅游滋味足未？"空曰："旅游滋味则已足矣，法师之呼，一何乖谬！”盖以空未为僧时，名君房也。梵僧曰：“子不忆讲《法华经》于同德寺乎？”空曰：“生身已四十五岁矣，盘桓吴楚间，未尝涉京口，又何洛中之说？”僧曰：“子应为饥火所烧，不暇忆故事。”遂探囊出一枣，大如拳许，曰：“此吾国所产，食之者，上智知过去、未来事，下智止于知前生事耳。”空饥极，食枣掬泉饮之，忽欠呻枕石而寝，顷刻乃寤，忆讲经于同德寺，如昨日焉。因增涕泣，问僧曰：“震和尚安在？”曰：“专精未至，再为蜀僧矣，今则断攀缘也。”“神上人安在？”曰：“前愿未满。”“悟法师焉在？”曰：“岂不记香山石像前戏发大愿乎？若不证无上菩提，必愿为赳赳贵臣。昨闻已得大将军矣。当时云水五人，唯吾得解脱，独汝为冻馁之士也。”空泣曰：“某四十许年，日唯一餐，三十余年拥一褐。浮俗之事，决断根源。何期福不完乎，坐于饥冻？”僧曰：“由狮子座上广说异端，使学空之人，心生疑惑。戒珠曾缺，膻气微存。声浑响清，终不可致。质伛影曲，报应宜然。”空曰：“为之奈何？”僧曰：“今日之事，吾无计矣。他生之事，警于吾子焉。”乃探钵囊取一鉴，背、面皆莹彻，谓空曰：“要知贵贱之分，修短之期，佛法兴替，吾道盛衰，宜一鉴焉。”空览照久之，谢曰：“报应之事，荣枯之理，谨知之矣。”僧收鉴入囊，遂挈而去，行十余步，旋失所在。空是夕投灵隐寺出家，受具足戒。后周游名山，愈高苦节。太和元年诣洛阳，于龙门天竺寺遇河东柳理，亲说厥由向理。理闻空之说，事皆不常，且甚奇之。空曰：“我生世七十有七，僧腊三十二，持钵乞食，尚九年在世。吾舍世之日，佛法其衰乎！”理诘之，默然无答，乃索理笔砚，题数行于经藏北垣而去。曰：“兴一沙，衰恒河沙。兔而罝，犬而拿。牛虎相交与角牙，宝檀终不灭其花。” 系曰：食梵僧之枣，而知宿命者，与茹雪山之药，解诸国语音同也。览鉴而知吉凶者，与窥图澄涂麻掌同也。食枣、临鉴，岂偶然耶，非常人之遇也。其空公题谶而答塞柳理之问，验在会昌之毁教矣。时武宗勒僧尼反俗计二十万七千余人，坼寺并兰若共四万七千有奇，故云：“兴一沙，衰恒河沙。”“兔在罝，犬仍拿”，言残害之甚。乙丑毁法，丙寅厌代。佛法喻宝檀之树，终不绝其花蘤芬馥故云也。苟非异人，何以藏往考来之若是

乎！（《宋高僧传·感通篇》）

唐法云者，雁门赵氏子，受质淳善，毁誉淡然。及就学，痴钝无记。年十二，父母送礼五台华严寺净觉为师，拾薪汲水，初不惮劳。年三十六，诵习未能，众以其愚，呼为“牛云”。一日自恨愚质，久生何为？时方大雪，跣足礼台，一心持念文殊师利，愿求大圣开决心眼。如是而行，寒不知衣，食不知味，内不知身，外不知物，唯圣是求，逢人即问文殊住处。既遍五峰，了无所见，至寺求食，其志增锐，如迷如醉，复至东台。见老人曝火，即叩问曰：“大德，文殊住何处？”老人云：“汝问他何为？”云曰：“我生愚钝，乞为开明。”老人云：“那羸颓百拙汉，汝不须见他好。”云以为狂，遂趋北台。既至，见先老人拥雪而坐，心生稀有，以为真文殊也，趋前叩首。以冻馁驰困，倒地不起，口吐血团。见先老人语曰：“汝于往生曾作法师，贪他利养，秘吝佛法。以是因缘，堕牛类中，愚无所知，偿他宿债。持法力故，今得人身，复预僧数。悭法余业，故无诵习。”老人即以铁如意钩，斫出心脏，令其视之，宛若牛心。于天井洗荡，复以安之，叱云：“起起！”于是忽醒，无所痛恙，遍体汗流。更觅老人，竟不复见。但见祥云骤起，软风拂衣，仰视天际，圆光若镜，见先老人，坐莲花上，晃焉而没。法云从此往世所持经论，宛然记忆，如获旧物。终身行道，如救头燃。一夕绕育王塔，至三更，见白光如水，自北台连接鹫峰，中现天阁，宝色灿烂，额曰“善住”。时开元二十三年春，辞众而终焉。（《清凉山志》）

宋海印信和尚，嗣琅琊，桂府人，住苏州定慧寺。年八十余，平日受朱防御家供养，屡到其宅。一日朱问曰：“和尚后世能来弟子家中托生否？”师微笑诺之。及归寺得疾，数日而化。其迁化日，朱家生一女子。圆照本禅师时住瑞光，闻其事，往访之。方出月，抱出，一见便笑。圆照唤云：“海印，汝错了也！”女子哭数声化去。（《宗门武库》）

元建宁府有僧名末山，后检一行《著定平生诗》，有“一木移来岭上安”之句，造物预定其名也。好作善缘，平路叠桥，不知其数。既死，现梦于城中邹氏托生，其友亦有梦之者。既长，虽自知前身是僧，不喜与僧交，痴痴呆呆，若木石然。　杭州天目山，义断崖，见高峰得旨，归向者甚众。

既死，现梦托生于吴兴细民家。后为僧，名瑞应，字宝昙。自幼至壮，受人礼拜供养无虚日。余寓居天界时，宝昙亦在焉，邻居颇久，察其所为，碌碌与常人无以异。间有以己躬事叩之者，但懡罗而已。二人前身皆非常人，胡乃顿忘前世所习如是？古人谓声闻尚昧于出胎，菩萨犹迷于隔阴。然则修行人，可不慎欤！（《山庵杂录》）

江西绝学诚公，山居不出世。座下有七人结盟习禅，一人年最少，超然有得。诚公验以三关语，其答如鼓应桴。不幸早逝，生山下民家，父母俱有梦。甫五岁，命读书，吾伊上口，不烦师训，又能析其义。一日其父携入山见诚公，公问："汝前生答我三转语，记得否？"进云："试举看。"既举，乃点首云："是我语。"诚公嘱其父善保养之。他寺僧因厚贿其家，求为弟子，使习鱼山梵呗。自此赴檀家请，多得赚施，骄奢心动，世俗不法事，无不为之。诚公因立三种大愿厉学者。大凡参禅人，于静定中得个欢喜处，乃尘劳乍息，慧光少现，然未可以为究竟也。何则？盖八识田中，无明根本尚在。喻如石压草，去石再生无疑矣。后人其预戒之。（《山庵杂录》）

宋欧阳永叔知颍州，一官妓，口气作莲花香。有僧知宿命，言此妓前世为尼，诵《法华经》三十年，一念之差，遂至于此。问妓云："曾读《法华经》否？"答云："失身于此，何暇诵经？"与以《法华》，则读诵如流。与之他经，则不能读。以此知僧言可信矣。使此尼知西方法门，则上品上生可也。不知而坠堕于妓，可不哀哉！以此知能用西方法门教人者，其济拔之功大矣，福报岂易量哉！（《龙舒净土文》）

元至顺庚午，浙西连岁饥馑，杭州城中饿殍相枕藉，有司令坊正倩人舁弃六和塔后山大坑中。有一婆子，兼旬不腐烂，每日居众尸之上。人怪之，搜其身，怀中有小囊，贮《念弥陀佛图》三幅。事闻有司，为买棺敛，焚之，烟焰中现佛菩萨像，光明烨烨，因此发心念佛者极众。（《山庵杂录》）

宗赜禅师莲花胜会录文

夫以念为念，以生为生者，常见之所失也。以无念为无念，以无生为无生者，邪见之所惑也。念而无念，生而无生者，第一义谛也。是以实际理地，不受一尘，则上无诸佛之可念，下无净土之可生。佛事门中，不舍一法，则总摄诸根。盖有念佛三昧，还源要术，示开往生一门。所以终日念佛，而不乖于无念。炽然往生，而不乖于无生。故能凡圣各住自位，而感应道交。东西不相往来，而神迁净刹。此不可得而致诘也。故经云："若人闻说阿弥陀佛，执持名号"，乃至"是人终时，心不颠倒，即得往生阿弥陀佛极乐国土。"

夫如来世尊，虽分折、摄二门，现居净、秽两土。然本圣之意，岂直以娑婆国土，丘陵坑坎，五趣杂居，土石诸山，秽恶充满，以是为可厌；极乐世界，黄金为地，行树参空，楼耸七珍，花敷四色，以是为可忻。盖以初心入道，忍力未淳，须托净缘，以为增上。何则？娑婆国土，释迦已灭，弥勒未生。极乐世界，阿弥陀佛现在说法。娑婆国土，观音、势至，徒仰嘉名。极乐世界，彼二上人，亲为胜友。娑婆国土，诸魔竞作，恼乱行人。极乐世界，大光明中，决无魔事。娑婆国土，邪声扰乱，女色妖淫。极乐世界，水鸟树林，咸宣妙法，正报清净，实无女人。然则修行缘具，无若西方。

浅信之人，横生疑谤。窃尝论之：此方之人，无不厌俗舍之喧烦，慕兰若之寂静，故有舍家出家，则殷勤赞叹。而娑婆众苦，何止俗舍之喧烦。极乐优游，岂直兰若之寂静。知出家为美，而不愿往生，其惑一也。万里辛勤，远求知识者，盖以发明大事，决择死生。而弥陀世尊，色心业胜，愿力洪深，一演圆音，无不明契。愿参知识，而不欲见佛，其惑二也。丛林广众，皆乐栖迟。少众道场，不欲依附。而极乐世界，一生补处，其数甚多。诸上善人，俱会一处。既欲亲近丛林，而不慕清净海众，其惑三也。此方之人，上寿不过百岁，而童痴老耄，疾病相仍，昏沉睡眠，常居大半。菩萨犹昏隔阴，声闻尚昧出胎。则尺璧寸阴，十丧其九，而未登不退，可为寒心。西方之人，寿命无量，一托莲苞，更无死苦，相续无间，直至菩提，所以便获阿惟越致，佛阶决定可期。流转娑婆促景，而不知净土长年，其惑四也。若乃位居不退，果证无生，在欲无欲，居尘不尘，方能兴无缘慈，运同体悲，回入尘劳，和光五浊。其有浅闻单慧，或与少善相应，便谓永出四流，高超十地，诋诃净土，耽恋娑婆，掩目空归，宛然流浪，并肩牛马，接武泥犁。不知自是何人，拟比大权菩萨，其惑五也。故经云："应当发愿，愿生彼国。"则不信诸佛诚言，不愿往生净土，岂不甚迷哉！

若夫信佛言而生净土，则界系之所不能拘，劫波之所不能害。谢人间之八苦，无天上之五衰。尚无恶道之名，何况有实？唯显一乘之法，决定无三。归依一体三宝，奉事十方如来。佛光照体，万惑潜消。法味资神，六通具足。三十七品助道法，应念圆成。三十二应随类身，遍尘刹土。周旋五趣，普被诸根。不动一心，遍行三昧。洒定水于三千，引众生于火宅。自利利他，皆悉圆满。然则唯心净土，自性弥陀，盖解脱之要门，乃修行之捷径。是以了义大乘，无不指归净土。前贤后圣，自他皆愿往生。凡以欲得度人，先须自度故也。

呜呼！人无远虑，必有近忧。一失人身，万劫深悔。故率大海众，各念弥陀佛，百声、千声，乃至万声，回向同缘，愿生彼国。窃冀莲池胜会，金地法明，绮互相资，必谐斯愿。操舟顺水，更加橹棹之功，则十万之遥，可不劳而至也。

元祐四年冬，宗赜夜梦一男子，乌巾白衣，可三十许，风貌清美，举措闲雅，揖谓宗赜曰："欲入公弥陀会，告书一名。"宗赜乃取《莲花胜会录》，秉笔问曰："公何名？"白衣者云："名普慧。"宗赜书已，白衣者云："家兄亦曾上名。"宗赜问曰："令兄何名？"白衣云："家兄名普贤。"白衣者遂隐。宗赜觉而询诸耆宿，皆云《华严·离世间品》，有二大菩萨名。宗赜以为佛子行佛事，助佛扬化，必有贤圣幽赞。然预此会者，亦岂小缘！普贤变名易号，不知谁何？今更以二大菩萨为首云。

大智律师净业礼忏仪序

元照自下坛来，便知学律。但禀性庸薄，为行不肖。后遇天台神悟法师，苦口提诲，始知改迹。遂乃深求祖教，博究佛乘，而于佛祖微言，薄有所领。窃自思曰：“初心晚学，宁无夙善？但不遇良导，作恶无耻，虚丧一生，受苦长劫。”于是发大誓愿，常生娑婆五浊恶世，通达佛理，作大导师，提诱群生，令入佛道。复见《高僧传》，慧布法师云：“方土虽净，非吾所愿。若使十二劫莲花中受乐，何如三途极苦处救众生也？”由是坚持所见，历涉岁年。于净土门，略无归向。见修净业，复生轻谤。

后遭重病，色力痿羸，神识迷茫，莫知趣向。既而病瘥，顿觉前非。悲泣感伤，深自克责。志虽洪大，力未堪任。仍览天台《十疑论》，初心菩萨未得无生忍，要须常不离佛。又引《智度论》云：“具缚凡夫有大悲心，愿生恶世，救苦众生，无有是处。譬如婴儿，不得离母。又如弱羽，只可传枝。”自是尽弃平生所学，专寻净土教门，二十余年，未尝暂舍。研详理教，披括古今，顿释群疑，愈加深信。复见善导和尚专杂二修：“若专修者，百即百生。若杂修者，万千一二。心识散乱，观行难成，一志专持四字名号。”几生逃逝，今始知归。仍以所修，展转化导。尽未来际，洪赞何穷。方便多门，以信得入。如大势至，以念佛心，获悟圆通，入三摩地。

复自思念：“以前所造无量罪业，不信净土，谤法毁人。业因既成，苦果必克。纵百千劫，所作不亡。业性虽空，果报不失。”内怀惭耻，晓夕兢惶，于是躬对圣前，吐露肝胆，五体投地，苦到忏悔。仍发大愿，普摄众生，同修念佛，尽生净土。欲常修习，须立轨仪，故集诸文，布成此法。从始至末，第列十门。并准圣言，咸遵古式。事从简要，法在精专。所贵自备修持，岂敢贻诸先达。后贤披览，知我志焉。

《乐邦文类》选录

临行自饯

宋 樝庵法师有严

吾闻西方有无上正遍知，寿命无量阿僧祇。光明遍照沙界兮无边际，慈悲普覆群生兮无尽期。闻名称念者皆不退转，归命发愿者众苦皆脱离。黄金为地或琉璃，昼夜六时天花飞。楼阁幢幡千万兮遍空界，宝林珠网音乐兮微风吹。庄严美妙不思议，土无日月常光辉。是故系念者神魂西驰，父母之邦兮常思归。性无苦域兮今顺性而舍其，性有乐邦兮今顺性而取之。去去！过十万亿佛土不是远路歧。内凭愿力，外仗佛威，一刹那间便到七宝莲花池。

樝庵老，生平学佛守戒律，一节如冰霜。事文翰，高谈如圭璧。讲练有余力，而系念无暇时。其净业既成，一夕见在金池上，执乐者数人，似欲举音以迓其来。不数日而终。先乃成自饯一篇，是知决定为西方游矣。闻者莫不叹慕其不可及也。呜呼！唯心本性，人人皆具焉。何羡鱼多，而不结网而有获耶？子云所谓蜾蠃之祝曰："类我类我！"久则肖之矣。安有不修而能证者哉？此自饯之意，固足以为来者劝也。门人元佑持其文示予，因跋其尾云。隐庵左知微谨题。

净土自信录序

宋 无功叟王阗

古之大圣人，立言垂教，被于百世之下，其志犹郁而未畅，晦而未明者，盖有之矣，即吾佛净土法门是也。余遍览诸经，深求其旨。往生功德，一言以蔽之曰：在凡夫获不退而已矣。何则？此土修行，圆教初信、小乘初果人，邪见及三毒永不起，兹为断惑发悟，创入圣流，则越生不昧其所证，斯超四趣，不失人天。至于凡夫地中，虽伏惑发悟菩萨，一经生死非常之变，则忘其所证所修，是故遇缘或退，仍堕苦途者，容有之。乃若凡圣同居净土，如极乐国等，虽具三界，唯有人天，故一切含识获生者，即长辞四趣。又助缘大备，寿数莫量，纵至钝根，一生熏修，无不证圣果，宁复有退失事乎？如来赞劝之本意，不过如此。且圆机体道，是最上净业，苟加愿导之，即预优品。若夫愚朴辈，但能称佛发愿者，而莫不往生。呜呼！观净土一门，则知圣人无弃物矣。彼守痴空之徒，效无碍无修，起自障心，绝他学路，乃高其言曰："净土末事也。"何足道哉！可不哀耶！

结莲社普劝文

宋 张抡

如是我闻，西方有佛，名阿弥陀，亦名无量光，亦名无量寿。又有观音、势至二菩萨，助佛扬化，皆以大愿力，济度诸众生。其国以七宝庄严，清净自然，无诸杂秽，故名净土。其人皆莲花化生，寿命无量，衣食受用，随念而至，更无诸苦，亦无轮转，故又名极乐世界。以此返观我等现今所受之身，所处之世，较彼国土，净秽、寿量、苦乐、生死，岂止天地之相远耶？而昧者不知，或知而不信，自作障碍，颠倒执迷，不思解脱，舍此生彼，岂不哀哉！故我今者劝诸有缘，结此莲社。假使难知难办，犹当勉力精勤。况佛号甚易持，净土甚易往，八万四千法门，无如是之捷径。但能辍清晨俯仰之暇，遂可为永劫不坏之资。是则用力甚微，而收功乃无有尽，众生亦何苦自弃而不为乎？噫！梦幻非真，寿夭难保。呼吸之顷，即是来生。一失人身，万劫不复。此时不悟，佛如众生何？愿深念于无常，勿徒贻于后悔。净乐居士张抡劝缘。

西资社同誓文

宋 证通法师师友

维隆兴元年，岁次癸未，四月八日，释师友及阖会大众，归命极乐世界阿弥陀佛、菩萨海众，愿运洪慈，俯察微志。某等惟念宿福深厚，生处中华，恭睹《大藏》七经，纯谈净土，依正庄严，功德胜妙。返观此处，三恶八难，多不善聚。生老病死，寿命短促。自力修行，难进易退。先圣悯我等故，立此念佛法门，深谈易往，激劝求生。古今圣贤，弘此道者，其书山积。湖海缁素，结此社者，代不乏人。十方众生，往彼国者，多如驶雨。我等是以亮情天发，不约而同，秉志有归，佥心西境，既念念不忘，期终此报，决取往生。我等尚虑性习不同，世务萦绊，口谈极乐，意恋娑婆，理事不明，行愿有阙，旦祈云同，夕归攸隔。于是谨涓吉日，聚会投诚，稽首梵容，立兹弘誓。仰愿慈尊，舒紫金手，抚摩我顶；启红莲舌，密授我记。庶我此生以去，诸恶不作，众善奉行，不值邪师，不失正念。命终之日，无病无苦，身心悦乐，随从如来，同归安养，莲花早开，悟无生忍，游历十方界，奉事诸佛身，济拔苦众生，同成无上道。虚空有尽，我愿无穷。若见若闻，俱沾利乐。

莲池大师答苏州曹鲁川书（附来书）

久不奉面命，歉歉。乃时时获翻刻教，迪我孔多，慰谢慰谢！南企法云，殊切瞻依。适敝郡断凡悟上人祇趋坛下，为求法故，附此候安。不佞缪迂，近守东鲁，远宗西竺，乃于儒释之书为蠹鱼者，四十年于兹矣。亦尝奉教于诸达者，有所蓄积，冀正之于大善知识，兹因断凡之来布之也。

夫释尊有三藏十二部教，所谓于广大海，张众多网。又所谓大囷小囷也者，只宜谈大以该小，讵可举一而废多？比吾党中有倡为历劫成圣，必渐无顿之说者。夫渐亦圣说，未尝不是，而以渐废顿，左矣。尊者内秘顿圆，而外显净土法门，诸佛有然，无足疑者。岂近来听众，不无如《法华》所说“初闻佛法，遇便信受，思惟取证”者？直欲以弥陀一圣，而尽废十五王子。以净土一经，而尽废三藏十二部。则不佞之所不愿闻者也。时虽末法，而斯人之机，岂无巧钝？有如释尊为迦叶、为憍陈如，其说如此。为善财、为龙女，其说如彼。二十五圣，各证圆通，文殊所称又如彼。正所谓：“昨日定，今日不定。”又所谓：“说我是空，且不是空。说我是有，且不是有。”此所以为善无常主，活泼泼地，如水上按壶卢然，非死煞法也。倘钉桩守窟，焉利人天？所愿尊者为大众衍净教，遇利根指上乘。圆融通达，不滞方隅，俾鹏鹞并适，不亦尽美尽善乎哉！

又《佛华严》乃无上一乘圆教，如来称性之极谈。非教非宗，而即宗即教。不空不有，而无垢无净。是在《法华》犹较一筹，若余乘似难与之絜长比短也者。尊者乃与《弥陀经》并称，已似未妥。因此遂有著论腾之，驾净土于《华严》之上者。朱紫递淆之谓何？鹿马互指又何说也？此而无人言之，天下后世必有“秦无人焉”之嗤。亦愿尊者为净土根人说净土，为《华严》根人说《华严》，毋相诮，亦毋相滥，乃为流通佛乘，乃为五教并陈，三根尽摄。奈之何必刻舟而求剑，且弹雀而走鹞也？

若夫《华严》一经，有信、解、行、证四法。善说此法者，宜莫如方山。今其言具在，可覆也。爰有清凉，人号为“华严菩萨”，而实不会《华严》义旨。草草将全经裂为四分，以隶四法。舍那妙义，委之草莽矣。亦愿尊者辨黑白，分泾渭，揭杲日于义天。

嗟嗟！今之时，缁素中高流，日就凋谢。不佞之所仰重于尊者，如泰嵩然。故不以赞而以规，知尊者无我，而不佞亦非为我，故谆谆言之，惟尊者亮之。

久闻居士精意《华严》，极怀敬仰。兹接手教殷勤，直欲尽法界众生，而纳之一乘性海，是普贤大愿也。然不肖虽崇尚净土，而实则崇尚《华严》，不异于居士。夫《华严》具无量门。求生净土，《华严》无量门中之一门耳。就时之机，盖由此一门而入《华严》，非举此一门而废《华严》也。

又来谕谓不肖“以《弥陀》与《华严》并称，因此遂有著论，驾净土于《华严》之上者”。此论谁作乎？《华严》如天子，谁有驾诸侯王、大臣、百官于天子之上者乎？然不肖亦未尝并称也。《疏钞》中特谓《华严》圆极，《弥陀经》得圆少分，是《华严》之眷属流类，非并也。古称《华严》之与余经，喻如杲日丽天，夺众星之耀；须弥横海，落群峰之高。夫焉有并之者？此不待论也。

又来谕谓：“宜随机演教，为宜净土人说净土，为宜《华严》人说《华严》。”此意甚妙。然中有二义：一者，千机并育，乃如来出世事，非不肖所能。故曹溪专直指之禅，岂其不通余教？远公擅东林之社，亦非只接钝根。至于云门、法眼、曹洞、沩仰、临济，虽五宗同出一源，而亦授受稍别。门庭施设，理自应尔，无足怪者。况不肖凡品乎？若其妄效古人，昨日定，今日不定，而漫无师承，变乱不一。名曰利人，实误人矣。何以故？我为法王，于法自在。平民自号国王，不可不慎也。二者，说《华严》则该净土，说净土亦通《华严》。是以说《华严》者自说《华严》，说净土者自说净土，固并行而不相悖。今人但知《华严》广于极乐，而不知弥陀即是遮那也。

又来谕：“清凉不会《华严》义旨，而裂全经为四分，以属四法。”夫信、解、行、证，虽贯彻全经。而经文从始至终，亦有自然之次第，非清凉强为割截也。其贯彻也，所谓圆融。其次第也，所谓行布。即行布而圆融，四分何害？使无行布，圆融何物？必去行布而圆融，则不圆融矣。且信、住、行、向、地，以至等、妙，佛亦自裂全经为五十二段乎？何不将五十二段一句说尽，而为此多卷之文乎？因该果海，果彻因源。因果未尝不同时，而亦未尝不因自因，果自果也。何必定执八十卷经束作一块，都卢是个无孔铁锤，而后谓之圆融乎？定执一块，不许分开，即死煞法，即钉桩，即守窟，安在其为活泼泼也？

方山之论，自是千古雄谈。而论有论体，疏有疏体。统明大义，则方山专美于前。极深探赜，穷微尽玄，则方山得清凉而始为大备。岂独方山，即杜顺而至贤首诸祖，亦复得清凉而大备。岂独华严诸祖，即三藏十二部、百家论疏，亦复得清凉而大备。温陵解《华严》，以方山为主，清凉为助，已为失宜。而居士顾訾之，此不肖之所未解也。

又龙树于龙宫诵出《华严》，而愿生极乐。普贤为《华严》长子，而愿生极乐。文殊与普贤，同佐遮那，号“华严三圣”，而愿生极乐。咸有明据，皎如日星。居士将提倡《华严》以风四方，而与文殊、普贤、龙树违背，此又不肖之所未解也。况方山列十种净土，极乐虽曰是权，而《华严》权实融通，理事无碍，事事无碍。故淫房、杀地，无非清净道场，而况七宝庄严之极乐乎？婆须、无厌，皆是古佛作用，而况万德具足之弥陀乎？居士游戏于《华严》无碍门中，而碍净土，此又不肖之所未解也。

不肖与居士，同为华藏莫逆良友，而居士不察。区区之心，复欲拉居士为莲胎骨肉弟兄，而望居士之不我外也。居士爱我，不赞而规。今妄有所规，亦犹居士之爱我也。病笔略申梗概，殊未尽意，惟鉴之谅之。

又

敝郡断凡上人索书上谒，附致悃素。顾承来翰，规切究竟，殷殷亟也，荷荷谢谢！

来翰云：“《华严》具无量门。求生净土，《华严》无量门中之一门。就时之机，由此一门而入《华严》，非举一门而废《华严》。”又谓：“《华严》圆极，无可驾于其上者。”并为确论。第《华严》是法身佛说，一乘妙义，迥异诸经。而人多与释迦经一目之。故疏此经者，贤首爰肇其端，方山深契其旨。在清凉则择焉而弗精，在温陵则语焉而未详。至有撰为《纶贯》者，抑末矣。温陵云：“方山为正，清凉为助。”此见最卓。而尊者以为失宜，似未知温陵，亦未知方山者。

诸不了义经论，及别行《普贤行愿品》，与《起信》等论，皆称说净土。此岂无因？然《华严经》中未尝及之。即方山所第十净土更晰也。《法华》鳞差十六王子，内有弥陀，未尝定为一尊。其赞持经功德，旁援安乐，实说女人因果。《首楞严》二十五圣证圆通，文殊无所轩轾，但云“方便有多门”，又云“顺逆皆方便”。然继以“迟速不同伦”，则于无轩轾中，又未尝无所指归也者。故要极于普门，而不推诩夫势至，更加贬剥曰“无常”、曰“生灭”。

若夫释尊只说大小《弥陀》，不啻足矣，胡为乎纷纷然三藏十二部为乎？贤首、清凉诸师，亟标“小”、“始”、“终”、“顿”、“圆”五教，佥以为允，而未尝品及净土。心宗家流，尤所荡扫。大鉴之言，且未及诠。更拈一二：如志公曰：“智者知心是佛，愚人乐往西方。”如齐己禅师曰：“惟有径路修行，依旧打之绕。但念阿弥陀佛，念得不济事。”又曰：“汝诸人日夕在径路中往来，因恁么当面错过阿弥陀佛？”又曰：“其或准前舍父逃去，流落他乡，东撞西磕，苦哉阿弥陀佛！”此之三言，或以为苛。然岂无谓而彼言之？亦必有道矣。

古德云：“一切众生，自己迷悟不同。迷心外见，修行觅佛，未悟自性，即是小乘。”又有云：“直下顿了此心本来是佛，无一法可得，此是无上道，此是真如佛。学道人，只怕一念有，与道隔矣。”又有云：“目前无法，意在目前，他不是目前法。若向佛祖边学，此人未具眼在。何不向生死中定当？何处更拟佛拟祖替汝生死？有智人笑汝在！”所以达者亟道：“祇劫辛苦修行，不如一念得无生法忍。”又道：“一念缘起无生，超出三乘权学。”况毋论三乘、一乘，要之无我、我所。今之往生净土也者，我为能生，土为所生。自他历然，生灭宛然，忻厌纷然，所未及悉。顾从来谈莲乘者，必曰“花开见佛悟无生”。盖必待往生而见弥陀，始从观音，若势至，抑或弥陀，诲以无生，此时方悟。岂其上品绝少，中下滋多，滞在祇劫，似为迂迟。矧欲修净土，亦须先修有无等四四十六观门。试问所观者是何轨则？能观者还有几人？所以念佛者如牛毛，往生者如麟角。何似反而求之，自有余佛在也。

彼寒山之勖丰干，谓：“往五台礼文殊，不是我同流。”此在通达佛道者，出词吐气自别。且也一切佛道以《金刚般若》为入门，以《佛华严》为究竟。《金刚》则曰：“实无少法可得。”而《佛华严》所称佛地二愚，一则曰“微细所知愚”，一则曰“极微细所知愚”。所以阿难自道“不历僧祇获法身”，识者犹且呵之，故或曰“佛疮”，或曰“佛魔”。文殊暂起佛见，未免贬向二铁围。嗟嗟！见河能漂香象，智主不受功德。道人心无住处，踪迹不可寻。故不历权乘，独秉一乘，此则不佞之所为惓惓者也。

彼诸佛诸祖，为一分执着我识下劣众生，以及小乘弟子，惟依一意识，计以现在色心等为染净依者。悯其四大既离，一灵无归，如失水鱼，踯躅就毙。故不得不将错净土而安置之，此亦化城之类也。传有之：“若能悟法性身、法性土，要归于无物，是真佛土。”若华严性海所现全身，如人身中有八万四千毛孔，东药师，西弥陀，各各在一毛孔中说法度生。人若涣毛孔，彻全身，未尝不可。倘抛撮全身入一毛孔，不但海沤倒置，而蝇投窗纸，其谓之何？

昨不佞手疏所云："为宜净土人说净土，为宜《华严》人说《华严》。"自谓不悖诸佛法门，亦是为尊者赤心片片。尊者乃欲携我莲胎，则昔人所云"若捉物入迷津"，与夫"弃金担草"之谓矣。更稽之古人有云："若欲究竟此事，须向高高山顶立，深深海底行。若闺阁中软暖物舍不得，有恁么用处？"又有云："诸经所称无瞋恨行，此之瞋恨非凡情可比。恨者，恨一切众生皆有如来智慧德相而不自觉。瞋者，瞋吾度脱之未至也。"以故自觉觉他，有世间智，有出世间智，有世出世间上上智。举以语人，得无违拒，庶几能利益于人。

溯昔三教圣人，出兴于世，无不为一大事。且观时节因缘，偏者补之，弊者救之，微者显之，要之以心性开示于人已耳。以今天下拘儒株守传注，旷士溺意虚玄。余之手木槵而口弥陀者，自通道大都，迨穷村僻巷，居相望而肩相摩也。尊者又从而和之，非所谓顺世情之教，波随而风偃者乎？是在不佞不能无疑。

而来翰乃称："虽崇净土，实尚《华严》。"又云："由此净土一门而入《华严》。"此如古德所云："但为弘实，而众生不信。须为实施权，以浅助深。"又云："用与适时，口虽说权，内不违实，但使含生得权实诸益也者。"则不佞诚契之，祗领之，且羡且慰矣。乃会下听众，自杭过苏者，时时有之，罔弗津津九品。间与之言，少涉上乘，则骇心瞠目，或更笑之。此其过在弟子耶？在师耶？大丈夫气宇冲天，而度生为急。若出世矣、开堂矣、敷座矣，不具大人作略，只作闾巷老斋公斋婆举止。忽被伶俐人问着，或明眼人拶着，拟向北斗里潜身耶？抑铁围山里潜身耶？不见道："若是大鹏金翅鸟，奋迅百千由旬。蹑影神驹，驰骤四方八极。断不取次啖啄，亦不随便埋身，且总不依倚。"佛法大事，非同小可，愿尊者重厝意焉。

来翰又云"弥陀不异遮那"，是也。第化境、化仪，各各差殊。盖诸佛教义，通宗因缘。既堕因缘，岂无大小，定有深浅。故谓诸佛为异，则千佛、一佛，不可谓异。谓诸佛为同，则遍照、能仁二尊，亦自不同。古人以为一切诸法同异重重。不可一向全同，不可一向全异。不可以全同作全异，不可以全异作全同。迷此同异二门，则智不自在。如云："拟向白雪、芦花处觅，则以温州橘皮作火得乎？"首山念有云："夫为宗师，须具择法眼始得。"所以古来有拈古、颂古，又有别古、憋古。如云："至道无难，唯嫌拣择。"又云："至道最难，须要拣择。"所以《华严》第八地，曰寂灭真境现前矣，犹云应起无量差别智，又云观察分别诸法门，此非作而致其情也。我之鉴觉自性，本自圆明。如大宝镜，胡汉不分而分。如如意珠，青黄不异而异。若是于诸法中不生二解人，何尝离却拣择别求？明白这些道理，便是拣择不拣择。所谓善巧分别清净智，非耶？

方山为论，清凉为疏，皆综佛乘，共阐圆宗。虽论有论体，疏有疏体。然惟其义，不惟其文。文或殊，而义则一耳。如以其义，则见地迥别。清凉演说诸经，真善知识。惟于《华严》，其句训而字释，岂无补于舍那？其挈领而引维，实弗逮夫枣柏。清凉、枣柏之区别弗明，则卢舍那经之旨要终晦。所谓信、解、行、证四法，裂全经而瓜豆之，此其大者，自余更多。不佞谓之择焉弗精，非无以也。倘以为未然，请更质之于枣柏大士。

辱惠书，累累及二千言，玄词妙辩，汪濊层叠，诚羡之仰之。然窃以为爱我深而辞太费也。果欲扬禅宗，抑净土，不消多语。曷不曰："三世诸佛，被我一口吞尽。既一佛不立，何人更是阿弥陀？"又曷不曰："若人识得心，大地无寸土。既寸土皆无，何方更有极乐国？"只此两语，来谕二千言，摄无不尽矣。兹拟一一酬对，则恐犯斗争。不对，则大道所关，不可终默，敢略陈之。

来谕谓："清凉择焉而未精。"愚意不知清凉择《华严》未精耶？抑亦居士择清凉未精耶？

又来谕谓："不了义经，乃谈说净土。"而以《行愿品》、《起信论》当之。《起信》且止。《行愿》以一品而摄八十卷之全经，自古及今，谁敢议其不了义者？居士独尚《华严》，而非《行愿》。《行愿》不了义，则《华严》亦不了义矣。

又来谕谓："《法华》记往生净土，为女人因果。"则龙女成佛，亦只是女人因果耶？谓："弥陀乃十六王子之一。"则毗卢遮那，亦只是二十重华藏之第十三耶？居士独尊毗卢，奈何毗卢与弥陀等也。

又来谕谓："《楞严》取观音，遗势至，复贬为无常、生灭。"则憍陈如悟"客尘"二字，可谓达无常，契不生灭矣，何不入圆通之选？诚曰"观音登科，势至下第"。岂不闻龙门点额之喻，为齐东野人之语耶？

又来谕谓齐己禅师将古人念佛偈，逐句着语，其曰"惟有径路修行"，则着云"依旧打之绕"；其曰"但念阿弥陀佛"，则着云"念得不济事"。居士达禅宗，何不知此是宗师家直下为人解粘去缚，乃作实法会，而死在句下耶？果尔，古人有言"踏毗卢顶上行"，则不但弥陀不济事，毗卢亦不济事耶？此等语言，语录、传记中，百千万亿。老朽四十年前，亦曾用以快其唇吻，雄其笔札。后知惭愧，不敢复然，至于今犹赧赧也。又齐己谓："求西方者，舍父逃逝，流落他乡，东撞西磕，苦哉阿弥陀佛！"往应之曰："即今却是如子忆母，还归本乡，舍东得西，乐哉阿弥陀佛！"且道此语与齐己所说，相去多少？

又来谕谓："多劫修行，不如一念得无生法忍。"居士已得无生法忍否？如得，则不应以我为能生，以土为所生。何则？即心是土，谁为能生？即土是心，谁为所生？不见能生所生而往生，故终日生而未尝生也，乃所以为真无生也。必不许生而后谓之无生，是断灭空也，非无生之旨也。

又来谕谓："必待花开见佛，方悟无生，则为迂迟。"居士达禅宗，岂不知从迷得悟，如睡梦觉，如莲花开。念佛人有现生见性者，是花开顷刻也。有生后见性者，是花开久远也。机有利钝，功有勤怠，故花开有迟速，安得概以为迂迟耶？

又来谕谓"遮那与弥陀不同"，而喻华藏以全身，喻西方以毛孔。生西方者，如撮全身入毛孔，为海沤倒置。夫大小之喻则然矣。第居士通华严宗，奈何只许小入大，不许大入小？且大小相入，特《华严》十玄门之一玄耳。举华藏不可说不可说无尽世界，而入极乐国一莲花中，尚不盈花之一叶，叶之一芥子地，则何伤乎全身之入毛孔也！

又来谕谓荒山僧“但问以上乘，便骇心瞠目”。居士向谓：“宜《华严》者语以《华严》，宜净土者语以净土。”今此钝根辈，正宜净土，何为不以应病之药而强聒之耶？

又来谕谓老朽“既出世开堂，不具大人作略，而作闾巷老斋公斋婆举止。设被伶俐人问着，明眼人拶着，向北斗里潜身耶？铁围里潜身耶？”老朽曾不敢当出世之名，自应无有大人之略，姑置弗论。而以修净土者，鄙之斋公斋婆。则古人所谓：“非鄙愚夫愚妇，是鄙文殊、普贤、马鸣、龙树也。”岂独文殊、普贤、马鸣、龙树，凡远祖、善导、天台、永明、清凉、圭峰、圆照、真歇、黄龙、慈受、中峰、天如等，诸菩萨、诸善知识，悉斋公斋婆耶？刘遗民、白少傅、柳柳州、文潞公、苏长公、杨无为、陈莹中等诸大君子，悉斋公斋婆耶？就令斋公斋婆，但念佛往生者，即得不退转地，亦安可鄙耶！且斋公斋婆，庸呆下劣，而谨守规模者是也，愚也。若夫聪明才辩，妄谈般若，吃得肉已饱，来寻僧说禅者，魔也。愚贵安愚，吾诚自揣矣，宁为老斋公、老斋婆，无为老魔民、老魔女也。至于所称伶俐人、明眼人者，来问着拶着。则彼斋公斋婆，不须高登北斗，远觅铁围。只就伶俐汉咽喉处安单，明眼者瞳仁上敷座。何以故？且教伊暂闭口头三昧，回光返照故。抑居士尚《华严》，而力诋净土。老朽业净土，而极赞《华严》。居士静中试一思之，是果何为而然乎？

又来谕谓劝己求生净土，喻如“弃金担麻”，是颠倒行事，大相屈辱也。但此喻尚未亲切。今代作一喻：如农人投刺于大富长者之门，延之入彼田舍，闻者皆笑之。农人不知进退，更扫径谋重请焉。笑之者曰：“主人向者不汝责，幸矣，欲为冯妇乎？”农人曰：“吾见诸富室，有为富而不仁者，有外富而中贫者，有未富而先骄者，有典库于富人之门而自以为富者。且金谷、郿坞，于今安在哉？而吾以田舍翁，享太平之乐，故忘己之卑贱，怜而为此。今知过矣，今知过矣！”于是相与大笑散去。

蕅益大师开示二则

答卓左车茶话（原问博山启附）

上堂则超佛越祖，接众则权引中下，此流俗宗匠，未悟心法者，所必堕之窠臼。致禅、教、律，及净土诸法，俱失纲宗，俱成实法。智者无所适从，愚人蔑弃一切，有自来也。佛言：“若人专念弥陀佛，是名无上深妙禅。”如今弄虚头逞精魂汉，一味胡言乱语，定不如真实参究念佛底人。宁为上上人拨无净土，令悟土即心。不应为中下人收作权乘，破坏真法。况法王于法自在，随时应机，自无陈见。何必依他古宿，扬禅抑净？伏乞竖吹毛剑，击涂毒鼓，大转法轮。如何是念佛门中，通身入理，向上一路，直踏毗卢顶上行作略？如何是学人初下手时，便离四句绝百非念佛？如何是念佛人最后极则淆讹处，脑后一锤？从来宗门语句，壁立万仞。一涉净土，定属廉纤。冀和尚将向来自性弥陀、唯心净土等语，撇向一边。亲见如来境界，快说一番，震动大千世界。

宗乘与净土，二俱胜妙法。众生根性异，不免随机说。向上一着，非净非禅，即禅即净。才言参究，已是曲为下根。果大丈夫，自应谛信是心作佛，是心是佛。设一念与佛有隔，不名念佛三昧。若念念与佛无间，何劳更问阿谁？故参究“谁”字，与摄心、数息等，皆非净土极则事也。

净土极则事，无念外之佛，为念所念。无佛外之念，能念于佛。正下手时，便不落四句百非，通身拶入。但见阿弥陀佛一毛孔光，即见十方无量诸佛。但生西方极乐一佛国土，即生十方诸佛净土。此是向上一路。

若舍现前弥陀，别言自性弥陀。舍西方净土，别言唯心净土。此是淆讹公案。

经云："三贤十圣住果报，唯佛一人居净土。"此是脑后一锤。

普贤十大愿王，导归极乐，谁敢收作权乘？忆佛念佛，不假方便，自得心开，谁谓定属廉纤？

但能深信此门，依信立愿，依愿起行，则念念流出无量如来，遍坐十方微尘国土，转大法轮，照古照今，非为分外，何止震动大千世界而已！

欲知衲僧家事，不妨借中峰一偈，通个消息。偈曰："禅外不曾谈净土，须知净土外无禅。两重公案都拈却，熊耳峰开五叶莲。"

示念佛法门

念佛法门，别无奇特，只深信力行为要耳。佛云："若人但念弥陀佛，是名无上深妙禅。"天台云："四种三昧，同名念佛。念佛三昧，三昧中王。"云栖云："一句阿弥陀佛，该罗八教，圆摄五宗。"可惜今人将念佛看做浅近勾当，谓愚夫愚妇工夫，所以信既不深，行亦不力，终日悠悠，净功莫克。设有巧设方便，欲深明此三昧者，动以参究"谁"字为向上。殊不知现前一念能念之心，本自离过绝非，不消作意离绝。即现一句所念之佛，亦本自超情离计，何劳说妙谈玄？只贵信得及，守得稳，直下念去。或昼夜十万，或五万、三万，以决定不缺为准。毕此一生，誓无变改。若不得往生者，三世诸佛，便为诳语。一得往生，永无退转。种种法门，咸得现前。

切忌今日张三，明日李四。遇教下人，又思寻章摘句。遇宗门人，又思参究问答。遇持律人，又思搭衣用钵。此则头头不了，帐帐不清。岂知念得阿弥陀佛熟，三藏十二部极则教理，都在里许。千七百公案，向上机关，亦在里许。三千威仪，八万细行，三聚净戒，亦在里许。真能念佛，放下身心世界，即大布施。真能念佛，不复起贪瞋痴，即大持戒。真能念佛，不计是非人我，即大忍辱。真能念佛，不稍间断夹杂，即大精进。真能念佛，不复妄想驰逐，即大禅定。真能念佛，不为他歧所惑，即大智慧。试自简点，若身心世界犹未放下，贪瞋痴念犹自现起，是非人我犹自挂怀，间断夹杂犹未除尽，妄想驰逐犹未永灭，种种他歧犹能惑志，便不为真念佛也。

要到一心不乱境界，亦无他术。最初下手，须用数珠，记得分明，刻定课程，决定无缺。久久纯熟，不念自念，然后记数亦得，不记亦得。若初心便要说好看话，要不着相，要学圆融自在，总是信不深，行不力。饶汝讲得十二分教，下得千七百转语，皆是生死岸边事。临命终时，决用不着。珍重！

省庵法师劝发菩提心文

不肖愚下凡夫僧实贤，泣血稽颡，哀告现前大众，及当世净信男女等，唯愿慈悲，少加听察。

尝闻入道要门，发心为首。修行急务，立愿居先。愿立则众生可度，心发则佛道堪成。苟不发广大心，立坚固愿，则纵经尘劫，依然还在轮回，虽有修行，总是徒劳辛苦。故《华严经》云："忘失菩提心，修诸善法，是名魔业。"忘失尚尔，况未发乎？故知欲学如来乘，必先具发菩萨愿，不可缓也。然心愿差别，其相乃多，若不指陈，如何趣向？今为大众，略而言之，相有其八，所谓邪、正、真、伪、大、小、偏、圆是也。

云何名为邪、正、真、伪、大、小、偏、圆耶？世有行人，一向修行，不究自心，但知外务，或求利养，或好名闻，或贪现世欲乐，或望未来果报，如是发心，名之为邪。既不求利养名闻，又不贪欲乐果报，唯为生死，为菩提，如是发心，名之为正。念念上求佛道，心心下化众生。闻佛道长远，不生退怯。观众生难度，不生厌倦。如登万仞之山，必穷其顶。如上九层之塔，必造其颠。如是发心，名之为真。有罪不忏，有过不除，内浊外清，始勤终怠。虽有好心，多为名利之所夹杂。虽有善法，复为罪业之所染污。如是发心，名之为伪。众生界尽，我愿方尽。菩提道成，我愿方成。如是发心，名之为大。观三界如牢狱，视生死如怨家，但期自度，不欲度人，如是发心，名之为小。若于心外见有众生及以佛道，愿度愿成，功勋不忘，知见不泯，如是发心，名之为偏。若知自性是众生，故愿度脱。自性是佛道，故愿成就。不见一法，离心别有。以虚空之心，发虚空之愿，行虚空之行，证虚空之果，亦无虚空之相可得。如是发心，名之为圆。

知此八种差别，则知审察。知审察，则知去取。知去取，则可发心。云何审察？谓我所发心，于此八中，为邪为正，为真为伪，为大为小，为偏为圆。云何去取？所谓去邪去伪，去小去偏，取正取真，取大取圆。如此发心，方得名为真正发菩提心也。

此菩提心，诸善中王，必有因缘，方得发起。今言因缘，略有十种。何等为十？一者念佛重恩故，二者念父母恩故，三者念师长恩故，四者念施主恩故，五者念众生恩故，六者念生死苦故，七者尊重己灵故，八者忏悔业障故，九者求生净土故，十者为令正法得久住故。

云何念佛重恩？谓我释迦如来，最初发心，为我等故，行菩萨道，经无量劫，备受诸苦。我造业时，佛则哀怜，方便教化，而我愚痴，不知信受。我堕地狱，佛复悲痛，欲代我苦，而我业重，不能救拔。我生人道，佛以方便，令种善根，世世生生，随逐于我，心无暂舍。佛初出世，我尚沉沦。今得人身，佛已灭度。何罪而生末法？何福而预出家？何障而不见金身？何幸而躬逢舍利？如是思惟，向使不种善根，何以得闻佛法？不闻佛法，焉知常受佛恩？此恩此德，丘山难喻。自非发广大心，行菩萨道，建立佛法，救度众生，纵使粉骨碎身，岂能酬答？是为发菩提心第一因缘也。

云何念父母恩？哀哀父母，生我劬劳。十月三年，怀胎乳哺，推干去湿，咽苦吐甘。才得成人，指望绍继门风，供承祭祀。今我等既已出家，滥称释子，忝号沙门。甘旨不供，祭扫不给。生不能养其口体，死不能导其神灵。于世间则为大损，于出世又无实益，两途既失，重罪难逃。如是思惟，唯有百劫千生常行佛道，十方三世普度众生。则不唯一生父母，生生父母，俱蒙拔济。不唯一人父母，人人父母，尽可超升。是为发菩提心第二因缘也。

云何念师长恩？父母虽能生育我身，若无世间师长，则不知礼义。若无出世师长，则不解佛法。不知礼义，则同于异类。不解佛法，则何异俗人。今我等粗知礼义，略解佛法，袈裟被体，戒品沾身，此之重恩，从师长得。若求小果，仅能自利。今为大乘，普愿利人，则世出世间二种师长，俱蒙利益。是为发菩提心第三因缘也。

云何念施主恩？谓我等今者，日用所资，并非己有。三时粥饭，四季衣裳，疾病所须，身口所费，此皆出自他力，将为我用。彼则竭力躬耕，尚难糊口。我则安坐受食，犹不称心。彼则纺织不已，犹自艰难。我则安服有余，宁知爱惜。彼则荜门蓬户，扰攘终身。我则广宇闲庭，悠游卒岁。以彼劳而供我逸，于心安乎？将他利而润己身，于理顺乎？自非悲智双运，福慧二严，檀信沾恩，众生受赐，则粒米寸丝，酬偿有分，恶报难逃。是为发菩提心第四因缘也。

云何念众生恩？谓我与众生，从旷劫来，世世生生，互为父母，彼此有恩。今虽隔世昏迷，互不相识，以理推之，岂无报效？今之披毛带角，安知非昔为其子乎？今之蠕动蜎飞，安知不曾为我父乎？每见幼离父母，长而容貌都忘。何况宿世亲缘，今则张王难记。彼其号呼于地狱之下，宛转于饿鬼之中，苦痛谁知？饥虚安诉？我虽不见不闻，彼必求拯求济。非经不能陈此事，非佛不能道此言。彼邪见人，何足以知此？是故菩萨观于蝼蚁，皆是过去父母、未来诸佛，常思利益，念报其恩。是为发菩提心第五因缘也。

云何念生死苦？谓我与众生，从旷劫来，常在生死，未得解脱。人间天上，此界他方，出没万端，升沉片刻。俄焉而天，俄焉而人，俄焉而地狱、畜生、饿鬼。黑门朝出而暮还，铁窟暂离而又入。登刀山也，则举体无完肤。攀剑树也，则方寸皆割裂。热铁不除饥，吞之则肝肠尽烂。洋铜难疗渴，饮之则骨肉都糜。利锯解之，则断而复续。巧风吹之，则死已还生。猛火城中，忍听叫嗥之惨。煎熬盘里，但闻苦痛之声。冰冻始凝，则状似青莲蕊结。血肉既裂，则身如红藕花开。一夜死生，地下每经万遍。一朝苦痛，人间已过百年。频烦狱卒疲劳，谁信阎翁教诫。受时知苦，虽悔恨以何追。脱已还忘，其作业也如故。鞭驴出血，谁知吾母之悲？牵豕就屠，焉识乃翁之痛？食其子而不知，文王尚尔。啖其亲而未识，凡类皆然。当年恩爱，今作怨家。昔日寇仇，今成骨肉。昔为母而今为妇，旧是翁而新作夫。宿命知之，则可羞可耻。天眼视之，则可笑可怜。粪秽丛中，十月包藏难过。脓血道里，一时倒下可怜。少也何知，东西莫辨。长而有识，贪欲便生。须臾而老病相寻，迅速而无常又至。风火交煎，神识于中溃乱。精血既竭，皮肉自外干枯。无一毛而不被针钻，有一窍而皆从刀割。龟之将烹，其脱壳也犹易。神之欲谢，其去体也倍难。心无常主，类商贾而处处奔驰。身无定形，似房屋而频频迁徙。大千尘点，难穷往返之身。四海波涛，孰计别离之泪。峨峨积骨，过彼崇山。莽莽横尸，多于大地。向使不闻佛语，此事谁见谁闻？未睹佛经，此理焉知焉觉？其或依前贪恋，仍旧痴迷，只恐万劫千生，一错百错。人身难得而易失，良时易往而难追。道路冥冥，别离长久，三途恶报，还自受之。痛不可言，谁当相代？兴言及此，能不寒心！是故宜应断生死流，出爱欲海，自他兼济，彼岸同登。旷劫殊勋，在此一举。是为发菩提心第六因缘也。

云何尊重己灵？谓我现前一心，直下与释迦如来无二无别。云何世尊无量劫来早成正觉，而我等昏迷颠倒，尚做凡夫。又佛世尊则具有无量神通智慧、功德庄严，而我等则但有无量业系烦恼、生死缠缚。心性是一，迷悟天渊。静言思之，岂不可耻？譬如无价宝珠，没在淤泥，视同瓦砾，不加爱重。是故宜应以无量善法，对治烦恼。修德有功，则性德方显。如珠被濯，悬在高幢，洞达光明，映蔽一切。可谓不辜佛化，不负己灵。是为发菩提心第七因缘也。

云何忏悔业障？经言："犯一吉罗，如四天王寿五百岁堕泥犁中。"吉罗小罪，尚获此报。何况重罪，其报难言。今我等日用之中，一举一动，恒违戒律。一餐一水，频犯尸罗。一日所犯，亦应无量。何况终身历劫，所起之罪，更不可言矣。且以五戒言之，十人九犯，少露多藏。五戒名为优婆塞戒，尚不具足，何况沙弥、比丘、菩萨等戒，又不必言矣。问其名，则曰我比丘也。问其实，则尚不足为优婆塞也。岂不可愧哉？当知佛戒不受则已，受则不可毁犯。不犯则已，犯则终必堕落。若非自愍愍他，自伤伤他，身口并切，声泪俱下，普与众生，求哀忏悔，则千生万劫，恶报难逃。是为发菩提心第八因缘也。

云何求生净土？谓在此土修行，其进道也难。彼土往生，其成佛也易。易故一生可致，难故累劫未成。是以往圣前贤，人人趣向。千经万论，处处指归。末世修行，无越于此。然经称少善不生，多福乃致。言多福，则莫若执持名号。言多善，则莫若发广大心。是以暂持圣号，胜于布施百年。一发大心，超过修行历劫。盖念佛本期作佛，大心不发，则虽念奚为？发心原为修行，净土不生，则虽发易退。是则下菩提种，耕以念佛之犁，道果自然增长。乘大愿船，入于净土之海，西方决定往生。是为发菩提心第九因缘也。

云何令正法久住？谓我世尊无量劫来，为我等故，修菩提道，难行能行，难忍能忍，因圆果满，遂致成佛。既成佛已，化缘周讫，入于涅槃。正法、像法，皆已灭尽。仅存末法，有教无人。邪正不分，是非莫辨，竞争人我，尽逐利名，举目滔滔，天下皆是。不知佛是何人，法是何义，僧是何名。衰残至此，殆不忍言。每一思及，不觉泪下。我为佛子，不能报恩，内无益于己，外无益于人，生无益于时，死无益于后。天虽高，不能覆我。地虽厚，不能载我。极重罪人，非我而谁？由是痛不可忍，计无所出，顿忘鄙陋，忽发大心。虽不能挽回末运于此时，决当图护持正法于来世。是故偕诸善友，同到道场，述为忏摩，建兹法会。发四十八之大愿，愿愿度生。期百千劫之深心，心心作佛。从于今日，尽未来际，毕此一形，誓归安养。既登九品，回入娑婆，俾得佛日重辉，法门再阐，僧海澄清于此界，人民被化于东方，劫运为之更延，正法得以久住。此则区区真实苦心，是为发菩提心第十因缘也。

如是十缘备识，八法周知，则趣向有门，开发有地。相与得此人身，居于华夏，六根无恙，四大轻安，具有信心，幸无魔障。况今我等又得出家，又受具戒，又遇道场，又闻佛法，又瞻舍利，又修忏法，又值善友，又具胜缘。不于今日发此大心，更待何日？唯愿大众，愍我愚诚，怜我苦志，同立此愿，同发是心。未发者今发，已发者增长，已增长者今令相续。勿畏难而退怯，勿视易而轻浮。勿欲速而不久长，勿懈怠而无勇猛。勿委靡而不振起，勿因循而更期待。勿因愚钝而一向无心，勿以根浅而自鄙无分。譬诸种树，种久则根浅而日深。又如磨刀，磨久则刀钝而成利。岂可因浅勿种，任其自枯。因钝弗磨，置之无用。又若以修行为苦，则不知懈怠尤苦。修行则勤劳暂时，安乐永劫。懈怠则偷安一世，受苦多生。况乎以净土为舟航，则何愁退转。又得无生为忍力，则何虑艰难。当知地狱罪人，尚发菩提于往劫。岂可人伦佛子，不立大愿于今生？无始昏迷，往者既不可谏。而今觉悟，将来犹尚可追。然迷而未悟，固可哀怜，苟知而不行，尤为痛惜。若惧地狱之苦，则精进自生。若念无常之速，则懈怠不起。又须以佛法为鞭策，善友为提携，造次弗离，终身依赖，则无退失之虞矣。勿言一念轻微，勿谓虚愿无益。心真则事实，愿广则行深。虚空非大，心王为大。金刚非坚，愿力最坚。大众诚能不弃我语，则菩提眷属，从此联姻。莲社宗盟，自今缔好。所愿同生净土，同见弥陀，同化众生，同成正觉。则安知未来三十二相、百福庄严，不从今日发心立愿而始也。愿与大众共勉之，幸甚幸甚！

彻悟禅师语录

原 序

世之称净业者，自晋远法师始，仰体佛慈，大启度门，凿池植莲，建堂立誓。于时十八贤众，百二十三人，得自在力，念而无念，无生而生。心印递传，迄至于今不坠。

有梦东禅师者，法门之元嗣也。夙具定慧，参契渊微。始则悟《圆觉》一经要义，继则了解三藏十乘妙旨。尽弃旧习，专注净业，虚其衷，平其气，历廿载如一日，无退转心，克遂西生之愿。是以圆信圆解饶益众生者，即以之证弥陀法界。遗集具存，读之而益信师之所言，曰愿、曰信、曰行、曰罪业忏除、曰善根成熟，要惟兢兢于一心之生者。夫横遍十方，竖穷三际，心之广也。虑坠偏小，发大菩提，心之宏也。任运感业，合道转业，心之权也。清珠浊水之投，种瓜种豆之获，铸金成面之具，心之源也。经所称“是心作佛，是心是佛”二语，尤反复求详，三致意焉。又谓一寸时光，一寸命光，欲后之学者，于恒河沙数中，履捷行简，速出生死之关，共证安乐之境，拯拔群迷，胥登彼岸。其意亦何厚乎！师平昔于语言文字不欲究心，然偶一拈吟，大之总摄无余，细之圆融无碍，对机立教，真理兼包。如阿伽陀药，无病不疗，如如意珠，无愿不满者，其如斯乎！

余窃念宗、教两门语录，浩如烟海。疏经注义，法旨昭明。而净业之修，为入道之正轨，自龙舒、大佑诸集外，言者阙如，宜师言之不可湮没也。师之高弟松泉，以是集付刊，问序于余。余即师文之奥衍者申言之，是为序。三宝弟子诚安谨识。

自序

余自乾隆癸巳，住持京都广通寺，领众参禅。间有东语西话，笔以记之。至丁酉岁，以宿业深重，多诸病缘，因思教乘“五停心观”，多障有情，以念佛治。且此一门，文殊、普贤等诸大菩萨，马鸣、龙树等诸大祖师，智者、永明、楚石、莲池等诸大善知识，皆悉归心。我何人斯，敢不归命？于是朝暮课佛，而禅者愿随者颇夥。因顺时机，且便自行，遂辍参念佛。时门墙见重者，谤焰四起。余以深信佛言不顾也。十余年来所有积稿，一旦付之丙丁。不意为多事禅者，于灰烬中拨出若干则，然百不存一矣。嗣后为业风所吹，历主觉生、资福两刹，为虚名所误，往往有请开示、索题跋者，迫不得已而应之。日久岁深，复积成卷。戊辰夏，李居士逢春在山听讲，闻法有悟，遂欲付之剞劂。余曰不可，身既隐矣，焉用文为？此世间隐者之言尚然，余已栖心净土，复何文字可留？居士坚请不已。爰弁数语，用示皆不得已之言也。

嘉庆岁次庚午九月重阳后三日，讷道人书于资福二有丈室。

重刻《彻悟禅师遗稿》序

余辑彻师《遗稿》成。或问：“念佛往生之道，有要术乎？”余曰：“有，确信而已矣。净土三资粮，曰信、曰愿、曰行。确信而愿行在其中矣。”

忆昔从学单华藏夫子，请益当世诸大德，即耳都中彻悟老人名，盖淹贯宗、教，而宏扬净土者，慕之。丙寅游燕，窃幸获礼座矣。至则师已移居红螺，相距信宿程，以俗羁不果行，怅缘悭者久之。戊寅之春，真益子自京携师集来，余获读焉。叹其示众之语语悲激，往生之种种确凿。密授北济宗风，旷游南台教海。不觉涕泗悔愤，何当年之阻于咫尺，遽交臂而失之耶！

嗟夫！娑婆忍土，境苦而寿促。稍知发大心者，孰不警惕无常，思出生死？然终以不得其门而止。即有多生善根，皈敬三宝，且知有最上往生之捷径，又或以一己之见闻未确，反疑传载或过其实，卒至怀疑自误，甘忍以待死。吁，确信之难生有如是耶！

今彻师之西归也，数月前辞嘱外护，次第诸务，则预知时至之确也。幢幡盈空而来，诸大菩萨继至，临终之顷，弥陀亲接，则报终境现，佛菩萨接引之确也。然犹师一人之独见也。若夫异香浮空，七日如生，发白变黑，舍利鳞砌，此则当时众见众知，往生之确瑞，遍布支那，而无所用其纤疑者也。人若闻此而仍不知霍然猛省，步武后尘，努力今身以了当生死，是谁之过欤？

余尝考震旦自远公开净土法门为初祖，其后可登祖位者，殆不乏人。而自古沿传，以善导、承远、法照、少康、永明、省常、莲池、思齐诸师，为净宗九祖。余维彻师行履，尽未来际，足以闻风兴起。后有继列祖位者，殆不可遗也。

适胥城贝宝岩先生，续以师《念佛伽陀》相赠。而松涛开士谓宜重合梓以广其传，首捐刻资若干。遂择两集之精谈宗、教、净者刊之。其余杂著，备体而已。盖以资天下后世，会宗、教而同归净土，尤当于三资粮中，决以确信往生为先务故也。松师，劝人念佛僧，西天目净文长老之戒子也。

清嘉庆二十四年岁次己卯夏六月既望，虎林三宝弟子钱伊庵谨序。

《彻悟禅师语录》刊行序

《彻悟语录》，洵为净宗最要开示。倘在蕅益老人前，决定选入《十要》。然具法眼者，肯令此书湮没不传乎？以故钱伊庵居士于嘉庆二十四年择要节略，名《彻悟禅师遗稿》，刊布南方。同治七年，杭州谂西师依伊庵本重刻于杭州。同治十年，杨仁山居士又稍节之，改名《语录》，刻于金陵。光绪十六年，扬州贯通和尚刻《净土十要》，依仁山本，附于《十要》后以行。

今排《十要》原文，特附于《十要》第十之后。仍依仁山本，但加钱序于首，俾阅者咸知此书之源委云。所愿见者闻者，同皆深入净宗法界，直登上品莲台，庶不负彻悟老人一番大慈悲心也。

民国十九年庚午仲冬，释印光识。

彻悟禅师语录卷上

嗣法门人了亮 集

示 众

一切法门，以明心为要。一切行门，以净心为要。然则明心之要，无如念佛。忆佛念佛，现前、当来必定见佛，不假方便，自得心开。如此，念佛非明心之要乎？复次，净心之要，亦无如念佛。一念相应一念佛，念念相应念念佛。清珠下于浊水，浊水不得不清。佛号投于乱心，乱心不得不佛。如此，念佛非净心之要乎？一句佛号，俱摄悟、修两门之要。举悟则信在其中，举修则证在其中。信、解、修、证俱摄，大小诸乘、一切诸经之要，罄无不尽。然则一句弥陀，非至要之道乎！

吾人现前一念之心，全真成妄，全妄即真。终日不变，终日随缘。夫不随佛界之缘而念佛界，便念九界。不念三乘，便念六凡。不念人天，便念三途。不念鬼畜，便念地狱。以凡在有心，不能无念。以无念心体，唯佛独证。自等觉以还，皆悉有念。凡起一念，必落十界，更无有念出十界外，以十法界更无外故。每起一念，为一受生之缘。果知此理而不念佛者，未之有也。若此心能与平等大慈大悲、依正功德，以及万德洪名相应，即念佛法界也。能与菩提心、六度万行相应，即念菩萨法界也。以无我心，与十二因缘相应，即念缘觉法界也。以无我心，观察四谛，即念声闻法界也。或与四禅八定，以及上品十善相应，即念天法界也。若与五戒相应，即念人法界也。若修戒善等法，兼怀瞋慢胜负之心，即落修罗法界。若以缓软心，念下品十恶，即堕畜生法界。或以缓急相半心，与中品十恶相应，便堕饿鬼法界。若以猛炽心，与上品十恶相应，即堕地狱法界也。十恶者，即杀、盗、淫、妄言、绮语、恶口、两舌、贪、瞋、邪见是。反此，则为十善。当密自检点日用所起之念，与何界相应者多，与何界相应者猛，则他日安身立命之处，不劳更问人矣。

一切境界，唯业所感，唯心所现。即其现处，当体即心。凡在有心，不能无境。不现佛境，便现九界之境。不现三乘之境，便现六凡之境。不现天、人、鬼、畜之境，便现地狱境界。佛及三乘所现境界，虽有优降不同，要皆受享法乐而已。三界诸天所现之境，但唯受用禅定、五欲之乐。人道之境，苦乐相间，各随其业，多少不同。鬼、畜之境，苦多乐少。至于地狱，则纯一极苦。如人梦中所见山川人物，皆依梦心所现。若无梦心，必无梦境。设无梦境，亦无梦心。故知心外无境，境外无心。全境即心，全心即境。若于因中察果，当须观心。设于果处验因，当须观境。故曰："未有无心境，曾无无境心。"果必从因，因必克果。苟真知此心、境、因、果，一如不二之理，而犹不念佛求生净土者，吾不信也。

"真为生死，发菩提心，以深信愿，持佛名号"十六字，为念佛法门一大纲宗。

若真为生死之心不发，一切开示，皆为戏论。世间一切重苦，无过生死。生死不了，生死死生，生生死死。出一胞胎，入一胞胎，舍一皮袋，取一皮袋，苦已不堪。况轮回未出，难免堕落。猪胞胎，狗胞胎，何所不钻？驴皮袋，马皮袋，何所不取？此个人身，最为难得，最易打失。一念之差，便入恶趣。三途易入而难出，地狱时长而苦重。七佛以来，犹为蚁子。八万劫后，未脱鸽身。畜道时长已极，鬼、狱时长尤倍。久经长劫，何了何休。万苦交煎，无归无救。每一言之，衣毛卓竖。时一念及，五内如焚。是故即今痛念生死，如丧考妣，如救头燃也。

然我有生死，我求出离。而一切众生皆在生死，皆应出离。彼等与我本同一体，皆是多生父母，未来诸佛。若不念普度，唯求自利，则于理有所亏，心有未安。况大心不发，则外不能感通诸佛，内不能契合本性，上不能圆成佛道，下不能广利群生。无始恩爱，何以解脱？无始怨愆，何以解释？积劫罪业，难以忏除。积劫善根，难以成熟。随所修行，多诸障缘。纵有所成，终堕偏小。故须称性发大菩提心也。

然大心既发，应修大行。而于一切行门之中，求其最易下手，最易成就，至极稳当，至极圆顿者，则无如以深信愿，持佛名号矣。

所谓深信者，释迦如来梵音声相，决无诳语。弥陀世尊大慈悲心，决无虚愿。且以念佛求生之因，必感见佛往生之果。如种瓜得瓜，种豆得豆。响必应声，影必随形。因不虚弃，果无浪得。此可不待问佛而能自信者也。况吾人现前一念心性，全真成妄，全妄即真，终日随缘，终日不变，横遍竖穷，当体无外。弥陀净土，总在其中。以我具佛之心，念我心具之佛，岂我心具之佛，而不应我具佛之心耶？《往生传》载临终瑞相，班班列列，岂欺我哉！如此信已，愿乐自切。以彼土之乐，回观娑婆之苦，厌离自深，如离厕坑，如出牢狱。以娑婆之苦，遥观彼土之乐，欣乐自切，如归故乡，如奔宝所。总之如渴思饮，如饥思食，如病苦之思良药，如婴儿之思慈母，如避怨家之持刀相迫，如堕水火而急求救援。果能如此恳切，一切境缘莫能引转矣。

然后以此信愿之心，执持名号。持一声是一九莲种子，念一句是一往生正因。直须心心相续，念念无差。唯专唯勤，无杂无间。愈久愈坚，转持转切。久之久之，自成片段，入一心不乱矣。诚然如此，若不往生者，释迦如来便为诳语，弥陀世尊便为虚愿。有是理乎哉！

《观经》“是心作佛，是心是佛”二语，较之禅宗“直指人心，见性成佛”，尤为直截痛快。何也？以见性难而作佛易故。何为见性？离心意识，灵光迸露，始为见性，故难。何为作佛？持佛名号，观佛依正，即为作佛，故易。经云：“汝等心想佛时，是心即是三十二相、八十种好。”岂非以想念于佛，即为作佛耶？夫成佛、是佛，理无二致。而见性、作佛，难易相悬若是。岂非念佛较之参禅，尤为直截痛快也哉！一是祖语，一是佛言。何重何轻？何取何舍？学者但当尽舍旧习，虚其心，平其气，试一玩味而检点之，当必首肯是说为不谬矣。

石霜迁化，众举泰首座继席住持。时九峰虔为侍者，乃曰："若继住持，须明先师意。"泰曰："先师有甚么意，我会不得？"虔曰："先师寻常教人：休去歇去，冷湫湫地去，古庙香炉去，一条白练去，万年一念去。其余则不问，如何是一条白练去？"泰云："此但明一色边事。"虔云："原来未会先师意。"泰云："装香来！香烟尽处，我若去不得，即不会先师意。"左右即装香，香烟未尽，泰即化去。虔抚其背曰："坐脱立亡即不无，先师意未梦见在。"

曹山堂上坐，纸衣道者从堂下过。山曰："莫是纸衣道者么？"衣曰："不敢。"山曰："如何是纸衣下事？"衣曰："一裘才挂体，万法悉皆如。"山曰："如何是纸衣下用？"衣曰："诺。"便化去。山曰："汝只解恁么去，不解恁么来。"衣复开目问曰："一灵真性，不假胞胎时，如何？"山曰："未是妙。"

夫坐脱立亡，未明大法，固非了事，然其造诣工夫，殊非易易。果能回此一段精神，专心念佛求生净土，当必稳得上品上生，岂更遭人检点哉？如纸衣进问："如何是妙？"山答云："不借借。"衣便珍重化去。噫！与其不借而借臭秽胞胎，何如不借而借香洁莲花？直以胞胎臭秽、莲花香洁而论，已自胜劣悬殊。况出胎隔阴，作主大难。而莲胞一敷，胜缘具足。此则日劫相悬，天地不足以喻其否泰矣。无怪乎永明大师谓："有禅无净土，十人九蹉路。无禅有净土，万修万人去。"此真语也，实语也，大慈悲心泪出痛肠之语也。学者幸勿忽诸！

最初迷真起妄，则曰一念妄动。末后返妄归真，则曰一念相应。是则起妄之后，归真之前，更有何法能外此一念乎？是故一念悟，随净缘，即佛法界。迷，随染缘，即九法界。十方虚空，是此一念迷昧。一切国土，是此一念澄凝。四生正报，是此一念情想合离。四大依报，是此一念动静违顺。唯依此念，变现诸法。离此念外，无法可得。

原此一念，本是法界，从缘而起。缘无自性，全体法界。故得横遍十方，竖穷三际，离过绝非，不可思议。法尔具此威神，法尔具此功用。今以此念，念于西方阿弥陀佛，求生极乐净土。正当念时，西方依正，在我心中。而我此心，已在西方依正之内。如两镜交光，相含互照。此横遍十方之相也。若约竖穷三际，则念佛时，即见佛时，亦即成佛时；求生时，即往生时，亦即度生时。三际同时，更无前后。帝网珠光，难齐全体。南柯梦事，略类一班。

此理悟之最难，信之最易，但能直下承当，终必全身受用，可谓参学事毕，所作已办矣。如或未能，但当任便观察，随分受用焉耳。

心能造业，心能转业。业由心造，业随心转。心不能转业，即为业缚。业不随心转，即能缚心。心何以能转业？心与道合，心与佛合，即能转业。业何以能缚心？心依常分，任运作受，即为业缚。

一切现前境界，一切当来果报，皆唯业所感，唯心所现。唯业所感故，前境来报，皆有一定，以业能缚心故。唯心所现故，前境来报，皆无一定，以心能转业故。若人正当业能缚心，前境来报一定之时，而忽发广大心，修真实行，心与佛合，心与道合，则心能转业，前境来报，定而不定。又心能转业，前境来报不定之时，而大心忽退，实行有亏，则业能缚心，即前境来报，不定而定。

然业乃造于以往，此则无可奈何。所幸而发心与否，其机在我。造业、转业，不由别人。如吾人即今发心念佛，求生极乐，或观依正，或持名号，念念相续，观念之极，则心与佛合，合之又合，合之其极，则心能转业，而前境之娑婆，转为极乐，胎狱之来报，转为莲胞，便是乐邦自在人矣。若正恁么时，其心或偶然失照，或忽生退悔，不与佛合，则业能缚心，而前境仍旧，来报依然，还是忍土苦众生也。然则我辈有志出离，求生净土者，可弗惕然而警，奋然而发也哉！

净土门中，以愿为最。凡有愿者，终必能满。如郁头蓝弗，习非非想定于水边林下，每定将成，多为鱼鸟所惊。因发恶愿曰："吾他日后，当作飞狸，入林食鸟，入水食鱼。"后非想定成，遂生天上，寿八万大劫。天报既终，遂堕为飞狸，入林水以食鱼鸟。此恶愿也，与性相违，尚有大力用，八万劫后能满。况称性之善愿乎？

《神僧传》载，一僧于石佛前戏发愿曰："如今生生死不了，愿来生作威武大臣。"后果作大将军。此戏发之愿也，尚终得遂，况至诚所发之愿乎？复载一僧博通经论，所至无所遇，乃咨嗟叹息。旁一僧曰："汝学佛法，独不闻未成佛果，先结人缘？汝虽明佛法，其如无缘何？"其僧曰："我即终于此乎？"旁僧曰："吾代汝为之。"问其僧有何所蓄，曰："无他，仅余一衣料耳。"曰："此亦足矣。"遂变价置买食物，引其僧至一深林，禽鸟昆虫甚多之处，置食于地，复教以发愿。乃嘱曰："汝二十年后，方可开法。"其僧如所嘱，至二十年后始开法，受化者多少年，盖皆受食之禽鸟昆虫也。此愿力之不可思议也，尚能以他人之愿，摄彼虫鸟，脱异类而入人道，岂自愿不能自度耶？

佛以四十八愿，自致成佛，而我所发之愿，正合佛摄生之愿。此则直以发愿，便可往生，而况佛有不思议大慈大悲。如莹珂，酒肉无择之人，后阅《往生传》，每读一传，为一首肯，遂断食念佛，至七日，感佛现身慰之曰："汝阳寿尚有十年，当好念佛，吾十年后来接汝。"珂曰："娑婆浊恶，易失正念，愿早生净土，承事诸圣。"佛曰："汝志如此，我三日后来接汝。"三日后，果得往生。又怀玉禅师，精修净业，一日见佛菩萨满虚空中，一人执银台而入。玉念曰："吾一生精进，志在金台，今胡不然？"银台遂隐。玉弥加精进，二十一日后，复见佛菩萨遍满虚空，前持银台者易金台而至，玉遂泊然而逝。刘遗民，依东林结社念佛。一日想念佛次，见佛现身。刘念曰："安得如来手摩我头乎？"佛即手摩其头。复念曰："安得如来衣覆我体乎？"佛即以衣覆其体。於戏！佛之于众生，无所不至，真可谓大慈悲父母矣。欲速生即令速生，欲金台即易金台，欲手摩头即摩头，欲衣覆体即覆体。佛既慈悲一切众生，岂独不慈悲我乎？佛既满一切众生之愿，岂独不满我之愿乎？大慈悲心，无有拣择，安有此理？

是以真能发愿，则信在其中。信、愿既真，行不期起而自起。是故信、愿、行三种资粮，唯一愿字尽之矣。

世之最可珍重者，莫过精神。世之最可爱惜者，莫过光阴。一念净，即佛界缘起。一念染，即九界生因。凡动一念，即十界种子，可不珍重乎？是日已过，命亦随减。一寸时光，即一寸命光，可不爱惜乎？苟知精神之可珍重，则不浪用，则念念执持佛名。光阴不虚度，则刻刻熏修净业。倘置佛名而别修三乘圣行，亦是浪用精神，亦是千钧之弩为鼷鼠而发机，况造六凡生死之业乎？倘置净业而别取权乘小果，亦是虚度光阴，亦是以如意宝珠而贸一衣一食，况取人天有漏之果乎？如是珍重，如是爱惜，则心专而佛易感，行勤而业易精。果得真生净土，亲见弥陀，时承开示，面奉慈音，妙悟自心，深证法界。延一念为长劫，促长劫为一念，念劫圆融，得大自在。得非自食其珍重爱惜之报乎！

夫见道而后修道，修道而后证道。此千圣同途，千古不易之定论也。然见道岂易言哉？若依教乘，必大开圆解。若依宗门，必直透重关。然后得论修道。否则便为盲修瞎炼，不免撞墙磕壁，堕坑落堑矣。唯净土一门则不然。从是西方过十万亿佛土，有世界名曰极乐。其土有佛，号阿弥陀，今现在说法。但发愿持名，即得往生。此乃佛心佛眼亲知亲见之境界，非彼三乘贤圣所能知见也。但当深信佛言，依此而发愿持名，即是以佛知见为知见，不必别求悟门也。

余门修道，必悟后依法修习，摄心成定，因定发慧，因慧断惑。所发之慧有胜劣，所断之惑有浅深，然后方可论其退与不退。唯此净土门中，唯以信愿之心专持名号，持至一心不乱，净业即为大成，身后决定往生。一得往生，便永不退转。

又余门修道，先须忏其现业，若现业不忏，即能障道，则进修无路矣。修净业者，乃带业往生，不须忏业，以至心念佛一声，能灭八十亿劫生死重罪故。

又余门修道，须断烦恼，若见思烦恼分毫未尽，则分段生死不尽，不能出离同居国土。唯修净业，乃横出三界，不断烦恼，从此同居，生彼同居，一生彼土，则生死根株便永断矣。既生彼土，则常常见佛，时时闻法。衣食居处，出于自然。水鸟树林，皆悉说法。同居土中，横见上三净土，诸上善人俱会一处，圆证三种不退，一生便补佛位。

然则净土一门，最初省求悟门，末后不待发慧，不须忏业，不断烦恼，至极省要，至极径捷。及其证入，至极广大，至极究竟。学者当细心玩味而详择之，毋以一时贡高，失此殊胜最大利益也。

一穷人遥望，见钱一串，就而取之，乃蛇也，遂瞠立于其旁。复一人至，得钱一串携去。夫钱非蛇也，而蛇现者，唯业所感，唯心所现也。钱上之蛇，固是业感心现。而蛇上之钱，独非业感心现乎？钱上之蛇，一人之别业妄见也。蛇上之钱，多人之同分妄见也。一人之妄见，其妄易知。多人之妄见，其妄难知。以易知例难知，难知亦易知矣。然则蛇固蛇也，钱亦蛇也。推此而往，内而根身，外而境界，由一方而至十方，以及四大部洲、三千大千世界，皆此钱上之蛇也。但唯心之蛇既现，便能螫人。唯心之钱既现，便得享用。非谓唯心，便无外境。且娑婆之秽苦，安养之净乐，皆唯心现。唯心之秽苦既现，则遭大逼迫。唯心之净乐既现，则得大受用。既秽苦、净乐皆唯心现，何不舍唯心之秽苦，以取唯心之净乐，而乃久经长劫，甘为八苦之所交煎也哉！

吾人生死关头，唯二种力：一者，心绪多端，重处偏坠，此心力也；二者，如人负债，强者先牵，此业力也。业力最大，心力尤大。以业无自性，全依于心。心能造业，心能转业。故心力唯重，业力唯强，乃能牵生。若以重心而修净业，净业则强。心重业强，唯西方是趋，则他日报终命尽，定往西方，不生余处矣。如大树、大墙，寻常向西而歪，他日若倒，决不向余处也。

何为重心？我辈修习净业，信贵于深，愿贵于切。以信深愿切故，一切邪说莫能摇惑，一切境缘莫能引转。若正修净业时，倘达摩大师忽现在前，乃曰："吾有直指人心、见性成佛之禅，汝但舍置念佛，吾即以此禅授汝。"但当向祖师作礼，谓："我先已受释迦如来念佛法门，发愿受持，终身不易。祖师虽有深妙禅道，吾则不敢自违本誓也。"纵或释迦如来忽尔现身，谓曰："吾先说念佛法门，特一时方便耳。今更有殊胜法门，超于彼者。汝当且置念佛，吾即为说胜法。"亦只可向佛稽首陈白："我先禀受世尊净业法门，发愿一息尚存，决不更张。如来虽有胜法，吾则不敢自违本愿也。"虽佛祖现身，尚不改其所信，况魔王外道，虚妄邪说，岂足以摇惑之耶？能如是信，其信可谓深矣。若赤热铁轮旋转顶上，不以此苦，退失往生之愿。若轮王胜妙五欲现前，亦不以此乐，退失往生之愿。此逆顺至极，尚不改所愿，况世间小小逆顺境界，岂能引转哉？能如是愿，其愿可谓切矣。信深愿切，是谓重心，而修净业，净业必强。心重故则易纯，业强故则易熟。极乐净业若熟，娑婆染缘便尽。果得染缘已尽，则临终时，虽欲轮回境界再现在前，亦不可得。果得净业已熟，则临终时，虽欲弥陀净土不现在前，亦不可得。

然此信愿，要在操之有素，临时自不入于歧路。如古德临欲命终，六欲天童次第接引，皆不去，唯专心待佛，后佛现，乃曰："佛来也！"遂合掌而逝。夫临欲命终，四大分张，此何时也？六欲天童，次第接引，此何境也？苟素常信愿不到十分坚固，当此时，对此境，而能强作主宰乎？如古德真可谓千古修净业者之标榜矣。

有禅者问曰：一切诸法，悉皆如梦。娑婆固梦也，极乐亦梦也。既同是一梦，修之何益？

予曰：不然。七地以前，梦中修道。无明大梦，虽等觉犹眠。唯佛一人，始称大觉。当梦眼未开之时，苦乐宛然。与其梦受娑婆之极苦，何若梦受极乐之妙乐？况娑婆之梦，从梦入梦，梦之又梦，展转沉迷者也。极乐之梦，从梦入觉，觉之又觉，渐至于大觉者也。梦虽同，所以梦者未尝同也，可概论乎？

佛法大海，信为能入。净土一门，信尤为要。以持名念佛，乃诸佛甚深行处，唯除一生所系菩萨可知少分，自余一切贤圣，但当遵信而已，非其智分之所能知，况下劣凡夫乎？然十一善法，以信居初，信心之前，更无善法。五十五位，以信为始，信位之前，别无圣位。故菩萨造《起信论》，祖师作《信心铭》，以信心一法，为入道要门也。昔王仲回问于杨无为曰："念佛如何得不间断去？"杨曰："一信之后，更不再疑。"王欣然而去。未久，杨梦仲回致谢，谓："因蒙指示，得大利益，今已生净土矣。"杨后见仲回之子，问及仲回去时光景，及去之时节，正杨得梦之日。噫！信之时义大矣哉。

法藏比丘对世自在王佛发称性四十八种大愿，依愿久经无量长劫修习大行，至于因圆果满，自致成佛，法藏转名弥陀，世界转名极乐。弥陀之所以为弥陀者，深证其唯心自性也。然此弥陀、极乐，非自性弥陀、唯心极乐乎？但此心性，乃生、佛平等共有，不偏属佛，亦不偏属众生。若以心属弥陀，则众生乃弥陀心中之众生。若以心属众生，则弥陀乃众生心中之弥陀。以弥陀心中之众生，念众生心中之弥陀，岂众生心中之弥陀，不应弥陀心中之众生耶？但佛悟此心，如醒时人。众生迷此心，如梦中人。离醒时人，无别梦中之人，岂离梦中之人，别有醒时之人耶？但梦中之人，当不自认为真，亦不离梦中之人，别求醒时之人。唯应常忆醒时之人，忆之又忆，则将见大梦渐醒，而梦眼大开。即梦中能忆之人，便是所忆醒时之人。而醒时之人，非梦中人也。梦中人众多，醒时人唯一。"十方诸如来，同共一法身，一心一智慧，力无畏亦然。"此乃即一即多，常同常别，法尔自妙之法也。念佛之意，大略如此。

"生则决定生，去则实不去"二语，上句说事，下句说理。事是即理之事，谓生即不生，非直以生为生也。理是即事之理，谓不去而去，非直以不去为不去也。两句作一句看，则事理圆融，所谓合之则双美也。若两句作两句看，则事理分张，所谓离之则两伤也。若不合此两句作一句，便当演此两句作四句，谓："生则决定生，生而无生。去则实不去，不去而去。"虽为四句，义亦无增。合为一句，义亦无减。总一事理圆融耳。与其执"去则实不去"之理，不如执"生则决定生"之事为得。何也？以执事昧理，犹不虚入品之功。若执理废事，便不免落空之诮。以事有偕理之功，理无独立之能故也。以有生为生，则堕常见。以不去为不去，则堕断见。断、常虽同一邪见，而断见之过患深重，故不若执事之为得。然总不如圆会二句为佳耳。

吾人现前一念，缘生无性，无性缘生。不生佛界，便生九界。若约缘生无性，则生、佛平等一空。若约无性缘生，则十界胜劣悬殊。阿祈达王临终，为驱蝇人以拂拂面，一念瞋心，遂堕为毒蛇。一妇人渡河失手，其子堕水，因捞子故，与之俱没，以慈心故，得生天上。夫一念慈、瞋，天、畜遂分。则此临终之缘生一念，可不慎乎？苟以此心缘念弥陀，求生净土，得不见佛往生乎？但此一念，不可侥幸而致，必须存之以诚，操之有素。是故吾辈于此一句弥陀，千念万念，以至终日终年念者，无非为熟此一念而已。果得一念纯熟，则临命终时，唯此一念，更无异念。智者大师云："临终在定之心，即净土受生之心。"然唯此一念，更无异念，非在定之心乎？念果如是，不见弥陀，更见何人？不生净土，更生何处？只恐吾人自信不及耳。

《观经》"是心作佛，是心是佛"二语既举，则言外之"心不作佛，心不是佛"、"心作九界，心是九界"、"心不作九界，心不是九界"等义俱彰矣。噫！果明此理，而犹不念佛者，则吾末如之何也已矣。

《观经》"是心作佛，是心是佛"二语，不唯是《观经》一经纲宗法要，实是释迦如来一代时教大法纲宗。不唯释迦一佛法藏纲宗，实是十方三世一切诸佛法藏纲宗。此宗既透，何宗不透？此法既明，何法不明？所谓学虽不多，可齐上贤也。

真法无性，染净从缘。一真既举，体成十界，则十界全体即一真。是故善谈心性者，必不弃离于因果。而深信因果者，终必大明乎心性。此理势所必然也。

吾人现前一念能念之心，全真成妄，全妄即真，终日随缘，终日不变。一句所念之佛，全德立名，德外无名，以名召德，名外无德。能念心外，无别所念之佛。所念佛外，无别能念之心。能、所不二，生、佛宛然。本离四句，本绝百非，本遍一切，本含一切。绝待圆融，不可思议。莲宗行者，当从者里信入。

杀生一事，过患至为深重。一切众生皆有佛性，生可杀乎？造重业，纵杀心，结深怨，感苦果，皆由一杀所致。是以杀心渐猛，杀业渐深，渐以杀人，以及杀其六亲，甚而积为刀兵大劫，可悲也矣！盖皆由不知戒杀之所致。苟知戒杀，牲且不忍杀，况杀人乎？况杀六亲乎？牲不忍杀，刀兵大劫何所从来？杀人之父者，人亦杀其父。杀人之兄者，人亦杀其兄。知人之父兄不可杀，亦戒杀之渐。但不知杀父兄者，由于不戒杀始也。

人之所以不戒杀者，由于不达因果之理。因果者，感应也。我以恶心感之，人亦以恶心应。我以善心感之，人亦以善心应。人但知感应见于现生，而不知感应通于三世也。人但知感应见于人道，而不知感应通于六道也。果知感应通于三世六道，六道中皆多生之父兄，杀可不戒乎？纵知感应通于六道，亦不知感应通于世出世间也。以无我心感，则声闻、缘觉之果应之。以菩提心、六度万行感，则菩萨法界果应之。以平等大慈、同体大悲感，则佛法界果应之。噫！感应之道，可尽言哉？

须知一句阿弥陀佛，以唯心为宗。此唯心之义，须以三量楷定。三量者，现量、比量、圣言量也。现量者，谓亲证其理也。如罗什大师七岁随母入佛寺，见佛钵，喜而顶戴之。俄而念曰：“我年甚幼，佛钵甚重，何能顶戴？”是念才动，忽失声置钵，遂悟万法唯心。高丽元晓法师，来此土参学，夜宿冢间，渴甚，明月之下见清水一汪，以手掬而饮之，殊觉香美。至次日清晨，乃见其水为墓中控出，遂恶心大吐，乃悟万法唯心，便回本国著述。此皆现量亲证也。比量者，借众相而观于义，比喻而知也。诸喻之中，梦喻最切。如梦中所见山川人物，万别千差，皆不离我能梦之心。离梦心外，别无一法可得。即此可以比喻而知，现前一切万法，但唯心现也。圣言量者，三界唯心，万法唯识，千经万论，皆如是说。

已约现等三量，楷定唯心。更约事、理二门，辨明具、造。谓由有理具，方有事造。理若不具，事何所造？所以理具，但具事造，离事造外无别所具。由有事造，方显理具。事若不造，争知理具？所以事造，只造理具，离理具外别无所造。只此一念心中，本具十界万法。即此一念随缘，能造十界万法。理具，如金中本具可成瓶、盘、钗、钏之理。事造，如随工匠炉锤之缘，造成瓶、盘、钗、钏之器。又理具，如面中本具可成种种食物之理。事造，如水、火、人工之缘，造成种种食品也。

已辨事、理，复约名、体同异，拣定真、妄。佛法中有名同而体异者，有名异而体同者。名同体异，如“心”之一名，有肉团心，有缘虑心，有集起心，有坚实心。肉团心，同外四大，无所知识。缘虑心，通于八识，以八种识皆能缘虑自分境故，此则是妄。集起心，唯约第八，以能集诸法种子，能起诸法现行故，此则真妄和合。坚实心者，即坚固真实之性，乃离念灵知、纯真心体也。今言唯心者，乃坚实纯真之心也。名异体同者，如诸经中所说“真如”、“佛性”、“实相”、“法界”等，种种极则之名，皆此坚实纯真心也。

已拣真、妄，还约本有、现前，折衷指点。以诸经皆言“无始本有真心”，夫既曰本有，即今岂无？而今现有，即本有也。若无无始，则无现前。若离现前，岂有无始？是故不必高尊本有，远推无始，但现前一念心之自性，即本有真心也。以现前一念，全真成妄，全妄即真，终日随缘，终日不变。离此现前一念之外，岂别有真心自性哉？古德云："威音那畔，不离今世门头。众生现行无明，即是诸佛不动智体。"其庶几乎。

由上四义，以显唯心，故一以唯心为宗也。

又一句阿弥陀，以唯佛为宗。以一切万法，既唯心现，全体唯心。心无彼此，心无分际。于十界万法，若依、若正，假名、实法，随拈一法，皆即心之全体，皆具心之大用，如心横遍，如心竖穷。以唯心义成，唯色、唯声、唯香、唯味、唯触、唯法，乃至唯微尘、唯芥子，一切唯义俱成。一切唯义俱成，方成真唯心义。若一切唯义不成，但有唯心之虚名，而无唯心之实义。以一切唯义俱成，故曰："法无定相，遇缘即宗。"唯微尘、唯芥子，尚可为宗。八万相好庄严之果地弥陀，反不可以为宗耶？故以唯佛为宗。

又以绝待圆融为宗。于十界万法，随拈一法，无非即心全体，具心大用。横遍十方，竖穷三际。离于四句，绝于百非。独体全真，更无有外。弥满清净，中不容他。一法既尔，万法皆然。各约诸法当体，绝待无外。是为绝待。又以十界万法，各各互遍，各各互含，一一交罗，一一该彻，彼彼无障无碍，各各无坏无杂。如当台古镜，影现重重。如帝网千珠，回环交摄。此约诸法迭互相望，是为圆融。今合绝待、圆融为一宗。正绝待时即圆融，正圆融时便绝待。非离绝待别有圆融，绝待，绝待其圆融。非离圆融别有绝待，圆融，圆融其绝待。绝待、圆融，各皆不可思议。今共合为一宗，则不思议中不思议也。

又超情离见为宗。以但约诸法绝待，离过绝非，已超一切众生情妄执着、三乘贤圣所见差别。若约诸法圆融，圆该四句，融会百非，尤非凡情圣见之所能及。故总立超情离见为宗。

初以唯心为宗，次以唯佛为宗，三以绝待圆融为宗，末以超情离见为宗。总此四重宗旨，方是一句弥陀正宗宗旨。岂易言哉！

此一念佛法门，如天普盖，似地普擎，无有一人一法能出其外，不在其中者。

如《华严》全经，虽有五周四分之殊，以“因果”二字，该尽无余。四十一位因心，无一心而不趋向果觉。四十一位所修种种法行，岂非皆念佛法行也？而末后普贤以十大愿王，导归极乐，为全经一大结穴，不其然乎！又“华严”者，以万行因花，庄严一乘佛果。此万行非念佛行耶？《华严》具婆须蜜女、无厌足王、胜热婆罗门等无量门，然皆显示毗卢境界。此无量门，非即念佛门耶？《法华》一经，从始至终，无非开示悟入佛知佛见。此非始终唯一念佛法门耶？《楞严》最初显示藏性，明成佛之真因也。其次拣选圆通，示成佛之妙行也。后历六十圣位，圆满菩提，归无所得，证佛地之极果也。背此则成七趣沉沦，向此则明五魔扰乱。末后云：“有人身具四重、十波罗夷，瞬息即经此方他方阿鼻地狱，乃至穷尽十方无间，靡不经历。若能一念将此法门于末劫中开示未学，是人罪障应念消灭，变其地狱所受苦因，为安乐国。”此则彻始彻终，唯一念佛法门也。总佛一代时教，三藏十二部，半、满、权、实、偏、圆、顿、渐，种种法门，无非显示唯心自性，圆成无上妙觉而已，得非总一大念佛法门耶？

至如禅宗，达摩大师西来，但当曰“直指人心见性”便了，而云“成佛”者，非宗门亦念佛门耶？故合二派五宗千七百则公案，不过指点当人本源心性，显示本有清净法身。法身横遍竖穷，无所不遍。而参禅人，要须时时现前，头头相应。此何在而非念佛法门哉！至如“佛之一字，吾不喜闻”，“一棒打杀，与狗子吃”等语，皆显示法身向上胜妙方便，是真念佛也。往往无知之辈，谓宗门中人不宜念佛，此不唯不知念佛，岂真知宗哉？

不唯宗、教两门如是，即普天之下士、农、工、商、诸子百家，纵不欲念佛、不知佛者，亦不能出于念佛法门之外。以彼去来动静，咸率此道，百姓日用而不知也。所谓：一气不言含有象，万灵何处谢无私。夹路桃花风雨后，马蹄无地避残红。

一、真为生死，发菩提心，是学道通途；二、以深信愿，持佛名号，为净土正宗；三、以摄心专注而念，为下手方便；四、以折伏现行烦恼，为修心要务；五、以坚持四重戒法，为入道根本；六、以种种苦行，为修道助缘；七、以一心不乱，为净行归宿；八、以种种灵瑞，为往生证验。此八种事，各宜痛讲。修净业者，不可不知矣。

众生所以轮回者，六道也。余趣众生，为惊、瞋、苦、乐所障，无暇向道。可以整心虑，趣菩提，唯人道为能耳。但失人身者，如大地土。得人身者，如爪上土。人身岂易得乎？人道众生，从生至壮，以及老死，眼之所见，耳之所闻，无非世间尘劳，生死业缘耳，佛法岂易闻乎？得人身已难，况得男子身，六根具足尤难。闻佛法已难，况闻弥陀名号、净土法门尤难。何幸而得难得之人身，何幸而闻难闻之佛法，闻之而犹不肯信，不深为可惜也哉！

不信姑置。即如信者，信而不愿，犹不信也。愿而无行，犹弗愿也。行而不猛，犹弗行也。行之所以不猛，由愿不切。愿之所以不切，由信不真。总之生真信难。信果真矣，愿自能切。愿果切矣，行自能猛。真切信愿，加以勇猛行力，决定得生净土，决定得见弥陀，决定证三不退，决定一生补佛。既得生净土矣，旷大劫来生死业根，则从此永断。既一生补佛矣，至极尊贵无上妙觉，则便得圆成。此一念真信所关系者，岂浅浅哉？苟非障道缘薄，生死业轻，久种善根，宿因深厚者，何以能尔？

然吾人无量劫来，业力轻重，善根深浅，皆莫得而知。但业力由心转变，善根在人栽培。是故宏法者，不得不善巧方便，恳切开示。而学道者，不可不竭力奋勉，勇往直前。但一言入耳，一念动心，皆可转变业力，皆能栽培善根。虽闻种种紧要开示，都无一言所入，虽遭种种逆顺境界，曾无一念奋发，是为真业力深重，真善根轻鲜，则亦莫可如何也矣。

现前一念心性，本与佛同体。佛已久悟，而我犹迷。佛虽已悟，亦无所增。我虽犹迷，亦无所减。佛虽无增，以顺性故，受大法乐。我虽无减，以背性故，遭极重苦。佛于同体心性之中，虽受法乐，以同体大悲，无缘大慈，念念忆念于我，念念摄化于我。我于同体心性之中，虽遭众苦，不知仰求于佛，不知忆念于佛，但唯逐境生心，循情造业。旷大劫来，五逆十恶，种种重业，何所不造？三途八难，种种大苦，何所不受？言之可惭，思之可怖。设今更不念佛，依旧埋头造种种业，依旧从头受种种苦，可不愧乎？可不惧乎？今且知佛以大慈大悲，于念念中忆念摄化于我，则我今者深感佛恩，故应念佛。一向长劫枉受众苦，欲求脱苦，故应念佛。已造之业，无可如何。未来之业，可更造乎？生惭愧心，故应念佛。同体心性，既曰本有，即今岂无，只欠悟证耳。求悟心性，故应念佛。以求悟心念佛，念佛必切。以惭愧心念佛，念佛必切。以畏苦心念佛，念佛必切。以感恩心念佛，念佛必切。我不念佛，佛尚念我。我今恳切念佛，佛必转更念我矣。大势至菩萨云："十方诸佛怜念众生，如母忆子。子若逃逝，虽忆何为？若子忆母，如母忆时，母子历生，不相违远。若众生心，忆佛念佛，现前当来，必定见佛，去佛不远。不假方便，自得心开。"此大士亲证实到境界，吐心吐胆相告语也。我今念佛，必得见佛。一得见佛，便脱众苦，即开悟有期。果得开悟，便可一痛洗以往之惭愧矣。佛尚可不念乎？

一切众生本来是佛。真心本有，妄性元空。一切善法，性本自具。但以久随迷染之缘，未断元空之妄，未证本有之真，善本具而未修，佛本是而未成。今欲断元空之妄，证本有之真，修本具之善，成本是之佛，而随悟净之缘者，求其直捷痛快、至顿至圆者，无如持名念佛之一行矣。以能念之心，本是全真成妄，全妄即真。所念之佛，亦本全德立名，全名即德。能念心外，无别所念之佛。所念佛外，无别能念之心。能所两忘，心佛一如。于念念中，圆伏圆断五住烦恼，圆转圆灭三杂染障，圆破五阴，圆超五浊，圆净四土，圆念三身，圆修万行，圆证本真，而圆成无上妙觉也。一念如是，念念皆然。但能念念相续，其伏断修证，有不可得而思议者矣。以是全佛之心，念全心之佛，实有自心果佛全分威德神力，冥熏加被耳。一句佛号，不杂异缘，十念功成，顿超多劫。于此不信，真同木石。舍此别修，非狂即痴。复何言哉！复何言哉！

问：诸方皆有净土，何专赞西方，求愿往生耶？

答：此非人师意也，乃金口诚言分明指示故。大乘显密诸经，同指归故。令初心人专注一境，三昧易成故。四十八愿为缘，缘强故。十念为因，因胜故。佛与众生，偏有缘故。此土众生，无论僧俗、男女、老幼、善恶之人，当其处极顺逆苦乐境缘之时，多必由中而发，冲口而出，念佛一声。然不念佛则已，凡念佛必念阿弥陀佛。此谁使之然？盖众生久蒙佛化，久受佛恩，与佛缘深故也。且此《弥陀》一经，罗什最初译成，东林远祖即与一百二十三人结社念佛。其一百二十三人，以次渐化，临终皆留瑞应。虽鹦鹉、八八儿念佛，化时皆有瑞相。此非众生与佛缘深，谓之何哉？又《无量寿经》云："当来经道灭尽，我以愿力，特留此经，更住百年，广度含识。"夫不留他经，而独留此经者，岂非以此法门，下手易而摄机普，入道稳而获益速耶？以是而知，其时愈后，此法愈当机矣。

世间众生，当处急难痛苦之时，嗥叫父母，呼天唤地。不知父母、人天王等，不能救我生死，尽我轮回，以其同在生死轮回故耳。二乘圣人，虽出生死，无大悲心，无益于我。诸菩萨等，虽有大慈悲心，以其心证各有分限，未能普利众生，满一切愿。十方诸佛，虽皆证穷法界，然我感之不易。纵感极而见，不过暂时离苦，终非究竟。唯阿弥陀佛，但得一见，即顿脱生死，永断苦根矣。唯此一句阿弥陀佛，是所当尽心竭力者。予曾有偈云："世间出世思惟遍，不念弥陀更念谁？"然而念佛不难，难于坚久。果能坚持一念，如生铁铸成，浑钢打就。如一人与万人敌，千圣遮拦不住，万牛挽不回头。如是久之，必能感通相应。若其未能如此用心，便谓佛言无验，佛心难感者，夫岂可哉？但得一念感通，便顿出生死，直登不退，稳成佛果。岂易事也哉！

知小而不知大，见近而不见远者，此众生之常分也。如阿弥陀佛，于诸众生有大恩德，众生不知也。佛于无量劫前，对世自在王佛，普为恶世界苦众生，发四十八种大愿。依愿久经长劫修菩萨行，舍金轮王位、国城妻子、头目脑髓，不知其几千万亿。此但万行中内外财布施一行也。如是忍人所不能忍，行人所不能行，圆修万行，力极功纯，严成净土，自致成佛，分身无量，接引众生，方便摄化，令生彼国。然则如为一人，众多亦然。如为众多，一人亦然。若以众多观之，佛则普为一切众生也。若以一人观之，佛则专为我一人也。称性大愿，为我发也。长劫大行，为我修也。四土为我严净也，三身为我圆满也。以致头头现身接引，处处显示瑞应，总皆为我也。我造业时，佛则警觉我。我受苦时，佛则拔济我。我归命时，佛则摄受我。我修行时，佛则加被我。佛之所以种种为我者，不过欲我念佛也，欲我往生也，欲我永脱众苦、广受法乐也，欲我展转化度一切众生，直至一生补佛而后已也。噫！佛之深恩重德，非父母所可比，虽天地不足以喻其高厚矣。非闻开示，安知此意？不读佛经，安晓此理？今而后，已知之矣，唯有竭力精修，尽报归诚，拌命念佛而已。复何言哉！

一切众生，为利钝十使所使，久经长劫，流转生死，受大苦恼，不能出离，可悲也。十使者何？即身、边、邪、见、戒，此五为利使，以发动轻便故；贪、瞋、痴、慢、疑，此五为钝使，由利使所生，对利说钝故。此之十使，众生或多或少，各有偏重。若带之修道，但唯增长邪见烦恼，决无相应分。如欲断之实难。以此十使，于四谛下历三界九地，有八十八使见惑、八十一品思惑。但断见惑，如断四十里流，况思惑乎？若见思二惑毫发未尽，分段生死不能出离。此所谓竖出三界也，甚难甚难。

然此十使，总名众生知见。古德谓：“众生知见，须以佛知见治之。”佛知见者，即现前离念灵知也。然此灵知，不能孑然自立，必随缘起。不随佛界之缘，便随九界缘起。离十界外，无别缘起故。欲随佛界缘起，无如以信愿心，持佛名号。但信贵深，愿贵切，持名贵专勤。果以深切专勤之心，信愿持名，即是以佛知见而为知见，亦即是念念中，以佛知见，治众生知见也。炽然十使心中，但置一信愿持名之心，即转生界缘起为佛界缘起。此于修道门中，乃点铁成金极妙之法耳。只须赤体担当，久久勿替，管取金台可以坐待，宝莲不日来迎。是为从此同居，生彼同居，横出三界。较之竖出者，不亦省力也哉！

一句阿弥陀佛，是阿伽陀药，无病不疗。是如意珠王，无愿不满。是生死苦海之慈航，无苦不度。是无明长夜之慧灯，无暗不破。但得一历耳根，便为有缘。但能一念信心，便可相应。信心果真，愿不期发而自发。只将此信、愿二法，常存在心，如忠臣之奉圣君密旨，孝子之受慈父严命，忆念不忘，作为第一件要事。不论所处境界静闹闲忙，多念少念，总皆为往生正因。只恐介在勤怠间耳。吾人旷大劫来，久在轮回，岂永不发求出离之心，修向道之行耶？盖皆废于因循，败于怠惰，所以常在生死，受大苦恼。今闻持名简要法门，若仍循故辙，安于覆败，可谓第一等无血性汉子矣。

所谓执持名号者，即拳拳服膺之谓，谓牢持于心而不暂忘也。稍或一念间断，则非执持也。稍或一念夹杂，则非执持也。念念相续，无杂无间，是真精进。精进不已，则渐入一心不乱，圆成净业焉。若到一心不乱，仍复精进不辍，将见开智慧、发辩才、得神通、成念佛三昧，以至种种灵异瑞相，皆现前矣。如蜡人向火，薄处先穿。但不可预存期效之心，唯当致力于一心不乱耳。一心不乱，乃净业之归宿，净土之大门。若未入此门，终非稳妥。学者可不勉哉！

修习一切法门，贵乎明宗得旨。今人但知万法唯心，不知心唯万法。但知心外无佛，不知佛外无心。但知无量为一，不知一为无量。但知转山河大地归自己，不知转自己归山河大地。然既不知心唯万法，岂真知万法唯心哉？既不知佛外无心，岂真知心外无佛哉？所谓一个圆球，擘作两半，离之则两伤，合之则双美也。是故念佛者，必以唯佛唯土为宗。若唯佛唯土之宗不明，则真唯心义不成。果透真唯心义，则唯佛唯土之宗自成。既成此宗，则一句所念之佛，所生之土，全体大用，横遍竖穷，独体全真，包罗无外。所念既尔，能念亦然。是谓以实相心，念实相佛。以法界心，念法界佛。念念绝待，念念圆融。以绝待故，全超一切法门，无与等者。以圆融故，全收一切法门，无出其外者。此之谓法无定相，遇缘即宗，繁兴大用，举必全真。一句阿弥陀佛，须恁么信，恁么念，方是不思议中不思议也。

生佛不二，平等共有者，唯此现前离念灵知耳。诸佛以随悟净因缘，悟之又悟，净之又净，悟净之极，故其灵知横遍竖穷，广大无外也。众生以随迷染因缘，迷之又迷，染之又染，故其灵知局然促然，介尔微劣也。然即此介尔灵知，与诸佛广大灵知，觌体不二，毫发无差。使其得随悟净之缘，业尽情空，则此介尔之知，当下转为广大无外之灵知矣。如一星之火，能烧万顷荒田。然此现前一念灵知，若约所知之境，固有广狭胜劣之不同。若约能知之知，则全体无异。如同一火也，烧檀则香，烧粪则臭，所烧虽殊，能烧之火无二。又如同一水也，清浊不同。同一镜也，昏明有异。清浊虽殊，湿性不二。昏明虽异，光体是同。水同一湿也，浊者可使澄之而清。镜同一光也，昏者可使磨之而明。光昏者为带垢耳，垢非光，光者镜之本体也。水浊者为杂尘耳，尘非湿，湿者水之本性也。此一念灵知，如水之湿，如镜之光，如火之烧，举体无异者也。唯其举体无异，故于修道方便门中，便有多门。有但仰慕诸圣者，有但尊重己灵者，有外慕诸圣、内重己灵者，有不慕诸圣、不重己灵者。

若但仰慕诸圣者，如本分念佛之人，以知诸圣皆已先证我之己灵，语默动静，皆堪垂范，我曹若不仰慕诸圣，则进修无路矣，故或专持名号，或观想音容，三业虔诚，六时敬礼，倾心归命，尽报遵承。及乎时至缘熟，感应道交，心地大开，灵光独露，乃知我之己灵，原与诸圣平等无异，亦不可不自尊重也。

又但尊重己灵者，如宗门参禅者，以直指人心，见性成佛，故唯欲十二时中，四威仪内，独露当人面目，受用本地风光，离心性外，毫无取着，所谓“任他千圣现，我有天真佛”也。及乎造诣功深，悟证已极，乃知一切诸圣皆久已先证我之己灵者，尤不可不仰慕也。

又外慕诸圣，内重己灵者。夫欲尊重己灵，必须仰慕诸圣。唯其仰慕诸圣，正是尊重己灵。又仰慕诸圣，必须尊重己灵。若不尊重己灵，岂能仰慕诸圣。此则内外交修，心佛等重，既无偏执，进道弥速。至于力极功纯，全体相应，乃知诸圣但不过先证我之己灵而已，无庸仰慕。而我己灵者，亦不过平等齐于诸圣而已，何劳尊重。

又不慕诸圣，不重己灵者。此谓寸丝不挂，心佛两忘，彻底撒开，迥无依倚，外遗世界，内脱身心，一念不生，万缘坐断。至于久久功熟，圆满证入，本灵独露，诸圣顿齐。虽不仰慕诸圣，乃善仰慕。虽不尊重己灵，却真尊重。

此之四路，学者自谅根性，各随好乐，但当一门深入，久之必皆有相应。切不可妄生执着，轻发议论，出奴入主，是一非余，不唯背妙道而成障碍，将恐谤大法而招愆尤也矣。

《楞伽经》云：“诸圣所知，转相传授，妄想无性。”二祖云：“觅心了不可得。”《起信论》云：“若有能观无念者，即为向佛智故。”《华严合论》云：“顿悟一念缘起无生，超彼三乘权学等见。”此佛经、祖语，菩萨、知识造论，皆就现前一念指点，显妄性本空也。夫妄本空而真本有，非佛而何？但众生久随污染之缘，未能顿复其本空耳。须以清净缘起，渐而转之。以吾即佛之因心，念吾即心之果佛。因果从来交彻，心佛法尔一如。而吾即心之果佛，无缘大慈，同体大悲，本自不可思议。且吾即佛之因心，深信切愿，专恳持名，亦复不可思议。能于念念中，齐澄众染，圆显本空，顿契灵源，直趣果海。然则清净之缘，无过此者。但于念时当万缘放下，一念单提，如救头燃，如丧考妣，如鸡抱卵，如龙养珠，不期小效，不求速成，但只一心常恁么念，是名无上深妙禅门。此则根身世界，密随其心，念念转变，殆非凡心肉眼所能知见者也。及乎报终命尽，弥陀圣众忽现在前，或现异香天乐，诸灵瑞相，世人方谓净业成就。然净业之成，岂此时乎！

念佛当生四种心。云何为四？一、无始以来造业至此，当生惭愧心；二、得闻此法门，当生忻庆心；三、无始业障，此法难遭难遇，当生悲痛心；四、佛如是慈悲，当生感激心。此四种心中有一，净业即能成就。念佛当长久，不可间断。间断，净业亦不能有成。长久当勇猛，不可疲怠。疲怠，净业亦不能成。长久不勇猛，即有退。勇猛不长久，即无进。

当念佛时，不可有别想，无有别想，即是止。当念佛时，须了了分明，能了了分明，即是观。一念中止观具足，非别有止观。止即定因，定即止果。观即慧因，慧即观果。一念不生，了了分明，即寂而照。了了分明，一念不生，即照而寂。能如是者，净业必无不成。如此成者，皆是上品。一人乃至百千万亿人，如是修，皆如是成就。念佛者可不慎乎！

彻悟禅师语录卷下

嗣法门人了梅 集

般若、净土两门大义

般若，乃即缘起而明性空，虽性空而不坏缘起。净土，乃即性空而明缘起，虽缘起而不碍性空。此则空、有两门，互不相碍也。不特于此，正以缘起故性空，若非缘起，说谁性空？此则缘起为性空之所以。又以性空故缘起，若非性空，何从缘起？此则性空为缘起之所以。若然者，空、有两门，不但不相碍，且复迭互相成矣。如古所谓“万象参天，观之而无色。群音揭地，听之而无声。愈有愈空，愈空愈有”者矣。

夫缘起、性空，既在同时，任运便有双泯双存之面目。双泯双存，同时无碍，即是向上圆融不思议第一义谛。圆融第一义谛，即是当人本源心性之异名。是知佛说种种般若门，无非显示此本源心性。佛说种种净土门，亦无非显示此本源心性。从本源心性，流出种种般若、净土法门。而种种般若、净土法门，皆悉指归本源心性。所谓无不从此法界流，无不还归此法界也。

昔有人问云栖大师云：“参禅、念佛，如何得融通去？”大师答云：“若然是两物，用得融通着。”噫！旨哉言乎！夫禅者，净土之禅。净土者，禅之净土。本非两物，用融通作么？然则般若、净土两门，既唯一本源心性，不唯分无可分，亦且合无可合。分合尚着不得，况可更论其相成、相碍也哉！

“西有”解

“西有”者，谓西方的的是有。但含事、理、空、有等种种义相耳。

若谓定方实有，不可移易，此凡情执着之常有也。若谓一切境界循业发现，即其现处，当体全空，此则非有而有，有即非有，真空、妙有二谛交彻之有也。若互夺双亡，二谛俱泯，则非空非有之有也。若相成两立，二谛俱存，则即空即有之有也。若正双泯时便双存，正双存时便双泯，双泯双存，同时无碍之有也。

又此有，缘起性空，不堕有句。性空缘起，不堕空句。二义只成一法，不堕亦有亦空句。一法宛具二义，不堕非有非空句。此则四句全超之有也。

又此有，性空缘起，该得有句。缘起性空，该得空句。二谛双存，该得亦有亦空句。二谛俱泯，该得非有非空句。此则四句全该之有也。

又唯全超故全该，设有一句不超，亦不能全该四句。唯全该故全超，设有一句不该，亦不能全超四句也。此则圆教有门之有也。

又西方依正庄严，皆一切众生性所本具，特借弥陀大愿为增上缘因，一显发耳，曾何片法之新得哉？此则“西有”者，乃自性本具真善妙有之有也。

又有句固是有句，有句亦是空句，有句亦是亦有亦空句，有句亦是非有非空句，一句即四句也。一句既即四句，四句亦即一句。有句固是有句，空句亦是有句，亦有亦空句亦是有句，非有非空句亦是有句。全一即四，全四即一。一四圆融，不可思议。

又此有空等四句，执之则成四种邪见，通之则为四方便门。执成邪见网，永堕外道种族。通为方便门，便入圣贤阶位。故曰：“般若如大火聚，触着便烧。”此谓四边不容执着也。又曰：“般若如清凉池，随方可入。”此谓四门皆堪入道也。然全大火聚是清凉池，非离火聚别有凉池。全清凉池是大火聚，非离凉池别有火聚。所谓“毫厘有差，天地悬隔；毫厘无差，天地悬隔”也。

《华严经》节略要旨

《大方广佛华严经》者，乃毗卢遮那如来于菩提场初成正觉，七处九会，一音顿演，称性法门也。按《西域记》，此经有三本。上、中二本，其偈品以世界微尘论。下本犹有十万偈，四十八品。结集之后，收入龙宫。以上、中二本，非阎浮提人心力能持，故龙树大士但于龙宫记出此本，流布人间。而经来此土，有晋、唐两译。佛陀跋陀罗所译，六十卷，三十四品。唐实叉难陀所译，八十卷，三十九品，即今经也。然文虽未备，义已周圆。神而会之，存乎其人。

文中前后共有七处九会。古德判为五周四分，曲尽精详，今古同遵焉。

第一会，说毗卢遮那如来依正因果法门，经文凡十一卷，六品。即四分中"举果劝乐生信分"，五周中"所信因果周"也。（此中"因果"，乃圣位中修证之圆因妙果，非善恶因果之谓也，后皆仿此。）

其次六会，以次说十信、十住、十行、十回向、十地、等妙二觉法门，共四十一卷，三十一品。即四分中"修因契果生解分"，五周中"差别因果"、"平等因果"二周也。

第八一会，说离世间法门，普慧云兴二百问，普贤瓶泻二千酬，重明因果行相，共七卷，一品。即四分中"托法进修成行分"，五周中"成行因果周"也。

第九一会，有本有末。初如来现相放光，具答诸菩萨心念所请果海中事三十问，令其现证，为本会。后文殊于福城东际大塔庙前，令六千比丘顿证十信满心，指善财童子南参诸善知识，为末会。共二十一卷，一品。即四分中"依人证入成德"分，五周中"证入因果周"也。以前三十八品，虽广谈法界因果，但令生信、开解、起行进修，至此方始证入。苟无此证，前之信、解、行俱为虚设，故以证终焉。

详夫全经之大旨，统唯一真法界焉。盖圆该万有，唯是一心，觌体全真，融通交摄。是为诸佛极证之果海，亦即众生本有之心源也。然法界势含四重（谓理法界、事法界、理事无碍法界、事事无碍法界也），重重无尽。因果缘起六位（即前信、住、行、向、地、等妙二觉也），位位圆融。圆融不碍行布，行布于圆融。差别非离平等，平等其差别。初则举法界而全成因果，万德万行昭然。后乃融因果而混同法界，一毫一尘廓尔。虽四重六位有殊，隐显开合无定，而原始要终，究不离乎一真法界。故曰“无不从此法界流，无不还归此法界”也。是以一心万法，舒卷自由。三际十方，纵横无碍。十世古今互现，无边刹境交罗。犹帝网之千珠，光含众影。类天池之一滴，味具百川。故界标华藏，具见染净之融通。而佛号毗卢，直示应真之不二。五周四分之金文，澜翻于口海。六相十玄之妙旨，星灿于义天。可谓教启无上圆宗，法穷甚深理窟者矣。故得若闻若见，圆文殊智鉴于自心。或诵或持，启普贤行门于遍界。人人入金刚之藏，尘尘树功德之林。直得一生事办，则我即善财。但使法界愿周，而谁非净满。

经云：“此经不入一切余众生手。”论云：“唯付嘱最上大心凡夫。”斯言岂无谓哉！故知排斥久修开士，聋瞽上德声闻，是皆所以融权执、引大心之深意也。然则食金刚之少许，固已植乎圣因。剖大经于微尘，终有待夫智者。况一字法门，海墨书而不尽。千重楼阁，指声弹而顿开。非贝叶之所能诠，岂管窥可得而测。勉述大端，聊备采览云尔。

（如欲详明者，藏中有清凉观国师《疏钞》、枣柏李长者《合论》。其《疏》尽精微，冲深包博。而《论》得大体，痛快直截。二者参而观之，则《华严》大旨，无余蕴矣。）

《楞严》二决定义

初义盖示根中之湛性为真因，真因得而后果证可期。二义盖指根中之结相为惑本，惑本明而后断修有要。湛性者，六根之性也，不变之真也。结相者，六根之相也，随缘之妄也。斯则唯一六根，特相妄、性真之别耳。唯其相妄，故须解之令尽。唯其性真，故可依而为因。然真既不变，则妄即本空。而妄既缘起，则真必全隐。约妄缘起而真全隐，修德固不可缺。且真不变而妄元空，性德尤所当明。性德固资修德而显，修德全依性德而成。合二门之义而观之，则真妄交融、性修双妙之旨，无余蕴矣。然则推此而往，根身世界，物物头头，真也妄也，圆陀陀，活泼泼，浑无定相。云为动作，心心念念，性也修也，净洒洒，赤裸裸，了无定执。夫如是则何惑不断，何果不成？而实亦无断无不断，无成无不成，特对迷心倒见者强分别耳。

《楞严》“顿歇渐修”说

前云：“汝但不随分别三种相续，狂性自歇，歇即菩提，何借劬劳肯綮修证。”似令一念顿歇也。此云：“菩提涅槃，尚在遥远。非汝历劫辛勤修证，虽复多闻，只益戏论。”似令历劫渐修也。阿难之根，不劣于满慈。而满慈之位，差胜于阿难。何其修证难易之相悬若是耶？此盖世尊据念劫圆融之理，顿渐不二之宗，显妄空以夺法执，斥徒闻而策真修。即所谓看孔着楔，应病与药也。试论之。一念歇狂，顿也，不了则流为长劫。历劫勤修，渐也，究亦不离于一念。此念劫顿渐，似相悬而实不离也。况乃念性元空，时节无体，迷时似有隔异，悟后本自圆融。一念本不殊长劫，而长劫原只是一念。复何念劫顿渐之可疑哉？向使满慈不索妄因而执实有，阿难不溺多闻而废进修，则世尊顿歇渐修之说，亦不容拈出矣。

《金刚经》“实无有法发菩提心”说

《金刚经》圆明五眼、洞彻三心一段，乃解上文“实无有法，发菩提心者”之义。谓众生所以为众生者，为有妄心故也。三心既不可得，众生岂复可得？众生不可得，谁为能发之人？三心不可得，何为所发之心？故曰：“实无有法，发菩提心者。”又妄心不可得，则全妄即真。众生不可得，则全生即佛。果见到全妄即真，全生即佛，是为不发而发，称性开发阿耨多罗三藐三菩提心。如此发心，何更有法可得？故曰：“实无有法，发菩提心者。”

《楞严经》“知见无见”说

《楞严经》“知见无见”一语，至为要妙，总摄一切诸要妙句。以其即是“见犹离见”也，“华屋之门”也，“狂心顿歇”也，“不取无非幻”也，“闻复翳根除”也，“归无所得”也，“灭妄名真”也，“全修在性”也，“觅心了不可得”也，“心空及第归”也，“子转身而就父”也，“臣退位以朝君”也，“父子投机”也，“君臣道合”也，“以少方便疾得成佛”也，“缘起无生”也，“知之一字，众妙之门”也，“刹那而登正觉”也，“体得无心道”也，“休”也，“诸圣所知，转相传授，妄想无性”也，“一超直入如来地，回头惭愧好儿孙”也，“自是不归归便得，故乡风月有谁争”也，“撒手到家何所似，更无一物献尊堂”也，“知而无知，不是无知而说无知”也，“即此见闻非见闻，无余声色可呈君”也，“根既不立，尘无所缘，根尘两亡，灵光独耀”也。类此句义，不能尽举。唯此四句，摄尽无余，所谓紧要处佛法无多子也。果能一念相应，是为真转全经。古德如慈明圆、权大道、栖贤舜、广道者等诸人，于大见道后，皆作此工夫，谓之无心体道。以其是还乡要路，归真秘诀也。

《一乘决疑论》说

“欲得不招无间业，莫谤如来正法轮。”此古德大慈悲心，泪出痛肠语也。良以我释迦如来，为众生故，修证此法，无央数劫行诸一切难行法行，舍所爱之国城妻子、头目脑髓，不知其几千万亿。至于道成，仍以平等大悲，顺悉檀义而敷衍之。故凡一句一字，皆无明长夜之宝炬，生死苦海之慈航。凡在有情，孰不蒙益？而诸子以依通[①]之见，肆口诋诃，障正法明[②]，瞎将来眼，疑误众生，殊非小小。谓其无罪，宁有是处？兹以一乘之

---

① “通”,《梦东禅师遗集》作“违”。

② “明”,《梦东禅师遗集》作“门”。

理，剖决群疑，正大光明，直截痛快。荡迷云而净尽，耀佛日以重光，诚为法门一大金汤矣。当是时也，诸子天眼、法执果得已通已忘，自能深生随喜。正使未忘未通，定当顿获胜益。故知此论之作，非特有益于法门，实则有益于诸子。不唯有益于诸子，且深有益于天下后世之学者。请即流通，以广法施。

“相相离相、心心印心”略解

原夫境逐念生，念泯则相相离相。妄依真起，达真则心心印心。唯其离也，有相皆归实相。即斯印矣，无心不属真心。是以滞相迷真，头头障碍。背尘合觉，法法圆通。心相大端，略申管见。精微详释，以俟多闻。

《净土津梁》跋

乙巳仲秋，衍法志公和尚，会刻净土经论文集成，嘱跋数语。余因历观三经，明因举果，大开净土之门。三论，显理破迷，的示唯心之要。《龙舒文》导初机而精详曲尽，《指归集》采众善于事理圆通。《或问》数纸，搜抉禅者孤陋之疑。《法语》一章，力振行人因循之弊。云栖《愿文》、《自注戒杀放生》等篇，莫非往生急务，助行要门。至若《莲花世界诗》，虽文出游戏，而理实圆常，况写境传神，引心入观，摄化门中为不可少。善哉！念佛一门，得此诸说，无机不被，无路不通，统万流而归净土，诚为一大津梁矣，爰为题名曰《净土津梁》。然而津梁虽设，履践在人。撩起便行，阿谁无分？所贵贾勇先登，占宝莲之上品。玄关直踏，获法忍于无生。佛记早承，愿轮速转，遍刹网而纵横应化，尽劫波以展转津梁。则苦海劳生，由是而蒙利济者，可复量哉！如其逐世波而忘返，趋险道以苟安，或则玩津梁而不进，守津梁以自足，不惊汩没跉跰之苦，卒致问桥恋筏之讥，其何以慰集者之苦心，且深昧夫命名者之大义也矣！

或曰：“和尚秉单传之宗，以祖道自任，当依本分直截示人。夫唯心净土，当处现成。自性弥陀，觌体不隔。乃为是津梁之说，以起人心外有法、去来取舍之见乎？”噫！通玄峰顶，不是人间。心外无法，满目青山。本分直截耶？去来取舍耶？于此缁素分明，许汝会唯心自性。如或未然，莫寐语好！

跋德全禅人血书《莲华经》

无我而灵者，佛知见也。有我而昧者，众生知见也。生、佛知见无殊，特一妄我间之耳。夫大迷之本存乎我，而我之最爱者莫过身。苟众生之身见不亡，我执不破，则生死轮回，曷能自已？

德禅人密发九品净愿，书成七轴《莲经》。以无情之霜刀，刺难出之身血。十指沥干，一心不动。伟矣哉！真无边苦海中顿空我见，直出生死之勇猛丈夫也。噫！禅人初发是念，莲花种植时也。日渐刺书，莲花增长时也。七卷功圆，莲花光香具足时也。如是则禅人之净因已成矣。但当莫忘本愿，系心念佛，直待此方报谢，彼土花开，即见佛闻法，因圆果满时也。

虽然，即今试问禅人：方金刀裂肉，血笔纵横时，其知疼痛而成点画者，灵耶？昧耶？我耶？非我耶？佛知见耶？众生知见耶？于此了然，则佛国非遥，宝莲正放。或犹未也，请分明记取，以质诸弥陀老子。

跋明初禅人血书《莲华经》

金刀未举，斑管未拈，尽十方是部血淋淋的《妙法华经》。于斯见彻，谓灵山一会未散可也，谓灵山一会本不曾会亦可也，向当时喝散可也，于今日再会亦可也。大用现前，不存轨则。如王宝剑，杀活临时。如是刺血，如是书经，是真精进，是名真法供养如来。可以畅本师出世之怀，可以来古佛泥洹之塔。直令十二类生，迎刃而命根顿断。无边法藏，点笔而文采全彰。莫不滴滴归源，言言得髓。奚止刺无能刺，书无所书，铺好花于锦上，指明月于天边也哉！

明禅人年齿尚少，向道唯诚，刺血书经，归心乐土。果能闻是说而不生惊怖，是为解第一义，上品生因。如其未然，直须十二时中，四威仪内，以书经之念，念念忘缘；刺血之心，心心忆佛。管取金台可以坐待，妙谛不日亲闻。否则必见我为能书，经为所书。彼是刺血时，彼是书经处。以生灭心，取实相法。转不轻行，为我慢幢。不特全迷妙法，远背佛心，且深负此一点百劫千生不易发起之勇猛净信，为可惜矣。禅人其勉之！

书《莲华经普门品》后

题标“妙法”，何法也？品号“普门”，何门也？说者谓：“一光东照，十界圆彰。随类现身，应念脱苦。”未为非是，特其末耳。直须未举以前，向世尊开口不得处，大士回避不及时，亲见法法此法，门门此门。正与么时，不与么会，始具看经眼。否则入海算沙，执指为月，不唯埋没己灵，见惜明眼，将恐普门渐闭，而妙法终隐矣。默超居士有见于此，得是经而装帙之，嘱缀数语，普为见闻随喜者，震涂毒鼓，食少金刚。其意岂浅浅哉！

二有室跋

经云：“从是西方过十万亿佛土，有世界名曰极乐。其土有佛，号阿弥陀，今现在说法。”此金口诚言，分明指示。而世之昧者，犹谬执唯心，横生异议，可悲也。因特书此以名余室，用警省焉。

余以“二有”名室，或者浅之。吁！是尚不知即空之有，有而非有。况复双泯双存、超四句、该四句、圆教有门之有，与夫性具本有之有耶？其谓之浅也宜矣，无庸辩。

跋禅人勇建血书《楞严经》庄严净土

“首楞严”者，称性大定之名也。以如来藏心而为体性，以耳根圆通而为入门，以穷极圣位而为究竟。此依藏性之理，起称性之行，还复证入藏性全体。一经大旨，义尽于斯，故文殊于是请结经名。此后复明昧此难免七趣沉沦，修此须防五魔扰乱者，但反衬正宗，以补足其间要务耳。

经中兼明净土，其处有四：

第一、大势至法王子亲禀念佛法门于超日月光佛，其所陈念法，至为切要。而大士修因契果，自利利他，唯以念佛，皆悉具足。

第二、干慧地中云："现前残质，不复续生。"夫干慧地，虽圆伏五住，见思尚犹未断，何以便不续生？盖超同居秽土，生同居净土矣。智者大师是其明证。

第三、情想升沉中云："纯想即飞，必生天上。若飞心中，兼福兼慧，及与净愿，自然心开，见十方佛，清净国土随愿往生。"前干慧地，犹属圣位。此则博地凡夫，纯想之心，便往生有分。此盖我释迦如来大慈悲心，炽然轮回之中，特地拈出此横出三界之要道耳。古今未入圣位之人，临终往生者，是其证也。

第四、流通分中："若有一人，身具重罪，将招极恶。一念宏法，变其所受地狱苦因，为安乐国。"重罪尚然，况轻罪乎？况无罪乎？无福尚然，况有福乎？况多福乎？一念尚然，况多念乎？况终年终身乎？其往生不在中下品矣。古今宏法诸师，现相往生者，皆其证也。

夫念佛法门，普逗十方之机，三根齐被。耳根圆通，专逗此方之机，唯利上根，且示阿难以就路还家，故文殊大士曲为拣选。非谓耳根独胜，念佛便劣也。读经者不可不知。

禅人血书此经，流通大法，实为稀有难能之行。其于往生，当必有分焉。

复香严居士书

月内廿九日得尊札，备悉一切，欣慰无量。读札内有"念佛期过三七，尚未见相好"云云。观此用心之切，立行之猛，此百日内，当必有大不思议之成就。但此时不可预存期效之心，存之则增躁动，而翻为障碍矣。此系修行门中微细心病，不可不知。直须深信谛了，心外无佛，佛外无心，全心即佛，全佛即心。一念现前，即一念相应。念念现前，即念念相应。但使此念常现在前，便是真实效验。离此念外，别求效验，便是间断，便不亲切，便入歧路矣。经云："是心作佛，是心是佛。"正此之谓也。鄙见如此，不识居士于意云何？

至如长水之问，琅玡之答，针锋直截明白，不可更为蛇足。果能于此正眼洞开，觑破琅玡，捉败长水，《楞严》大旨，思过半矣。然虽如此，正好掷向他方世界，且自一心念佛。若曰开少解路，则更不劳拈出矣。《柴紫录》，久闻其名，第未亲见其书，未可悬断。

寺中近日唯嘉园居士兼旬或一至，此外别无客迹。不慧逐日与诸衲子挥麈谈经，罢即焚香晏坐，或雠校《华严》，或检阅《津梁》，别亦无事。《楞严》已讲竟六卷，约于后七月间，可圆全部。因思半载之内，两终此经，亦阎浮提人生一大快事也。然唯循行数墨而已，绝无一字之新得。并书以博一笑。

答江南彭二林居士书

仰惟居士，深入净宗，广陈法施，自他并利，解行俱圆。可谓现居士身，修菩萨行，不违本愿，不忘佛嘱者矣。向得三经新论，妄为评题，不见罪责，已出分外。兹复寄示种种新刻，嘱令论定，益觉赧颜。山野唯教乘大旨，粗知向方。而幼失问学，语不成文。故两处住持二十余年，檀护之门，未投只字。今感居士虚怀远问，为法之诚，遂顿忘固陋，罄己所知，直词以告。其当否去取，唯高明以自裁焉。《念佛》、《决疑》两论，皆发前人所未发。一以见慧解之超卓，一以彰卫道之真切。并没量大人，出格作用，可续入藏，永永流通。序跋皆精当，间有可商之处，签辩于后。

与瑞一李居士书

屡有书来，曾未复答。师资心契，谅不我疑。闻在南中竭力办公，尽心护法，修持不辍，劝导唯殷。此则自行化他，二利并举。世法佛法，一道齐行。或雁信时通，或口碑传诵，每一闻见，且慰且欣。因思道无不在，岂分朝野。而修证之际，实有易难。的论修道，出家尚不易，况在家耶？居家已难，况居官耶？故知即尘劳为佛事，化热恼作清凉。苟非忍证无生，位登不退，深入如来之室，权现宰官之身者，恐终不免尘缘渐染，而道念日微也。今贤契信向此道未久，便能于冲繁官署，猛切乃尔。非宿善根力，谓之何哉！虽然，犹须痛念三界无安，肉身苦恼。生死路险，人命无常。幸闻佛法，幸生信心。幻境幻缘，只眼觑破。佛心佛行，赤体担当。净业得修且修，宦场可下便下。无少生留恋，无虚弃光阴。务期事办一生，花开上品。庶几不负自己多生熏习之善愿，我佛长劫护念之慈恩，而成一世出世间之勇猛丈夫焉。

念佛伽陀

嗣法门人了如 录

讷堂老人率众精修持名法门，备极诚恳，于广通、觉生两兰若，历有年所。兹乙卯冬，复以教义、宗乘，各咏偈百首，阐其要妙，举以示众。如辈当时一闻，心荡神怡，若深有领会焉。因仰体老人为众苦心，谆谆如是。若不刊布，久必湮没，遂寿之梨枣。以期修净业者，共为参味云尔。嘉庆元年，岁次丙辰，佛欢喜日，受业弟子心雨稽首谨题。

教义百偈

一句弥陀，我佛心要，竖彻五时，横该八教。

一句弥陀，意旨如何，知音常少，木耳偏多。

一句弥陀，大意分明，蛇生弓影，药出金瓶。

一句弥陀，名异方便，普摄群机，旁通一线。

一句弥陀，开往生门，是多福德，非少善根。

一句弥陀，临终佛现，四辩亲宣，六方共赞。

一句弥陀，成佛标准，以念佛心，入无生忍。

一句弥陀，证三不退，只此一生，便补佛位。

一句弥陀，满十大愿，岂得普贤，错教了办。

一句弥陀，白牛驾劲，其疾如风，行步平正。

一句弥陀，如来藏心，水外无浪，器原是金。

一句弥陀，妙真如性，春在花枝，像含古镜。

一句弥陀，清净实相，绝议绝思，难名难状。

一句弥陀，圆融法界，觌体全真，交罗无碍。

一句弥陀，大圆智镜，身土影含，重重掩映。

一句弥陀，空如来藏，万法未形，一真绝相。

一句弥陀，圆满菩提，天更无上，云不与齐。

一句弥陀，大般涅槃，一轮明月，万里空寒。

一句弥陀，开般若门，十虚万法，一口平吞。

一句弥陀，华屋门开，从者里入，快随我来。

一句弥陀，入王三昧，似地均擎，如天普盖。

一句弥陀，得大总持，转一切物，使十二时。

一句弥陀，性本自空，星皆拱北，水尽朝东。

一句弥陀，法界缘起，净业正因，菩提种子。

一句弥陀，如镜照镜，宛转互含，重叠交映。

一句弥陀，似空合空，了无痕缝，却有西东。

一句弥陀，一大藏经，纵横文彩，绝待幽灵。

一句弥陀，一大藏律，瞥尔净心，戒波罗蜜。

一句弥陀，一大藏论，当念心开，慧光如喷。

一句弥陀，一藏秘密，发本神通，具大威力。

一句弥陀，浑全大藏，戒定慧光，流出无量。

一句弥陀，绳本是麻，奈何不会，翻疑作蛇。

一句弥陀，罕闻罕睹，影现镜林，响宣天鼓。

一句弥陀，无可譬喻，古镜当台，水银堕地。

一句弥陀，老婆心苦，运万斛舟，发千钧弩。

一句弥陀，明明是有，四辩八音，婆心苦口。

一句弥陀，的的是无，熔他万像，入我洪炉。

一句弥陀，亦无亦有，梦里山川，镜中花柳。

一句弥陀，非有非无，捺着便转，水上壶卢。

一句弥陀，第一义谛，尚超百非，岂落四句。

一句弥陀，妙圆三谛，最清凉池，大猛火聚。

一句弥陀，得大自在，转变圣凡，融通世界。
一句弥陀，有功者赏，王膳盈前，髻珠在掌。
一句弥陀，里仁为美，居卜来归，枯桩非鬼。
一句弥陀，非难非易，九品莲花，一生心力。
一句弥陀，就路还家，可惜痴人，弃金担麻。
一句弥陀，横出娑婆，你信不及，吾末如何。
一句弥陀，归元捷径，紧要资粮，唯信愿行。
一句弥陀，要在信深，莲芽九品，抽自此心。
一句弥陀，要在愿切，寸心欲焚，双目流血。
一句弥陀，要在行专，单提一念，斩断万缘。
一句弥陀，誓成片段，拌此一生，作个闲汉。
一句弥陀，只恁么念，百八轮珠，线断重换。
一句弥陀，不急不缓，心口一如，历历而转。
一句弥陀，愈多愈好，如人学射，久习则巧。
一句弥陀，摄心密持，如人饮水，冷暖自知。
一句弥陀，譬犹掘井，就下近泥，价廉工省。
一句弥陀，类如钻火，木暖烟生，暂停不可。
一句弥陀，全身顶戴，人命无常，光阴不再。
一句弥陀，如救头燃，尽十分力，期上品莲。
一句弥陀，妙圆止观，寂寂惺惺，无杂无间。
一句弥陀，险路砥平，直抵宝所，不住化城。
一句弥陀，如水清珠，纷纭杂念，不断自无。
一句弥陀，顿入此门，金翅擘海，直取龙吞。
一句弥陀，尘缘自断，狮子游行，惊散野干。
一句弥陀，蓦直念过，一踏到底，香象渡河。
一句弥陀，无相心佛，国土庄严，更非他物。
一句弥陀，无为大法，日用单提，剑离宝匣。

一句弥陀，无漏真僧，雪山药树，险道明灯。
一句弥陀，满檀那度，裂破悭囊，掀翻宝聚。
一句弥陀，满尸罗度，都摄六根，圆净三聚。
一句弥陀，满羼提度，二我相空，无生忍悟。
一句弥陀，满毗梨度，不染纤尘，直踏玄路。
一句弥陀，满禅那度，现诸威仪，藏甚枯树。
一句弥陀，满般若度，境寂心空，云开月露。
一句弥陀，想寂思专，未离忍土，已坐宝莲。
一句弥陀，一朵宝莲，唯心之妙，法尔如然。
一句弥陀，一朵宝莲，凡情不信，亦宜其然。
一句弥陀，一朵宝莲，决定不信，真个可怜。
一句弥陀，一朵宝莲，直饶不信，已染识田。
一句弥陀，宏通敢惰？入大悲室，坐法空座。
一句弥陀，无尽宝藏，八字打开，普同供养。
一句弥陀，断诸烦恼，全佛全心，一了百了。
一句弥陀，灭除定业，赫日轻霜，洪炉片雪。
一句弥陀，能空苦报，世界根身，即粗而妙。
一句弥陀，圆转三障，即惑业苦，成秘密藏。
一句弥陀，解难解怨，慈光共仰，法喜均沾。
一句弥陀，报未报恩，裂缠绵网，入解脱门。
一句弥陀，空诸恶趣，万德洪名，哪容思议。
一句弥陀，机逗人天，参差三辈，掩映九莲。
一句弥陀，化兼小圣，回狭劣心，向无上乘。
一句弥陀，超然无碍，文殊普贤，大人境界。
一句弥陀，微妙难思，唯佛与佛，乃能知之。
一句弥陀，列祖奉行，马鸣造论，龙树往生。
一句弥陀，因缘时节，异香常闻，莲社创结。

一句弥陀，利大象龙，永明禅伯，智者教宗。
一句弥陀，感应非轻，少康化佛，善导光明。
一句弥陀，有教无类，雄俊入冥，惟恭灭罪。
一句弥陀，是无上禅，一生事办，旷劫功圆。
一句弥陀，理非易会，百偈俄成，三尊加被。

宗乘百偈

一句弥陀，五宗公案，八裂七花，不劳判断。
一句弥陀，指向上路，不可言传，直须神悟。
一句弥陀，切忌莽卤，瓜彻蒂甜，瓠连根苦。
一句弥陀，何敢相嘲？合取狗口，打折驴腰。
一句弥陀，现成公案，但办肯心，必不相赚。
一句弥陀，正好活埋，拗折竹杖，烧却草鞋。
一句弥陀，死了未烧，佛曾有约，天不须招。
一句弥陀，莫问宗教，未掷藤条，先焚疏钞。
一句弥陀，计甚易难，三条竹篾，七个蒲团。
一句弥陀，拳拳牢执，捏铁秤锤，出黄金汁。
一句弥陀，亲切受持，一牛饮水，五马不嘶。
一句弥陀，念来便好，不用分疏，颛蒙合道。
一句弥陀，悟机尤妙，念极情忘，寒灰豆爆。
一句弥陀，谁知如此，百丈鼻头，云门足指。
一句弥陀，正好转身，山尽无路，溪回有村。
一句弥陀，踏上头关，水不是水，山依旧山。
一句弥陀，万重关透，佛手驴脚，面皮多厚。
一句弥陀，格外宗通，泥牛吼月，木马嘶风。
一句弥陀，三玄三要，除却杨修，阿谁知妙？
一句弥陀，天然五位，只为分明，却难领会。

一句弥陀，全宾全主，狮子咬人，鹅王择乳。
一句弥陀，四重料拣，收放卷舒，顶门有眼。
一句弥陀，四种藏锋，岩头去后，谁善斯宗？
一句弥陀，藏身无迹，此意谁知，华亭空忆。
一句弥陀，本分禅宗，横担榔栗，直入千峰。
一句弥陀，密转不已，自己山河，山河自己。
一句弥陀，大有来由，暗中书字，窗里出牛。
一句弥陀，谁善举扬，龟毛拂短，兔角杖长。
一句弥陀，六八宏愿，冷便穿衣，饥来吃饭。
一句弥陀，是何宗旨，雪峰辊毬，天龙竖指。
一句弥陀，得要明宗，揽草成药，破壁飞龙。
一句弥陀，全机勘破，胜金刚王，超木上座。
一句弥陀，旧案全翻，喝退临济，棒走德山。
一句弥陀，法身向上，如何若何，徒劳赞谤。
一句弥陀，一点灵明，无星秤上，两头恰平。
一句弥陀，一个主翁，若然两物，用着融通。
一句弥陀，坐镇寰宇，烧返魂香，击涂毒鼓。
一句弥陀，切莫颟顸，月圆当户，日出连山。
一句弥陀，重新指点，拽下禅床，未是正眼。
一句弥陀，成群合伙，觑井觑驴，是渠是我。
一句弥陀，居不待卜，盗入贼家，僧投寺宿。
一句弥陀，父子投机，慈颜咫尺，愧久背违。
一句弥陀，君臣道合，圣德天渊，惭难报答。
一句弥陀，且浅商量，熏风南来，殿阁微凉。
一句弥陀，仔细商量，心外无法，东土西方。
一句弥陀，的当商量，店中焚被，库下卖姜。
一句弥陀，含灵普育，日丽山川，春荣草木。

一句弥陀，九品莲花，种豆得豆，种瓜得瓜。
一句弥陀，九品莲花，布帛非俭，锦绣非奢。
一句弥陀，九品莲花，故乡作客，别国为家。
一句弥陀，九品莲花，壶卢架上，却结冬瓜。
一句弥陀，曾闻多鮆，雁过长空，影沉寒水。
一句弥陀，今重告语，生实不生，去决定去。
一句弥陀，念者为谁，会得了也，犹欠针锥。
一句弥陀，拨尘见佛，佛亦是尘，尘是何物？
一句弥陀，于意云何，两段不同，收归上科。
一句弥陀，愿乐欲闻，草木真香，山水清音。
一句弥陀，唯德是馨，山不在高，水不在深。
一句弥陀，别启玄关，一般云月，各自溪山。
一句弥陀，是杀人刀，当场拈起，鬼哭神嚎。
一句弥陀，是活人剑，略露锋芒，龙腾豹变。
一句弥陀，轰雷掣电，法眼卷帘，三平断案。
一句弥陀，临机自由，芭蕉拄杖，黄龙拳头。
一句弥陀，不用哓哓，但归山去，自有柴烧。
一句弥陀，颇深意致，买石云饶，移花蝶至。
一句弥陀，说山中话，六月松风，人间无价。
一句弥陀，安乐故土，胡不归来，闹市有虎。
一句弥陀，转身就父，无计承欢，何敢背忤。
一句弥陀，法本常住，绿树啼莺，动便飞去。
一句弥陀，不劳融贯，心佛众生，本来一串。
一句弥陀，佛眼难穷，通身绵密，八面玲珑。
一句弥陀，∴字三点，唤破沙盆，作正法眼。
一句弥陀，千车同轨，王库宝刀，祖庭真髓。
一句弥陀，坐大宝莲，弥勒非后，释迦不前。

一句弥陀，全心相委，似金博金，如水投水。

一句弥陀，百千卷经，水中盐味，色里胶青。

一句弥陀，常寂灭相，时至花开，莺啼柳上。

一句弥陀，是究竟道，下士闻之，呵呵大笑。

一句弥陀，殊非草草，救取丹霞，唤回赵老。

一句弥陀，万古空平，当人面目，大地众生。

一句弥陀，明珠走盘，看则有分，道即应难。

一句弥陀，丰俭随家，香严锥子，真净袈裟。

一句弥陀，建大法幢，寰中道契，化外魔降。

一句弥陀，震大法雷，卧龙奋迅，蛰户洞开。

一句弥陀，吹大法螺，木童抚掌，石女高歌。

一句弥陀，击大法鼓，日月停轮，山河起舞。

一句弥陀，无边众生，同时度竟，岂待更称。

一句弥陀，无尽烦恼，辊成一团，全身靠倒。

一句弥陀，无量法门，慈氏楼阁，武陵桃源。

一句弥陀，无上佛道，不许夜行，投明须到。

一句弥陀，且不是佛，名本非名，物原无物。

一句弥陀，何止唯心，山自高高，水自深深。

一句弥陀，心佛双彰，两轮互照，一统无疆。

一句弥陀，心佛两亡，水归沧海，云去帝乡。

一句弥陀，离见超情，水清月现，印坏文成。

一句弥陀，恰有明证，赵州狗子，却无佛性。

一句弥陀，宗提格外，劫火洞燃，者个也坏。

一句弥陀，道出大方，寂光有相，佛性无常。

一句弥陀，人人知有，从东过西，进前叉手。

一句弥陀，大家委悉，向下文长，付于来日。

一信生必有死。（普天之下，从古至今，曾无一人逃得。）

二信人命无常。（出息虽存，入息难保。一息不来，即为后世。）

三信轮回路险。（一念之差，便堕恶趣。得人身如爪上土，失人身者如大地土。）

四信苦趣时长。（三途一报五千劫，再出头来是几时？）

五信佛语不虚。（此日月轮，可令堕落。妙高山王，可使倾动。诸佛所言，无有异也。）

六信实有净土。（如今娑婆无异，的的现有。）

七信愿生即生。（已今当愿，已今当生。经有明文，岂欺我哉？）

八信生即不退。（境胜缘强，退心不起。）

九信一生成佛。（寿命无量，何事不办？）

十信法本唯心。（唯心有具、造二义。如上诸法，皆我心具，皆我心造。）

信佛语故，则造后四。不信佛语，但造前四。故深信佛言，即深信自心也。修净业者，能具此十种信心，其乐土之生，如操左券而取故物，夫何难之有！甲子七月，讷堂道人书。

彻悟禅师行略

师讳际醒，字彻悟，一字讷堂，又号梦东。京东丰润县人，俗姓马，父讳万璋，母高氏。师幼而颖异，长喜读书，经史群籍，靡弗采览。二十二岁，因大病，悟幻质无常，发出世志。病已，至房山县，投三圣庵荣池老宿剃发。越明年，诣岫云寺恒实律师圆具。次年，闻香界寺隆一法师开演《圆觉》，师预会焉。晨夕研诘，精求奥义，遂悟《圆觉》全经大旨。复依增寿寺慧岸法师，听讲相宗，妙得其要。后历心华寺遍空法师座下，听《法华》、《楞严》、《金刚》等经，圆解顿开。于性相二宗，三观十乘之旨，了无滞碍。乾隆三十三年冬，参广通粹如纯翁，明向上事，师资道合，乃印心焉。是为临济三十六世，磬山七世也。

三十八年，粹翁迁万寿寺。师继席广通，率众参禅，策励后学，津津不倦，十四年如一日。声驰南北，宗风大振。每忆永明延寿禅师，乃禅门宗匠，尚归心净土，日课十万弥陀，期生安养。况今末代，尤宜遵承。遂栖心净土，主张莲宗。日限尺香晤客，过此唯礼拜持念而已。

五十七年，迁觉生寺，住持八年，百废尽举。于净业堂外，别立三堂，曰涅槃、曰安养、曰学士。俾老病者有所依托，初学者便于诵习。师于禅净宗旨，皆深造其奥。律己甚严，望人甚切。开导说法，如瓶泻云兴。与众精修，莲风大扇。遐迩仰化，道俗归心。当时法门为第一人。

嘉庆五年，退居红螺山资福寺，以期终岁。衲子依恋追随者甚众。师为法为人，心终无厌，遂复留众，俄成丛席。担柴运水，泥壁补屋，一饮一餐，与众共之。如是者又十年。

十五年二月，诣万寿寺，扫粹祖塔。辞诸山外护，嘱曰："幻缘不久，人世非常。虚生可惜，各宜努力念佛，他年净土好相见也。"三月还山，命预办荼毗事物。十月十七日，集众付院务。命弟子松泉领众住持，诫曰："念佛法门，三根普被，无机不收。吾数年来，与众苦心建此道场，本为接待方来，同修净业。凡吾所立规模，永宜遵守，不得改弦易辙，庶不负老僧与众一片苦心也。"

临示寂半月前，觉身微疾，命大众助称佛号。见虚空中幢幡无数，自西而来。乃告众曰："净土相现，吾将西归矣。"众以住世相劝。师曰："百年如寄，终有所归。吾得臻圣境，汝等当为师幸，何苦留耶？"十二月十六日，命监院师贯一，设涅槃斋。十七日申刻，告众曰："吾昨已见文殊、观音、势至三大士，今复蒙佛亲垂接引，吾今去矣。"众称佛号愈厉。师面西端坐合掌曰："称一声洪名，见一分相好。"遂手结弥陀印，安详而逝。众闻异香浮空。供奉七日，面貌如生，慈和丰满，发白变黑，光润异常。二七入龛，三七荼毗，获舍利百余粒。门弟子遵遗命，请灵骨葬于普同塔内。

师生于乾隆六年十月十四日未时，终于嘉庆十五年十二月十七日申时。世寿七十，僧腊四十九，法腊四十有三。所著有《示禅教律念佛伽陀》行于世。

嘉庆十七年壬申九月既望，有师之弟子惺聪者，持师之行实，请述于余。余与师相契有年，素蒙开诲，启迪良多。师真过量人也，六根通利，解悟超常，既具辩才，兼持苦行，终始如一，余所目睹。故此述不容一字假饰。愧余不文，特质言之，以传信云尔。拈花寺慕莲杜多，体宽通申敬述。

莲花世界诗

明 云栖会下妙意庵广贵 辑

莲花世界诗序

佛言："诸佛如来是法界身。"则遍法界身是阿弥陀佛，何净何秽？何乐何苦？然《净度三昧经》有云："人生一念受一身，百念受百身，千念受千身。一日一夜种生死根，后当受八亿五千万杂类之身。百年中所造，魂神逐种受苦，遍大千刹土。体骨皮毛，亦遍大千刹土。"当其皮毛齿角森然变现时，岂复能知遍法界异类身是阿弥陀佛？当其鞭笞雨下、屠割奏刀时，岂复能知遍法界受苦异类身是阿弥陀佛？当其鼎烹刀锯、犁耕火炙时，岂复能知遍法界饿鬼、地狱受苦身是阿弥陀佛？岂唯是，即俨然而人，当其苦难忽逢，刀兵乍逼，尔时即不能知我辈苦难身是阿弥陀佛。岂唯是，即快然而得意，五欲自娱，荣华满志，尔时即不能知我辈受享身是阿弥陀佛。夫人世间在顺在逆，尚不能知此身是阿弥陀佛。何况风刀解体、八苦交煎之际，何况改头换面羽毛骨角之俦，何况焰口针喉、镬汤洋铜之日，然后不知我身是阿弥陀佛哉！

《金刚上味经》载，文殊师利言："一切凡夫以自系缚，故见地狱相。虽非实有，而令受者受苦。譬如梦中见身堕地狱，万火所烧，掷入镬汤，彼人梦中吼言极苦。若知是梦，虚妄不实，身心得安。"所以《法苑》云："观罪性空者，罪从心生。心若可得，罪不可无。"今尘世中，心空者几人？梦破者几人？所以如来教人念一句阿弥陀佛，正摄其百念、千念、八亿五千万杂念于一念，念至一念不起，自然证见阿弥陀佛。然后知一念、百念、千念、八亿五千万杂念，皆阿弥陀佛之念。然后知一身、百身、千身、八亿五千万杂类之身，皆阿弥陀佛之身。然后知畜生、饿鬼、地狱，皆阿弥陀佛之法界。然则经云："一声阿弥陀佛，灭八十亿劫生死重罪。"岂不深切著明矣哉！故知一声阿弥陀佛，正是证明无净无秽之净土，证明无苦无乐之极乐，正是空其心之丹药，正是大梦中之霹雳也。无奈我辈明知是梦，却又寻梦。明知是梦引我入铁围山，却又迷昧故乡道路。岂可不用过来人语，招之、策之、掖之、涵濡之？

孔子曰："兴于诗，立于礼，成于乐。"三者唯立礼为坚定之力耳，而兴诗、成乐，则始终皆以韵事发其欢喜，熔其扞格。所以净土光中，不但如来所出音声皆演妙法，其摩尼水流注花间，其声皆演说苦、空、无常、无我、诸波罗蜜，赞叹诸佛相好。如意珠王涌出金光，化为百宝色鸟，和鸣哀雅，常赞念佛、念法、念僧。楼阁中诸天作天伎乐，又乐器悬空，不鼓自鸣，其众音中皆说念佛、念法、念比丘僧。总之，水流、光明，及诸宝树、凫雁、鸳鸯，皆说妙法，所以行者出定入定，皆闻妙法。夫坐莲花上者，犹借此音声以增其进，况其未到莲池者乎？小传载张子房在汉军中，项兵虽挫，犹自相持，子房乃教军中作楚歌，使楚人怀乡，而汉事遂成。可见声音一道，可以补攻取之不及。昔贤净土之咏，即子房之还乡曲也。试看咏净土者，多出于宗门之知识，其殆佛门之子房也哉！

莲花世界诗目录

如来弘愿第一

《悲华经》载，往昔因中，阿弥陀佛为转轮王，释迦佛为大臣，同于宝藏佛所发弘誓愿。轮王愿于清净安乐世界摄受众生，大臣愿于五浊苦恼世界度脱众生。以此君臣弘愿无穷无尽，所以二如来为兄弟沙弥时，同以《法华》教度众生。而三乘授道之外，有度未尽者，度在弥陀。故出此净土一门，一推一挽，共成道化。以故释迦佛四十九年说大乘经中，恒归宿此一门。而会上单拈净土一门者，尤谆谆不已。即如世间朝夕所诵一卷《弥陀经》，文句简约。然一则曰："众生闻者，应当发愿，愿生彼国。"再则曰："众生闻是说者，应当发愿，生彼国土。"而又曰："若有信者，应当发愿，生彼国土。"其言"极乐国土成就如是功德庄严"者，一见，二见，三见，四见。其言"汝等众生，当信是不可思议功德一切诸佛所护念经"，秦译六见，至唐译十方佛赞叹后则十见之。而又曰："汝等皆当信受我语，及诸佛所说。"味其语气，恨不将此数语充满一切众生之耳，恨不将此数语钻入众生之肺肠。爱何其切，虑何其深，悲何其至。即父母于至爱之子，晨夕付嘱，亦未必如此之惓切也。何以故？盖世间父母付嘱子孙，不过望其成家立业已耳。至于如来见众生不入此门，必堕镬汤鼎沸之中，得失匪细，则众生不念佛，悲安得不深？众生念佛，自然摄取不舍。论云："譬如鱼子，母若不念，子则烂坏。佛若不念众生，善根亦坏。"所以《无量寿经》言："当来之世，经道灭尽。我以慈愍，特留此经，更住百岁。"又云："此经灭后，佛法全无，但留阿弥陀佛四字名号，救苦众生。"世上君臣兄弟，能以净土相成，设化众生，皆是从弥陀、释迦弘愿中流出。

西方咏

[明] 一元

西方化主度迷情，佛力加持道易成，
撒手便行无异路，最初一步要分明。

西方只要办心坚，努力勤修速向前，
顺水行船加橹棹，导师接引愿绳牵。

西方今古镇长存，慈父哀怜度子孙，
八万四千门路别，弥陀一句众称尊。

怀净土

[元] 中峰

藕池无日不花开，四色光明映宝台，
金臂遥伸垂念切，众生何事不思来？

动地惊天勤念佛，捶门打户劝修行，
问渠因甚忙如此，只怕众生入火坑。

颂“以无缘慈，摄受众生”

[明] 妙意

梅花落尽杏花开，岂是春风着意吹，
一气不言含有象，万灵何处谢无私。

颂“一一光明遍照十方世界念佛众生，摄取不舍”

寂光影里现全身，遍界光明迥出伦，
浪暖桃花鱼忆子，无缘慈度有缘人。

一点悲心擘不开，镬汤滚处笑盈腮，
稀奇之事朕深信，现与君王说法来。

苦劝回缰第二

佛言："得人身者，如指上土。失人身者，如地上土。"虽信佛语，未知其故。至读《楞严经》言：一切众生，六识造业，所招恶报，从六根出。恶业圆造者，入阿鼻。六根各造，兼境兼根者，入无间。身口意三，作杀盗淫，入十八狱。三业不兼者，入三十六狱。一根单犯者，入一百八狱。地狱中历劫烧燃，罪毕方受鬼形。鬼业既尽，方与世间元负人怨对相值，为畜生以酬宿债。三途绵远如此。至《较量寿命经》所载地狱寿命，活地狱一昼夜，比较人间算数一万六千二百俱胝年。狱愈进，时愈久。地狱一道，寿命之长又如此。则善知识所言"一失人身万劫难"，与"出得头来是几时"之语，岂非刳心剖肠、痛哭流涕之言也哉！

今世上人，求其六根清净，不犯一业者几人？则茫茫尘世，大抵皆地狱之因耳。求其为饿鬼、畜生尚不能得，岂可不寒心哉！《楞严》中载，畜生中业报，用钱役力，偿足自停。若杀身命，或食其肉，经微尘劫，相食相诛，互为高下，无有休息。食肉之转徙又如此。然则我辈此一副面孔，一旦失之，复在何年？凡此等之苦，我辈凡眼不能自见，唯如来悉知悉见，安得不惓惓切切，千言万语，苦口向人。可怜平日不念佛之人，在地狱苦难之中，亦不能念佛。近有活阎罗王教地狱人念佛，但能念一句阿弥陀佛，即与出狱。而口噤不能吐一佛字，不信心之障重如此。

《大智度论》云："有诸菩萨，自念谤大般若，身堕恶道，历无量劫，虽修余行，不能灭罪。后遇善知识，教令念阿弥陀佛，乃得灭障，超生净土。"然则吾辈业海中众生，除却一句阿弥陀佛，更从何处觅生活！

警世

［晋］跋陀罗

不结良因与善缘，苦贪名利日忧煎，
岂知住世金银宝，借汝权看数十年。

警世

［晋］迦哩迦

爱欲牵缠没了期，日生烦恼镇相随，
官中囹圄犹存赦，家业拘牵没赦时。

警世

［晋］半讬迦

地水火风化此身，身灭四大各归真，
诸魔六贼皆消散，苦乐前程只主人。

劝念佛偈

［唐］善导

渐渐鸡皮鹤发，看看行步龙钟，
假饶金玉满堂，难免衰残老病。
任汝千般快乐，无常终是到来，
唯有径路修行，但念阿弥陀佛。

古诗

［唐］庞公

一年复一年，务在且迁延，
皮皱颜色减，发白髓枯干。

毛孔通风过，骨消椽梠宽，
水微不耐热，火少不忍寒。
幻身如聚沫，四大亦非坚，
更被痴狼使，无明晓夜煎。
唯知念水草，心神被物缠，
云何不忏悔，便道舍财钱。
外头遮曲语，望得免前愆，
地狱应无事，准拟得生天。
世间有这属，冥道不如然，
除非不作业，当拔罪根源。
根空尘不实，内外绝因缘，
积罪如山岳，慧火一时燃，
须臾变灰烬，永劫更无烟。

观地狱图

［唐］贯休

峨峨非剑阁，有树岂堪攀？
佛手遮不得，人心似等闲。
周王应未雪，白起作何颜？
尽日空弹指，忙忙尘世间。

警世

［宋］慈受

渔者不能猎，猎者不能渔，
贵人钱为网，水陆皆可图。
畜生肉尝遍，诸佛心转疏，
黄泉途路滑，失脚恐难扶。

美食意生贪，粗食心起怒，
喃喃嗜饱满，殊不知来处。
人生一饭间，贪瞋痴悉具，
智者善思惟，莫为哺啜误。

警下品

［宋］冲默

愚流习恶久成风，平昔哪知黑白踪，
直待垂终诸业现，方惊已困四蛇攻。
自非夙善熏闻力，安得称名勇猛功，
陡觉凉风吹业火，玉毫光里面金容。

赞净土

［宋］北山

四色莲花间绿荷，一莲花载一弥陀，
莫疑净土程途远，日日人生雨点多。

暮鼓晨鸡不住催，逡巡容貌变衰颓，
莫言白发浑闲事，总是无常信息来。

西方咏

［明］一元

西方谛信莫生疑，念佛修行要及时，
有限光阴宜早办，骷髅着地几人知。

西方有路少人登，一句弥陀最上乘，
把手牵他行不得，但当自肯乃相应。

西方故国早回还，人命无常呼吸间，

有限光阴当爱惜，今生蹉过出头难。

西方急急早修持，生死无常不可期，
窗外日光弹指过，为人能有几多时！

净土诗

[元] 中峰

尘沙劫又尘沙劫，数尽尘沙劫未休，
当念只因情未撇，无边生死自羁留。

四大聚成玄兔角，六根缚住白龟毛，
沤花影里翻筋斗，出没阎浮是几遭？

东海一丸红弹子，流光日日射西林，
世间多少奇男子，谁向窗前惜寸阴。

血池干处藕池清，剑树枯时宝树荣，
苦乐本来无住相，于无住处自圆成。

佛与众生夙有缘，众生与佛性无偏，
奈何甘受娑婆苦，不肯回头着痛鞭。

人间天上与泥犁，劳我升沉是几时，
白藕有根如不种，尘沙生死自羁縻。

自家一个弥陀佛，论劫何曾着眼看，
今日更随声色转，这回欲要见还难。

人间五欲事无涯，利锁名缰割不开，
若把利名心念佛，何须辛苦待当来。

深思地狱发菩提，父母家乡勿再迷，

痛策归鞭宜早到，莫教重待日移西。

七月人间暑渐衰，晚风池上更相宜，
遥观落日如悬鼓，便策归鞭已较迟。

腊尽时穷事可怜，东村王老夜烧钱，
即心自性弥陀佛，满面尘埃又一年。

寄语娑婆世上人，要寻归路莫因循，
银山铁壁如挨透，千叶莲花别是春。

念佛不曾妨日用，人于日用自相妨，
百年幻影谁能保，莫负西天老愿王。

富贵之人宜念佛，黄金满库谷盈仓，
世间受用无亏缺，只欠临终见愿王。

贫乏之人念佛时，且无家事涉思惟，
赤条条地空双手，直上莲台占一枝。

老来念佛正相当，去日无多莫暂忘，
南无阿弥陀六字，是名越苦海慈航。

尽道少年难念佛，我云年少正相当，
看她八岁龙王女，掌上神珠放宝光。

身膺宰辅与朝廊，盖世功名世莫量，
自性弥陀如不念，未知何以敌无常。

一等师家每劝人，自心三昧不精勤，
身居净白莲花土，空把弥陀播口唇。

一般平等唯心土，贵贱贤愚没两途，

漆桶要教连底脱，大家齐用着工夫。

便就今朝成佛去，乐邦化主已嫌迟，
哪堪更欲之乎者，管取轮回没了期！

警世

茶倾三奠复三奠，一个骷髅烧未干，
业识又钻皮袋去，铁人闻也骨毛寒。

警世

［元］石屋

茅檐雨过日头红，瞬息阴晴便不同，
况是死生呼吸事，黄昏难保听朝钟。

劝世念佛颂

［宋］无名

杀业怨家渐债多，将何词理见阎罗？
教君一路超生法，不如知悔念弥陀。

劝念佛

［元］优昙

生死茫茫古渡头，弥陀拨动度人舟，
夙生有分今生遇，快上船来归去休。

一念心迷有万端，尘劳业识辊成团，
若非猛烈英灵汉，透出头来也是难。

我念弥陀不问禅，只图口快要争先，
幸然有个辽天鼻，却被无明业子穿。

老来死至怎生医，乐土风光谁得知？
到者同名无量寿，因从此界念阿弥，

法身清净本无尘，无奈众生造业因，
地狱三途甘受苦，分明有理不曾伸。

警悟

委骸回视积如山，别泪翻成四海澜，
世界到头终有坏，人生弹指有何欢？
成男作女经千遍，戴角披毛历万端，
不向此生生净土，投胎一错悔时难。

念佛偈

[明] 广制

佛在心中须着眼，莫抛脑后不相看，
此时蹉过真成错，欲似今朝恐大难。

望江南

[元] 白云

娑婆苦，身世一浮萍。蚊蚋睫中争小利，蜗牛角上窃虚名。一点气难平。　人我盛，日夜长无明。地狱尽头成队入，西方无个肯修行。空死复空生。

娑婆苦，光影急如流。宠辱悲欢何日了，是非人我几时休。生死路悠悠。　三界里，水面一浮沤。纵使英雄功盖世，只留白骨掩荒丘。何似早回头。

怀净土

[明] 楚石

少年顷刻老还衰，须信无常日夜催，
九十六家邪智慧，百千万劫受轮回。
不存宝界花池想，争得刀山剑树摧，
但自净心生极乐，此中贤圣许追陪。

佛袈裟下失人身，重得人身有几人，
万行不如修白业，一心何苦恋红尘。
法王立誓丘山重，迷子思归涕泪频，
若解反观观自性，抛来掷去总家珍。

娑婆生者极愚痴，众苦萦缠不解思，
在世更无清净业，临终哪有出离时。
百千经里殷勤劝，万亿人中一二知，
珍重大仙金色臂，早来携我入莲池。

忙里偷闲亦在人，人生谁满百年春，
送迎毕竟无时了，悲喜交煎逐日新。
休念功名唯念佛，但忧道业勿忧贫，
忽然铁树开花也，妙转如来正法轮。

大患明明为有身，须知疾病不饶人，
但关妄想无非妄，纵得真仙未是真。
众热聚来风扇火，一期抛去骨缠筋，
唯余念佛离生死，只恋阎浮化作尘。

罪重无如杀盗淫，身囚犴狱口呻吟，
敲枷打锁能称佛，覆地翻天莫变心。

夜半从教神鬼啸，空中自有圣贤临，
收因结果莲台上，自性弥陀不外寻。

净土诗

［明］度门

高才弘略气非常，哪个临时不着忙？
打雨敲风闲计较，惊天动地漫文章。
爱河如未干枯竭，浅浪还须作主张，
六字弥陀无注脚，归依即是大慈航。

劝修净土

［明］雪峤

行船分付把梢婆，须识长河逆顺波，
只怕顺风吹过火，转来不得逆风多。

颂下品中下生

［明］妙意

下品中生者，命欲终时，地狱众火一时俱至，遇善知识开示，念佛生西，六劫花开，菩萨说法。下生者，命终应历劫受苦，遇善知识开示，十念往生，十二大劫花开，菩萨说法。

知识相逢岂易求，危哉浪海此浮沤。
斜阳欲落未落处，尽是离人今古愁。

称佛名故，于念念中，除八十亿劫生死之罪

铁狗铜蛇正奋瞋，风刀火锯肉成尘，
一声佛号翻身去，回首何曾见旧人。

鸡声茅店月华明，客梦沉迷尚未醒，
开得眼来天大晓，蓬头垢面奔前程。

即此心识造地狱，即此心识见佛成佛

因地而倒因地起，离地求起无是理，
不离浊水与污泥，出头仍是莲花地。

总颂下品三生

多生结得善根由，幸免无边苦海愁，
早知大劫都卢坐，悔不娑婆勇猛修。

怀净土诗

[清] 莲隐

摄心快向乐邦来，莫待无常老病催，
若使此生重蹉过，难逃永劫堕轮回。
天边落日勤修观，世上空花不用栽，
念念直前无退怯，宝池坐看一莲开。

残月钟声欲晓天，如何高枕尚安眠，
请看竹马风鸢日，忽到头童齿豁年。
休逐世波沉黑业，快称佛号育青莲，
乐邦归去须归去，莫待他人把手牵。

翻然向往第三

古德云："众生处五浊恶世，如囚处狱，虽罪有轻重，然无有一人不苦者。”夫地狱、饿鬼之苦，犹云隔世而未知也。畜生之苦，犹云隔胎而未知也。生、老、病、死、爱别离、怨憎会苦，犹云人生变态，未必时时然也。只如安常处顺，在家庭之间，有何趣味？《法苑》举《婆沙》所言家居之可厌恶甚详，姑撮其一二，有云：“家是难满，如海吞流。家是无足，如火焚薪。家是苦性，如怨诈亲。家是斗乱，共相违诤。家是多瞋，呵责好丑。家是伎人，种种妄饰。家如眠梦，富贵则失。家如朝露，须臾变灭。家如棘丛，欲刺伤人。”此世间有身家者所共尝之滋味也，然乎不然乎？故《要集》举《涅槃》云：“在家迫迮，犹如牢狱，一切烦恼因之而生。”无已，则削发披缁，可以无累欤？古德云：“为僧心了总输僧。”若其心了，岂不超然大丈夫也哉。如其不了，与俗何异，而罪过尤细。《罪福决疑经》论钱谷因果之事，如施主拟作释迦，改作弥陀，拟作《大本》，改充《涅槃》之类，即计钱多寡论罪。庄椿云：“盗用常住一文钱，一日一夜长三分七厘利。第二日夜，利又长利，盖共三分七厘之利又起利也。来世作牛马偿之，牛日还八文，马日还七文。所以云：作一生之容易，为万劫之艰难。”由此推之，为僧者可不惕然畏乎！以此左推右测，唯有净土一门，任意早脱，终无再住阎浮之法。

《瑞应经》，佛言：“吾无数劫时，本为凡人。初求佛道以来，受形五道，生死无量，计吾故身，不能以数。”夫释迦佛学佛之后，尚不免五道，况学他道者乎？唯生净土者，决不退转。但受持《弥陀经》者，发愿欲生阿弥陀佛国者，释迦佛皆许以不退转。则此法门之利益，于佛道中又为最胜。故古德云：修净土者，宜发愿云：“吾自从无始以来，不曾知此法门，以故轮回六道，不得出离。今日知之，岂肯不即时下手乎！”

净土诗

［刘宋］谢灵运

法藏长王宫，怀道出国城，

愿言四十八，弘誓拯群生。

净土一何妙，来者皆菁英，
颓年欲安寄，乘化好晨征。

病中画西方变相颂

［唐］白香山

极乐世界清净土，无诸恶道及众苦，
愿如我身病苦者，同生无量寿佛所。

送臻师

［唐］李商隐

苦海迷途去未因，东方过此几微尘，
何当百亿莲花上，一一莲花见佛身。

画阿弥陀佛像赞

［宋］苏子瞻

钱塘元照律师，普劝道俗归诚西方极乐世界。眉山苏轼敬舍亡母蜀郡太君程氏簪珥遗物，命匠胡锡画阿弥陀佛像，追荐冥福。以偈颂曰：

佛以大圆觉，充满十方界，
我以颠倒想，出没生死中，
云何以一念，得往生净土？
我造无始业，一念便有余，
既从一念生，还从一念灭，
生灭灭尽处，则我与佛同。
如投水海中，如风中鼓橐，
虽有大圣智，亦不能分别。
愿我先父母，及一切众生，
在处为西方，所遇皆极乐，

人人无量寿，无去亦无来。

吊天竺宝月大师

生死犹如臂屈伸，情钟我辈一酸辛，
乐天不是蓬莱客，凭仗西方作主人。

劝修净土颂

［宋］长芦

三界炎炎如火聚，道人未是安身处，
莲池胜友待多时，收拾身心好归去。
目想心存望圣仪，直须念念勿生疑，
他年净土花开处，记取娑婆念佛时。

劝念佛

［元］优昙

人间四相难逃死，天上何曾免五衰，
宁可九莲居下品，不来尘世受胞胎。

长生不用神仙诀，救急还须海上方，
靠着主人无量寿，算来都胜别思量。

几多失脚走阎浮，世事如麻日转稠，
故国田园埋草里，野牛放荡几时休。

怀净土

［明］楚石

一自飘蓬赡部南，倚楼长叹月纤纤，
遥知法会诸天绕，正想花台百宝严。

此界犹如鱼少水，微生只似燕巢檐，
同居善友应怀我，已筑浮屠欠合尖。

净土诗

［明］雪峤

林下长开佛面花，子规叫血数珠斜，
耳边多少闲题目，赚杀春风不到家。

溪上行歌杖紫藤，落花没膝叫黄莺，
春池无月空捞漉，早叩莲邦题姓名。

净土诗

［明］耑愚

南北东西求所知，怖头认影总成迷，
直饶悟得声前事，也要弥陀作导师。

寂光未异庄严土，向上不为断灭禅，
细细虫音宣法界，佛声岂背未生前。

十方诸佛赞西方，不是无端出广长，
只恐痴禅耽寂灭，错将断灭作真常。

怀净土诗

［明］沈朗倩

生无生法不须疑，苦向严陵掌上推，
收拾金钱提榶子，六爻皆吉是阿弥。

怀净土诗

［清］莲隐

渐看鬓发着霜痕，自省己非自讨论，
一世竟成何事业，百年还有几朝昏。
便须立志求安宅，休更甘心赴死门，
乐国不遥归有路，莲台好去觐慈尊。

一意西驰第四

世间念佛者多，见佛者少，知有净土者多，生净土者少，何也？意不一故也。盖意为第六识，本宜为五识之主，而耳目口鼻争以嗜好诱之，意反为五识之奴。奴之既熟，虽五识无感之时不来役意，而纷纷扰扰，无有宁晷。所以全不知念佛者，自然随六根而受地狱之报。其知有佛法，福罪兼行者，纵得人身，亦仍来此樊然不净之世界而已。唯一意西驰者，纯是一心为主，故能感果于西方。君王即是如来作，以心为君者，以佛为君。此孟子所谓“先立其大，小不能夺”。《观经》所谓“是心作佛，是心是佛”。虽正解不尽如是，亦可旁通于此矣。云栖云：“一心不乱者，心王、心所无所不一。”夫心王、心所虽有八与五十一之纷杂，然溯流穷源，不出一心。今念佛人，初以耳识闻彼佛名，次以意识专注忆念。以专念故，总摄六根，眼鼻舌身之识皆悉不行。念之不已，念极而忘，所谓恒审思量者，其思寂焉。忘之不已，忘极而化，所谓真妄和合者，其妄消焉。则七识、八识亦悉不行。主既不行，从者焉附？其五十一又何论也。当尔之时，巨浪微波咸成止水，浓云薄雾尽作澄空，岂非现在之西方乎？

无量寿佛赞

［宋］大智

八万四千之妙相，得非本性之弥陀。十万亿刹之遐方，的是唯心之净土。净秽虽隔，岂越自心。生佛乃殊，宁乖己性。心体虚旷，不碍往来。性本包容，何妨取舍。是以举念即登于宝界，还归地产之家乡。弹指仰对于慈容，实会天真之父子。几生负德，枉受沉沦。今日投诚，必蒙拯济。三心圆发，一志西驰。尽来际以依承，历尘劫而称赞。

怀安养故乡诗

［宋］樝庵

几年衣袂惹京尘，志气凌云莫自伸，
南雁数声乡梦断，秋风终夕泪痕频。
此回若不怀归计，向后从谁结善邻？
请看路旁埋朽骨，其中多是未归人。

昔年容易别琼楼，本也无心作远游，
岂意而今发垂雪，片怀常挂月西钩。
枕中忽听思归鸟，槛外频惊落叶秋，
一柱檀烟一声磬，等闲遥望泪横流！

忆佛轩诗

［宋］雪溪

自古有言，人生百岁，七十者稀。予六十祝发，叨预僧列。今幸七十，处世非久，朝夕人耳。平居非不诵经课佛，犹恨未为专注。遂取《首楞严·势至章》“若人忆佛念佛，现前、当来必定见佛”之语，命小轩曰“忆佛”，庶几以为临终见佛先容耳。且作山偈，以系于左。

随波逐浪去翩翩，弹指声中七十年，

岂不向来知忆佛，欲从老去更加鞭。
扫除意地空空已，焕发心花灿灿然，
决定此身如许见，风埃蝉蜕笑谈边。

有盟晚景欲重寻，唯是拳拳忆佛心，
数缕香消春坞冷，一龛灯伴夜窗深。
破畦蔬雨滋香积，落涧松风发妙音，
自恨不归甘自弃，既归安用越人吟？

三椽老去许安贫，佳处无如忆佛真，
万事了知犹堕甑，百年唯此可书绅。
岩间静寄蒲团夜，松下聊供茗碗春，
闭户不忘常忆佛，愿常终似影随身。

平日丛林见祖师，还如忆佛在今时，
但安谷底三椽地，不挂胸中一缕丝。
幽径落花浮涧水，小窗斜日下松枝，
寂然真境知谁见，唯佛尝多入梦思。

早寻史汉学为文，自许平生在博闻，
弃置寸阴随逝水，思量于我竟浮云。
闲中自识藏身稳，胜处谁知忆佛勤，
沈谢曹刘今底处？草莱三尺但荒坟。

我欲今身见佛来，佛今于我岂悠哉，
但能一念心无倦，不假三祇眼便开。
紫燕黄鹂啼妙旨，清溪白石示珍台，
要知成现还家路，谁道无人为挽回。

名利毛绳截骨仇，漆园犹自比蜗牛，
浮生最是无双处，忆佛须知第一筹。

母子但能同室住，风尘安用远方游，
前程罢问从今始，纸帐蒲团稳坐休。

多年逃逝鬓如丝，忆佛难忘十二时，
咄咄自嗟为荡子，几番花落路傍枝。

自怜忆佛暮年深，除佛无能写我心，
谁道万金为客好，终非一饭在家村。

怀西方诗

［宋］北山

已知今是昔何非，深掩柴门到落晖，
竹尾轻摇新月上，帘腰半卷宿云归。
山林气味盈怀抱，松柏香烟满布衣，
一片蒲团常宴坐，寸心西趁落霞飞。

怀净土

［元］中峰

朝参暮礼效精勤，金沼莲胎入梦频，
粉骨碎身千万劫，未应容易报慈亲。

六时叩问黄金父，赤子飘零几日归？
话到轮回无尽处，相看不觉泪沾衣。

兄呼弟应念弥陀，要与浑家出爱河，
办得此心常与么，直教佛不奈伊何。

昔有士夫吴子才，叩棺日日唤归来，
虽然迹未离三界，已送神栖白藕胎。

船上西来忆故乡，四花池上晚风凉，

飘零不奈归心切，一片轻帆挂夕阳。

念佛须期念到头，到头和念一齐收，
娑婆苦海风涛静，稳泛乐邦红藕舟。

要结莲花会上缘，是非人我尽倾捐，
无时不作难遭想，欢喜同登解脱船。

为存爱见起贪瞋，埋没黄金丈六身，
今日幸然归净社，不应仍旧惹风尘。

要将秽土三千界，尽种西方九品莲，
仔细思量无别术，只消一个念头坚。

怀安养

［元］日观

梦中哭向佛，愿早死便得，
小小莲花开，永超生死窟。

梦中哭向老金仙，愿赐冥熏助着鞭，
金沼莲花无数有，定生一朵免垂涎。

闻道西方事宛然，此行须借好因缘，
磨教一念明如镜，不怕弥陀不现前。

长把身心看夕阳，夕阳收处藕花香，
水禽风树知予意，惆怅人间梦未忘。

三十六策走为上，一二万卷死为期，
浮世光阴能几在，晚香烧罢忆金池。

直上高楼望故乡，金乌落处暮云苍，

悬知父母哀怜久，肠断飘萍在远方。

生死循环哪可逃，此心未了漫徒劳，
如今不做轮回梦，只走人间这一遭。

生人要结死人缘，活者须参亡者禅，
莫把泥团穿一串，黑糊涂地入黄泉。

净土诗

落日西方散紫霞，心池澄净现莲花，
抬头便是家乡路，不信生疑隔海涯。

怀净土

［明］楚石

日夜思归未得归，天涯客子梦魂飞，
觉来何处雁声过，望断故乡书信稀。
几度开窗看落月，一生倚槛送斜晖，
黄金沼内如船蕊，想见花开数十围。

曾闻白鹤是仙禽，日日飞来送好音，
便欲寄书诸善友，定应知我一生心。
长思乐土终归去，肯执莲台远访临，
百岁真成弹指顷，娑婆只恐世缘深。

琉璃地列紫金幢，翡翠楼开白玉窗，
文字可夸才不称，肉身未到意先降。
能言孔雀知多少，善语频伽定几双，
清梦正贪归路直，夜阑无奈鼓逢逢。

人生百岁七旬稀，往事回观尽觉非，

每哭同流何处去，闲抛净土不思归。
香云玛瑙阶前结，灵鸟珊瑚树里飞，
从证法身无病恼，况餐禅悦永忘饥。

莫将胎狱比花池，早向池中占一枝，
却坐大花成佛子，何烦慈母浴婴儿。
口餐法喜真肴膳，心得明门妙总持，
般若台前定回日，令人长忆雁门师。

净土诗

［明］笑岩

莲土医王妙药多，而今尽付在娑婆，
昨宵亲入病夫口，受用如何说似他。

欲作西方极乐人，如遭大病才将好，
缘思伎俩不能生，称体莲花香杲杲。

竭诚一念力全提，似梦全身堕水泥，
拽开念头忙眨眼，桃花笑入武陵溪。

红轮没处是吾家，只恐当机一念差，
导者未来忘去着，乾坤是个黑莲花。

怀净土

［明］古溪

自南自北走风尘，回首西方入梦频，
念佛每依芳草渡，归心常到蕅花滨。
可怜杜宇千声切，怎似弥陀一句亲，
不学沩山行异类，宁栖净土且为民。

净土诗

追思父母未生前，痛彻心头得几年，
面目昨来遭毒手，一腔热血葬青莲。

净土诗

［明］岿愚

贫室多为儿女苦，家饶又虑子孙稀，
道人饭罢无余事，西望白云片片飞。

净土诗

［明］晦夫

楼阁重重鹦鹉洲，几人到此自悠悠，
清江一曲离情调，汝若无心我也休。

净土诗

［明］丁莲侣

千劫升沉事可嗟，须弥散骨乱如麻，
于今自觉知惭愧，泪眼晨昏只忆家。

净土诗

［明］沈朗倩

莲花不裹六尘胎，日月笼中自剪裁，
拌此一堆穷骨子，这场春梦要亲推。

放步须寻百尺竿，男儿特地斩楼兰，
等闲踏遍唯心土，未许花前立马看。

执持名号第五

执持名号，本一心不乱中出，非是易事。子思之择善固执，颜子之拳拳服膺，虞舜之允执厥中，皆言执也。夫三月不违，而后可以言服膺。惟精惟一，而后可以言允执。所以执持名号，不同于少福德因缘。盖生西是心上事，福德因缘犹有在事上做者，故相去悬绝。所以《观经》云：“至心念阿弥陀佛一声，灭八十亿劫生死重罪。”古德谓：“一心既朗，积妄顿空。喻如千年暗室，一灯顿照。”此理执持之效也。然人不可自谓理性未明，事持无益。虽是事持，而持者亦心也。《大势至圆通章》云：“不假方便，自得心开。”纯一念去，自有悟日。孔子言：“困而学之，及其知之则一。”夫孔子说生说学，皆落一“知”字。至困学之人，不下“知”字，则胸中之不明了可知。谓之曰“困”，则学时散乱昏沉无可奈何之状可以想见。然及其知之，则同一大圆镜智矣。昔佛世一老人求出家，舍利弗等诸大弟子俱不肯度，谓彼多劫无善根。佛言：“此人无量劫前为采薪人，猛虎逼极，大怖上树，称：‘南无佛！’以是善根，遇我得度，获罗汉果。”夫散心念佛一句，尚永劫不磨，况专志持名，岂有不往生者哉！

念佛偈

［唐］白香山

余年七十一，不复事吟哦，
看经费眼力，作福畏奔波，
何以度心眼？一声阿弥陀。
行也阿弥陀，坐也阿弥陀，

纵饶忙似箭，不废阿弥陀。
日暮而途远，吾生已蹉跎，
旦夕清净心，但念阿弥陀。
达人应笑我，多却阿弥陀，
达又作么生，不达又如何？
普劝法界众，同念阿弥陀。

怀净土

［宋］北山

西望乐邦云杳隔，一钩新月湾湾白，
意欲往生何计策，弥陀一念声千百。

文墨尖新无处用，已将名利浑如梦，
一串数珠随手弄，唯闻念佛心欢勇。

览遍经文与律仪，频频唯劝念阿弥，
一声消尽千生业，何况唠唠久诵持。

纷纷世态尽空花，讲外无余挂齿牙，
一串数珠新换线，阿弥陀佛做怨家。

菊脑姜芽一饭余，其他安敢费工夫，
从今十指无闲暇，且尽平生弄数珠。

唯将梵诵足平生，夜夜唠唠一二更，
只影自怜尘世外，风前月下恣经行。

善导可嗟今已往，化来老少皆归向，
佛念一声分一镪，一声一佛虚空上。

净土诗

[明]一元

西方极乐众称尊，普劝诸人入此门，
有口不须闲讲论，单提佛号度朝昏。

西方弘誓广流通，一句弥陀好用功，
历历分明无间断，声声唤醒主人翁。

念佛偈

[宋]古音

行住坐卧之中，一句弥陀莫断，
须信因深果深，直教不念自念。
若能念念不空，管取念成一片，
当念认得念人，弥陀与我同现。

净土诗

[元]中峰

一串数珠乌律律，百千诸佛影团团，
循环净念常相继，放去拈来总一般。

现成公案绝商量，晓磬频敲蜡炬长，
昼夜六时声不断，满门风递白莲香。

心中有佛将心念，念到心空佛亦忘，
撒手归来重检点，花开赤白间青黄。

念佛诗

[元]优昙

弥陀教我念弥陀，我又如何离得他，

我不识他他是我，相逢觌面笑呵呵。

一句弥陀容易持，朝昏记念勿相离，
念来念去心花绽，便是弥陀出世时。

自性弥陀见也么，问他面目是如何，
只知开口茫茫念，言下谁知蹉过多。

自家一个弥陀佛，不假修持已现成，
莫谓目前全不见，一声唤着一声应。

我念弥陀不暂离，一阿弥了又阿弥，
阿弥自唤阿弥问，汝是阿弥我是谁？

我念阿弥不在声，高山流水是知音，
更深人静月明夜，广舌宣流白藕馨。

声声念佛意何长，恰似娇儿唤阿娘，
直得一声相应处，天真母子喜非常。

好将金字寄金莲，一句弥陀猛着鞭，
从头飏下闲家具，车轴花中占一单。

怀净土

［明］楚石

咫尺金容白玉毫，单称名号岂徒劳，
晨持万遍乌轮上，夜课千声兔魄高。
岁阅炎凉终不倦，天真母子会相遭，
如何说得娑婆苦，苦事纷纷等猬毛。

闲中独坐面西方，手把轮珠念不忘，
佛号能令心地净，舌根便作藕花香。

晖晖日到衔山处，闪闪金浮满室光，
此境此时无别想，许君亲见鼓音王。

除夕上堂，有出“多娑婆”三韵

［明］莲池

六字真经摄义多，总持一似唱也娑，
自从蓦直西方去，闲杀台山指路婆。

示大琸

有生必有死，长短安足论，
今得圆僧相，平生愿已满。
当生大欢喜，切勿怀忧恼，
万缘俱放下，但一心念佛。
注想极乐国，上品莲花生，
见佛悟无生，还来度一切。

答慈圣皇太后问法

尊荣豪贵者，由宿植善因，
因胜果必隆，今成大福聚。
深达罪福相，果中更植因，
喻如锦上花，重重美无尽。
如是修福已，复应慎观察，
修福不修慧，终非解脱因，
福慧二俱修，世出世第一。
众生真慧性，皆以杂念昏，
修慧之要门，但一心念佛。
念极心清净，心净土亦净，

莲台最上品，于中而受生。
见佛悟无生，究竟成佛道，
三界无伦匹，是名大尊贵。

净土诗

［明］雪峤

一二三四五六七，一心不乱往生西，
佛言说得虽容易，动步通身入淤泥。

净土诗

失名

系心一句阿弥陀，日用闲忙任寡多，
如是尽终不妙悟，也教带业出娑婆。

念佛偈

［明］顶目

念无念念古弥陀，念到无心寿转多，
不动尊王全体现，脚跟随处涌金波。

念无念念永无遮，念到无心始出家，
任运腾腾随脚转，去来步步踏莲花。

怀净土

［明］沈朗倩

四十九年唇口债，千七百则葛藤窠，
老僧怕事都推却，闲把光阴送曩谟。

猛把屠刀砍爱窠，手中杀活肯饶他？

洪名六字刀刀血，不似风飘驴耳过。

乱搭伽黎挈领头，持名不是任情搊，
一声直去无消息，最似苍鹰始脱鞲。

念佛偈

十千声佛日为规，听得鸡鸣便起持，
枕上有桥通极乐，此身已坐碧莲池。

颂执持名号一心不乱

［明］妙意

昏沉散乱如云雾，万劫从教今日破，
大地乾坤通一句，声声截断千差路。

自从夜半安心后，直至从头更不疑，
两眼烁开天地阔，太平无象到今时。

怀净土诗

［清］莲隐

一句弥陀火里莲，五宗诸教莫能诠，
声声不断魔难近，念念无差佛现前。
多劫沉迷根尽拔，一生精进果堪圆，
含灵抱识皆同体，但办肯心谁不然？

凡夫羸劣观难成，但事持名即往生，
到底若能心不异，临终自有佛来迎。
世缘易染刀头蜜，道念难坚水上萍，
乐国风光殊不恶，归欤早赋彻宵征。

圣境现前第六

诸佛如来入一切众生心想中，如白日升天，影现百川。然假使川中水浊，日虽在天，亦无由见。故必以观门念佛，方能澄清浊水，心眼开发，广见依报。《无常经》有云："人将命终，身心痛苦。应令病人观佛相好，心心相续，使发菩提之心。复为广说三界难居，三途苦难，唯佛菩提，是真归依。"呜呼！此如来悲悯众生，拔济于临命终时之苦心也。佛言："垂终之心，其力甚大。故临终之念，能消重业。"然予见平生念佛人，至临命终时，容有痛苦逼身，舌根短硬，不能念佛者有之。何况平时观想不熟，至八苦交煎、四山相逼之时，欲其随知识之口，念佛声声不绝，作观心不散乱，此必夙世因中善根深远乃能得之，岂可望于悠悠之众生哉？必如《观经》云："惟除睡时，恒忆此事。"又云："出定入定，恒闻妙法。"方是稳着。

净土诗

［晋］阿氏多

自然音乐乐无涯，七宝楼台丽日霞，
上妙众香常不散，缤纷云里雨天花。

净土咏

［唐］李青莲

向西日入处，遥瞻大悲颜，
目净四海水，身光紫金山。
勤念必往生，是故称极乐，

珠网珍宝树，天花散香阁。
图画了在眼，愿托彼道场，
以此功德海，冥祐为津梁。
八十亿劫罪，如风扫轻霜，
庶观无量寿，长愿玉毫光。

临终生西偈

［宋］延寿

弥陀口口称，白毫念念想，
持此不退心，决定生安养。

西归轩

［宋］萝月

君言乐国是吾家，自笑飘零客路赊，
一点归心悬落日，百年幻事寄空花。
脐轮不鼓经帘卷，鼻观常清篆缕斜，
正念相成无外物，小窗行树绿交加。

怀西方

［宋］北山

西指西瞿更向西，向西西去有招提，
花开菡萏光无夜，地布琉璃莹绝泥。
风动法音强八咏，池流德水胜双溪，
临终但得超生去，九品从教低处低。

从是西方十万亿，山长水远谁人识，
唯有观门归路直，坐澄劫水琉璃碧。

兀坐初修水观成，微风不动翠波平，
幽深境界谁人见，一片琉璃照眼明。

为厌娑婆求净土，驰情送想存朝暮，
谁信不劳移一步，楼台隐隐云深处。

谁知端坐却能游，顷刻心飞到玉楼，
竹影月移来户牖，更疑行树在檐头。

九品莲花次第排，也应荷叶翠相挨，
未知何日生莲界，无奈朝昏甚挂怀。

怀净土

[元] 中峰

势至曾参日月光，教令存想念西方，
自从亲证三摩地，不离慈尊左右旁。

观经一卷是家书，日落之方有故居，
多办资粮期早到，免教慈父日嗟吁。

净土诗

[明] 楚石

儒者之诗云："伐柯伐柯，其则不远。"说者曰："执柯以伐柯，睨而视之，犹以为远。"信斯言也！吾宗念佛，唯我自心。心欲见佛，佛从心现。阿弥陀佛三十二相、八十种好，性本具足，不假外求。神通光明，极未来际，名无量寿。至于花池宝座，琼楼玉宇，一一净境，皆自我心发之。妙喜有云："若见自性之弥陀，即了唯心之净土。"如楞严会上，佛敕阿难："一切浮尘诸幻化相，当处出生，随处灭尽。因缘和合，虚妄有生。因缘别离，虚妄名灭。殊不知生灭去来，本如来藏常住妙明。性真常中，求于去来、迷悟、生死，了无所得。"既无所得，但是一心。若净土缘生，秽土缘灭，则娑婆印坏，坏亦幻也。若秽土行绝，净土行兴，则极乐文成，成亦幻也。然此生灭净秽，不离自心。心不见心，无相可得。虽终日取舍，未尝取舍。终日想念，未尝想念。在彼不妨幻证，在此不妨幻修。一发心时，已成正觉。何碍幻除结习，幻坐道场，幻化有情，幻臻极果。岂不了世出世间之幻法，调御丈夫之事乎！

昔天衣怀禅师亲见明觉，尽佛祖不传之妙，尝修净土，垂问学者曰："若言舍秽取净，厌此欣彼，则是舍取之情，众生妄想。若言无净土，又违佛语。修净土者，当云何修？"乃自答云："生则决定生，去则实不去。"无过此语也。有心者，悉当念佛，前所谓"唯心净土，自性弥陀"，不出户庭，夫何远之有！

要观无量寿慈容，只在如今心想中，
坐断死生来去路，包含地水火风空。
顶分肉髻光千道，座压莲花锦一丛，
处处登临宝楼阁，真珠璀璨玉玲珑。

放下身心佛现前，寻常盈耳法音宣，
风柯但奏无生曲，日观长开不夜天。
行趁玉阶云冉冉，坐依珠树月娟娟，
凡夫到此皆成圣，不历僧祇道果圆。

未归极乐尚阎浮，漂泊风尘更几秋，
残梦频惊蕉叶雨，故乡只在藕花洲。
屈伸臂顷无多地，高占人群最上头，
二大士心怜老病，何妨携手入琼楼。

法王治化宝莲宫，菩萨声闻满国中，
普覆犹如天在上，大明胜似日生东。
青螺髻接浮云岭，白玉毫辉跨海虹，

世出世间无比者，当知体性本来空。

天人莫不证神通，一一黄金色相同，
散众妙花为佛事，尽尘沙界起香风。
身光触体成柔软，乐具流音说苦空，
却倚雕栏看宝树，无边佛国在其中。

几回梦到法王家，来去分明路不差，
出水珠幢如日月，排空宝盖似云霞。
鸳鸯对浴金池水，鹦鹉双衔玉树花，
睡美不知谁唤醒，一炉香散夕阳斜。

莲台得坐最高层，我许凡夫愿力能，
顷刻人心翻作佛，斯须水观化为冰。
玉抽玛瑙阶前树，金匝琉璃地上绳，
无限天花满衣裓，十方佛国任飞腾。

衣不伤蚕食不耕，水边林下好经行，
身心快乐无诸苦，依正庄严在一生。
念念佛光从口发，时时天乐遍空鸣，
却嫌鞋袜沾泥滓，千叶莲花向足擎。

多言极乐向西寻，究竟不离清净心，
空影入池皆碧玉，日光穿树尽黄金。
事如梦幻虽非实，理到圆常却甚深，
八万四千真相好，请君危坐扣灵襟。

家在西头白玉京，老来难遣故乡情，
每瞻云际初三月，先注花间第一名。
密密疏疏琪树影，来来往往水禽声，
红楼紫殿春长好，纵有丹青画不成。

吾身念佛又修禅，自喜方袍顶相圆，
曾向多生修福果，始依九品结香缘。
名书某甲深花里，梦在长庚落月边，
浊恶凡夫清净佛，双珠黑白共丝穿。

无边大士与声闻，海众何妨逐品分，
一会圣贤长在定，十方来去总乘云。
谈玄树上摩尼水，念佛林间共命群，
坐卧经行无挂碍，天花随处落缤纷。

西望红霞白日轮，仰观宝座紫金身，
一方土净方方净，当念心真念念真。
生极乐城终不退，尽虚空界了无尘，
向来苦海浮还没，何幸今为彼岸人！

净土诗

［明］古溪

彼无恶道绝闻名，群籁都为念佛声，
细溜通渠调锦瑟，微风吹树奏瑶笙。
鹤从翡翠帘前下，人在琉璃地上行，
行者悠然心不乱，琅琅天乐自来迎。

修途十万一毫端，何谓西方路渺漫，
佛境不从心外见，真容多在定中观。
宝花丛里巢鹦鹉，玉树枝头宿凤鸾，
清泰故家迎海众，风云际会一声欢。

净土诗

［明］博山

净心即是西方土，锦绣乾坤净业成，
一句弥陀才吐出，昂藏皮袋廓然清。

净心即是西方土，一句弥陀一佛成，
大地都来银世界，更于何处睹明星。

净心即是西方土，口说无凭步最亲，
烂坏木鱼轻击着，几多花雨乱缤纷。

净土诗

［明］沈朗倩

珍罗垂网引香台，口滑迦陵几唤回，
林下笑逢金色侣，共携花裓候如来。

咏日观

［明］妙意

一轮明镜劫尘封，咫尺弥陀路不通，
万法唯心初约日，从知大觉即心翁。

咏水观

冰结琉璃

俄然成水忽成冰，冰结琉璃宝地成，
妙性圆明无住相，随渠建立自心生。

宝幢光明

七宝金幢百宝成，宝珠八面宝光擎，
一光八万四千色，亿日辉煌映眼明。

华幢演法

华幢台边乐器盈，清风八种自然生，
乐音风鼓传空谛，趺坐琉璃倾耳听。

咏八功德池水观

八功德池，纯一珠王所成。成池水者，宝也。而成宝者，珠也。莲花生于池中，而水之流于花间，演说妙法者，亦珠之所为也。金色光化为宝鸟，赞叹三宝，而涌出金光者，亦珠之所为也。

池开宝莲

珠成七宝宝成池，池作金渠十四支，
莲花讵止车轮大，观佛成时某在斯。

水流说法

珠水涓涓绕胜莲，回环上下法轮圆，
苦空无我声声出，又写如来相好篇。

鸟声说法

珠光化鸟鸟和鸣，鸟语嘤嘤佛法僧，
功德水中无尽藏，相看总是性珠明。

咏楼阁总观

琉璃宝地黄金界，楼阁空中天乐清，
音中共奏无生曲，观听明时定往生。

水观别咏

碧波深处钓鱼翁，抛饵牵丝力已穷，
一棹清风明月下，不知身在水晶宫。

鸟鸣说法别咏

拂拂山香满路飞，百花俯仰斗芳奇，
春风无限深深意，未审黄莺说向谁。

树说法别咏

贝叶收不尽，一句无私万法印，
千圣满口不能宣，岭梅漏泄春光信。

总 咏

也大奇，也大奇，无情说法不思议，
若将耳听终难会，眼处闻声方得知。

颂起自心生于西方极乐世界，于莲花中结跏趺坐

茫茫不识火中莲，满面尘埃又几年，
簸土扬沙无避处，翻身直到御楼前。

尧舜垂衣万国宾，拨云见日意休陈，
东方来者东方坐，遍界通沾雨露新。

怀净土诗

[清] 莲隐

净邦远近没途程，只贵专心持佛名，
一念断时忘计较，六门随处放光明。
宝池菡萏花争吐，珍树频伽鸟共鸣，
来往娑婆知几遍，者回始不负生平。

发明心地第七

《观无量寿经》云："上品中生者，不必受持读诵方等经典，善解义趣，于第一义，心不惊动，深信因果，不谤大乘。"《妙宗》云："是义持人，不乐读诵，但于经中取一句偈，深穷旨趣，于绝言思深广之理，心不惊动。又复其心安住中道，不为二边之所惊动，了达因果皆是实相，名为深信。虽不遍习，或闻大教赴机异说，知显一理，不生疑谤。"此即宗门所谓参无意味语，发明心地者也。因其行大乘，解第一义，以故千佛授手，纯说甚深第一义谛。然七日得不退转，修小劫得无生忍。若夫上品上生者，一往即悟无生法忍，须臾即遍十方，历事诸佛。而究其往生之因，则具戒行、读诵大乘、修行六念之人。可见如来重戒、重学与重悟之意，似不欲偏废者也。至龙树菩萨，如来谓其"于世间中，显我无上大乘法"，非悟明心地乎？曰"得初欢喜地"，非入地菩萨乎？而继之曰"往生安乐国"，此又与上品三生皆以大心回向往生之左券，若合符节者也。故云栖云："普贤为华严长子，虽尘尘华藏，在在莲邦，而《行愿品》必拳拳乎以往生安乐为言。已悟尚然，未悟可知。"至言悟自己佛，不必求生，此为十地菩萨以上说。若云悟第一义，结使未断者，皆不求生，则自误误人，古德言之详矣。

念佛颂

[宋] 慈受

树林水鸟各宣扬，宝网金台尽道场，
会得钟鸣并鼓响，弥陀触处放毫光。

西方咏

[明] 一元

西方不用学多端，一句弥陀在反观，
见得本来真面目，始知生死即泥洹。

西方佛号我同名，直下承当了不惊，
若得一声亲唤醒，何劳十万亿途程。

西方公案早行持，寂寂惺惺着意疑，
疑到情忘心绝处，元来自己是阿弥。

西方一句是单传，不假修持已现前，
诸上善人如见性，阿弥陀佛便同肩。

西方众苦不能侵，先要当人了自心，
会得目前真极乐，拈来赤土是黄金。

念佛心要颂

[宋] 草庵

释迦如来说："阿弥陀佛是法界身。"天台智者又言："实相为体。"凭兹二说以为心要，则十万亿刹，若临明镜矣。

无边刹海海涵空，海空全是莲花宫，
莲宫周遍遍空海，空海独露弥陀容。
阿弥陀佛不生灭，难觅难拈水中月，

绝非离句如是身，如是感通如是说。
我与弥陀本不异，背觉潜生忽成异，
从今扫尽空有尘，父子天然两相值。
誓修三福勤六念，身口意业无瑕玷，
我今以此念弥陀，不见弥陀终不厌。

怀净土

［元］中峰

捏目横生空里花，妄将三界认为家，
大千常寂光明土，不隔纤尘总是遮。

爱绳牵入苦娑婆，哭到黄泉泪转多，
谁谓别离穷劫恨，通身浑是古弥陀。

迷时无悟悟无迷，究竟迷时即悟时，
迷悟两头俱拽脱，镬汤原是藕花池。

四十八愿水投水，千百万亿空合空，
法藏慈尊无面目，不须重觅紫金容。

正念阿弥陀佛时，宝池树影日迟迟，
更驰心欲归清泰，又是重栽眼上眉。

万劫死生如重病，一声佛号是良医，
到头药病俱忘却，不用重宣母忆儿。

成住坏空真净土，见闻知觉古弥陀，
但于当处忘生灭，父子相牵出爱河。

禅外不曾谈净土，须知净土外无禅，
两重公案都拈却，熊耳峰开五叶莲。

大梦宅中无一法，于无法处有千差，
回观自性离分别，念念纯开白蕅花。

暗室中藏大黑蚖，未曾驱尽莫贪眠，
髑髅压碎须弥枕，匝地香风绽白莲。

故乡易到路无差，白日青天被物遮，
剔起两茎眉自看，火坑都是白莲花。

十万余程不隔尘，休将迷悟自疏亲，
刹那念尽恒沙佛，共是莲花国里人。

念佛只须图作佛，不图作佛念何为，
但当抱识含灵者，白蕅均同有一枝。

示入泥洹记仲春，风前歌舞恨波旬，
谁知自性黄金佛，常共千花转法轮。

寒食荒郊尽哭天，有谁遥念老金仙，
劫初埋向莲花土，不要人来化纸钱。

初夏清和四月时，九龙喷水沐婴儿，
乐邦化主无生灭，只把黄金铸面皮。

清泰故乡无六月，从教火伞自张空，
金沙地上经行处，阵阵吹来白蕅风。

谁知九月东篱菊，便是西方四色花，
一个髑髅干得尽，百千闻见自无差。

念根是一串轮珠，痛策归鞭莫远图，
念到念空和念脱，不知身在白芙蕖。

藕丝缚住金乌足，业火烧开车轴花，
更有一般难信法，脚尖踢出佛如麻。

才要归家即到家，何须特地起咨嗟，
门前大路如弦直，拟涉思惟路便差。

一钩萝月照松龛，门外无人宿草庵，
万亿紫金身化主，不离当念是同参。

自性弥陀绝证修，只消扣己便相投，
瞥于当念存能所，又被空花翳两眸。

长鲸一吸四溟干，自性弥陀眼界宽，
眉里玉毫遮不得，珊瑚枝上月团团。

莲花国土无金锁，闻见堆中有铁围，
透得目前声与色，百千贤圣合同归。

活计唯撑一只船，流中坎止只随缘，
古帆几度张明月，满目纯开佛海莲。

船居念佛佛随船，常寂光摇水底天，
两岸中流如不触，枝枝红藕发心田。

破晓移船直过东，满帆披拂藕花风，
一尊自性弥陀佛，出现扶桑照眼红。

念心如影每随形，静闹闲忙不暂停，
打破形躯和影灭，西天此土绝途程。

弥陀西住祖西来，念佛参禅共体裁，
积劫疑团如打破，心花同是一般开。

讲座平分性相宗，相成相破不相同，
竭来讲到花池上，菡萏何曾两样红。

船往东西南北了，依然不离古滩头，
等闲拨转虚空舵，香气满船花满洲。

念佛诗

[元] 优昙

一句弥陀无妄想，声声流出自心来，
便从这里觑破去，铁树无根花自开。

一句弥陀息万机，碧潭风静湛如如，
夜深月向波心现，涌出银盘一颗珠。

一句弥陀吼怒雷，十方刹海眼睛开，
法王法令亲提起，凡也归依圣也来。

一句弥陀上上机，气虚神朗洞玄微，
全身拶入常光界，实实无言说向谁。

一句弥陀正信深，昙花早现一枝春，
分明好个到家句，自性西方旧主人。

一句弥陀心自明，信知一步不虚行，
脚头脚底弥陀现，万朵莲花足下生。

一句弥陀便是经，受持须要自惺惺，
百千万亿龙宫藏，只在当人一念成。

一念心开荐得渠，看时似有觅还无，
虽然伎俩不多子，展放威光塞太虚。

自家一个弥陀佛，举念之时不见他，
认得依然成两个，与君说破笑呵呵。

真常寂处绝思量，般若开花正觉场，
个里恒沙诸佛住，一枝优钵火中香。

寂照光中显大机，弥陀觌面露金躯，
通身是手通身眼，夜半三更木鸟啼。

寂照双亡也大奇，照天照地不思议，
石人抚掌呵呵笑，个段风光说向谁。

禅非智照难穷寂，智若无禅照不深，
禅智圆通无挂碍，碧天朗月彻清风。

我念弥陀几许年，常思撇了别参禅，
自从觌面相逢后，始信长空便是天。

我念弥陀会得禅，声声流出未生前，
木人抚掌呵呵笑，独角泥牛海底眠。

我念弥陀震法雷，劳生梦眼一时开，
千年老蕅新花绽，无限香风动九垓。

我念弥陀彻十方，十方唯我法中王，
目前秽净俱无碍，垃圾堆头也放光。

我念弥陀着相多，众生都唤作弥陀，
虽然他未承当得，且得弥陀授记他。

我念弥陀信有缘，寻幽直到虎溪边，
孤峰顶上开双目，彻见心花满大千。

我念弥陀得趣多，眼前都不问如何，
闲拖拄杖登山望，万叠峰峦积翠螺。

一念心平法界平，大千沙界绝丘坑，
脚头脚底皆方便，大道堂堂任意行。

一卷真经不外求，无边妙义眼睛头，
未曾举起先知得，一刹那间一藏周。

一卷真经妙义深，几多人念少知音，
声声突出金刚眼，觑破从前古佛心。

一卷真经念出新，不知念者是何人，
若非格外明宗旨，争识衣中无价珍。

佛是有声禅，禅是无声佛，
有声与无声，毕竟是何物。
金刚正眼顶门开，白莲香散尘沙国。

念佛参禅共体裁，弥陀西住祖西来，
但能打得疑团破，红藕花无两样开。

诸佛众生同这个，四生六道阿谁无，
顶天立地知多少，试问谁人识得渠。

信心念佛到西方，性地莲开世界香，
塞破虚空全是我，不须洗面着衣裳。

怀净土诗

[明] 楚石

有个弥陀在自心，才生一念隔千岑，
于中岂得回光照，直下翻为向外寻。

绿水青山皆妙体，黄莺紫燕总玄音，
凡夫只为贪瞋重，不觉身栖宝树林。

无常无我法全该，水鸟风林岂异哉，
不动一尘常在定，遍游诸刹又归来。
凡夫本自同弥勒，知识何尝离善财，
堪忍便为清净界，觉花还向妄心开。

山云霭霭水泠泠，共说西方一卷经，
石虎却来岩下啸，泥人先往树间听。
风飘阳焰随波散，雨浥空花逐蒂零，
极乐此时堪驻足，弥陀何处不流形。

粗境现前犹未识，法身向上几曾知，
可怜转脑回头处，错认拈香择火时。
口耳相传六个字，圣凡不隔一条丝，
堂堂日用天真佛，火急回光也是迟。

幽居悄悄柏森森，不遣红尘染素襟，
一佛号收无量佛，后心功在最初心。
云开白月毫光满，雨过青山髻色深，
当念休生差别解，风声鹤唳尽玄音。

若非念佛便参禅，参得禅时佛现前，
万丈碧潭从此净，一轮秋月向空悬。
直教表里光明透，尽见高低物象全，
只个法王无去住，方知不落断常边。

劝禅者

参禅只是自明心，作佛何须向外寻，

动静去来真极乐，见闻知觉古观音。
高悬慧日三千界，普现慈光百万寻，
把本修行须念佛，神仙也要用功深。

示某念佛偈

［明］达观

五十八岁前，汝果年多少？
于此痛观之，多少年便了。
了得好念佛，未了念佛早，
生死从身有，离身何处讨。

生日偈

自知今日出娘胎，今日如何娘不来，
来去觅娘无所得，莲花国里一枝开。

净土诗

［明］雪峤

珊瑚枝挂弱犀牛，苦海扬波难尽头，
咬碎一团空界月，与君把手入层楼。

净土诗

［明］博山

净心即是西方土，倒跨昆仑入海门，
行到水穷山尽处，灼然别是一乾坤。

净心即是西方土，官不容针车马通，
古木鸦声才歇得，一轮明月出烟笼。

净心即是西方土，木马嘶风过汉秦，
踏破髑髅谁是主，多年故旧一时新。

净心即是西方土，无相光中有相身，
心境牵缠成鬼戏，谁为我也孰为人。

净心即是西方土，露柱灯笼笑未休，
吃尽世间酸苦味，蒲团剩有暗香浮。

净心即是西方土，教外须知别路行，
若是祖师门下客，破颜端不论无生。

净心即是西方土，皮袋还知痛痒无，
掉转乾坤何境界，夜明帘外夜明珠。

净心即是西方土，相见扬眉落二三，
古道不存车马迹，舌头无骨定司南。

净心即是西方土，魔界空时佛界空，
世界闲云收拾尽，一轮迸出海天红。

净心即是西方土，逐队随群粥饭僧，
一饱饥疮无别事，殷勤只奉佛前灯。

净心即是西方土，古寺清幽月到窗，
夜半捉来床畔鼠，天明飞出绣鸳鸯。

净土诗

［明］耑愚

遥想西方大导师，夜来月吐珊瑚枝，
玉京吹彻无生曲，正是莲开上品时。

云有深山鹤有林，唯予安养是归心，
夜来月照长廊下，一句弥陀劫外音。

秋山无伴独幽寻，古殿寒岩步步深，
一句弥陀传远谷，空林顽石似知音。

呼浪呼波都是水，分禅分土岂殊途，
不知佛法无多子，空逐名言堕有无。

跏趺夜半一声钟，敲破西方不见踪，
方识弥陀原是我，开帘月照万层峰。

有时独上孤峰顶，遥望西方是我家，
几朵白云出远岫，一行疏雁过天涯。

观世音圆通颂

为寻紫竹林中主，误入圆通不等闲，
几片白云饮绿水，一轮红日吐青山。

雨里榴花新浴出，云中鸟语带潮来，
独怜消息无人识，几度披蓑移竹栽。

芦苇冥冥秋水阴，行人无伴转萧森，
试看念念惊怀处，便是寻声观世音。

背上痈花堪拟钵，面前目疖可如桃，
但思就里谁知痛，莫问圆通白玉毫。

死死生生生复死，来来去去去还来，
普门队里无来去，生死丛中见善财。

春莺啼遍柳烟城，秋雁鸣时芦白声，

百鸟百声听不尽，何须更问海潮音。

手触手时各有知，个中消息莫狐疑，
大悲八万四千臂，试看何人少一支？

刺猬针锥能覆体，蜒蚰宫殿自随身，
青阶白壁皆安乐，花雨香风都是春。

萤火腹间灯烛火，飞蚊翼上管弦长，
随身乐事堪行乐，不必逢人问故乡。

四蹄踢地何其妙，两角撑天亦洒然，
出没自由无挂碍，倒骑驴子上云巅。

枝头羽族结台殿，地里群毛作洞房，
莫谓幽居有上下，长天虚谷一秋光。

蚁穴玲珑若鬼工，层层叠叠密相通，
微尘身入微尘土，识取光明藏一同。

净土诗

［明］晦夫

红轮决定沉西去，未审魂灵在哪方？
盘山悟处非他物，孝子原来是大郎。

月印莲池池印空，风鸣竹树树鸣风，
世间多少奇男子，错认弥陀在别峰！

净土诗

［明］萍踪

源头历历记分明，静里休教杂念生，

划断去来生死路，故乡田地不须争。

净土偈

［明］沈朗倩

人情末法险波澜，莫把弥陀白眼看，
念到蓦头亲撞着，含元殿里话长安。

颂诸佛如来是法界身，入一切众生心想中

［明］妙意

乾坤尽是黄金国，万有全彰净妙身，
玉女背风无向背，灵苗化秀不知春。

颂心想佛时，是心即是三十二相、八十随形好

四维上下绝遮拦，涌出冰壶即碧天，
无孔笛中藏六律，一声欸乃过前川。

劫外相逢那畔行，灵苗丛里铁牛耕，
东风吹散千岩雪，空际无云孤月明。

颂是心是佛

平实商量见题目，和盘倾出不寒酸，
只今夜夜明星见，露出胸襟仔细看。

佛与众生原不异，特言成佛诱迷津，
止啼黄叶浑无奈，梦觉初回识故人。

几片白云横谷口，帘前花雨不知春，
拈匙把箸如明了，扫地焚香不倩人。

颂诸佛正遍知海从心想生

鹤巢露滴梦初回，新月半钩升万户，
一片白云何处起，白云儿倚青山父。

纤云不露烟波阔，白鸟去尽青天还，
踏破草鞋跟子断，巍然端坐大雄山。

颂见眉间白毫相者，八万四千相好自然当现

一毫端内通消息，遍界明明不覆藏，
静极烁开顶上眼，尘劳门内尽金光。

自家透脱自家知，八万光明更问谁，
全体承当全体现，须弥顶上戴须弥。

颂上品中生

不必受持读诵方等经典，善解义趣，于第一义，心不惊动。佛菩萨接引，紫金台如大宝花，普闻众声，纯说第一义谛。

不向经题识本真，纸堆讨甚法王身，
未开梵筴承当去，免作循行数墨人。

痴儿刻意止啼钱，良驷追风顾影鞭，
云扫长空巢月鹤，寒清入骨不成眠。

向来面壁成何事，争得心开见本源，
空劫以来诸佛子，话头不举自然圆。

怀净土诗

［清］莲隐

乾坤总是我茅庵，日月常悬灯一龛，
融尽千差无异趣，会教万象作同参。
秽邦由业应离弃，净土唯心好荷担，
四字弥陀穷彻底，劫前花放古优昙。

花开见佛第八

佛相八万四千，相中之好亦八万四千，好中之光亦八万四千。皆云八万四千者，盖佛居凡地，具于八万四千尘劳，于此尘劳皆见实相，理智既合，故能示现相、好、光明皆八万四千也。行人若知心即是佛，能于尘劳皆见实相。经云："佛观一切众生烦恼心中，有如来身，结跏趺坐，俨然不动，德相具足。"天台云："诸佛法身，与己同体。观佛时心中现者，即是诸佛法身之体，所谓是心是佛也。佛由观而生，所谓是心作佛也。"行者应以是佛作佛义，一念圆照，由观见佛，观之既熟，经云："无量寿佛、观音、势至常来至此行人之所。"《妙宗》云："当念即是来际，故能预想将来之事。复由佛与众生体不别故，故令三圣不来而来。"如此则临命终时，花开见佛，亦是寻常惯事矣。

王龙舒云："有人疑此间人念佛，如何西方七宝池中便生莲花一朵？答云：大明镜中，物来自现。阿弥陀佛国中，清净明洁，岂不照见十方世界？又有疑十方世界人念佛，临终之际，佛与菩萨乌能知而来迎？答云：天上一日，普照天下，况佛威神乎？"《华严经》云："若能念佛心不动，则常睹见无量佛。若常睹见无量佛，则见如来体常住。"夫众生念佛，能见如来，岂有如来不能见众生乎？众生恶业，能见地狱，岂有净念不见如来乎？

临终生净土诗

［宋］仙潭

本自无家可得归，云边有路许谁知，
溪光遥落西山月，正是仙潭梦断时。

临终半月前偈

空里千花罗网，梦中七宝莲池，
踏得西归路稳，更无一点狐疑。

生净土偈

［宋］一行

吾年九十头雪白，世间应无百年客，
一行道人归去来，金台坐断乾坤窄。

怀净土

［宋］北山

滉漾空中仙乐动，笙箫声细天风送，
接引凡夫归圣众，男儿此日方崇重。

西土文成东印坏，星飞一点千花界，
勿讶神魂生去快，乐邦只在同居内。

八德池深花又大，跏趺端坐莲花载，
耳听法音心悟解，从今跳出胞胎外。

十八大贤居会下，功成五色云西驾，
诸上善人都在那，聚头只说无生话。

池边行树不全遮，袅袅金桥露半斜，
忽见化生新佛子，红莲开处噪频伽。

净土诗

［明］博山

净心即是西方土，亲到方能辨祖宗，
吸尽澄江高着眼，镜清水底日头红。

净心即是西方土，肉髻明珠不用亲，
万八程途弹指到，莫教孤负好时辰。

净心即是西方土，狭路逢人话短长，
两耳聋时听愈好，乡音谁与辨宫商。

颂是心作佛

［明］妙意

水入水时无别味，空投空处没参差，
沤花影里千寻浪，即是莲花般若池。

断绝千岩路未穷，谁知铁壁自能通，
浑身是病浑身药，梦跨青鸾入绛宫。

山长水远空相忆，黄叶风吹梦里疑，
直见爷娘亲面目，相逢岂是螟蛉儿。

犁牛耕出古黄金，照地光天山岳寒，
文叔虽为天子贵，子陵元作故人看。

颂上品上生

具诸戒行，读诵大乘，修行六念，回向往生。阿弥陀佛放大光明，与诸菩萨授手迎接，弹指往生，即悟无生，十方诸佛授记，得陀罗尼门。

精金百炼现全功，解行相应佛佛同，
怪道十方俱历事，不劳弹指看飞龙。

广度众生第九

阿弥陀佛为比丘时，发四十八愿已，乃托生一切众生中，同其形体，通其语言，以设教化故。上自天帝，下至微细虫蚁，皆托生其中，设化无量劫。是阿弥陀佛成佛之因，一度生而已。

释迦佛为善慧仙人时，以五百银钱雇瞿夷五茎花，供燃灯佛。瞿夷问：“以花供佛，欲何所为？”答言：“为欲成就一切种智，度脱众生。”是释迦佛发愿之始，一度生而已。

《华严经》载普贤菩萨劝进善财童子有云：“虚空界尽，众生界尽，众生业尽，众生烦恼尽，我愿乃尽。而虚空界乃至众生业、烦恼不可尽故，我愿王无有穷尽。念念相续，无有间断。身语意业，无有疲厌。至临命终时，最后刹那，一切诸根等悉皆散坏，惟此愿王不相舍离。愿王导引，往生极乐世界，见阿弥陀佛，生莲花中，蒙佛授记，于烦恼大苦海中，拔济众生，令皆得往生极乐世界。”是《华严经》大愿，一拔济众生皆往生极乐世界而已。

《华严经·回向品》云：“我当于彼地狱、畜生、阎罗王等险难之处，以身为质，救赎一切恶道众生，令得解脱。”此烦恼大苦海中拔济众生之事也。则是求成佛与求生净土，总是为度众生故。故未生净土者，虽度生之舟楫未具，不能随诸众生出入生死，而以弥陀之舟楫为舟楫，亦可行度人之事。弥陀愿云：“十方众生，称我名号，必生我国。地狱、饿鬼，亦生我刹。”云栖云：“念佛一门，普逗六道众生之机。”佛以无缘慈摄众生者，入众生性为内熏，或现身说法为外熏。则劝人念佛，即是如来外熏之义。《华严经》云："即以利益诸众生，而为自行清净业。"

颂文潞公念阿弥陀佛结十万缘会

[宋] 陈如如

知君胆气大如天，愿结西方十万缘，
不为一身求活计，大家齐上渡头船。

赞喻弥陀偈

[宋] 丁注

净师舍妻孥为如来徒，募万人结净土会。乡人丁注，以偈赞之。

心净佛土净，法王非妄言，
拔身出尘垢，已现火中莲。
一念不起灭，极乐即现前，
大千同此境，岂止万人缘。

普劝念佛

[元] 优昙

念佛门深入者知，穷玄极寂妙难思，
藕丝窍里开珍藏，济物利生无尽期。

念佛门如大渡船，渡人浑不择愚贤，
若知这畔风波险，便好登舟过那边。

道人来到道人家，一炷清香一盏茶，
不说世间尘俗事，声声只赞白莲花。

一卷真经念了时，无边功德不思议，

天龙八部皆回向，大地含灵得路归。

一切众生无杀业，十方何处起刀砧，
家家户户皆修善，劝念弥陀报四恩。

一藏灵文不覆藏，星辉月朗显堂堂，
目前不昧亲提起，普请知音共赞扬。

一句弥陀开化门，岂拘城市与乡村，
直饶邪见人闻得，也落音声入耳根。

一句弥陀多善根，蜎飞蠕动也沾恩，
三途地狱才闻得，舍苦皆归解脱门。

怀净土

［明］楚石

赞佛言词贵直陈，攒花簇锦枉尖新，
自然润泽盈身器，无数光明涌舌轮。
称性庄严依报土，随机劝发信心人，
愿求功德池中水，尽涤娑婆界上尘。

劝琴者

由来学道似弹琴，清浊高低自在心，
声太促时弦又断，指才停处韵还沉。
一尘不到山当户，万籁俱消月满林，
抛却丝桐勤念佛，子期未必是知音。

劝樵夫

瞥然撒手向悬崖，树倒藤枯是烂柴，

尽转山河归自己，都将风月付平怀。
担头自有千钧重，脚下曾无一线乖，
樵者如斯真念佛，莲台不必预安排。

劝山居人

山栖念佛最幽深，鱼跃澄潭鸟啭林，
如此乐邦真境界，自然终日好身心。
雪梅竞吐枝头玉，霜橘争垂叶底金，
无量寿随尘刹现，众生多只向西寻。

净土诗

［明］博山

净心即是西方土，雨洒云蒸分外奇，
一具骨头明历历，振声也要大家知。

续刻莲花世界诗

海内善知识，怀净土者无量。见闻所及，前已授梓。求而续得，或他书偶触者，拟人自为帙，频至频增，源源无尽，共作一莲池海会也。以此供养十方修净土人，同为莲海之游耳。云栖会下妙意庵广贵识。

净土偈

［明］蕅益

博山禅师拈净土偈，每云“净心即是西方土”，盖欲以因摄果也。而读者不达，遂至以理夺事。予触耳感怀，更拈“西方即是唯心土”，俾以事扶理，而理不堕偏空。非敢驾轶先达，聊附于补偏救弊之职云尔。

西方即是唯心土，一串明珠万行圆，
掐到断时频换线，莲邦左券更无愆。

西方即是唯心土，离土谈心实倒颠，
念念总皆归佛海，何须重觅祖师禅。

西方即是唯心土，缘具方能了正因，
忍慧互资成戒品，明珠护惜不宜轻。

西方即是唯心土，未到西方深可危，
夙障已如波浪涌，哪堪新业又相随？

西方即是唯心土，净戒坚持莫使疏，
人世总皆蹁跹境，不须旅邸觅安居。

西方即是唯心土，不识西方岂识心，
何事谬希圆顿解，却将落叶作黄金。

西方即是唯心土，理事相应始有功，
日用未能违现行，如何妄欲拟真宗。

西方即是唯心土，土净心空病亦忘，
良药不劳从外觅，阿伽一味有余香。

西方即是唯心土，笃信西方即信心，
念念若开圆顿解，不须离教自玄深。

西方即是唯心土，拟拨西方理便乖，
极乐一尘同刹海，假饶天眼未知涯。

西方即是唯心土，土净方知心体空，
一切境风犹挂念，云何妄说任西东。

西方即是唯心土，悲智相应始克生，
莫谓大悲应憨浊，化他须是自功成。

西方即是唯心土，像季尤为法海梁，
信念刹那能甫具，珍池已觉宝花香。

西方即是唯心土，功行应教日日鲜，
一息不存谁努力，岂将精进逊先贤。

西方即是唯心土，三昧中王道最微，
瞥尔生疑千古隔，咬钉嚼铁莫依违。

佛会偈

已信弥陀大愿舟，共修三昧度迷流，
六时行道无余想，一句洪名似救头。
应痛盲龟常在溺，独忻孔木只今浮，
殷勤拶入无生理，七宝池边握手游。

禅、土相讥，几于水火。然斯二门，苟实用工夫，分合俱妙。参禅果一念不生，前后际断，虽不言净土，而土已净矣。念佛果都摄六根，净念相继，亦未有不心开者也。博山、蕅益二师，虽各有所主，原是水乳之合。假饶悠忽念佛，岂但心地未明，正忧其土之不稳。口头禅者，轻抹净土，岂但失土，正惜其心之未了也。二者各有得失，而就中入门下手，诸佛、诸大菩萨、诸大禅宗惓惓劝人念佛，料必不误后人矣。妙意庵广贵评。

省庵法师劝修净土诗

劝修净土诗

［清］省庵

实贤谫劣庸僧，褊卑陋器。本无大力，仰承前辈宗风。时有好怀，独结西方净愿。虽躬行不逮，原无实得于自心。而兼济未忘，乃有愚衷于此世。原夫净土一门，理极顿圆，事诚简易。在因强而得果疾，用力少而成功多。浅之则夫妇与知，深之则圣贤莫测。三根普被，万类均收。捞漉苦海之鱼，信为巨网。挽回末法之症，的是奇方。离斯捷径，出生死以奚从？舍此法门，脱轮回而何日？但今时泛念者多，深信者少。或有诃为着相，贬作小乘。并由不读教文，只是任凭胸臆。岂知中天调御，开金色口以叮咛。十方如来，出广长舌而赞叹。文殊、普贤，尚有求生之偈。马鸣、龙树，亦有愿往之文。至于智者、永明之辈，中峰、天如之流，并是教祖禅宗，莫不垂文著论，阐明至理，深劝后人。奈何末代凡夫，钝根浅识，乃欲远胜古人，置之弗屑耶？

实贤因此感慨，尝欲发挥论议，解释疑情。于乙未秋，著诗三十首，一时草草付工刊版。惜乎理未周圆，事多疏漏。每欲从事添削，不遑下手。戊戌夏，依绍昙老人于隆兴精舍，学律安居，听经坐腊。自恣既竟，同学摄兄，踊跃赞叹，怂恿卒业。由是芟其繁伤，补其阙略。理随事广，语逐文多，不觉信笔任心，盈编成册。于中铺陈依正，描写庄严，广破群疑，深彰一理。指示工夫，以知操守，分张品类，以劝修行。于是总陈三教，别派众流，所谓仕隐工商、渔樵耕读，乃至苦乐闲忙之辈、生老病死之人，莫不皆导以念佛，示其往生。凡一日二六时中，每年十二月内，无时非念佛之时，无月不思归之月，所以一其念，专其志也。夫信是道原，故首标依正以起信。疑为信障，故次释人情以破疑。疑障既除，信心堪发。信心既发，正行斯遵，故授之以工夫途路。非徒自善，尤宜利他，语贵随机，事须逗巧，故分之以品第人伦。然有行无愿，终不往生。有念无观，亦难见佛。故授之以恒时运想，频月致怀。末则总叹娑婆之苦，同归净土之乐，伸明信愿，结劝往生。盖净土法门，不出信、行、愿三，故为次第如此。

诗成，新旧共得一百八首。虽非法海之全珠，亦是义山之片石。文诚粗疏，语颇切实。伏乞观者，知我苦心，鉴兹不逮。略其词而察其意，行其事以践其途。庶几同脱苦轮，尽超乐土。幸勿因人废言，徇名弃实，是所至望。

我教原开无量门，就中念佛最为尊。都融妄念归真念，总摄诸根在一根。不用三祇修福慧，但将六字出乾坤。如来金口无虚语，历历明文尚具存。

一入西方境自融，双眸顿觉翳销熔。无边刹土光中现，遍界真身象外逢。花衬玉栏红隐隐，树含金殿碧重重。色空泯合浑无寄，镜像分明绝点踪。

境胜由来道易修，多生习气一朝休。盘中甘露珠圆转，树上摩尼水倒流。碧玉莲台承足稳，真金花瓣衬身柔。三车已息驰求念，露地安然坐白牛。

琉璃地上绝尘埃，宴坐经行亦快哉。锦绣织成行树叶，丹青画出众楼台。漫空花雨诸天下，遍界香云大士来。何处忽生新佛子，芙蓉又见一枝开。

土净能令心自空，无边妙色现其中。千灯互照身光映，十镜交辉佛土融。珠网重重悬宝树，天童历历在花宫。龟龄鹤算浑闲事，直得虚空寿量同。

称性庄严非外得，天然果报自无穷。一尘遍入诸尘里，万法全收一法中。花映玉池人倒影，身游佛国地俱空。色心依正原无碍，但得情忘境自融。

琼枝瑶草色长新，别有乾坤世外春。红藕花藏金砌鸭，绿珠帘映玉楼人。尘沙莫计声闻辈，海水难量大士伦。博地亦能容入会，何时得与圣贤亲。

寂静身心自偶谐，寻常历览兴无涯。金幢倒映琉璃地，玉砌平铺玛瑙阶。自有好花堪供佛，更无尘事可干怀。何时得遂平生志，坐对鸳鸯水上排。

我佛慈悲相好身，随机应现不同伦。尽虚空界元同体，极一微尘总是真。叠叠髻螺山顶绿，弯弯眉相月钩新。七重树下金莲上，处处追陪二大人。

相好凡夫皆具足，六通无碍异常伦。直将果用为吾用，不改凡身作佛身。（净土一生成佛，更无中阴入胎之事，唯除愿力欲往他方世界度众生者。）周顾十方同指掌，遍游诸国似比邻。回观此土修行者，龌龊生涯太苦人。

彼方殊胜事无穷，依正由来总不同。铲尽青山铺碧玉，收干沧海出虚空。法音自演风柯里，妙义频宣水鸟中。诸佛众生同一体，互相周遍尽圆融。

净土因何独指西，要令心念有归栖。一门入后门门入，初步迷时步步迷。直就下凡阶上圣，不离烦恼证菩提。莲花胜友应相待，何日归来手共携。

如来本愿非虚诳，称我名皆到此中。（《大弥陀经》云："设我得佛，十方众生，志心信乐，欲生我国，乃至十念，若不生者，不取正觉。"）莫患棘墙（三界）无客住，只愁枷锁（贪爱）几时空。（或曰：若世间人皆往西方，则此方谁住？故以此喻晓之。）百川归海水宁溢，万国朝王地岂穷。（或曰：若世间人皆往生，则众生甚多，彼国如何容受？故以此释之。）易往无人真可惜，不知何事恋樊笼！

人传天竺是西方，（世传西方去此十万八千里，是错认五天竺国为西方也。）天竺支那在足傍。（天竺人呼东土为支那，天竺、支那同在南赡部洲，足迹可到。）莫向泥途分净秽，（同居五浊，宁分净秽？）休从火宅辨炎凉。（同居三界，奚别苦乐。）三千世界非吾土，（四大部洲、须弥山、六欲天各满一千，名小千世界；千个小千世界，名中千世界；千个中千世界，名大千世界。总此三千大千世界，名为娑婆世界，皆释迦牟尼一佛所化之境也。）万亿乾坤是故乡。（极乐去此十万亿三千大千世界。）去去莫愁途路远，不劳弹指见空王。（天台云："临终在定之心，即净土受生之心，动念即是生净土时。"）

莫说西方为譬喻，（有人云：西方是譬喻之说，乃诱引凡愚为善，非实事也。）须知名与实相应。譬甜似蜜非无蜜，喻冷如冰却有冰。槐国阿谁招客去，蜃楼何处劝人登？如来大圣成虚妄，谤法愆尤忏未曾？

人言肃杀是西方，死后身空堕渺茫。（有人云：西方是肃杀之气，人死归空，生气殄灭，即是西方，岂真有西方可生乎？）身毒应无生博望，（身毒即天竺国，汉博望侯张骞曾至其地。）岐山哪有活文王。（岐山在西夷，文王所生之地。）众诸侯各朝天子，（问：何故极乐在西？答：极乐非定在西，但对东言西。譬如天子所都，名曰长安。诸侯朝天子，四方来者不一。东方来者，则曰长安在西。西方来者，则曰长安在东。长安定有东西乎？弥陀所都，名为极乐，十方菩萨皆愿往生。东方生者，即言极乐在西。西方生者，即言极乐在东。极乐定有东西乎？）四大洲殊睹日光。（四大洲，谓东胜身洲、南赡部洲、西牛货洲、北俱卢洲。殊睹者，日月环绕须弥山，照四大洲，东洲日没，南洲日中，西洲日出，北洲半夜。四洲人并指日出处为东，日没处为西。则南洲西方，即是西洲之南。北洲之东，东洲之北矣。方位宁有定乎？）但得往生休恐怖，应知寿命实难量。（《大弥陀经》云：“我刹中人，寿命皆无央数劫。”）

都言念佛是愚夫，得作愚夫亦已夫。龙树辩才还拙否，（龙树菩萨造《毗婆沙论》，发愿往生。）文殊智慧是虚无？（文殊菩萨往生偈云：“愿我命终时，尽除诸障碍，面见阿弥陀，往生安乐国。”）主人底事凭居易，（东坡诗云：“乐天不是蓬莱客，凭仗西方作主人。”）公据何人问大苏？（东坡南行，唯带阿弥陀佛一轴，曰：“此轼西方公据也。”）寄语聪明宜念佛，阎君应不爱之乎。

六字真经堪读诵，谁言名字假非因？（有人言：名字属假，非成佛因，岂有念假名而成真佛？）即名显体方称妙，托境观心易入真。（六字洪名为境，四性叵得为观。）蜾蠃祝儿终肖父，（蜾蠃衔桑虫于穴中，呼祝七日，则还肖其父。众生念弥陀于心内，持名一世，安得不肖佛？）蛣蜣丸粪亦遗尘。劝君早发西归愿，臭秽何容恋此身！

娑婆魔外事纵横，寂灭无如安养城。苦乐双忘名极乐，（或谓求生西方，是自贪快乐，非为了道。不知言极乐者，苦乐两忘，方名极乐。若对苦说乐，是人天之乐，不名为极。）死生俱尽说无生。（问：既说往生，即有生死，云何言无生？答：谓达生体本空，故生即无生。又接引初机，权说往生。生已亲证，始知无生。）佛无彼此皆同体，（又问：何不念释迦，而反念弥陀？不念十方诸佛，而念一佛？答：念弥陀，即是念释迦。念一佛，即念十方诸佛。以佛佛道同故，顺本师教故，心得专一故，又弥陀与此土众生偏有因缘故。）地有东西是假名。何事劝人生彼国，只缘此土道难成。

若执往生为妄想，（或谓念佛是摄妄想一法，若求生西方，翻成妄想。）岂言住此便成真？（若言生西是妄想，则住着娑婆，妄想尤甚。）东西不着尤非理，（若言："我今不求生彼，亦不住此，二俱不着，随意受生。"此尤非理。何者？既非法身大士，又非应化圣人，欲爱未除，业缘未断，若不生西方，定生此土。既生此土，则仍在轮回。业力所牵，三途有分，安能随意受生耶？）净秽双忘亦是尘。（只此净秽双忘一念，亦是情计，尚属法尘所摄。若真双忘，则何碍求生？）生本无生生四土，见犹离见见三身。须知真妄原同体，迷悟由来总在人。

才劝往生言着相，尽思贪恋却迷蒙。无生毕竟有生在，（有执断见者言："死后永灭，都无生处。"不知业牵识走，毕竟复入胞胎。除却念佛往生，更无有脱离处。）离相依然住相中。（若言："死后永灭，不求往生，名不着相。"是则离缘起相，生断灭相。断灭相者，是邪见法。）念与佛融方是即，（荆溪云："体不二故，方名为即。"近世聪明之士，皆言即心即佛。及劝念佛，便言着相。不知念佛、念心，本来一体。但执念心，不信念佛，则心佛是二，何名为即？）心将境异不知空。（即事显理，名为真空。拨事求理，名恶取空。近世聪明之士，亦知心净土净。语以净土，便言着相。不知心外无土，土外无心。但执唯心，不信净土，则心与土划而为二。此恶取空，非真空也。）会须心佛双忘后，日照山川处处通。

都言净土唯心是，十万余程是外求。但执妄心居在内，（若言十万亿佛国之西方是外求者，则认方寸妄心居内，便同阿难所计七处之一。）不知真性体全收。（《楞严经》云："当知虚空生汝心内，犹如片云点太清里，况诸世界在虚空耶？"）弥陀诸佛镜中影，极乐娑婆水上沤。取舍厌欣无挂碍，自家屋里任优游。（欣自心之净，故取。厌自心之秽，故舍。一取一舍，不碍唯心，何外之有！）

尽说厌欣为障道，谁知净业善资成。厌离未切终难去，欣爱非深岂易生。

何处安居能徙宅，谁人无事肯登程？铁围山外莲花国，掣断情缰始放行。

人疑念佛恐成魔，魔佛相争不较多。了境唯心无挂碍，（但了佛从心现，外境本空，则虽魔即佛。）将心取境便淆讹。（不知境自心生，取着为有，则虽佛即魔。）国君愦愦民方扰，室主惺惺盗敢过？（一念取着，则魔得其便。妄心不起，则鬼不奈何。）须信佛心常护念，（《弥陀经》云：念佛之人，一切诸佛之所护念。）波旬束手更谁何。

都言处处是西方，平地高山总不妨。（古云："高山平地总西方。"此是真实到家之语，若未到家，便成戏论。）入厕岂宜还塞鼻，冲泥何事尚褰裳？（塞鼻、褰裳，即是秽相未空。处处西方，岂非妄语？）病来哪得心无苦，梦里焉知身在床。莫话空言违实行，好凭落日望还乡。

尽说西方是小乘，小乘原自不相应。（《法华经·信解品》，迦叶等四大弟子白佛言："但念空、无相、无作，于菩萨法，游戏神通，净佛国土，成就众生，心不喜乐。"故知净土法门，是菩萨所行，非小乘事。盖如来在小乘教中，不说有他方佛土。唯大乘方等经中，广谈十方佛国，而谆谆唯指归西方净土一门。故西域禀小乘教者，都不信有弥陀佛国往生之事。学大乘者，多修此法。今人反谓净土是小乘法，大乘所不为，岂不大颠倒耶？）须知念佛还成佛，（云栖云："念佛成佛，是亲种子，故《华严》十地文，地地不离念佛。"）大胜为僧又作僧。（大智律师云："近见禅讲宗师，有发愿来生童真出家者。尝试语言：汝今已得男子出家，合求出离。何乃复求男子，再愿出家，略无胜进乎？"）白社远公咸愿往，（晋慧远法师，于庐山集众念佛。刻木为莲，具十二叶。引流泉入池，每度一时，水激莲开一叶。昼夜六时，禅诵不辍。与会诸贤，往生甚众。）华严大士亦求登。（《华严行愿品》普贤菩萨偈云："愿我临欲命终时，尽除一切诸障碍，面见彼佛阿弥陀，即得往生安乐刹。"）攀龙附凤知何限，底事吾侪不愿升？

余教修行歧路曲，此门直入坦途平。三祇行远终难就，十念功成便往生。（藏教修行，要经三祇百劫方成佛道。圆教念佛，但凭十念一念便得往生。此则教门顿渐不同，自他功力有异。盖余法修行，多凭自力。念佛一门，兼借他力。他力易就，故十念即生。自力难成，故三祇尚滞。有谓西方极乐，非一生可到，须经多世展转修行，方得往生。此不知教门殊胜，佛力难思也。）大石载舟还不没，（《那先经》云：如持百枚大石，置于船上，因船力故，石不没水。若无其船，小石亦没。大石喻重罪，船喻佛力，不没喻不堕三途。无船喻无佛力，小石喻轻罪。）苍蝇附骥始堪行。扬帆顺水因风便，何惮迢迢十万程。

休言极乐苦难生，才说难生是障门。（障门有三：一疑业力深重，二疑福力轻微，三疑修行日浅。有此三疑，不得往生。）佛力自能除业力，信根端可拔疑根。（须信弥陀愿力深重，尚不弃五逆十恶，何况善人？尚收功于十念一念，况复多念？）深逃私债藏王府，（一入西方，怨业不能违害。）现受官刑遇圣恩。（亲蒙佛力，冥府不得勾牵。）早晚相从裹粮去，此生终不负慈尊。

莫执《坛经》排净土，（《坛经》云："东方人造罪，念佛求生西方。西方人造罪，念佛求生何土？"此意正劝人修善，不言无净土，亦非谓西方实有造罪之人。当以意逆志，不可以辞害意。）祖机佛语并圆融。因言荐理彰吾教，得意忘言显本宗。十善齐修焉造罪，群贤共会岂还蒙。他方此土何来去，法界明明在眼中。

念佛若言真漱口，（赵州云："念佛一声，漱口三日。"今人便谓不必念佛，莫错会好。）诵经应不用开唇。药能医病还成病，火本温身反炙身。（天台云："般若如大火聚，四边不可触。触则被烧，不触则温身熟食。"古人一时遣着之语，今人执之，作实法会，岂非被烧乎？）佛见未生除甚么，（赵州云："佛之一字，吾不喜闻。"古人真实证到这个田地，方开大口。今人口谈禅理，心轻实行。尚未除恶见，何况善见？尚未起三乘见，何况佛见？尚未起佛见，云何而除佛见？）凡情尚在断何因？劝君莫漫闲言语，只要今生出苦轮。

念佛圆通摄六根，耳根谁谓独超伦？（人知《楞严》圆通，耳根殊胜，不知念佛即摄耳根。）音闻既是圆常体，名字元非生灭因。（问曰：经言："诸行是无常，念性元生灭。"念性尚是生灭，况名字耶？答曰：经文为顺此方机，于诸门拣择一门，令初心入道，故有抑扬。实则二十五圣，皆具圆通常义，故曰："圣性无不通，顺逆皆方便。"言"无不通"，则知无不圆常，岂名字独成生灭耶？又问：圣性虽无不通，初心入道，岂无迟速优劣？答：别论虽尔，通论不然。念佛既摄耳根，则同是一门，何分优劣？又念佛主意根，遍摄五根。耳根唯属耳，不兼余根。耳根从一门深入，念佛则根根可入。当知耳根不摄念佛，念佛能摄耳根。故此一门，三根普被。）以念念名名固切，将闻闻佛佛还亲。由来二圣皆昆仲，同作弥陀辅弼臣。

不信西方不愿生，都由执计未能清。持冰唤水须融水，（或谓：即心是佛，何须更见弥陀？今释曰：言即心是佛者，如持冰唤水。冰虽是水，结滞未融，须假太阳，方能和解。心虽是佛，全体在迷，须假佛日，方能开悟。岂可固执迷心，而不愿见佛乎？）指木为楹岂是楹？（或谓：即心净土，何以更生净土？今释曰：言即心净土者，如指木为楹。木虽可以为楹，而不即是楹。心虽能造净土，而非即是净土。今试自问，十二时中，于一切境缘上，还起一毫杂念染污心否？若有一毫杂念染污，即是秽相未空，云何言即心净土？如是之言，皆为自欺。故知若不往生，唯心净土终不得显。）己佛还从他佛显，正因须借了因明。殷勤苦口缘何事，只为娑婆是火坑。

悟后莫言休见佛，应知悟后正求生。（天如云："汝若悟心，则净土往生，万牛不能挽矣。"）童蒙未可离师学，稚子犹宜傍母行。喆老后身休更蹈，（宋喆老，住京师大刹，四十年不睡，坐禅精苦。坐化后，纸袄亦烧出舍利。后生大富贵处，一生多受忧苦。）青公覆辙岂堪成？（宋青草堂，后身作曾鲁公。）会须亲证无生后，回入娑婆度有情。

借问往生何计策，须凭信行愿俱全。信根先向心田种，行足还加愿力坚。路乏资粮终不到（有信愿无行），马无缰御孰能前（有信行无愿）？但将三事为符契，携手同登九品莲。

念佛休嫌妄想多，试观妄想起于何？无心收摄固成病，着意遣除亦是魔。救火抱薪添烈焰，开堤引水作长河。直须字字分明念，念极情忘有甚么。

佛声易可除昏散，出口还收入耳来。蓦地乱茅随火尽，蔽天浓雾逐风开。通身是佛谁为念，遍界生莲不用栽。何待临终生极乐，即今端坐玉楼台。

弥陀四字绝商量，只贵专持不暂忘。若厌平常终隔断，才求玄妙便乖张。

粗尝橄榄宁知味，细嚼盐齑始见香。念到身心空寂处，不劳开口问西方。

念弥陀佛贵专精，念到功深念自纯。念念圆明真性体，声声唤醒本来人。婴儿堕水频呼母，荡子还家始见亲。却话从前离别事，翻令呜咽泪沾巾。

欲得工夫无间断，直须精进始相应。暂时失念云霾日，瞥尔生心蛾掩灯。小水长流终贯石，沸汤停火亦成冰。往生作佛浑闲事，只在当人念力能。

念佛欲知端的处，个中殊不计功程。尘消古镜光逾远，风定寒潭水自平。四性本空心历历，三身叵得佛明明。一门具足诸方便，止观匪从渐次成。

行时正好念弥陀，一步还随一佛过。足下时时游净土，心头念念绝娑婆。傍花随柳须回顾，临水登山勿放他。等得阿侬生极乐，十方来去任如何。

住时念佛好观身，四大之中哪一真？我与弥陀非两个，影兼明月恰三人。空房渐朽应难住，腐栋将颓岂易蹲。何日如蝉新脱壳，莲花胎里独栖神。

坐时观佛足跏趺，身在莲台花正敷。毫相分明随念见，金容映现与心符。事如梦幻元空寂，理到圆融非有无。何日池头捧双足，亲蒙顶上灌醍醐？

卧时念佛莫开声，鼻息之中好系名。一枕清风秋万里，半床明月夜三更。更无尘累心难断，唯有莲花梦易成。睡眼朦胧诸佛现，觉来追记尚分明。

僧宜念佛痛加鞭，得预莲池清净缘。亲听法非徒对本，顿明心不用参禅。明师岂若弥陀好，善友谁居补处前。一念遍游诸佛国，笑他行脚困山川。（僧）

此方正教在儒宗，但尽今形后世空。仁义躬行虽切实，死生才话却朦胧。好寻归路思安养，莫认邮亭作故宫。净土原从忠孝得，金台上品奏元功。（儒）

道家炼运为延龄，用力偏多功少成。要识神仙非不死，（《楞严经》云：“复有从人，不依正觉，修三摩地。别修妄念，存想固形。游于山林，人不及处。有十种仙，寿千万岁。斯亦轮回，妄想流转。报尽还来，散入诸趣。”）须知净土始长生。（后魏昙鸾法师，初受陶隐居《仙经》十卷，专事修炼。后遇菩提流支，问曰：“佛道有长生乎？”支曰：“长生不死，我佛道也。”遂以《十六观经》与之，曰：“学此则三界无复生，六道无复往。其为寿，不可穷也。”鸾于是遂焚《仙经》，而专修《观经》。）持金作钏终无变，弄泡成珠但有名。（或问：我学仙，则现世便得长生。汝念佛，则现身便死，长生何在？答曰：汝执幻身为坚固，如弄泡成珠，有名无实。我知心性为真常，如持金作钏，终无变易。又神仙寿命，千年易尽，如弄泡成珠。西方寿命，劫石难量，如持金作钏。）寄语学仙宜念佛，莲池端的胜蓬瀛。（道）

求官常恨做官卑，官愈高时势愈危。太璞不完惭美玉，泥途曳尾羡灵龟。已知仕宦空无味，试看弥陀念是谁。案牍虽忙姑少置，朝朝十念不宜亏。（十念者，每日清晨，向西正立合掌，连声称阿弥陀佛，尽一气为一念。如是十气，名为十念。尽此一生，不得一日暂废。若能如是，决定往生。）（仕）

处士逃名远市阛，此身清隐翠微间。平分岭上半边月，高枕床头一片山。白屋安贫终暂计，夕阳归路岂知还？莲花佛国深深处，出世芳踪不可攀。（隐）

百工居肆易成功，业有专门各不同。旋转化工归手内，挽回造物在胸中。从来命不由人做，只有心堪自己攻。随分妻孥且安乐，团圞头念佛丛丛。（工）

商客经年道路行，舟车迅速每兼程。利深不觉风涛险，物重翻将性命轻。长恨货多难长价，焉知身死不重生。劝君念佛归西去，利比娑婆万倍赢。（商）

渔人活计在扁舟，南北东西任去留。劈破月华沉棹底，移来山色上船头。常教妻子张罗网，谁识阎翁下钓钩。苦海无边休陷溺，早凭佛力忏深尤。（渔）

樵夫家住碧山垠，斤斧声中倒乱薪。斫断云根穿地脉，凿开石齿露峰唇。但看旧冢埋枯骨，不见新坟起死人。及早回头寻出路，莲花胎里好藏身。（樵）

农人念佛好殷勤，旋种新秧手自分。片笠冲开杨柳雨，一犁耕破杏花云。曲肱饱饭欣秋熟，回首思乡望夕曛。一片琉璃田地美，天然殊不用耕耘。（耕）

世间万事总浮尘，只有诗书差可人。千卷西窗残月夜，数编东阁乱山

春。吟声未若佛声好，书味何如道味真？识得自心清净土，文章糟粕不堪陈。（读）

一等世人修福业，希图来世作公卿。假饶位极五侯贵，何似身居下品生。施水但滋贪种子（因贪富贵而行布施），善芽翻长业根茎（因布施而招富贵，因富贵而造业，因造业而复堕三途）。愿回有漏成无漏（以此福业，回向西方，即成无漏），早注花间第一名（此方念佛，西方七宝池中即生莲花一朵，标名其上，身后托生其中）。（营福）

一心差处路歧逢，自造经书立本宗（即今五部六册之类，皆偷窃佛经，杂以鄙语，以成己典）。两扇门边传秘诀，三家村里聚群蒙。乐邦有路元平直，佛法无私本至公。奉劝回头归正教，弥陀念念见真空。（外道）

尼师念佛好随缘，莫向深闺处处穿。自守清贫为服药，休营痴福更招愆。（古人云："有为之功，多诸过咎，天堂未就，地狱先成。"）情根断似枯丝漓，戒体芬如出水莲。他日神栖安养国，七珍池上礼金仙。（尼师）

贫人念佛莫踌躇，寒饿肠中爱易除。灶脚日斜烟未起，屋头露落被还虚。深知此界为囚槛，极厌残骸是溃疽。无限天衣诸化食，他年极乐任安居。（贫）

家道休夸堪敌国，从来贵德贱金铜。无双富莫如原宪，第一贫唯是石崇。徒有千箱遗子息，难将一物见阎翁。何如念佛生安养，自性财源用不穷。（富）

贵人虽贵未为欣，死后还他一个坟。三谢园亭空燕子，五侯门户但寒云。身登上品方为贵，心悟真如始立勋。却到莲池更回首，世间蝼蚁尽纷纷。（贵）

宿业今招下贱身，从来眉眼未曾伸。频年辛苦恒随主，毕世勤劳敢怨人？好向己躬勤念佛，偏宜净土独栖神。他时得预莲池会，入圣超凡贵绝伦。（贱）

智人业识每弯环，好把从前念尽删。六个字中无计较，一声佛外绝机关。物情料破宁知死，世事多能只欠闲。毕竟往生为上策，早寻归路自知还。（智）

慧业文人道易成，休夸才思负聪明。数篇未足充饥饿，半字何曾敌死生？绮语化为真实语，吟声翻作苦空声。乐邦大有佳章在，水鸟风枝尽会赓。（慧）

愚夫造罪恣贪瞋，肯信从来果与因？只道现生无后世，可知今日有明晨？（或问曰：明晨可见，后世何人能见？答曰：天眼能见，汝既无天眼，又不信佛语，是以不见后世。又问：天眼能见，其相云何？答曰：如见人从一房出，复入一房，死此生彼，亦复如是。）新移宅舍犹迷向，才换衣裳不识人。生死关头真痛切，劝君念佛莫辞频。（愚）

痴人垂老不知休，唤杀朦胧未转头。毒病偏将医作恶，沉疴翻与药为仇。爱绳易缚禽投槛，欲饵能牵鱼上钩。奉劝世缘宜早悟，莲池种子尚堪投。（痴）

世间唯有苦人多，自造新殃可奈何。满地蓬蒿春不到，一身枷锁夜难过。称怨莫更呼天地，叫痛应须念佛陀。三界从来是牢狱，劝君及早出娑婆。（苦）

莫道人间乐事稠，由来乐极转生忧。满城花柳携佳客，彻夜笙歌醉画楼。但觉酒来人面上，哪知死在脚跟头。西方净土真为乐，但念弥陀便往游。（乐）

闲人念佛正优游，莫把光阴空里投。老有音书头渐白，死无官贴命难留。身前预把资粮办，眼底休为儿女愁。家在乐邦归去好，自然衣食不须谋。（闲）

劝君念佛未能闲，等得闲来病现前。心到乱时须着眼，念从忙处要加鞭。千军队里单刀入，百沸汤中勺水传。佛不碍忙忙自碍，便从今日奉金仙。（忙）

少年念佛正精神，莫待衰迟始问津。青草半埋红粉骨，黄泉多见黑头人。献珠龙女疾成佛，访道善财还证真。一旦无常音信至，此时追悔欲何因？（少）

暮年光景苦无多，电影沤花一刹那。黄叶渐凋真老矣，秋风将至奈愁何。无心不用贪浮世，有口唯应念佛陀。珍重临行须努力，莫教万劫自蹉

跎。（老）

疾病由来即药方，深知生死是无常。重刑受过悲牢狱，剧苦尝来厌革囊。念念弥陀休背觉，心心极乐愿还乡。何时得受清虚体，寿极河沙不可量。（病）

死时莫漫自惊惶，（念佛人第一切忌怕死，怕死则不得往生。多有一生念佛，临终唯务服药求医，都不说着往生之事，此怕死之过也。）系念殷勤向彼方。脓血渐抛皮袋子，腥臊将脱垢衣裳。多生烦恼真痾瘵，一句弥陀是药王。苦海深沉但求出，莫愁佛不驾慈航。（死）

平旦寅时天气清，东方晓色已初生。法身未显仍居暗，慧眼才开始见明。安得乐邦今日去，都将妄习一时平。遥思供佛诸贤辈，衣裓盛花手自擎。（寅时）

卯时日出气苍茫，万象明明不覆藏。香雾丛中花影乱，红尘队里马蹄忙。想成处处青莲萼，念熟时时大觉王。直待无生生净土，遍周沙界是毫光。（卯时）

食时万户起炊烟，贫富由来事太悬。茅屋糟糠犹不继，朱门酒肉尚憎嫌。梦中苦乐原无实，觉后身心始不迁。安养此时应坐食，遥知百味现其前。（辰时）

巳时日影在禺中，恰恰还差分寸工。正念觉来犹有觉，妄心空处未忘空。边邪哪个非中正，偏曲何人不至公？摄受三根归净土，直教万派尽朝宗。（巳时）

日轮当午正中天，普见高低物像全。阿鼻狱中真净土，蛣蜣身里紫金仙。迷家荡子殊堪愍，背父痴儿信可怜。今日始知归故里，劫初田地尚依然。（午时）

未时窗外日初斜，花影阑珊上碧纱。三分光阴还过二，百年身世岂无涯？暂居此地非吾土，遥忆西方是我家。极乐人民无量寿，不将日月计年华。（未时）

晡时薄晚正逢申，业识茫茫丧本真。赡部洲中多苦事，娑婆界内少闲人。食中置毒焉知避，痒后搔疮岂厌频。日暮飘零不归去，空劳望断倚门

亲。（申时）

酉时忆佛甚悬悬，独倚楼头耸两肩。眼逐浮云凝碧落，心随白日下青天。更无人去乾坤外，哪有书来鸿雁边。坐久不知天已暮，却疑身在玉池莲。（酉时）

戌时万事且休论，要把无常念念存。大限忽来真黑夜，幽关不晓是黄昏。持珠易念生前佛，剪纸难招死后魂。预办资粮早归去，莫教前路悔无门。（戌时）

亥时人定绝喧嚣，痛策身心莫漫骄。斩断妄心青草死，推开昏暗黑山高。泪因忆佛浑难制，愁为思乡不易消。遥想白莲花萼上，定知名字已曾标。（亥时）

夜半子时群动息，阴阳往复互回旋。一轮孤月千家梦，几点残星万里天。土自想成宁有外，佛从心现本无边。何时永灭迁流苦，花里藏身出盖缠。（子时）

丑时后夜晓鸡鸣，起坐披衣忆想清。一念未生真佛现，万缘才动假名成。知缘不实名何碍，达妄无依念自平。安得身心归极乐，真空幻有总无生。（丑时）

春王正月是新年，贺岁家家设酒筵。万户笙歌行乐地，满街华月上灯天。目前景物难长好，劫外风光自不迁。安养故乡无蜡烛，枝枝相照玉池莲。（正月）

时当二月景堪夸，好念弥陀玩物华。浅白梨花初破朵，淡黄杨柳乍抽芽。轻烟薄雾莺儿店，细雨微风燕子家。争似故乡佳丽地，七重行树语频伽。（二月）

三月清明瞥眼过，伤心无那是愁何。满城风雨歌声少，十里山坟哭响多。早趁在生修净业，莫教临死怨阎罗。故乡春色还长在，想见芙蓉出绿波。（三月）

山林四月少尘埃，自念弥陀不用陪。新脱素衣摧粉箨，乱抛金弹落黄梅。穷途作客真为苦，荡子思乡最可哀。料得慈尊应念我，朝朝垂手望归来。（四月）

五月端阳景物偏，龙舟竞渡古今传。数茎蒲叶剑刻砺，一树榴花火欲燃。苦海无边何日出，乐邦有路几时还？玉池流水洄漩处，阵阵香风泛白莲。（五月）

六月人间暑气高，炎炎火宅被焚烧。一林树影藏高阁，十里荷花映画桥。念佛声悲频有泪，思乡心切更无聊。清凉池上何时返，涤尽烦襟水自饶。（六月）

新秋七月气初凉，溽暑将收夜渐长。四壁暗风鸣蟋蟀，一池衰草语寒蛩。深宵倚槛窥残月，薄暮推窗望夕阳。客路跉跰久漂泊，苦求佛力早还乡。（七月）

中秋八月有微寒，零露瀼瀼被草菅。一树桂花香漏泄，万家明月影团圞。长思故国无音信，几欲高飞少羽翰。行树重重含佛土，何时亲倚玉栏看？（八月）

重阳九日景偏赊，自采茱萸且泛茶。红锦妆成千树叶，黄金开尽一篱花。每登山顶瞻乡国，却上楼头望故家。想见七珍池沼内，枝枝菡萏大如车。（九月）

十月由来是小春，桃红初破一枝新。长看旧冢添新冢，每见新人送旧人。万劫死生谁动念，百年身世独伤神。回头便是西方路，只要当人愿力真。（十月）

天涯又见一阳生，六管飞灰气乍更。粒粒寒椒梅渐破，尖尖嫩玉柳将萌。夜长易得还乡梦，岁暮难为作客情。十万余程安养国，寸心耿耿挂长庚。（十一月）

岁尽时穷最可愁，阴云惨惨日悠悠。风劙万木皆枯骨，雪覆千山尽白头。但见过年忙似箭，有谁离苦急如仇。哪堪尚滞娑婆国，梦里光阴又一周。（十二月）

一自娑婆系业因，多生流转实酸辛。须臾出屋又投屋，迅速舍身还受身。曾作王侯争国邑，几为蝼蚁丧埃尘。这回若不思归去，依旧从前受苦轮。

弥陀慈父愿门开，摄受群生等一孩。脓血团中离臭秽，莲花香里受胞胎。但凭净愿为良导，只有狐疑是弃材。浊恶娑婆难久住，早同善友赋归来。

业风吹识入胞胎，狱户深藏实可哀。每遇饥虚倒悬下，频惊粗食压山来。声闻到此心犹昧，菩萨于中慧未开。誓割爱缘生极乐，花中产取玉婴孩。（生苦）

万事输人已退藏，形骸自愧少康庄。朱颜一去杳无迹，华发新来渐有霜。流泪暗思童稚乐，见人空话壮年强。宁知净土春长在，不使身心昼夜忙。（老苦）

四大因时偶暂乖，此身无计可安排。残灯留影不成梦，夜雨滴愁空满街。自昔欢娱何处去，只今苦痛有谁怀？岂知极乐清虚体，自在游行白玉阶。（病苦）

识神将尽忽无常，四大分离难主张。脱壳生龟真痛绝，落汤螃蟹漫惶惶。甘心狱户为囚侣，束手幽关事鬼王。何似花开亲见佛，无生无灭寿难量。（死苦）

生离死别最堪伤，每话令人欲断肠。虞氏帐中辞项羽，明妃马上谢君王。泪深江海犹嫌浅，恨远乾坤未是长。诸上善人俱会处，愿教旷劫莫分张。（爱别离苦）

苦事人情皆欲避，谁知夙业自相招。有钱难买阎翁赦，无计能求狱卒饶。兵败张巡思作鬼，身亡萧氏愿为猫。何时得预莲池会，积劫怨仇好共消。（怨憎会苦）

穷达由来有夙因，转生希望转因循。扬帆屡见沉舟客，挂榜偏伤落第人。毕世耕耘难果腹，频年纺织尚悬鹑。乐邦衣食天然好，不用区区更苦辛。（求不得苦）

逼迫身心苦事多，哀声无地可号呼。肝肠断处情难断，血泪枯时恨未枯。临海廿年持使节，过关一夜白头颅。何当净土修禅观，寂照同时离有无。（五阴炽盛苦 ○ 色、受、想、行、识为五阴。色阴是身，四阴是心。炽盛者，炽然增盛也。）

稽首释迦文，娑婆说法主。皈依无量寿，净土之导师。我今承佛力，阐扬净土教。诗成百八章，章各有八句。为顺此方机，故以诗演说。若我所说语，违背于诸佛，欺罔世人者，应受地狱苦，百千万亿劫，犹故不能尽。如其不然者，幸各生谛信，慎勿怀疑惑，而生增上慢，及以卑劣慢，由斯二种心，自致失善利。伏愿见闻者，展转递相劝。若有劝一人，乃至于多人，功德不思议，譬喻莫能尽。愿以此功德，普及于一切，我等与众生，同生极乐国。（发愿偈）

不净观颂

佛为贪欲众生说不净观，观之既久，贪欲即除，可以越爱河而超苦海。余闲居阅《大智度论》，因取意而为之颂，以此自警，并以警世云。

有爱皆归尽，此身宁久长？替他空堕泪，谁解返思量？（死想 〇 先作此想，为下九想张本）

记得秾华态，俄成膖胀躯。眼前年少者，容貌竟何如？（胀想）

红白分明相，青黄瘀烂身。请君开眼看，不是两般人。（青瘀想）

皮肉既堕落，五藏于中现。凭君彻底看，何处堪留恋？（坏想）

无复朱颜在，空余殷血涂。欲寻妍丑相，形质渐模糊。（血涂想）

腐烂应难睹，腥臊不可闻。岂知脓溃处，兰麝昔曾熏。（脓烂想）

羊犬食人肉，人曾食犬羊。不知人与畜，谁臭复谁香。（啖想）

形骸一已散，手足渐移置。谛观妩媚姿，毕竟归何处？（散想）

本是骷髅骨，曾将诳惑人。昔时看是假，今日睹方真。（骨想）

火势既猛烈，残骸忽无有。试看烟焰中，着得贪心否？（烧想）

前诗粗示端绪，尚未谛审观察，复作五言律以广之。

所爱竟长别，凄凉不忍看。识才离故体，尸已下空棺。夜火虚堂冷，秋风素幔寒。劝君身在日，先作死时观。（死想）

风大鼓其内，须臾膖胀加。身如盛水袋，腹似断藤瓜。垢腻深涂炭，蝇蛆乱聚沙。曾因薄皮诳，翻悔昔年差。（胀想）

风日久吹炙，青黄殊可怜。皮干初烂橘，骨朽半枯椽。耳鼻缺还在，

筋骸断复连。石人虽不语，对此亦潸然。（青瘀想）

肌肤才脱落，形质便遭伤。瓜裂半开肉，蛇钻欲出肠。枯藤缠乱发，湿藓烂衣裳。寄语婵娟子，休将画粪囊。（坏想）

一片无情血，千秋不起人。淋漓涂宿草，狼藉污埃尘。莫辨妍媸相，安知男女身。哀哉痴肉眼，错认假为真。（血涂想）

薄皮糊破纸，烂肉弃陈羹。脓血从中溃，蝇蛆自外争。食猪肠易呕，洗狗水难清。不是深憎恶，何由断妄情。（脓烂想）

尸骸遭啖食，方寸少完全。不饱饥乌腹，难干馋狗涎。当年空自爱，此日有谁怜？不若猪羊肉，犹堪值几钱。（啖想）

四体忽分散，一身何所从。岂唯姿态失，兼亦姓名空。长短看秋草，秾纤问晚风。请君高着眼，此事细推穷。（散想）

皮肉已销铄，唯余骨尚存。雨添苔藓色，水浸土沙痕。牵挽多虫蚁，收藏少子孙。风流何处去，愁杀未归魂。（骨想）

烈焰凭枯骨，须臾方炽然。红飞天际火，黑透树头烟。妄念同灰尽，真心并日悬。欲超生死路，此观要精研。（烧想）

四念处颂

佛垂涅槃，嘱诸比丘，依四念处住，如佛无异。今时丁末法，正念者少，顾此法门，何人修学？岂唯不思其义，抑亦未识其名，可胜叹耶！余山居无事，读《涅槃·遗教品》，因取其意以入声律。俾歌咏者正念增长，妄心息灭，置诸座隅，日以自警，并不忘遗诫云。

观身不净　一兴颠倒想，遂有幻缘身。脓血常交凑，腥臊每具陈。纸黏皮裹肉，藤绊骨缠筋。毛覆丛丛草，虫居比比邻。内藏唯臭秽，外饰但衣巾。四大元无实，诸根岂有真。语言风自响，动转气相循。强号为男女，虚名立主宾。百年三尺土，万古一堆尘。贵贱空回首，贤愚共怆神。徒生复徒死，谁识本来人？

观受是苦　众苦从何起，深知受者情。顺违才领纳，取舍便纵横。

有盛衰还至，无荣辱不成。怨从亲里出，哀是乐中生。王谢家何在，曹刘国已倾。悲欢几场梦，胜败一棋枰。事与心违背，贫将病合并。钱神呼不至，穷鬼送难行。戚戚终何益，悱悱漫不平。无求卑亦贵，知足欠还盈。若悟真空理，忧欣何处萌？

观心无常 妄心无住处，体相竟如何。闪闪风中烛，摇摇水上波。一家门户别（六根），六个弟兄多（六识）。扰扰各驰竞（如眼逐色、耳逐声等），纷纷总不和（如眼不与声和、耳不与色和等）。青黄俄改换（眼识无常），动静屡迁讹（耳识无常）。臭别香随到（鼻识无常），甜来淡又过（舌识无常）。炎凉易翻覆（身识无常），好恶每偏颇（意识无常）。境灭心安寄，情忘智亦孤。掀翻五欲窟，捣尽六根窝。劫贼归王化，飞禽出网罗。何当悟常住，诸妄尽消磨。

观法无我 诸法从缘起，初无我主张。因缘有生灭，念虑遂低昂。欲得翻成失，求闲反遇忙。畏寒冬不辍，苦热夏偏长。贫忆富时乐，老追年壮强。有谁憎顺适，若个好危亡（得失、闲忙、冷热等皆从缘生，不因我有）。自在方为主，迁流岂是常？离根念何起，无识境还忘。内外无些子，中间有底藏。六窗虚寂寂，一室露堂堂。但得尘劳尽，居然大觉王。

阿弥陀佛百颂

昔彻悟禅师以“教义”、“宗乘”作念佛伽陀各百首，词理圆妙，豁人心目。余友逸人和尚，今按弥陀因地、果位各要义，以“阿弥陀佛”为首句，共成百颂，附于《重订西方公据》之末。其颂以弥陀因地，弃国出家，发四十八愿（其各愿之下二句，均依隋慧远法师《无量寿经义疏》之各愿科名，为一愿之主语），修六度万行，圆满三觉，证十三种名号。后略颂国土庄严，佛慈普被，法门利益。虽词理远逊彻公，而愿名、佛号，有便初机记忆，故附此书各册之前后焉。释印光识。

阿弥陀佛，因地果位，功德莫名，聊为辑缀。

阿弥陀佛，无量劫前，作金轮王，仁育黎黔。

阿弥陀佛，藐视世荣，弃国捐王，冀证大雄。

阿弥陀佛，礼世自在，舍俗出家，法界永赖。

阿弥陀佛，法号法藏，用表一法，含摄无量。

阿弥陀佛，对佛发愿，宏慈大悲，恩德普遍。

阿弥陀佛，第一大愿，愿我国中，无三恶道。

阿弥陀佛，第二大愿，我国寿终，不更恶道。

阿弥陀佛，第三大愿，我国天人，身真金色。

阿弥陀佛，第四大愿，我国天人，形色相同。

阿弥陀佛，第五大愿，我国天人，悉知宿命。

阿弥陀佛，第六大愿，我国天人，天眼普见。

阿弥陀佛，第七大愿，我国天人，天耳普闻。

阿弥陀佛，第八大愿，我国天人，他心悉知。

阿弥陀佛，第九大愿，我国天人，神足无碍。
阿弥陀佛，第十大愿，我国天人，不贪计身。
阿弥陀佛，十一大愿，我国天人，住定证灭。
阿弥陀佛，十二大愿，我身光明，无有限量。
阿弥陀佛，十三大愿，我身寿命，无有限量。
阿弥陀佛，十四大愿，我国声闻，无能计数。
阿弥陀佛，十五大愿，我国人寿，随愿修短。
阿弥陀佛，十六大愿，我国天人，不闻恶名。
阿弥陀佛，十七大愿，我之名号，诸佛称叹。
阿弥陀佛，十八大愿，至心信乐，十念必生。
阿弥陀佛，十九大愿，发往生心，临终接引。
阿弥陀佛，第二十愿，欲生我国，无不果遂。
阿弥陀佛，二十一愿，我国天人，具卅二相。
阿弥陀佛，二十二愿，生者必证，一生补处。
阿弥陀佛，二十三愿，菩萨食顷，遍供诸佛。
阿弥陀佛，二十四愿，菩萨供佛，供具随意。
阿弥陀佛，二十五愿，菩萨悉能，演说妙智。
阿弥陀佛，二十六愿，菩萨皆得，那罗延身。
阿弥陀佛，二十七愿，我国万物，悉皆严净。
阿弥陀佛，二十八愿，菩萨悉知，道树高显。
阿弥陀佛，二十九愿，菩萨诵经，悉得慧辩。
阿弥陀佛，第三十愿，菩萨慧辩，无有限量。
阿弥陀佛，三十一愿，国净如镜，照见十方。
阿弥陀佛，三十二愿，宫殿楼观，宝香妙严。
阿弥陀佛，三十三愿，蒙我光者，身心柔软。
阿弥陀佛，三十四愿，闻我名者，得无生忍。
阿弥陀佛，三十五愿，女闻我名，脱离女身。

阿弥陀佛，三十六愿，菩萨闻名，必成佛道。

阿弥陀佛，三十七愿，闻我名者，天人致敬。

阿弥陀佛，三十八愿，我国衣服，随念即至。

阿弥陀佛，三十九愿，国人受乐，一如漏尽。

阿弥陀佛，第四十愿，国中宝树，见诸佛刹。

阿弥陀佛，四十一愿，闻我名字，诸根无缺。

阿弥陀佛，四十二愿，闻我名字，得净解脱。

阿弥陀佛，四十三愿，闻我名字，得胜妙福。

阿弥陀佛，四十四愿，闻我名字，具足德本。

阿弥陀佛，四十五愿，闻我名得，普等三昧。

阿弥陀佛，四十六愿，菩萨随愿，各闻妙法。

阿弥陀佛，四十七愿，闻我名字，得不退转。

阿弥陀佛，四十八愿，闻我名字，得三法忍。

阿弥陀佛，发誓愿已，地动天惊，佛圣欢喜。

阿弥陀佛，愿虽六八，一一愿中，数含尘刹。

阿弥陀佛，誓愿无疆，竖穷三际，横遍十方。

阿弥陀佛，慈悲难量，德逾天地，恩深爷娘。

阿弥陀佛，特启净宗，九界众生，悉皆景从。

阿弥陀佛，兴无缘慈，普令凡圣，同证菩提。

阿弥陀佛，运同体悲，九界众生，同蒙提持。

阿弥陀佛，在因地中，具修万行，期副初衷。

阿弥陀佛，修净土行，一心虚寂，三业清净。

阿弥陀佛，修行施度，内外俱舍，心无所住。

阿弥陀佛，修行戒度，持犯俱超，真性彻悟。

阿弥陀佛，修行忍度，我见既空，何有违忤。

阿弥陀佛，修行进度，一念不生，万行俱备。

阿弥陀佛，修行禅度，动静体离，惺寂莫附。

阿弥陀佛，修行智度，五蕴俱空，不涉迷悟。

阿弥陀佛，圆施四摄，上中下根，平等相接。

阿弥陀佛，万行圆修，恩沾九界，了无不周。

阿弥陀佛，所行无碍，于一切法，得大自在。

阿弥陀佛，圆满三觉，上圣下凡，同登极乐。

阿弥陀佛，号无量寿，彼国人民，寿亦无数。

阿弥陀佛，号无量光，乐邦生者，光何能量。

阿弥陀佛，号无边光，普照遍摄，三际十方。

阿弥陀佛，号无碍光，山河大地，总无遮妨。

阿弥陀佛，号无对光，诸佛莫及，余何克当。

阿弥陀佛，号炎王光，其光清凉，明了辉煌。

阿弥陀佛，号清净光，圆离空有，彻露真常。

阿弥陀佛，号欢喜光，彻证常乐，了无惑殃。

阿弥陀佛，号智慧光，真穷惑尽，普照十方。

阿弥陀佛，号不断光，三德圆证，断续双亡。

阿弥陀佛，号难思光，九界众生，谁能赞扬。

阿弥陀佛，号无称光，除十方佛，莫能表彰。

阿弥陀佛，超日月光，一光等照，慈济无央。

阿弥陀佛，净土宏开，孤露众生，登宝莲台。

阿弥陀佛，度生念深，以果地觉，为因地心。

阿弥陀佛，恩德无俦，十方三世，悉蒙庇庥。

阿弥陀佛，国土庄严，正报依报，等离讥嫌。

阿弥陀佛，楼阁门开，来者同入，何止善财。

阿弥陀佛，国气调和，了无寒暑，高山长河。

阿弥陀佛，理事甚深，贯禅教律，绝去来今。

阿弥陀佛，金臂恒垂，遍接来机，不失其时。

阿弥陀佛，白毫相光，照彼真修，不乏衣粮。

阿弥陀佛，心作心是，执是废作，地狱种子。

阿弥陀佛，如月在天，普印众水，妙莫能诠。

阿弥陀佛，洪炉片雪，无边罪障，直下消灭。

阿弥陀佛，修持妙谛，都摄六根，净念相继。

阿弥陀佛，万法包罗，水中沧海，药中伽陀。